『大乗荘厳経論』第IV章の和訳と注解

――菩薩の発心――

龍谷大学仏教文化研究叢書 44

編集　若原雄昭　　翻訳・執筆

上野隆平
岡田英作
桂　紹隆
加納和雄
北山祐誓
桑月一仁
間中　充
高務祐輝
内藤昭文
中山慧輝
能仁正顕
乗山　悟
早島　理
早島　慧
藤田祥道
若原雄昭

法藏館

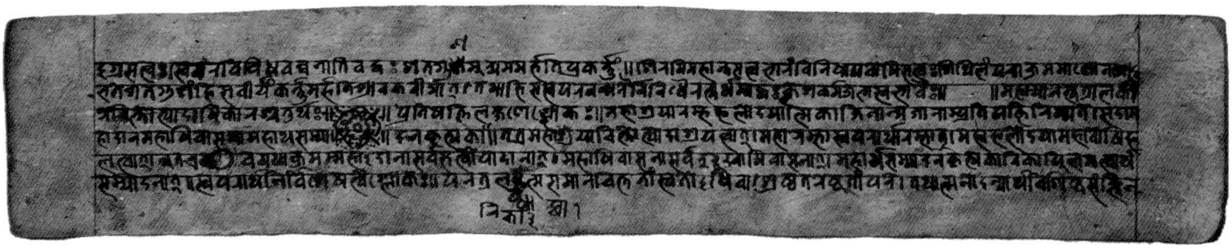

大乗荘厳経論 NS 写本（18a）第 4 章末尾部

（By courtesy of the National Archives of Nepal）

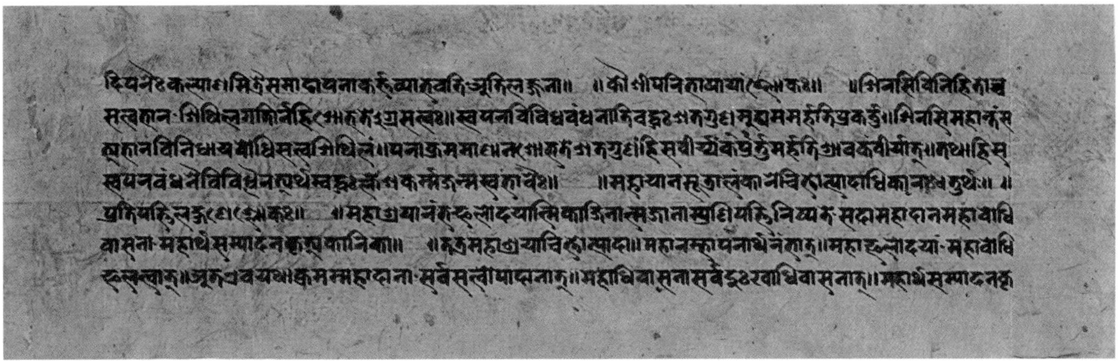

大乗荘厳経論龍大 A 写本（20a）第 4 章末尾部

（龍谷大学図書館蔵）

『大乗荘厳経論』第Ⅳ章の和訳と注解
——菩薩の発心——

龍谷大学仏教文化研究叢書 44

はしがき

龍谷大学世界仏教文化研究センター古典籍大蔵経総合研究班・大蔵経研究プロジェクトでは，傘下にある諸研究事業の一環として，インド大乗仏教の重要なテキスト『大乗荘厳経論』の研究会を組織している。同研究会では毎週の定例研究会を通年で開催し，サンスクリット写本にもとづく原典批判とチベット訳で伝わるインド撰述諸註釈書を依用した読解研究を継続すると共に，その成果を『龍谷大学仏教文化研究叢書』として公表してきた。この『大乗荘厳経論』研究会の母体は嘗て故長尾雅人先生のご指導の下に始まり，以来学内外のメンバーにより長きに亘って続けられてきたものであるが，先輩方の慫慂により，2018 年から小職が統括する形で引き継いでいる。本論第Ⅲ章「種姓」（漢訳「種姓品」第四），第Ⅳ章「発心」（漢訳「発心品」第五），第Ⅴ章「自利利他」（漢訳「二利品」第六）の読解研究は昨 2021 年度までに終了しており，その成果を同叢書続刊として順次に刊行の予定である。先ず本 2022 年度の事業として，ここに同叢書第 44 巻『『大乗荘厳経論』第 IV 章の和訳と注解—菩薩の発心—』を出版する運びとなった。

『大乗荘厳経論』（*Mahāyānasūtrālaṃkāra*）は，インド大乗仏教瑜伽行唯識学派の祖とされる伝説的な人物マイトレーヤ（Maitreya 弥勒）に帰せられ，あるいはアサンガ（Asaṅga 無著）の手になるともされる韻文（偈）の本論と，ヴァスバンドゥ（Vasubandhu 世親）による散文の註釈（長行）とによって構成される論書であり，同学派の先行する論書『菩薩地』（*Bodhisattvabhūmi*）の伝統を受け継ぎつつ，新たに大乗菩薩道の体系を構築しようとする重要なテキストである。全 21 章（漢訳全二十四品）からなるが，今回出版の対象とするのは，第Ⅳ章「発心」（漢訳「発心品」第五）である。本研究会でこれまでに研究書を刊行してきた同書第Ⅰ章「大乗の確立」（漢訳「縁起品」第一・「成宗品」第二），第Ⅱ章「大乗への帰依」（漢訳「帰依品」第三），および出版計画中の第Ⅲ章「種姓」（漢訳「種姓品」第四）に接続する章であり，菩薩道の起点として重要な位置を占める発心（citta-utpāda）或いは菩提心（bodhi-citta）が詳細に解説されている。

本研究叢書は，1) 序説，2) 梵文校訂テキスト，3) 和訳，4) 注解，5) チベット語訳および漢訳校訂テキスト，6) チベット訳のみで伝わる無性（Asvabhāva）による注釈と安慧（Sthiramati）による複註の校訂テキストおよび和訳，7) 附論，8) 梵和索引，をもって構成される。特に，中心となる梵文校訂テキスト・和訳・注解の編集には意を用いた。Sylvain Lévi の刊本（1907 年）を底本として，本職がネパール国内で収集した諸写本マイクロフィルムおよび同じくネパール梵本である大谷探検隊将来の龍大 A 本・B 本を基礎に，近年チベットで発見された注釈書の梵文写本資料を併用して校合した批判版梵文テキストを作成するとともに，上記二注釈を参照しつつ精確で読みやすい現代語訳を試みた。注解では，テキスト内部の相互参照および関連する諸経論の記述への参照に注意を払い，思想史的視点から多角的な考察を加えた。

本研究プロジェクト成果物の既刊分および続刊予定を以下に掲げる。

『大乗荘厳経論』第Ⅰ章の和訳と注解，龍谷叢書 XX，能仁正顕（責任編集），自照社出版，2009 年 7 月

『大乗荘厳経論』第 XVII 章の和訳と注解—供養・師事・無量とくに悲無量—』，龍谷大学仏教文化研究叢書 30，能仁正顕（責任編集），自照社出版，2013 年 3 月

『『大乗荘厳経論』第Ⅱ章の和訳と注解—大乗への帰依—』，同叢書 40，能仁正顕（責任編集），法藏館，2020 年 5 月

『『大乗荘厳経論』第Ⅳ章の和訳と注解—菩薩の発心—』，同叢書 44，若原雄昭（責任編集），法藏館，2023 年 3 月　＊本書

『『大乗荘厳経論』第Ⅲ章の和訳と注解—菩薩の種姓—』（仮題），同叢書（巻号未定），早島慧（責任編集），法藏館，2023 年度内刊行予定

『『大乗荘厳経論』第Ⅴ章の和訳と注解—菩薩の自利利他行—』（仮題），同叢書（巻号未定），若原雄昭（責任編集），法藏館，2024 年度内刊行予定

2020 年春に始まった世界規模のコロナ禍は大学における教育研究にも甚大な影響を及ぼし，政府の緊急事態宣言を受けて本学では同年新学期前半は構内立入が禁止され，以後も翌 2021 年度末まで基本的にオンラインで授業が実施されるという前代未聞の事態となった。それまで本学大宮学舎の一角で続けられてきた我々の定例研究会も，2020 年 5 月よりオンラインで開催することとし，その形態で現在まで滞りなく継続している。今回刊行する第Ⅳ章の読解研究に参加された本研究会メンバー諸氏のお名前を，感謝の念を込めて以下に掲げさせて頂く。

上野隆平（本学講師）・ヴォティヴァンアン（ベトナム仏教大学専任講師）・大西薫（本学講師）・岡田英作（愛媛大学特定助教）・桂紹隆（本学名誉教授）・加納和雄（駒澤大学准教授）・北山祐誓（本学講師）・桑月一仁（本学講師）・間中充（元本学講師）・高務祐輝（本学講師）・内藤昭文（元本学助教授）・中山慧輝（京都大学講師）・能仁正顕（本学教授）・乗山悟（元本学講師）・早島理（滋賀医科大学名誉教授）・早島慧（本学准教授）・藤田祥道（元本学講師）。

特に，早島理氏には序説を，加納・内藤・上野・桑月の四氏には附論の各篇をご執筆頂き，能仁氏には索引作成とあとがき執筆の労をおとり頂いた。記して謝意を表する。

2023（令和 5）年 3 月

編集代表　若原雄昭

総目次

序説
瑜伽行派における菩薩道の構造
—『大乗荘厳経論』(*Mahāyānasūtrālaṃkāra*) を中心に—

早島理

一　はじめに

中観派とともにインド大乗仏教の二大潮流をなす瑜伽行派の思想は，弥勒・無著・世親の三人の哲学者によって大成されたとされる。ここで取り上げる『大乗荘厳経論』（*Mahāyāna-sūtrālaṃkāra* 以下 MSA）は所謂「弥勒五論書」の一にかぞえられ，弥勒が語った偈頌を無著が著述しそれに世親が注釈を施したと伝承されている(1)。以下の論述では，弥勒・無著による偈頌著述の意図を世親がよく把握・理解して注釈し，両者の間に思想的な特別の齟齬はないとの立場に立つものである。本稿では，偈頌と世親釈を合わせて『大乗荘厳経論』MSA とし，必要に応じて偈頌，世親釈と明記する。また常に無性 (Asvabhāva) の複注釈 *Mahāyānasūtrālaṃkāra-Ṭīkā*（MSAṬ），安慧 (Sthiramati) の複注釈 *Sūtrālaṃkāra-Vṛtti-Bhāṣya* (SAVBh) を参照するが，無性釈，安慧釈と表記する(2)。以下には初期瑜伽行派における菩薩道について MSA を中心に考察する。

さて本書が言及する MSA 第Ⅳ章「発心品」は，章名が示すように菩薩行の出発点である大乗への発心（citta-utpāda）あるいは発菩提心（bodhi-citta-utpāda）が中心テーマである。本書「凡例と本章目次」掲載のジュニャーナシュリーによるシノプシスが示すように、この「発心品」は十三の節で構成され、それらはまた「発心の特徴」(lakṣaṇa) 第 1 偈と「発心の区別」

(1) 弥勒の著作問題については，長尾 [1982]「序論–瑜伽行唯識学派の歴史における『摂大乗論』とその著者」，早島理 [2003] を参照。

(2) 本稿で使用する MSA 梵本は [研究会] および長尾 [研究ノート] を用いる。

(prabheda) 第 2～28 偈に区分される。「発心品」で展開される個々のテーマの内容と問題点は本書の「和訳と注解」に譲り，ここでは「発心の区別」六種のうち最初に取り上げられる第 2 偈「発心の区別に関する一偈」(cittotpādaprabhede ślokaḥ) の検討から始めよう。

cittotpādaprabhede ślokaḥ |

cittotpādo ’dhimokṣo ’sau śuddhādhyāśayiko ’paraḥ |

vaipākyo bhūmiṣu matas tathāvaraṇavarjitaḥ ||IV.2||

caturvidho bodhisattvānāṃ cittotpādaḥ | ādhimokṣiko ’dhimukticaryābhūmau | śuddhādhyāśayikaḥ saptasu bhūmiṣu || vaipākiko ’ṣṭamyādiṣu | anāvaraṇiko buddha-bhūmau |

発心の区別に関して一偈がある。

その発心は諸地において⑴信解に基づくものであり，さらに⑵清浄な増上意楽に基づくものであり，⑶異熟したものであり，また⑷障礙のないものと考えられる。
(Ⅳ.2)

諸菩薩の発心は四種である。⑴信解行地においては信解に基づくものであり，⑵［初地から第七地までの］七つの地においては清浄な増上意楽に基づくものであり，⑶第八［地］以降においては異熟したものであり，⑷仏地においては障礙なきものである。

この偈では大乗の菩薩の発心に四種あること，その四種の発心は菩薩の十地の階梯に対応していることが示されている。四種は要約すると以下の如くである。

⑴信解行地における発心 – 信解に基づくもの（ādhimokṣika）
⑵初地見道から修道の第七地までの発心 – 清浄な増上意楽に基づくもの（śuddhādhyāśayika）
⑶修道の第八地～第十地における発心 – 異熟したもの（vaipākika）
⑷仏地における発心 – 障礙なきもの（anāvaraṇika）

発心を分類し菩薩の修行階梯に配当する考えは，先学の諸研究が示すように『菩薩地』などにすでに散見され[(3)]，MSA はそれを継承したと思われる。またここでの発心と同様，MSA では修習項目を菩薩の十地に配当することはしばしば説かれており，さらに十地への配当の仕方には幾つかのパターンが見られる。それらの中で，この第 2 偈は⑴入地以前（信解行地），⑵初地～第七地，⑶第八地～第十地，⑷仏地の四段階の区分を提示する。注目すべきは＜1＞菩薩の十地の階梯を，修行内容とその結果の質的な差異（無生法忍の獲得，有因相・無因相，有功用・無功用など）に基づき⑵初地～第七地と⑶第八地～第十地とに区分して第八地への悟入を大きな転換点と位置付けたこと，さらに＜2＞その第八地への悟入を「異熟した

(3) 舟橋尚哉 [1988]，阿部 [2001] などを参照。また本書世親釈翻訳の註⑾を参照されたい。

もの」(vaipākika) と定義づけたことであろう。特に後者の考え方はユニークであり，MSA の菩薩道を考える上で極めて重要である。この問題は後に改めて論じることにしたい。余談であるが，修行項目を十地に配当する場合，この第八地への悟入に関連して問題となるのは第七地の位置付けである。修行階梯に関する議論の展開次第で，第七地を独立して扱う，あるいは第七地を第八地以降に結びつけるなどの分類が見られるが，基本的に四段階に大別することには変わりない。また，第七地の問題は「一行道」(ekāyana-patha, ekāyana-mārga) との関連で後に論じなければならない。さらにこれも後述するようにこの四段階の大別は『摂大乗論』（*Mahāyāna-saṃgraha* 以下 MSg）IX.2A[4]に継承されており，十地の修行上の区分に関して基本的にはこの四段階の大別が妥当と思われる。

この第 2 偈で留意すべきは，発心の分類の仕方だけではなく，修行階梯の上昇にともないその節目節目で繰り返し発心がなされることである。大乗へ帰依し発心し修習するという通過儀礼的な一度限りの発心に留まるのではなく，より上位の階梯へ悟入するその節目ごとに大乗への発心を繰り返し確認し誓約し宣誓する。その大きな節目としてここでは上記四種が提示されているのである。すなわち⑴大乗に帰依し信解した段階での発心，⑵無分別智を体得して初地に悟入するための発心，⑶菩薩行の実践で第八地において有因相から無因相へ，有功用から無功用へ大きく転入し菩薩道をさらに邁進するための発心，⑷最終段階である仏地へ悟入するための発心というように，発心が四度にわたって実践されるのである。これは「絶えざる発心」とでも言うべき重要な考え方である。さらに「絶えざる発心」同様，それぞれの修行項目（帰依・種姓・二利行・波羅蜜行など，これらの修行項目は MSA の章名に反映され、それぞれの章で重点的に論じられている）をあらゆる階梯で繰り返し実践しさらに節目節目での確認と決意を新たにすることが説かれている。これら「絶えざる修行」の積み重ねは，そのまま修行階梯における悟りへの大きな転換である轉依へと進展する。すなわち一度きりの轉依ではなく節目ごとでの根幹的な転換を意味する「絶えざる轉依」の展開である。この「絶えざる轉依」は MSA の菩薩道を特徴づける重要な思想と位置付けることができるであろう。このことについては改めて論じることにして，先ずは MSA を含む瑜伽行派における菩薩の修行階梯の概略を確認しておきたい。

二　菩薩の五瑜伽地と菩薩の五道

周知のように，MSA を含む初期瑜伽行派の諸論書には大別して二系統の菩薩の修行階

---

[4] MSg IX.2A では，以下の四種の轉依が説かれる。すなわち⑴信解による轉依（入地以前），⑵通暁による轉依（初地～第六地），⑶修習による轉依（第七地～第十地），⑷障礙なき轉依（仏地），⑸声聞の轉依，⑹菩薩の轉依である。⑸と⑹は声聞・菩薩の区分であるから，十地に関しては⑴～⑷の四種である。ここでは第七地を⑶に配当している。

梯が提示されている。一つは菩薩の五瑜伽地（pañca-yogabhūmi）であり，他は菩薩の五道 (pañca-mārga) である[5]。その詳細は早島理 [1982]，長尾 [2007b:87-89, 298-300]，フロリン [2012] などで論じられているが，確認のため以下にその概要を記す。

【菩薩の五瑜伽地】

二系統のうち菩薩の五瑜伽地は持 (ādhāra)，任[6](ādhāna)，鏡 (ādarśa)，明 (āloka)，依 (āśraya) からなる大乗菩薩の修行階梯である。瑜伽行派の論書でこの菩薩の五瑜伽地が説かれるのは，

【1】 MSA 第 XI 章第 42・43 偈

【2】『顕揚聖教論』（以下『顕揚論』）巻第二十（大正 31, 583b）

【3】 *Abhidharma-Samuccaya*（以下 AS）§128,『大乗阿毘達磨集論』（以下『集論』）決擇分中「法品第二」（大正 31, 687b）

【3a】 *Abhidharma-Samuccaya-Bhāṣya*（以下 ASBh）§128,『大乗阿毘達磨雑集論』（以下『雑集論』）決擇分中「法品第二」（大正 31, 746a）

である。言うまでもなく，【1】MSA は弥勒論書の一であり，【2】『顕揚論』，【3】AS ・『集論』は無著の著作である。したがって現存する資料からすると菩薩の五瑜伽地は弥勒 – 無著という初期瑜伽行派に伝承された菩薩の修行階梯ということができよう。以下にはこの菩薩の五瑜伽地を概説する。

【1】MSA 第XI章第 42・43 偈

MSA 第 XI 章「述求品」(Dharma-paryeṣṭi-adhikāra) は，第 36-43 偈で「求諸相」(lakṣaṇa-paryeṣṭi) を説く[7]。その全体を要約（uddeśa）して第 36 偈は次のように説く。

lakṣyaṃ ca lakṣaṇaṃ caiva lakṣaṇā ca prabhedataḥ |
anugrahārthaṃ satvānāṃ saṃbuddhaiḥ saṃprakāśitāḥ ||XI.36||
凡夫衆生を救おうとして諸仏覚者は［仏法の真理を］区別して [1] 特徴づけられるもの

---

[5] MSA における菩薩の修行システムについては，本稿で論じる菩薩の五瑜伽地・菩薩の五道とは別に，聞・思・修の修行システムを背景とし，『菩薩地』由来にして，『菩薩地』・MSA の論体構造とも関連する「yatra śikṣante, yathā śikṣante, ye śikṣante」があるが，本稿では取り上げない。これについては早島理 [1973] 及び本書「略号表」記載の内藤昭文の一連の論文を参照されたい。

[6] 上述の菩薩の「五瑜伽地」の漢訳は以下の如くである。
『荘厳経論』（波羅頗蜜多羅訳, 31,614a）能持，所持，鏡像，明悟，轉依
『顕揚論』（玄奘訳, 31,583b）持，任／住，鏡，明，依
『集論』（玄奘訳, 31,687b）持，作，鏡，明，依
『雑集論』（玄奘訳, 31,746a）持，任／住，鏡，明，依
玄奘訳の『顕揚論』，『集論』，『雑集論』で異読があるのは，第二 ādhāna に対応する任，作，住であり，いずれも形象の類似した文字である。長尾 [2007b : 97, n3] の注記に従い，ādhāna の訳語として本稿では「任」を採る。以下には便宜的に『顕揚論』の持，任，鏡，明，依を用いる。

[7] 「求諸相」(lakṣaṇaparyeṣṭi) に関しては，早島理 [2020:5–7] 参照。

(lakṣya) と，[2] 特徴 (lakṣaṇa) と，[3] 特徴づけるもの (lakṣaṇā) とを解き明かされた。
(XI.36)

衆生を摂取済度するための仏陀のすべての教説は，[1] 特徴づけられるもの (lakṣya) と，[2] 特徴 (lakṣaṇa) と，[3] 特徴づけるもの (lakṣaṇā) との三項目に集約されているのであり，これらを過不足なく説き明かすことにより衆生済度の教説は成就するというのである。注釈に基づけば，[1] 特徴づけられるもの (lakṣya) とは五位（色・心・心所・心不相応行・無為）すなわち阿頼耶識であり（続く同章第 37 偈で詳説），[2] 特徴 (lakṣaṇa) とは三性説であり（同章第 38–41 偈で詳説），[3] 特徴づけるもの (lakṣaṇā) とは菩薩の五瑜伽地である（同章第 42・43 偈で詳説）という。その菩薩の五瑜伽地を詳説する第 42・43 偈を引用する。

niṣyandadharmam ālambya yoniśo manasikriyā |
cittasya dhātau sthānaṃ ca sadasattārthapaśyanā ||XI.42||
samatāgamanaṃ tasminn āryagotre hi nirmalaṃ |
samaṃ viśiṣṭam anyūnānadhikaṃ lakṣaṇā matā ||XI.43||
特徴づけるものとは［次のように］考えられる。すなわち，(1)［法界］等流の教法を観じて，(2)如理に作意し，(3)心が根源界に安住し，また(4)存在・非存在のままに事象を観察することである。(XI.42)
さらに (5)［轉依すなわち］実にかの聖なる家系において平等性に到達することは，無垢であり，等同であり，卓越していて，損減もなく増上もないのである。
(XI.43)

第 42 偈に対する世親釈は以下の如くである。

lakṣaṇā punaḥ pañcavidhā yogabhūmiḥ |(1) ādhāra (2) ādhānam (3) ādarśa (4) āloka (5) āśrayaś ca |
(1) tatrādhāro niṣyandadharmo yo buddhenādhigamo deśitaḥ sa tasyādhigamasya niṣyandaḥ |
(2) ādhānaṃ yoniśo manaskāraḥ |
(3) ādarśaḥ cittasya dhātau sthānaṃ samādhir yad etat pūrvaṃ
nāmni sthānam uktaṃ |
(4) ālokaḥ sadasattvenārthadarśanaṃ lokottarā prajñā yayā sac ca sato
yathābhūtaṃ paśyaty asac cāsataḥ |
(5) āśraya āśrayaparāvṛttiḥ |
さらに，特徴づけるもの (lakṣaṇā) とは五種の瑜伽地である。すなわち(1)支持，(2)任持，(3)鏡面，(4)光明，(5)依処である。

このうち⑴支持とは［法界］等流の教法である。仏陀が証得し説示したもの，それはその証得から［そのままに］流れ出たものである。
⑵任持とは如理作意である。
⑶鏡面とは心が根源界に安住するという三昧であり，以前（MSA XI.6d）に「それ（心）が名に安住するから」(nāmni sthānāc ca cetasaḥ |) と説かれたことである[8]。
⑷光明とは存在・非存在として事象を見ることであり，出世間智である。この智によって存在を存在として，非存在を非存在としてありのままに見るのである。
⑸依処とは轉依である。

MSA に説かれる五種の瑜伽地（pañcavidhā yogabhūmiḥ）は次のように要約される。

⑴ ādhāra 能持（持）：法界等流の教法を観じる
⑵ ādhāna 所持（任）：その教法を如理作意する
⑶ ādarśa 鏡像（鏡）：法界に安住する三昧
⑷ āloka 明悟（明）：存在・非存在をありのままに見る出世間智
⑸ āśraya 轉依（依）：仏果への轉依

ここに説かれている瑜伽地の階梯は，⑴仏陀が悟られた法界等流の教法を観じて保持し (ādhāra)，⑵如理に作意し (ādhāna)，⑶その法界そのものに安住し (ādarśa)，⑷出世間智を体得して (āloka)，⑸仏の位に飛躍転換する (āśraya) というプロセスである。留意すべきは＜ 1 ＞悟りのターニングポイント（＝轉依の修習）が世間知から出世間智へという智の転換によること，＜ 2 ＞その智の転換が⑷明悟 (āloka) で修習されることである。このことは五瑜伽地の中核が⑷明悟にあることを意味している。このように⑷明悟で出世間智を体得し⑸轉依 (āśraya) で仏の位に至るという構造であり，轉依は⑷明悟から⑸轉依への一度のみというシステムである。

さらに MSA の無性・安慧の複注釈は，この五瑜伽地が菩薩の五道 (pañca-mārga) に対応することを述べるが，両者（五瑜伽地と五道）の差異については五道の項で論及することとし，次に『顕揚論』における五瑜伽地を検討する。

【2】『顕揚論』（玄奘訳，31, 583b）

復た次に頌に曰く。
瑜伽道を略説す　所聞の正法を縁じ
奢摩他と観あり　影像と成就に依る

[8] 「心が名に安住する」については，早島理「cittasya nāmni sthānāt」印仏研 30-1, 1981 参照。

論じて曰く。若し瑜伽道を略説するに，當に知るべし，(1)多聞の所攝と，(2)正法を境界と爲し，(3) 奢摩他・毘鉢舍那を自體と爲し，(4) 影像に依止し，及び (5) 事成就に依止す。薄伽梵の説けるが如し。五種の法有り，能く 一切の瑜伽行者の諸の瑜伽地を攝す。謂く，持・任・明・鏡及び 轉依なり。

當に知るべし，(1) 聞正法は是れ持，(2) 所縁は是れ任，(3) 止觀は是れ明，(4) 影像は是れ鏡，(5) 成就は是れ轉依なり。

『顕揚論』における五瑜伽地は以下のように要約されよう。

(1) 持：聞正法。仏陀の説かれた正法を聴聞して保持する

(2) 任：所縁。聴聞した正法を思惟する

(3) 明：止觀。聞思した正法を止・觀の対象として観じる

(4) 鏡：影像。止觀のままに（鏡像の如く）受け止める

(5) 轉依：事成就。轉依して仏の位にいたる

このように『顕揚論』における五瑜伽地は上記 MSA とほぼ同内容であるが，MSA では(3)鏡像（ādarśa 法界安住の三昧）・(4)明悟＝（āloka 出世間智）の順で説かれていたのが『顕揚論』では (3) 明（止觀）・(4) 鏡（影像）であり，順序もその内容も異なっているが，その理由は定かではない。またこの持・任・明・鏡・ 轉依の五瑜伽地が「如薄伽梵説」と説かれ権威あるものとして伝承されていることは注目すべきであろう。

次に AS・『集論』及び ASBh ・『雑集論』を検討する。

【3】AS[9] §128・『集論』（玄奘訳, 31,687b）

周知のように AS でこの五瑜伽地が説かれる §128 の Skt. は断片で残存するため[10]，『集論』

---

(9) 以下，AS，ASBh は瑜伽行思想研究会『梵・蔵・漢対校　Electric-TEXT，『大乘阿毘達磨集論』・『大乘阿毘達磨雜集論』』私家版，2003 による。

(10) Pradhan による AS §128 の還梵を参考までに引用する（なお下線部は Gokhale 本からの回収梵文）。

dharmam āśritya samādhiprayuktasya yogabhūmiḥ katamā jñeyā | pañcākārāḥ |

(1) ādhāraḥ (2) ādhānam (3) ādarśaḥ (4) ālokaḥ (5) āśrayaś ca |

(1) ādhāraḥ katamaḥ saṃbhṛtabodhisaṃbhārasya ūṣmagatādiṣu āryasatyeṣu ca yad bāhuśrutyam ||

(2) ādhānaṃ katamat | tadālambanano yoniśo manaskāraḥ |

(3) ādarśaḥ katamaḥ | tadālambanaḥ sanimittaḥ samādhiḥ |

(4) ālokaḥ katamaḥ | grāhyagrāhakānupalabdhijñānam ||

etad adhikṛtya suṣṭhu uktaṃ buddhena bhagavatā

pratibimbaṃ manaḥ paśyan bodhisattvaḥ samādhitaḥ |

vyāvarttya viṣaye samjñāṃ svasaṃjñām upadhārayan ||

evam ātmasthacitto ’sau grāhyābhāvaṃ vibodhayet | tataś ca grāhakābhāvaṃ nopalambhaṃ spṛśet tataḥ || iti |

(5) āśrayaḥ katamaḥ | āśrayaparivṛttiḥ |

及び ASBh ・『雑集論』を参照すると以下の如くに要約される。

瑜伽地は五種，すなわち⑴ ādhāra 持，⑵ ādhāna 任，⑶ ādarśa 鏡，⑷ āloka 明，⑸ āśraya 依である。

⑴「ādhāra 持」とは何か。悟りの資糧を蓄積した者が煖等の四善根位において四聖諦について多く聴聞することである。

⑵「ādhāna 任」とは何か。それ（多聞した教法）を対象とした如理作意である。

⑶「ādarśa 鏡」とは何か。それを対象とした有相の三昧である。

⑷「āloka 明」とは何か。所取・能取を認識しない智である。

⑸「āśraya 依」とは何か。轉依である。

このように AS・『集論』及び ASBh ・『雑集論』における菩薩の修行階梯は基本的に MSA のそれと同様の構造である。具体的には, < 1 >悟りをもたらす轉依が，世間知から出世間智（所取・能取を認識しない智）へという智の転換であること，< 2 >その智の転換の修習が⑷ āloka 明で実践されるという構造を有することである。さらに MSA で「出世間智」(lokottarā prajñā) と表現されていた，轉依をもたらす智が AS・『集論』では「所取・能取を認識しない智」(*grāhyagrāhaka-anupalabdhi-jñāna) と明言されていることに留意する必要がある。これは『中辺分別論』で入無相方便相 (asallakṣaṇa-anupraveśa-upāya-lakṣaṇa) として思想的に確立されるものであり，所取・能取（分別）を認識しないという意味で無分別智にあたる。

さらに注目すべきは，五瑜伽地の中核をなすこの⑷ āloka 明に，次の２偈が「佛薄伽梵妙善宣説」として，いわば教証の如く引用されていることである[11]。

依此道理　佛薄伽梵妙善宣説

菩薩於定位　觀影唯是心　　義想既滅除　審觀唯自想

如是住内心　知所取非有　　次能取亦無　後觸無所得

［試訳］三昧に入った菩薩は，影像は心のみであると見て，外界の対象に対する想いを滅除し，すべては自らの想念に他ならないと観察する。

このように自らの心に安らいでいる彼の菩薩は客体（所取）の非存在を悟り，さらに主体（能取）の非存在をも悟る。その後に所取・能取の非認識を体得するのである。

所取・能取の非認識の体得を説くこの二偈は，同じく無著の主著『摂大乗論』「入所知相分」（MSg Ⅲ.17）に「教授二頌」として『分別瑜伽論』（中国の伝承では弥勒五論の一に数えられる）からの引用として説かれていることでも知られている。このようにこの五瑜伽地が 1)『顕揚論』では「如薄伽梵説」と説かれていること，2) 五瑜伽地の核心を伝える二偈が AS・『集

[11] この二偈は『成唯識論』巻九に「有偈言」として引用されている（大正 31, 49bc）。この二偈に関しては長尾 [1987 : Ⅲ.17] および早島理 [1974] 参照。

論』では「佛薄伽梵妙善宣説」,『摂大乗論』では『分別瑜伽論』に基づくとされ，五瑜伽地の中核をなす⑷明に引用されていることが確認された。このことは五瑜伽地が，古来瑜伽行派では権威ある菩薩の修行階梯として伝えられ，さらに所取・能取の非認識の体得を説くこの二偈が五瑜伽地の核心を伝える権威あるものとして伝承されてきたと受け止めることができよう。

以上検討してきたように，五瑜伽地は次のように要約される。

1. 初期瑜伽行派で古来伝承されてきた菩薩の修行階梯に持 (ādhāra), 任 (ādhāna), 鏡 (ādarśa), 明 (āloka), 依 (āśraya) からなる五瑜伽地がある。この修行階梯は，聴聞した教法を如理に作意し，三昧の実践を経て所取・能取の執着を離れ，轉依して悟りの世界に悟入するという構造を有する。

2. この五瑜伽地の核心は第４明における所取・能取を認識しない出世間の智の体得である。この智は『中辺分別論』で入無相方便相として思想的に確立され，所取・能取（分別）を認識しない智という意味で無分別智を意味する。

3. 五瑜伽地における修習の肝要は次の二点にある。

＜１＞悟りをもたらす轉依は世間知から出世間智（所取・能取を認識しない智）へという，智の転換により成就される。

＜２＞その智の転換の修習は⑷明で実践され⑸仏地への轉依が成就する。その意味で五瑜伽地の中核は第４明にあり，轉依は一度のみである。

4.　これまで検討してきたように，菩薩の五瑜伽地は初期瑜伽行派独自の修行階梯であり，上述の諸論書に伝承されてきた。さらにそれらはたとえば『顕揚論』に「如薄伽梵説」とされ，また五瑜伽地の中核をなす第４明における「所取・能取を認識しない出世間の智」の教証としての二偈は『集論』では「佛薄伽梵妙善宣説」,『摂大乗論』では『分別瑜伽論』によるなど，権威あるものとして伝承されてきた。

5. 上述の MSA,『顕揚論』, AS・『集論』及び ASBh ・『雑集論』では，五瑜伽地とは別に五道（資糧道・加行道・見道・修道・究竟道）が説かれるが，両者が関連あるものとして説かれてはいない。両者を関連付けあるいは同じ修行階梯であると位置付けるのは，たとえば MSA では無性・安慧の複注釈においてである。同様に，五瑜伽地が菩薩の十地（『華厳経』・『十地経』における十地，以下同じ）の修行道や波羅蜜行に関連して説かれることもない。その意味で，この五瑜伽地は初期瑜伽行派古来の修行階梯をそのままに伝えるものであるといえよう。

6. MSA はこの五瑜伽地の基本的構造，すなわち 1) 五段階よりなる修行階梯，2) 正法の聴聞 – 如理作意 – 三昧（聞思修）のシステム，3) 所取・能取を認識しない出世間の智（いわゆる入無相方便相の修習）の体得を契機として悟りの階位への轉依，を継承しそれらを別な修行階梯である「菩薩の五道」へと再構築したのである。以下には MSA における菩薩の五道を検討する。

【菩薩の五道】

MSA におけるもう一つの修行階梯は，資糧道 (saṃbhāra-mārga)，加行道 (prayoga-mārga)（＝信解行地），見道 (darśana-mārga)，修道 (bhāvanā-mārga)，究竟道 (niṣṭhā-mārga) からなる菩薩の五道 (pañca-mārga) である。この五道はたとえば MSA 第VI章「真実品」第 6–10 偈で現観の次第として⑿，あるいは第XI章「求法品」，第 XVI章「教授教戒品」（第 23–27 偈：通達分，第 28–33 偈：見道）などで種々に説かれている。さらに，MSA はこの五道のシステムに菩薩の十地の階梯を導入することにより，菩薩道の内容をより豊かに充実させ，また深化を遂げることができたのである。その内容は，無性・安慧の注釈を踏まえると以下のように要約される。

⑴ 資糧道では福徳・智慧の二資糧を無量・無限に集積する。三昧に依拠し諸法は意言からの顕現にすぎないことを体得する。

⑵ 加行道は順決択分に対応し信解行地四善根位（煖・頂・忍・世第一法）にあたる。

煖位では「光明を得た三昧」(ālokalabdhi-samādhi) により，外界は分別のみであると理解する。

頂位では「光明が増大した三昧」(vṛddhāloka-samādhi) により，外界は心より顕現したものにすぎないと理解する。

忍位では「真実の一部に悟入した三昧」(ekadeśapraviṣṭa-samādhi) により所取への執着を離れる。

世第一法位では「無間三昧」(ānantarya-samādhi) により能取への執着を離れる。

このように，加行道四善根位では四種の三昧を実践することにより所取・能取の執着を離れ（入無相方便相の修習），その結果として轉依して見道へ悟入し，無分別智を体得するのである。このように加行道四善根位において入無相方便相を修習し，見道に入り初地で無分別智を体得して法界を直證することは「轉依」と言われる（第 XIV章第 28，29ab 偈）⒀ 。見道におけるこの轉依をここでは「初地の轉依」と位置付ける。「初地」というのは，後述するように仏地における轉依（五瑜伽地における轉依に対応）が「究極の轉依」（第 XIV 章第 45 偈）⒁と名

⑿ 周知のように，この 5 偈は MSg III.18 に引用される。長尾 [1987: III 18] 参照。

⒀ この初地における轉依は MSAS29) XIV.28–29ab に説かれている。

dvayagrāhavisaṃyuktaṃ lokottaram anuttaraṃ |
nirvikalpaṃ malāpetaṃ jñānaṃ sa labhate tataḥ ||XIV.28||
sāsyāśrayaparāvṛttiḥ prathamā bhūmir iṣyate | (XIV.29ab)
その後，彼の菩薩は出世間にして無上であり無垢にして二取を離れた無分別智を体得する。(XIV.28)
これはかの轉依であり，最初の階位（初地）といわれる。(XIV.29)

⒁ XIV.45cd と関連する世親釈を引用する。

niṣṭhāśrayaparāvṛttiṃ sarvāvaraṇanirmalāṃ || XIV.45cd ||
tato niṣṭhāgatām āśrayaparāvṛttiṃ labhate sarvakleśajñeyāvaraṇanirmalaṃ |
あらゆる障害によって汚されない究極の轉依を［体得する］。（XIV.45cd）

付けられているからである。

さて先に五瑜伽地で，＜１＞悟りをもたらす轉依は，世間知から「所取・能取を認識しない智」という出世間智への，智の転換であること，＜２＞その智の転換の修習が(4)明で実践されるという構造を有すること，という重要な２点を提示した。ここ五道においても＜１＞無分別智の体得という智の転換により轉依（初地の轉依）がなされるのは同じであるが，＜２＞五瑜伽地では(4)明で実践されていた智の転換による轉依の修習が，五道では(2)加行道四善根位で実践されることに注意しておきたい。

五道の階梯ではこの「初地の轉依」と後述する「究極の轉依」（五瑜伽地の(5)轉依に相応）という二種の轉依を経るというように修行システムの構造変革を成し遂げる。「初地の轉依」において法界を直證し無分別智を体得して，自他の平等性を体得する。その後第十地にいたるまで修習を重ねて仏地において完璧なあり方へと転換する。これが「究極の轉依」である。この二種の轉依の詳細については第 IX 章第 12-17 偈「轉依」(āśrayaparāvṛtti) [15]を参照されたい。

(3)直前の四善根位における入無相方便相の修習により，所取・能取の分別を断滅・超脱して無分別智を体得し，見道に悟入して法界を直證する。この階位は『十地経』に説かれる菩薩の十地の初地歓喜地にあたり「初地入見道」と称される。この位で体得した無分別智は後に「根本無分別智」と位置づけられる。

このように無分別智は見道で證得される。したがって無分別智を證得する以前の加行道までは世間分別知，見道以降が出世間無分別智である。ただしこの無分別智を体得するための加行道での修習は世間分別知であるが，無分別地に向かうという意味で無分別智に準じるものとして後に『摂大乗論』で「加行無分別智」と位置づけられる (MSg III.12, VIII 参照)。「加行無分別智」という言葉は MSA に見いだされないが，見道に導くものとして加行道（信解行地）四善根位での入無相方便相の修習が重要視されていることは言うまでもない。また一旦この初地見道に悟入すると，加行道以下の世俗世間に退失することはないという意味で「不退転」とも称される[16]。

(4) 修道では，無分別智のさらなる修習により煩悩障・所知障を種子（習気）もろとも根こそぎ断滅する。この階梯は菩薩の十地の第二地（離垢地）～第十地（法雲地）にあたる。見道で体得した無分別智は，その後，修道においても修習されるのであるが，この智は日常経験世界で働きつつなお世俗の執着をはなれているので，後に「後得無分別智」,「後得清浄世間智」と称される。

このように菩薩の十地のうちで, 初地は見道に，第二地～第十地は修道に対応する。このこ

その後、あらゆる煩悩障・所知障により汚されない究極の轉依を体得する。

(15) IX.12–17「轉依に関する六偈」(āśraya-parāvṛttau ṣaṭ ślokāḥ) に関しては，長尾研究ノート(1) [2007a : 195–206] 参照。

(16) VIII.5 世親釈を参照。

とは『十地経』に集積されてきた菩薩道の豊かな思想が五道に受け継がれたことを意味する。MSA に対する無性・安慧の注釈のそこかしこに見られる『十地経』の引用の多様さがそのことを物語っている。さらに，十地の思想とならんで，波羅蜜行の修習が重要視されることにも留意したい。十地と十波羅蜜行との一々の対応が説かれてはいるが，基本的に六波羅蜜を実践するのであり，十地との対応が強調されるときは十波羅蜜が説かれる。また十地の各々で波羅蜜行が繰り返し実践されるが、同じレベルでの修習ではなく、より上位の階位へ向上するにしたがい、より高度のあるいはより深化した状態へと展開することは留意する必要があろう。たとえば、六波羅蜜のうち初地では対応する布施波羅蜜行を重点的に修習するが、第二地以降でも布施波羅蜜行は引き続き実践するのである。その場合，布施波羅蜜行の内容は初地でのそれに比して第二地、第三地乃至第十地へと向上するにつれてさらに高度になりより深化したあり方に変質する。さらに第七地までは有功用にまた第八地以降では無功用に実践されるのである。

また修道に対応する第二地から第十地まで連続して菩薩行を修習するのであるが，その修習は直線的に展開するのではない。上述のように，MSA に展開される菩薩道は，初地～第七地と，第七地を契機に大きく飛躍転換した第八地～第十地とに大別される。このことは菩薩の十地の階梯において極めて重要な意味を持つ。この問題は後に改めて論じることにする。

(5) 究竟道は仏地に対応し，最終的な轉依による仏果の證得である。五瑜伽地で「(5) āśraya 依とは轉依である」と説かれていたのと同様の，仏如来の世界への転換である。上述したように MSA でこの轉依は，入見道における「初地の轉依」に対比して「究極の轉依」(niṣṭhāśraya-parāvṛtti)[17]（第 XIV章第 45 偈）とされ，仏・如来の轉依であることが強調されている[18]。なお仏・如来の轉依はたとえば第 XX 章第 9～42 偈「住・地」(vihāra-bhūmi) にも詳細に説かれている。

以上が MSA における五道の概略である。以下には五道における幾つかの問題点を論じよう。

三　『大乗荘厳経論』における菩薩道の進展

これまで検討してきたように，MSA では修習の項目と十地との対応に種々の分類が見られるが，本稿では第IV章第 2 偈に提示される四種の大別を基本と考える。確認のため再掲する。

(1) 入地以前

(2) 初地～第七地

(3) 第八地～第十地

(4) 仏地

---

[17] 仏地における究極の轉依については，MSg X.3A も参照されたい。

[18] 仏・如来の轉依については，XX.9–42「住・地」(vihāra-bhūmi) も参照されたい。

先ず MSA で説かれる修習と十地との対応の分類例をいくつか確認しておこう。

[1] 第Ⅱ章「帰依品」第 9 偈は「證得することの意味」(*adhigamārtha, rtogs paḥi don) がテーマである[19]。

adhigamārthe ślokaḥ |

1) mahāpuṇyaskandhaṃ 2) tribhuvanagurutvaṃ 3)bhavasukhaṃ
4) mahāduḥkhaskandhapraśamam api 5) buddhyuttamasukham |
6) mahādharmaskandhaṃ pravaradhruvakāyaṃ śubhacayaṃ
7) nivṛttiṃ vāsāyā 8) bhavaśamavimokṣaṃ ca labhate || Ⅱ.9 ||

1) *tatrehadharme 'dhimokṣāvasthāyām eva* mahāpuṇyaskandhaṃ labhate |

2) *cittotpādāvasthāyāṃ ca* tribhuvanagurutvaṃ |

3) *saṃcintyopapattiparigrahāvasthāyāṃ ca* bhavasukhaṃ |

4) *abhisamayāvasthāyāṃ ca sarvasattvānām ātmatvābhyupagamena* mahāduḥkhaskandhapraśamaṃ | *anena hi praśamayatīti praśamaḥ* |

5) *anutpattikadharmakṣāntipratilambhāvasthāyāṃ ca* buddhyuttamasukhaṃ |

6) *abhisaṃbodhyavasthāyāṃ ca* mahādharmaskandhādikaṃ | *tatra hi buddhānāṃ dharmakāyaḥ* mahādharmaskandhaḥ *sūtrādyanantadharmākaratvāt* | *sarvadharmavaratvāc ca* pravaraḥ | *akṣayatvāc ca* dhruvaḥ | *balavaiśāradyādīnāṃ ca śubhadharmānām upacayatvāc* chubhacayaḥ |

7) *tasmiṃś ca tādṛśakāye* nivṛttiṃ vāsāyāḥ |

8) *saṃsāranirvāṇayoś cānavasthitatvād* bhavaśamavimokṣaṃ labhate | *eṣo 'ṣṭavidho 'dhigamārthaḥ* |

証得することの意味について，一偈がある。

1) 福徳の大きな集合を得て，2) 三界における敬重を得て，3) 有（生死輪廻の存在）の安楽を得て，さらにまた 4) 苦の大きな集合の鎮静を得て，5) 最高の叡智の安楽を得て，6) 多大なる法の根幹，すなわち遥かにすぐれて恒常なる身体であり，［十力・四無畏等の］浄善の蓄積を得て，7)［すべての］習気の止滅を得て 8) 有（生死輪廻の存在）と 寂滅（涅槃）とからの解放を得るのである。||Ⅱ.9

その中，1) この［大乗の］教法に対して信解したまさにその段階において，福徳の大きな集合を得るのである。2) 発心した段階において，［欲界・色界・無色界の］三界における敬重を得るのである。3) 意図的に生を取った段階において，有（生死輪廻の存在）の安楽を得るのである。4) 現観した段階において，一切衆生を自己と平等であると

---

[19] MSA Ⅱ.9 偈・世親釈は梵文の欠損箇所であり，イタリックは還元梵文である。偈頌と一部の世親釈は後代の注釈書から回収したものである。詳細は研究会 [2020:32–34] とその翻訳および関連注解を参照のこと。また世親釈に基づき，1)〜8）の番号を偈頌にも付した。

受け入れることによって，苦の大きな集合の鎮静を得るのである。というのは，これによって［苦の大きな集合を］鎮めるから鎮静というのである。5) 無生法忍を得た段階において，［つまり，第八地において］最高の叡智の安楽を得るのである。6) 現前に正覚した段階において, 多大なる法の根幹などを得るのである。この中で,「多大なる法の根幹」とは，諸仏の教法の身体であり，それは，［十二部経などの］経典等の限りない教法にとっての鉱脈であるからである。［それは］すべての教法の中で最高であるから「遥かにすぐれて」というのであり，尽きることがないから「恒常な」というのである。十力や四無畏等の善なる諸の特質 (法) が積まれているから,「浄善の蓄積」というのである。7) そのような［根幹であり蓄積である］この身体において,［すべての］習気 (潜在余力) の止滅を得るのである。 そして，8) 生死輪廻にも涅槃にも住着しないのであるから，有（生死輪廻の存在）と寂滅（涅槃）とからの解放を得るのである。以上の八種が「証得することの意味」である。

この「證得することの意味」の詳細は研究会 [2020] に譲る。その研究会 [2020:67–68, 注解(35), 図 K] に提示されているように，世親釈や無性・安慧および後代の注釈を参照すると，この「證得することの意味」八種と菩薩の十地との対応は以下のように要約される。

1) 信解・2) 発心 – 信解行地（初地に悟入する以前),

4) 現観 – 初地

5) 無生法忍 – 第八地

6) 現前正覚 – 第八地〜第十地

7) 習気の断滅 – 第八地〜第十地／仏地

8) 無住処涅槃 – 仏地

3) 故意受生については不詳であるが，Paricaya 釈によれば初地に対応するという（上掲研究会 [2020] 図 K 参照)。いずれにしてもこの八種の「證得することの意味」と菩薩の修行階梯の対応は上記第 IV 章第 2 偈同様,

(1)初地以前 – 1) 信解・2) 発心,

(2)初地［〜第七地］– 4) 現観,

(3)第八地〜第十地 – 5) 無生法忍，6) 現前正覚，7) 習気の断滅,

(4) 仏地–7) 習気の断滅，8) 無住処涅槃

の四段階に分類することができる。また第八地において無生法忍が獲得されると規定されていることも重要である。

[2] 第 XIX章「功徳品」第 63 偈は「菩薩の分析に関する十偈」(bodhisattvavibhāge daśa ślokāḥ) の最初の偈であり，五種類の菩薩が説かれているが，それらは十地の階梯に対応して次のように説かれている。

ādhimokṣika ekaś ca śuddhādhyāśayiko 'paraḥ |
nimitte cānimitte ca cāry apy anabhisaṃskṛte |
bodhisatvā hi vijñeyāḥ pañcaite sarvabhūmiṣu || XIX.63||

tatra nimittacārī dvitīyāṃ bhūmim upādāya yāvat ṣaṣṭhyāṃ | animittacārī saptamyāṃ | anabhisaṃskāracārī pareṇa | śeṣaṃ gatārthaṃ |

1) 第一は信解を有するもの，次は 2) 清浄で勝れた意欲を有するもの，また 3) 因相において［菩薩行を］実践するもの，4) 無因相において［菩薩行を］実践するもの，さらに 5) 作為なきにおいて［菩薩行を］実践するもの。菩薩は実にあらゆる地にわたってこれら五［種類］であると知るべきである。（XIX .63）

ここで，3) 因相において［菩薩行を］実践するものとは第二地から第六地においてである。4) 無因相において［菩薩行を］実践するものとは第七地においてである。5) 作為なきにおいて［菩薩行を］実践するものとは，それ以上（第八地～第十地）である。その他は意味が明白である。

ここでは菩薩は五種の階梯に分類されている。

1) 信解を有するもの — 信解行地の菩薩
2) 清浄な意欲を有するもの — 初地の菩薩
3) 有因相の菩薩行を実践するもの — 第二地から第六地の菩薩
4) 無因相の菩薩行を実践するもの — 第七地の菩薩，
5) 作為なくしてすなわち無功用に菩薩行を実践するもの — 第八地～第十地の菩薩

ここでは菩薩の分類のため(4)仏地を省いている。また初地および第七地を独立の項目として扱っているが，基本的には上記の第 IV 章第 2 偈の四分類に沿ったものである。留意すべきは第六地までの菩薩行は有因相を対象とし第七地以降は無因相を対象とすると説かれ，また第八地以降は無功用とされるなど，有因相・無因相，有功用・無功用が菩薩の階梯を分かつ重要な概念として示されていることである。

[3] 第 XX 章「行住品」第 6 偈は五種類の「勝れた意欲」(adhyāśaya) を説く。優れた意欲を有する五種類の菩薩のうち，当面の課題に関連するのは後半三種の菩薩である。紙面の都合もあり，該当する偈頌と世親釈を引用する。

aśuddhaś ca viśuddhaś ca suviśuddhaḥ sarvabhūmiṣu ||XX.6 ef ||

aśuddhādikās trayo 'dhyāśayā apraviṣṭānāṃ bhūmipraviṣṭānāṃ avinivartanīyabhūmiprāptānāṃ ca yathākramaṃ veditavyāḥ |

さらに未浄なると，清浄なると，極清浄なると（の勝れた意欲）がすべての階位においてある。(XX.6 ef)

未浄等の三つの勝れた意欲は，順次，1) 未だ [地に] 悟入していないもの，2) 既に地に悟入したもの，及び 3) 不退転地に到達したものに属すると知るべきである。

優れた意欲を有する菩薩と十地の対応は以下のように要約される。

1) 未浄な意欲のもの – 入初地以前の菩薩

2) 清浄な意欲のもの – 初地～第七地の菩薩

3) 極清浄な意欲のもの – 不退転地（第八地以降）の菩薩

優れた意欲を有する菩薩の分類であるため，上記第 XIX 章第 63 偈同様，第 IV 章第 2 偈の基本的な四分類の⑷仏地を除く三項目の分類が説かれ，さらに⑶第八地以降は不退転地（第八地に悟入した菩薩は第七地以下に退転することはない）と規定されている[20]。

[4] 第七地を契機として第八地へ悟入すると，自他の区別（衆生と菩薩，菩薩相互間など）がなくなり，その修習のあり方は「混じり合い円融する」(miśra-upamiśra) とされる。菩薩の miśra-upamiśra についてはすでに論じたように[21]，第 XVII 章第 8 偈，第 XVIII章第 44 偈，第 XX 章第 12 偈，16 偈などで述べられているが，いずれも第七地から第八地への悟入において修行者菩薩たちもその修習と獲得される結果も「混じり合い円融する」のである。たとえば第 XVII 章第 8 偈の安慧釈に「一人の菩薩がある衆生を成熟させる時，そこに居合わせる他の菩薩もその衆生を成熟させているから，あらゆる行為は「混じり合い」(miśra) という。一人の菩薩が如来を供養する時，そこに居合わせるすべての菩薩もまたその如来を供養するのである。それゆえ「円融」(upamiśra) と言うのである。」と説かれている如くである[22]。さらにその悟入において，有因相から無因相へ，有功用から無功用への転換が強調されている。

この miśra-upamiśra に関連して注目すべきは，第七地から第八地へ悟入する道が「一行道」(ekāyana-patha) として説かれていることである。第 XX 章第 12cd・13ab 偈を見てみよう。

ekāyanapathaśliṣṭhā ’nimittaikāntikaḥ pathaḥ ||XX.12cd||
animitte ’py anābhogaḥ kṣetrasya ca viśodhanā | XX.13ab

saptamyāṃ miśropamiśratvena ekāyanapathasyāṣṭamasya vihārasya śliṣṭa ānimittikaikāntiko mārgaḥ | aṣṭamyām animitte ’py anābhogo nirabhisaṃskārānimittavihāritvād buddha-kṣetrapariśodhanā ca |

---

(20) 第八地以降が不退転地であることは，XIX.62, XX.16, XX.41 にも説かれている。そのうち XX.41「獲得の区別」(prāptivibhāga) では，地の獲得に四種を数える。入地以前に二種の獲得（信による獲得と行による獲得，両者とも信解行地），通暁 (prativedha) による初地の獲得，完成 (niṣpatti) による不退転地（第八地～第十地）の獲得である。ここでも菩薩の階梯を入地以前，初地（～第七地），第八地以降に大別して論じていることが分かる。

(21) 早島理 [2013] 参照。

(22) 上掲早島理 [2013：7] 参照。

唯一同一の道に直結し無相なることに一向専念する道である。(XX.12cd)
無因相なることにも無功用であり，また仏国土の浄化である。(XX.13ab)

第七［地］おいて，他の［諸菩薩と］混じり合い (miśra),［第八地の他の諸菩薩と］融合する (upamiśra) ことにより唯一同一の道である第八住へと直結し，無相なることに一向専念する道がある。第八［地］において，意図的な努力なくして無因相なることに安住するから，無因相なることにも無功用である。また仏国土を浄化するのである。

このように第七地から第八地へ悟入する道は ekāyana-patha と称される。それは第Ⅳ章第 19 偈世親釈に「その地（第八地）に属する菩薩たちは，為すべきことを為すという点で区別がないから，同一行である」(ekāyanatvaṃ tadbhūmigatānāṃ bodhisattvānām abhinnakāryakriyātvāt|) とあるように，第八地に悟入するすべての菩薩が通過する同じ道なので「同一」であり，この道のみを経て第八地に悟入するので「唯一」であり，さらに第 XX 章第 37 偈では「一人が行くだけの狭い困難な道」なので「唯一（人)」とする。また上記第 XX 章第 12 偈世親釈の「第七地において... 第八住へと直結し」に対し安慧が「菩薩の第七地の特質は第八地の唯一同一の道に直結し... 」（P. 281ab, 早島理 [2013：11]）と注釈するように，第七地から第八地への悟入は極めて近接しているとされる。それ故，第七地は，時に初地～第七地に分類され，時に第八地のグループに編入され，時に単立で論じられるのである。

以上検討してきたように，MSA における菩薩道の階梯は，第Ⅳ章第 2 偈などが提示するように(1)入地以前，(2)初地～第七地，(3)第八地～第十地，(4)仏地の四種に分類される。また同じく十地の階梯であるが，(3)第七地以前と(4)第八地以降とに大別される。両者には無生法忍の獲得，有因相と無因相，有功用と無功用，miśra-upamiśra の完遂など根本的な差異があり，前者から後者への転入は修行道における根本的な転換と見なすことができよう。さらにこの第七地から第八地へ悟入する過程は，ekāyana-patha として種々に論じられている。このように，第七地以前と峻別される第八地は，上述のように第 IV 章第 2 偈では「異熟したもの」(vaipākya 偈，vaipākika 世親釈）と説かれている。この「異熟したもの」(vaipākya) については章を改めて考察することにする。

四　異熟したもの (vaipākya)

これまでにも確認してきたように第 IV 章第 2 偈では四種の発心が説かれるが，第八地の発心は「異熟したもの」(vaipākya) と言われる。周知のように「異熟」(vipāka) の考えは，「等流」(niṣyanda) とともに，瑜伽行派の論書ではもともと迷いの存在である阿頼耶識について用いられる概念の一つである。阿頼耶識における異熟の考えは，『摂大乗論』「所知依分」（MSg I.19）に説かれる二種の阿頼耶識縁起のうち継時的な縁起を意味する「分別愛非愛縁起」

(*iṣṭāniṣṭa-vibhāgika-pratītyasamutpāda)（長尾 [1982:148-151] 参照）に対応し，「異熟とは，現在の生における煩悩や業によって，次の生においてその果報が熟することで，輪廻転生のあり方にほかならない」（長尾 [1987:260-261] 参照）のである。蛇足ながら，阿頼耶識縁起のもう一方の「分別自性縁起」(*svabhāva-vibhāgika-°)は，深層の阿頼耶識と現象識である前六識（すなわち現象世界）との相互の同時因果的な縁起であり，等流の関係にある。

さて，無分別智を得て初地に悟入した菩薩にとって，特に無功用にして無因相であり無生法忍を体得するなどの働きを有する第八地以降の菩薩にとって，無分別智が輪廻をもたらす異熟因であることはありえない。このことは『摂大乗論』（MSg VIII.10）の「果報の熟すること」(*vipāka) について上記の長尾 [1987] が言及する如くである。にもかかわらず第八地以降について，「異熟」と説くのは何故であろうか。あるいは，第七地までに積み上げて来た菩薩行（因）がまったく別なあり方へと熟してその果報として第八地へ悟入するという意味で，単に「異熟」と用いたのであろうか。ただ、初期瑜伽行派の論書で阿頼耶識や輪廻転生の考え方と無関係なこのような「異熟」の用法は，筆者寡聞にして未詳である。

この第 2 偈「(3) **異熟したもの**」(vaipākya) について無性釈は何も語らず，安慧は

> 「(3) **異熟したものであり**」というのに関して，第八・第九・第十地における，菩提への発心について，異熟の菩提心といわれる。なぜかというと，それらの地において，無功用なる無分別智を獲得することによって，布施を初めとする諸波羅蜜をも，努力することなく無功用に行ずるから，「異熟の発心」といわれる[23]。

と釈するのみで，無分別智に依拠する発心が何故「異熟の菩提心」と言われるのか審らかではない。

また MSA の同じ第 IV 章第 15-20 偈は「発心の偉大性」を二十二種の比喩をもって説くが，第 21 の「大河の流れの比喩」(mahānadī-śrota-sadṛśa) に対して無性は

> ［**(21) 一行道を伴う発心は，河の流れのようである。**］**無生法忍を得る**［**第八地の**］**時に，自然に生じるからである**とは，第八地において，菩薩は「一切法は不生である」という異熟生（*vipākaja）の知が自然に生じるから，一切法を知るのである。初地を証得する時にも彼（菩薩）はそのように知るが，第八地においては，大海に放たれた大船と同じように，［一行道を伴う発心が］自然に生じるという道を得るから，無生法忍［を得る］という。

と注釈している。ここでは第八地において無功用に生じる「一切法は不生である」という無生法忍を「異熟生（*vipākaja）の知」という。しかし無生法忍という無分別智に属するものがなぜ「異熟」といわれるのか，その説明はない。なお安慧はこの第 21 番目の「大河の流れの比

[23] MSA 第IV章の安慧釈・無性釈に関しては，本書の該当する和訳とその注記を参照されたい。

喩」の釈で「異熟」とする理由には触れていない。

このように第八地における無分別智のはたらきを「異熟」とすることについて，世親も無性も安慧も何ら直接説明することはない。同じく無分別智であるが，四善根位で四種の三昧により初地入見道で無分別智を證得する過程を再度検討し，それを手がかりにこの問題を考察してみよう。

四善根位では順次に所取・能取という分別・執着を断滅する（入無相方便相）という修習を経て初地において無分別智を体得する。この修習では所取・能取という分別・執着を断滅することが原因で，その結果，分別を超脱した無分別智の体得がある。この修習とその果の体得とはいわば等流の因果関係に対応する。菩薩が世俗の分別知を断滅する修習を因として無分別智の證得という果を獲得するのである。おそらく，四善根位での入無相方便相の修習（因）と初地での無分別智の体得（果）との関係のように，初地から第六地もしくは第七地まで，各地での修習（因）とその結果としてより上位の地の獲得は同様のつながり（ある種の等流関係）と想定される。しかし，第七地までに既に体得した無分別智が第八地にいたって無功用にして無因相なあり方で働く状況への変質・転換（結果）する原因を，それ以前の第七地までの修習に直接あるいは個別的に求めて断定することは難しい。換言すると第七地までの具体的なあれこれの修習が原因となって，第八地での無生法忍の獲得や無功用で無因相なあり方をした無分別智の働きが結果として生じるという，等流的な因果関係を確定することは困難である。

そうではなく，第七地までの修習の無限の積み重ねすべてが全く異質なものへと成熟し，その結果菩薩の存在そのもの，菩薩としてのはたらき全てが根本的に別様なあり方へと変質し転換する，その転換の成就したのが第八地であると受け止めざるをえなかったのであろう。それはある種の轉依の状況であるのだが，MSA は「轉依」とは言わずあえて「異熟」と言い表した，あるいは「異熟」としか言いようがなかったのではなかろうか。上述の異熟の説明にしたがえば，第七地までに積み上げてきた無限無量の修習によって，次の第八地においてその果報が別様に熟することを，輪廻転生のあり方である異熟に倣って仮に「異熟」と表現したと想定せざるをえないのである。繰り返すが，第七地までと第八地以降では，修行項目や修行内容が変わるだけではなく，修行者菩薩のあり様そのものが根本的に変質し転換するのであり，そのことを「異熟」と表現したのである。したがって，先にも述べたようにこの「異熟」は，修行者菩薩のありようが根本的に別様に変質転換するという意味で「轉依」に極めて近いものである。しかし MSA で轉依とは，初地での世間的な分別知から出世間の無分別智への，智の根本的全面的な変質転換であり（初地の轉依），あるいは修行者菩薩から覚者仏への究極の轉依の二回だけである。同じ十地の階梯内での修行者菩薩の転質であることを考慮して「轉依」とは言わず敢えて「異熟」と言い表したと思われる。

繰り返すが，第八地における無分別智の働きは，無生法忍を体得して有因相から無因相へ，有功用から無功用への転換であり，「轉依」と定義づけることが可能な内容である。それを MSA はあえて「異熟」と位置付けたのである。さらにこの MSA の「異熟」を継承して，この階梯での転換を「無相の轉依」と定義づけたのが『摂大乗論』である（MSg IX.2A）。そこでは六種の轉依が説かれているが，上述したように（注 4. 参照）この六種のうち，後半の二種は声聞と菩薩の轉依の区別であるから，菩薩の十地に関しては四種の轉依が説かれることになる。『摂大乗論』におけるこの四種の轉依は，MSA の「異熟」を含む四種の分類（第 IV 章第 2 偈）を轉依として継承したと受け止めることができよう。その四種の轉依は長尾 [1978:303-308] に従うと次のように要約される。

1. 聞薫習による凡夫の轉依
2. 初地～第六地における通達による轉依
3. 第七地～第十地における修習による無相（*nimitta-akhyāna）の轉依
4. 仏地における轉依，仏果を證得し，相に対して自由自在である

『摂大乗論』は，凡夫の段階で仏道に帰依し信解し発心すること，すなわち仏道に踏み出す第一歩を，仏道に無関心なあり方から仏道へと舵を切ったという意味で「轉依」と位置付ける。その凡夫の轉依を含む四種の轉依を説く。ここでは，第七地を 3. のグループに数える（第七地は MSA 第Ⅳ章第 2 偈では⑵初地～第七地に分類される）。しかし「無相」の視点からすると，上記第 IV 章第 2 偈の四区分と基本的には同じ内容である。このように MSA における⑴入地以前，⑵初地の轉依，⑶第八地における異熟，⑷仏地における究極の轉依という四分類を，『摂大乗論』では四種とも轉依と位置付けたのである。つまり修行階梯の節目節目の四回の転換を「轉依」と位置付けたことになる。これは菩薩の修行階梯における「絶えざる轉依」と受け止めることができよう。

この「絶えざる轉依」の思想は上記「五瑜伽地」では見られなったものである。五瑜伽地では轉依は最終段階の仏果證得で一度のみ説かれていた。しかし MSA は五瑜伽地を継承しつつ，菩薩の五道に十地の思想を導入し，初地の轉依，第八地における「異熟」という転換，仏地での究極の轉依という，新たなそしてより豊かな菩薩の修行階梯を構築したのである。その四種の転換を『摂大乗論』は轉依と位置付けたのである。

繰り返すが，修行階梯の節目節目で修習がもたらす転換を繰り返し実践することは，先に引用した第Ⅳ章第 2 偈では「絶えざる発心」として菩薩の修行階梯に組み込まれていた。さらに「絶えざる帰依・発心」乃至「絶えざる轉依」は同一内容の繰り返しではなく，菩薩の階位に応じて「帰依・発心」乃至「轉依」の内実がより高度になり，より深化したものになる過程でもある。

このように MSA の菩薩道とは，「帰依・発心」乃至「轉依」が，単なる通過儀礼としての一度きりのそれではなく，修行階梯の節目節目でその内容がより高度にまたより深化するように，確認と決意と宣誓とを絶えず繰り返し実践する，「絶えざる帰依・発心」乃至「絶えざる轉依」の道なのである。

本篇

- 『大乗荘厳経論』第Ⅳ章の梵文校訂テキスト
  および和訳

- 『大乗荘厳経論』第Ⅳ章・世親釈チベット訳テキスト

- 『大乗荘厳経論』第Ⅳ章・漢訳テキスト

- 『大乗荘厳経論』第Ⅳ章・無性釈チベット訳テキスト
  および和訳・注解
- 『大乗荘厳経論』第Ⅳ章・安慧釈チベット訳テキスト
  および和訳・注解

凡例

1. 梵文校訂テキストについて
   - レヴィ刊本（E^{L}）を底本とし，レヴィ自身が仏訳において施した訂正（E^{L2}），長尾[2007a] による校訂テキスト（E^{N}），および舟橋 [1988] による訂正（E^{F}）を参照した上で，現在我々が入手しうる全ての写本および新出の梵文註釈にもとづき，新たに校訂を加えた。ただし写本の異読に関する注記は，Ns, Nk, N2, B, Vairocana 注および Paricaya 所引本文にとどめた。また，底本に記される句読記号（daṇḍa, |, ||）については，文脈の理解に応じて適宜に取捨した箇所があるが，一々注記しない。

     Ns: folia 13a4-18a3
     Nk: folio 4b3-6 (IV.1-4abc), [folio 5 欠], folio 6a1-6b6 (IV.19bcd-IV. 28)
     N2: folia 15b5-21b4
     B: folia 15a8-21b2
     E^{L}: p. 13 l.19-p. 19 l.9
     E^{L2} : p. 32 n. 1.2, p. 37 n. 15.1, p. 44 n. 21.1
     E^{N}: pp. 85-113
     ＊諸写本等の略号は本書巻末の一覧を参照。
   - テキスト改訂・異読表記の例

     dr̥ṣṭa eva dharme Ns N2 B E^{F} cf. tshe ’di nyid Tib. : dr̥ṣṭa iva dharme E^{L} E^{N}

     コロン (:) の左側に校訂後の梵文とその根拠を挙げる。採用しなかった写本の異読は一々示さない。cf. はテキスト校訂についての写本以外の二次的根拠（蔵訳等）を示す。
   - 梵語表記は，底本および写本を基本とし，必ずしも正書法に準拠していない。なお sattva などについては子音重複の標準化を行った。
2. 和訳について
   - 和訳は，上記の梵文校訂テキストに依り，無性と安慧の複註を参照した。
   - 偈はボールドで表記した。
   - 世親釈およびそれに準拠した注釈書の分節にしたがって章節を区分し，それぞれに適切な見出しを付した。
   - ［　　］は，原則として註釈にもとづく，原文にない補いの語句を示す。
   - （　　）は，指示代名詞などの内容や同義語を示す。

『大乗荘厳経論』第Ⅳ章「菩薩の発心」
梵文校訂テキストおよび和訳

本章目次

この目次は Jñānaśrīの『荘厳経論要義』*mDo sde rgyan gyi don bsdus pa*（*Sūtrālaṃkāra-piṇḍārtha*；以下『要義』）が与える本章のシノプシスに準拠して作成したものである。『要義』該当箇所の原文と訳を下に示すが，この『要義』による十三節への分節は全く世親釈に従ったものであるため，括弧内に世親釈当該箇所の原文と和訳を補記した。また，同書序論部分の記述によれば，先行する第Ⅲ章「種姓」は第Ⅱ章「大乗への帰依」（Śaraṇagamana-adhikāra）の素因（nye bar len pa'i rgyu, *upādāna-kāraṇa）であり，本章は「大乗への帰依」の縁（rkyen, *pratyaya）であるという。菩薩の種姓という素因を具えた者が，発心することを縁として，第Ⅰ章で仏説としての正統性を確立された大乗への帰依を果たし，第Ⅴ章以下で詳述される菩薩行の修学へと向かうというのが，『要義』が示す本論の綱格である。なお，末尾で第 2 偈を「現観の区別」としているのは，同偈で発心を十地に配当していることを指すものと思われる。

『要義』の詳細は野沢 [1938]，資延 [1974] を参照されたい。著者 Jñānaśrī具名 Jñānaśrībhadra はカシュミールからチベットに来錫した学僧で，活動期間は 11 世紀中葉から後葉と推定されている。彼の経歴と事績については羽田野 [1974] に詳しい。

[De. ed. No. 4031, Bi 183b4-189b2 ; Pek. ed. No. 5533, Tshi 12b5-19b7]
mDo sde rgyan gyi don bsdus pa (*Sūtrālaṃkāra-piṇḍārtha*)
Jñānaśrī著
Chos kyi brtson 'grus 訳

[De. 186a5–b1; Pek. 15b8-16a4]

de'i rkyen nang gi tshul bzhin yid la byed pa'i bdag nyid **Sems bskyed pa** rnam pa bcu gsum ste | 1) mtshan nyid dang | 2) rab tu dbye ba dang | 3) rnam par gzhag pa dang | 4) yang dag par blangs pa brda las byung ba dang | 5) don dam pa dang | 6) dpe'i che ba dang | 7) sems ma bskyed pa smad pa dang | 8) bskyed pa bsngags pa dang | 9) mi byed pa'i sdom pa 'thob pa dang | 10) sems mi ldog pa dang | 11) sdug bsngal gyis mi 'jigs pa dang | 12) sems can yal bar mi 'dor ba dang | 13) le lo mi rigs pa'o ||

bsdu na gnyis te | mtshan nyid dang | dbye ba'o || de la drug ste | i) mngon par rtogs pa'i dbye ba dang | ii) rnam par gzhag pa'i dbye ba dang | iii) brdar btags don dam gyi dbye ba dang | iv) dpe'i sgo nas dbye ba dang | v) skyon dang yon tan gyi sgo nas dbye ba dang | vi) las kyi sgo nas dbye ba'o ||

【第Ⅳ章の要義】

それ（大乗に帰依すること）の縁である，内的な如理作意を自体とする「発心」［の章］は十三節からなる。

⑴ ［発心の］特徴（MSABh: cittotpādalakṣaṇe ślokaḥ「発心の特徴に関して一偈がある。」）（第 1 偈）
⑵ ［発心の］区別（MSABh: cittotpādaprabhede ślokaḥ「発心の区別に関して一偈がある。」）（第 2 偈）
⑶ ［発心の］確定（MSABh: cittotpādaviniścaye cattvāraḥ ślokāḥ「発心の確定に関して四偈がある」）（第 3〜6 偈）
⑷ 誓言による世俗的［発心］（MSABh: samādānasāṃketikacittotpāde ślokaḥ「誓言による世俗的発心に関して一偈がある。」）（第 7 偈）
⑸ 勝義的［発心］（MSABh: pāramārthikacittotpāde sapta ślokāḥ「勝義的発心に関して七偈がある」）（第 8 〜14 偈）
⑹ 譬喩の偉大性（MSABh: aupamyamāhātmye ṣaṭ ślokāḥ「譬喩によって表されるもの（世俗と勝義の二種発心）の偉大性に関して六偈がある。」）（第 15〜20 偈）
⑺ 発心しないことへの譴責（MSABh: cittānutpādaparibhāṣāyāṃ ślokaḥ「発心しないことへの譴責に関して一偈がある。」）（第 21 偈）
⑻ 発［心］の讃嘆（MSABh: cittotpādapraśaṃsāyāṃ durgatiparikhedanirbhayatām upādāya ślokaḥ「発心の讃嘆に関して，悪趣と厭倦を恐れないという点から，一偈がある。」）（第 22 偈）

⑼ 不作律儀を得ること（MSABh: akaraṇasaṃvaralābhe ślokaḥ「不作律儀を得ることに関して一偈がある。」）（第 23 偈）
⑽ ［菩提］心が退転しないこと（MSABh: cittāvyāvṛttau ślokau「［菩提］心が退転しないことに関して二偈がある。」）（第 24・25 偈）
⑾ 苦を怖畏しないこと（MSABh: duḥkhatrāsapratiṣedhe ślokaḥ「苦に対する怖畏の否定に関して一偈がある。」）（第 26 偈）
⑿ 衆生に対して無関心でないこと（MSABh: sattvopekṣāpratiṣedhe ślokaḥ「［菩提心を有する菩薩が］衆生に対して無関心であることの否定に関して一偈がある。」（第 27 偈）
⒀ 怠惰の不宜なること（MSABh: kauśīdyaparibhāṣāyāṃ ślokaḥ「怠惰を譴責することに関して一偈がある。」）（第 28 偈）

［以上を］要約すると二つであり，特徴（第 1 偈）と区別（第 2 偈以下）である。それ（区別）には六つある。
（i）現観の区別 (*abhisamaya-prabheda)（第 2 偈）
（ii）確定の区別 (*viniścaya-prabheda)（第 3～6 偈）
（iii）世俗と勝義の区別 (*sāṃketika-paramārtha-prabheda)（第 7 偈および第 8 ～14 偈）
（iv）譬喩にもとづく区別 (*aupamyamukha-prabheda)（第 15～20 偈）
（v）過失と功徳にもとづく区別 (*doṣaguṇamukha-prabheda)（第 21・22 偈）
（vi）業にもとづく区別 (*karmamukha-prabheda)（第 23～28 偈）
である。

Mahāyānasūtrālaṃkārabhāṣya

第Ⅳ章

Cittotpādādhikāra

「発心の章」
漢訳：発心品第五

1. 発心の特徴（第 1 偈）

[Ns 13a4–13b1, Nk 4b3-4, N2 15b5-16a3, B 15a8-15b5]

cittotpādalakṣaṇe ślokaḥ |

mahotsāhā mahārambhā mahārthātha mahodayā |
cetanā bodhisattvānāṃ dvayārthā cittasaṃbhavaḥ || IV.1 ||

mahotsāhā saṃnāhavīryeṇa gambhīraduṣkaradīrghakālapratipattyutsahanāt[(1)] | mahārambhā yathāsaṃnāhaprayogavīryeṇa | mahārthātmaparahitādhikārāt | mahodayā mahābodhisamudāgamatvāt | so 'yaṃ trividho guṇaḥ paridīpitaḥ puruṣakāraguṇo dvābhyāṃ padābhyām arthakriyāguṇaḥ phalaparigrahaguṇaś ca dvābhyām | dvayārthā mahābodhisattvārthakriyālambanatvāt | iti triguṇā dvayālambanā ca cetanā cittotpāda ity ucyate || [ad k. 1]

2. 発心の区別（第 2 偈）

[Ns 13b1-3, Nk 4b4-5, N2 16a3-4[(2)], B 15b5-8]

cittotpādaprabhede ślokaḥ |

series cittotpādo 'dhimokṣo 'sau śuddhādhyāśayiko 'paraḥ |
vaipākyo bhūmiṣu matas tathāvaraṇavarjitaḥ || IV.2 ||

caturvidho bodhisattvānāṃ cittotpādaḥ | ādhimokṣiko 'dhimukticaryābhūmau | śuddhādhyāśayikaḥ saptasu bhūmiṣu | vaipākiko 'ṣṭamyādiṣu | anāvaraṇiko buddhabhūmau || [ad k. 2]

---

(1) °pratipattyutsahanāt Ns B E^{L2} E^{N} : °pratipakṣotsahanāt E^{L}.
(2) N2 は第 2 偈釈途中から末尾まで 1 行分の欠落あり。

1. 発心の特徴（第 1 偈）

発心の特徴に関して一偈がある。

⑴大いなる士気[(1)]があり，⑵ 大いなる奮闘があり，⑶ 大いなる目的があり，⑷ 大いなる達成があり，⑸ 二つの対象がある，諸菩薩の意思が心の生起（発心）である。

（第 1 偈）[(2)]

「⑴ 大いなる士気があり」とは，被甲精進によってである。甚深なるもの（大乗の教法）を理解すること（pratipatti）と難行を長時にわたり実践すること（pratipatti）とに対する士気だからである[(3)]。

「⑵ 大いなる奮闘があり」とは，被甲［精進］通りの加行精進によってである[(4)]。

「⑶ 大いなる目的があり」とは，自利利他を目標とするからである。

「⑷ 大いなる達成がある」とは，大菩提の証得があるからである。

それ故に次の三種の功徳が示されている。［すなわち，初めの］二語によって (i) 英雄的行為という功徳が［示され］，［続く］二［語］によって (ii) 利益を為すという功徳と (iii) 果を獲得するという功徳が［示されている］。

「⑸ 二つの対象がある」とは，大菩提と衆生利益を為すこととを所縁（認識対象）とするからである。

以上のように，三つの功徳があり二つの所縁のある意思が発心と言われる。

＜第 1 偈釈＞

2. 発心の区別（第 2 偈）

発心の区別に関して一偈がある。

その発心は，諸地において，⑴ 信解［に基づくもの］であり，さらに ⑵ 清浄な増上意楽に基づくものであり，⑶ 異熟したものであり，また，⑷ 障礙のないものと考えられる。（第 2 偈）[(5)]

諸菩薩の発心は四種である。⑴ 信解行地においては信解に基づくものであり，⑵［初地から第七地までの］七つの地においては清浄な増上意楽に基づくものであり，⑶ 第八［地］以降においては異熟したものであり，⑷ 仏地においては障礙なきものである[(6)]。

＜第 2 偈釈＞

3. 発心の確定（第 3〜6 偈）

[Ns 13b3–14a3, Nk 4b5-6[3], N2 15b5-16b7, B 15b8-16b3]

cittotpādaviniścaye catvāraḥ ślokāḥ |

karuṇāmūla iṣṭo[4] 'sau sadāsattvahitāśayaḥ |
dharmādhimokṣas tajjñānaparyeṣṭyālambanas tathā || IV.3 ||
uttaracchandayāno 'sau pratiṣṭhodārasaṃvṛtiḥ[5] |
utthāpanā vipakṣasya paripantho 'dhivāsanā || IV.4 ||
śubhavṛddhyanuśaṃso 'sau puṇyajñānamayaḥ sa hi |
sadāpāramitāyoganiryāṇaś ca sa kathyate || IV.5 ||
bhūmiparyavasāno 'sau pratisvaṃ tatprayogataḥ |
vijñeyo bodhisattvānāṃ cittotpādaviniścayaḥ || IV.6 ||

tatrāyaṃ[6] viniścayaḥ | kiṃmūla eṣa caturvidho bodhisattvānāṃ cittotpādaḥ kimāśayaḥ kimadhimokṣaḥ kimālambanaḥ kiṃyānaḥ kiṃpratiṣṭhaḥ kimādīnavaḥ kimanuśaṃsaḥ kiṃniryāṇaḥ kiṃparyavasānaś ceti[7] |

āha | karuṇāmūlaḥ | sadāsattvahitāśayaḥ | mahāyānadharmādhimokṣaḥ | tajjñānaparyeṣṭyālambanaḥ paryeṣṭyākāreṇa[8] tajjñānālambanāt | [ad k. 3]

uttarottaracchandayānaḥ | bodhisattvaśīlasaṃvarapratiṣṭhaḥ | paripanthādīnavaḥ[9] | kaḥ punas tatparipantho vipakṣasyānyayānacittasyotthāpanādhivāsanā ca |[10] [ad k. 4]

puṇyajñānamayakuśaladharmavṛddhyanuśaṃsaḥ | sadāpāramitābhyāsaniryāṇaḥ | [ad k. 5]

bhūmiparyavasānaś ca pratisvaṃ bhūmiprayogāt | yasyāṃ bhūmau yaḥ prayuktas tasya tadbhūmiparyavasānaḥ || [ad k. 6]

---

(3) 偈本 Nk は第 5 葉を欠くため、第 4 偈 d 句から第 19 偈 a 句まで欠文。
(4) iṣṭo Ns Nk N2 B E^{N} : iṣṭho E^{L}
(5) °ṣṭhodārasaṃ° Ns Nk N2 E^{N} E^{F} cf. 大護 Ch., sdom pa rgya chen Tib. : °ṣṭhā śīlasaṃ° E^{L}, °ṣṭhodālasaṃ° B
(6) tatrāyaṃ E^{N} cf. de la Tib. : ++yaṃ Ns N2 B tathāyaṃ E^{L},
(7) °sānaś ceti Ns N2 B : °sāna iti E^{L} E^{N}
(8) °paryeṣṭyālambanaḥ paryeṣṭyākāreṇa Ns N2 E^{N} E^{F} : °parye || || lambanaḥ parya || || kāreṇa B °paryeṣṭy-ākāreṇa E^{L}
(9) °panthādī° Ns N2 B : °pantha ādī° E^{L} E^{N}
(10) ca Ns N2 B E^{N}: vā E^{L}

3. 発心の確定（第3～6偈）

発心の確定に関して四偈がある[7]。

それ（発心）は，⑴悲を根本とし，⑵常に衆生を利益する意楽を伴い，⑶［大乗の］教法への信解を伴い，同様に，⑷その知を探求［というあり方］によって所縁とするものであると考えられる。（第3偈）[8]
それ（発心）は，⑸より上への欲求を乗り物とし，⑹［それの］基盤は広大な律儀である。⑺［それにとっての］障害は，背反する［心］を引き起こし，容認することである。（第4偈）
それ（発心）は，⑻浄善の増大を利徳とする。実にそれ（浄善の増大を利徳とするもの＝発心）は，福徳と智慧から成る[9]**。また，それ（発心）は⑼波羅蜜を常に実践することを出離とすると説かれる。（第5偈）**
それ（発心）は，⑽地を完結する——それぞれ［地ごと］にそれ（地）における［波羅蜜の］実践によってである。［以上が］諸菩薩の発心に関する確定であると知るべきである。（第6偈）

それ（発心）について，以下のような［問答による］確定がある。諸菩薩のこの四種の発心は，⑴何を根本とするのか，⑵何に対する意楽があるのか，⑶何に対する信解があるのか，⑷何を所縁とするのか，⑸何を乗り物とするのか，⑹何を基盤とするのか，⑺何を災難とするのか，⑻何を利徳とするのか，⑼何を出離とするのか，⑽何を完結するのか。

［これに対して］答える。⑴悲[10]を根本とする。⑵常に衆生を利益することに意楽がある。⑶大乗の教法に対する信解がある。⑷探求というあり方によってその［大乗の教法に関する］知を所縁とするから，「その知を探求によって所縁とする」のである。

＜第3偈釈＞

⑸上へ上への欲求を乗り物とする。⑹菩薩の戒律儀[11]を基盤とする。⑺障害を災難とする。では，それ（菩提心）の障害とは何か。背反するもの，［すなわち］他の乗（二乗）へ向かう心を引き起こし，容認することである。

＜第4偈釈＞

⑻福徳と智慧から成る，善法が増大することを利徳とする。⑼常に波羅蜜を反復修習することを出離とする。

＜第5偈釈＞

⑽そして，それぞれ［地ごと］に地［の波羅蜜］を実践するから，地を完結する。ある者がある地において［波羅蜜を］実践するならば，その者はその地を完結する。

＜第6偈釈＞

4. 世俗的発心（第７偈）

[Ns 14a3–6, N2 16b7-17a4, B 16b3-9]

samādānasāṃketikacittotpāde ślokaḥ |

mitrabalād hetubalān mūlabalāc chrutabalāc chubhābhyāsāt |
adṛḍhadṛḍhodaya uktaś cittotpādaḥ parākhyānāt || IV.7 ||

yo hi parākhyānāc cittotpādaḥ paravijñāpanāt sa ucyate samādānasāṃketikaḥ | sa punar mitrabalād vā bhavati kalyāṇamitrānurodhāt | hetubalād vā gotrasāmarthyāt | kuśalamūlād vā tadgotrapuṣṭitaḥ(11) | śrutabalād vā tatra tatra dharmaparyāye bhāṣyamāṇe bahūnāṃ bodhicittotpādāt | śubhābhyāsād vā dṛṣṭa eva dharme(12) satataśravaṇodgrahaṇadhāraṇādibhiḥ | sa punar mitrabalād adṛḍhodayo veditavyaḥ | hetvādibalād dṛḍhodayaḥ || [ad k. 7]

5. 勝義的発心（第８～14偈）

[Ns 14b1–15a5, N2 17a4-18a4, B 16b9-18a1(13)]

pāramārthikacittotpāde sapta ślokāḥ |

sūpāsitasaṃbuddhe susaṃbhṛtajñānapuṇyasaṃbhāre |
dharmeṣu nirvikalpajñānaprasavāt paramatāsya || IV.8 ||
dharmeṣu ca sattveṣu ca tatkṛtyeṣūttame ca buddhatve |
samacittatopalambhāt(14) prāmodyaviśiṣṭatā tasya || IV.9 ||
janmaudāryaṃ tasminn utsāhaḥ śuddhir āśayasyāpi |
kauśalyaṃ pariśiṣṭe niryāṇaṃ caiva vijñeyam || IV.10 ||

(11) tadgotrapuṣṭitaḥ E^N E^F cf. de'i rigs rgyas pa'i sgo nas Tib. : tadgopuṣṭitaḥ Ns N2 B; tītapuṣṭitaḥ E^L.

(12) dṛṣṭa eva dharme Ns N2 B E^F cf. tshe 'di nyid Tib. : dṛṣṭa iva dharme E^L E^N

(13) 龍大 B 本は本来の 17 葉と 18 葉が入れ替わっており葉番号も逆に記されている。ここでは本来の葉番号として示した。

(14) samacittatopalambhāt Ns N2 B : samacittopālambhāt E^L E^N

4. 世俗的発心（第 7 偈）

誓言による世俗的発心[12]に関して一偈がある。

(1) 師友の力により，(2) 原因の力により，(3)［善］根の力により，(4) 聞［法］の力により，(5) 浄善の反復修習により[13]，他者の説示による発心は不堅固なものと堅固なものとして生じる，と説かれている[14]。（第 7 偈）[15]

実に，他者の説示による，すなわち他者の勧導による発心が，誓言による世俗的［発心］と言われる。さらにそれは，(1) 師友の力により，すなわち善き師友に従うことによって生じる。あるいは，(2) 原因の力により，すなわち種姓の効力によって［生じる］。あるいは，(3) 善根［の力］により，すなわちその[16]種姓の養成によって［生じる］[17]。あるいは，(4) 聞［法］の力により，すなわちあれこれの法門が説かれると，［それを聞いた］多くの者が［次世で］菩提へと発心することによって［生じる］[18]。あるいは，(5) 浄善の反復修習により，すなわちまさに現世で絶えず聴聞し把握し保持するなど［の行為］によって［生じる］。また，(1) 師友の力によるそれ（世俗的発心）は不堅固なものとして生じるが，(2) – (5) 原因などの力による［それ］は堅固なものとして生じると知るべきである。

<第 7 偈釈>

5. 勝義的発心（第 8～14 偈）

勝義的発心に関して七偈がある。

［菩薩が］等覚者に正しく仕え，智慧と福徳との資糧を十分に集積したならば，諸法に対して無分別智が生じるから，これ（発心）は最勝である。（第 8 偈）

(1) 諸法に対して，(2) 衆生に対して，(3) 彼ら（衆生）のために為すべきことに対して，そして (4) 最高の仏たること（仏果）[19]に対して，平等心性を獲得するから，それ（勝義的発心）には勝れた喜びがある。（第 9 偈）

それ（勝義的発心）には [1]［勝れた］生まれがあり，[2] 広大さがあり，[3] 士気があり，[4] また意楽の清浄があり，[5] 残り［の諸地］についての善巧があり，[6] また出離があると知られるべきである。（第 10 偈）

dharmādhimuktibījāt pāramitāśreṣṭhamātṛto jātaḥ |
dhyānamaye sukhagarbhe karuṇā saṃvardhikā dhātrī || IV.11 ||
audāryaṃ vijñeyaṃ praṇidhānamahādaśābhinirhārāt |
utsāho boddhavyo duṣkaradīrghādhvikākhedāt(15) || IV.12 ||
āsannabodhibodhāt tadupāyajñānalābhataś cāpi |
āśayaśuddhir jñeyā kauśalyaṃ tv anyabhūmigatam || IV.13 ||
niryāṇaṃ vijñeyaṃ yathāvyavasthānamanasikāreṇa |
tatkalpanatājñānād avikalpanayā ca tasyaiva || IV.14 ||

prathamena ślokenopadeśapratipattyadhigamaviśeṣaiḥ pāramārthikatvaṃ cittotpādasya darśayati | (ad k. 8)

sa ca pāramārthikaś cittotpādaḥ pramuditāyāṃ bhūmāv iti prāmodyaviśiṣṭatāyās tatra kāraṇaṃ darśayati | tatra dharmeṣu samacittatā dharmanairātmyapratibodhāt | sattveṣu samacittatātmaparasamatopagamāt | sattvakṛtyeṣu samacittatātmana iva teṣāṃ duḥkhakṣayākāṅkṣaṇāt | buddhatve samacittatā taddharmadhātor ātmany abhedapratibodhāt | (ad k. 9)

tasminn eva ca pāramārthikacittotpāde ṣaḍarthā veditavyāḥ | janma audāryam utsāha āśayaśuddhiḥ pariśiṣṭakauśalyaṃ niryāṇaṃ ca | (ad k. 10)

tatra janma bījamātṛgarbhadhātrīviśeṣād veditavyam | (ad k. 11)

audāryaṃ daśamahāpraṇidhānābhinirhārāt | utsāho dīrghakālikaduṣkarākhedāt(16) | (ad k. 12)

āśayaśuddhir āsannabodhijñānāt tadupāyajñānalābhāc ca | pariśiṣṭakauśalyam anyāsu bhūmiṣu kauśalyam | (ad k. 13)

(15) °dīrghādhvikākhedāt Ns N2 Paricaya, cf. Tib-MSABh : °dīrghādhikākhedāt B E^L E^N
(16) dīrgha°Ns N2 B E^N : dīrdha° E^L

[1]［勝義的発心は,］教法への信解という種子（精子）から，最勝の波羅蜜という［生］母より，禅定から成る安楽な［母］胎に生まれる。悲が育成する養母である。（第 11 偈）[20]

[2] 十大誓願[21]**を発起するから**[22]**広大さがあると知られるべきであり，[3] 長時にわたる難行に倦むことがないから士気があると理解されるべきである。（第 12 偈）**

[4] 菩提に近づいたことを理解するから，またそれ（菩提）への方便についての智を獲得するから，意楽の清浄[23]**があると知られるべきである。[5] さらに，他の諸地に関する善巧があると［知られるべきである］。（第 13 偈）**

[6] 出離とは，［『十地経』における］設定の通りに［地を］作意することにより，それ（地の設定）が分別であると知ることから，さらに同じそれ（分別であると知ること）を分別しないことによって，知られるべきである。（第 14 偈）

最初の偈では，勝れた教説と正行と証悟とによって，発心の勝義性を示す。

＜第 8 偈釈＞

［次の偈頌では,］その勝義的発心は歓喜地においてであるから，それ（勝義的発心）に[24]，勝れた喜びがあることの原因を示す。そこで，諸法に対する平等心性は，法無我の証得に基づく。衆生に対する平等心性は，自他の平等性の理解に基づく。衆生のために為すべきことに対する平等心性は，自己の［苦の滅尽を願うの］と同様に，彼ら［衆生］の苦の滅尽を願うことに基づく。仏たること（仏果）に対する平等心性は，彼（仏）の法界と自己とに区別のないことの覚知に基づく。

＜第 9 偈釈＞

また，その同じ勝義的発心には，六つの意味があると知られるべきである。［すなわち］[1]［勝れた］生まれ，[2] 広大さ，[3] 士気，[4] 意楽の清浄，[5] 残り［の諸地］についての善巧，そして [6] 出離である。

＜第 10 偈釈＞

そのうち，[1]［勝れた］生まれとは，種子（精子）と［生］母と［母］胎と養母とが勝れている点から知られるべきである。

＜第 11 偈釈＞

[2] 広大さとは，十大誓願を発起することから［知られるべき］である。[3] 士気とは，長時にわたる難行に倦むことがないことから［知られるべき］である。

＜第 12 偈釈＞

[4] 意楽の清浄とは，菩提に近づいたと知ることから，またその方便についての智を獲得していることから［知られるべき］である。[5] 残り［の諸地］についての善巧とは，［それ以降の］他の諸地についての善巧である［と知られるべきである］。

＜第 13 偈釈＞

niryāṇaṃ yathāvyavasthānabhūmimanasikāreṇa | kathaṃ manasikāreṇa tasya bhūmivyavasthānasya kalpanatājñānāt[17] kalpanāmātram etad iti | tasyaiva ca kalpanatājñānasyāvikalpanāt[18] || (ad k. 14)

6. 発心の偉大性を示す二十二の譬喩（第15～20偈）

[Ns 15a5–6, Nk 6a1-2, N2 18a4-18b3, B 18a1-9]

aupamyamāhātmye ṣaṭ ślokāḥ |

pṛthivīsama utpādaḥ kalyāṇasuvarṇasaṃnibhaś cānyaḥ |
śuklanavacandrasadṛśo vahniprakhyo 'paro jñeyaḥ[19] || IV.15 ||
jñeyo[20] mahānidhānavad anyo ratnākaro yathaivānyaḥ |
sāgarasadṛśo jñeyo vajraprakhyo 'calendranibhaḥ || IV.16 ||
bhaiṣajyarājasadṛśo mahāsuhṛtsaṃnibho 'paro jñeyaḥ |
cintāmaṇiprakāśo dinakarasadṛśo 'paro jñeyaḥ || IV 17 ||
gandharvamadhuraghoṣavad anyo rājopamo 'paro jñeyaḥ |
koṣṭhāgāraprakhyo mahāpathasamas tathaivānyaḥ || IV 18 ||
yānasamo vijñeyo gandharvasamaś ca cetasaḥ prabhavaḥ[21] |
ānandaśabdasadṛśo mahānadīsrotasadṛśaś ca || IV.19 ||
meghasadṛśaś ca kathitaś cittotpādo jinātmajānāṃ hi |
tasmāt tathā guṇāḍhyaṃ cittaṃ muditaiḥ samutpādyam || IV.20 ||

[Ns 15b3–16a1, N2 18b3-19a2, B 18a9-18b8]

prathamacittotpādo bodhisattvānāṃ pṛthivīsamaḥ sarvabuddhadharmatatsaṃbhāraprasavasya pratiṣṭhābhūtatvāt | āśayasahagataś cittotpādaḥ kalyāṇasuvarṇasadṛśo hitasukhāśayasya[22] vikārābhajanāt | prayogasahagataḥ śuklapakṣanavacandropamaḥ kuśaladharmavṛddhigamanāt |

---

(17) em. kalpanatājñānāt, cf. Tib-MSABh rtog pa nyid du shes pa'i phyir; MSA IV.14c tatkalpanatājñānād (de rtog nyid du shes phyir dang) : kalpanājñānāt Ns N2 B E^L E^N

(18) em. tasyaiva ca kalpanatājñānasya, cf. Tib-MSABh rtog pa nyid du shes pa de nyid la yang; MSA IV.14c tatkalpanatājñānād (de rtog nyid du shes phyir dang) : kalpanājñānasya Ns N2 B E^L E^N

(19) 'paro jñeyaḥ Ns N2 B E^N E^{L2} cf. Tib. gzhan ni ... shes bya : 'parocchrāyaḥ E^L. この 'paro jñeyaḥという定型句は以下の k.17bd, k.18b にも繰り返し用いられる。

(20) jñeyo Ns N2 B E^N E^F cf. shes bya Tib.: bhūyo E^L.

(21) cetasaḥ prabhavaḥ Ns Nk N2 B E^N cf. sems bskyed Tib.: vetasagaprabhavaḥ E^L.

(22) hitasukhāśayasya em. cf. phan pa dang bde ba'i bsam pa Tib., MSAṬ, SAVBh; ° āśaya.Vairocana, Paricaya: hitasukhādhyāśayasya Ns N2 B E^L E^N

[6] 出離とは，[『十地経』に] 設定されている通りに地を作意することによって [知られるべき] である。どのように作意するのか。「これは唯分別である」と，その地の設定が分別であると知ることによって，さらに，同じそれ，分別であるという知も分別しないことによってである[25]。

<第 14 偈釈>

6. 発心の偉大性を示す二十二の譬喩（第 15〜20 偈）

譬喩によって表されるもの（世俗と勝義の二種発心）の偉大性に関して六偈がある[26]。

[最初の] 発 [心] は (1)大地と等しく，次 [の発心] は (2) 純金と類似していて[27]，(3) 白 [分] の新月に似ていて，次 [の発心] は(4) 火と相似している，と知られるべきである。（第 15 偈）
次 [の発心] は (5) 大宝蔵のごとくであり[28]，次 [の発心] は (6) あたかも宝石の鉱脈のようである，と知られるべきであり，(7) 大海に似ていて，(8) 金剛と相似していて，(9) 不動なるものの主に類する[29]，と知られるべきである。（第 16 偈）
(10) 薬の王に似ていて，次 [の発心] は (11) 偉大な心友と類似している，と知られるべきで，(12) 如意宝珠のように見えて，次 [の発心] は (13) 太陽に似ている，と知られるべきである。（第 17 偈）
次 [の発心] は (14) ガンダルヴァの甘い声のごとくであり，次 [の発心] は (15) 王のようである，と知られるべきであり，全く同様に，次 [の発心] は (16) 蔵と相似しており，(17) 大道に等しい，[と知られるべきである。]（第 18 偈）
心の生起は，(18) 乗り物に等しく，(19) ガンダルヴァ[30]に等しく，(20) 歓喜をもたらす声に似ていて， (21) 大河の流れに似ていると知られるべきである。（第 19 偈）
また，実に勝者の子ら（菩薩たち）の発心は (22) 雨雲に似ていると説かれた。
したがって，そのように功徳に富む心が諸々の歓喜した [心] を伴って起こされるべきである。（第 20 偈）

諸々の菩薩にとって，(1) 最初の発心は，大地と等しい。仏の一切の特性とそのための資糧とが生じる基盤だからである。(2) 意楽を伴う発心は，純金と似ている。利益と安楽との意楽は変異しないからである。(3) 加行を伴う [発心] は，白分の新月のようである。善法の増大に向かうからである。(4) 勝れた意楽を伴う [発心] は，火に似ている。火が豊富な薪の殊勝なるこ

adhyāśayasahagato vahnisadṛśa indhanākaraviśeṣeṇevāgnes[23] tasyottarottaraviśeṣādhigamanāt | viśeṣādhigamāśayo hy adhyāśayaḥ | (ad k. 15)

dānapāramitāsahagato mahānidhānopama āmiṣasaṃbhogenāprameyasattvasaṃtarpaṇād akṣayatvāc ca | śīlapāramitāsahagato ratnākaropamaḥ sarvaguṇaratnānāṃ tataḥ prasavāt | kṣāntipāramitāsahagataḥ sāgaropamaḥ sarvāniṣṭopanipātair[24] akṣobhyatvāt | vīryapāramitāsahagato vajropamo dṛḍhatvād abhedyatayā | dhyānapāramitāsahagataḥ parvatarājopamo niṣkampatvād avikṣepataḥ | (ad k. 16)

[Ns 16a1–4, N2 19a2-7, B 18b8-19a6]

prajñāpāramitāsahagato bhaiṣajyarājopamaḥ sarvakleśajñeyāvaraṇavyādhipraśamanāt | apramāṇasahagato mahāsuhṛtsaṃnibhaḥ sarvāvasthaṃ sattvānupekṣakatvāt | abhijñāsahagataś cintāmaṇisadṛśo yathādhimokṣaṃ tatphalasamṛddheḥ | saṃgrahavastusahagato dinakarasadṛśo vineyasasyaparipācanāt | (ad k. 17)

pratisaṃvitsahagato gandharvamadhuraghoṣopamo vineyāvarjakadharmadeśakatvāt | pratiśaraṇasahagato mahārājopamo 'vipraṇāśahetutvāt | puṇyajñānasaṃbhārasahagataḥ koṣṭhāgāropamo bahupuṇyajñānasaṃbhārakoṣasthānatvāt | bodhipakṣasahagato mahārājapathopamaḥ sarvāryapudgalayātānuyātatvāt | (ad k. 18)

[Ns 16a4–b2, N2 19a7-b6, B 19a6–b4]

śamathavipaśyanāsahagato yānopamaḥ sukhaṃ vahanāt[25] | dhāraṇīpratibhānasahagato[26] gandharvopama[27] udakadhāraṇākṣayodbhedasādharmyeṇa śrutāśrutadharmārthadhāraṇākṣayodbhedataḥ | dharmoddānasahagata ānandaśabdasadṛśo mokṣakāmānāṃ vineyānāṃ priyaśrāvaṇāt | ekāyanamārgasahagato nadīsrotaḥsamaḥ svarasavāhitvād anutpattikadharmakṣāntilābhe | ekāyanatvaṃ tadbhūmigatānāṃ bodhisattvānām abhinnakāryakriyātvāt | (ad k. 19)

---

[23] agnes Ns N2 B : agnis E^L E^N.
[24] °panipātair Ns N2 B E^F : °paripātair E^L E^N
[25] sukhaṃ vahanāt Ns N2 B : sukhavahanāt E^L E^N
[26] dhāraṇī° Ns N2 B cf. dhāraṇī° Vairocana, Paricaya : dhāraṇā° E^L E^N.
[27] °opama Ns N2 B E^F : °opamaḥ E^L E^N.

とによって［益々燃え盛る］ように，それ（発心）は［勝れた意楽を伴うと］益々殊勝なることを証得していくからである。なぜなら，勝れた意楽とは，殊勝なることを証得する意楽であるからである。

<第 15 偈釈>

⑸ 布施波羅蜜を伴う［発心］は，大宝蔵（無尽蔵）のようである。財物という受用物によって無量の衆生を満足させて，しかも尽きることがないからである。⑹ 持戒波羅蜜を伴う［発心］は，宝石の鉱脈のようである。一切の功徳という宝石がそこから生じるからである。⑺ 忍辱波羅蜜を伴う［発心］は，大海のようである。あらゆる不快なことが起こっても，揺らがないからである。⑻ 精進波羅蜜を伴う［発心］は，金剛のようである。不壊の性質によって堅固だからである。⑼ 禅定波羅蜜を伴う［発心］は，山王のようである。［心が］散乱しないことによって，動揺しないからである。

<第 16 偈釈>

⑽ 般若波羅蜜を伴う［発心］は，薬の王のようである。煩悩［障］と所知障という一切の病を鎮めるからである。⑾［四］無量を伴う［発心］は，偉大な心友に類似している。あらゆる状況で，衆生を見捨てることがないからである[31]。⑿ 神通を伴う［発心］は，如意宝珠に似ている。［菩薩の］勝解の通りに，それ（勝解）の結果が成就するからである。⒀［四］摂事を伴う［発心］は，太陽に似ている。教化対象という穀物を成熟させるからである[32]。

<第 17 偈釈>

⒁［四］無礙智を伴う［発心］は，ガンダルヴァの甘い声のようである。教化対象を魅きつけるような教えを説くからである。⒂［四］依を伴う［発心］は，偉大な王のようである。退失しないための原因だからである[33]。⒃ 福徳と智慧との資糧を伴う［発心］は，蔵のようである。膨大な福徳と智慧との資糧の蓄積場所だからである。⒄［三十七］菩提分［法］を伴う［発心］は，広大な王の道のようである。［三時と三乗の］あらゆる聖者たちが［そこを］歩み，［それに］従って歩むからである。

<第 18 偈釈>

⒅ 止観を伴う［発心］は，乗り物のようである。［自他の利益という「積荷」を］楽々と運ぶからである[34]。⒆ 陀羅尼と弁才とを伴う［発心］は，ガンダルヴァのようである。水を保持して尽きることなく湧き出させるのと同じように，聞いた教法と未だ聞いていない［教法］と［それらの］意味を保持して尽きることなく湧き出させるからである。⒇［四］法印を伴う［発心］は，歓喜をもたらす声に似ている。解脱を欲する教化対象者たちが聞いて喜ぶからである。㉑ 一行道を伴う［発心］[35]は，河の流れのようである。無生法忍を得る［第八地の］時に，自然に生じるからである。その地（第八地）に属する菩薩たちは，為すべきことを為すという点で区別がないから，［同］一行である。

<第 19 偈釈>

upāyakauśalyasahagato meghopamaḥ sarvasattvārthakriyāṇāṃ tadadhīnatvāt[28] tuṣita-bhavanavāsādisaṃdarśanataḥ | yathā meghāt sarvabhājanalokasaṃpattayaḥ | (ad k. 20)

eṣa ca dvāviṃśatyupamaś cittotpāda *Āryākṣayamatisūtre* 'kṣayatānusāreṇānugantavyaḥ[29] ||

7. 発心しない者に対する譴責（第 21 偈）

[Ns 16b2–16b5, Nk 6a2-3, N2 19b6-20a3, B 19b4–9]

cittānutpādaparibhāṣāyāṃ ślokaḥ |

parārthacittāt[30] tadupāyalābhato mahābhisaṃdhyarthasutattvadarśanāt |
mahārhacittodayavarjitā janāḥ śamaṃ gamiṣyanti vihāya tat sukham || IV.21 ||

tena cittotpādena varjitāḥ sattvāś caturvidhaṃ sukhaṃ na labhante | yad bodhisattvānāṃ parārthacintanāt sukham | yac ca parārthopāyalābhāt | yac ca mahābhisaṃdhyarthasaṃdarśanāt gambhīramahāyānasūtrā[31]-bhiprāyikārthavibodhataḥ | yac ca paramatattvasya dharmanairātmyasya saṃdarśanāt sukham || [ad k. 21]

8. 発心の讃嘆（第 22 偈）

[Ns 16b5–17a2, Nk 6a3-4, N2 20a3-7,B 19b9-20a6]

cittotpādapraśaṃsāyāṃ durgatiparikhedanirbhayatām upādāya ślokaḥ |

sahodayāc cittavarasya dhīmataḥ susaṃvṛtaṃ cittam anantaduṣkṛtāt |
sukhena duḥkhena ca modate sadā śubhī kṛpāluś ca vivardhayan dvayam[32] || IV.22 ||

tasya cittavarasya sahodayād bodhisattvasya susaṃvṛtaṃ cittaṃ bhavaty anantasattvādhi-ṣṭhānād duṣkṛtāt | ato 'sya durgatito bhayaṃ na bhavati | [ad k. 22ab]

---

(28) °kriyāṇāṃ tadadhīnatvāt Ns N2 B E^{N} E^{F} : °kriyātadadhīnatvāt E^{L}.
(29) 'kṣayatā° Ns N2 B E^{N} E^{F} : 'kṣagatā° E^{L}.
(30) °cittāt E^{L} E^{N} : °cintā Nk cittā Ns B
(31) °sūtra ° Ns N2 B E^{L2} E^{N} : °svato ° E^{L}
(32) vivardhayan dvayam Paricaya (cf. 長尾 [2007: 105–106 n.a], Tib gnyis 'phel byed pas, MSABh dvayaṃ vardhayan) : vivardhanadvayam Ns Nk N2 B E^{L} E^{N}

(22) 善巧方便を伴う［発心］は，雨雲のようである。兜率天に住することなどを示現するというやり方で一切の衆生利益を為すことが[36]，それ（善巧方便を伴う発心）に依るからである。一切の器世間の豊穣[37]が雨雲から［生じる］ように。

＜第 20 偈釈＞

また，これらの二十二の譬喩を伴う発心は，『聖無尽意経』における「無尽性」に従って理解されるべきである。

7. 発心しない者に対する譴責（第 21 偈）

発心しないことへの譴責に関して一偈がある。

大いに価値がある発心を欠いている人々は，(1) 利他の心による，(2) それ（利他）の方便を得ることによる，(3) 偉大な密語の持つ意味と(4) 最高の真実とを観ることによる，その安楽を捨てて，寂滅に向かうであろう。（第 21 偈）[38]

その発心を欠いている衆生たちは，四種の安楽を得ることはない。［すなわち］菩薩たちが (1) 利他を思惟することによる安楽と，(2) 利他の方便を得ることによる［安楽］と，(3) 偉大な密語の持つ意味を観ることによる，すなわち甚深なる大乗経典に意趣された意味[39]を覚知することによる［安楽］と，(4) 最高の真実である法無我を観ることによる安楽とである。

＜第 21 偈釈＞

8. 発心の讃嘆（第 22 偈）

発心の讃嘆に関して，悪趣と厭倦に対する恐れがないという点から，一偈がある。

智者に勝れた心が起こるや否や，［智者の］心は際限のない［衆生の］悪行から完全に防護される。［また，浄善なる行為と悲愍との］両方を増大させるから，浄善［なる行為］ある者となり，悲愍にあふれる者となり，［自身の］安楽と苦を恒に喜ぶ。（第 22 偈）

［智者，すなわち］菩薩にその勝れた（発）心が起こるや否や，［智者の］心は際限のない衆生に依拠する［身・口・意の］悪行から完全に防護されたものとなる。これ故に，彼には悪趣［に生まれること］に対する恐れは生じない。

＜第 22 偈 ab 句釈＞

sa ca dvayaṃ vardhayan śubhaṃ ca karma kṛpāṃ ca nityaṃ ca śubhī bhavati kṛpāluś ca | tena sadā modate sukhenāpi śubhitvād duḥkhenāpi parārthakriyānimittena kṛpālutvāt | ato ’sya bahukartavyatāparikhedād api bhayaṃ na bhavati || [ad k. 22cd]

9. 発心による不作律儀の獲得（第 23 偈）

[Ns 17a2–4, Nk 6a4-6, N2 20b1-3, B 20a6–9]

akaraṇasaṃvaralābhe ślokaḥ |

yadānapekṣaḥ svaśarīrajīvite parārtham abhyeti paraṃ pariśramam |
paropaghātena tathāvidhaḥ kathaṃ sa duṣkṛte karmaṇi saṃpravartsyati[33] **|| IV.23 ||**

asya piṇḍārtho yasya para eva priyataro nātmā parārthaṃ svaśarīrajīvite nirapekṣatvāt sa katham ātmārthaṃ paropaghātena duṣkṛte karmaṇi pravartsyatīti[34] || [ad k. 23]

10. 発心の不退転（第 24・25 偈）

[Ns 17a4–b2, Nk 6a6-6b2, N2 20b3-21a2, B 20a9–20b7]

cittāvyāvṛttau ślokau |

māyopamān vīkṣya sa sarvadharmān udyānayātrām iva copapattīḥ |
kleśāc ca duḥkhāc ca bibheti nāsau saṃpattikāle ’tha vipattikāle || IV.24 ||
svakā guṇāḥ sattvahitāc ca modaḥ saṃcintyajanma rddhivikurvitaṃ ca |
vibhūṣaṇaṃ bhojanam agrabhūmiḥ krīḍāratir nāsty akṛpātmakānām[35] **|| IV.25 ||**

māyopamasarvadharmekṣaṇāt sa bodhisattvaḥ saṃpattikāle kleśebhyo na bibheti | udyānayātropamopapattīkṣaṇāt vipattikāle duḥkhān na bibheti | tasya kuto bhayād bodhicittaṃ vyāvartiṣyate || [ad k. 24]

api ca svaguṇā maṇḍanaṃ[36] parahitāt prītir bhojanaṃ saṃcintyopapattir udyānabhūmir

---

(33) saṃpravartsyati Ns cf.Tib SAVBh ’jug Chi 作: saṃpravatsyati Nk B E^L E^N, saṃpravatsyaṃti N2

(34) pravartsyatīti Ns N2 B : pravatsyatīti E^L E^N

(35) nāsty akṛpā° Paricaya cf. snying rje’i bdag nyid min pa rnams la med Tib.: 悲者非餘乘 Chi.: nnāsty akṛpā° Nk, nnasty akṛpā° Ns N2, nnāstynnantya B, nitya- E^L E^N

(36) svaguṇā maṇḍanaṃ em. Tib. : svaguṇā maṇḍanaṃ bodhisattvāṇāṃ Ns N2 B E^L E^N

また，彼は浄善なる行為と悲愍との両方を増大させるから，常に浄善［なる行為］ある者となり，悲愍あふれる者となる。したがって，浄善［なる行為］ある者であるから安楽をも恒に喜び，［また，］悲愍にあふれているから利他行に起因する苦をも［常に喜ぶ］。これ故に，彼には［衆生のために］為すべきことが多いことによる厭倦に対する恐れも生じない(40)。

＜第 22 偈 cd 句釈＞

9. 発心による不作律儀の獲得（第 23 偈）

不作律儀(41)を得ることに関して一偈がある。

他者のために自己の身体と生命とを顧慮しない者(42)が最大の痛苦を受ける時，そのような彼の者が，他者に害されたからといって，どうして悪業に手を染めることがあろうか。（第 23 偈）

この［偈頌の］要義は以下である。他者のために自己の身体と生命とを顧慮することがないので，自分自身ではなく，他者こそがより愛しい［と思うような］者は，他者に害されたからといって，自分自身のために，どうして悪業に手を染めることがあろうか。

＜第 23 偈釈＞

10. 発心の不退転（第 24・25 偈）

［菩提］心が退転しないことに関して二偈がある(43)。

彼菩薩）は，一切法を幻のようであると洞察して，幸福な時も，煩悩を恐れない。また諸々の再生を遊園に行くことのようであると［洞察して］，不幸な時も，その者は苦を［恐れない］(44)。（第 24 偈）(45)

自身の諸々の功徳・衆生利益による喜び・意図的な出生・神力による化作は，［順次に］装飾品・食事・最高の場所・遊戯なる楽しみであって，［それらは］悲愍を本質としない者たちにはない。（第 25 偈）(46)

かの菩薩は，一切法は幻のようであると洞察するから，幸福な時も，諸々の煩悩を恐れない。再生は遊園に行くことのようであると洞察するから，不幸な時も，苦を恐れない。彼の菩提心がどうして恐れの故に退転するであろうか。

＜第 24 偈釈＞

ṛddhivikurvitaṃ krīḍāratir bodhisattvānām evāsti | nābodhisattvānām | teṣāṃ kathaṃ cittaṃ vyāvartiṣyate || [ad k. 25]

11. 菩薩は苦を怖畏しないこと（第 26 偈）

[Ns 17b2-4, Nk 6b2-3, N2 21a2-5, B 20b7–21a2]

duḥkhatrāsapratiṣedhe ślokaḥ |

parārtham udyogavataḥ kṛpātmano hy avīcir apy eti yadāsya(37) ramyatām |
kutaḥ punas trasyati tādṛśo bhavan parāśrayair(38) duḥkhasamudbhavair bhave
|| IV.26 ||

api ca yasya parārtham udyogavataḥ karuṇātmakatvād avīcir apy ramyaḥ sa kathaṃ parārthanimittair duḥkhotpādair bhave punas trāsam āpatsyate | yato 'sya duḥkhāt trāsaḥ syāc cittasya vyāvṛttir veti(39) || [ad k. 26]

12. 菩薩は衆生に対して無関心でないこと（第 27 偈）

[Ns 17b4–6, Nk 6b3-4, N2 21a5-b1, B 21a2–6]

sattvopekṣāpratiṣedhe ślokaḥ |

mahākṛpācāryasadoṣitātmanaḥ parasya duḥkhair upataptacetasaḥ |
parasya kṛtye samupasthite punaḥ paraiḥ samādāpanatātilajjanā(40)|| IV.27 ||

yasya mahākaruṇācāryeṇa nityoṣita ātmā paraduḥkhaiś ca duḥkhitaṃ cetas tasyotpanne(41) parārthakaraṇīye(42) yadi paraiḥ kalyāṇamitraiḥ samādāpanā kartavyā bhavaty atilajjanā ||

[ad k. 27]

(37) yadāsya Ns Nk N2 B E^F cf. 'di || gang tshe Tib : yato 'sya E^L E^N
(38) parāśrayair Nk E^L E^N : aparāśrayair Ns N2 B
(39) veti Ns N2 B : bhavati E^L E^N
(40) samādāpanatātilajjanā Ns Nk N2 Paricaya : samādāpanato 'tilajjanā E^L E^N, samādāyanatātilajjanā B
(41) ° tpanne E^L E^N : ° tpanna- Ns N2 B
(42) parārthakaraṇīye Ns N2 B : parārthaṃ karaṇīye E^L E^N

また，自身の諸々の功徳という装身具，利他による悦びという食事，意図的に再生することという遊園なる場所［に滞在すること］，神力による化作という遊戯なる楽しみは菩薩たちだけにあるのであって[47]，菩薩でない者たち（二乗）にはない。彼ら（菩薩たち）の［菩提］心がどうして退転するであろうか。

＜第 25 偈釈＞

11. 菩薩は苦を怖畏しないこと（第 26 偈）

苦に対する怖畏の否定に関して一偈がある。

他者のために努める者は，まさに悲愍を本質とする者だから，無間［地獄］さえも彼にとって喜ばしいものとなる時，そのような者であるから，［輪廻の］生存の中で，他者に依拠した諸々の苦の生起を，どうしてさらに怖畏するだろうか。（第 26 偈）[48]

さらにまた，他者のために努める者は，悲を本質としているから，［彼にとっては］無間［地獄］さえも喜ばしい。そのような者が，［輪廻の］生存の中で，利他に起因する諸々の苦の生起に対して，どうしてさらに怖畏に陥るだろうか。陥るとすれば，彼には苦への怖畏，あるいは［菩提］心の退転があるだろうが。

＜第 26 偈釈＞

12. 衆生に対して無関心でないこと（第 27 偈）

［菩提心を有する菩薩が］衆生に対して無関心であることの否定に関して一偈がある[49]。

軌範師のごとき大いなる悲愍が自らの内に常に宿っており，他者（衆生）の諸々の苦によって［自らも］痛苦する心を持つ者にとっては，他者（衆生）に対して為すべきことが起きてなお，他者（善き師友）たちにより催促されることは，甚だしい羞恥である[50]**。**
（第 27 偈）

軌範師のごとき大悲が自らの内に常に宿っており，また他者（衆生）の諸々の苦によって［自らも］苦しむ心を持つ，そうした者にとっては，他者（衆生）のために為すべきことが生起するときに，もしも他者たる善き師友たちによって催促がなされねばならないようなら，［それは］甚だしい羞恥なのである。

＜第 27 偈釈＞

13. 菩薩の怠惰への戒め（第 28 偈）

[Ns 17b6–18a3, Nk 6b4-5, N2 21b1-4, B 21a6–b2]

kauśīdyaparibhāṣāyāṃ ślokaḥ |

śirasi vinihitoccasattvabhāraḥ śithilagatir na hi śobhate 'grasattvaḥ |
svaparavividhabandhanātibaddhaḥ śataguṇam udyamam[43] arhati prakartum
|| IV.28 ||

śirasi mahāntaṃ sattvabhāraṃ vinidhāya bodhisattvaḥ śithilaṃ parākramamāṇo na śobhate śataguṇaṃ hi sa vīryaṃ kartum arhati śrāvakavīryāt | tathā hi sa[44] svaparabandhanair vividhair atyarthaṃ baddhaḥ kleśakarmajanmasvabhāvaiḥ || [ad k. 28]

Mahāyānasūtrālaṃkāre Cittotpādādhikāraś caturthaḥ ||

[43] udyamam Ns Nk N2 B Paricaya E^F : utsaham E^L E^N.
[44] sa Ns N2 B E^F cf. Tib. 'di ltar de ni : om. E^L E^N.

13. 菩薩の怠惰への戒め（第 28 偈）

怠惰を譴責することに関して一偈がある。

> **実に，衆生という高大な積荷を頭上に載せた最勝の衆生（菩薩）[51]が緩慢に歩むならば，見苦しい。自己と他者の種々なる繋縛によって固く縛られている者は，［声聞の］百倍の努力をするべきである。（第 28 偈）**[52]

衆生という大きな積荷を頭上に載せて，菩薩が緩慢に［菩薩道を］進むならば見苦しい。というのは，彼は声聞の精進よりも百倍の精進をすべきであるから。すなわち，彼は煩悩と業と生［という三障・三雑染］を自性とする，種々なる自と他の繋縛によって強固に縛られているからである[53]。

＜第 28 偈釈＞

『大乗荘厳経論』における第四「発心の章」了。

和訳注解

⑴　士気（utsāha）については，後出第 10 偈, 第 12 偈をも参照。

⑵　第 1–6 偈の韻律は Anuṣṭubh である。同韻律の正規形（pathyā, *regular, proper*）を以下に図示する。∪は短音（laghu, *light* / hrasva, *short*）を，－は長音（guru, *heavy* / dīrgha, *long*）を，○は短音・長音のいずれでも許されることを示す。

○○○○　∪－－○　○○○○　∪－∪○ |

○○○○　∪－－○　○○○○　∪－∪○ ||

本偈は以下の通り正規形 pathyā の定則を満たしている。

∪－－－　∪－－－　∪－－∪　∪－∪－ |

－∪－－　∪－－－　∪－－－　∪－∪－ ||

⑶　gambhīra と duṣkaradīrghakāla の関係については，検討の余地が残る。ここでは，この部分に対する安慧釈に従って，gambhīra-duṣkaradīrghakāla を Dv. として理解した。なお，MSABh (Tib.) も Dv. で解釈している（zab mo dang yun ring por dka' ba）。Cf. MSA IV.12 duṣkaradīrghādhvikākhedāt.

⑷　MSA 第XVI章第 68 偈において，五種精進が挙げられ，その第一が被甲精進，第二が加行精進である。長尾 [2009: 89] 参照。

MSABh XVI. 68:

saṃnāhavīryaṃ prathamaṃ tataś ca prayogavīryaṃ vidhivatprahitaṃ |

alīnam akṣobhyam atuṣṭivīryaṃ sarvaprakāraṃ pravadanti buddhāḥ || XVI. 68 ||

... saṃnāhavīryaṃ prayogāya saṃnahyataḥ | prayogavīryaṃ tathā prayogataḥ |

最初に被甲精進があり，それから方軌に従って行われる加行精進があり，

無怯弱で不動で無厭なる精進があり，諸仏はあらゆる種類［の精進］を説いた。(XVI.68)

... 被甲精進は，加行のために［甲冑を］身に着けるべきだからである。加行精進はその通りに加行するからである。

『菩薩地』「精進品」（Vīryapaṭala）には，九節に分けて詳細に精進を解説している（矢板 [2020] 参照)。『阿毘達磨集論』にも五種精進が挙げられ，『阿毘達磨雑集論』には『菩薩地』を踏まえて被甲精進・加行精進・饒益有情精進という三種の精進が説かれている。阿毘達磨集論研究会 [2017: 75, n. 65–66] を参照。

なお，般若経典において，しばしば菩薩は鎧を身に着けた戦士のイメージで描かれている。

ASP Vaidya 9 : evam ukte āyuṣmān subhūtir bhagavantam etad avocat - kāni punar bhagavan bodhisattvasya mahsattvasya kalyāṇamitrāṇi veditavyāni? bhagavān āha - ya enaṃ pāramitāsu avavadanti anuśāsati | ye 'smai mārakarmāṇy upadiśanti | evaṃ māradoṣā boddhavyāḥ - ime māradoṣāḥ | evaṃ mārakarmāṇi boddhavyāni - imāni mārakarmāṇi | tāni tvayā buddhvā vivarjayitavyānīti | imāni subhūte bodhisattvasya mahāsattvasya **mahāsaṃnāhasaṃnaddhasya** mahāyānasaṃprasthitasya mahāyānasamārūḍhasya kalyāṇamitrāṇi veditavyāni ||；支謙訳『大明度経』T8 No.225 [480b25–29]（善業）曰：「何是善友？」佛言：「未起明度無極者，即勸使學，教誨之令入斯道，為現邪行說邪之害，是邪行，是邪害，使遠離此，當知是為菩薩大士**弘誓之鎧**善友者也」。

ちなみに，本論世親釈漢訳は被甲精進を「弘誓精進」と訳している。

⑸　第 2 偈は，Anuṣṭubh 韻律の正規形 pathyā であれば長音であるべき c 句第 6, 7 音節が短音となっており，同韻律に認められた四つのヴァリエーション（拡張形 vipulā, *broad, extensive*）の第一種である。

−−−−　∪−−−　−−−∪　∪−∪−|

−−−−　∪∪∪−　∪−∪∪　∪−∪−||

⑹　舟橋 [1988: 43–44] は，この四種の発心と『菩薩地』所説の六種菩薩・七種菩薩地との関連を論じている。特に四種発心を『菩薩地』「地品」の記述に基づいて以下のように七種菩薩地に配当する：⑴ 勝解の発心は勝解行地，⑵ 清浄増上意楽の発心は清浄増上意楽地（初地）と行正行地（第二〜七地），⑶ 異熟の発心は決定地（第八地）と決定行地（第九地）と到究竟地（第十地・如来地），⑷ 断障の発心は到究竟地（第十地・如来地）。また，その七種の地とほぼ同名の六種菩薩は「菩薩地」「成熟品」に列挙される。これら各種の地説と各種の菩薩および四種発心の関連については、附論 4 若原 [2023] 注 24 および同【補注】と表を参照されたい。

また，本偈の四種の発心は『伽耶山頂経』を典拠としていることが，阿部 [2001] によって指摘されている。詳細は安慧釈の当該箇所を参照。

因みに，MSA 第 XIX章第 63 偈では，五種の菩薩と十地との配当を述べている。

ādhimokṣika ekaś ca śuddhādhyāśayiko ’paraḥ | nimitte cānimitte ca cāry apy anabhisaṃskṛte |
bodhisatvā hi vijñeyāḥ pañcaite sarvabhūmiṣu |
第一［の菩薩］は信解を具えた者であり，第二［の菩薩］は清浄な増上意楽を具えた者であり，［第三の菩薩は］有相において行ずる者であり，［第四の菩薩は］無相において行ずる者であり，［第五の菩薩は］作為なくして行ずる者であり，菩薩たちはあらゆる階位において，これら五者であると知られるべきである。

五種の菩薩はそれぞれ信解行地，初地以降，第二〜六地，第七地，第八地以降に対応する。

なお，この第Ⅳ章第 2 偈で第八地以降の発心が異熟とされているのは，アーラヤ識と現行識との関係が等流として，アーラヤ識の相続が異熟として，それぞれ説明されることと対応するであろう。この「異熟」については、本書「序説」を参照されたい。

⑺　本節は十項目の問答体によって発心を確定するものである。その意味と役割については，附論 3 内藤 [2023] を参照。

⑻　第 3 偈は，Anuṣṭubh 韻律正規形であれば短音であるべき c 句第 5 音節が長音となっており，同韻

律拡張形 vipulā の第三種である。その定則通り，c 句第 5 音節の後に caesura (pause) がある。

⏑⏑ ― ―　⏑ ― ― ―　⏑ ― ― ⏑　⏑ ― ⏑ ― |

― ― ⏑ ―　―, ― ― ⏑　― ― ― ―　⏑ ― ⏑ ― ||

(9)　安慧釈は第 5 偈 ab 句を「浄善の増大を利徳とすること」と「福徳と智慧から成る」とに分けて注釈し，発心の確定について 11 項目を挙げている。この点を含め，第 3–6 偈に対する安慧の理解については安慧釈和訳を参照。なお、漢訳も当該箇所を功徳と自性に分けて 11 項目の問答としている（漢訳テキスト注 7 を参照)。

(10)　梵文は karuṇā とあるが，蔵訳は snying rje chen po，漢訳は「大悲」，無性釈は snying rje chen po (*mahākaruṇā) とする。一方，安慧釈は一貫して snying rje (*karuṇā) としている。悲と大悲については，研究会 [2013: n. 41, 68] 参照。

(11)　蔵訳は tshul khrims kyi sdom pa，漢訳は「菩薩戒」とする。安慧釈はこの śīlasaṃvara を三聚浄戒と明言している。本論に於いては，第 XVI章第 37 偈において六波羅蜜のうち第二持戒波羅蜜として三聚浄戒が説かれる。同じく，同章第 53 偈では最勝の戒として菩薩律儀（bodhisattva-saṃvara）をいい，無性釈および安慧釈はそれを三聚浄戒と注釈している。また，MSg においては，VI.2 に三聚浄戒を説き，VI.6 には菩薩尸羅律儀（*bodhisattva-śīlasaṃvara）が最勝であることをいう。また，BBh には śīlasaṃvara の用例が多数見られる（玄奘訳：浄戒律儀／尸羅律儀／戒律儀)。saṃvaraśīla と śīlasaṃvara の相違について詳論した遠藤 [1970] によれば，後者は三聚浄戒の総称であり，前者はそのうちの摂律儀戒を指す語である。

(12)　samādānasāṃketikacittotpāda を「誓言による世俗的発心」と訳した。SAVBh では当該箇所は，brda'i dam bcas par sems bskyed pa あるいは brdas yi dam 'dzin pa'i sems bskyed pa と訳されており，dam bcas pa / yi dam は何れも梵語 pratijñā（誓言，誓願）に相当する訳語である。samādāna と sāṃketika-° は Inst. Tp. と理解した。本注後述の『顕揚論』もこの解釈を支持する。BHSD q.v. も(2) *formal undertaking, vow* の訳語を与えている。また，saṃvarasamādānāt という表現も見られ，受戒儀礼との関連も考慮すべきである。パーリ律にもこの意味で samādāna を用いる例がある（Vinaya, Cūlavagga 10. Bhikkhunīkhandaka, PTS ed. 13.1 p. 268: tena kho pana samayena aññatarena piṇḍacārikena bhikkhunā **samādānaṃ** kataṃ hoti "yāhaṃ paṭhamaṃ bhikkhaṃ labhissāmi, na taṃ adatvā bhikkhussa vā bhikkhuniyā vā paribhuñjissāmī"ti.「その時，一人の乞食比丘が誓いを立てた――"私は最初に得た食を比丘か比丘尼に施さずには食べないようにしよう" と」)。

『瑜伽師地論』摂決択分中菩薩地の発心品決択では，一対五組の十種発心を説き，その最初の一対に世俗受発心と得法性発心が挙げられ、それぞれ初地入見道以前と以降に配当されている。

T 30, No. 1579, 694c29–695a4：復次有十發心。謂**世俗受發心，得法性發心**。... 。**世俗受發心**者，謂諸菩薩未入菩薩正性離生所有發心。**得法性發心**者，謂諸菩薩已入菩薩正性離生，及迴向菩提諸聲聞等所有發心。

D 285a6–7: sems bskyed pa ni rnam pa bcu ste | 'di lta ste **yang dag par blang ba brda las byung ba** dang | **chos nyid kyis thob pa** dang | . . . || de la **yang dag par blang ba brda las byung ba** ni byang chub sems dpa' yang dag pa nyid du skyon med pa la yang ma zhugs pa thams cad kyi'o || de la **chos nyid kyis thob pa** ni byang chub sems dpa' yang dag pa nyid du skyon med pa la zhugs pa rnams dang | nyan thos byang chub tu yongs su 'gyur pa rnams kyi'o ||

この摂決択分中菩薩地における発心品決択の詳細は，附論 4 若原 [2023]【補遺】を参照されたい。

また，『顕揚論』では，世俗発心と證法性発心（上掲摂決択分の得法性発心に当たる）の二種をいい，やはり入地以前と以後に配当している。

『顕揚論』T 31, No. 1602, 490c23：此受發心復有二種。**一世俗發心，**二證法性發心。**世俗發心**者，謂如有一隨智者前恭敬而住，起增上意發誓願言：長老憶念，或言聖者憶念，或言鄔波拕耶，我如是名，從今日始發阿耨多羅三藐三菩提心，爲欲饒益諸有情故。從今已往凡我所修布施持戒忍辱正勤靜慮及慧，一切皆爲證得阿耨多羅三藐三菩提故。我今與諸菩薩摩訶薩和合出家，願尊證知，我是菩薩。第二第三亦復如是。**證法性發心**者，謂如有一已過第一劫阿僧企耶，已證菩薩初極喜地，已入菩薩定無生位，已如實知無上菩提及菩提方便，已悟自身將近等近大菩提果，證解自他悉平等故，得大我意。已至不住流轉寂滅菩薩道故，得廣大意。由如是故，於大菩提願不退轉。是謂證法性發心。

一方，本論の範型となった『菩薩地』の「発心品」は，同書冒頭の序で「初発心という持」（prathamaś cittotpādaḥ . . . ādhāraḥ）と明示され，また同注釈 *Bodhisattvabhūmi-vṛtti* も「初発心の品」（dang po sems bskyed pa'i le'u）と呼んでいるように，一貫して初発心すなわち本論に云うところの信解行地における世俗発心のみを説くものである。『菩薩地』では，初地以降の勝義発心に相当する発心は，同論新層に属する「住品」（Vihāra-paṭala）において十三住を説く中で，その第三極歓喜住すなわち初地について『十地経』初地所説の十大願として説示されることになる。これはまた，同じく同論新層に含まれる「菩提分品」（Bodhipakṣa-paṭala）において五種正願を挙げる中の第四正願・第五大願として説かれるものでもある。これについては，附論 4 若原 [2023] を参照されたい。本論では，勝義的発心は続く次節 5. においてやはり『十地経』の所説に拠りつつ詳論される。

以上の諸点から見れば、本論の発心章は『菩薩地』諸品に述べられる発心説を、摂決択分中菩薩地発心決択の所説を踏まえて世俗・勝義の二種発心の枠組みの下に統合しようとしたものとも云えよう。なお、この二種発心は，後続の本論第Ⅴ章「自利利他」（二利品第六）にも説かれる。

MSABh Ⅴ.2: paratrātmasamānacittatāṃ labdhvā 'dhimuktito vā sāṃketikacittotpādalābhe jñānato vā pāramārthikacittotpādalābhe |

信解に基づいて世俗的発心を獲得したとき，あるいは智に基づいて勝義的発心を獲得したとき，他者に対して自己との平等心性を獲得した後で...。

(13)　安慧釈所引の偈および同釈文中では一貫して「(5) 聞いた〔教法の〕反復修習による」（thos goms stobs, *śrutābhyāsa）となっている。なお，漢訳本偈は友・因・根・聞の四力とするが，釈文中には(5)

に相当する「又習善根者。或現在如法常聞受持等故」の文がある。

(14) 『菩薩地』において説かれている，という意味であろうか。偈中の「説かれている」（ukta）が安慧釈所引の本偈およびその釈文において全て敬語 gsungs で訳されているのはそれを支持するかもしれない。但し，『菩薩地』と本論の記述が完全に対応するわけではない。『菩薩地』では，(i) 自力（adhyātmabala）・(ii) 他力（parabala）・(iii) 因力（hetubala）・(iv) 加行力（prayogabala）の四力が説かれる。その (i) 自力は種姓の具備に他ならないとされるから，これを本論は(2)原因の力すなわち本性住種姓および(3)善根の力すなわち習所成種姓の二つに開いたものと思われる。『菩薩地』に云う (ii) 他力は本論の(1)師友の力に対応し，(iii) 因力は前世での善法修習であるから本論の(4)聞［法］の力に相当すると見て良い。しかし，『菩薩地』の (iv) 加行力は現世における正法の聞思修などの善法の修習とされるから，内容上は本論の(5)浄善の修習に対応するが，『菩薩地』では不堅固な発心とされている点で本論と一致しない（附論 3 若原 [2023] 参照）。或いは，本論の(4) (5)は(3)と同様に何れも種姓を前提としたものとして，堅固・不退転とされているのかもしれない（安慧釈はそれを示唆するようである）。『菩薩地』においては、四力は先行する四縁・四因との関連で説かれており、本論はそれらを総合して述べていると見れば、両論の記述の間に矛盾はない。

(15) 第 7–20 偈の韻律は，音節（akśara）の数ではなく音長（mātrā, *mora, i.e. prosodial instant*）によって規定される韻律の代表格 Āryā である。各行は，－ ∪∪，∪ － ∪，∪∪ －，－－，∪∪∪∪ のいずれかの形式をとる各 4 mātra の 8 韻脚からなるが，第 8 韻脚は一個の長音節（－）のみであり，二行目の第 6 韻脚は一個の単音節（∪）のみである。その結果，一行目は a 句 3 韻脚 12 mātrā ＋ b 句 5 韻脚 18 mātrā の計 30 mātra，二行目は c 句 3 韻脚 12 mātrā ＋ d 句 5 韻脚 15 mātrā の計 27 mātrā となる。したがって各行最終音節は長母音でなければならないが，短母音も詩的許容（poetic license）の範囲であり，行末短母音は長母音と見なされる（C. P. Brown, *Sanskrit Prosody and Numerical Symbols*, p.17; Les Morgan, pp.38–40）。本章でもこの第 7 偈と次節の第 11, 12 偈以外は行末短母音の例が多いが，一々注記しない。以下に，第 7 偈のみについて韻律を図示し，第 8–20 偈については省略する。

－ ∪∪　－－　∪∪ －；　－ ∪∪　－ ∪∪　∪－ ∪　－－　－ |

∪∪∪∪　－ ∪∪　－－；　－－　－－　∪　－－　－　||

(16) この代名詞 tad が指すものは必ずしも明らかでないが，直前の「種姓［の効力］」を受けたものと理解した。安慧釈は「菩提の種姓」（byang chub kyi rigs）とする。これは安慧釈において，しばしば「菩薩の種姓」（byang chub sems dpa'i rigs）の意味で用いられる (Cf. SAVBh ad. Ⅲ 13)。

(17) (2)と(3) は，それぞれ本性住種姓（prakṛtisthagotra）と習所成種姓（samudānītagotra）を指す。後者は本論第Ⅲ章「種姓」第 4 偈では「養成された［種姓］」（paripuṣṭa）と呼ばれている。

MSA Ⅲ. 4ab:　prakṛtyā paripuṣṭaṃ ca āśrayaś cāśritaṃ ca tat |

それ（種姓）は本来的なものと養成されたものであり、また［それぞれ］所依と能依である。

(18) 安慧釈に従って，前世と現世の二世にわたる記述と理解した。

(19)　buddhatva の平等心性に関して，無性釈と安慧釈はともに『十地経』を教証とし，初地の菩薩が仏地に近づくことで歓喜するという内容の経文を引用する。また MSABh 第XVIII章第 42–44 偈では四念処の弁別が説かれ，菩薩の四念処が二乗のそれよりも勝れていることを十四の形相（ākāra）によって説明する。その第十四形相「証得」（samudāgama）の説明において十地（daśabhūmi）と仏たること（buddhatva）が併記され，この場合の buddhatva は明らかに仏地，仏果を意味する。

MSABh XVIII.42–44: E^L 141.12–13, E^N 238, E^K 123.13, cf. 長尾 [2009: 238], 岸 [2013: 190]）

kathaṃ samudāgamataḥ | daśasu bhūmiṣu buddhatve ca samudāgamāt |

証得によるとは，どのようにか。十地と仏たること（仏果）とを証得するからである。

(20)　勝又 [1961] は発菩提心が原因となって菩薩行を実践し仏果を獲得するまでの過程を「菩薩心展開論」と名付け，諸文献に共通して見られる菩提心展開論の類型の一つとして，[1] 種子（bīja）・[2] 母（mātṛ）・[3] 胎（garbha）・[4] 乳母（dhātrī）の四項目を用いる比喩表現を取り上げる。これは MSA 第II章第 5 偈と第IV章第 11 偈に端を発し，『無上依経』（T 16, No. 669, 471a4–7: 一者願樂修習摩訶衍法。二者修習般若波羅蜜。三者修習破虚空三昧門。四者修習如來大悲），『宝性論』（*Ratnagotravibhāga*: RGV），『仏性論』（T 31, No. 1610, 798a17–19: 一因如父身分。二縁如母。三依止如胞胎。四成就如乳母故。諸菩薩由此四義。名爲佛子），『大乗法界無差別論』（T 31, No. 1626, 892b20–21: 信爲其種子　般若爲其母　三昧爲胎藏　大悲乳養人）に踏襲され，最終的に空海の四種心に至るという。高崎 [1989: 53, 258–259] も RGV Ⅰ.34 に見られるこの四項目の比喩は MSA の 2 つの偈頌に基づいて作られた可能性があると述べる。

MSA 第II章第 5 偈は大乗が二乗より勝れていることを示すために，仏子なる菩薩にとっての四項目が勝れていることを説く（研究会 [2020: 28–29] 参照）。ここでも，菩薩の発心が二乗の発心より勝れていることを示すものであろう。なお，Paricaya は一闡提・外教徒・二乗［の発心］より勝れていると解釈している（附論 2 加納 [2023] 当該箇所参照）。RGV Ⅰ.34 でも，大乗が一闡提・外教徒・二乗より勝れていることを示すために，仏子なる菩薩にとっての四項目が勝れていることが説かれる（RGV Ⅰ: Jonston 29.5–30.2, T 31, No. 1611, 829a16–b8）。以下には偈頌のみ掲げる。

RGV Ⅰ.34 Jonston ed. 29.19–30.2:

bījaṃ yeṣām agrayānādhimuktir mātā prajñā buddhadharmaprasūtyai |
garbhasthānaṃ dhyānasaukhyaṃ kṛpoktā dhātrī putrās te ’nujātā munīnām || RGV Ⅰ.34

高崎訳 [1989: 53, 259]

その人々にとって，最上第一の乗に対する信解が種子であり，般若が仏の法を生むための母であり，禅定の安楽性が胎に相当し，慈愍が乳母とよばれるものたち，—かれらは，牟尼たちに随って生れた息子［＝仏子］たちである—。

Tib-RGV D 90a7–b1, P 92b8:

theg mchog la mos sa bon shes rab ni | | sangs rgyas chos skyed ma dang bsam gtan gyi | |

bde ba'i mngal gnas snying rje'i ma ma can | | gang yin de dag thub pa'i rjes skyes sras | |

勒那摩提訳『究竟一乗寶性論』T 31, No. 1611, 829b5–6；高崎 [1999:172–173; 320; 347; 375–376]

大乘信爲子　般若以爲母　禪胎大悲乳　諸佛如實子

(21) MSABh XVIII.74–76 では誓願の弁別が説かれ，信解行地における誓願は種々であり，初地以降の誓願は大なる十大誓願と規定される。また，誓願は心に思うだけで即時に果があるものとされ，その教証として引かれる『十地経』の経文には，菩薩が願力を備え遊戯するとある。つまり，菩薩は発願した時点で願力を備え，願力がはたらいていると考えられる。

MSABh XVIII.76, E[L] 147.27–148.5, E[N] 274, E[K] 132.2–14

citraṃ mahad viśuddhaṃ ca uttarottarabhūmiṣu |

ābodher bodhisattvānāṃ svaparārthaprasādhakam ||

...citram adhimukticaryābhūmāv evaṃ caivaṃ ca syām iti | mahad bhūmipraviṣṭasya daśa mahāpraṇidhānāni |

［誓願は］種々であり，より上の地においては，大なるものであり，清浄なものであり，菩薩たちにとって，菩提に至るまで，自利利他を成就させるものである。

...「種々である」とは信解行地において「このようでありたい，あのようでありたい」と［思う］からである。「大なるもの」とは地に入った者の十大誓願である。

(22) 「発起」と訳した原語 abhinirhāra は文脈によって多義的であり，本論中にも種々の用例が見られる。『十地経』初歓喜地にいて十大誓願が説かれる文脈では，mahā-praṇidhāna「大いなる誓願」・mahā-vyavasāya「大いなる決意」・mahā-abhinirhāra「大いなる達成」という三つの目的語（原文では何れも複数対格）をとって動詞 abhi-nir-$\sqrt{hṛ}$ の定形が用いられている。これらの三語について，世親『十地経論』は、「この［初］地に住する者（菩薩）はこの三を順次に発起するのであって同時にではない」（De. No. 3393, 144a1: sa 'di la gnas pas 'di gsum rim gyis mngon par sgrub kyi cig car ni ma yin par rig par bya'o；T 26, No. 1522, 141a：菩薩住此地，漸次久習，起此三行，非一時故）と釈している。これによれば，これら三語は単なる同義語の反復ではなく，広義の誓願を＜発心–精進–実現＞という三つの位相によって表現しようとしたものと見られる。こうした『十地経』本文のコンテクストを勘案し，ここでは「発起する」という訳語を与えた。前提となっている『十地経』の経文については，無性釈および安慧釈の該当箇所を見られたい。また、この重要な術語 abhinirhāra に関する詳細は本書附論 6 桑月 [2023] を参照。

(23) MSA における āśayaśuddhi の用例はこの箇所のみである。なお，MSABh 第XX-XXI章第 6 偈は菩薩の増上意楽（adhyāśaya）の弁別（vibhāga）として五種の増上意楽を説く。五種とは，(1) 安楽意楽（sukhādhyāśaya），(2)利益意楽（hitādhyāśaya），(3)不清浄意楽（aśuddhādhyāśaya），(4)清浄意楽（viśuddhādhyāśaya），(5) 善清浄意楽（suśuddhādhyāśaya）である。このうち(3) aśuddha° は信解行地の菩薩にあり，(4) viśuddha° は地に入った菩薩にあり，(5) suśuddha° は十地の中でも第八地以降の不退転地の菩薩にある。これらは『菩薩地』「増上意楽品」（BBh XI [W] 314.8–12, [D] 215.16–19）の所説を承けたものであるが，わずかに語形や十地との対応関係が異なる（上野 [2015] (副論 1) pp.3–4 参照)。

(24)　この tatra は偈頌の tasya に相当し，勝義的発心を指すものとして理解した。

(25)　ここで述べられているのは，いわゆる入無相方便であり，MSA では第XX-XXI 章第 24–26 偈において，より詳細に解説されている（上野 [2015](副論 1 pp. 15–17 副論 3 pp. 90–91 参照)。特に同章第 25 偈は主語が「成就」（niṣpatti ここでは初地以上の諸地を指す）に置き換えられている以外は、このⅣ.14 と全同である。

niṣpattir vijñeyā yathāvyavasthānamanasikāreṇa |

tatkalpanatājñānād avikalpanayā ca tasyaiva || XX-XXI.25 ||

(26)　以下のⅣ.15–20 では，『二万五千頌般若経』および『無尽意所説経』の所説に基づいて，二十二種の発心を二十二の譬喩で表すことにより，それらの偉大性を説いている。本偈及び世親釈においては，これらと十地などの菩薩の修道階位との関連については，具体的には述べられていないが，無性・安慧の両釈には，僅かながら言及されている。詳細は，附論 5 上野 [2023]，附論 3 内藤 [2023] を参照。また，ジュニャーナキールティの**Pāramitāyānabhāvanākramopadeśa*（『波羅蜜乗修習次第説示』）にも関連する記述があることが報告されている（佐藤 [2016]）

(27)　kalyāṇasuvarṇa の語は『宝性論』にも見られ，そこでは，「真如は不変であるという点で純金の如しと言われる」（RGV Johnston ed. 71.8: kalyāṇasuvarṇavad ananyathābhāvārthena tathatety ucyate）とある。高崎 [1989: 124–125] 参照。

(28)　この「大宝蔵（無尽蔵）」は，諸経に説かれるいわゆる四大宝蔵を指すものである。詳細は，無性釈・安慧釈の該当箇所を参照。また，『維摩経』第 7 章「如来種姓品」（Tathāgatagotraparivartaḥ saptamaḥ）偈文中に，無尽蔵が菩提心と併記された用例がある。

VKN Ⅶ.34 Taisho ed. [2006] 82.17–18; 髙橋・西野 [2011]

daridrāṇāṃ ca satvānāṃ nidhānaṃ bhonti akṣayam |

yeṣāṃ dānāni datvā hi bodhicittaṃ janenti te ||

貧しき衆生のために無尽蔵を現出し，彼らに施与して菩提心を起こさせる。

羅什譯『維摩詰所説經』佛道品第八 T 14, No. 475, 550b10–11

諸有貧窮者　現作無盡藏　因以勸導之　令發菩提心

玄奘譯『説無垢稱經』菩提分品第八 T 14, No. 476, 576c22–23

為諸匱乏者　現作無盡藏　給施除貧苦　令趣大菩提

なお，『維摩経』所説の無尽灯（akṣayapradīpa）の譬喩において，「菩薩が無量の衆生を菩提に安住させてもその菩薩の心念（cittasmṛti）は減らず，減少しないだけでなく，むしろ増大する」（取意）と説かれるのは当該文脈と関連するであろう（VKN Ⅲ.66 Taisho ed. [2006] 41.7–14, 髙橋・西野 [2011] 80.6–81.1）

(29) 不動なるもの (acala) とは山であり，その主 (indra) とは山王 (parvatarāja) すなわち須弥山 (sumeru) を指す。

(30) 「ガンダルヴァ」には，香を食とする天上の楽人と，天界の水あるいはソーマの守護者という重層的な意味がある（Margaret and James Stutley, *A Dictionary of Hinduism*, q.v. ）。第 18 偈では前者，本偈では後者の意味で理解される。無性釈が「上方にある清浄な水の源泉」と言い，安慧釈が「特殊な湧泉」とするのも，この理解を支持する。なお，PsP でも AAA でも，当該の譬喩には prasravaṇa（泉）とあるのみで，「ガンダルヴァ」という語は用いられていない。また，(14)「ガンダルヴァの甘い声」の譬喩の場合も，PsP と AAA 共に madhurasaṅgītighoṣa（甘き歌声）というのみである。

(31) 四無量については，研究会 [2013] および内藤 [2017] を参照。

(32) 四摂事については，若原 [2007] を参照。

(33) MSA において，四依は第 XVIII章第 31–33 偈に詳述される。特に，第 33 偈において四依の利徳が説かれる箇所で，四依それぞれについて「退失しないこと」(apraṇāśa) が述べられている。

MSA XVIII.33

adhimukter vicārāc ca yathāvat parataḥ śravāt |

nirjalpād api ca jñānād apraṇāśo hi dhīmatām || XVIII.33 ||

ayaṃ pratisaraṇānuśaṃsaḥ | prathamena pratisaraṇenārṣadharmādhimuktito na praṇaśyanti | dvitīyena svayam ābhiprāyikārthavicāraṇāt | tṛtīyena paratas tad viparītārthanayaśravāt | caturthena lokottarajñānāt |

智者（菩薩）たちは，信解から，また伺察から，他者から如実に聞くことから，また言葉を超えた智から，退失することがない。

これは［四］依の利徳である。第一の依（依法不依人）によっては，古聖の法に対する信解から退失することがない。第二［の依］（依義不依文）によっては，意趣された意味を自ら伺察することから［退失することがない］。第三［の依］（依了義不依未了義）によっては，他者よりその顛倒のない意味のあり方を聞くことから［退失することがない］。第四［の依］（依智不依識）によっては，出世間智から［退失することがない］。

この比喩の意味するところは，両注釈によって，王が自らの地位から退失することと理解した。

(34) 安慧釈に従い補って理解した。また，『現観荘厳論光明』はこの同じ比喩について止観双運と無住処涅槃との関連を述べている（詳細は佐藤晃 [2016] を参照）。

AAA 26.11–12:

aṣṭādaśaḥ śamathavipaśyanāsahagato yānopamo yuganaddhavāhitvāt saṃsāranirvāṇānyatarāpātena sukhasaṃvahanaāt |

(18)止観を伴う［発心］は，乗り物のようである。止観双運するから輪廻と涅槃のどちらにも落ちることがないことによって楽々と運ぶからである。

また、Paricaya にも同趣旨の文言がある（附論 2 加納 [2023b] 当該箇所を参照）。

(35)　一行道（ekāyana-mārga）は，阿含・ニカーヤにおいては四念処を指す語であり，ただ一人（仏）のみが歩む道と理解されている（BHSD q.v. [4079] 154.1: in the sense of traversible only by One (the Buddha).)。雑阿含経「第 535 経」・「第 607 経」，中阿含経第 24『念処経』，中部経典第 10『念処経』，長部経典第 22『大念処経』など四念処を説く諸経典にこの名称が見られ，雑阿含経では一乗道，中阿含経では一道と訳されている。また『婆沙論』巻百八十八では一趣道と訳され，上記の阿含を引いた上でその名称の由来について種々の議論が展開されている（T27, No. 1545, 943a–944a)。ただし，MSA では菩薩道の一環として独自の意味づけがなされており，第 XX–XXI 章第 12–13 偈においては第七地から第八地へ至る過程として説かれ，一行道に「唯一行」と「同一行」との二義を含めている（長尾 [2011: 94-97]；上野 [2015]（副論 1）pp. 8–9 参照）。また，四念処を解説する第 XVIII章第 44 偈では，第八地以上の菩薩たちにあっては一人が修習すれば他の者も修習することになり，他の者の修習も自己の修習になるのであって，これを miśra-upamiśra（相雑混淆）という，とされている（『長尾ノート』(3) 238–239, n.)。なお，miśra-upamiśra については，早島 [2013] を参照。

(36)　注釈によれば，菩薩が兜率天から下生し仏と成って機に応じた種々の法を説き，衆生を生天あるいは解脱・涅槃に導くことを云う。これについては、『菩薩地』「菩提分品」において六種善巧方便を説く中の第六「菩薩究竟清浄方便善巧」が範型となっていると推定される。

Dutt ed. 178.3–185.4; Wogihara ed. 261.6–272.11;

tatra katamo bodhisattvasya viśuddha upāyaḥ | iha niṣṭhāgamana-bodhisattvabhūmi-sthito bodhisattvaḥ suviśodhitabodhisattvamārgas tuṣite devanikāye upapadyate |... || punar bodhisattvas tuṣitād devanikāyāc cyutvā ucce vā sammate vā kule upapadyate yaduta rājakule vā purohitakule vā | ... || punar anuttarāṃ samyak saṃbodhim abhisaṃbudhyate | tadanyeṣāṃ sattvānāṃ bodhivimuktisāmānyopagamanapariharṣaṇārtham | ... || punar dharmacakram apravartitapūrvaṃ loke pravartayati | tathā dharmaṃ deśayati | śikṣāpadāni ca prajñapayati | ayam ucyate bodhisattvasya viśuddha upāyaḥ |

D. No. 4037, Wi 138a7–144a1:

de la byang chub sems dpa'i rnam par dag pa'i thabs gang zhe na | 'di la byang chub sems dpa' mthar thug par 'gyur ba'i byang chub sems dpa'i sa la gnas shing | byang chub sems dpa'i lam shin tu rnam par sbyangs pa ni byang chub sems dpa' che ge mo zhig dga' ldan gyi lha'i rigs su skyes te | ... || yang byang chub sems dpa' dga' ldan gyi lha'i rigs nas shi 'phos nas | rigs mthon po'am | kun gyis bkur ba'i khyim 'di lta ste | rgyal po'i pho brang ngam | mdun na 'don gyi khyim du skye bar 'gyur te | der sems can rnams kyis gces par bya ba bskyed pa'i phyir 'dod pa rgya chen po dag spangs nas mngon par 'byung bar byed do || ... || yang de las gzhan pa'i sems can rnams byang chub dang rnam par grol ba thun mong du 'gyur ba'i 'dod pa bskyed pa'i phyir | bla na med pa yang dag par rdzogs pa'i byang chub mngon par rdzogs par 'tshang rgya bar byed do || . . . || yang chos kyi 'khor lo 'jig rten du sngon ma bskor ba bskor bar mdzad de | de ltar chos ston par mdzad | bslab pa'i gzhi dag kyang 'cha' bar mdzad do | 'di ni byang chub sems dpa'i rnam par dag pa'i thabs zhes bya ste ||

T 30, No. 1579, 542b-c:

云何菩薩究竟清淨方便善巧。謂諸菩薩安住菩薩到究竟地。於菩薩道已善清淨。先現往生覩史多天衆同分中。... 。又是菩薩從覩史多天衆中沒來下人間。生於高貴或族望家。所謂王家若國師家。... 。又證無上正等菩提。令餘有情於所同趣菩提解脱欣殊勝故。. . . 。然後為轉無上法輪。一切世間所未曾轉。如是更復宣説正法制立學處。是名菩薩究竟清淨方便善巧。

(37) 注釈によれば，器世間で大地に穀物が実り草木が繁茂することである。

(38) 第 21–23 偈の韻律は各句が等しく 12 音節からなる Jagatī韻律の一種 Vaṃśasthā である。

∪ − ∪　− − ∪　∪ − ∪　− ∪ − ;　∪ − ∪　− − ∪　∪ − ∪　− ∪ − |

∪ − ∪　− − ∪　∪ − ∪　− ∪ − ;　∪ − ∪　− − ∪　∪ − ∪　− ∪ − ||

(39) abhisaṃdhi「密語」および ābhiprāyikārtha「意趣された意味」／ abhiprāya「意趣」は，それぞれ MSA 第Ⅶ章第 16–17 偈および第Ⅻ章第 18 偈において，四種密語および四種意趣として詳説される。この主題は，AS や MSg にも説かれるが，MSg の説明は MSA のそれよりも発展した内容となっている。Cf. MSg II.31A, B, 長尾 [1982: 388–399, esp. n. 1]. また，この ābhiprāyikārtha という表現は，第 XVIII章第 31 偈によれば，いわゆる四依の「依義不依文」に対応するものである。

なお，『菩薩地』第 XIX章「菩薩相品」に，gambhīrārthasandhinirmocanatā（能解甚深義理密意）の五つの依処が説かれ，その第四に ābhiprāyikanigūḍhadharmasaṃjñārthavibhāvanatā（能正顯除意趣難解諸法相義）がある。これについては，古坂紘一 [1985] を参照。

(40) 衆生の苦と自身の苦との関係や，悲愍と疲倦しないことについては，第 XVII章第 33, 46, 52 偈などを参照（研究会 [2013]）。

(41) 不作律儀について，有部の定説では，有学の聖者に五悪に対する不作律儀がある，とする。以下に倶舎論賢聖品の該当箇所を例示する（詳細は 櫻部・小谷 [1999: 259–262] を参照）。

AKBh IV.40cd 361.12–14:

anyeṣām apy asti pāryāyikaṃ satpuruṣatvam, pañcavidhasya pāpasyātyantam akaraṇasaṃvarapratilambhāt prāyeṇākuśalaprahāṇāc ca |

［不還以外の］他の有学たちにも，ある観点では，善士性がある。五種の悪を決して為さないことによる律儀（不作律儀）を得ているからであり，また，多くの不善を断じているからである。

AKVy VI.40cd 564.4–8:

paṃcavidhasya pāpasyātyantam akaraṇasaṃvarapratilaṃbhād iti pañcavidhasya pāpasya prāṇātipātādattādānakāmamithyācāramṛṣāvādamadyapānalakṣaṇasyākaraṇenākriyayā samvaraḥ saṃvaraṇam | tasya pratilaṃbhāt | na hy āryā janmāntare 'py etat pañcavidhaṃ pāpam adhyācaranti | akaraṇasaṃvaravacanam | samādānasaṃvarasyānāvaśyakatvāt |

「五種の悪を決して為さないことによる律儀（不作律儀）を得ているから」とは，殺生・偸盗・邪婬・妄語・飲酒を相とする五種の悪を実践しないこと，行わないことによる律儀つまり［悪からの］防護，それを得ているからである。なぜなら，聖者は他生においてもこれら五種の悪を犯さないからである。「不作律儀」［を得ている］と言うのは，［学処を］受持することによる律儀は［悪業を行わないことが］決定的ではないからである。

Cf.『婆沙論』T 27, No. 1545, 621a7–9:

有情得防護耶。答有。如起殺加行中間證見法性。此顯不因受諸學處。但由入正性離生時。得不作律儀。名爲防護。

なお，瑜伽行派では，各種現観の一つとして不行現観（asamudācāra-abhisamaya）が説かれる。これは，不作律儀によって聖所愛戒（āryakāntaśīla）を証得し悪行を離れて三悪趣の異熟を感ずることがないというものである。以下に関連資料を示す。

『阿毘達磨集論』93.16–18:

asamudācārābhisamayaḥ katamaḥ | akāraṇasaṃvaralābhāt śikṣāgatasya yad ātmano narakakṣayaṃ tiryagyonikṣayaḥ pretayonikṣayaḥ avāṅpatanadurgatikṣayaḥ iti | na punar upādāya tad durgatikarma durgativipāko 'bhinirvarttate ||

[T 31, No. 1605, 690b20–23]: 何等不行現觀。謂已證得無作律儀。雖居學位而謂我今已盡那落迦，已盡傍生，已盡餓鬼，已盡顛墜惡趣。我不復造惡趣業感惡趣異熟。

『阿毘達磨雑集論』

ASBh 122.24–26: asamudācārābhisamayo yasyākaraṇasaṃvarasyāryakāntaśīlasaṃgṛhītasya lābhāt tadvipakṣanarakādyasamudācāraṃ praty evaṃ niścayaḥ pravarttate kṣīṇā me narakāḥ ity evamādiḥ so 'samudācārābhisamayaḥ ||

[T 31, No. 1606, 756c29]：不行現觀者。謂已證得無作律儀故，雖居學位而謂我今已盡地獄畜生餓鬼顛墜惡趣。我不復能造惡趣業感惡趣異熟。已得無作律儀者。謂已證得聖所愛戒所攝律儀。由得此故，此所對治地獄異熟等必不復行。由地獄等永盡不行故，名不行現觀。

Cf.『瑜伽師地論』摂決択分 [T 30, No. 1579, 605c15]: 云何名為第三現觀。謂聖所愛戒。於惡趣業已得決定不作律儀故。

『瑜伽師地論』「声聞地」ŚrBh 328.18–329.10; 声聞地研究会 [2007: 232–235]: yo 'py āryakāntāni śīlāny ucyante | kena kāraṇena | dīrghakālaṃ hy etad āryāṇāṃ satāṃ samyaggatānām iṣṭaṃ kāntaṃ priyaṃ mana-āpaṃ "kaccid ahaṃ tad vāgduścaritasya kāyaduścaritasya mithyājīvasyākaraṇaṃ saṃvaraṃ pratilabheyam" | yad asya dīrgharātram iṣṭaṃ kāntaṃ priyaṃ mana-āpaṃ tad anena tasmin samaye pratilabdhaṃ bhavati | tasmād āryakāntam ity ucyate | tathā hi sa labdheṣv āryakānteṣu śīleṣu, na saṃprajāno mṛṣāṃ vācaṃ bhāṣate, na saṃcintya prāṇinaṃ jīvitād vyaparopayati, nādattam ādatte, na kāmeṣu mithyā carati, na cādharmeṇa cīvarādīni paryeṣate | iti tāny āryakāntāni śīlāny adhipatiṃ kṛtvā mārgabhāvanākāle yā vāk pravartate yac ca kāyakarma yaś cājīvaḥ, te 'pi samyagvākkarmāntājīvā ity ucyante |

[T 30, No. 1579, 445b2–9]: 問何故此名聖所愛戒。答以諸聖者賢善正至。長時愛樂欣慕悅意。我於何時當正獲得諸語惡行諸身惡行諸邪命事。不作律儀。由彼長夜於此尸羅深心愛樂欣慕悅意。故獲得時名聖所愛。獲得如是聖愛戒已。終不正知而説妄語。終不故思害衆生命。終不故思不與而取。終不故思行欲邪行。終不非法求衣服等。即由如是聖所愛戒增上力故。於修道時乃至所有語業身業養命事轉。亦得名為正語業命。

(42) 同様の表現は MSA XIX（功徳品第二十二）第 1 偈に見られる。長尾ノート(4) pp.3–4 参照。

(43) 第 7 偈に世俗発心の五種を挙げ，その第一が「不堅固」（＝退転）で，他の四つが「堅固」（＝不退転）であるとするのに対応するであろう。

(44) 第 XX 章第 29, 30 偈において，十波羅蜜を具えた菩薩の十六徴相（liṅga）が説かれるが，その第九・第十として，saṃpatti および vipatti が対照的に用いられている。

MSABh XX.29–30:

saṃpattisukheṣv asaktatā | vipattiduṣkaracaryāduḥkhaiḥ prayogānivartitā |

(phun sum tshogs pa'i bde ba dag la ma chags pa nyid dang rgud pa dang dka' ba spyod pa'i sdug bsngal dag gis sbyor ba las mi ldog pa nyid)

(9)〔世間的な〕幸福における諸々の楽に執着しないこと，(10) 不幸や難行における諸々の苦によって修行から退転しないこと。

(45) 第 24 偈の韻律は，各句が等しく 11 音節からなる Triṣṭubh 韻律の一種 Indravajrā である。

－－∪　－－∪　∪－∪　－－；　－－∪　－－∪　∪－∪　－－|
－－∪　－－∪　∪－∪　－－；　－－∪　－－∪　∪－∪　－－||

(46) 第 25 偈の韻律は，同じく Triṣṭubh 韻律の一種 Upendravajrā である。

∪－∪　－－∪　∪－∪　－－；　－－∪　－－∪　∪－∪　－－|
∪－∪　－－∪　∪－∪　－－；　－－∪　－－∪　∪－∪　－－||

(47) bodhisattvānāṃの語は蔵訳には見られない。bodhisattvānām evāsti | nābodhisattvānām | の語が以下に存在することからいえば，不要であると判断し，削除した。

(48) 第 26, 27 偈の韻律は vaṃśasthā である。この韻律については前注(38)参照。

(49) 無関心（upekṣā）と羞恥（lajjā）の関係については，第 XVIII章第 4–7 偈で「羞恥」（lajjā）の十二種の所対治が挙げられる中，その第三として，第 4 偈に「無関心（upekṣā）と慢心（māna）」が説かれ，無関心によって衆生を害うと述べられている。さらに，その世親釈には「どうして無関心によって，衆生を害うことになるのか。衆生利益に対する放逸（sattvārthapramāda）の故に」とある。詳しくは附論 3 内藤 [2023] を参照。

(50)　atilajjanā あるいは lajjanā は梵語辞書にも仏教梵語辞書にも採録されていない語形である。lajjana は荻原辞典に中性名詞として記載がある。ここでは atilajjanā は女性名詞として用いられているようである。

(51)　「最勝の衆生」（agra-sattva）という表現は MSA に五例が確認される (Ⅳ.28, Ⅻ.4 &6, ⅩⅣ.50・51)。第Ⅲ章種姓品第 3 偈に「最勝の種姓」（agra-gotra）という語があり，その内実を示すのが「最勝の衆生」であると考えられる。詳細は附論 3 内藤 [2023] を参照。

(52)　第 28 偈の韻律は，奇数句と偶数句の音節数が異なる Ardhasaṃvṛtta と呼ばれる韻律の一種 Puṣpitāgrā である。a 句と c 句は 12 音節であるが，b 句と d 句は第 5 音節目に一個の長音が加わり 13 音節となる。

∪∪∪　∪∪∪　－∪－　∪－－；　∪∪∪　∪－∪　∪－∪　－∪－　－|

∪∪∪　∪∪∪　－∪－　∪－－；　∪∪∪　∪－∪　∪－∪　－∪－　－||

この韻律は本書において各章末の偈に多用され，第Ⅱ–ⅩⅣ章および第 ⅩⅥ章・ⅩⅦ章の全十五章の最終偈がその例である。章末以外に用いられた例は第Ⅷ章第 11 偈のみであるが，これも同章の前半部を総括する位置にある。

(53)　煩悩と業と生とは，有部の定説である三障・三雑染をいう（AKBh Ⅳ.96)。安慧によれば，「声聞は，自利のために，三生あるいは七生に亘り，この三種の繋縛を断じることに努める。一方，菩薩は，自他の両者の三種の繋縛を取り除かなければならないから，声聞よりも百千倍もの多劫に亘って努めなければならない」という趣旨である

『大乗荘厳経論』第IV章・世親釈チベット訳テキスト

凡例

初めに『大乗荘厳経論』世親釈蔵訳の首部と尾部および諸版の略号と所在を示す。

題名：

Theg pa chen po mdo sde'i rgyan gyi bshad pa bzhugs so || || (PNG)

首部：

rgya gar skad du | Sū tra a laṃ kā ra byā khyāṃ | (DC) *Sū trā laṅkāra bhā ṣyaṇa* | (PNG)|

bod skad du | mDo sde'i rgyan gyi bshad pa | (DCPNG)

尾部（Colophon）:

Theg pa chen po('*i,* PNG) *mdo sde'i rgyan gyi bshad pa* rdzogs so || ||

Śākyasiṃha, dPal brtzegs 訳

D = sDe dge ed., No. 4026, phi 139a3–143a2
C = Co ne ed., vol. 123/209, phi 144b3-148b2
P = Peking ed., No. 5527, phi 147a5–151b7
N = sNar thang ed., Vol. 132, No. 4316, phi 140b6-145b2
G = dGa' ldan Golden Manuscript bsTan 'gyur†, No. 3518, phi 185a1-191a4
Ng = rNam gyal chos sde Collection, No. 116, kha 16b2-21b5

次に『大乗荘厳経論』偈本蔵訳の首部と尾部および諸版の略号と所在を示す。

首部：

rgya gar skad du | Mahāyāna sūtra alaṃka(sic!)*ra nāma kārikā* | (KdKc)

Mahā yā na sū trā laṃkā ra kārikā | (KpKnKg)

bod skad du | Theg pa chen po mdo sde'i rgyan zhes bya ba'i tshig le'ur byas pa | (KdKc)

Theg pa chen po mdo sde'i rgyan gyi tshig le'ur byas pa | (KpKnKg)

Śākyasiṃha, dPal brtzegs 訳‡

尾部（Colophon）:

Theg pa chen po mdo sde'i rgyan ces bya ba'i tshig le'ur byas pa（KdKc)

Theg pa chen po mdo sde'i rgyan tshig le'ur byas pa || (KpKnKg)

Kd = Kārikā, sDe dge ed., No. 4020, phi 4b2–5b5
Kc = Kārikā, Co ne ed., vol. 123/209, phi 4a7–5b2

† このガンデン寺所蔵金字写本テンギュルについては三宅 [1997] を参照。

‡ Kd, Kc のコロフォンによれば，これを更に Parahitabhadra, Sajjana, rNgog Blo ldan shes rab が再修訂したという (Kd 49a2-3; Kc 47a2-3)：rgya gar gyi mkhan po Shākya sim ha dang | zhu chen gyi lo tsā ba bande dPal brtsegs la sogs pas bsgyur cing zhus te gtan la phab pa | slad kyi pandi ta Pa ra hi ta dang | bram ze chen po Sad dza na dang | lo tsā ba dge slong Blo ldan shes rab kyis cung zad bcos legs par bshad nas gtan la phab pa'o ||。

Kp = Kārikā, Peking ed. No. 5521, phi 5a1–6a7

Kn = Kārikā, sNar thang ed. No. 4310, phi 5b1–6b3

Kg = Kārikā, dGa' ldan Golden Manuscript, No. 3524, phi 5b2–7a2

＊ rNam gyal 以外の諸版は全て The Buddhist Digital Archives (BUDA) by the Buddhist Digital Resource Center (BDRC) (`https://library.bdrc.io`) を利用して閲覧した。

世親釈蔵訳は諸版全てが梵本第 I 章を二つに分章するため§，本章は第 V 章ということになるが，本書では梵本に従い第Ⅳ章として偈番号を付す。

sDe dge 版を底本とし，他の三版一写本および新出の rNam gyal 版を校合して，諸版の異読を注記した。偈については，蔵訳のみ伝存する偈本の諸版をも校合に用いたが，煩を避けるために異読の注記は sDe dge 版と Peking 版のみにとどめた。但し，句読記号（shad: |, ||）の取捨，語尾辞 pa と ba などの異読や，Ng に散見される古い綴字法（myi, mye, etc.）は一々注記しない。

梵文和訳に準じ 1.〜13. に分節して見出しを付し，各節冒頭に sDe dge 版と Peking 版のみの葉・行を示した。

なお Ng は，近年その存在が報告された，ネパール・ムスタンのナムギャル寺に所蔵される元朝期の版本である。貴重な資料であるが，欠葉の多い不完本で首部尾部も失われており，本章については第 25 偈釈の途中以下が欠損している。この新出資料の画像閲覧を快諾された Christian Luczanits 博士と，閲覧のために仲介の労をとられた Marta Sernesi 博士に謝意を表する。同版の詳細については，両博士による報告 Luczanits [2016a]・[2016b] および Sernesi [2020] を参照されたい。

§ 但し，各章末には章名のみが記されており章番号は示されていない。一方，偈本蔵訳諸版では，KdKc が第 I 章を「大乗荘厳経（論）の第一品」(theg pa chen po mdo sde'i rgyan las le'u dang po'o) と「大乗確立の章なる品という第二」(theg pa chen po sgrub pa'i skabs kyi le'u ste gnyis pa'o) に分章し，以下は各章末に章名と章番号を記すのに対し，KpKnKg は第 I 章末に「(大乗) 確立の章 了」(sgrub pa'i skabs rdzogs so) とあるのみで分章せず，以下の各章末も章名のみで章番号を示さない。

1. 発心の特徴（第 1 偈）

[D 139a3–6, P 147a5–b1]

sems bskyed pa'i mtshan nyid du tshigs su bcad pa |

spro ba che dang rtsom[(1)] pa che ||
don che ba dang 'byung ba che ||
byang chub sems dpa'i sems pa[(2)] ste ||
don gnyis ldan pa'i sems 'byung ba[(3)] || Ⅳ.1 ||

spro ba chen po ni go cha'i brtson 'grus kyis te | zab mo dang yun ring por dka' ba spyad pa sgrub pa la[(4)] spro ba'i phyir ro || rtsom[(5)] pa chen po ni go cha ji lta ba bzhin du sbyor ba'i brtson 'grus kyis so || don chen po ni bdag dang gzhan la phan pa'i ched kyi phyir ro || 'byung ba chen po ni byang chub chen po yang dag par 'grub pa'i phyir ro || 'dis ni[(6)] yon tan rnam pa gsum yongs su bstan te | skyes bu byed pa'i yon tan ni tshig gnyis kyis so || don byed pa'i yon tan dang 'bras bu yongs su[(7)] 'dzin pa'i yon tan ni tshig gnyis kyis so || don gnyis[(8)] dang ldan pa ni byang chub chen po dang sems can gyi don bya ba la dmigs pa'i phyir ro || yon tan gsum dang don gnyis la dmigs (P147b1) pa dang ldan pa'i sems pa ni sems bskyed pa zhes bya'o || [ad k. 1]

2. 発心の区別（第 2 偈）

[D 139a6–7, P 147b1–3]

sems bskyed pa rab tu dbye bar tshigs su bcad pa |

sems bskyed de ni sa rnams la ||
mos dang lhag bsam dag pa dang ||
rnam par smin pa gzhan du 'dod ||
de bzhin sgrib pa spangs pa'o || Ⅳ.2 ||

(1) rtsom DCNgKdKp : brtson NG : rtsod P
(2) pa PNGNgKp : dpa' DCKd
(3) ba DCPNGKdKp : ba 'o Ng
(4) la DCNg : las PNG
(5) rtsom DCPNg : brtson NG
(6) ni DC : om. PNG
(7) yongs su DCNg : om. PNG
(8) gnyis DCNg : om. PNG

byang chub sems dpa' rnams kyi sems bskyed pa ni rnam pa bzhi ste | mos pas spyod pa'i sa la ni mos pa las 'byung(9) ba'o || sa bdun la ni lhag pa'i bsam pa rnam par dag pa'o || sa brgyad pa la sogs pa la(10) ni rnam par smin pa'o || sangs rgyas kyi sa la ni sgrib pa med pa'o || [ad k. 2]

3. 発心の確定（第3〜6偈）

[D 139a7–b6, P 147b3–148a3]

sems bskyed pa rnam par gtan la dbab par tshigs su bcad pa bzhi ste |

de yi rtsa ba snying rjer 'dod ||
rtag tu sems can phan par sems ||
chos la mos dang de bzhin de'i ||
ye shes tshol bar dmigs pa'o || Ⅳ.3 ||
gong du 'dun pa 'gro ba ste ||
sdom pa rgya chen de yi rten ||
lam 'gog pa ni mi mthun phyogs ||
slong zhing dang du len pa'o || Ⅳ.4 ||
bsod nams ye shes rang bzhin gyi ||
dge ba'i(11) 'phel ba de'i(12) phan yon ||
pha rol phyin la rtag sbyor ba ||
de ni nges par 'byung bar brjod || Ⅳ.5 ||
'di yi mthar thug sa yin te ||
so so rang gi der sbyor bas ||
byang chub sems dpa'i sems bskyed pa ||
rnam par nges par shes par bya || Ⅳ.6 ||

de la rnam par gtan la dbab pa ni 'di yin te | byang chub sems dpa' rnams kyi sems bskyed pa rnam pa bzhi po 'di'i rtsa ba ni gang | bsam pa ni gang | mos pa ni gang | dmigs pa ni gang | 'gro ba ni gang | rten pa(13) ni gang | nyes dmigs ni gang | phan yon ni gang | nges par 'byung ba ni gang | mthar thug pa ni gang zhe na |

smras pa | snying rje chen po ni rtsa ba'o || rtag tu sems can la phan par sems pa'o || theg pa chen po'i chos la mos pa'o || de'i ye shes la tshol bar dmigs pa ste | de'i ye shes la tshol ba'i rnam

(9) 'byung DC : byung PNG
(10) la DCNg : om. PNG
(11) ba'i DC : ba PNGNgKdKp
(12) de'i PNGNgKd : de Kp
(13) pa PNG : om. DCNg

par dmigs pa'i phyir ro || [ad k. 3]

gong nas gong du 'dun pa ni 'gro ba'o || byang chub sems dpa'i tshul khrims kyi sdom pa ni rten no || lam gcod pa ni nyes dmigs te | lam gcod pa de yang gang zhe na | mi mthun pa'i phyogs theg[14] pa gzhan gyi sems slong zhing dang du len pa'o || [ad k. 4]

bsod nams dang ye shes kyi rang bzhin gyi dge ba'i rtsa ba 'phel ba ni phan yon no || rtag tu pha rol tu phyin pa la goms pa ni nges par 'byung ba'o || [ad k. 5]

sa ni mthar thug pa yin te | so so rang gi sa la sbyor bas gang zhig sa gang la zhugs pa'i sa de ni de'i mthar thug[15] pa yin no || [ad k. 6]

4. 世俗的発心（第 7 偈）

[D 139b6–140a3, P 148a3–8]

yang dag par blangs pa[16] brda las byung ba'i sems bskyed par tshigs su bcad pa |

grogs stobs rgyu stobs rtsa ba'i stobs ||
thos stobs dge ba goms pa las ||
mi brtan pa dang brtan 'byung ba ||
gzhan gyis bstan pa'i sems bskyed bshad || Ⅳ.7 ||

gzhan gyis bstan zhing gzhan gyi rnam par rig byed las sems bskyed pa gang yin pa de ni yang dag par blangs pa brda las byung ba zhes bya'o || de yang grogs kyi stobs las te | dge ba'i bshes gnyen gyi ngor skye ba yang yod do || rgyu'i stobs las te | rigs kyi mthus skye ba yang yod do || dge ba'i rtsa ba'i stobs las te | de'i rigs rgyas pa'i sgo nas skye ba yang yod do || thos pa'i stobs las skye ba yang yod de | chos kyi rnam grangs de dang de bshad pa na mang du byang chub tu sems bskyed[17] pa'i phyir ro || dge ba goms pa las te | tshe 'di nyid la rtag tu nyan pa dang | 'dzin pa dang | 'chang ba la sogs pa las skye ba yang yod do || de yang grogs kyi stobs las ni mi brtan par 'byung bar rig par bya'o || rgyu la sogs pa'i stobs las ni brtan pa 'byung ngo || [ad k. 7]

5. 勝義的発心（第 8〜14 偈）

[D 140a3–b5, P 148a8–149a4]

don dam pa'i sems bskyed par tshigs su bcad pa bdun te |

---

(14) theg DCGNg : thegs PN

(15) thug DCNg : thugs PNG

(16) blangs pa PNG : blang ba DC

(17) bskyed GNg : skyed DCPN

rdzogs pa'i sangs rgyas rab bsnyen byas ||
bsod nams ye shes tshogs rab bsags ||
chos la mi rtog[18] ye shes ni ||
skyes phyir de ni dam par 'dod || IV.8 ||
chos dang sems can rnams dang ni ||
de yi bya ba sangs rgyas nyid ||
mchog la sems mnyam rnyed pa'i phyir ||
de yi rab dga'[19] khyad par 'phags || IV.9 ||
skye ba rgya che de la spro ||
bsam pa yang ni dag pa dang ||
lhag ma dag la mkhas pa dang ||
nges par 'byung bar shes par bya || IV.10 ||
chos la mos pa sa bon dang ||
pha rol phyin mchog ma las skyes ||
bsam gtan las byung bde ba'i[20] mngal ||
snying rje bskyed pa'i ma ma'o || IV.11 ||
smon lam chen po bcu sgrub[21] phyir ||
rgya che bar ni shes par bya ||
dka' ba yun ring mi skyo'i[22] phyir ||
spro bar khong du chud par bya || IV.12 ||
byang chub nye bar rtogs pa dang ||
de yi thabs shes rnyed pa'i phyir ||
bsam pa dag par shes par bya ||
sa gzhan tshul la mkhas pa nyid || IV.13 ||
ji ltar rnam gzhag[23] yid byed pas ||
de rtog nyid du shes phyir dang ||
de nyid la yang mi rtog phyir ||
nges par 'byung bar shes par bya || IV.14 ||

tshigs su bcad pa dang pos ni | lung dang bsgrub[24] pa dang rtogs pa'i khyad par dag gis sems

[18] rtog DCGNNgKdKp : rtogs P
[19] dga' DCNNgKdKp : 'ga' PG
[20] ba'i DC : ba GPNNgKdKp
[21] sgrub GPNKdKp : bsgrub DCNg
[22] skyo'i DCNgKd : skyo GPNKp
[23] gzhag DCGPNgKdKp : bzhag N
[24] bsgrub DC : sgrub GPNNg

bskyed pa don dam pa nyid du ston par byed do || [ad k. 8]

don dam pa'i sems bskyed[25] pa de yang sa rab tu dga' ba la[26] yin pas de'i rab tu dga' ba khyad par du[27] 'phags pa'i rgyu ston te | de la chos rnams la sems mnyam pa nyid ni chos la bdag med par rtogs pa'i phyir ro || sems can rnams la sems mnyam pa nyid ni bdag dang gzhan mnyam pa nyid du rtogs pa'i phyir ro || sems can gyi bya ba dag la sems mnyam pa nyid ni bdag nyid kyi sdug bsngal dang 'dra bar de dag gi[28] sdug bsngal zad par 'dod pa'i phyir ro || sangs rgyas nyid la sems mnyam pa nyid ni de'i chos kyi dbyings dang bdag dbyer med par rtogs pa'i phyir ro || [ad k. 9]

don dam pa'i[29] sems bskyed pa[30] de nyid la don[31] rnam pa drug tu rig par bya ste | skye ba dang | rgya che ba dang | spro ba dang | bsam pa dag pa dang | lhag ma la mkhas pa dang | nges par 'byung ba'o || [ad k. 10]

de la skye ba ni sa bon dang ma dang mngal dang ma ma'i bye brag las rig par bya'o || [ad k. 11]

rgya chen po ni smon lam chen po bcu mngon par bsgrub[32] pa'i phyir ro || spro ba ni dka' ba yun ring pos mi skyo ba'i phyir ro || [ad k. 12]

bsam pa dag pa ni byang chub dang nye bar shes pa'i phyir dang | de'i thabs shes pa'i phyir ro || lhag ma la mkhas pa ni sa gzhan dag la mkhas pa'o || [ad k. 13]

nges par 'byung ba ni sa ji ltar rnam par gzhag[33] pa bzhin yid la byed pas so || ji ltar yid la byed pas she na[34] | 'di ni rtog pa tsam mo zhes sa rnam par gzhag[35] pa de rtog pa nyid du shes pa'i phyir dang | rtog pa nyid du shes pa de nyid la yang rnam par mi rtog pa'i phyir ro || [ad k. 14]

6. 発心の偉大性を示す二十二の譬喩（第15～20偈）

[D 140b5–141b6, P 149a4–150b1]

dpe'i che ba nyid du tshigs su bcad pa drug ste |

bskyed pa sa dang mtshungs pa ste ||
gzhan ni bzang po'i gser dang 'dra ||

[25] bskyed DCGPNg : skyed N
[26] dga' ba la GPNNg : dga' ba DC
[27] du DCNg : om. GPN
[28] gi DCGPNg : gis N
[29] don dam pa'i Ng : don dam pa pa'i DCGPN
[30] pa DCNg : pas GPN
[31] don GPN : don dam pa DC
[32] bsgrub DCNg : sgrub GPN
[33] gzhag DCNg : bzhag GPN
[34] pas she na D : pa she na C : pas zhe na GPNNg
[35] gzhag DCNg : bzhag GPN

zla ba yar gyi[36] tshes pa bzhin ||
gzhan ni me dang 'drar shes bya || IV.15 ||
gzhan ni gter chen bzhin shes bya ||
gzhan ni rin chen 'byung gnas bzhin ||
rgya mtsho 'dra bar shes bya[37] gzhan ||
rdo rje dang 'dra ri rab 'dra || IV.16 ||
sman gyi[38] rgyal po 'dra ba ste ||
gzhan ni mdza' chen 'drar shes bya ||
yid bzhin nor bu 'dra ba dang ||
gzhan ni nyi ma 'drar shes bya || IV.17 ||
gzhan ni dri za'i dbyangs snyan bzhin ||
gzhan ni rgyal po 'drar shes bya ||
de bzhin gzhan ni mdzod lta bu ||
lam po che dang 'drar shes bya || IV.18 ||
theg pa 'dra bar shes bya ste ||
sems bskyed bkod ma 'dra ba yin ||
kun dga'i sgra dang 'dra ba ste ||
klung[39] chen rgyun dang 'dra ba'o || IV.19 ||
rgyal sras rnams kyi[40] sems bskyed pa ||
sprin dang 'dra bar bstan pa ste ||
de phyir de ltar yon tan phyug ||
sems ni dga' bas yang dag bskyed || IV.20 ||

byang chub sems dpa' rnams kyi sems bskyed pa dang po ni sa dang mtshungs te | sangs rgyas kyi chos thams cad dang de'i tshogs 'phel ba'i rten du gyur pa'i phyir ro || bsam pa dang ldan pa'i sems bskyed pa ni gser bzang po dang 'dra ste | phan pa dang bde ba'i bsam pa gzhan[41] du 'gyur ba mi sten[42] pa'i phyir ro || sbyor ba dang ldan pa ni zla ba yar gyi ngo'i tshes pa bzhin te | dge ba'i chos 'phel bar 'gyur ba'i phyir ro || lhag pa'i bsam pa dang ldan pa ni me dang 'dra ste | shing gi bye brag dag gis me bzhin du gong nas gong du khyad par du 'gro ba'i phyir ro || lhag pa'i bsam pa ni khyad par rtogs pa'i bsam pa'o || [ad k. 15]

(36) gyi DCNgKdKp : gyis PNG
(37) bya DCNgKdKp : byar PNG
(38) gyi DCGNgKdKp : gyis PN
(39) klung DCNgKdKp : klu PNG
(40) kyi PNGKdKp : kyis DCNg
(41) gzhan DCPG : bzhan N
(42) sten DCNg : bsten PNG

sbyin pa'i pha rol tu phyin pa dang ldan pa ni gter chen po bzhin te | zang zing gi longs spyod kyis sems can dpag tu med pa tshim par byed pa dang mi zad pa'i phyir ro || tshul khrims kyi pha rol tu phyin pa dang ldan pa ni rin po che'i 'byung gnas lta bu ste | de las yon tan rin po che thams cad 'byung ba'i phyir ro || bzod pa'i pha rol tu phyin pa dang ldan pa ni rgya mtsho dang 'dra[43] ste | nyam nga ba 'byung ba thams cad kyis mi 'khrugs pa'i phyir ro || brtson 'grus kyi pha rol tu phyin pa dang ldan pa ni rdo rje lta bu ste | mi shigs pa nyid kyis sra ba'i phyir ro || bsam gtan gyi[44] pha rol tu phyin pa dang ldan pa ni ri'i rgyal po dang 'dra ste | rnam par[45] mi[46] g-yeng bas mi g-yo ba'i phyir ro || [ad k. 16]

shes rab kyi pha rol tu phyin pa dang ldan pa ni sman gyi rgyal po lta bu[47] ste | nyon mongs pa dang shes bya'i sgrib pa'i nad rab tu zhi bar byed pa'i phyir ro || tshad med pa dang ldan pa ni mdza bo chen po dang 'dra ste | gnas skabs thams cad du sems can thams cad yal bar mi 'dor ba'i phyir ro || mngon par shes pa dang ldan pa ni yid bzhin gyi nor bu dang 'dra ste | ji ltar mos pa bzhin de'i 'bras bu 'byor pa'i phyir ro || bsdu ba'i dngos po dang ldan pa [48] ni nyi ma dang 'dra ste | gdul ba'i lo tog yongs su smin par byed pa'i phyir ro || [ad k. 17]

so so yang dag par rig pa dang ldan pa ni dri za'i dbyangs snyan pa lta bu ste | gdul bya 'dun par[49] byed pa'i chos ston pa'i phyir ro || rton pa dang ldan pa ni rgyal po lta bu ste | chud mi za ba'i rgyu yin pa'i phyir ro || bsod nams dang ye shes kyi tshogs dang ldan pa ni mdzod lta bu ste | bsod nams dang ye shes kyi tshogs mang po'i mdzod kyi gnas yin pa'i phyir ro || byang chub kyi phyogs dang mthun pa dang ldan pa ni lam po che lta bu ste | 'phags pa'i gang zag thams cad gshegs shing rjes su gshegs pa'i phyir ro || [ad k. 18]

zhi gnas dang lhag mthong dang ldan pa ni | theg pa lta bu ste | bde blag tu khyer ba'i phyir ro || gzungs dang spobs pa dang ldan pa ni bkod ma lta bu ste | chu 'dzin zhing mi zad par 'byin pa dang chos mthun par thos pa dang ma[50] thos pa'i chos kyi tshig dang don 'dzin zhing mi zad pa 'byin pa'i phyir ro || chos bshad pa dang ldan pa ni | kun dga' ba'i sgra dang 'dra ste | thar pa 'dod pa'i gdul bya rnams la snyan pa thos par byed pa'i phyir ro || bgrod pa gcig pa'i lam dang ldan pa ni klung gi rgyun dang 'dra ste | mi skye ba'i chos la bzod pa thob pa na rang gi[51] ngang gis 'byung ba'i phyir ro || bgrod pa gcig pa nyid ni | sa der gtogs pa'i byang chub sems dpa' rnams kyi bya ba byed pa tha mi dad pa'i phyir ro || [ad k. 19]

---

[43] 'dra DCPGNg : 'bra N
[44] gyi DCPG : gyis N
[45] rnam par DC : om. PNGNg
[46] em. mi : om. mi DCPNGNg
[47] dang 'dra' Ng
[48] bzhi ins. DC : n.e. PNGNg
[49] 'dun par PNGNg : 'dul bar DC
[50] thos pa dang ma DC : om. PNG
[51] gi DCPGNg : gis N

thabs la mkhas pa dang ldan pa ni sprin lta bu ste | ji ltar snod kyi 'jig rten gyi 'byor pa thams cad sprin las 'byung ba ltar | dga' ldan gyi[52] gnas na bzhugs pa la sogs pa ston pa'i sgo nas sems can thams cad kyi don bya ba rnams de la rag[53] las pa'i phyir ro || [ad k. 20]

dpe nyi shu rtsa gnyis dang ldan pa'i sems bskyed pa 'di[54] ni *'Phags pa blo gros mi zad pas bstan pa'i mdo* las | mi zad pa nyid 'byung ba dang sbyar bar khong du chud par bya'o ||

7. 発心しない者に対する譴責（第 21 偈）

[D 141b6–142a2, P 150b1–4]

sems ma bskyed pa smad par tshigs su bcad pa |

cher 'os sems bskyed spangs pa'i skye bo dag ||
gzhan don sems dang de yi thabs rnyed dang ||
dgongs chen don dang de nyid mchog mthong bas ||
bde ba de spangs zhi bar 'gro bar 'gyur || IV.21 ||

sems bskyed pa de spangs pa'i sems can rnams kyis bde ba rnam pa bzhi mi 'thob ste | byang chub sems dpa' rnams kyi gzhan gyi don sems pas bde ba gang yin pa dang | gzhan gyi don gyi thabs rnyed pas bde ba gang yin pa dang | dgongs pa chen po'i don mthong ba ste | theg pa chen po'i mdo zab mo dgongs pa can gyi don rtogs pas bde ba gang yin pa dang | de kho na nyid mchog gi don chos la bdag med pa mthong bas bde ba gang yin pa'o || [ad k. 21]

8. 発心の讃嘆（第 22 偈）

[D 142a2–5, P 150b4–8]

ngan 'gro dang yongs su skyo bas 'jigs pa med pa'i phyir | sems bskyed pa bsngags par tshigs su bcad pa |

blo ldan sems mchog skyes ma thag tu yang ||
mtha' yas nyes pa byed las sems rab bsdoms[55] ||
gnyis 'phel byed pas rtag tu dge ba dang ||
brtse ldan bde dang sdug bsngal dag gis dga' || IV.22 ||

---

[52] gyi DCPGNg : gyis N
[53] rag DCPGNg : rags N
[54] 'di PNG : de DC
[55] bsdoms DC : bsdams PNGNgKdKp

byang chub sems dpa'i[56] sems kyi mchog de skyes ma thag tu sems can mtha' yas pa'i rten can gyi nyes pa byed pa las sems rab tu bsdams par 'gyur te | de'i phyir 'di ngan 'gros 'jigs par mi (P150b7) 'gyur ro || [ad k. 22ab]

de ni dge ba'i las dang snying brtse ba gnyis 'phel bar byed pas rtag tu dge ba dang ldan pa dang | snying brtse ba dang ldan par yang 'gyur te | des na de dge ba dang ldan pa'i phyir | bde bas kyang dga' la snying brtse ba dang ldan pa'i phyir gzhan gyi don byed pa'i rgyu mtshan can[57] gyi sdug bsngal gyis kyang dga'o || de'i phyir 'di bya ba mang pos yongs su skyo bas kyang 'jigs par mi 'gyur ro || [ad k. 22cd]

9. 発心による不作律儀の獲得（第 23 偈）

[D 142a5–6, P 150b8–151a3]

mi byed pa'i sdom pa thob par tshigs su bcad pa |

gang tshe gzhan gyi don phyir lus dang ni ||
srog la mi lta rab ngal khas len pa ||
de lta bu de gzhan gyi gnod pa yis ||
ji ltar ngan par byed pa'i las la 'jug || IV.23 ||

de'i bsdus pa'i don ni | gang zhig gzhan gyi don gyi phyir lus dang srog la yang mi lta ba'i phyir | gzhan nyid ches sdug gi bdag nyid ni ma yin pa de ji ltar gzhan gyis gnod pa byas pas bdag gi[58] don du nyes par byed pa'i las la 'jug par 'gyur || [ad k. 23]

10. 発心の不退転（第 24・25 偈）

[D 142a6–b3, P 151a3–8]

sems mi ldog par tshigs su bcad pa gnyis te |

de yis chos kun sgyu ma lta bu dang ||
skye ba[59] skyed mos tshal 'gro ltar rtogs nas ||
'byor pa'i dus dang[60] rgud pa'i dus na'ang 'di ||
nyon mongs sdug bsngal dag gis 'jigs pa med || IV.24 ||

---

[56] sems dpa'i DCNg: om. PNG
[57] can DCGNg : om. PN
[58] gi DCGNg : gis PN
[59] skye ba DCNgKdKp : skyed pa PNG
[60] dang NgKdKp : na DCPNG

rang gi yon tan sems can phan 'dogs dga' ||
bsams[61] bzhin skye ba rdzu 'phrul rnam par 'phrul ||
rgyan dang ston mo sa mchog rtse dga' ba ||
snying rje'i bdag nyid min pa rnams la med || IV.25 ||

byang chub sems dpa' des chos thams cad sgyu ma lta bur mthong ba'i phyir | 'byor pa'i dus na nyon mongs pa rnams kyis mi 'jigs la | skye ba skyed mos tshal du 'gro ba lta bur mthong ba'i phyir | rgud pa'i dus na sdug bsngal gyis mi 'jigs na | de'i byang chub kyi sems 'jigs pa gang gis ldog par 'gyur || [ad k. 24]

gzhan yang rang gi yon tan gyi[62] rgyan dang | gzhan la phan 'dogs pas dga' ba'i ston mo dang | bsams bzhin du skye ba'i skyed mos tshal gyi sa dang | rdzu[63] 'phrul gyis rnam par 'phrul pa'i rtsed mos dga' ba'i byang chub sems dpa' dag kho na la yod kyi | byang chub sems dpa' ma yin pa rnams la ni med na de dag gi[64] sems ji ltar zlog[65] par 'gyur || [ad k. 25]

11. 菩薩は苦を怖畏しないこと（第26偈）

[D 142b3–5, P 151a8–b2]

sdug bsngal gyis 'jigs pa dgag par tshigs su bcad pa |

gzhan don brtson ldan snyingrje'i bdag nyid 'di ||
gang tshe mnar med pa la'ang dgar[66] 'dzin pa ||
de 'dra ba dag srid na gzhan rten can[67] ||
sdug bsngal 'byung[68] ba rnams kyis ga la 'jigs || IV.26 ||

gzhan yang gzhan gyi don la brtson pa gang zhig snying rje'i bdag nyid can yin pa'i phyir | mnar med pa la yang dga' bar 'dzin pa de ji ltar srid pa na gzhan gyi don gyi rgyu mtshan can gyi sdug bsngal 'byung ba dag gis 'jigs par 'gyur te | gang gi phyir na 'di sdug bsngal gyis 'jigs pa'am sems ldog par 'gyur || [ad k. 26]

---

(61) bsams DCKd : bsam PNGNgKp
(62) gyi PG : gyis DCN
(63) rdzu DCPG : brdzu N
(64) gi PG : gis DC : gyis N
(65) zlog DCPG : bzlog N
(66) dgar PNGKdKp : dga' DC :
(67) rten can DCPNG : Kp brten can : Kd rten phyir
(68) 'byung DCKd : byung PNGKp

12. 菩薩は衆生に対して無関心でないこと（第 27 偈）

[D 142b5–7, P 151b2–5]

sems can yal bar ’dor ba[69] dgag par tshigs su bcad pa |

slob dpon brtse chen rtag tu brten[70] pa’i bdag ||
pha rol sdug bsngal dag gis sems gdungs pa[71] ||
gzhan gyi bya ba[72] nye bar gnas pa la ||
gzhan gyis[73] bskul ba shin tu ngo yang tsha || Ⅳ.27 ||

slob dpon snying rje rtag tu brten[74] pa’i bdag nyid can pha rol gyi sdug bsngal dag gis sems gdung ba gang yin pa de la gal te gzhan gyi don[75] bya ba byung ba la dge ba’i bshes gnyen gzhan dag gis bskul bar[76] bya dgos pa ni te por[77] ngo tsha ba’o[78] || [ad k. 27]

13. 菩薩の怠惰への戒め（第 28 偈）

[D 142b7–143a2, P 151b5–7]

le lo smad par tshigs su bcad[79] pa |

mgo la sems can khur chen khyer ba yi ||
sems can mchog ni dal gyis ’gro mi mdzes ||
bdag gzhan sna tshogs ’ching bas rab bcings pa[80] ||
brtson pa brgya ’gyur du ni bya ba’i rigs || Ⅳ.28 ||

byang chub sems dpa’ mgo la sems can gyi khur chen po thogs nas pha rol gnon pa dal ba ni mi[81] mdzes kyi[82] | des nyan thos kyi brtson ’grus pas brtson ’grus brgya ’gyur du bya bar rigs te |

(69) ba DC : bar PNG
(70) brten PNGKdKp : bsten DC
(71) gdungs pa Kd : gdung ba DCPGKp
(72) ba DCKdKp : bar PNG
(73) gyis DCPGKdKp : gyi N
(74) em. brten : bsten DCPNG
(75) don DC : om. PNG
(76) bar DC : ba PNG
(77) por PNG : bor DC
(78) tsha ba’o DC : tsha’o PNG
(79) bcad PNG : gcad DC
(80) DCPNGKp pa : Kd pas
(81) mi DCPG : om. N
(82) kyi PNG : gyi DC

’di ltar de ni bdag dang gzhan gyi ’ching ba rnam pa sna tshogs nyon mongs pa dang las dang skye ba’i ngo bo dag gis shin tu bcings pa yin no || [ad k. 28]

Sems bskyed pa’i skabs rdzogs so ||

『大乗荘厳経論』第Ⅳ章・漢訳テキスト

凡例

大正新脩大蔵経　第三十一巻　瑜伽部下　No. 1604　595b23–597b16

(SAT 大正新脩大藏經テキストデータベース 2018 版)

高麗大蔵経 十六　No.586　852a-854c

(高麗大藏經編輯委員會編 北京 綫裝書局 2004)

宋版磧砂大蔵経十六　No.605　365c–367b

(延聖院大藏經局編　台北 新文豐出版 1987)

嘉興蔵第百三十六帙第一冊 25–32

(万暦版大蔵経 (嘉興蔵) 画像データベース)

大正蔵版を底本とし，高麗・磧砂・嘉興蔵の各版を対校して異同を注記した。但し，異体字については一々記さない。

漢訳は全十三巻二十四品から成り，全 XXI章の現存梵本とは章立てと章数に出入りがある*。梵本の第 I 章「大乗の確立」章 (Mahāyānasiddhi-adhikāra) が漢訳では「縁起品」第一と「成宗品」第二に分かたれ†，以下は梵本の第 II 章「帰依」章 (Śaraṇagamana-adhikāra) が「帰依品」第三，梵本第 III 章「種姓」章 (Gotra-adhikāra) が「種性品」第四となるため，梵本第 IV章「発心」章 (Cittotpāda-adhikāra) は「発心品」第五となる。

本章の偈数は梵本と蔵訳では全 28 偈であるが，漢訳では全 21 偈となっている。これは漢訳が梵本第 3〜6 偈の 4 偈を第三・四偈の 2 偈に，梵本第 11〜14 偈の 4 偈を第九・十偈の 2 偈に，梵本第 15〜20 偈の 6 偈を第十一〜十三偈の 3 偈に，それぞれまとめて訳出しているためである。各偈はボールドとし，冒頭に漢訳の偈番号を，末尾に梵本の偈番号を，それぞれ付した。また，梵文和訳に準じ，導入部 0. および本論 1.〜13. に分節して見出しを付して，和訳との対照の便を図った。

* 詳細は袴谷・荒井 [1993: 33-35] を参照。

† 第 I 章を二分する点では本論蔵訳と同じである。

大乘莊嚴經論卷第二　無著菩薩造 大唐天竺三藏波羅頗蜜多羅譯[1]

發心品第五

0. 導入

釋曰。如是[2]已分別菩薩種性。

1. 発心の特徴（第一偈＝梵文第 1 偈）

次分別菩薩發菩提心相。偈曰。

（一）　**勇猛及方便　利益及出離**

四大三功德　二義故心起（Ⅳ.1）

釋曰。菩薩發心有四種大。一勇猛大。謂弘誓精進甚深難作[3]長時隨順故。二方便大。謂被弘誓鉀[4]已恒時方便勤精進故。三利益大。謂一切時作自他利故。四出離大。謂爲求無上菩提故。復次此四種大顯示三種功德。第一第二大顯示作丈夫所作功德。第三大顯示作大義功德。第四大顯示受果功德。此三功德以二義爲縁。所謂無上菩提及一切衆生。由此思故發菩提心。已説發心相。

2. 発心の区別（第二偈＝梵文第 2 偈）

次説發心差別。偈曰。

---

(1) 大唐天竺三藏波羅頗蜜多羅譯　大正・高麗：　唐三藏波羅頗迦羅蜜多羅譯　磧砂・嘉興蔵

この訳者の原名は，道宣『続高僧伝』巻第三・訳経篇三・唐京師勝光寺中天竺沙門波頗傳一に「波羅頗迦羅蜜多羅，唐言作明知識。或一云波頗。此云光智。... 」（大正 50 史伝部二 No. 2060, 439c）とあることから，Prabhākaramitra と推定されている。但し，本論に付された李百藥の序には「波羅頗蜜多羅，唐言明友」と記されている。他の訳業に『寶星陀羅尼經』（大正 13 大集部 No. 402）と『般若燈論釋』（大正 30 中觀部 No.1566）があるが，いずれも訳者は波羅頗蜜多羅と記され，前者の序（唐釋法琳撰）には「波頗，唐言光智」，後者の序（釋慧賾述）には「波羅頗蜜多羅，唐言明友」とある。生没年は 565 − 633 と推定され，武徳九年（626）に長安に入り，太宗の勅命により貞観三年（629）から訳経に従事し，貞観七年（633）に入寂した。本論は貞観四年（630）夏に訳出が開始され，同六年冬に訳了，七年春に清書奏上された（宇井 [1961: 2-6]）。

(2) 如是　高麗・磧砂・嘉興蔵：　如説　大正

(3) 難作　大正・高麗・磧砂：　難行　嘉興蔵・明

(4) 鉀　大正・高麗：　甲　磧砂・嘉興蔵・三・宮

（二）　**信行與淨依　報得及無障**

　　　　發心依諸地　差別有四種（Ⅳ.2）

釋曰。菩薩發心依諸地有四種差別。一信行發心。謂信行地[5]。二淨依發心。謂前七地。三報得發心。謂後三地。四無障發心。謂如來地。已説差別。

3．発心の確定（第三偈～第四偈＝梵文第 3 偈～第 6 偈）

次當廣釋。問如此發心。以何爲根。何所依止[6]。何所信。何所縁。何所乘。何所住。何等障難。何等功徳。何等自性[7]。何所出離。何處究竟。偈曰。

（三）　**大悲與利物　大法將種智**

　　　　勝欲亦大護　受障及增善（Ⅳ.3・4）

（四）　**福智與修度　及以地地滿**

　　　　初根至後竟　隨次解應知（Ⅳ.5・6）

釋曰。菩薩發心以大悲爲根。以利物爲依止。以大乘法爲所信。以種智爲所縁。爲求彼故。以勝欲爲所乘。欲無上乘故。以大護爲所住。住菩薩戒故。以受障爲難。起異乘心故。以增善爲功德。

以福智爲自性。以習諸度爲出離。以地滿爲究竟。由地地勤方便。與彼彼相應故。如此已廣分別。

4．世俗的発心（第七偈＝梵文第 7 偈）

次説受世俗發心。偈曰。

---

(5) 地　高麗・磧砂・嘉興蔵：　他　大正

(6) 長尾 [2007: 89 n. 3] に指摘されるように，漢訳「依止」は梵本および蔵訳の示す āśaya ではなく āśraya の読みを前提としているようである。

(7) 袴谷・荒井 [1993: 410] に註記されるように，ここで確定される諸項目は梵本と蔵訳では十であるが漢訳では十一あり，「自性」は漢訳のみに見られる。梵蔵本は発心が善の増大を利徳とする理由として発心が福徳と智から成ると述べているが，漢訳では福徳と智を発心の自性として別に挙げていることになる。安慧釈も同様に該当箇所を二分して全体を十一問答としている。

（五）　友力及因力　根力亦聞力

四力總二發　不堅及以堅（Ⅳ.7）

釋曰。若從他説得覺而發心。是名受世俗發心。此發心由四力。一者友力發心。或得善知識隨順故。二者因力發心。或過去曾發心爲性故。三者根力發心。或過去曾行諸善根所圓滿故。四者聞力發心。或處處説法時無量衆生發菩提心故。又習善根者。或現在如法常聞受持等故。

復次彼四力發心總爲二種。一者不堅發。謂友力發心故。二者堅發。謂因等三力發心故。已説世俗發心。

5. 勝義的発心（第六偈～第十偈＝梵文第 8 偈～第 14 偈）

次説第一義發心。偈曰。

（六）　親近正遍知　善集福智聚

於法無分別　最上眞智生（Ⅳ.8）

釋曰。第一義發心顯有三種勝。一教授勝。親近正遍知故。二隨順勝。善集福智聚故。三得果勝。生無分別智故。此發心名歡喜地。由歡喜勝故。

問此勝以何爲因。偈曰。

（七）　諸法及衆生　所作及佛體

於此四平等　故得歡喜勝（Ⅳ.9）

釋曰。四平等者。一法平等。由通達法無我故。二衆生平等。由至得自他平等故。三所作平等。由令他盡苦如自盡苦故。四佛體平等。由法界與我無別決定能通達故。已説勝因。

次説勝差別。偈曰。

（八）　生位及願位　亦猛亦淨依

餘巧及餘出　六勝復如是（Ⅳ.10）

釋曰。第一義發心復有六勝。一生位勝。二願位勝。三勇猛勝。四淨依勝。五餘巧勝。六餘出勝。

問此六云何勝。偈曰。

（九）　**生勝由四義　願大有十種**

　　　　勇猛恒不退　淨依二利生（Ⅳ.11・12）

（十）　**巧便進餘地　出離善思惟**

　　　　如此六道理　次第成六勝（Ⅳ.13・14）

釋曰。生勝由四義者。一種子勝。信大乘法爲種子故。二生母勝。般若波羅蜜爲生母故。三胎藏(8)勝。大禪定樂爲胎藏(9)故。四乳母勝。大悲長養爲乳母故。願大有十種者。十大願如十地經說。發此願勝故。勇猛恒不退者。能行難行永不退故。淨依二利生者。一知自近菩提。二知利他方便故。

巧便進餘地者。得趣上地方便故。出離善思惟者。思惟住諸地中所建立法故問云何思惟。答如所建立分齊分別知故。以是分別亦知無分別故。已說發心。

6. 発心の偉大性を示す二十二の譬喩（第十一偈〜第十三偈＝梵文第 15 偈〜第 20 偈）

次說譬喩顯此發心。偈曰。

（十一）　**如地如淨金　如月如增火**

　　　　　如藏如寶篋　如海如金剛（Ⅳ.15・16）

（十二）　**如山如藥王　如友如如意**

　　　　　如日如美樂　如王如庫倉（Ⅳ.17・18）

（十三）　**如道如車乘　如泉如喜聲**

　　　　　如流亦如雲　發心譬如是（Ⅳ.19・20）

(8) 藏　大正・高麗・磧砂：　臓　嘉興蔵・明

(9) 藏　大正・高麗・磧砂：　臓　嘉興蔵・明

釋曰。如此發心與諸譬喩。何義相似。答譬如大地。最初發心亦如是。一切佛法能生持故。譬如淨金。依相應發心亦如是。利益安樂不退壞故。譬如新月。勤相應發心亦如是。一切善法漸漸增故。譬如增火。極依相應發心亦如是。益薪火熾積行依極故。譬如大藏。檀波羅蜜相應發心亦如是。以財周給亦無盡故。譬如寶篋。尸波羅蜜相應發心亦如是。功徳法寶從彼生故。譬如大海。　提波羅蜜相應發心亦如是。諸來違逆心不動故。譬如金剛。毘梨耶波羅蜜相應發心亦如是。勇猛堅牢不可壞故。

譬如山王。禪波羅蜜相應發心亦如是。物無能動以不亂故。譬如藥王。般若波羅蜜相應發心亦如是。惑智二病此能破故。譬如善友。無量相應發心亦如是。一切時中不捨衆生故。譬如如意珠。神通相應發心亦如是。隨所欲現能成就故。譬如盛日。攝相應發心亦如是。如日熟穀成熟衆生故。譬如美樂。辯相應發心亦如是。説法教化攝衆生故。譬如國王。量相應發心亦如是。能爲正道不壞因故。譬如倉庫。聚相應發心亦如是。福智法財之所聚故。

譬如王路。覺分相應發心亦如是。大聖先行餘隨行故。譬如車乘。止觀相應發心亦如是。二輪具足安樂去故。譬如涌泉。總持相應發心亦如是。聞者雖多法無盡故。譬如喜聲。法印相應發心亦如是。求解脱者所樂聞故。譬如河流。自性相應發心亦如是。無生忍道自然而流不作意故。譬如大雲能成世界。方便相應發心亦如是。示現八相成道化衆生故。

如此等及二十二(10)譬。譬彼發心。如聖者無盡慧經廣説應知。已説發心譬喩。

7. 発心しない者に対する譴責（第十四偈＝梵文第 21 偈）

次説不發心過失。偈曰。

（十四）　思利及得方　解義亦證實
**　　　　　如是四時樂　趣寂則便捨（Ⅳ.21）**

釋曰。菩薩有四種樂。一思利樂。謂思惟利益他時。二得方樂。謂至得巧方便時。三解義樂。謂解了大乘意時。四證實樂。謂證人法無我時。若人棄捨衆生趣向寂滅。應知是人不得菩薩如是四樂。已呵(11)不發心。

(10) 二十二　大正・高麗：　三十二　磧砂・嘉興蔵・三・宮
(11) 呵　大正・高麗・磧砂：　訶　嘉興蔵

8. 発心の讃嘆（第十五偈＝梵文第 22 偈）

發心者應讃歎。偈曰。

（十五）　最初發大心　善護無邊惡
善増悲増故　樂喜苦亦喜（Ⅳ.22）

釋曰。若菩薩初發大菩提心。爾時依無邊衆生。即得善護不作諸惡。爲此故是人遠離退墮惡道畏。復次由有善及増故於樂常喜。由有悲及増故於苦常喜。爲此故是人遠離退失善道畏。已讃發心。

9. 発心による不作律儀の獲得（第十六偈＝梵文第 23 偈）

次説因此發心得不作護[12]。偈曰。

（十六）　愛他過自愛　忘已利衆生
不爲自憎他　豈作不善業（Ⅳ.23）

釋曰。若略示彼義。菩薩愛他過於自愛。由此故忘自身命而利於他。不爲自利而損於彼。由此故能於衆生絶諸惡業。已説得不作護。

10. 発心の不退転（第十七偈＝梵文第 24 偈・第 25 偈）

次説得不退心。偈曰。

（十七）　觀法如知幻　觀生如入苑
若成若不成　惑苦皆無怖（Ⅳ.24）

[12] 護　大正・高麗：　讃　磧砂・嘉興蔵・三・宮

釋曰。菩薩觀一切諸法如似知幻。若成就時於煩惱不生怖。菩薩觀自生處如入園苑。若不成就時於苦惱亦不生怖。若如是者。更有何意而退菩提心耶。

復次偈曰。

（十八）　**自嚴及自食　園地與戲喜**

　　　　如是有四事　悲者非餘乘（Ⅳ.25）

釋曰。菩薩以自功德而爲自嚴。以利他歡喜而爲自食。以作意生處而爲園地。以神通變化而爲戲喜。如此四事。唯菩薩有。於二乘無。菩薩既有此四事。云何當退菩提心。已説不退心。

11．菩薩は苦を怖畏しないこと（第十九偈＝梵文第 26 偈）

次遮畏苦心。偈曰。

（十九）　**極勤利衆生　大悲爲性故**

　　　　無間如樂處　豈怖諸有苦（Ⅳ.26）

釋曰。菩薩以大悲爲體。是故極勤利他，雖入阿鼻地獄如遊樂處。菩薩如是於餘苦中豈生怖畏，因此怖畏而退心耶。

12．菩薩は衆生に対して無関心でないこと（第二十偈＝梵文第 27 偈）

偈曰。

（二十）　**大悲恒在意　他苦爲自苦**

　　　　自然作所作　待勸深慚羞（Ⅳ.27）

釋曰。諸菩薩大悲闍梨常在心中。若見衆生受苦即自生苦。由此道理自然作所應作。若待善友勸發深生極重慚羞。

13. 菩薩の怠惰への戒め（第二一偈＝梵文第 28 偈）

偈曰。

（二一）　**荷負衆生擔　懈怠醜非勝**
爲解自他縛　精進應百倍（IV.28）

釋曰。菩薩發心荷負衆生重擔。若去賖緩此是醜事。非爲第一端正衆生。菩薩應思。若自若他有種種急縛。謂惑業生。爲解此縛應須百倍精進。過彼聲聞作所應作。

發心品究竟

『大乗荘厳経論』第Ⅳ章・無性釈チベット訳テキスト
および和訳・注解

凡例

題名

mDo sde rgyan gyi 'grel bshad btsun pa Ngo bo nyid med kyis mdzad pa bzhugs so (PNG)

首部

rgya gar skad du | *Ma hā yā na sū tra a laṃ ka ra tī ka* |

bod skad du | *Theg pa chen po'i mdo sde'i rgyan gyi rgya cher bshad pa* |

尾部

Theg pa chen po'i mdo sde'i rgyan gyi rgya cher bshad pa | slob dpon Ngo bo nyid med pas mdzad pa rdzogs so || || rgya gar gyi mkhan po Shākya sim ha dang | zhu chen gyi lo tsā ba bande dPal brtsegs kyis bsgyur cing zhus te gtan la phab pa'o || ||

訳者

Śākyasiṃha, dPal brtzegs

D (sDe dge), Vol. 124, No. 4029, Sems tasam, bi 53a5–56b4
C (Co ne), Tibetan Buddhist Resource Center vol. 45/209, bi 53a5-56b4
P (Peking), Vol. 133, No. 5530, bi 60a4-63b7
N (sNar thang), vol. 133, No. 4319, bi 56a1-59b5
G (dGa' ldan Golden Manuscript bsTan 'gyur), Vol. 133, No. 3533, bi 66a2-70a3

諸版は全て The Buddhist Digital Archives (BUDA) by the Buddhist Digital Resource Center (BDRC) (`https://library.bdrc.io`) を利用して閲覧した。

sDe dge 版を底本とし，他の４版を校合して異読を注記した。ただし，句読記号（shad: |, ||）の取捨，語尾辞 pa と ba などの異読は一々注記しない。

世親釈梵文和訳に準じ導入部 0. および本論 1.〜13. に分節して見出しを付し，各節冒頭に sDe dge 版と Peking 版のみの葉・行を示した。

無性釈中に引かれる本偈、本偈の文言、および世親釈の文言はボールドで示した。

和訳においては、無性釈中に引かれる本偈および本偈中の文言はボールドで表記してカギ括弧「　」に入れて示し、同じく無性釈中に引用される世親釈の文言はボールドで示した。

0. 導入（前章と本章との関係）

[D 53a5–b3, P 60a4–b3]

rigs kyi 'og tu sems bskyed pa'i skabs yin te | 'di'i 'brel pa gang yin zhe na |

yon tan shin tu rgya che byang chub shing bskyed phyir ||
bde dang sdug bsngal chen po zhi ba thob bya'i phyir ||
bdag dang gzhan la phan bde byed pa 'bras bu'i phyir ||
rigs mchog de ni rtsa ba bzang po lta bu yin || (III.13)
[suvipulaguṇabodhivṛkṣavṛddhyai ghanasukhaduḥkhaśamopalabdhaye ca |
svaparahitasukhakriyāphalatvād bhavati sumūlavad agragotram etat || III.13 ||]

zhes bshad ma thag pa yin te | ji ltar shing ljon pa rtsa ba bzang po zug na rang gi don phun sum tshogs pa yal ga dang | lo ma dang | me tog dang | 'bras bu la sogs pa phal mo che 'byung la | phun sum tshogs pa de lta bu de ni skye bo phal po ches longs spyod par yang 'gyur bas gzhan gyi don phun sum tshogs pa zhes bya ba de bzhin du byang chub sems dpa' la rang bzhin gyi rigs la gnas pa yod na gnyis 'grub par 'gyur ro || gnyis 'grub pa de yang sems bskyed pa la sogs pa'i rim gyis 'gyur gyi gzhan du ni ma yin no || byang chub kyi sems bskyed pa la sogs pa yang rigs yod na 'gyur te | gang la byang chub sems dpa'i rigs yod pa de bla na med pa yang dag par rdzogs pa'i byang chub tu sems skyed par byed pas de'i phyir rigs kyi 'og tu sems bskyed pa'i skabs yin no ||

yang na sems bskyed pa ni don du gnyer ba yin no || gang zhig don du gnyer zhe na | byang chub chen po ste | sems can gyi don byed par 'dod pa ni des de'i thabs su 'gyur ba[(1)] byang chub chen po 'dod la | rigs kyi stobs kyis sems bskyed pa yang mi bzlog[(2)] pa'i chos can du 'gyur bas don 'di yang dag par bstan pa'i phyir rigs kyi 'og tu sems bskyed pa'i skabs yin no ||

1. 発心の特徴（第 1 偈）

[D 53b3–4, P 60b3–4]

sems 'byung ba zhes bya ba la | 'byung ba dang bskyed pa zhes bya ba ni don tha dad pa ma yin no || sems pa'i[(3)] mtshan nyid kyi sems bskyed pa ste | sems pa'i ngo bo nyid ces bya ba'i tha tshig go || [ad k. 1]

(1) 'gyur ba DC : gyur pa PNG
(2) bzlog PNG : zlogs DC
(3) pa'i DC : dpa'i PNG

0. 導入（前章と本章との関係）

「種姓［の章］」の後に，「発心の章」［が続くの］である。この関係は何か。

> **「極めて大いなる功徳のある菩提樹の成長に資し，強固な安楽を獲得することと強固な苦を寂滅することとに資するものであって，［このようにして，］自他の利益・安楽をもたらす果（果実）を結ぶから，この最勝の種姓（菩薩種姓）は良き根の如くである。」(III. 13)**

と，直前に説かれた。良き根を持つ樹木を植えるならば，「［樹木にとっての］自利の円満」［すなわち］豊かな（*bhūyiṣṭha）枝や葉や花や果実などが生じるが，そのようなかの（自利の）円満は多くの人々が享受するようにもなるから「利他の円満」といわれる。同様に，菩薩が本来的な種姓（本性住種姓）に立脚するならば，二［利］が成就するのである。その二［利］の成就も発心などの順序に従うのであって，それ以外にはあり得ない。菩提心を起こすことなども種姓があれば［こそ］であって，菩薩種姓が備わっている者は無上正等菩提へと発心するからである。それ故に，「種姓［の章］」の後に「発心の章」［が続くの］である。

あるいはまた，発心とは希求することである。何を希求するのか。大菩提である。衆生利益をなそうとする者は，それ（発心）によってそれ（衆生利益）の方便たる大菩提を求めるのである。発心もまた，種姓によって退転しない性質を持つことになるから，この意味を説示するために，「種姓［の章］」の後に「発心の章」［が続くの］である。

1. 発心の特徴（第 1 偈）

「**心の生起**」に関して，生起と発起（*utpāda）とは意味が異ならない。［それは］意思を特徴とする発心であって，意思を本質とするものという意味である(1)。

2. 発心の区別（第 2 偈）＊註なし

3. 発心の確定（第 3〜6 偈）＊第 4・5 偈の註なし

[D 53b4–7, P 60b4–61a1]

sems bskyed pa rnam par gtan la dbab pa zhes bya ba ni sems bskyed pa dri ba sngon du btang ba'i rnam par gtan la dbab pa la sems bskyed pa rnam par gtan la dbab pa zhes bya'o || dri ba sngon du btang ba ji lta bu zhe na | **byang chub sems dpa' rnams kyi sems bskyed pa rnam pa bzhi pa 'di'i rtsa ba ni gang | bsam pa ni gang | mos pa ni gang** zhes bya ba la sogs pa yin no ||

⑴ **snying rje chen po ni** sems bskyed pa'i **rtsa ba'o** zhes bya ba ni de ni 'gro ba 'khyud de 'dug pa yin no || gal te snying rje chen po rtsa ba yin par ma gyur na byang chub sems dpa' rnams nam yang bla na med pa yang dag par rdzogs pa'i byang chub tu sems bskyed par mi 'gyur gyi[4] | sems can la mi lta bas nyan thos dag bzhin du mya ngan las 'das pa la gzhol bar 'gyur ro ||

[ad k. 3]

⑽ **so so rang gi**[5] **sa la sbyor bas gang zhig sa gang la**[6] **zhugs**[7] **pa'i sa de ni de'i mthar thug pa yin no** zhes bya ba ni sa dang sa la sbyor ba na sa bzung ste bsgom[8] pa mthar thug par 'gro ba'i phyir **mthar thug pa** zhes bya ste | de dang mtshungs par ldan pa sems pa'i khyad par gyi mthar thug pa ni sa yin par brjod do || [ad k. 6]

4. 世俗的発心（第 7 偈）

[C, D53b7–54a1, G, N, P61a1–2]

yang dag par blangs pa brda las byung ba'i sems bskyed pa zhes bya ba ni dge ba'i bshes gnyen la sogs pas smras pa bzlas pa'i tshul gyis mnos pa'o ||

5. 勝義的発心（第 8〜14 偈）＊第 8 偈・第 14 偈の註なし

[D 54a1–b2, P 61a2–b3]

sangs rgyas nyid la sems mnyam pa nyid ni de'i chos kyi dbyings dang bdag dbyer med par rtogs pa'i phyir ro zhes pa ni chos kyi sku dang tha mi dad pa thob pa'i phyir ro zhes bya

---

(4) gyi DC : gyis PNG

(5) gi DC : gis PNG

(6) gang la DC : gang la sbyor bas P

(7) zhugs PNC : zhags D

(8) bsgom DC : bsgoms PNG

2. 発心の区別（第 2 偈） ＊註なし

3. 発心の確定（第 3〜6 偈） ＊第 4・5 偈の註なし

発心の確定とは，発心について問いを先として確定することを発心の確定という。先立つ問いとはどのようなものか。諸菩薩のこの四種の発心は，(1)何を根本とするのか，(2)何に対する意楽があるのか，(3)何に対する信解があるのか云々である[2]。

発心は**(1)悲**[3]**を根本とし**とは，それ（悲）は生きものを包容し続けることである。もし，悲を根本としなければ，諸菩薩は決して無上正等菩提に向けて発心しないであろうし，衆生を顧慮することがないので声聞たちのように涅槃に入るであろう。＜第 3 偈註＞

(10)そして，それぞれ［地ごと］に地［の波羅蜜］を実践するから，［地を完結する。］ある者がある地において［波羅蜜を］実践するならば，その者はその地を完結するとは，それぞれの地において［波羅蜜を］実践するならば，［その］地について修習が完結に到るので，完結という。それ（修習）を伴った殊勝な意思[4]の完結が地であると述べられる。＜第 6 偈註＞

4. 世俗的発心（第 7 偈）

誓言による世俗的な発心とは，善き師友などが誦えた［発心の願文］を復誦するという仕方で受持することである[5]。

5. 勝義的発心（第 8〜14 偈） ＊第 8 偈・第 14 偈の註なし

仏たること（仏果）に対する平等心性は，彼（仏）の法界と自己とに区別のないことの覚知に基づくとは，法身と［自己とに］区別のないことを理解するから，という意味である。［『十地経』に］

ba'i tha tshig go || ji skad du

> sa dang po la bdag ni sangs rgyas kyi sa dang nye bar gyur to

zhes 'byung ba lta bu yin te | nye ba nyid du rtogs pa'i phyir tha mi dad par mos par 'gyur ro || **sangs rgyas nyid mchog** ces smos pa[(9)] ni rang sangs rgyas bsal[(10)] ba'i phyir ro || [ad k. 9]

de la [1] skye ba ni sa bon dang ma dang mngal dang ma ma'i bye brag las rig par bya'o zhes bya ba la | **de la** zhes bya ba'i bdun pa ni dmigs kyis dbye ba'i don yin te | skye ba dang[(11)] rgya che ba[(12)] la sogs pa don drug sngar bstan pa de dag las skye ba bkar te sa bon la sogs pa'i khyad par gyis khyad par du ston to ||

chos la mos pa sa bon dang zhes bya ba ni theg pa chen po'i chos la mos pa chen po gang yin pa de ni sa bon no || **pha rol tu phyin pa'i mchog** shes rab kyi pha rol tu phyin pa ni[(13)] ma yin no ||

bsam gtan las byung bde ba[(14)] mngal zhes bya ba ni gnas pas gnas bstan pa yin te | mngal gyi gnas ni bsam gtan dag yin no || [ad kk. 10–11]

[2] rgya chen po ni smon lam chen po bcu mngon par bsgrub[(15)] pa'i phyir ro zhes bya ba ni | ji skad du *'Phags pa sa bcu pa*[(16)] las 'di lta ste[(17)] |

> sangs rgyas ma lus pa la[(18)] mchod pa dang | rim gro lhag ma med pa mtha' dag bya ba'i phyir | rnam pa thams cad kyi mchog dang ldan pa | mos pa rgya chen pos rnam par dag pa | chos kyi dbyings ltar rgya che ba | nam mkha'i khams kyi mthas gtugs pa | phyi ma'i mtha'i mur thug pa | bskal pa grangs med par [(19)] sangs rgyas 'byung ba bgrangs pa thams cad la mchod pa dang | rim gro chen po bya ba rgyun mi 'chad pa'i smon lam dang po mngon par bsgrub po

---

(9) pa PNG : pas DC
(10) bsal DCPG : gsal N
(11) dang PNG : om. DC
(12) ba DCNG : om. P
(13) ni DPNG : 'di C
(14) ba DC : ba'i PNG
(15) bsgrub DC : sgrub PNG
(16) pa DC : om. PNG
(17) 'di lta ste DC : 'di skad te PNG
(18) em. la : las DCPNG
(19) grangs med par DC : bgrang bar PNG

初地において私は仏地に近づいた。(6)

と出ている通りである。近づいたことを覚知するから，区別がないのだと信解する。「最高の仏たること（仏果）」と言われるのは，独覚を除外するためである。<第 9 偈註>

そのうち [1]［勝れた］生まれとは，種子（精子）と［生］母と胎と養母とが勝れている点から知られるべきであるに関して。「そのうち」とは，第七［格］であり，選択（*nirdhāraṇa）という意味である。[1] 生まれ，[2] 広大さなどという［世親釈において］先述の「六つの意味」のうち，[1] 生まれを取り上げて，種子などが殊勝であることによって殊別されていると示すのである。

「**教法への信解という種子（精子）から**」に関して。大乗の教法に対する大いなる信解が種子である。「**最勝の波羅蜜**」［すなわち］般若波羅蜜とは，母である。

「**禅定から成る安楽な［母］胎に**」とは，［第七格の示す］行為の場所（*adhikaraṇa）によって適所（*sthāna）を示すものであり，母胎（*garbhasthāna）が諸々の禅定である。

<第 10–11 偈註>

[2] 広大さとは，十大誓願を発起することから［知られるべき］であるとは，『聖十地［経］』に，

余すことなき仏陀に残りなく洩れなき供養と恭敬をなすために，一切の勝れた形相を備え，広大な信解によって浄化された，法界のように広大で，虚空界を尽くし未来際を窮めた，無数劫に亘る一切数の仏の出現に際して休息なき大いなる供養と恭敬をなそうという，第一の大誓願を発起する(7)。

zhes gsungs pa lta bu yin te | sa dang po la[20] de lta bu la sogs pa smon lam bcu 'byung ngo ||
[ad k. 12]

[4] bsam pa dag pa ni byang chub dang nye bar shes pa'i phyir zhes bya ba ni sa dang po rtogs pa'i dus na bsam pa[21] dag pa thob ste | de thob pas[22] de 'di snyam du bdag ni sangs rgyas kyi sa dang nye bar gyur to snyam[23] du sems so || [ad k. 13]

6. 発心の偉大性を示す二十二の譬喩（第 15〜20 偈）

[D 54b2–55a1, P 61b3–62a3]

byang chub sems dpa' rnams kyi (1) **sems bskyed pa dang po ni sa dang mtshungs te**[24] **| sangs rgyas kyi chos thams cad dang | de'i tshogs 'phel ba'i rten du gyur pa'i phyir ro** zhes bya ba ni | sangs rgyas kyi chos rnams ni sangs rgyas kyi sa la mchog tu mthar phyin[25] par gyur pa yin te | de dag dang de dag[26] gi tshogs rnams thob par bya ba'i phyir ro[27] || 'di ltar gang gi tshe byang chub sems dpa' mos pas spyod pa'i sa la sems skyed par[28] byed pa'i sems bskyed pa de ni rten du gyur pa yin te | gang gi phyir sa la brten nas rtswa[29] dang | gel pa dang | sman dang | nags tshal dag bzhin du de la brten nas sangs rgyas kyi chos rnams dang de dag gi[30] tshogs rnams yongs su rdzogs par 'gyur ba de'i phyir **sems bskyed pa dang po ni sa dang mtshungs pa** zhes bya'o ||

phan pa'i bsam pa ni gang gis tshe rabs gzhan du yang phan pa dang sprod par byed pa'o || **bde ba'i bsam pa** ni gang gis tshe 'di kho na la bde ba dang sprod par byed pa'o ||

(2) **gser bzang po dang 'dra ste | 'gyur ba mi rten pa'i phyir ro** zhes bya ba ni gser bzang po bsregs pa dang | bcad[31] pa dang | bdar ba la sogs pas brtags na 'gyur ba mi rten[32] pa de bzhin du

[20] la DC : las PNG
[21] bsam pa DCNG : bsam pa na P
[22] pas DC : om. PNG
[23] snyam PNG : snyams DC
[24] te | DCNG : so || P
[25] phyin DC : thug PNG
[26] de dag dang de dag DCNG : de dang de dag P
[27] phyir ro DC : phyir PNG
[28] skyed par DC : bskyed pa'i PNG
[29] rtswa DCG : rtsa PN
[30] gi DCPG : gis N
[31] bcad DC : bcas PNG
[32] rten PNG : brten DC

と説かれている通りである。初地においてはこのようなものを初めとする十の誓願が起こるのである。<第 12 偈註>

[4] 意楽の清浄とは，菩提に近づいたと知ることからとは，初地を証得した時，意楽の清浄を獲得し，それを獲得することで彼は“私は仏地に近づいた”(8)とこのように思うのである。

<第 13 偈註>

6. 発心の偉大性を示す二十二の譬喩（第 15〜20 偈）

諸々の菩薩にとって，⑴最初の発心は，大地と等しい。仏の一切の特性とそのための資糧とが生じる基盤だからであるに関して。仏の諸特性は仏地において究極に達するものであって，それら（仏の諸特性）とそのための資糧が［最初の発心を所依として］獲得されるからである。すなわち，菩薩が信解行地において発心する時の，その発心が，基盤となるのである。大地を基盤として草・灌木・薬草・大樹など［が生じる］ように(9)，それ（最初の発心）を所依として仏の諸特性とそのための諸資糧とが円満するので，最初の発心は大地と等しいと言われるのである。

「利益の意楽」とは，［今生のみならず］後生においても［生天などの安楽という］利益を［衆生に］もたらすものである。「安楽の意楽」とは，今生のみにおいて安楽を［衆生に］もたらすものである(10)。

⑵［**意楽を伴う発心は,**］**純金と似ている。**［**利益と安楽との意楽は**］**変異しないからである**というのは，純金は加熱，切断，試金石 (*nikaṣa) などにより吟味して［も］変異しないように(11)，［衆生に対する］利益と安楽との意楽を有する菩薩の発心もいかなる状況でも変異しないのである。<第 15 偈註>

byang chub sems dpa'i sems bskyed pa[33] phan pa dang bde ba'i bsam[34] pa can yang gnas skabs thams cad du 'gyur ba mi rten[35] to || [ad k. 15]

(5) **sbyin pa'i pha rol tu phyin pa dang ldan pa'i** sems bskyed pa ni **gter chen po bzhin** zhes bya ba ni ji ltar mdo dag las dung la sogs pa gter chen po bzhi 'byung ba de dag ni byin te bor yang zad par mi 'gyur zhing 'jig rten yang tshim par byed pa de[36] bzhin du | byang chub sems dpa' rnams kyang chos dang zang zing la sogs pa'i longs spyod kyis sems can dpag tu med pa tshim par byed cing sbyin pa de yang phung po'i lhag ma med pa'i mya ngan las 'das pa'i dbyings su zad par yang mi 'gyur bas **mi zad pa** zhes bya'o ||

(8) **mi shigs pa nyid kyis**[37] **sra ba'i phyir ro** zhes bya ba ni le los mi shigs pa nyid kyis so || [ad k. 16]

(10) **sman gyi rgyal po lta bu** zhes bya ba[38] ni | ji ltar sman gyi rgyal po mthong ba dang[39] | bsnams[40] pa dang | myangs pa dang | reg pa la sogs pas nad thams cad nye bar zhi bar byed pa de bzhin du | shes rab kyi pha rol tu phyin pa dang ldan pa'i sems bskyed pa yang mnyan[41] pa dang | bsam pa dang | bsgom pa la sogs pas rnam par sun 'byin pa dang | rnam par gnon[42] pa dang spong ba la sogs pas nyon mongs pa dang | shes bya'i sgrib pa'i nad thams cad rab tu zhi bar byed pas | sman gyi rgyal po lta bu zhes bya'o ||

(11) **tshad med pa dang ldan pa ni mdza' bo chen po dang 'dra** zhes bya ba ni | byams pa dang ldan | snying rje dang | dga' ba dang | btang snyoms dag gnas skabs thams cad du sems can 'ga' yang yal bar 'dor bar mi 'gyur te | bde ba dang | sdug bsngal ba dang | bde ba yang ma yin | sdug bsngal ba yang ma yin pa'i gnas skabs thams cad du dmigs pa'i phyir ro || [ad k. 17]

(15) **rton**[43] **pa dang ldan pa ni rgyal po chen po lta bu ste | chud mi za ba'i rgyu yin pa'i phyir ro** zhes bya ba ni | dper na rgyal po rang gi rigs su gtogs pa la | bsnyen bkur legs pa nyid dang legs pa nyid ma yin par byed pa dag go || rim bzhin du chud mi za ba dang chud za ba'i rgyu yin pa de bzhin du | rton[44] pa dang ldan pa'i sems bskyed pa yang chud za ba'i rgyu dang chud mi za ba'i rgyu yin no || ji ltar na chud za ba'i rgyu yin | ji ltar na chud mi za ba'i rgyu yin zhe na |

---

(33) pa DCG : pa dang PN
(34) bsam DCP: bsams NG
(35) rten DC : ston PNG
(36) de DC : om. PNG
(37) kyis DC : kyi PNG
(38) lta bu zhes bya ba DC : zhes bya ba lta bu PNG
(39) dang PNG : na DC
(40) bsnams DC : mnams PNG
(41) mnyan PNG : mnyen DC
(42) gnon DC : gnod PNG
(43) rton PNG : ston DC
(44) rton DC : rten PNG

⑸ **布施波羅蜜を伴う**発心は，**大宝蔵（無尽蔵）のようである**というのは，諸経にシャンカ（*Śaṅkha）などの四つの大宝蔵[12]が出ていて，それらは与え，捨施しても，尽きることなく，世間［の衆生］をも満足させるように，諸菩薩も，法や財物などの受用物によって無量の衆生を満足させ，その布施も無余涅槃界において尽きることもないので[13]**尽きることがない**といわれるのである。

［⑻ **精進波羅蜜を伴う［発心］は，金剛のようである。**］**不壊の性質によって堅固だからである**というのは，怠惰により壊れないことによって［堅固だから］である。<第 16 偈註>

⑽ **薬の王のようである**とは，薬の王が，［患者によって］見られたり，嗅がれたり，味わわれたり，触れられたりすることなどによってあらゆる病を鎮めるように，同様にして般若波羅蜜を伴う発心も，聞・思・修などによって，また論難・論破・否定などによって[14]，煩悩障と所知障という一切の病を鎮めるから，薬の王のようであるという。

⑾ ［**四**］**無量を伴う［発心］は，偉大な心友に類似している**に関して。慈・悲・喜・捨を伴う［発心］は，あらゆる状況におけるいかなる衆生をも見捨てることがないのである。楽と苦と非苦非楽のあらゆる状況における［衆生を］対象とするからである[15]。<第 17 偈註>

⒂ ［**四**］**依を伴う［発心］は，偉大な王のようである。退失しないための原因だからである**とは，例えば，王自身の階級に属する者の中に，適切に仕える者と不適切に［仕える者］とがあり，［それらは］順次，［王位から］退失しないことと，退失することの原因である。同様に，［四］依を伴う発心も，退失することの原因と，退失しないことの原因である。どのように，退失することの原因であり，［また］どのように，退失しないことの原因であるのか。もしも，人・文・未了義経・識に依るならば，［法・義・了義経・智から］退失することの原因である。逆の場合は，退失しないことの原因であるので**退失しないための原因である**と説かれる。

<第 18 偈註>

gal te gang zag dang tshig ’bru[(45)] dang drang ba’i don gyi mdo dang rnam par shes pa la rton par gyur na chud za ba’i rgyu yin no || bzlog na chud mi za ba’i rgyur ’gyur bas **chud mi za ba’i rgyu** zhes bya’o || [ad k. 18]

(18) **zhi gnas dang[(46)] lhag mthong dang ldan pa ni theg pa lta bu** zhes bya ba ni gang gi tshe sems pa’i[(47)] khyad par zung du ’brel par ’byung bas zhi gnas dang lhag mthong dang ldan pa yin pa de’i tshe byang chub sems dpa’ ’dis[(48)] sems can gyi khur bde blag tu khyer bas na[(49)] **theg pa lta bu** zhes bya’o ||

(19) **gzungs[(50)] dang spobs pa dang ldan pa ni bkod ma lta bu ste | chu ’dzin cing mi zad par ’byin pa dang chos mthun par thos pa dang ma thos pa’i chos dang don ’dzin cing mi zad par ’byin pa’i phyir** zhes bya ba ni gzungs kyi stobs kyis thos pa’i chos dang don ’dzin par byed la spobs pa’i stobs kyis ma thos pa’i chos dang don ’dzin par byed pas na **bkod ma lta bu** zhes bya ste | stod[(51)] phyogs na chu’i dong dag la bkod ma zhes bya’o ||

(20) **chos bshad pa dang ldan pa ni kun dga’ ba’i sgra dang ’dra ste | thar pa ’dod pa’i gdul ba rnams la snyan pa thos par byed pa’i phyir ro** zhes bya ba ni ’du byed thams cad ni mi rtag pa’o || sdug bsngal ba’o || bdag med pa’o || mya ngan las ’das pa ni zhi ba’o zhes bya ba thos nas thar pa ’dod pa rnams bdud rtsis tshim par ’gyur bas[(52)] **kun dga’ ba’i sgra dang ’dra** zhes bya’o ||

(21) **mi skye ba’i chos la bzod pa thob pa na | rang gi ngang[(53)] gis ’byung ba’i phyir ro** zhes bya ba ni sa brgyad pa la byang chub sems dpa’ chos thams cad ma skyes pa’o zhes bya bar rnam par smin pa las byung ba’i ye shes rang gi ngang gis ’byung bas chos thams cad shes so || sa dang po rtogs pa’i dus na yang ’dis de ltar shes mod kyi | sa brgyad pa la ni rgya mtshor btang ba’i gru bo che dang chos mthun par rang gi ngang gis ’byung ba’i lam thob pa’i phyir[(54)] **mi skye ba’i chos la bzod pa** zhes bya’o || [ad k. 19]

(22) **ji ltar snod kyi ’jig rten gyi ’byor pa[(55)] thams cad sprin las ’byung ba ltar** zhes bya ba ni ji ltar snod kyi ’jig rten sa la ’bru dang sman dang nags tshal la sogs pa ’byor pa thams cad sprin las ’byung ba de bzhin du | sems can gyi ’jig rten gyi ’byor pa mtho ris dang byang grol gyis

(45) ’bru DC : ’byung PNG
(46) dang DC : om. PNG
(47) pa’i DC : dpa’i PNG
(48) ’dis DC : sa ’dis PNG
(49) khyer bas na PNG : khyer ba de bas na DC
(50) gzungs DCG : gzung PN
(51) stod DCP : steng N, stong G
(52) em. ’gyur bas : ’gyur ba dang ’dra bas DCPNG
(53) ngang D : rang CPNG
(54) ’byung ba’i lam thob pa’i phyir DC : ’byung ba de bzhin du | sems phyir PNG
(55) ’byor pa PNG : rppnam pa ’byor pa DC.

⒅止観を伴う［発心］は，乗り物のようであるとは，殊勝な意思[16]が，［止観］双運（*yuganaddhavāhin）という点で[17]，止観を伴う［発心である］時に，かの菩薩は衆生という積荷を容易に運ぶから，「乗り物のようである」という[18]。

⒆陀羅尼と弁才とを伴う［発心］は，ガンダルヴァのようである。水を保持して尽きることなく湧き出させるのと同じように，聞いた教法と未だ聞いていない［教法］と［それらの］意味を保持して尽きることなく湧き出させるからであるとは，［発心は］陀羅尼（*dhāraṇī）の力によって，既に聞いた教法と［その］意味を保持（*dhāraṇa）させて，弁才の力によって，未だ聞いていない教法と［その］意味を保持させるから，「ガンダルヴァのようである」という。上方にある，清浄な源泉のことを「ガンダルヴァ」という。

⒇［四］法印を伴う［発心］は，歓喜をもたらす声に似ている。解脱を欲する教化対象者たちが聞いて喜ぶからであるとは，「一切の行は無常である，［一切の行は］苦である，［一切の法は］無我である，涅槃は寂静である」という［四法印］を聞いて，解脱を欲する者たちが甘露［のごとき教法］によって喜悦するから[19]，「歓喜をもたらす声に似ている」という。

［**(21)一行道を伴う発心は，河の流れのようである。**］**無生法忍を得る［第八地の］時に，自然に生じるからであるとは**，第八地において，菩薩は「一切法は不生である」という異熟生（*vipākaja）の知[20]が自然に生じるから，一切法を知るのである。初地を証得する時にも彼（菩薩）はそのように知るが，第八地においては，大海に放たれた大船と同じように，［一行道を伴う発心が］自然に生じるという道を得るから，無生法忍［を得る］という[21]。<第 19 偈註>

［**(22)善巧方便を伴う［発心］は，雨雲のようである。...,**］**一切の器世間の豊穣が雨雲から生じるようにとは**，器世間［の］大地における穀物・薬草・大樹などという一切の豊穣が雨雲から生じるように，衆生世間の一切の豊穣すなわち［生］天や解脱に富むことも慧と悲という善巧方便を伴う発心から生じるので，「雨雲のようである」という。

phyug[56] pa thams cad kyang shes rab dang snying rje'i thabs la[57] mkhas pa dang ldan pa'i sems bskyed pa las byung bas **sprin lta bu** zhes bya'o ||

dpe nyi shu rtsa gnyis dang ldan pa'i sems bskyed pa 'di ni *'Phags pa blo gros mi zad pas bstan pa'i mdo* las mi zad pa nyid du 'byung ba dang sbyar bar khong du chud par bya'o zhes bya ba ni *'Phags pa blo gros mi zad pas bstan pa'i mdo* las | sems bskyed pa dang | bsam pa dang | sbyor ba dang | lhag pa'i bsam pa dang | pha rol tu phyin pa dang | tshad med pa dag dang | mngon par shes pa dang | bsdu ba'i dngos po dang | so so yang dag par rig pa dang | rton pa dang | bsod nams dang | ye shes kyi tshogs dang | byang chub kyi phyogs dang mthun pa dang | zhi gnas dang | lhag mthong dang | gzungs dang | spobs pa dang | chos bshad pa dang | bgrod pa gcig pa'i lam dang | thabs la mkhas pa dang | de la sogs pa go rims[58] bzhin du 'byung ste | ji skad du bshad pa'i sems bskyed pa 'di dag kyang go rims[59] 'di kho nas sbyar bar bya'o || [ad k. 20]

7. 発心しない者に対する譴責（第 21 偈） ＊註なし

8. 発心の讃嘆（第 22 偈）

[D56a4–b1, P63a7–b2]

ngan 'gro dang yongs su skyo bas 'jigs pa med pa'i phyir sems bskyed pa bsngags par tshigs su bcad pa zhes bya ba ni sems bskyed pa dang dus mnyam pa nyid na sems de 'gro ba thams cad kyis bsngags par bya ba yin te | ji skad du |

> gang gi tshe na khyod kyi thugs || dang po skyes pa de yi[60] tshe ||
> khyod ni 'jig rten 'di dag gi || mchod gnas bla na bzhugs pa lags ||[61]

zhes bya ba la sogs pa 'byung ba lta bu'o || sems bskyed pa bsngags par bya ba[62] de yod na rab tu bsdams pa'i sems dang ldan pa sa dang po rtogs pa'i dus nas bzung ste ngan song dag gis 'jigs par mi 'gyur ro || byang chub sems dpa' brtse ba dang ldan pa'i phyir sems can gyi bya ba mang pos[63] yongs su skyo bas 'jigs[64] par mi 'gyur bas ngan song dang yongs su skyo bas 'jigs pa med pa zhes bya'o || [ad k. 22]

---

[56] phyug DC : phyugs PNG
[57] la DC : om. PNG
[58] go rims DC : go rim PNG
[59] go rims DC : go rim PNG
[60] de yi PNG : de'i DC
[61] Unidentified verse.
[62] bya ba PNG : bya ba la DC
[63] pos DC : po'i PNG
[64] 'jigs DCG : 'jig PN

またこれらの二十二の譬喩を伴う発心は，『聖無尽意経』における無尽性に従って理解されるべきであると。『聖無尽意経』には，(1)発心，(2)意楽，(3)修行，(4)勝れた意楽，(5)–(10)［六］波羅蜜，(11)［四］無量，(12)［五］神通，(13)［四］摂事，(14)［四］無礙智，(15)［四］依，(16)福徳と智慧との資糧，(17)［三十七］菩提分［法］，(18)止観，(19)陀羅尼と弁才，(20)［四］法印，(21)一行道，(22)善巧方便というように[22]，順序通りに説かれている。［本論第 15–20 偈に譬喩とともに］説かれたこれらの発心も，まさにこの順序に従うべきである。＜第 20 偈註＞

7. 発心しない者に対する譴責（第 21 偈） ＊註なし

8. 発心の讃嘆（第 22 偈）

発心の讃嘆に関して，悪趣と厭倦を恐れないという点から，一偈があるについて。発心するのと全く同時に，その心は一切世間によって讃嘆されるべきものである。すなわち［ある経典に］

あなたに初［発］心が生じたその時に，
あなたはこれら世間の人々にとって優れた供養処に就かれたのです。

云々と説かれている通りである[23]。讃嘆されるべきその発心があるならば，よく防護された心を備えている者（菩薩）は，初地に通達した時から，諸悪道［に生まれること］に対する恐れは生じない。菩薩は，悲愍あふれる者であるから，衆生のために為すべきことが多いゆえの厭倦に対する恐れも生じないので，悪趣と厭倦を恐れないという。

9. 発心による不作律儀の獲得（第 23 偈） ＊註なし

10. 発心の不退転（第 24・25 偈） ＊第 25 偈の註なし

[D56a7–b1, P 63b2–4]

skye ba skyed mos tshal du ’gro ba lta bur mthong ba’i phyir rgud pa’i dus na sdug bsngal gyis mi ’jigs pa zhes bya ba ni don gyi rnam pa phun sum tshogs pa dag la gang gi tshe chom rkun dang chu dang me la sogs pas rgud par byas pa de’i tshe de dag rgud na rgud pas ’jigs pa med do || yo byad kyis phongs[(65)] na ’chi bar ’gyur na gang zhig legs par byed pa’i las byas pas skye ba skyed mos tshal gyi dga’ ston lta bur lta ba de ji ltar[(66)] sdug bsngal dag gis ’jigs par ’gyur ro || [ad k. 24]

11. 菩薩は苦を怖畏しないこと（第 26 偈） ＊註なし

12. 菩薩は衆生に対して無関心でないこと（第 27 偈） ＊註なし

13. 菩薩の怠惰への戒め（第 28 偈）

[D 56b2–4, P 63b4–7]

nyan thos kyi brtson ’grus pas brtson ’grus brgya ’gyur du bya ba’i rigs zhes bya la[(67)] | brgya zhes smos pa ni grangs bstan pa’i phyir te | des[(68)] brtson ’grus tshad med pa bya dgos so ||

bdag dang gzhan gyi[(69)] ’ching ba rnam pa sna tshogs pa nyon mongs pa dang las dang skye ba’i ngo bo nyid dag gis shin tu bcings pa yin no zhes bya ba ni |

> mtshams med pa yi[(70)] las rnams dang || nyon mongs drag dang ngan ’gro dang ||
> sgra mi snyan dang ’du shes med || sems can sgrib pa gsum du ’dod || (AK IV.96)

ces bya ba yin te | ’di dag ni ’phags pa’i lam la sgrib pa’i phyir ’jig rten ’khor bar ’khyam par byed pas ’ching ba dag ces bya’o || [ad k. 28]

Sems bskyed pa’i skabs so ||

---

(65) phongs DC : ’phongs PNG
(66) ji ltar DC : ltar PNG
(67) la DC : ba’i PNG
(68) des DC : de PNG
(69) gyi DC : om. PNG
(70) pa yi DC : pa’i PNG

9. 発心による不作律儀の獲得（第 23 偈） ＊註なし

10. 発心の不退転（第 24・25 偈） ＊第 25 偈の註なし

再生は遊園に行くことのようであると洞察するから，不幸な時も，苦を恐れないについて。満ち足りた財富を持つ［幸福な］者たち（諸菩薩）の場合，盗賊・洪水・火事などで不幸となった（*vipadyate）時に，彼らは［そうした］不幸の場合［も］不幸を恐れない。［すなわち］生活必需品が欠乏する状態（upakaraṇavighāta）(24)で死に至る時，すでに善業を為しているから，再生を遊園の楽しみのようであると見る者（菩薩）が，どうして諸々の苦を恐れるであろうか。

11. 菩薩は苦を怖畏しないこと（第 26 偈） ＊註なし

12. 菩薩は衆生に対して無関心でないこと（第 27 偈） ＊註なし

13. 菩薩の怠惰への戒め（第 28 偈）

［**彼は**］**声聞の精進よりも百倍の精進をすべきである**に関して，「百」という語は数を示すためであって，彼は量り知れないほどの精進を為さなければならないのである。

［**彼は**］**煩悩と業と生とを自性とする，種々なる自と他の繋縛によって強固に縛られているからである**というのは，［『倶舎論』「業品」に］

> 諸々の無間業（業障）と，猛利な煩悩（煩悩障）と，悪趣・［北］倶盧［州］の者・無想有情（異熟障）とが三障であると考えられる。（AK IV.96）(25)

と述べられており，これら［の三障］は聖者の道を障礙し，世間の人々を［生死］輪廻の中に迷わせる（*bhramayati）から，諸々の「繋縛」(bandhana) という。

「発心」の章　了。

和訳注解

⑴ Vairocana にパラレルな文章が見られる：cittasambhavaś cittotpādaḥ | cetanāsvabhāvaḥ |（次注と併せて，附論 1 加納 [2023] の当該箇所を参照）。

⑵ Vairocana にパラレルな文章が見られる： cittotpādapraśnapūrvvako niścayaḥ | cittotpādaviniścayaḥ | praśnaḥ kiṃmūlaḥ kimāśaya ityādi |

⑶ 世親釈では，karuṇā（悲）とあるが，世親釈のチベット訳は snying rje chen po（大悲）と訳している。世親釈と無性釈のチベット訳者は同一であり，ここの snying rje chen po も原語は karuṇā であると考えてこのように訳した。以下の snying rje chen po も同様。

⑷ ここで「殊勝な意思」と言われるのは，第 1 偈において発心を定義して，「三つの功徳があり二つの認識対象（所縁）のある意思が発心と言われる」というのを踏まえた表現であろう。

⑸ 安慧釈も同様の趣旨を更に詳しく述べて，和尚・阿闍梨などの善知識が誦えた発心の願文をその通りに復誦するという形の発心であるという。ここには明らかに何らかの発心儀礼が前提とされているが，初期瑜伽行派におけるその具体的な様相は明らかではない。この点について詳細は、附論 4 若原 [2023] 注 23 を参照されたい。

⑹ 仏たること（仏果）の平等心性の教証とされる『十地経』「初地」の経文として，無性釈には以下の [2] のみが引用され，安慧釈には同箇所のうち [2] [7] [8] が引用されることが長尾 [2007a: 94 n. 2] に指摘されている。以下には無性釈所引の経文を前後併せて掲げる。

DBS Ⅰ: Rahder Ⅰ X, Kondo Ⅱ 17.5–7

[1] vyāvṛtto ’smi sarvajagadviṣayād, [2] avatīrṇo ’smi buddhabhūmisamīpam, [3] dūrībhūto ’smi bālapṛthagjanabhūmeh, ...

[1] 私は一切の世間の領域を離れた，[2] 私は仏地の近くに趣入した，[3] 私は凡夫地から遠ざかった，...

Tib-DBS: D kha 175b3–4, P li 59a3–4, L ga 80b5–6

[1] bdag ni ’gro ba thams cad kyi yul las phyir log go zhes rab tu dga’ ba bskyed do || [2] bdag ni sangs rgyas kyi sa dang nye bar gyur to zhes rab tu dga’ ba bskyed do || [3] bdag ni byis pa’i sa las ring du gyur to zhes rab tu dga’ ba bskyed do || ...

尸羅達摩訳『佛説十地經』T 10, No. 287, 538b6–7

又此菩薩了知 [1] 我今轉離一切世間境界，[2] 親近諸佛，[3] 遠異生地...

⑺ 「広大さ」の教証として無性釈と安慧釈ともに『十地経』「初地」の第一大誓願が引用されることが長尾 [2007a: 95 n. 3] に指摘されている。無性釈には同経所説の第一大誓願の全文が，安慧釈には同経で第一大誓願の直前に述べられる導入部と第一大誓願の初めの一部が引用される。以下に梵文十地経現行刊本の該当箇所および同蔵訳と和訳を掲げ，梵文・蔵文には無性釈の引用に相当する部分をボールドで，安慧釈引用に相当する部分をイタリックで，それぞれ示した。併せて諸漢訳のうちで梵本に最もよく一致する尸羅達摩訳『佛説十地経』のみを挙げ，他訳は所在のみを記した。なお，本文中の無性釈所引の十地経文はその蔵文に従って訳したもので，梵文とは必ずしも一致しない。

DBS Ⅰ: Rahder Ⅰ DD, Kondo Ⅱ 19.3–7, Tib-DBS: D kha 176b7–177a2, P li 60b1–4, L ga 82b4–7.

so 'syāṃ pramuditāyāṃ bodhisattvabhūmau sthitaḥ sann imāny evaṃrūpāṇi mahāpraṇidhānāni mahāvyavasāyān mahābhinirhārān abhinirharati | yad ***utāśeṣaniḥśeṣānavaśeṣasarvabuddhapūjopasthāpanāya sarvākāravaropetam udārādhimuktiviśuddhaṃ*** **dharmadhātuvipulam ākāśadhātuparyavasānam aparāntakoṭiniṣṭhaṃ sarvakalpasaṃkhyābuddhotpādasaṃkhyāpratiprasrabdhaṃ mahāpūjopasthānāya prathamaṃ mahāpraṇidhānam abhinirharati |**

彼（菩薩）は，この歓喜という菩薩地に住する時に，このような，大いなる誓願，大いなる決意，大いなる達成を発起する。すなわち，余すことなく残りなく洩れなき一切諸仏への供養と恭敬のために，一切の勝れた形相を備え，広大な信解によって浄化された，法界のように広大で，虚空界を尽くし，未来際を窮め，一切の劫数に亘る仏出現の数にも休息することのない，第一の大誓願を，大いなる供養と恭敬のために，発起するのである。

de byang chub sems dpa'i sa rab tu dga' ba de la shin tu gnas shing | rnam pa 'di lta bu'i smon lam chen po dang | brtson pa chen po dang | mngon par bsgrub pa chen po 'di dag mngon par sgrub ste | 'di ltar ***sangs rgyas thams cad ma lus pa lhag ma med pa mtha' dag la mchod cing rim gro bya ba'i phyir | rnam pa'i mchog thams cad dang ldan pa | mos pa rgya chen pos rnam par dag pa |*** **chos kyi dbyings kyis klas par rgya che ba | nam mkha'i dbyings kyi mthar thug pa | phyi ma'i mtha'i mur thug pa | bskal pa 'grangs pa thams cad du sangs rgyas skye ba 'grangs pa la rim gro dang | mchod pa chen po bya ba rgyun mi 'chad pa'i smon lam chen po mngon par sgrub bo ||**

尸羅達摩訳『佛説十地経』（T 10, No. 287, 538c9–14）:「復次菩薩住於極喜地時，引發如是諸大誓願，諸大勇決，諸大出離。爲以無餘供養之具及以周備承事品類普遍供養一切如來。一切行相勝妙成就，而以最上勝解清淨，廣大法界，盡虚空性，窮未來際，一切劫數佛出世數無有休息，爲大供事，發初大願。」

Cf. 竺法護訳『漸備一切智徳經』T 10, No. 285, 462a18–20，鳩摩羅什訳『十住經』T 10, No. 286, 501a12–17，佛駄跋陀羅訳『六十華厳』T 9, No. 278, 545b10–15，尸羅達摩訳『佛説十地経』T 10, No. 287, 538c9–14，實叉難陀訳『八十華厳』T 10, No. 279, 181c11–15。なお，竺法護訳『漸備一切智徳經』は十大誓願の導入部と結論部をまとめたような内容が簡潔に述べられるのみで，それぞれの大願は言及されていない。

(8) この文言は『十地経』「初地」からの抄出である。先に仏たることの平等心性の教証として引用された『十地経』「初地」の経文 [2] に相当する。安慧釈の対応箇所では [2] が再び引用されることが長尾 [2007a: 95, n. 4] に指摘されている。

(9) 「草，灌木，薬草，樹木」については，梵文『八千頌般若経』などに，見られる以下の用例に準じて訳出した。*Aṣṭasāhasrikāprajñāpāramitā* Vaidya 255.10–11: tṛṇagulmauṣadhivanaspatayaḥ (rtswa dang shing gel ba dang sman dang nags tshal), *Laṅkāvatāra* Nanjo 55.12, etc.

(10) 同様の記述は例えば MSABh Ⅱ.11 hitasukhakaraṇa に対する無性釈にも見られる定型である。

MSAṬ II.11　D 50a7, P 57a6; 研究会 [2020: 166–167; 81 n. 55]

phan pa byed pa ni tshe phyi ma pa'i lha la sogs pa'i bde ba la sbyor ba'o || **bde ba byed pa** ni mthong ba'i chos kho na la bde ba la sbyor ba'o ||

「**利益をもたらす**」とは後世における天［界］などの安楽と結びつく。「**安楽をもたらす**」とは現世のみにおける安楽と結びつく。

(11) 同じ比喩を含む著名な偈が，*Tattvasaṅgraha* (TS) 第 26 章 Atīndriyārthadarśiparīkṣā TS k. 3587 として引かれ．同註 *Tattvasaṅgraha-pañjikā* (TSP) はこれを諸仏の獅子吼 (siṃhanāda) であると云う。

S. D. Shastri ed., *Tattvasaṅgraha*, Bauddha Bharati Series 2, Varanasi, 1968, 1115.1–2:

tāpāc chedāc ca nikaṣāt suvarṇam iva paṇḍitaiḥ |
parīkṣya bhikṣavo grāhyaṃ madvaco na tu gauravāt || 3587 ||

「賢者たちが金を加熱，切断，試金石により吟味してから受け取るように，比丘たちよ，私の言葉を吟味してから受け入れなさい、［私に対する］尊敬の念からではなく。」

同偈は TSP ad TS k.3 (15.23–24) にも世尊所説として引かれ，TS k.3343 (1063.2–3) も同工である (Sara L. MacClintock, *Omniscience and the Rhetoric of Reason: Śāntarakṣita and Kamalaśīla on Rationality, Argumentation, and Religious Authority*, Boston 2010, p. 61, n.141)。なお，類似した偈が *Buddhacarita* 第XXV章第 45 偈にある (De. No. 4156, 87a4；梵文欠)。

bdar las gcad las bsregs pa las || mkhas pa rnams kyis gser bzhin du ||
'dul ba mdo las rigs pa las || de phyir yongs su rtog par rigs || XXV.45 ||

「それゆえに，磨いたり，切ったり，焼いたりすることによって，［錬金に］巧みな者たちが金を［得るが］ごとく，律や，経や，論理によって，正しい理解を得るのは妥当である。」

（御牧克己訳『原始仏典第 10 巻ブッダチャリタ』p. 278）

(12) 四大宝蔵は，阿含以来種々の経論に見られる。詳細は赤沼辞典 p. 265 kaliṅga の項目下に，*Mahāvastu*, *Divyāvadāna*,『弥勒下生経』の内容を対応させた表でまとめられている。他に，『増一阿含経』（T 2, No. 125, 788a13–19），『維摩経』（VKN VI.13, Taisho ed. 72）等にも関連文脈が見られる。なお，BHSD p. 156 s.v. elapatra によると，DN comm. i.284.8 には，saṅkha（法螺貝）, ela（?, elambuja 水蓮?）, uppala（青蓮華）, puṇḍarīka（白蓮華）の四者より成る四つの巨大な貯蔵庫の用例もある。

(13) 布施を初めとする六波羅蜜が無余涅槃においても無尽であることは，MSABh XVI.36–41 に詳説され，MSABh XVI.41 には以下のように総括されている。

dānādīnāṃ nirvikalpajñānaparigraheṇākṣayatvaṃ nirupadhiśeṣanirvāṇe 'pi tadakṣayāt | jñānasya punaḥ **sattvaparigraheṇa** karuṇayā sattvānām aparityāgāt |

布施など［の五波羅蜜］は無分別智に包摂されていることによって無余涅槃においてもそれは尽きることがないから無尽である。また，智［波羅蜜］は**衆生を包摂すること** (MSA XVI.41d)，すなわち悲によって衆生を捨てることがないから［無尽］である。

また，広く菩薩の善根が二乗に比して広大・大義・無辺・無尽であり無余涅槃においても無尽であることは，MSABh II.10 に述べられ（研究会 [2020: 36–37]），更にこうした卓越性の要因は菩薩の種姓であることが MSABh III.3 に説かれている。

(14) 当該の安慧釈は，無性釈を敷衍したものとみられるが，この「論難・論破・否定などによって」という文言は見られない。無性釈の趣旨は必ずしも明確ではないが，菩薩の他者に対する働きかけ，あるいは菩薩自身の内的な営為を指すものであろうか。

⒂ これは四無量心の定義文を念頭に置いた表現である。詳細は研究会 [2013: 59–61; 341] を参照。

⒃ ここに「殊勝な意思」とあるのも，上注⑷に記したのと同様に，やはり第 1 偈を踏まえた表現であろう。また第 19 偈 b 句に「心の生起」（cetasaḥ prabhava）とあるのに対応するとも考えられる。

⒄ 後の譬喩㉑に対する無性釈で svarasavāhin が rang gi ngang gis 'byung ba と訳されていることから，zung du 'brel par 'byung ba は yuganaddhavāhin の訳語と見なした。『倶舎論』および『瑜伽論』における止観双運の用例を以下に挙げる。

AKBh 433.11–12；櫻部・小谷・本庄 [2004: 208–209]: sa hi śamathavipaśyanābhyāṃ yuganaddhavāhitvād dṛṣṭadharmasukhavihāra uktaḥ sukhā ca pratipad iti ; D. No. 4090, 66a4-5; P. No. 5591, 75b8 : de ni zhi gnas dang lhag mthong zung du 'brel par ngang gis 'byung ba'i phyir mthong ba'i chos la bde bar gnas pa dang lam sla ba zhes gsungs pas；それ［静慮支を伴った三昧］は止と観が双運するから現法楽住と［経に］説かれ，また楽通行と［説かれる］。Cf. AKVy 664.25: **sa hy** aṃgasamāyuktaḥ samādhiḥ **śamathavipaśyanābhyāṃ** yuganaddhābhyām ivāśvābhyāṃ ratho vahatīti **yuganaddhavāhī**. tadbhāvāt **dṛṣṭadharmasukhavihāra uktaḥ** sūtre. **sukhā ca pratipad iti**. aṃgasamāyukta eva samādhiḥ. sukhā ca pratipad ity ukta iti vartate.「**それは**，静慮支を伴った三昧は，**止と観が**，一双の馬により車が運行するように，**双運する**。そうであるから，**現法楽住と**経において**説かれる**。**また楽通行と**，同じ静慮支を伴った三昧が楽通行と説かれる，という文脈である。」

『瑜伽論』巻第五十八攝決擇分中有尋有伺等三地（大正 30, No. 1579, 625a）：由見道中**止觀雙運**故。聖弟子俱時能捨止觀二道所斷隨眠。第一觀所斷。第二止所斷。是故見道說名究竟。De. No. 4038, Sems tsam, Zhi 118b4-5 : de la mthong ba'i lam ni **zhig nas dang lhag mthong zung du 'brel pas 'jug pa yin pa'i phyir** 'phags pa nyan thos ni zhi gnas kyis spang bar bya ba dang lhag mthong gis spang bar bya ba'i bag la nyal rnam pa gnyi ga cig car spong bar byed do // de la dang po ni lhag mthong gis spang bar bya ba yin no // gnyis pa ni zhi gnas kyis spang bar bya ba yin te de'i phyir mthong ba'i lam yongs su rdzogs pa yin par brjod par bya'o //

⒅ MSA XVIII. 66–68 では，止観の双運が菩薩の信解行地における入初地への要因（upaniṣad）であるとされている。

⒆ 版本には，'gyur ba dang 'dra bas とあるが，無性釈における譬喩の説明の定型に従って，gyur bas と修正して訳出した。

⒇ 異熟生（異熟果）の知について，菩薩道において，第七地までは主に修行（原因）と智（結果）の関係は等流の因果関係であるが，第八地以降は修行（原因）と智（結果）の関係が等流としては明確でないため，その因果関係は異熟と言われる。無分別智における異熟については MSg VIII.10; 長尾 [1984: (下) 260–261] を参照。また，これに関連して，MSA XVII.31 において，不退転地における五果が説示される（Cf. 内藤 [2017: 157–159]）。なお，第八地以降における異熟の問題については早島 [2023]（本書序説）を参照されたい。

(21) この 21 の譬喩については，無性は世親釈を逐語的に注釈していない。ここで無性が大海に放たれた大船の比喩に言及するのは，第八地における菩薩行の実践を無功用に大海を航行する船に喩える以下の『十地経』第八地の記述を踏まえていると見られる。

Daśabhūmikasūtra (Rahder K 67.10–19; Kondo 138): tadyathāpi nāma bho jinaputra mahāsamudragāmī poto 'prāpto mahāsamudraṃ sābhogavāhano bhavati | sa eva samanantaram anuprāpto mahāsamudram anābhogavāhano vātamaṇḍalī praṇīto yad ekadivasena mahāsamudre kramate, tat sarvasābhogavāhanatayā na śakyaṃ varṣaśatenāpi tāvad aprameyam anuprāptum | evam eva bho jinaputra bodhisattvaḥ susaṃbhṛtamahākuśalamūlasaṃbhāro mahāyānasamudāgamābhirūḍho mahābodhisattvacaryāsāgaram anuprāpto yad ekamuhūrtena jñānānābhogatayā sarvajñajñānenākramati, tan na śakyaṃ pūrvakeṇa sābhogakarmaṇā kalpaśatasahasreṇāpi tāvad aprameyam anuprāptum ||

「おお勝者の子よ，例えば大海に向かう船は大海に達しないうちは有功用に航行する。その同じ船が，大海に到達すると直ぐに無功用に航行し，［帆に］風を孕み運ばれて一日のうちに大海を進む，その測り知れないところまで［以前のような］有功用な航行では百年かかっても到達することは出来ない。おお勝者の子よ，まさにそのように，菩薩が善根の大いなる資糧を完全に積集し，大乗の修証に乗じて菩薩行の大海に到達し，一切知智により無功用の智をもって須臾の間に進む，その測り知れないところまで，以前のような有功用の業によっては百千劫かかっても到達することは出来ない。」

(22) Lokesh Chandra, *Tibetan-Sanskrit Dictionary Supplementary Volume*, s.v. de la sogs pa, ityevamādi

(23) 出典未詳。類似した内容の偈が『大智度論』初品中菩薩釋論第八（巻第四）に「有人言」として引かれるが，これも出典は不詳である。

T 25, No. 1509, 86b5–9:

復次，有人言―「初發心作願“我當作佛，度一切眾生”，從是已來，名＜菩提薩埵＞。如偈說―“若初發心時，誓願當作佛，已過諸世間，應受世供養”」。

(24) Cf. MSABh Ⅲ. 7: upakaraṇavighāta (yo byad kyis phongs pa)

(25) 当該の『倶舎論』本偈は以下である (AKBh 259.6–7 ; AKVy 425.11–426.8)。

ānantaryāṇi karmāṇi tīvrakleśo 'tha durgatiḥ |
kauravāsaṃjñisattvāś ca matam āvaraṇatrayam | | AK IV.96 ||

なお，障とは，聖道および聖道の加行に属する諸善根を障礙することをいう（AKBh ad AK Ⅳ.96 supra; 舟橋 [1987: 438–443]）。また，ここで異熟障として挙げられる悪趣・北倶盧州の者・無想有情のうち，三悪趣に生まれることが障礙であるのは言うまでもないが，北倶盧州の者と無想有情については，『倶舎論』「根品」に関連する記述がある。それによれば，善趣の一部である北倶盧州の者と，色界の第四禅天に含まれる広果天の一類である無想有情は，必ず次生で欲界に生まれることになるため，それが障礙である。無想有情とは，無想天の有情であって，無想定の異熟果である。その無想定は，滅尽定とともに心不相応行に含まれ，両者とも心・心所の滅に他ならないが，前者は凡夫にのみあり，後者は聖者にのみある，という差異がある（AKBh Ⅱ.41bc–43, 68.12–70.20; AKVy 159.13–161.30; 櫻部 [1969: 315–320]）。

『大乗荘厳経論』第IV章・安慧釈チベット訳テキスト および和訳・注解

凡例

題名：
mDo sde rgyan gyi 'grel bshad slob dpon bLo gros brtan gyis mdzad pa'i stod dum bzhugs || (PNG)
mDo sde rgyan gyi 'grel bshad slob dpon bLo gros brtan gyis mdzad par grags pa'i smad dum bzhugs || (PNG)
首部：
rgya gar skad du | *Sū trā laṃ kā ra britti bhā shyaṃ* |
bod skad du | *mDo sde rgyan gyi 'grel bshad* |
尾部： *Theg pa chen po mdo sde'i rgyan gyi 'grel ba rgya cher bshad pa* slob dpon chen po bLo gros brtan pas mdzad pa rdzogs so || || mang yul du mkhan po Mu ni tsandra dang | lo tsā ba lCe bkra shis kyis ṭī kā rnam pa gnyis kyis gzhi bzung ste | mkhan pos kyang ci mkhyen du ṭī kā gsar du bsgyur ba rnam pa gnyis dang gtugs na yang | ṭī kā gsar ba las mi mngon par dag kyang 'di las zhib tu 'chad pas 'di yang gces par bgyi'o || mjug cung zad cig ma tshang ba 'di stor bas ṭī kā gnyis dang gtugs shing bgyis lags so || ||
訳者
Municandra, lCe bkra shis

D (sDe dge), No. 4034, sems tsham, mi 51a1-66a1
C (Co ne), Vol. 125/209, mi 51a1-65b7
P (Peking), No. 5531, mi 56a2–75a6
N (sNar thang), No. 4320, mi 54a-72a1
G (dGa' ldan Golden Manuscript bsTan 'gyur), No. 3534, mi 70b2-94a6

諸版は全て The Buddhist Digital Archives (BUDA) by the Buddhist Digital Resource Center (BDRC) (`https://library.bdrc.io`) を利用して閲覧した。

sDe dge 版を底本とし，他の三版一写本を校合して異読を注記した。ただし，句読記号（shad: |, ||）の取捨、語尾辞 pa と ba などの異読は一々注記しない。

世親釈梵文和訳に準じ，導入部 0. および本論 1.〜13. に分節して見出しを付し，各節冒頭に諸版の葉・行を示した。

安慧釈中に引かれる本偈、本偈の文言、および世親釈の文言はボールドで示した。

和訳においては、安慧釈中に引かれる本偈および本偈中の文言はボールドで表記してカギ括弧「　」に入れて示し、同じく安慧釈中に引用される世親釈の文言はボールドで示した。

0. 導入（前章と本章との関係）

[D 51a1–7, C 51a1–7, P 56a2–56b3, N 54a1–b3, G 70b2–71a5]

rigs kyi skabs kyi rjes la | sems bskyed pa'i skabs bshad par cis 'brel zhe na | gong du rigs bshad pa'i rjes la |

> **shin tu yangs pa'i yon tan byang chub shing skyes pas ||**
> **stug po bde zhing sdug bsngal zhi ba dmigs pa'i phyir ||**
> **bdag dang gzhan la phan bde bya ba[1] 'bras bu bas ||**
> **rtsa ba bzang po bzhin du rigs 'di mchog yin no || MSA III.13 ||**

zhes bshad de ji ltar rtsa ba bzang po'i shing dang rtsa ba bzang po nyid rang gi don phun sum tshogs pa'o || de la yal ga dang 'dab ma dang me tog dang 'bras bu la sogs pa rgya chen po yod pas ni 'gro ba mang po'i longs spyod du gyur pas gzhan gyi don phun sum tshogs pa zhes bya'o || de bzhin du rang bzhin la gnas pa'i rigs yod na | byang chub sems dpa' rnams kyis bdag dang gzhan gyi don gnyis 'grub par 'gyur ro ||

de la rnam pa gnyis 'grub pa yang rigs 'ba' zhig yod pa tsam gyis mi chog gi rigs la brten[2] nas sems bskyed pa la sogs pa'i rim pas bsgrubs na 'dod pa 'grub kyi sems ma bskyed[3] na ni mi 'grub bo || sems bskyed pa la sogs pa la[4] yang rigs yod na 'dod pa[5] 'byung ste gang la rigs yod pa de[6] gdon mi za bar bla na med pa'i byang chub tu sems bskyed par 'gyur bas na rigs kyi skabs kyi rjes la sems bskyed par 'gyur ba'i skabs bshad par 'brel to[7] ||

yang na sems bskyed pa'i rang bzhin ni 'di ltar gyur cig ces smon lam 'debs pa'i mtshan nyid do || smon lam[8] 'debs pa de yang bdag nyid bla na med pa'i byang chub 'dod pa dang | sems can gyi don byed par 'dod pa'i phyir smon lam 'debs te | sems can gyi don bya ba'i thabs ni bla na med pa'i byang chub tu sangs rgyas pa thob pa'o || de bas na sems can gyi thabs su gyur pa'i[9] bla na med pa'i byang chub bsgrubs na[10] byang chub tu sems bskyed pa la sogs pa'i rim pas bsgrub[11] pa'o[12] || de la yang rigs dang bcas pa'i stobs kyis byang chub tu sems bskyed na ni sems de[13] ldog pa med pa'i chos su 'gyur ro zhes bstan pa'i phyir rigs kyi rjes la sems bskyed[14] pa'i skabs bshad

(1) ba PNG : bas DC
(2) brten DC : rten PNG
(3) bskyed DCPN : skyed G
(4) pa la DC : pa'i PNG
(5) pa DC : om. PNG
(6) de DC : om. PNG
(7) to DC : lo PNG
(8) smon lam DCPN : smon G
(9) pa'i PNG : pas DC
(10) na DPNG : nas C
(11) bsgrub DPNG : bsgrubs C
(12) pa'o DC : po PNG
(13) sems de em. : sems can de DCPNG
(14) bskyed DC : skyed PNG

0. 導入（前章と本章との関係）

「種姓の章」に続いて「発心の章」を説くのはどのように関係するのか。先に，種姓の説示の［最］後に，

> **「極めて大いなる功徳のある菩提樹の成長に資し，強固な安楽を獲得することと強固な苦を寂滅することとに資するものであって，［このようにして,］自他の利益・安楽をもたらす果（果実）を結ぶから，この最勝の種姓（菩薩種姓）は良き根の如くである。」（Ⅲ. 13）**

と説かれた。良き根を持つ樹［であること］すなわち良き根があることが「自利の円満」である。そこ（良き根の樹）に豊かな枝や葉や花や果実などが存在することにより，多くの人々にとっての享受物となるから「利他の円満」というのである。同様に，本来的に在る種姓（本性住種姓）があるならば，諸菩薩は自と他との二利を成就するのである。

その場合，二種の成就はまた，ただ種姓が存在するだけでは十分ではない。種姓に依拠して発心などの順序で［二利が］成就すれば，［菩薩の］希求は成就するのであって，発心していなければ［希求は］成就しない。発心などに関しても，種姓が存在するならば希求が生じるのであって，［菩薩］種姓のある者は必ず無上菩提へと発心するから，「種姓の章」に続いて「発心［の章］」を説くことにつながる。

あるいはまた，発心の自性とは，「このようにならんことを」という発願を特徴とするものである。その発願はさらに，自ら無上菩提を希求し，衆生利益を為すことを希求するから発願するのであって，衆生利益を為すことの方便は無上菩提を覚ることである。それ故に衆生［利益］の方便となる無上菩提を成就する場合には，菩提への発心などの順序によって成就するのである。それに関しても，種姓を備えることによって菩提へ発心する場合，その［発］心は退転しない性質を持つことになると説示するために，「種姓［の章］」に続いて「発心の章」を説くことにつながる。

par 'brel to ||

1. 発心の特徴（第 1 偈）

[D 51a7–52a5, C 51a7–52a5, P 56b3–57b3, N 54b3–55b3, G 71a5–72b2]

sems bskyed pa'i mtshan nyid du tshigs su bcad pa zhes bya ba la | byang chub tu sems bskyed pa'i mtshan nyid du rang bzhin bstan par bya ba'i phyir tshigs su bcad pa rtsom mo zhes bya ba'i don to ||

spro ba che zhing rtsom pa che ||
don chen po dang(15) **'thob pa che ||**
byang chub sems dpa'i(16) **sems pa**(17) **ste ||**
don gnyis(18) **dang ni sems bskyed pa'o || IV.1 ||**

zhes bya ba la | byang chub kyi sems kyi mtshan nyid ni spro ba che ba'i mtshan nyid dang | rtsom pa che ba'i mtshan nyid dang | don che ba'i mtshan nyid dang | thob pa che ba'i(19) mtshan nyid dang | don gnyis(20) la dmigs pa'i(21) mtshan nyid de(22) | gong du bshad pa rnams bsgrub par bya'o snyam du sems bskyed pa'i sems las byung bas sems pa(23) zhes bya ba'i sems la(24) g-yo ba'i rang bzhin la **sems bskyed pa** zhes bya'o ||

spro ba che ba ni go cha'i brtson 'grus kyis theg pa chen po'i chos la(25) zab cing rgya che ba'i chos rnams mnyan pa dang | bsam pa la sogs pa'i sgo nas rtogs par bya'o zhes sems spro zhing mi ldog pa dang | sems can gyi don du bskal pa grangs med par mgo dang rkang lag la sogs pa(26) gtong ba'i dka' ba spyod pa la(27) spro zhing mi ldog pa'i sems bskyed pa dang po la spro ba che ba zhes bya'o ||

rtsom pa che ba ni de ltar go cha'i(28) brtson 'grus brtsams nas go cha brtsams shing khas blangs pa bzhin du sbyor ba'i brtson 'grus kyis(29) ji ltar go cha bgo zhing khas blangs pa bzhin du zab cing rgya che ba'i chos rtogs par bya ba'i phyir ni chos nyan pa dang | sems pa goms pa la 'jug | sems can gyi don du ni(30) pha rol tu phyin pa drug la sogs pa dang dka' ba spyad pa rnam pa sna

(15) dang em. : dag DCPNG
(16) sems dpa'i em. : sems dpa' DCPNG
(17) sems pa em. : sems dpa' DCPNG
(18) gnyis DCPN : gnyid G
(19) che ba'i DC : chen po'i PNG
(20) gnyis DCPN : gnyid G
(21) pa'i DCPN : dpa'i G
(22) de DC : dang PNG
(23) sems pa em. : sems dpa' DCPNG
(24) la em. : las DCPNG
(25) la DC : om. PNG
(26) pa DC : om. PNG
(27) pa la DC : pa'i PNG
(28) cha'i DCPN : cha ba'i G
(29) kyis em. : kyi DCPNG
(30) ni DC : om. PNG

1. 発心の特徴（第1偈）

発心の特徴について一偈があるに関して。菩提への発心の特徴について，［つまり］自性を示すために偈を［説き］始める，という意味である。

> 「⑴ **大いなる士気があり，⑵ 大いなる奮闘があり，⑶ 大いなる目的があり，⑷ 大いなる達成があり，⑸ 二つの対象がある，諸菩薩の意思が心の生起（発心）である。**」
>
> **（Ⅳ.1）**

に関して。菩提心の特徴とは，大いなる士気という特徴と，大いなる奮闘という特徴と，大いなる利益という特徴と，大いなる達成という特徴と，二つの目的を対象とするという特徴とである。上述の事柄（大菩提と衆生利益）を成就しよう，という心を起こす（発心）心所であるから，［菩薩の］意思という，心を動かすこと[(1)]を自性とするものを「**心の生起**」という[(2)]。

「⑴ **大いなる士気があり**」とは，被甲精進によってである。大乗の教法に対して「甚深で広大な諸々の教法を，聞・思などのやり方で理解しよう」と心が士気に満ちて退転せず，また衆生のために阿僧祇劫にわたって頭や手足などを喜捨する難行に対して［心が］士気に満ちて退転しないような，最初の発心について「⑴ 大いなる士気があり」という。

「⑵ **大いなる奮闘があり**」とは，そのように被甲精進を始めてのちの，甲冑を［着］始めて誓った通りの加行精進によって[(3)]，甲冑を着て誓った通りに，甚深で広大な教法を理解するために教法を聞・思・修し，衆生のために六波羅蜜などの様々な難行を実践するから，「⑵ 大いなる奮闘があり」という。

tshogs bsgrub pa'i phyir **rtsom pa che ba** zhes bya'o ||

sems bskyed pa de'ang bdag gi don phun sum tshogs pa[31] bsgrub par bya ba dang | gzhan gyi don phun sum tshogs pa[32] bsgrub par bya ba'i phyir sems bskyed pas na **don che ba**'o || de ltar sems bskyed nas mjug[33] tu 'bras bu bla na med pa'i byang chub thob pas na **thob pa che ba**[34] zhes bya'o ||

byang chub kyi sems de yang sems g-yo zhing 'gul bar byed pa'i mtshan nyid sems las byung bas sems pa[35] zhes bya bas bskyod nas byang chub kyi sems bskyed[36] pas na **byang chub sems dpa'i sems pa**[37] zhes bya ste | byang chub kyi sems de ni sems pa[38] zhes bya ba'i sems bskyed pa'o[39] zhes bya ba'i don to ||

byang chub kyi sems de ci la[40] dmigs nas sems skye zhe na | de nyid don gnyis la dmigs nas sems skye ste | don gnyis ni bdag nyid byang chub chen po thob par bya bar dmigs pa dang | sems can la phan pa dang bde ba'i don bya bar dmigs nas byang chub kyi sems bskyed do zhes bya ba'i don to ||

de yan chad kyis mdor na byang chub kyi sems de yon tan gsum dang ldan pa dang | don[41] gnyis la dmigs pa yin par bstan to || de la yon tan rnam pa gsum ni | skyes bu byed pa'i yon tan dang | don byed pa'i yon tan dang | 'bras bu yongs su 'dzin pa'i yon tan no[42] || don gnyis ni byang chub kyi don la dmigs pa dang | sems can gyi don la dmigs pa'o ||

de la **spro ba che zhing rtsom pa che** || zhes bya ba'i tshig gnyis kyis skyes[43] bu byed pa'i yon tan bstan te | dang po sems bskyed pa na yang sems kyi shugs drag tu bskyed la phyis sgrub pa'i tshe na yang dka' ba spyod pa thams cad de bzhin du bsgrub pa'i phyir ro || **don chen po** zhes bya bas don byed pa'i[44] yon tan bstan te[45] | bdag dang gzhan gyi don byed pa'i phyir ro || **thob pa**[46] **che** zhes bya bas 'bras bu yongs su 'dzin pa'i yon tan bstan te mthar bla na med pa'i byang chub len pa'i phyir ro || **don gnyis** zhes[47] bya bas gnyis la dmigs pa bstan te | byang chub dang sems can gyi don la dmigs pa'i phyir ro || [ad k. 1]

---

(31) pa DC : par PNG
(32) pa DC : par PNG
(33) mjug DC : 'jug PNG
(34) che ba DC : che PNG
(35) pa DC : dpa' PNG
(36) bskyed DC : skyes PNG
(37) sems pa em. : sems DCPNG
(38) sems pa em. : sems dpa' DCPNG
(39) pa'o em : do DCPNG
(40) la em. : las DCPNG
(41) don DPNG : de C
(42) no DCGP : to N
(43) skyes DC : om. PNG
(44) byed pa'i em. : chen po'i DCPNG
　対応する世親釈，安慧釈の前後の文脈を踏まえれば，三つの功徳の第二「利益を為すという功徳」(arthakriyāguṇa, don byed pa'i yon tan) が説かれるべき箇所である。
(45) bstan te DC : te PNG
(46) thob pa DC : thob PNG
(47) zhes DCP : shes NG

その発心もまた，自利円満を成就し，また利他円満を成就するために心を起こすから「⑶ **大いなる目的があり**」である。そのように心を起こしてから，最後に果である無上菩提を得るから「⑷ **大いなる達成がある**」という。

そして，その菩提心は，心を動かす，すなわちつき動かすことを特徴とする心所であるから「**意思**」という。それゆえ，［菩薩の心を］促して菩提心を起こすから「**諸菩薩の意思**」(4)という。その菩提心こそは，「［菩薩の］意思」という，心が生起することである，という意味である。

その菩提心は何を所縁として心が生じるのか，というならば，それはまさに二つの対象を所縁として心が生じるのである。二つの対象とは，自ら大菩提を得ることを所縁とし，また衆生に対して利益（*hita）と安楽という利益を為すこと（*arthakriyā）を所縁として，菩提心を起こす，という意味である。

その次に，要約して，かの菩提心は三つの功徳を具え二つの対象を所縁とする，と説かれる。そのうち，三種の功徳とは，(i) 英雄的行為という功徳，(ii) 利益を為すという功徳，(iii) 果を獲得するという功徳である。⑸ 二つの対象とは，［大］菩提という対象を所縁とすることと，衆生［利益を為すこと］という対象を所縁とすることである。

この［偈］で，「⑴ **大いなる士気があり，**⑵ **大いなる奮闘があり**」という二語によって，英雄的行為という功徳が説かれる。最初に発心する時にも勇猛な心（*cittavega）を強く起こし（被甲精進），その後に実践する時にもあらゆる難行をその通りに実践するからである（加行精進）。「⑶ **大いなる目的があり**」ということによって，利益を為すという功徳が説かれる。自利利他を為すからである。「⑷ **大いなる達成がある**」ということによって，果を獲得するという功徳が説かれる。最後に無上菩提を得るからである。「⑸ **二つの対象がある**」ということによって，二つを所縁とすることが説かれる。［大］菩提と衆生利益［を為すこと］を所縁とするからである。

2. 発心の区別（第 2 偈）

[D 52a5–b7, C 52a5–b7, P 57b3–58a7, N 55b3–56a5, G 72b2–73b2]

sems bskyed pa[48] **rab tu dbye ba'i tshigs su bcad pa** zhes bya ba la | byang chub[49] kyi sems kyi[50] mtshan nyid nas byang chub kyi sems la phye na du yod pa'i rab tu dbye ba 'chad de | byang chub kyi sems la phye na mos pa'i sems bskyed pa dang | lhag pa'i bsam pa rnam par dag pa'i sems bskyed pa dang | rnam par smin pa'i sems bskyed pa dang | sgrib pa spangs pa'i sems bskyed pa dang phye na rnam pa bzhi yod do zhes[51] bstan pa'i phyir tshigs su bcad pa rtsom mo ||

sems bskyed de ni mos pa dang || zhes bya ba la | mos pas[52] spyod pa'i sa drod dang | spyi bo dang | bzod pa dang | 'jig rten gyi chos kyi mchog gi tshe na sems bskyed pa ni theg pa[53] chen po'i chos zab cing rgya che ba rtogs nas sems bskyed pa[54] ni ma yin gyi theg pa chen po'i chos zab cing rgya che ba la dad pa'i sgo nas sems bskyed pas na | mos pa'i sems bskyed pa zhes bya'o ||

lhag pa'i bsam pa dag pa gzhan zhes bya ba la[55] | gzhan gyi sgra ni sa dang po yan chad sa bdun pa man chad kyi sa la bya ste | sa bdun po de dag gi sems bskyed pa[56] la ni lhag pa'i bsam pa dag pa'i sems bskyed pa zhes bya'o || ci'i phyir zhe na | gang bdag yin pa de[57] gzhan gang gzhan[58] yin pa de bdag ces gzhan du mnyam pa nyid kyi sems thob pas bdag dang gzhan gyi don phun sum tshogs pa[59] 'thob par bya ba'i phyir lhag pa'i bsam pa zhes bya'o || gzung ba dang 'dzin pa'i dri ma dang bral bar bya ba'i phyir dag pa zhes bya'o ||

rnam par smin pa'i sa 'dod de zhes bya ba la | sa brgyad[60] pa dang | dgu pa[61] dang | bcu par byang chub tu sems bskyed pa la ni[62] rnam par smin pa'i byang chub kyi sems zhes bya ste | ci'i phyir zhe na | sa de dag la rnam par mi rtog pa'i ye shes lhun gyis[63] grub[64] pa thob pas | sbyin pa la sogs pa'i pha rol tu phyin pa rnams la yang | brtsal 'bad med par lhun gyis grub par spyod pas na | rnam par smin pa'i sems bskyed pa zhes bya'o ||

---

(48) pa DCPN : par G
(49) byang chub DC : byang chub sems PNG
(50) kyi DC : om. PNG
(51) zhes DC : om. PNG
(52) pas DC : pa PNG
(53) pa DCPN : pa pa G
(54) pa DPNG : pa pa C
(55) zhes bya ba la DCNG : zhes bya'o P
(56) sems bskyed pa em. : sems pa DCPNG
(57) de PNG : de bzhin DC
(58) gzhan gang gzhan PNG : gzhan gang DC
(59) tshogs pa DCG : chogs pa P : ? N
(60) brgyad DCGP : rgyad N
(61) dgu pa PNG : sa dgu pa DC
(62) la ni PNG : la DC
(63) gyis DCPN : gyi G
(64) grub DCPN : 'grub G

2. 発心の区別（第 2 偈）

発心の区別に関して一偈があるに関して。[第 1 偈で] 菩提心の特徴 [を説いた] 後に，菩提心を区分した場合にいくつあるのかという区別を説明する。菩提心を区分した場合，つまり，⑴ 信解 [に基づく] 発心，⑵ 清浄な増上意楽に基づく発心，⑶ 異熟した発心，⑷ 障礙のない発心と区分した場合，四種あると示すために [第 2] 偈を [説き] 始める。

「**その発心は，[諸地において，] ⑴ 信解 [に基づくもの] であり**」に関して。信解行地 [すなわち] 煖・頂・忍・世第一法 [位] における発心は，甚深で広大な大乗の教法を理解した上での発心ではなく，甚深で広大な大乗の教法に対する浄信に基づく発心であるから，「信解 [に基づく] 発心」といわれる。

「**さらに ⑵ 清浄な増上意楽に基づくものであり**」に関して。「さらに」という語は，初地から第七地までの地をいう。それら七地の発心を，清浄な増上意楽 [に基づく] 発心という。なぜかというと，自は他であり，他は自であるという [自・] 他に対する平等心（*samatācitta）を得て[5]，自利利他の円満が獲得されるから，「増上意楽」といわれる。[また，] 所取・能取の汚れを離れているから，「清浄」といわれる。

「**⑶ 異熟したものであり**」[6]に関して。第八・第九・第十地における，菩提への発心について，異熟の菩提心といわれる。なぜかというと，それらの地において，無功用なる無分別智を獲得することによって，布施を初めとする諸波羅蜜をも，努力することなく無功用に行ずるから，「異熟の発心」といわれる。

de bzhin sgrib pa spangs pa'o zhes bya ba la | sangs rgyas kyi sa kun tu 'od kyi dus na zad pa dang mi skye ba'i mtshan nyid kyi byang chub kyi sems skyes(65) pa la ni(66) sgrib pa med pa'i sems skyes pa zhes bya ste | ci'i phyir zhe na | de'i tshe byang chub kyi sems de ni nyon mongs pa'i sgrib pa dang | shes bya'i sgrib pa ma lus par spangs pa'i mtshan nyid yin pa'i phyir ro ||

de bas na 'phags pa ga ya'i(67) rtse mo'i mdo(68) las kyang | lha'i bu gzhan yang sems bskyed pa dang po ni rgyu las yang dag par 'byung(69) ba'o || sems bskyed pa gnyis pa ni ye shes las yang dag par 'byung(70) ba'o || sems bskyed pa gsum pa ni spong ba las yang dag par 'byung(71) ba'o || sems bskyed pa bzhi pa ni 'bras bu las yang dag par 'byung(72) ba'o zhes gsungs so || [ad k. 2]

3. 発心の確定（第 3〜6 偈）

[D 52b7–54a4, C 52b7–54a4, P 58a7–59b8, N 56a5–57b4, G 73b2–75b1]

sems bskyed pa rnam par dbye ba gdon mi za ba'i tshigs su bcad pa zhes bya ba la | byang chub tu sems bskyed pa rnam pa bzhir phye ba la bzhi po de dag gi rtsa ba ni gang | bsam pa ni gang zhes don(73) bcu gcig dris pa dang | de bzhin du lan btab pa la gdon mi za ba zhes bya(74) ste | de las brtsams nas tshigs su bcad pa ston(75) to ||

(1) **de yi(76) rtsa ba snying rjer(77) 'dod** ces bya ba la | byang chub kyi sems rnam pa bzhi'i rtsa ba gang zhe na zhes dris(78) pa dang | de'i lan du byang chub kyi sems rnam pa bzhi'i rtsa ba ni snying rje yin par 'dod pa'i phyir ro zhes snying rjes sems can gyi sdug bsngal bsal bar bya'o snyam du sems pa ste | des sems can thams cad bsdus nas gnas so || gal te snying rje rtsa bar gyur pa med na ni sems can rnams kyi don du byang chub kyi sems rnams kyang(79) mi skyed kyi nyan thos bzhin du mya ngan las 'das par 'jug par 'gyur te | de bas na rtsa ba ni snying rje'o ||

byang chub kyi sems de bzhi'i bsam pa gang ji ltar zhe na | de'i phyir | (2) **rtag tu sems can phan par sems** || zhes bya ba smos te | 'khor ba'i mtha'i bar du sems can thams cad(80) zang zing rnam pa sna tshogs kyis phan btags te | tshe 'dir mi dge ba las bzlog cing dge ba la gzhag(81) pa

---

(65) skyes DPNG : bskyed C
(66) ni DC : om. PNG
(67) ga ya'i DC : 'ga' yi'i PNG
(68) mdo DCNG : mdo mdo P
(69) 'byung DC : byung PNG
(70) 'byung DC : byung PNG
(71) 'byung DC : byung PNG
(72) 'byung DC : byung PNG
(73) zhes don DC : don zhes PNG
(74) zhes bya PNG : zhes bya ba DC
(75) ston DCGP : bston N
(76) de yi DC : de'i PNG
(77) rjer DCGP : rjes N
(78) dris DCNG : dres P
(79) kyang DC : kyi PNG
(80) cad DCPN : can G
(81) gzhag DCPN : bzhag G

「**また，⑷障礙のないものである［と考えられる**］」に関して。普光なる仏地[7]における，尽［智］・無生［智］を特徴とする発菩提心を，障礙のない発心という。なぜかというと，その場合，その菩提心は煩悩障・所知障を残りなく断ずるという特徴を持つからである。

したがって，『伽耶山頂経』にも，「天子よ，さらにまた，第一の発心は因から生じる。第二の発心は智から生じる。第三の発心は断から生じる。第四の発心は果から生じる」と説かれている[8]。

3. 発心の確定（第3〜6偈）

発心の確定[9]**について［四］偈がある**，に関して。四種に区別された発菩提心について，それら四つ［の発菩提心］は⑴何を根本とするのか，⑵何に対する意楽があるのか［など］という十一項目の問いとそれに対する答えとを確定という。それに関して偈を説くのである。

「**それ（発心）は，⑴悲を根本とし，...，と考えられる。**」に関して。四種の菩提心は⑴何を根本とするのかと問われ，その答えとして，四種の菩提心の根本は悲であると考えられるからである。以上のことは，「悲によって衆生の苦しみを取り除こう」という思いであって，それによって一切衆生を摂取し続ける。もし根本である悲がなければ，衆生たちのために菩提心さえも起こさず，声聞のように涅槃に入るであろう。したがって，［菩提心の］根本は悲である。

その四［種］の菩提心には⑵何に対する意楽があるのか［と問われた］。それゆえに「**⑵常に衆生を利益する意楽を伴い**」と答えるのである。「輪廻の辺際まで一切衆生を様々な財物によって摂受し，現世において不善［処］より遠ざけて善［処］に置き[10]，来世において涅槃に安住させよう」という思いが，それらの菩提心の意楽である。

dang | tshe rabs gzhan du mya ngan las 'das pa la dgod[82] do snyam du sems pa ni byang chub kyi sems de dag gi bsam pa'o ||

byang chub kyi sems de dag ci la mos she[83] na | de'i phyir (3) **chos la mos** zhes smos te | byang chub kyi sems bzhi po de dag kyang nyan thos dang rang sangs rgyas[84] kyi chos la ni ma dad kyi | theg pa chen po'i chos zab cing rgya che ba la dad de | de ni byang chub kyi sems de dag gi mos pa'o ||

byang chub kyi sems de dag ci la dmigs she na | de'i phyir[85] (4) **ye shes tshol bar dmigs pa de bzhin no** zhes bya ba smos te | de'i ye shes ni theg pa chen po'i ye shes te | rnam par mi rtog pa'i ye shes la bya'o || rnam par mi rtog pa'i ye shes thob par bya ba'i phyir theg pa chen po'i chos nyan pa dang | sems pa dang | bsgom[86] pa la sogs pa'i sgo nas tshol ba nyid byang chub kyi sems kyi dmigs pa zhes bya'o || [ad k. 3]

byang chub kyi sems de dag gi theg pa gang zhe na | de'i phyir | (5) **gong du 'dod pa theg pa ste** || zhes bya ba smos te | mos pas[87] spyod pa'i sa la gnas pa na[88] sa dang po ji ltar thob par bya zhes bya ba[89] dang | sa bcu pa[90] thob pa dang | sangs rgyas kyi sa[91] ji ltar thob par bya zhes 'dod pa ni byang chub kyi sems de dag gi theg pa yin te | 'dod pa des sa gong nas gong du 'phar ba'i phyir ro ||

byang chub kyi sems de dag gi rten gang zhe na | de'i phyir | (6) **sdom pa rgya chen[92] de yi[93] rten** zhes bya ba smos te | byang chub sems dpa'i sdom pa dang[94] | sdom pa'i tshul khrims dang | sems can don byed pa'i tshul khrims dang | dge ba sdud pa'i tshul khrims ni byang chub kyi sems de dag gi rten yin no zhes bya ba'i don to ||

byang chub kyi sems de dag gi bar du gcod pa gang zhe na | de'i phyir (7) **mi mthun pa'i[95] phyogs rnams skye ba la bzod pa[96] bar du[97] gcod pa'o** zhes bya ba smos te | byang chub kyi sems de ni bdag dang gzhan la phan par sems pa yin | sems de dang mi mthun pa ni bdag 'ba' zhig mya ngan las 'das par 'gro bar sems pa'i[98] sems nyan thos dang rang sangs rgyas kyi sems la bya

---

(82) dgod PNG : 'god DC
(83) she DCPN : shes G
(84) rang sangs rgyas DC : sangs rgyas PNG
(85) de'i phyir DC : de'i PNG
(86) bsgom DC : bsgoms PNG
(87) pas DC : pa PNG
(88) gnas pa na PNG : gnas na DC
(89) zhes bya ba DC : zhes PNG
(90) sa bcu pa DC : sa bcu PNG
(91) sa DCPN : om. G
(92) rgya chen DCPN : rgyan G
(93) de yi DC : de'i PNG
(94) dang DC : om. PNG
(95) mthun pa'i DC : mthun PNG
(96) bzod pa PNG : om. DC
(97) bar du DC : rab tu PNG
(98) pa'i DCGP : dpa'i N

それらの菩提心は⑶何に対する信解があるのか［と問われた］。それゆえに「⑶**［大乗の］教法への信解を伴い**」と答えるのである。それら四［種］の菩提心はいずれも声聞や独覚の教法を信じるのではなく，甚深で広大な大乗の教法を信じるのである。それが，それらの菩提心の信解である。

それらの菩提心は⑷何を所縁とするのか［と問われた］。それゆえに「**同様に，**⑷**［その］知を探求［というあり方］によって所縁とする**」と答えるのである。その知とは大乗の知であり，無分別智をいう。無分別智を獲得するために，大乗の教法を聞・思・修などの仕方で探求することこそが菩提心の所縁であるという[11]。<第3偈註>

それらの菩提心は⑸何を乗り物とするのか［と問われた］。それゆえに「⑸**より上への欲求を乗り物とし**」と答えるのである。信解行地にある時に初地を得ようという，［乃至］第十地を得よう，仏地を得ようという欲求が，それら菩提心の乗り物である。その欲求によって，地を上へ上へと登っていくからである。

それらの菩提心は⑹何を基盤とするのか［と問われた］。それゆえに「⑹**［それの］基盤は広大な律儀である**」と答えるのである。菩薩の律儀，［すなわち］［摂］律儀戒と饒益有情戒と摂善［法］戒が，それら菩提心の基盤であるという意味である。

それらの菩提心は⑺何を災難とするのか［と問われた］。それゆえに，「⑺**［それにとって］障害は，背反する［心］を引き起こし，容認することである**」と答えるのである。その菩提心は，「自と他を利益しよう」という思いであり，その心と背反するものとは，自分だけが涅槃に赴こうと思う心，［すなわち］声聞や独覚の心をいう。生じた小乗の心に取著して棄捨しないならば，菩提心が起こらないので，それが障害であるという意味である。<第4偈註>

ste | theg pa chung ngu'i sems skyes[99] par gyur pa nyams su blangs te ma spangs na byang chub kyi sems mi 'byung bas de ni bar du gcod pa yin no zhes bya ba'i don to || [ad k. 4]

byang chub kyi sems de dag gi[100] rang bzhin gang zhe na | de'i phyir | (8) **bsod nams ye shes rang bzhin te** || zhes bya ba smos te | byang chub kyi sems ni rnam pa gnyis te | snying rje'i mtshan nyid dang | shes rab kyi mtshan nyid do || de la snying rje'i mtshan nyid ni[101] sems can thams cad mya ngan las 'da'o[102] snyam du sems pa ste | de ni bsod nams kyi rang bzhin no || shes rab kyi mtshan nyid ni chos thams cad stong pa yin pas sems can gang yang mya ngan las 'das pa med do snyam du sems pa ste | de ni ye shes kyi rang bzhin no ||

byang chub kyi sems[103] de dag gi legs pa gang zhe na **|** de'i phyir | (9) **dge ba 'phel ba legs pa'o** zhes bya ba smos te | byang chub kyi sems bskyed pa las nam mkha'i[104] khams ji tsam pa dang | sems can gyi khams ji tsam pa dang | 'jig rten gyi khams ji tsam pa de tsam gyi bsod nams 'phel bar 'gyur ro || de ni byang chub kyi sems kyi legs pa yin no zhes bya ba'i don to ||

byang chub kyi sems de dag gi 'khor ba las ji ltar 'byung zhe na | de'i phyir | (10) **rtag tu pha rol phyin pa sbyor[105] || de ni 'byung bar brjod pa'o ||** zhes bya ba smos te | khams gsum nas 'byung ba dang | bla na med pa'i byang chub thob par bya ba'i phyir pha rol tu phyin pa drug la spyad cing sbyar[106] na 'khor ba las 'byung bar 'gyur bas na 'byung bar byed pa ni pha[107] rol tu phyin pa drug yin no zhes bya ba'i don to || [ad k. 5]

byang chub kyi sems de dag gi mthar thug pa gang zhe na | de'i phyir | (11) **so so[108] rang gi sbyor ba yis || de ni sa yi[109] mthar thug ste** || zhes bya ba smos te | sa bcu re re na sa rdzogs par thob pa la sa'i mthar thug pa zhes bya'o || de ltar sa'i mthar thug par 'gyur ba yang sa dang po la sbyin pa'i pha rol tu phyin pa la sbyar te | sbyin pa'i pha rol tu phyin pa rdzogs nas sa dang po mthar phyin pa zhes bya ba nas | sa bcu pa la[110] ye shes kyi pha rol tu phyin pa la sbyar te | ye shes kyi pha rol tu phyin pa rdzogs pa dang | sa bcu pa mthar phyin pa zhes bya'o ||

byang chub sems dpa'i sems bskyed pa | gdon mi za bar rig par bya'o zhes bya ba la | rnam pa bcu gcig dris pa las de bzhin du lan btab pa de ni byang chub sems dpa'i sems bskyed pa rnam pa bzhi[111] gdon mi za ba yin no zhes bya ba'i don to || [ad k. 6]

---

(99) skyes PNG : bskyed DC
(100) byang chub kyi sems de dag gi em. : byang chub de dag gi sems kyi DCPNG
(101) ni DC : om. PNG
(102) 'da'o DC : zlo PNG
(103) sems DC : sems kyi sems PNG
(104) nam mkha'i DCP : na mkha'i NG
(105) sbyor CPNG : sbyar D
(106) sbyar PNG : sbyor DC
(107) pha DCNG : pa P
(108) so so DPNG : so sor C
(109) sa yi DC : sa'i PNG
(110) la PNG : om. DC
(111) bzhi DCGP : bzhin N

それらの菩提心は[12]，[8] 何から成るのか［と問われた］。それゆえに「**[8] 福徳と智慧から成る**」[13]と答えるのである。菩提心は二種である。悲を特徴とするものと般若を特徴とするものとである。そのうち，悲を特徴とするものは，「一切衆生は涅槃するように」という思いであり，それは福徳から成る。般若を特徴とするものは，「一切法が空であるから，如何なる衆生も涅槃することはない」という思いであり，それは智慧から成る。

それらの菩提心は **[9]** 何を利徳とするのか［と問われた］。それゆえに「**[9] 浄善の増大を利徳とする**」と答えるのである。菩提心を起こすことで，虚空界と衆生界と世間界[14] のあらん限りの福徳が増大する。それが菩提心の利徳であるという意味である。

それらの菩提心は **[10]** 何を輪廻からの出離とするのか［と問われた］。それゆえに「**[10] また，それ（発心）は波羅蜜を常に実践することを出離とすると説かれる**」と答えるのである。三界から出離して無上菩提を獲得するために，六波羅蜜を行じ実践すれば，輪廻から出離するので，出離させるもの（*nairyāṇika）が六波羅蜜であるという意味である。<第 5 偈註>

それらの菩提心は **[11]** 何を完結するのか［と問われた］。それゆえに「**それ（発心）は，[11] 地を完結する—それぞれ［地ごと］にそれ（地）における［波羅蜜の］実践によってである**」と答えるのである。十地のそれぞれで地の完成を獲得することが地の完結といわれる。同様に［それぞれの］地を完結する［菩提心］もまた，初地においては布施波羅蜜を実践し，布施波羅蜜を完成して，初地を終結（*paryanta）させるものといわれ，乃至，第十地においては智波羅蜜を実践し，智波羅蜜を完成して，第十地を終結させるものといわれる。「**［以上が］諸菩薩の発心に関する確定であると知るべきである**」に関して。十一種の問いからそれに対する答え［まで］，それが菩薩にとっての四種の発心の確定であるという意味である。<第 6 偈註>

4. 世俗的発心（第 7 偈）

[D 54a4–55a3, C 54a4–55a3, P59b8–61a2, N 57b4–58b5, G 75b2–76b6]

brda'i dam bca' bar sems bskyed pa tshigs su bcad pa zhes bya ba la | byang chub tu sems bskyed pa rnam pa gnyis yod do[112] || brda'i dam bca' bar sems bskyed pa dang | don dam pa'i byang chub kyi sems so ||

de la brda'i dam bca' bar byang chub tu sems bskyed pa ni so so'i[113] skye bo'i dus na sems bskyed pas na mos pas[114] spyod pa'i sa 'jig rten chos mchog man chad kyi tshe sems bskyed pa la bya ste | de yang dge ba'i bshes gnyen gyis byang chub tu sems bskyed na bdag dang gzhan gyi don phun sum tshogs par 'gyur pas sems bskyed pa'i rigs zhes bskul ba'am | bdag nyid kyi dge ba'i rtsa ba'i mthus byang chub tu sems bskyed pa ste | de yang mkhan po dang slob dpon la sogs pas sems bskyed pa'i tshig ji skad brjod pa bzhin du tshig byung ba na[115] sems bskyed pa ni brda'i dam[116] bca' bar sems bskyed pa zhes bya'o || de la don dam pa'i byang chub kyi sems ni sa dang po yan chad kyi dus nas skye'o ||

> **grogs stobs rgyu stobs rtsa ba'i stobs ||**
> **thos pa'i stobs dang thos goms stobs ||**
> **brtan dang mi brtan skye bar gsungs ||**
> **sems bskyed gzhan gyis bstan pa'o || Ⅳ.7 ||**

zhes bya ba la |

grogs stobs zhes bya ba'i tshig dang | **sems bskyed gzhan gyis bstan pa** zhes bya ba'i tshig gnyis su sbyar te | sems bskyed pa gang mkhan po'am slob dpon nam dge ba'i bshes gnyen la la zhig gis byang chub tu sems bskyed[117] na phan pa dang legs pa rgya chen po 'byung bas sems[118] bskyed pa'i rigs so zhes bya ba'i chos bstan pa las byang chub tu sems bskyed pa ni **grogs kyi stobs kyis**[119] sems bskyed pa zhes bya'o ||

byang chub sems dpa'i rigs yod pas rigs kyi mthus shugs kyis bskul nas byang chub tu sems bskyed pa ni **rgyu'i stobs kyis** sems[120] bskyed pa zhes bya'o || rgyu dang rigs dag ni don gcig go ||

tshe rabs snga ma la theg pa chen po'i chos[121] don zab cing rgya che ba rtogs par 'gyur ba dang | byang chub tu sems bskyed par 'gyur ba'i dge ba'i rtsa ba dang | bsod nams kyi tshogs bsags

---

(112) do DCPN : de G
(113) so so'i DC : so so PNG
(114) pas DC : pa PNG
(115) byung ba na DC : byung na PNG
(116) brda'i dam DC : brdas yi dam PNG
(117) bskyed DCPN : skyed G
(118) sems DCNG : sams P
(119) kyis DC : kyi PNG
(120) sems DC : om. PNG
(121) chos DC : om. PNG

4. 世俗的発心（第 7 偈）

誓言による世俗的発心について一偈があるに関して。菩提への発心は二種ある。誓言による世俗的な発心と勝義的な菩提心とである。

このうち，誓言による世俗的な菩提への発心は，凡夫［位］の時に発心するので，世第一法［位］までの信解行地の時の発心をいう。それは，(1) 善き師友により「菩提への心を起こすならば自利利他を円満することになるので発心しなさい」と勧奨されるか[15]，あるいは (2)–(5) 自らの善根の力による，菩提への発心である。それはまた，親教師（*upādhyāya）もしくは規範師（*ācārya）などが誦えた発心文のとおりに文言を誦える時の発心である［から］誓言による世俗的な発心といわれるのである。

このうち，勝義的な菩提心は初地以上に起こる。

> 「(1) **師友の力により，**(2) **原因の力により，**(3)［**善**］**根の力により，**(4) **聞**［**法**］**の力により，**(5) **聞いた**［**教法の**］**反復修習の力により**[16]**，他者の説示による発心は不堅固なものと堅固なものとして生じる，と説かれている。**」(**Ⅳ.7**)

に関して。

(1)「師友の力により」という語句と「他者の説示による発心は」という語句は離れて関係している[17]。発心が，誰かある親教師もしくは規範師もしくは善き師友による、「菩提への心を起こすならば広大な利益と利徳が生じるので発心しなさい」という説法に基づく、菩提への発心であるとき，**「師友の力による」**発心といわれる。

(2) 菩薩種姓が存在することによって，［すなわち］種姓の効力によって自発的に菩提へ発心することが，**「原因の力による」**発心といわれる。原因と種姓とは同じ意味である。

pas rigs brtas[122] par gyur[123] nas byang chub tu sems bskyed[124] pa ni **rtsa ba'i**[125] **stobs kyis**[126] sems[127] bskyed pa zhes bya'o ||

tshe rabs snga ma la theg pa chen po'i chos nyan pa dang | bsams[128] pa dang | bsgoms[129] pa byas te[130] | ye shes kyi[131] tshogs bsags pas tshe 'dir byang chub tu sems bskyed pa ni **thos pa'i stobs kyis** sems bskyed pa zhes bya ste | yang na de bzhin gshegs pas *Lang kar gshegs pa* la sogs pa'i mdo sde de dang de dag bshad pa na lha dang mi la sogs pa'i 'gro ba mang po byang chub tu sems bskyed pa ni **thos pa'i stobs kyis** sems bskyed pa zhes bya'o ||

tshe 'di la dge ba'i bshes gnyen mang po las chos thos pa yang lan grangs mang du mnyan[132] te | chos dang don shes kyis mthong nas sems bskyed pa ni **thos pa**[133] **goms pa'i stobs kyis** sems bskyed pa zhes bya'o ||

de ltar brda'i[134] dam bcas par[135] sems bskyed pa rnam pa lnga las grogs kyis sems bskyed pa ni **mi brtan**[136] **pa'**i mtshan nyid du **skye bar gsungs** pa ste | phyi nas de la ldog pa yod pa'i phyir ro || rgyu'i stobs dang thos pa'i stobs dang thos pa goms pa'i stobs kyis sems bskyed pa ni **brtan pa**'i mtshan nyid du **gsungs** pa ste | de dag la slar ldog pa med pa'i phyir ro || [ad k. 7]

gzhan gyis bstan pa las[137] **sems bskyed pa ni gzhan gyis go bar byas pa las brdas yi dam 'dzin pa zhes bya'o** zhes bya ba la | mkhan po'am slob dpon nam dge ba'i bshes gnyen 'ba' zhig gis 'di snyam du sems la | tshig tu 'di skad brjod cig ces bsgo ste | go bar byas pas 'di bzhin du brjod na[138] byang chub tu sems bskyed pa ni brdas yi dam 'dzin pa'i sems bskyed pa zhes bya'o ||

de'i rigs rgyas pas zhes bya ba la | theg[139] pa chen po rtogs pa'i dge ba'i rtsa ba dang bsod nams bsags pas byang chub kyi rigs brtas[140] par gyur nas byang chub tu sems bskyed pa ni rtsa ba'i stobs kyis sems bskyed pa zhes bya'o || [ad MSABh k. 7]

---

(122) brtas DC : rtas PN : rtag G
(123) gyur DCPN : 'gyur G
(124) bskyed DC : om. PNG
(125) rtsa ba'i DPNG : dge ba'i rtsa ba'i C
(126) kyis DCPN : kyi G
(127) sems DC : om. PNG
(128) bsams PNG : bsam DC
(129) bsgoms PNG : bsgom DC
(130) byas te em. : bya ste DCPNG
(131) kyi DC : om. PNG
(132) mnyan DCNG : mnyen P
(133) pa DC : pas PNG
(134) brda'i DC : brdas yi PNG
(135) bcas par DC : bca' bar PNG
(136) brtan DCPN : mrtan G
(137) las em. : la DCPNG
(138) na DC : nas PNG
(139) theg DCPN : thegs G
(140) brtas DC : rtas PNG

⑶［現世において］大乗の教法の甚深広大なる意味を理解して菩提へと発心することになるような善根と［それによる］福徳の資糧とを，前世において集積することにより種姓が養育されて，［現世において］菩提へと発心することが「**［善］根の力による**」発心といわれる。

⑷ 前世において大乗の教法を聞・思・修して，智慧の資糧を集積することによって，現世において菩提へと発心することが聞の力による発心といわれる。あるいはまた，如来によって『楞伽［経］』などのあれこれの経典が説かれている時に，天や人などの多くの生き物が菩提へと発心することが，**「聞［法］の力による」**発心といわれる。

⑸ 現世において多くの善き師友から教法を聞いた者が，さらに度々聴いて，教法と意味とを知る者となって(18)［教法を］観察して（思惟して），発心することが，**「聞いた［教法の］反復修習の力による」**発心といわれる。

以上のような五種の，誓言による世俗的発心のうち，師友による発心は**不堅固な**特徴を**もつものとして生じると説かれている**。それには，後に退転することがあるからである。原因の力，［善根の力，］聞［法］の力，聞いた［教法の］反復修習の力による発心は，**堅固な**特徴を**もつものとして［生じる］と説かれている**。それらには，二度と退転することがないからである。<第７偈註>

実に，他者の説示による，すなわち他者の勧導による発心が，誓言による世俗的［発心］と言われるに関して。親教師もしくは規範師といった，誰かある善き師友によって，「このように志し，このように文を誦えなさい」と命じられて，［つまり］勧導されて，そのとおりに誦える時の菩提への発心が，誓言による世俗的発心といわれる。

その種姓の養成によってに関して。大乗［の教法］を理解するための善根と福徳とを集積することにより菩提の種姓が養育されて，菩提へと発心することが［善］根の力による発心といわれる。<第７偈世親釈註>

5. 勝義的発心（第 8〜14 偈）

[D 55a3–58a4, C 55a3–58a4, P 61a2–64b6, N 58b5–62a5, G 76b6–81b1]

don dam pa'i sems bskyed tshigs su bcad pa zhes bya ba la | gang gi tshe gang zag dang chos la bdag med par rtogs[141] nas chos kyi dbyings thams cad du 'gro ba'i mtshan nyid du khong du chud de gzung ba dang 'dzin pa gnyis spangs nas gzung ba la yang mi rtog | 'dzin pa la yang rnam par mi rtog pa'i ye shes skyes pas na | don dam pa'i byang chub tu sems bskyed[142] pa zhes bya ste | de yang sa dang po thob pa'i tshe na don dam pa'i byang chub kyi sems skye'o || don dam pa'i byang chub kyi sems de'i[143] rgyu dang yon tan dang rang bzhin la sogs pa'i tshigs su bcad pa bdun pa bstan to zhes bya ba'i don to ||

rnam par mi rtog pa'i ye shes de la ci'i phyir don dam pa'i byang chub kyi sems zhes bya zhe na | lung dam pa la mnos pa dang | rgyu dam pa bsgrub[144] pa dang | rang bzhin dam pa khong du chud par bya ba'i phyir don dam pa'i byang chub kyi sems zhes bya'o zhes bstan par 'dod nas | **rdzogs pa'i sangs rgyas rab bsnyen byas** || zhes bya ba la sogs pa tshigs su bcad pa gcig[145] smos te | shes bya thams cad thugs su chud pas na rdzogs zhes bya ba la de yang phyin ci ma log par thugs su chud pas[146] sangs rgyas zhes bya'o ||

mos pas[147] spyod pa'i sar bskal pa grangs med pa[148] gcig tu de bzhin gshegs pa rnams la gdugs dang rgyal mtshan dang | me tog dang bdug[149] pa la sogs pa[150] mchod pa dang de bzhin gshegs pa de dag gi thad nas dam pa'i[151] chos nyan pa dang bsams pa dang bsgoms par byas pa[152] ni | **rdzogs pa'i sangs rgyas rab bsnyen bya** || zhes smos te 'dis ni lung dam pa mnos par bstan to ||

bsod nams ye shes tshogs rab bsags zhes bya ba la pha rol tu phyin pa drug las | sbyin pa dang tshul khrims dang bzod pa gsum ni bsod nams kyi tshogs so || bsam gtan dang shes rab gnyis ni ye shes kyi tshogs la brtson 'grus gnyis ka'i tshogs te de gnyis kyang bsgrubs zhes bya ba'i don to ||

yang na de bzhin gshegs pa rnams la gdugs dang rgyal mtshan la sogs pas[153] mchod pa ni bsod nams kyi tshogs la dam pa'i chos mnyan pa dang bsams[154] pa la sogs pa byas pa ni ye shes kyi tshogs te de gnyis kyang bsgrubs zhes bya ba'i don to || 'dis ni rgyu dam pa bsgrub pa bstan to ||

---

(141) rtogs DCGP : rtog? N
(142) bskyed DC : skyes PNG
(143) de'i em. : de DCPNG
(144) bsgrub DC : sgrubs PNG
(145) gcig DCG : cig PN
(146) pas PNG : nas DC
(147) pas DCP : pa NG
(148) pa DC : par PNG
(149) bdug DCNG : bdugs P
(150) pa PNG : pa'i DC
(151) pa'i DC : om. PNG
(152) dam pa'i chos nyan pa dang bsams pa dang bsgoms par byas pa em. cf. SAVBh VI.6 (D mi 79a3–5, P mi 90a6) : dam pa'i chos nyan pa rnams bsags pa rnams bsgoms par byas pa ni | DCPNG
(153) pas DC : om. PNG
(154) bsams PNG : bsam DC

5. 勝義的発心（第 8～14 偈）

勝義的発心について［**七**］**偈がある**に関して。［菩薩が］人［無我］と法無我を理解して，遍く行き渡るという特徴を持つものとして法界[19]を覚知し，所取・能取の二を断じて所取をも分別せず能取をも分別しない智（無分別智）が生じたから，「菩提への勝義的な発心」と言われる。また，彼（菩薩）が初地に至った時に，勝義的菩提心が［菩薩に］起こるのである。その勝義的菩提心の原因，功徳，自性などについての七偈が説示される，という意味である。

その無分別智をどうして勝義的菩提心と言うのか。勝れた教説を受持し，勝れた原因を成就して，勝れた自性を覚知するから[20]，勝義的菩提心と言われる，と説示しようとして，「［**菩薩が**］**等覚者に正しく仕え**」云々という一偈（第 8 偈）が述べられる。［等覚者とは,］一切の所知を覚知するから，「等」と言われるのであって，さらにそ［の所知］を顚倒なく覚知するから，「覚者」と言われる[21]。

信解行地において，一阿僧祇劫のあいだ諸如来に傘と旗と花と香などを供養することと，かの諸如来の面前で正法を聴聞し，思惟し，修習を為すこと[22]が，「［**菩薩が**］**等覚者に正しく仕え**」と言われる[23]。これによって勝れた教説を受持することを説示した[24]。

「**智慧と福徳との資糧を十分に集積したならば**」ということに関して。六波羅蜜のうち，布施と持戒と忍辱の三つが福徳の資糧であり，禅定と般若の二つは智慧の資糧であるが，精進は［福徳と智慧との］両方の資糧である。そして，その［福徳と智慧との資糧］二つとも成就した，という意味である。

あるいは，諸如来への傘と旗などによる供養は福徳の資糧であり，正法の聴聞や思惟などを為すことが智慧の資糧である。そして，その二つとも成就した，という意味である。以上によって，勝れた原因を成就することを説示した。

chos la mi rtog ye shes skyes[155] **|| de phyir de ni dam pa'o ||** zhes bya ba la | de ltar rdzogs pa'i sangs rgyas la yang rab bsnyen[156] byas bsod nams dang ye shes kyi tshogs bsags pas chos rnams la rnam par mi rtog pa'i ye shes te | 'dis ni rang bzhin dam pa khong du chud par bstan[157] to ||

de la chos ni phung po dang[158] khams dang skye mched la sogs pa bstan pa dang gsung rab yan lag bcu gnyis la bya ste | de dag la gzung ba'i mtshan nyid la yang mi rtog || 'dzin pa'i mtshan nyid du yang (mi rtog rtag par yang mi rtog mi rtag par yang mi rtog pa[159]) ni | chos la mi rtog pa'i ye shes skyes pa zhes bya ste | don du rnam par mi rtog pa'i ye shes thob pa la bya'o ||

de ltar lung dam pa dang rgyu[160] dam par bsgrubs[161] pas na rang bzhin dam pa rtogs[162] pa'i phyir rnam par mi rtog pa'i ye shes de[163] la don dam pa'i byang chub kyi sems zhes bya'o || [ad k. 8]

don dam pa'i byang chub kyi sems de sa dang po'i tshe thob nas dga' ba'i mchog skye bar 'gyur te | der dga' ba'i mchog skyes pas sa dang po yang ming du sa rab tu dga' ba zhes btags so || ci'i phyir de'i tshe dga' ba skye zhe na | de'i phyir |

> **chos dang sems can rnams dang ni ||**
> **de yi bya ba dam pa dang ||**
> **sangs rgyas dang yang sems mnyam rnyed**[164] **||**
> **de ni de yi**[165] **dga' ba'i mchog || IV.9 ||**

ces bshad de | sa dang po rnam par mi rtog pa'i ye shes thob pa'i tshe | chos thams cad la sems mnyam pa rnyed pa[166] dang | sems can thams cad la sems mnyam pa rnyed pa dang | de'i bya ba dam pa la sems mnyam pa rnyed pa dang | sangs rgyas dang yang sems mnyam pa[167] rnyed do ||

mnyam pa bzhi rnyed pas brgya byin dang tshangs pa la sogs pa[168] 'jig rten gyi 'byor pa rnyed de dga' ba dang | 'phags pa nyan thos la sogs pas[169] 'jig rten las 'das pa'i 'byor pa rnyed de dga' ba bas byang chub sems dpa'i dga' ba'i mchog rnyed pas na sa[170] yang rab tu dga' ba zhes bya'o ||

de la phung po lnga ji ltar rang bzhin gyis stong pa yin pa de bzhin du khams dang skye mched

---

(155) skyes PNG : bskyed DC
(156) bsnyen D : brnyen PNG, bsnyon C
(157) bstan DC : ston PNG
(158) dang DC : om. PNG
(159) mi rtog rtag par yang mi rtog mi rtag par yang mi rtog pa DC : mi rtog par yang mi rtag mi rtog mi rtag par yang rtog pa PNG
(160) rgyu PNG : rgyud DC
(161) bsgrubs DC : bsgrub PNG
(162) rtogs DPNG : rtog? G
(163) de DCP : om. PNG
(164) rnyed PNG : nyid DC
(165) de yi DC : de'i PNG
(166) pa DC : thob pa PNG
(167) pa DC : om. PNG
(168) la sogs pa DPNG : la sogs pa 'da? C
(169) la sogs pas PNG : pas DC
(170) na sa DG : nas CPN

「諸法に対して無分別智が生じるから，これ（発心）は最勝である」ということに関して。以上のように等覚者にも正しく仕え，福徳と智慧との資糧を集積したから，諸法に対する無分別智が［生じる］。以上によって，最勝の自性を覚知することを説示した。

そのうち，［諸］法とは，［五］蘊と［十八］界と［十二］処などの教説［という法］と，十二部経［という法］とである。それらに対して，所取の相としても分別せず，能取の相としても分別せず，さらに常であるとも分別せず，無常であるとも分別しないのが，諸法に対して無分別智が生じるといわれる。対象として分別しない智（無分別智）を獲得することである。

以上のように，勝れた教説［を受持し］勝れた原因を成就することによって，勝れた自性を理解するから，その無分別智を「勝義的菩提心」という。＜第 8 偈註＞

初地の時にその勝義的菩提心を獲得すると最も勝れた喜びが生じる。そこにおいて，最も勝れた喜びが生じるので，初地はまた「歓喜地」と名付けられる。どうしてその時に喜びが生じるのかと言えば，それゆえ，

> 「**⑴ 諸法と ⑵ 衆生と ⑶ 彼ら（衆生）のために最高の為すべきことと**[25]**，そして⑷ 仏たること（仏果）［に対して］，平等心性を獲得する［から］。それは，それ（勝義的発心）の最も勝れた喜びである。**」**(Ⅳ.9)**

と説かれた。初地は無分別智を獲得する時である。一切諸法に対する平等心［性］を獲得し，一切衆生に対する平等心［性］を獲得し，彼ら［一切衆生］への最高の為すべきことに対する平等心［性］を獲得し，さらに仏［たること（仏果)］に対する平等心［性］を獲得する。

帝釈天と梵天などは世間的な達成（*saṃpatti 幸福）を獲得して喜び，聖なる声聞などは出世間的な達成を獲得して喜ぶが，四つの平等を獲得することによって，菩薩には最も勝れた喜びの獲得がある。それゆえ，［その］地はまた「歓喜［地］」と言われる。

そこで，⑴「五蘊が自性として空であるように，同様に［十八］界と［十二］処も自性として空である」と法無我を覚知するから，「**［一切諸法に対する］平等心性を獲得する**」と言われる。

sems mnyam pa nyid rnyed pa zhes bya'o ||

ji ltar bdag gang yin pa sems can gzhan yang de yin[172] no || gzhan gang yin pa bdag kyang de yin[173] zhes bdag dang gzhan mtshungs par khong du chud pas (2) **sems can rnams la sems mnyam pa nyid rnyed pa** zhes bya'o ||

(3) **de'i bya ba** zhes bya ba ni sems can rnams kyi don bya ba ste | sems can gyi nyon mongs pa dang | sdug bsngal sel bar byed pa ni (3) **de'i bya ba dam pa** zhes bya'o ||

ji ltar bdag gi kun 'byung gi mtshan nyid nyon mongs pa dang | sdug bsngal gyi mtshan nyid skye rga na 'chi spang[174] bar bya ba de bzhin du sems can rnams kyi kun 'byung gi mtshan nyid nyon mongs pa dang | sdug bsngal gyi mtshan nyid skye rga na 'chi spang[175] bar bya'o snyam du sems pas de'i bya ba dam pa la sems mnyam pa nyid rnyed pa zhes bya ste |

de'ang *Sa bcu*'i sa dang po'i nang nas

> sems can gyi don rab tu thob par bya ba rjes su dran cing rab tu dga' ba yin

zhes bya ba dang |

> bdag ni sems can thams cad kyi gnas su gyur to zhes rab tu dga' ba bskyed do

zhes gsungs pa lta bu'o ||

(4) sangs rgyas bcom ldan 'das rnams kyi chos kyi[176] sku gang yin pa dang | bdag gis rtogs pa'i chos kyi dbyings kyi[177] chos kyi sku gang yin pa gnyis su tha dad pa med par khong du chud pas (4) **sangs rgyas dang sems mnyam pa rnyed pa** zhes bya ste | de bas na *Sa bcu'i mdo* las kyang

> bdag ni sangs rgyas kyi sa dang nye bar gyur to zhes rab tu dga' ba bskyed do

zhes bya ba dang |

> bdag gis de bzhin gshegs pa thams cad mthong bar 'gyur ba dang nye bar gyur to zhes rab tu dga' ba bskyed do ||
> bdag ni de bzhin gshegs pa thams cad kyi yul la yang dag par 'byung ngo zhes rab tu dga' ba bskyed do ||

zhes gsungs pa lta bu'o || [ad k. 9]

don dam pa'i byang chub kyi sems de don rnam pa drug dang ldan par bstan pa'i phyir |

> **skye ba rgya che de la spro ||**
> **bsam pa yang ni rnam par dag ||**
> **lhag ma dag la mkhas pa dang ||**
> **'byung ba nyid du shes par bya || IV.10**

---

(172) yin PNG : bzhin DC
(173) yin DC : bzhin PNG
(174) spang DCPN : spangs G
(175) spang DCPN : spangs G
(176) kyi DCPN : om. G
(177) kyi DC : om. PNG

⑵「自己なるものも他者なる衆生であり，他者なるもの（衆生）も自己である」[26]というように自己と他者とが平等であることを覚知するから[27]，「**衆生たちに対する平等心性を獲得する**」と言われる。

⑶「**彼ら［衆生］のために為すべきこと**」とは，衆生たちのために為すべき利益である。衆生の煩悩と苦を取り除くことが「**彼ら［衆生］のために最高の為すべきこと**」と言われる。「自己の集［諦］の相である煩悩と苦［諦］の相である生老病死とを断ずべきであるように，同様に衆生たちの集［諦］の相である煩悩と苦［諦］の相である生老病死とを断ずべきである」と思うから，「彼ら［衆生］のために最高の為すべきことに対する平等心性を獲得する」と言われる。

それはまた，『十地［経］』の初地の中に，

> 衆生の利益の達成を随念して，歓喜する。[28]

と言われ，また，

> 私は一切衆生の帰依処である，と歓喜を起こす。[29]

と説かれている如くである。

⑷諸仏世尊の法身なるものと，［菩薩］自身が証得した法界である法身なるものとは，二つに区別できないと覚知するから，「**仏［たること（仏果）］との平等心［性］を獲得する**」と言われる。したがって，『十地経』にも，

> 私は仏地に近づいた，と歓喜を起こす。

と言われ，また，

> 私は一切の如来にまみえることに近づいた，と歓喜を起こす。
>
> 私は一切の如来の境界に生まれた，と歓喜を起こす。[30]

と説かれている如くである。＜第９偈註＞

その勝義的菩提心は六種の意味を備えていることを説示するために，

> **「それ（勝義的発心）には [1]［勝れた］生まれがあり，[2] 広大さがあり，[3] 士気があり，[4] また意楽の清浄があり，[5] 残り［の諸地］についての善巧があり，[6] また出離があると知られるべきである。」（Ⅳ.10）**

zhes bshad do ||[178] don rnam pa drug ni [1] skye ba'i don dang | [2] rgya che ba'i don dang | [3] spro ba'i don dang | [4] bsam pa rnam par dag pa'i don dang | [5] lhag ma la mkhas pa'i don dang | [6] 'byung ba nyid kyi don to ||

byang chub kyi sems de gnas gang nas skye ba bstan pa ni [1] skye ba'i don to ||

nyan thos dag ni bdag gi don du sems bskyed kyi byang chub sems dpa' rnams ni bdag dang gzhan gnyi ga'i[179] don du sems bskyed pas [2] rgya che ba'i don dang ldan no ||

nyan thos dag ni bdag gi don bya bar spro'o || byang chub sems dpa' rnams ni bdag gzhan gnyi ga'i don bya bar spro bas [3] spro ba'i don dang ldan no ||

nyan thos rnams ni nyon mongs pa'i sgrib pa dag nas rang gi byang chub kyi 'bras bu thob pa tsam du zad kyi byang chub sems dpa' rnams kyis[180] ni nyon mongs pa dang shes bya'i sgrib pa gnyis dag nas bla na med pa'i byang chub thob par shes pas na [4] bsam pa rnam par dag pa'i don dang ldan no ||

nyan thos dag ni rgyun du zhugs pa thob pa dang | lan cig phyir 'ong ba dang | phyir mi 'ong ba dang | dgra bcom pa'i sa la mkhas pa tsam du zad kyi[181] byang chub sems dpa' rnams kyi sa dang po thob pa dang | sa gnyis pa yan chad sa bcu pa[182] man chad kyi sa'i rang bzhin dang yon tan la mkhas pa dang | sa gong ma rnams ji ltar thob par bya ba'i thabs la yang[183] mkhas pas[184] na [5] lhag ma dag la mkhas pa'i don dang ldan no ||

sa dang po mthar phyin te bor nas sa gnyis pa la 'jug pa ni [6] 'byung ba nyid kyi don dang ldan pa zhes bya ste | sa dang po yang ji ltar 'dor[185] bar 'gyur zhe na sa dang po la sbyin pa'i pha rol tu phyin pa yongs su rdzogs pa dang de bzhin gshegs pa brgya'i zhal lta ba la sogs pa yon tan brgya phrag brgya bye ba[186] yang yid la byed la | de[187] dag thams cad kyang sems tsam du zad de rnam par rtog[188] pa las[189] skyes so zhes rtog cing sems tsam du rtog pa[190] de yang spangs te rnam par mi rtog pa la gnas pas sa dang po bor nas sa gnyis pa la 'jug par 'gyur bar shes par bya'o || [ad k. 10]

[1] skye ba'i[191] don rgya cher bstan pa'i phyir | **chos la mos pa sa bon dang ||** zhes bya ba la sogs pa tshig gcig tsam du[192] smos so || de la skye ba'i don kyang rnam pa bzhir rig par bya ste | sa

---

(178) zhes bshad do || DC : zhes pa bshad de PNG

(179) gnyi ga'i DC : gnyis ka'i PNG

(180) kyis DC : kyi PNG

(181) kyi PNG : de DC

(182) pa DC : om. PNG

(183) yang PNG : om. DC

(184) pas DC : par PNG

(185) 'dor DC : mdor PNG

(186) bye ba em. : byed ba DCPNG

(187) la | de DC : pa de PNG

(188) rtog DPNG : rtogs C

(189) las DC : la PNG

(190) sems tsam du rtog pa DCGP : sems tsam du rtog cing sems tsam du rtog pa N

(191) ba'i DC : ba PNG

(192) la sogs pa tshig gcig tsam du DC : la sogs pa tshigs bcad cig PN : la sogs pa'i tshigs bcad cig G

と説かれる。六種の意味とは，[1]［勝れた］生まれという意味と，[2] 広大さという意味と，[3] 士気という意味と，[4] 意楽の清浄という意味と，[5] 残り［の諸地］についての善巧という意味と，[6] 出離という意味である。

その［勝義的］菩提心が如何なる所依から生じるかを説示するのが，[1]［勝れた］生まれという意味である。

声聞たちは自己のために発心するが，菩薩たちは自他の両者のために発心するから，［勝義的菩提心は］[2] 広大さという意味を備えているのである。

声聞たちは自己を利益しようという士気がある。［一方］菩薩たちは自他の両方を利益しようという士気があるから，［勝義的菩提心は］[3] 士気という意味を備えているのである。

声聞たちは煩悩障を浄化して，自己の菩提という果を獲得するに過ぎないが，菩薩たちは煩悩［障］と所知障との二を浄化して，無上菩提を獲得すると知るから，［勝義的菩提心は］[4] 意楽の清浄という意味を備えているのである(31)。

声聞たちは預流に至ると，一来・不還・阿羅漢の地に善巧であるに過ぎないが，菩薩たちにとって［の発心］は，初地に至ると第二地から第十地までの地の自性と功徳に善巧であり，上位の諸地にどのように至るのかという方便にも善巧であるから，[5] 残り［の諸地］についての善巧という意味が備わっているのである。

初地に至り［そこを］離れて第二地に入ることが，[6] 出離という意味を備えると言われるのである。また，初地をどのように出るのかと言えば，初地における布施波羅蜜の完成［という自性(32)］と，百の如来の尊顔を見ることを始めとして幾百億もの功徳とを作意する(33)。そして，それら一切も「ただ心のみに過ぎない，すなわち分別から生じたものである」と理解してから，唯心であるというその理解をも断じて無分別に住することによって，初地を離れて第二地に入ると知るべきである。＜第 10 偈註＞

[1]［勝れた］生まれという意味を詳説するために，**「［勝義的発心は，］教法への信解という種子（精子）から」**云々と一偈が述べられる。ここで，［勝れた］生まれという意味はさらに四種であると知られるべきである。種子の勝れていること，［生］母の勝れていること，［母］胎の勝れていること，養母の勝れていることである。

bon gyi bye brag dang | ma'i bye brag dang | mngal gyi bye brag dang | ma ma'i[193] bye brag go ||

de la theg pa chen po'i chos zab cing rgya che ba la mos shing dad pa las byang chub kyi sems bskyed pas na[194] chos la mos pa ni sa bon no ||

ma mchog pha rol phyin mchog skyes || zhes bya ba la[195] | pha rol tu phyin pa'i mchog ni shes rab kyi pha rol tu phyin pa ste | chos thams cad stong par rtogs pa'i shes rab kyi pha rol tu phyin pa las[196] don dam pa'i byang chub kyi sems skyes pas ma ni shes rab kyi pha rol tu phyin pa'o ||

de bas na *'Phags pa Dri ma med par grags pa'i mdo* las kyang |

byang chub sems dpa' rnams kyi[197] ni ||
thabs la mkhas pa pha yin te ||
ma ni shes rab pha rol phyin ||

zhes gsungs so ||

Ting nge 'dzin gyi rgyal po'i mdo las kyang |

mkha' mnyam rdul bral gzugs mchog 'chang ||
sku med mtshan bral shes rab sras ||
rab zab yon tan rgya mtsho'i thugs rje can ||
dpe med bdag gi spyi bor phyag zhog cig ||

ces gsungs so ||

bsam gtan[198] bde ba'i mngal du ste || zhes bya ba ste | dper na mkhris pa dang bad kan la sogs pa'i nad med pa'i mngal de bde ba bzhin du rnam par rtog pa'i gnod pa thams cad spangs pa'i bsam gtan de yang byang chub sems kyi mngal bde ba yin te | ci'i phyir zhe na | sems rtse gcig pa'i mtshan nyid kyi[199] bsam gtan yod pa[200] dang yang dag pa[201] ji lta ba bzhin du shes pa'i shes rab bskyed[202] pas bsam gtan ni mngal lta bur bshad do ||

snying rje skyed pa ma ma'o zhes bya ba la dper na ma ma dam pas bu g.yang sa dang mi bde ba'i gnas su mi ltung bar srung bar byed pa bzhin du snying rje chen pos kyang byang chub kyi sems de nyan thos kyi mya ngan las 'das pa'i g.yang[203] sar mi ltung bar srung bar byed pas na[204] snying rje chen po ni ma ma'o || [ad k. 11]

---

(193) ma ma'i DCPN : ma'i G
(194) bskyed pas na DC : skyes pa las PNG
(195) ma mchog pha rol phyin mchog skyes || zhes bya ba la DC : ma mchog pha rol tu phyin pas skyes bya ba la PNG
(196) las em. : la DCPNG
(197) em. kyi : kyis DCPNG
(198) gtan DCPN : tan G
(199) kyi em. : kyis DCPNG
(200) pa DC : om. PNG
(201) pa DPNG : par C
(202) bskyed PNG : skyes DC
(203) g.yang DCP : g.yangs NG
(204) mi ltung bar srung bar byed pas na em. : ltung bar byed pa srung bar byed pas na DCPNG 直前の文脈に従って修正した。

そのうち，甚深広大なる大乗の教法を信解して，浄信から菩提心を生じるから，教法への信解が種子である。

「**最勝の波羅蜜という［生］母より**」といううち，最勝の波羅蜜とは般若波羅蜜である。一切法は空であると理解する般若波羅蜜から勝義的菩提心が生じるので，［生］母は般若波羅蜜である。

したがって，『維摩経』にも，

> 菩薩たちにとっては，善巧方便が父であり，母は般若波羅蜜である。[34]

と説かれている。

『三昧王経』にも，

> 虚空の如く，塵を離れ麗しく，身体も相もない般若の息子であり，甚深なる功徳の海［の如き］悲を持つ者よ，比類なき御手を私の頭に置いてください。

と説かれている。[35]

「**禅定から成る安楽な［母］胎に生じる**」といわれる。例えば，胆汁質と粘液質などの［不調による］疾患のない胎，それが安楽であるように，分別という障害すべてが断じられたかの禅定もまた菩提心にとっての安楽なる胎である。どうしてか。心一境性を特徴とする禅定が存在し，かつ如実智である般若が［菩提心を］生じさせるので，禅定は胎の如くであると述べられる[36]。

「**悲が育成する養母である**」といううち，例えば，勝れた養母は息子が崖底といった安楽でない場所に堕ちないよう保護するように，大悲もその菩提心が声聞の涅槃という崖底に堕ちないよう保護するから，大悲が養母である[37]。＜第 11 偈註＞

[2] rgya che ba'i don zhib[205] tu bstan pa'i phyir |

rgya cher shes par bya ba ni ||
smon lam chen po bcu bsgrub[206] phyir || IV.12ab

zhes bya ba smos te | sa dang por bdag dang gzhan gyi don du smon lam chen po bcu bsgrubs te btab pas na byang chub kyi sems de rgya che bar rig par bya'o || smon lam bcu yang *Sa bcu*'i sa dang po las

> de byang chub sems dpa' sa rab tu dga' ba de la shin tu[207] gnas shing | rnam pa[208] 'di lta bu'i smon lam chen po dang brtson 'grus chen po dang | mngon par bsgrub pa chen po 'di dag mngon par bsgrub ste[209] | 'di ltar sangs rgyas thams cad ma lus par lhag ma med pa mtha'[210] dag la mchod cing rim gro'i phyir rnam pa'i mchog thams cad dang ldan pa mos pa rgya chen pos[211] rnam par dag pa

zhes bya ba la sogs pa gsungs so ||

[3] spro ba'i don rgya cher bstan pa'i phyir |

spro bar rig par bya ba ni ||
dka' byed rgyun rings mi skyo bar || IV.12cd ||

zhes smos te | bskal pa grangs med pa gsum gyi bar du sems can gyi don du mgo dang rkang lag la sogs pa gtong[212] ba'i dka' ba'i[213] spyod pa la[214] skyo ba cung zad kyang med pa'i phyir don dam pa'i byang chub kyi sems de spro ba dang ldan par rig[215] par bya'o || [ad k. 12]

[4] bsam pa rnam par dag pa'i don rgya cher bstan pa'i phyir |

byang chub bsnyen par rig pa dang ||
de yi thabs shes rnyed pas kyang ||
bsam pa dag par shes par bya || IV.13abc

zhes bya ba smos te | sa dang po thob pa na[216] sangs rgyas kyi sa thob tu nye bar khong du chud pas kyang bsam pa[217] rnam par dag par khong du chud par rig par bya ste | de'i phyir sa dang po

---

(205) zhib DPNG : zhig C
(206) bsgrub DC : bsgrubs PNG
(207) shin tu DC : shin PNG
(208) pa DPN : par CG
(209) bsgrub ste PNG: bsgrubs te DC
(210) mtha' DC : mkha' PNG
(211) pos DPNG : po'i C
(212) gtong DC : btang NG, btong P
(213) dka' ba'i DC : om. PNG
(214) la DC : la yang PNG
(215) rig DC : rigs PNG
(216) na PNG : nas DC
(217) pa DCG : om. PN

［勝義的菩提心の］[2] 広大さという意味を詳説するために，

「[2] 十大誓願を発起することから広大さがあると知られるべきであり，」(Ⅳ.12ab)

と言われる。初地では自他のために十大誓願を発起する，すなわち立てるから，かの［勝義的］菩提心は広大であると知られるべきである。十の誓願はまた，『十地［経］』の初地の中に，

> 彼（菩薩）は，この歓喜という菩薩地に住する時に，このような大いなる誓願，大いなる決意(38)，大いなる達成を発起する。すなわち，余すことなく残りなく洩れなき一切諸仏への供養と恭敬のために，一切の勝れた形相を備え，広大な信解によって浄化された［... 第一の大誓願を発起する］(39)。

などと説かれている。

［勝義的菩提心の］[3] 士気という意味を詳説するために，

「[3] 長時にわたる難行に倦むことがないから士気があると理解されるべきである。」(Ⅳ.12cd)

と言われる。三阿僧祇劫に亘って，衆生のために頭と手足などを捨施するという難行に倦むことが少しもないから，かの勝義的菩提心は士気を備えていると知られるべきである。

<第 12 偈註>

［勝義的菩提心の］[4] 意楽の清浄という意味を詳説するために，

「[4] 菩提に近づいたことを理解するから，またそれ（菩提）への方便についての智を獲得するから，意楽の清浄があると知られるべきである。」(Ⅳ.13abc)

と言われる。初地に到達すると，仏地への到達に近づいていると覚知することからも，意楽の清浄を覚知すると知られるべきである。それゆえ，［『十地経』の］初地の中に，

las ni

> bdag ni sangs rgyas kyi sar nye bar gyur to zhes rab tu dga' ba skyed[218] do

zhes gsungs so ||

gzhan yang thabs gang gis sangs rgyas kyi sa de thob par bya ba'i rgyu dang thabs kyang rtogs te | de'i phyir yang bsam pa rnam par dag par[219] rig par bya'o || de bas na sa dang po las

> de bzhin gshegs pa thams cad kyi ye shes la 'jug pa'i thabs rjes su dran zhing rab tu dga' ba yin no[220]

zhes gsungs so ||

[5] lhag[221] ma la mkhas pa'i don bstan pa'i phyir |

> **sa gzhan la ni mkhas pa'o || IV.13d**

zhes bya ba smos te | sa dang po la gnas pa'i tshe sa gnyis pa[222] yan chad sa bcu pa[223] man chad kyi rang bzhin dang yon tan gang yin pa la yang mkhas | sa gnyis pa yan chad[224] ji ltar thob par bya ba'i thabs la mkhas pas na lhag ma la mkhas pa zhes bya'o || [ad k. 13]

[6] 'byung ba'i don rgya cher bstan pa'i phyir |

> **'byung bar shes par bya ba ni ||**
> **mnyam par gzhag[225] bzhin yid byed par ||**
> **brtags pa tsam du de shes phyir ||**
> **de yang[226] rnam par mi rtog phyir || IV.14**

zhes smos te | sa dang po las byung nas sa gnyis par 'jug par 'gyur[227] ba yang dang po'i rang bzhin sbyin pa'i pha rol tu phyin pa yongs su rdzogs pa yin pa dang | de'i yon tan sangs rgyas brgya'i zhal lta ba la sogs pa kun rdzob tu sa'i mtshan nyid ji ltar gzhag pa yang yid la byed la | sa'i mtshan nyid de dag kyang sems tsam du zad de | sems kyis brtags pa tsam du zad do zhes rtog cing sems tsam du rtog[228] pa de yang spangs te | rnam par mi rtog pa'i ye shes la gnas nas sa dang po[229] nas sa gnyis pa la[230] 'jug par 'gyur ro zhes bya ba'i don to || [ad k. 14]

---

[218] skyed D : bskyed PNG, skyod C
[219] dag par DCGP : om. N
[220] no DCP : om. NG
[221] lhag CPNG : lag D
[222] pa DC : om. PNG
[223] pa DCGP : om. N
[224] chad DC : om. PNG
[225] gzhag DC : bzhag PNG
[226] yang DC : 'ang PNG
[227] 'gyur G : 'byung DCPN
[228] rtog PNG : rtogs DC
[229] em. po : po por DCPNG
[230] la DCPN : om. G

　　私は仏地に近づいた，と歓喜を起こす(40)。

と説かれている。

　さらにまた，ある方便によって「それ」[すなわち] 仏地に到達するのだが，[そのような] 方便すなわち原因をも理解する。そのことからも，[勝義的菩提心には] 意楽の清浄がある，と知られるべきである。したがって，[『十地経』の] 初地の中に，

　　一切如来の智に入る方便を随念して，歓喜する(41)。

と説かれている。

　[勝義的菩提心の] [5] 残り [の諸地] についての善巧という意味を説明するために，

　　「[5] さらに，他の諸地に関する善巧があると [知られるべきである]。」(Ⅳ.13d)

と言われる。初地に住する時には，第二地から第十地までの自性と功徳にも善巧であり，第二地以上にどのように至るかという方便に [も] 善巧であるから，「残り [の諸地] についての善巧があり」といわれる。<第 13 偈註>

　[6] [勝義的菩提心の] [6] 出離という意味を詳説するために，

　　「[6] 出離とは，[『十地経』における] 設定の通りに [地を] 作意することにより，それ（地の設定）が分別であると知ることから，さらに同じそれ（分別であると知ること）を分別しないことによって，知られるべきである。」(Ⅳ.14)

と言われる。初地から出て第二地に入ることも [「出離」であって，それは]，布施波羅蜜の完成という初 [地] の自性と，百の仏の尊顔を見ることなどというその [初地の] 功徳である，[『十地経』の] 設定の通りの，世俗における [初] 地の特徴をも作意する。そして，それら地の特徴も「唯心に過ぎない，すなわち心によって分別されたものに過ぎない」と理解してから，唯心であるというその理解をも断じて無分別智に住し，初地から第二地に入るという意味である。<第 14 偈註>

6. 発心の偉大性を示す二十二の譬喩（第 15〜20 偈）

[C 58a4–59b2, D 58a4–59b2, G 81b1–83b1, N 62a5–63b6, P 64b6–66a8]

dpe'i bdag[231] **nyid chen po la tshigs su bcad pa drug go** zhes bya ba la gong du brda'i sems bskyed pa dang | don dam pa'i sems bskyed pa gnyis kyi rgyu dang | rang bzhin dang yon tan la sogs pa bshad nas da tshigs bcad drug gis dpe'i yon tan dang sbyar te sems bskyed pa rnam pa gnyis kyi bdag nyid che ba dang | yon tan che ba ston to zhes bya ba'i don to ||

(1) **sa dang mtshungs par bskyed pa ste** zhes bya ba la | so so'i skye bo'i dus nas brtsams nas te mos pas[232] spyod pa'i sa chos mchog man chad kyi dus na bskyed pa ni sa dang mtshungs par shes par bya ste | dper na sa chen po la brten nas rtswa dang shing dang sman dang 'bru rnam pa sna tshogs skye ba de bzhin du dang por sems bskyed pa de la brten nas kyang bsam pa dang sbyor ba la sogs pa dang pha rol tu phyin pa dang | byang chub kyi phyogs dang | sangs rgyas kyi chos kyi stobs dang | mi 'jigs pa dang | ma 'dres pa la sogs pa 'byung bas na dang por[233] sems bskyed pa ni sa dang mtshungs par rig par bya'o ||

(2) **gzhan yang gser gyi**[234] **mchog dang 'dra** zhes bya ba la | gzhan gyi sgras ni bsam pa la snyegs[235] te bsam pa dang ldan pa'i byang chub kyi sems ni gser gyi mchog dang 'dra bar rig par bya ste | ci'i phyir zhe na | dper na gser gyi mchog bsregs pa dang | gcod pa dang bdar ba la sogs pa rnam pa mang pos brtags na yang kha dog dang rang bzhin la 'gyur ba med pa de bzhin du | sems can rnams la phan pa dang bde bar bya bar sems pa'i bsam pa dang ldan pa'i byang chub kyi sems la yang nam ji ltar yang[236] 'gyur ba med pas na bsam pa dang ldan pa'i byang chub kyi sems ni gser mchog dang 'dra'o ||

(3) **yar gyi zla ba tshes pa bzhin ||** zhes bya ba la | sbyor ba dang ldan pa'i byang chub kyi sems ni yar gyi zla ba tshes pa dang 'dra ste dper na zla ba tshes gcig nas nya'i bar du yang zheng je che je[237] cher skye ba de bzhin du pha rol tu phyin pa la sbyor zhing spyod pa'i sbyor ba'i shugs kyis phul na bsod nams dang ye shes kyi tshogs dang pha rol tu phyin pa 'phel zhing rgyas par 'gyur bas[238] na sbyor ba dang ldan pa'i byang chub kyi sems ni zla ba tshes pa dang 'dra'o ||

(4) **gzhan yang | me dang 'dra bar shes par bya ||** zhes bya ba la | gzhan gyi sgras ni lhag pa'i **bsam pa** la snyegs[239] te lhag pa'i bsam pa dang ldan pa'i byang chub kyi sems ni me dang 'dra bar shes par bya ste | ci'i phyir zhe na | dper na mer[240] shing ji tsam ji tsam du bsnan pa me lce[241] dang 'od kyang de tsam de tsam du cher 'gyur ba de bzhin du lhag pa'i bsam pa zhes bya ba ni mos

---

[231] bdag PNG : mtshan DC
[232] pas DC : pa PNG
[233] dang por em : dang po DCPNG
[234] gyi DC : gyis PNG
[235] snyegs DC : bsnyegs PNG
[236] yang DC : om. PNG
[237] je DC : je che PNG
[238] bas DC : ba PNG
[239] snyegs DC : bsnyegs PNG
[240] mer DC : me PNG
[241] me lce DC : me'i lce PNG

6. 発心の偉大性を示す二十二の譬喩（第15〜20偈）

譬喩によって表されるもの（世俗と勝義の二種発心）の偉大性に関して六偈があるに関して。先に世俗的発心と勝義的発心の両者の原因と自性と功徳などを説いたので，今は六偈をもって譬喩の持つ功徳と結びつけて，二種の発心（世俗的発心と勝義的発心）の偉大性すなわち大いなる功徳を説くという意味である(42)。

「**[最初の] 発 [心] は，⑴大地と等しく**」に関して。凡夫の時から信解行地である [世] 第一法 [位] までの時の [心の] 生起は，大地と等しいと知られるべきである。例えば，大地を基盤として，様々な草・木・薬草・穀物が生じるように，その最初の発心を基盤としても，[諸資糧である] 意楽・加行などや [六] 波羅蜜・[三十七] 菩提分 [法]，および仏の特質である [十] 力・[四] 無畏・[十八] 不共 [法] などが生じるので(43)，最初の発心は大地と等しいと知られるべきである。

「**次 [の発心] は⑵純金と類似していて**」に関して。「次 [の発心] は」という語は「意楽 [を伴う発心] は」という文脈である。意楽を伴う [発] 菩提心は，純金と類似していると知るべきである。なぜか。例えば，純金は焼いたり，切ったり，砕いたりなど，多くの方法で吟味しても，色や本性が変異しないように，諸々の衆生に利益と安楽とをもたらす意思である意楽を伴う [発] 菩提心もまた，どのようにしても変異しないので，意楽を伴う [発] 菩提心は純金と類似しているのである。

「**⑶白 [分] の新月に似ていて**」に関して。加行を伴う [発] 菩提心は，白 [分] の新月と類似している。例えば，月は朔日から満月までの間にも，[月の] 大きさが徐々に大きくなっていくように，[六] 波羅蜜を行じる，すなわち [菩薩] 行を行じることが自ずと勝れたものとなると，福徳と智慧との資糧である [六] 波羅蜜が増大する，つまり広大となるので，加行を伴う [発] 菩提心は新月と類似しているのである(44)。

「**次 [の発心] は⑷火と相似している，と知られるべきである**」に関して。「次の [発心] は」という語は「勝れた意楽 [を伴う発心] は」という文脈である。勝れた意楽を伴う [発] 菩提心は，火と相似していると知られるべきである。なぜか。例えば，火の中に，薪を多く加えれば加えるほど，炎や輝きも，それに応じて大きなものとなる。それと同様に，「勝れた意楽」というのは，信解行地の煖 [位] に住する時により上の頂 [位] を得ようと思うことから，十地に住する時に [より上の] 仏地を得ようと思うことまでであって，その [勝れた意楽を伴う発菩提] 心によって，より上の殊勝なる諸々の功徳を直証するので，勝れた意楽を伴う [発] 菩提心は火と相似していると知られるべきである。

＜第15偈註＞

pas[242] spyod pa'i sa drod la gnas na gong ma'i rtse mo thob par bya'o snyam du sems nas sa bcu la gnas na[243] sangs rgyas kyi sa thob par bya'o snyam du sems pa la bya ste | sems des yon tan gong ma khyad par can rnams mngon sum du byed pas na lhag pa'i bsam pa dang ldan pa'i byang chub kyi sems ni me dang 'dra bar shes par bya'o || [ad k. 15]

(5) **gter bzhin du shes par bya ste** zhes bya ba la | sbyin pa'i pha rol tu phyin pa dang ldan pa'i sems ni gter chen po dang 'dra bar shes par bya ste | gter chen po ni *mDo* las Dung dang Pa dma dang | Pa dma chen po la sogs pa rnam pa bzhi yod do zhes gsungs so || gter de dag nas yo byad phyung ste bza' ba dang bgo ba la sogs pa sems can la byin na sems can rnams tshim par[244] byed la | yo byad ji snyed cig phyung na yang gter de zad par mi 'gyur ba de bzhin du sbyin pa'i pha rol tu phyin pas chos dang zang zing la sogs pa'i longs spyod kyis byang chub sems dpa' rnams sems can mtha' med pa rnams tshim par[245] byed la | byang chub sems dpa'i sbyin pa de phung po[246] lhag ma ma lus pa'i mya ngan las 'das pa'i dbyings su yang zad par mi 'gyur bas na sbyin pa'i pha rol tu phyin pa dang ldan pa'i sems bskyed pa ni gter chen po dang 'dra'o ||

(6) **gzhan ni rin chen 'byung gnas bzhin ||** zhes bya ba la | gzhan gyi sgras ni tshul khrims kyi pha rol tu phyin pa la snyegs[247] te | tshul khrims kyi pha rol tu phyin pa dang ldan pa'i byang chub kyi sems ni rin po che'i 'byung gnas dang 'dra ste[248] | dper na rin po che rnam pa sna tshogs 'byung ba'i 'byung khungs[249] nas rin po che dpag tu med pa sna tshogs 'byung ba de bzhin du | byang chub sems dpa'i tshul khrims dang ldan pa'i sems bskyed pa las[250] yang sa dang pha rol tu phyin pa dang byang chub kyi phyogs dang stobs dang mi 'jigs pa la sogs pa'i chos rin po che dpag tu med pa 'byung bas na tshul khrims dang ldan pa'i byang chub kyi sems ni rin po che'i 'byung gnas dang 'dra'o[251] ||

(7) **gzhan dag rgya mtsho 'dra ba ste ||** zhes bya ba la | gzhan gyi sgras ni bzod pa'i pha rol tu phyin pa la bya ste | bzod pa'i pha rol tu phyin pa dang ldan pa'i byang chub kyi sems ni rgya mtsho dang 'dra bar shes par bya[252] ste | dper na rgya mtsho gru dang | nya dang | chu srin la sogs pas dkrugs na yang rnyog pa[253] can du mi 'gyur ba de bzhin du byang chub sems dpa'i bzod pa dang ldan pa'i sems la yang grang ba dang tsha ba dang bkres pa dang skom pa gzhan gyis gnod par bya ba la sogs pas dkrugs kyang zhe sdang gi rnyog pa[254] mi ldang bas na bzod pa dang ldan pa'i byang chub kyi sems ni rgya mtsho dang 'dra'o[255] ||

---

(242) pas DC : pa PNG
(243) em. na : nas DCPNG
(244) par DC : par yang PNG
(245) par DC : par yang PNG
(246) po DC : po'i PNG
(247) snyegs DC : bsnyegs PNG
(248) 'dra ste DC : 'dra'o PNG
(249) khungs DC : khung PNG
(250) las em. : la DCPNG
(251) 'dra'o DC : 'dra ba'o PNG
(252) shes par bya DC : shes pa PNG
(253) rnyog pa PNG : rnyog ma DC
(254) rnyog pa PNG : rnyog ma DC
(255) 'dra'o DC : 'dra ba'o PNG

「**(5)［大］宝蔵のごとくであり，...，と知られるべきである**」に関して。布施波羅蜜を伴う［発菩提］心は，大宝蔵と相似していると知られるべきである。大宝蔵は，経にシャンカやパドマやマハーパドマなどの四種があると説かれている。［例えば，］それらの［大］宝蔵から資具を放出し，食物や衣服などを衆生に与えれば，諸々の衆生を満足させるが，どれほど資具を放出しても，その［大］宝蔵が尽きることはない。それと同様に，菩薩たちは布施波羅蜜による法や財物などの受用物によって，無辺の衆生を満足させるが，その菩薩の布施［波羅蜜］は無余涅槃界においても尽きることがないので，布施波羅蜜を伴う発［菩提］心は大宝蔵と相似しているのである。

「**次［の発心］は(6)あたかも宝の鉱脈のようである**」に関して。「次［の発心］は」という語は「持戒波羅蜜［を伴う発心］は」という文脈である。持戒波羅蜜を伴う［発］菩提心は，宝の鉱脈と相似している。例えば，様々な宝が生じる鉱脈から無量の様々な宝が生じるように，菩薩の持戒［波羅蜜］を伴う発［菩提］心からも，［十］地・［六］波羅蜜や［三十七］菩提分［法］や［十］力・［四］無畏などの法という無量の宝が生じるので，持戒［波羅蜜］を伴う［発］菩提心は宝の鉱脈と相似しているのである。

「**次［の発心］は(7)大海に似ていて**」に関して。「次［の発心］は」という語は「忍辱波羅蜜［を伴う発心］は」をいう。忍辱波羅蜜を伴う［発］菩提心は，大海と相似していると知られるべきである。例えば，大海は船や魚やマカラ(45)などにより掻き乱されても濁ることがないように，菩薩の忍辱［波羅蜜］を伴う［発菩提］心も寒さや暑さや飢えや渇き［あるいは］他者による妨害行為などにより掻き乱されても，怒りという濁りが生じることがないので，忍辱［波羅蜜］を伴う［発］菩提心は大海と相似しているのである。

(8) **rdo rje dang 'dra**[256] zhes bya ba la brtson 'grus dang ldan pa'i byang chub kyi sems ni rdo rje dang 'dra ste ji ltar zhe na | dper na rdo rje la cis kyang[257] mi tshugs pa de bzhin du byang chub sems dpa'i brtson 'grus dang ldan pa'i sems la yang le lo'i mtshon gyis mi tshugs pas na brtson 'grus dang ldan pa'i byang chub kyi sems ni rdo rje dang 'dra ba'o ||

(9) **ri rab dang 'dra** zhes[258] bya ba la bsam gtan dang ldan pa'i byang chub kyi sems ni ri rab dang 'dra bar shes par bya ste | ji ltar zhe na | ri'i rgyal po ri rab phyogs bzhi'i rlung gang gis kyang mi bskyod pa de bzhin du byang chub sems dpa'i ting nge 'dzin rtse gcig pa'i ting nge 'dzin dang ldan pa'i sems la yang[259] g-yeng ba'i rnam par rtog pa'i rlung gis[260] mi bskyod pas na bsam gtan dang ldan pa'i sems bskyed pa ni ri rab dang 'dra ba'o || [ad k. 16]

[D 59b2–61a2, C 59b2–61a2, P 66a8–68a6, N 63b6–65b2, G 83b1–85b5]

(10) **rtsi yi**[261] **rgyal po 'dra ba dang ||** zhes bya ba la | shes rab kyi pha rol tu phyin pa dang ldan pa'i byang chub kyi sems ni rtsi'i rgyal po dang 'dra bar shes par bya ste | ji ltar zhe na | dper na rtsi'i rgyal po mthong ba dang | bsnams pa dang myangs pa dang reg pas kyang | bad kan dang | mkhris pa dang | rlung las gyur pa'i nad thams cad zhi bar byed pa de bzhin du | shes rab kyi pha rol tu phyin pa yang mnyan pa dang bsams[262] pa dang | bsgoms pa'i sgo nas nyon mongs pa dang | shes bya'i sgrib pa'i nad[263] thams cad zhi bar byed pas na | shes rab kyi pha rol tu phyin pa dang ldan pa'i sems ni sman gyi rgyal po dang 'dra'o[264] ||

(11) **mdza'**[265] **chen bzhin du gzhan rig bya ||** zhes bya ba la | tshad med pa bzhi dang ldan pa'i byang chub kyi sems ni mdza' bo chen po dang[266] 'dra bar rig par bya ste | ji ltar zhe na | dper na mdza' bo chen po dus gsum du yang grogs byed de | bde ba'i tshe yang grogs byed la[267] | sdug bsngal gyi tshe yang grogs byed de | bde ba yang ma yin sdug bsngal yang ma yin pa'i tshe na[268] yang grogs byed pa de bzhin du tshad med pa bzhi dang ldan pa'i byang chub kyi sems kyis kyang dus thams cad du sems can yal bar mi 'dor te bde ba'i dus na yang sems can mi 'dor | sdug bsngal gyi dus na yang sems can mi 'dor | bde ba dang sdug bsngal gnyi ga'i dus na yang sems can mi 'dor ro ||

---

(256) dang 'dra DC : 'dra dang PNG
(257) la cis kyang DC : zhes PNG
(258) zhes DC : ces PNG
(259) la yang PNG : la DC
(260) gis DC : gi PNG
(261) rtsi yi DC : rtsi'i PNG
(262) bsams PNG : bsam DC
(263) sgrib pa'i nad DC : sgrib pa PNG
(264) 'dra'o DC : 'dra ba'o PNG
(265) mdza' DCN : 'dza' GP
(266) dang DC : om. PNG
(267) la DC : de PNG
(268) tshe na DC : tshe PNG

「**⑻ 金剛と相似していて**」に関して。精進［波羅蜜］を伴う［発］菩提心は，金剛と相似している。どのように［相似しているの］か。例えば，金剛をいかにしても砕くことができないように，菩薩の精進［波羅蜜］を伴う［発菩提］心もまた，怠惰という刀剣によって砕くことはできないので，精進［波羅蜜］を伴う［発］菩提心は金剛と相似しているのである。

「**⑼ 不動なるものの主に類する**」に関して。禅定［波羅蜜］を伴う［発］菩提心は，不動なるものの主に類すると知られるべきである。どのようにか。不動なるものの主すなわち山王が四方の如何なる風によっても揺れ動かないように，菩薩の三昧である［心］一境［性］の三昧を伴う［発菩提］心も，散乱という分別の風によって揺れ動かないので，禅定［波羅蜜］を伴う発［菩提］心は不動なるものの主に類するのである。<第 16 偈註>

「**⑽薬の王に似ていて**」に関して。般若波羅蜜を伴う［発］菩提心は，薬の王に似ていると知られるべきである。どのようにか。例えば，薬の王が，［患者によって］見られ，嗅がれ，味わわれ，触れられることによって，粘液質や胆汁質や風質［の不調］からもたらされる一切の病を鎮める。［それと］同様に，般若波羅蜜［を伴う発心］も，聞・思・修を通して，煩悩［障］と所知障という一切の病を鎮めるので，般若波羅蜜を伴う［発］心は薬の王に似ている。

「**次［の発心］は⑾偉大な心友と類似している，と知られるべきで**」に関して。四無量を伴う［発］菩提心は偉大な心友に似ている，と知られるべきである。どのように［似ているの］か。例えば，偉大な心友は，三つの状況で寄り添ってくれる［ように］，［すなわち］楽なる時も寄り添ってくれて，苦なる時も寄り添ってくれて，不苦不楽なる時でも寄り添ってくれる。［それと］同様に，四無量を伴う［発］菩提心も，あらゆる状況で衆生を見捨てないのであり，［すなわち衆生が］楽なる状況でも衆生を見捨てず，苦なる状況でも衆生を見捨てず，楽と苦の両者の状況でも衆生を見捨てないのである。

ji ltar zhe na | snying rjes ni[269] sdug bsngal gyi dus na sems can[270] mi 'dor te | sems can sdug bsngal las 'byin par byed pa'i phyir ro || byams pas ni bde ba'i dus na[271] sems can mi 'dor te sems can bde ba la 'jog par byed pa'i phyir ro || dga' bas ni[272] gang bde ba'i dus na sems can mi 'dor te | sems can rnams rtag tu bde ba dang ldan par dga' ba'i phyir ro || btang snyoms kyis ni[273] bde ba dang sdug bsngal gnyi ga'i dus na sems can mi 'dor te | ji ltar zhe na | sems can bde ba byung ba rnams 'dod chags dang ldan par ma gyur cig ces sems pa dang | sdug bsngal gyi dus na zhe sdang dang ldan par ma gyur cig ces sems pa'i phyir ro ||

(12) **yid bzhin nor bu 'dra ba dang ||** zhes bya ba la | mngon par shes pa lnga dang ldan pa'i byang chub kyi sems ni yid bzhin gyi nor bu dang 'dra bar shes par bya ste | dper na yid bzhin gyi nor bu las bza' ba dang bgo ba la sogs pa'i yo byad ci dang ci bsam[274] pa rnams 'byung ba de bzhin du 'grub pa dang 'dra bar rdzu 'phrul mngon par shes pa dang | rdzu 'phrul gyi mig dang | rdzu 'phrul gyi rna ba dang | gzhan gyi sems shes pa dang | sngon gyi gnas rjes su dran pa dang | 'chi 'pho[275] shes pas kyang lus rnam pa sna tshogs su sprul pa dang | sems can gyi gzugs mthong bar byas pa dang | sgra thos par bya ba dang | sems shes par bya ba dang | sngon gyi dus shes par bya ba dang | phyi ma'i dus shes par bya ba la sogs pa ci[276] dang ci bsam[277] pa de bzhin du 'grub pas mngon par shes pa lnga dang ldan pa'i byang chub kyi sems ni[278] yid bzhin gyi nor bu dang 'dra'o ||

(13) **nyi ma 'dra bar gzhan rig bya ||** zhes bya ba la | gzhan gyi sgra[279] bsdu ba'i dngos po bzhi dang sbyar te | bsdu ba'i dngos po bzhi dang ldan pa'i byang chub kyi sems ni nyi ma dang 'dra bar rig par bya ste | dper na nyi mas lo tog[280] rnam pa sna tshogs smin par byed pa de bzhin du | sbyin pa dang | ngag snyan pa dang | don spyod pa dang | don mthun pas kyang sems can rnams bsdus nas smin par byed de | ji ltar[281] zhe na | ser sna can rnams ni sbyin pas bsdus nas dge ba la bkod | zhe sdang can rnams ni ngag snyan pas bsdus nas dge ba la bkod | gti mug can rnams ni don spyod[282] pas bsdus nas dge ba la bkod | nga rgyal can rnams ni don mthun pas bsdus nas dge ba la bkod pas na bsdu ba'i dngos po dang ldan pa'i[283] byang chub kyi sems ni nyi ma dang 'dra'o[284] || [ad k. 17]

---

(269) ni DC : mi PNG
(270) em. sems can : sems DCPNG
(271) dus na PNG : dus na yang DC
(272) ni DC : om. PNG
(273) ni DC : om. PNG
(274) bsam DC : bsams PNG
(275) 'pho DC : 'phro PNG
(276) pa ci DC : par ji PNG
(277) bsam DC : bsams PNG
(278) ni DC : om. PNG
(279) sgra DC : om. PNG
(280) tog DC : thog PNG
(281) ltar DC : lta PNG
(282) spyod DC : spyad PNG
(283) ldan pa'i em. : 'dra ba'i DCPNG
(284) 'dra'o C : 'dra ba'o DPNG

どのようにか。［四無量を伴う発心は］悲によって，苦なる状況で衆生を見捨てない。衆生を苦から救い出すからである。慈によって，楽なる状況で衆生を見捨てない[46]。衆生を楽［なる状態］に置くからである。喜によって，楽なる状況で衆生を見捨てないということである。衆生たちが常に楽を伴っているようにと喜ぶからである。捨によって，楽と苦の両者の状況で衆生を見捨てない。どのように［見捨てないの］か。「楽が生じた衆生たちが，貪欲を伴ってはならない」と思い，「苦なる状況で［衆生たちが］瞋恚を伴ってはならない」と思うからである。

「⑿ **如意宝珠のように見えて**」に関して。五神通を伴う［発］菩提心が，如意宝珠のように見える，と知られるべきである[47]。例えば，如意宝珠から，食料や衣服など，何であれ望まれた諸々の生活必需品が出てきてその［望み］通りに成就する。同様に，神足通・天眼［通］・天耳［通］・他心知・宿命［通］によっても，［順次に］種々の身体の化作，見るべき衆生の姿，聞くべき［衆生の］声，知るべき［衆生の］心，知るべき［衆生の］過去世と知るべき［衆生のその］次世など，何であれ望まれたその通りに成就するので，五神通を伴う［発］菩提心は如意宝珠のように見える。

「**次の［発心は］⒀太陽に似ている，と知られるべきである**」に関して。「次の［発心］」という語は四摂事と結びつくのであって，四摂事を伴う［発］菩提心が太陽に似ている，と知られるべきである。例えば，太陽が種々の穀物を成熟させる［ように］，同様に布施と愛語と利行と同事［を伴う発心］が，衆生たちを摂受して成熟させる。どのように［成熟させるの］か。慳貪なる者たちを布施によって摂受して善に安定させ，瞋恚を伴う者たちを愛語によって摂受して善に安定させ，愚癡を伴う者たちを利行によって摂受して善に安定させ，慢心を伴う者たちを同事によって摂受して善に安定させる。よって，［四］摂事を伴う［発］菩提心は太陽に似ている。<第 17 偈註>

⑭ **dri za'i dbyangs dang 'dra ba dang ||** zhes bya ba la | dper na dri za dbyangs snyan pa snyan cing 'jam pa sems can rnams kyis thos na sems dga' ba dang bde ba skye ba de bzhin du chos so so yang dag par rig pa dang | don so so yang dag par rig pa dang | nges pa'i tshig so so yang dag par rig pa dang | spobs pa so so yang dag par rig pa bzhis[285] sems can rnams la chos dang don gang 'dod pa de dag so so'i skad kyis[286] chos bshad na[287] dga' ba dang sim par 'gyur bas na so so yang dag par rig pa bzhi dang ldan pa'i sems ni dri za'i dbyangs dang 'dra'o ||

⑮ **rgyal po lta bur gzhan** zhes bya ba la | gzhan gyi sgras ni so sor brten pa bzhi la bya ste | so sor brten[288] pa bzhi dang ldan pa'i byang chub kyi sems ni rgyal po lta bur shes par bya ste | ji ltar[289] zhe na | rgyal po ni chud za ba'i rgyu yang byed | chud mi za ba'i rgyu yang byed de[290] | gal te bsten legs na ni srid dang longs spyod la sogs pa sbyin par byed pas chud mi za ba'i rgyu byed do || bsten nyes na ni srid dang srog la babs[291] pas chud za ba'i[292] rgyu byed do || de bzhin du gang zag dang | yi ge dang | drang[293] ba'i don gyi mdo dang | rnam par shes pa la brten na ni chud za ba'i rgyur 'gyur | chos dang don dang nges pa'i don gyi mdo dang ye shes la brten na ni chud mi za ba'i rgyur 'gyur bas so ||

⑯ **bang mdzod dang 'dra**[294] zhes bya ba la | bsod nams dang[295] ye shes kyi tshogs dang ldan pa'i[296] byang chub kyi sems ni bang mdzod dang 'dra ste | ji ltar[297] zhe na | bang mdzod kyi nang na 'bru dang nor la sogs pa rnam pa mang po yod pa de bzhin du bsod nams kyi tshogs dang ldan pa'i byang chub kyi sems la yang bsod nams kyi tshogs dpag tu med pa yod pa dang | ye shes kyi tshogs dang ldan pa'i byang chub kyi sems la yang ye shes kyi tshogs dpag tu med pa yod pa'i phyir bang mdzod dang 'dra ba'o ||

⑰ **lam po che** zhes bya ba la | byang chub kyi phyogs kyi chos sum cu rtsa bdun dang ldan pa'i byang chub kyi sems ni lam chen po dang 'dra[298] ste | ji ltar[299] zhe na | lam po cher dus gsum gyi sems can rnams kyang 'gro la rgyal po dang blon po dang 'bangs la sogs pa yang 'gro'o[300] || de bzhin du 'das pa'i de bzhin gshegs pa dang nyan thos dang rang sangs rgyas rnams kyang lam 'di nas mya ngan las 'das par gshegs | da ltar gyi de bzhin gshegs pa dang nyan thos dang rang sangs rgyas rnams kyang lam 'di nas mya ngan las 'das par gshegs | ma 'ongs pa'i de bzhin gshegs pa dang nyan thos dang rang sangs rgyas rnams kyang lam 'di nas mya ngan las 'das pa'i gnas su

(285) bzhis DC : bzhi yis PNG
(286) kyis DC : kyi PNG
(287) na em. : nas DCPNG
(288) brten DC : bsten PNG
(289) ltar DC : lta PNG
(290) de DC : om. PNG
(291) babs DC : bab PNG
(292) chud za ba'i DC : om. PNG
(293) drang DC : bkri PNG
(294) dang 'dra DC : 'dra dang PNG
(295) dang DC : om. PNG
(296) ldan pa'i em.: 'dra ba'i DCPNG
(297) ltar DC : lta PNG
(298) 'dra DC : 'dra ba PNG
(299) ltar DC : lta PNG
(300) 'gro'o DC : 'gro la PNG

「⒁**ガンダルヴァの［甘い］声のごとくであり**」に関して。例えば，ガンダルヴァの甘い，すなわち甘美な声を衆生たちが聞くと［彼らには］歓喜した心や安楽なる［心］が生じる。同様に法無礙智と義無礙智と辞無礙智と楽説無礙智という四つ［の無礙智］によって，衆生たちに対して望む教え（法）と［その］意味の両者を各々の言語で説法すると［衆生たちは］歓喜し，喜悦する（*prahlāda）から，四無礙智を伴う［発］心はガンダルヴァの声のごとくである。

「**次［の発心］は⒂王のようである**」に関して。次［の発心］という語によって四依をいい，四依を伴う［発］菩提心が王のようである，と知られるべきである。どのようにか。王は［王たることから］退失することの原因ともなるし，退失しないことの原因ともなるのである。［すなわち，］もしも［王に］仕える者が良ければ，［王に］生存や富財などを与えるので，退失しないことの原因となる。［逆に，王に］仕える者が悪ければ，［王の］生存や命が終わるので[48]，退失することの原因となる。同様にして，［発心は］人・文・未了義経・識に依るならば，退失することの原因となり，［一方逆に］法・義・了義経・智に依るならば，退失しないことの原因となるから，［四依を伴う発心は王のようなの］である。

「⒃**蔵と相似しており**」に関して。福徳と智慧との資糧を伴う［発］菩提心が蔵と相似している［，と知られるべきである］。どのように［蔵と相似しているの］か。蔵の中には様々な穀物や財物などが存在する［ように］，同様に，福徳の資糧を伴う［発］菩提心にも無量の福徳資糧が存在し，智慧の資糧を伴う［発］菩提心にも無量の智慧資糧が存在するから，倉庫と相似している。

「⒄**大道［に等しい］**」に関して。三十七菩提分法を伴う［発］菩提心が大道に等しい［，と知られるべきである］。どのように［大道に等しいの］か。大道を，三時の衆生たちも歩み，［三時の］王や大臣や召使なども歩む。同様に，過去の如来と声聞と独覚たちもこの道で涅槃へと歩み，現在の如来と声聞と独覚たちもこの道で涅槃へと歩み，未来の如来と声聞と独覚たちもこの道で涅槃の境地へと歩むので，大道に等しい。

gshegs par 'gyur bas na lam po che dang 'dra ba'o(301) ||

de dang 'dra bar de bzhin gzhan || zhes bya ba la | gong du skyes pa dag dpe dang sbyar te bshad pa **de dang 'dra bar** de bzhin du 'og nas 'byung ba'i sems bskyed pa rnams kyang dpe dang sbyar te bshad do zhes bya ba'i don to || [ad k. 18]

[D 61a2–62a4, C 61a2–62a4, P 68a6–69b5, N 65b2–66b7, G 85b5–87b2]

(18) **theg pa 'dra bar rnam rig bya ||** zhes bya ba la | zhi gnas dang lhag mthong dang ldan pa'i byang chub kyi sems ni theg pa dang 'dra bar rig par bya ste | dper na rta dang glang po dang shing rta la sogs pa'i theg pas khur khal rnams khyer nas gang la 'gro bar bya ba'i gnas su phyin par(302) 'gro ba de bzhin du zhi gnas dang lhag mthong zung du 'brel ba dang ldan pa'i sems kyis(303) kyang bdag dang gzhan gyi don(304) gyi khur bde bar khyer nas mya ngan las 'das pa'i gnas su 'gro bar byed pa'i phyir theg pa dang 'dra'o ||

(19) **bkod ma 'dra bar sems skyes nas ||** zhes bya ba la | bkod ma ni chu mig gi khyad par la bya ste | gzungs dang spobs pa dang ldan pa'i byang chub kyi sems ni chu mig khyad par can dang 'dra ste(305) | ji ltar zhe na | dper na chu mig khyad par can gyis(306) sngon 'byung ba'i chu dag kyang lteng ka(307) nas 'dzin cing | sngon ma byung ba'i chu yang rgyun mi 'chad par(308) 'byung bar byed pa de bzhin du gzungs kyis ni sngon thos pa'i chos dang don mi brjed par byed la | spobs pas ni sngon ma thos pa'i chos dang don rtogs(309) par byed cing bskal par bshad na yang spobs pa zad par mi 'gyur bas bkod ma dang 'dra'o ||

(20) **dga' ba'i sgra dang mtshungs pa dang ||** zhes bya ba la | chos kyi mdo bzhi dang ldan pa'i byang chub kyi sems ni dga' ba'i sgra dang 'dra ste(310) | ji ltar zhe na | sems can(311) la la zhig nye du dang nor rdzas la sogs pa dang bral ba mi dga' zhing gnas pa las | 'ga' zhig gis nye du dang nor rdzas la sogs pa dang phrad par 'gyur ro zhes gtam snyan pa smras nas(312) sems dga' ba skye ba de bzhin du mya ngan las 'das pa dang thar pa thob par 'dod pa rnams kyis 'dus byas thams cad mi rtag pa dang | zag pa dang bcas pa thams cad sdug bsngal ba dang | chos thams cad bdag med pa dang | zhi ba dang mya ngan las 'das pa'o zhes bya ba'i sgra thos nas bdud rtsis tshim par byas pa de bzhin du sems dga' ba skye bas na chos kyi mdo bzhi ni dga' ba'i sgra dang mtshungs so ||

(301) 'dra ba'o DC : 'dra'o PNG
(302) par DC : pa PNG
(303) kyis DC : kyi PNG
(304) don DC : don dang PNG
(305) 'dra ste DC : 'dra'o PNG
(306) khyad par can gyis DC : khyad par PNG
(307) lteng ka DC : ltengs PNG
(308) mi 'chad par DC : mi 'chad PNG
(309) rtogs DC : rtog PNG
(310) 'dra ste DC : ldan PNG
(311) sems can DC : sems PNG
(312) nas DC : na PNG

「**まったく同様に，次［の発心］は**」に関して。前の［⒁⒂の］二つの発［心］が譬喩と結びつけて説かれたのと**まったく同様に**，同じように，後に出る［⒃⒄の］諸発心も譬喩と結びつけて説かれるという意味である。＜第 18 偈註＞

「⒅**乗り物に等しく，と知られるべきである**」に関して。止観を伴う［発］菩提心が乗り物に等しいと知られるべきである。例えば，馬や象，車などの乗り物が諸々の積荷を運んで，どんな目的地にでも到達するように，止観双運を伴う［発］心も，自他の利益という「積荷」を楽々と運んで，涅槃の目的地へと［衆生を］向かわせるので，「乗り物に等しい」という。

「⒆ **心の生起は，ガンダルヴァに等しく**」に関して。「ガンダルヴァ」とは特別な源泉であって，陀羅尼（*dhāraṇī）と弁才とを伴う［発］菩提心が特別な源泉に似ている［と知られるべきである］。どのように［似ているの］か。例えば，特別な源泉が，既に生じた清浄な水も貯えて保持（*dhāraṇa）して，未だ生じていない水も絶え間なく湧き出させるように，陀羅尼は既に聞いた教法と［その］意味を忘れさせずに［保持し］，弁才は未だ聞いていない教法と［その］意味を理解させて，［長］劫に亘って説いても弁才が尽きることはないから，「ガンダルヴァに等しい」という。

「⒇ **歓喜をもたらす声に似ていて**」に関して。四法印を伴う［発］菩提心が歓喜をもたらす声に似ている［と知られるべきである］。どのように［似ているの］か。身寄りや財物などを持たない，ある衆生が喜ぶことなく暮らしている時，［別の］ある者が「［あなたは］身寄りや財物などを持つようになる」という好ましい話をすると，［それを聞いた衆生に］歓喜の心が起こる。同様に，涅槃と解脱を獲得しようとする者たち（教化対象）が，「一切の行は無常である，一切の有漏は苦である，一切の法は無我である，涅槃は寂静である」(49) という［四法印の］声を聞くと，甘露によって喜悦するように，歓喜の心が起こるから，四法印［を伴う発心］は「歓喜をもたらす声に似ている」という。

(21) **klung chen rgyun dang 'dra ba'o ||** zhes bya ba la | bgrod pa gcig pa'i lam dang ldan pa'i byang chub kyi sems ni chu bo'i rgyun dang 'dra ste | ji ltar[313] zhe na | dper na chu bo yang 'bad rtsol med par rang bzhin gyis[314] lhun gyis grub pa[315] bzhin du sa brgyad pa'i dus na mi skye ba'i chos la bzod pa thob ste | rnam par mi rtog pa'i ye shes lhun gyis grub pas bdag nyid kyi[316] sangs rgyas kyi chos yongs su smin par bya ba dang | sems can yongs su smin par bya ba la 'bad rtsol med par rang bzhin gyis[317] lhun gyis grub par byed pas na chu bo'i klung dang 'dra'o || [ad k. 19]

(22) **rgyal sras rnams kyis sems bskyed pa || sprin dang 'dra bar[318] rab bstan te ||** zhes bya ba la | thabs dang ldan pa'i sras rnams kyi byang chub kyi sems ni sprin dang 'dra bar bstan te | dper na sprin chen po las sa gzhi dang lo tog la sogs pa'i 'jig rten gyi 'byor pa sna tshogs 'byung ba de bzhin du thabs dang shes rab zung du 'brel ba'i thabs dang ldan pa'i byang chub kyi sems las kyang dga' ldan gyi pho brang nas 'chi 'pho ba bstan pa dang lhums su gshegs pa nas mya ngan las 'das pa bstan pa'i bar dag 'byung ba dang | 'jig rten dang 'jig rten las 'das pa dang mtho ris dang | mya ngan las 'das par 'gyur ba'i chos rnam pa[319] sna tshogs 'byung bas sprin dang 'dra'o ||

de'i phyir de ltar yon tan phyug ces bshad pa la | gong du bshad pa ltar dpe rnam pa nyi shu rtsa gnyis kyi tshul gyis na byang chub sems dpa' rnams kyi byang chub kyi sems[320] de yon tan gyis phyug pa yin te de bas na dad pa dang dga' ba'i sems kyis byang chub kyi sems de bskyed par bya'o zhes bya ba'i don to || [ad k. 20]

sangs rgyas kyi chos rnams kyi tshogs zhes bya ba la | sangs rgyas kyi chos ni stobs dang mi 'jigs pa dang ma 'dres pa la sogs pa'i sangs rgyas kyi sar gtogs pa'i yon tan la bya'o || tshogs kyi sgras ni sa bcu dang pha rol tu phyin pa bcu la sogs pa la bya'o ||

rang gi rgyun gyis 'bab pa'i phyir || zhes bya ba la | dper na chu klung 'bad rtsol med par rang gi ngang gis 'bab pa de bzhin du bgrod pa gcig pa'i dus na yang rnam par mi rtog pa lhun gyis grub pas bdag dang gzhan gyi don la[321] 'bad rtsol med par byed do zhes bya ba'i don to ||

bgrod pa gcig pa'i lam gang gi tshe na rtogs she na | de'i[322] phyir **mi skye ba'i chos la bzod pa thob[323] na bgrod pa gcig ste** zhes smos te | sa brgyad pa[324] thob pa'i tshe chos thams cad ma skyes pa'o zhes mi skye ba'i chos la bzod pa thob ste | de'i tshe rnam par mi rtog pa'i ye shes lhun gyis grub pa rnyed pas[325] bgrod pa gcig pa zhes bya'o ||

---

(313) ltar DC : lta PNG
(314) par rang bzhin gyis DC : pas rang gi PNG
(315) grub pa DC : 'bab pa PNG
(316) kyi PNG : kyis DC
(317) bzhin gyis DC : gis PNG
(318) bar DC : ba PNG
(319) rnam pa DC : rnams PNG
(320) byang chub kyi sems DC : byang chub PNG
(321) la DC : om. PNG
(322) she na | de'i DC : shes na de | PNG
(323) thob DC : thob pa PNG
(324) brgyad pa DC : brgyad PNG
(325) pas DC : pa PNG

「(21) **大河の流れに似ている**」に関して。一行道を伴う［発］菩提心が河の流れに似ている［と知られるべきである］。どのように［似ているの］か。例えば，河もまた努力なしに本性として無功用に［流れる］ように，［一行道を伴う［発］菩提心が］第八地の時に無生法忍を得て，無功用なる無分別智により，自らの仏の特質の成熟（自利）と衆生の成熟（利他）を，努力なしに本性として無功用に為すから，「［大］河の流れに似ている」(50)という(51)。<第 19 偈註>

「**［また，実に］勝者の子ら（菩薩たち）の発心は** (22) **雨雲に似ていると説かれた**」に関して。［善巧］方便を伴う［最勝者の］子らの［発］菩提心が雨雲に似ていると説かれる。例えば，大きな雨雲から大地や穀物などの［器］世間の様々な豊穣が生じるように(52)，方便（悲）と慧の双方が結びついた（*yuganaddha）［善巧］方便を伴う［発］菩提心からも，兜率［天］宮から下生することの示現および入胎から涅槃の示現に至るまで［の仏の事蹟］が生じる。そして，世間と出世間の，つまり(53)［生］天と涅槃に至るような，様々な教法［という豊穣］が生じるので，「雨雲に似ている」という。

「**したがって，そのように功徳に富む［心が］**」と説かれることに関して。［第 15–20 偈に譬喩とともに］前に説かれたように，二十二種の譬喩というあり方で，菩薩たちのその菩提心は功徳に富んでいる。それ故に，その菩提心が浄信と歓喜の心を伴って起こされるべきであるという意味である(54)。<第 20 偈註>

［(1) **最初の発心は，大地と等しい。一切の**］**仏の特質**［**とそのため**］**の資糧**［**とが生じる依り所だからである。**］(55)に関して。「仏の特質」とは［十］力や［四］無畏や［十八］不共法などの仏地に属する功徳をいう。「資糧」という語は，十地や十波羅蜜などをいう。

［(21) **一行道を伴う［発心］は，河の流れのようである。無生法忍を得る［第八地］の時に，**］**自然に生じるからである**(56)に関して。例えば，河は努力なしに自然に流れるように，［菩薩は］一行［道］の時も無功用なる無分別［智］によって，自利利他を努力なしに行うという意味である。

［菩薩が］いつ一行道を証得するのかというならば，それ故に**無生法忍を得る時に，一行である**と言う。［菩薩が］第八地に至る時に「一切法は不生である」という無生法忍を得て，その時に無功用なる無分別智を獲得するから，「一行」という。

bgrod pa gcig pa'i[326] don bstan[327] pa'i phyir | **sa der song ba'i byang chub sems dpa' rnams bya ba byed pa tha mi dad pa'i phyir ro** zhes smos te | sa brgyad pa la zhugs pa'i byang chub sems dpa' rnams rnam par mi rtog pa[328] lhun gyis grub pas sangs rgyas kyi chos yongs su smin par bya ba dang | sems can yongs su smin par bya ba la lhun gyis grub pa nyid du byed par 'dra ste | tha dad pa[329] med pas na bgrod pa gcig pa'o zhes bya'o || [ad MSABh kk. 15-20]

7. 発心しない者に対する譴責（第 21 偈）

[D 62a4–b5, C 62a4–b5, P 69b5–70a8, N 66b7–67b2, G 87b2–88b1]

sems ma bskyed pa[330] la smad par tshigs su bcad pa zhes bya ba la | gong du byang chub kyi rgyu dang rang bzhin la sogs pa yang bshad | dpe'i sgo nas yon tan che bar yang brjod nas byang chub kyi sems dam pa de ma bskyed na skyon yod pa dang bde ba[331] bzhi ma[332] thob par bstan pa'i phyir tshigs su bcad pa rtsom mo zhes bya ba'i don to ||

> **pha rol don sems de thabs rnyed ||**
> **dgongs chen don mchog de nyid mthong[333] ||**
> **cher 'os sems bskyed spangs pa yi[334] ||**
> **skye bos bde spangs zhi bar 'gro || Ⅳ.21 ||**

zhes bya ba la | theg pa chen po byang chub kyi sems de byang chub sems dpa' dang de bzhin gshegs pas bskyed par 'os pas[335] **cher 'os sems bskyed pa** zhes bya ste | nyan thos dang rang sangs rgyas gang gis byang chub kyi sems de spangs nas yang skyes na de dag gis bde ba bzhi spangs shing | bde ba bzhi dang bral nas | zhi ba mya ngan las 'das pa 'ba' zhig tu 'gro bar 'gyur ro zhes bya ba'i don to ||

de la pha rol gyi don ni pha rol la phan par bya ba ste | de'ang spangs pa phun sum tshogs pa dang | ye shes phun sum tshogs pa la bzhag pa'o || de la spangs pa la yang rnam pa gnyis te | nyon mongs pa'i sgrib pa spangs pa dang | shes bya'i sgrib pa spangs pa'o || ye shes kyang rnam pa gnyis te | gang zag[336] la bdag med par khong du chud pa'i ye shes dang | chos la bdag med par khong du chud pa'i ye shes so || byang chub sems dpa' dag pha rol gyi[337] don la sems pa las bde ba mchog skye ste | byang chub kyi sems dang bral ba de ni bde ba de yang mi 'thob[338] bo zhes bya

---

[326] pa'i D : pa CPNG
[327] bstan DC : dam PNG
[328] pa DC : pa'i PNG
[329] tha dad pa DC : tha dad PNG
[330] bskyed pa DC : skyes pa PNG
[331] bde ba em. : bden pa DCPNG
[332] ma DC : mi PNG
[333] mthong PNG : thob DC
[334] yi PNG : yis DC
[335] pas DC : par PNG
[336] gang zag PNG : gang zag pa DC
[337] gyi DC : gyis PNG
[338] mi 'thob DC : ma thob PNG

「一行」の意味を示すために，**その地（第八地）に属する菩薩たちは為すべきことを為すという点で区別がないから**と言う。第八地に入った菩薩たちは，無功用なる無分別［智］によって，［自らの］仏の特質の成熟と衆生の成熟をまさに無功用に為すという点で似ている。区別がない（同一である）から「一行」という。<第 15–20 偈世親釈註>

7. 発心しない者に対する譴責（第 21 偈）

発心しないことへの譴責に関して一偈があるに関して。前［の第 7–14 偈］に菩提［心］の原因と自性などを説いて，［第 15–20 偈に］譬喩を用いて［菩提心の］大いなる功徳を述べた後に，［今］かの勝れた菩提心を起こさない場合には過失があり，四つの安楽は得られないことを説くために，偈を［説き］始める，という意味である。

> **「大いに価値がある発心を欠いている人々は，利他の心による，それ（利他）の方便を得ることによる，偉大な密語の持つ意味［を見ること］と最高の真実を観ることによる，その安楽を捨てて，寂滅に向かうであろう。」（IV.21）**

に関して。かの大乗の菩提心は，菩薩や如来が起こす価値があるので，「**大いに価値がある発心**」という。声聞や独覚が，その［大乗の］菩提心を捨てても［二乗の菩提心が］生じると，彼らは四つの安楽を捨てて，すなわち四つの安楽から離れて，ただ［自らの］寂滅すなわち涅槃のみに向かうであろう，という意味である。

その［偈の］中で，「**利他**」とは，他者を利益することである。それはまた，［煩悩障と所知障の］断滅の円満と［人無我と法無我を覚知する］智慧の円満として設定されている。そのうち，断滅についても二種あって，煩悩障の断滅と所知障の断滅とである。智慧［について］も二種あって，人無我を覚知する智慧と，法無我を覚知する智慧とである(57)。菩薩たちには，利他を思惟することによって最高の安楽が生じる。かの菩提心を欠いている者は，その安楽を得ることはない，という意味である。

ba'i don to ||

de thabs rnyed ces bya ba la | de'i sgras ni pha rol gyi don dang sbyar te | pha rol gyi don bsgrub par bya ba'i thabs rnyed pa las byang chub sems dpa' bde ba mchog skye ste pha rol gyi don gyi thabs ni thabs[339] dang shes rab bo || gang gis[340] byang chub kyi sems de spangs pa des bde ba yang mi 'thob[341] bo zhes bya ba'i don to ||

dgongs chen don mchog ces bya ba ni theg pa chen po'i chos zab mo ma skyes pa dang ma byung ba dang | pha bsad pa dang ma bsad pa[342] zhes bya ba la sogs pa dgongs pa zab mo ci la[343] dgongs nas bshad pa'i don rtogs pa las byang chub sems dpa' rnams bde ba mchog skye ste | byang chub kyi sems ma skyes[344] pa de ni bde ba de yang mi 'thob bo zhes bya ba'i don to ||

de nyid mthong zhes bya ba la | de nyid ni chos la bdag med pa la bya ste | chos la bdag med pa mthong ba las byang chub sems dpa' rnams bde ba skye ste | byang chub kyi sems spangs pas ni bde ba de yang mi 'thob bo zhes bya ba'i don to || [ad k. 21]

8. 発心の讃嘆（第 22 偈）

[D 62b5–63a6, C 62b5–63a6, P 70a8–71a2, N 67b2–68a3, G 88b1–89a4]

sems bskyed pa dang bsngags pas ngan 'gro dang yongs su skyo bas mi 'jigs pa'i phyir tshigs su bcad pa zhes bya ba la | don dam pa'i byang chub kyi sems de yang yon tan dang legs pa brjod pa dang | yon tan legs pa yod pas don dam pa'i byang chub kyi sems skyes na[345] ngan song gsum du skye ba'i 'jigs pa yang med | sems can gyi don gyi phyir dka' ba rnam pa sna tshogs spyod pas skyo ba'i 'jigs pa med par bstan pa'i phyir tshigs su bcad pa rtsom mo ||

> **blo ldan sems mchog skyes ma thag tu yang ||**
> **mtha' yas nyes pa byed las sems rab bsdams ||**
> **bde dang sdug bsngal la yang rtag tu dga' ||**
> **dge ldan snying rje gnyis ni rtag par 'phel || IV.22 ||**

zhes bya ba la | **blo ldan** ni byang chub sems dpa' la bya ste | bdag med pa gnyis khong du chud pa'i ye shes yod pas so || **sems mchog** ni don dam pa'i byang chub kyi sems la bya ste | sa dang por don dam pa'i byang chub kyi sems de skyes nas | chos kyi dbyings thams cad du 'gro ba'i mtshan nyid du mthong ma thag tu nam mkha'i mthas gtugs pa'i sems can **mtha' yas pa** rnams la lus dang ngag dang yid gsum gyi sgo nas srog gcod pa dang | ma byin par len pa la sogs pa **nyes par byed pa las sems bsdams te** | de phan chad mi byed pa'i sdom pa thob pa'o || de[346] ltar sdig

---

(339) don gyi thabs ni thabs PNG : don gyi thabs DC
(340) gang gis PNG : gang gi DC
(341) mi 'thob DC : mi thob PNG
(342) ma bsad pa PNG : ma bsad pa dang DC
(343) la PNG : las DC
(344) skyes PNG : bskye DC
(345) skyes na PNG : bskyed nas DC
(346) de PNG : ji DC

「それ（利他）の方便を得る」に関して。「それの」という語は利他と結びつく。利他を成就する方便を得ることによって，菩薩には最高の安楽が生じる。利他の方便（善巧方便）とは，方便（悲）と慧である。かの菩提心を欠いた者は安楽も得ることはない，という意味である。

「偉大な密語の持つ意味」[58]とは，「不起不生[59]」や「父を殺す，母を殺す」[60]云々といった甚深なる大乗法は，どのような甚深なる密語［の持つ意味］を意趣して説かれたのかという意味を理解することによって，菩薩たちには最高の安楽が生じるのである。菩提心の生じていないかの者はその安楽も得ることはない，という意味である。

「［最高の］真実を観ること」に関して。真実とは法無我をいうのであって，法無我を観ることによって菩薩たちには安楽が生じる。菩提心を欠いている者はその安楽も得ることはない，という意味である。

8. 発心の讃嘆（第22偈）

発心と讃歎によって[61]，悪趣と厭倦を恐れないという点から，一偈がある，に関して。［発心と讃歎とは，］その勝義的菩提心，また功徳・利徳（*anuśaṃsa）[62]を称すること［すなわち讃歎］である。そして，功徳・利徳があるので，勝義的菩提心が起こると，三悪趣に生まれることに対する恐れもなく，衆生利益のために様々な難行を行じることによる厭倦に対する恐れもないと説くために，偈を説き始める。

> **「智者に勝れた心が起こるや否や，［智者の］心は際限のない［衆生の］悪行から完全に防護される。［また，浄善なる行為と悲愍との］両方を増大させるから，浄善［なる行為］ある者となり，悲愍にあふれる者となり，［自身の］安楽と苦を恒に喜ぶ。」（IV.22）**

について。**「智者」**とは，菩薩をいう。［人・法の］二無我を了知する智があるからである。**「勝れた心」**とは，勝義的菩提心をいう。初地においてその勝義的菩提心が生じて，遍く行き渡るという特徴を持つものとして法界を見るや否や，虚空の辺際［に至るまで］の**「際限のない」**衆生たちにおける身・口・意の三［業］による殺生や偸盗などの**「悪行から［智者の］心は完全に防護される」**。それ（初地）以後は，不作律儀[63]を獲得する。そのように，不作律儀を獲得しているので，かの菩薩は三悪趣に生まれることに対する恐れがない。

pa mi byed pa'i sdom pa thob pas na byang chub sems dpa' de[347] ngan song gsum du skye ba'i 'jigs pa med do ||

byang chub sems dpa' rnams lha dang mi la sogs pa'i longs spyod kyi bde ba myong ba'i tshe na yang yid bde[348] la | ngan song la sogs pa dang | sems can gyi don du mgo dang rkang lag la sogs gtong ba sdug bsngal myong ba'i dus na yang yid bde ste | ci'i phyir zhe na | rtag tu dge ba'i chos 'phel bar byas pa dang | rtag tu snying rje nyid 'phel bar byas pa'i[349] phyir | bde ba dang sdug bsngal gnyi ga'i dus na bde ba'o || de la dge ba 'phel bar byas pas lha dang mi la sogs pa'i bde ba myong ba'i dus na yang longs spyod la gnas pa'i phyir bde ba'o || snying rje 'phel bar byas pa'i[350] phyir sems can gyi don du ngan song gsum du grang ba dang tsha ba la sogs pa mang po myong yang skyo ba med pas na sdug bsngal gyi dus na yang bde'o || [ad k. 22]

9. 発心による不作律儀の獲得（第 23 偈）

[D 63a6–63b4, C 63a6–63b4, P 71a2–71b2, N 68a3–68b2, G 89a4–89b4]

mi bya bar bsdams[351] **par tshigs su bcad pa** zhes bya ba la | **mi bya ba** ni mi dge ba[352] bcu mi bya ba ste | gong[353] du don dam pa byang chub kyi sems skyes ma thag tu mtha' yas pa'i nyes pa byed pa las sems bsdams so zhes mdo tsam du bstan[354] pa de ji ltar bsdams pa tshigs su bcad pa gcig gis zhib tu bshad do zhes bya ba'i don to ||

nam zhig lus dang srog la mi lta[355] **zhing** zhes bya ba la | byang chub sems dpa' rnams ni bdag las ches sems can pha rol po gces shing phongs[356] par 'dzin te | sems can gyi don zhig tu[357] gyur nas[358] lus la yang mi lta ste lus gtong ba dang srog la yang mi lta ste srog kyang 'dor ro zhes bya ba'i don to ||

gzhan gyi don phyir rab tu ngal len[359] **na** zhes bya ba la | gzhan yang sems can mi dge ba las bzlog[360] cing dge ba la gzhag[361] pa dang | bla na med pa'i byang chub thob par bya ba'i phyir | bskal pa grangs med par mgo dang rkang lag la sogs pa gtong ba'i dus su sdug bsngal gyis kyang skyo[362] ba med do zhes bya ba'i don to ||

---

(347) de DC : des PNG
(348) bde PNG : bde ba DC
(349) byas pa'i PNG : bya ba'i DC
(350) byas pa'i em. : bya ba'i DCPNG
(351) bsdams DC : bsdam PNG
(352) mi dge ba PNG : mi dge DC
(353) gong PNG : gang DC
(354) bstan DC : bsdams GP, bsdam N
(355) lta DC : blta PNG
(356) DC : 'phangs PNG
(357) zhig tu PNG : zhib tu DC
(358) gyur nas PNG : nas DC
(359) len em. : med DCPNG
(360) bzlog DC : zlog PNG
(361) gzhag PNG : gnas DC
(362) skyo DC : skye PNG

菩薩たちは，天や人など（善趣）の享受物（財富）の安楽を経験する時にも悦び，悪趣など［の苦］や衆生のために頭や手足などを喜捨するという苦を経験する時にも悦ぶ。どうしてか。常に善法を増大させ，常に悲愍を増大させているから，安楽と苦のどちらの時にも安楽である。そのうち，善［法］を増大させることによって，天や人などの安楽を経験する時にも，享受物に依るから安楽である。悲愍を増大させているから，衆生のために，三悪趣において多くの寒暑などを経験しても，厭倦することがないので，苦［を経験する］時にも安楽である(64)。

9. 発心による不作律儀の獲得（第 23 偈）

不作律儀を得ることに関して一偈がある，に関して。不作とは十不善［業］を為さないということである。前に［第 22 偈 ab で］「［菩薩に］勝義的な菩提心が起こるや否や，［彼の］心は際限のない［衆生の］悪行から完全に防護される」と簡潔に説かれたが，それは如何にして防護されるかを一偈によって詳細に説く，という意味である。

「**［自己の］身体と生命とを顧慮しない者が**」に関して。菩薩たちは自分自身よりも他者なる衆生を愛しいと，つまり哀れむべきだと思う。［というのも，］衆生利益を専らにして，身体をも顧慮しない［つまり］身体を喜捨し，そして生命をも顧慮しない［つまり］生命をも施捨する（からである）という意味である。

「**他者のために，最大の痛苦を受ける時**」に関して。さらにまた，衆生を不善［処］から引き離して善［処］に安定させ，そして無上菩提を獲得させるために，阿僧祇劫にわたって頭や手足などを喜捨する時の苦によってさえ厭倦しない，という意味である(65)。

de lta bu de[363] **gzhan gyis gnod byas pas || nyes pa byas pa'i las la ga la 'jug** ces bya ba la | de ltar gzhan gyi don du lus dang srog la yang mi lta zhing sdug bsngal rnam pa sna tshogs nyams su len pa de sems can gzhan gyis byang chub sems dpa' de la srog gcod pa la sogs pa'i nyes pa byas pas de'i lan du srog gcod pa la sogs pa'i nyes pa byed pa dang | bdag gi don du[364] sems can gzhan la srog gcod pa la sogs pa'i nyes pa byed pa la gang zhig 'jug ste | cung zad kyang mi 'jug go zhes bya ba'i don to || [ad k. 23]

10. 発心の不退転（第 24・25 偈）

[D 63b4–64b3, C 63b4–64b3, P 71b2–72b4, N 68b2–69b3, G 89b4–91a4]

sems mi ldog par tshigs su bcad pa gnyis so zhes bya ba la | gal te byang chub sems dpa' de lus dang srog la yang mi lta bar sems can gyi don byed du zin kyang skabs su byang chub kyi sems las bzlog go snyam du sems pa la | byang chub sems dpa' rnams ni ye shes kyi tshogs dang | bsod nams kyi[365] tshogs kyis brtan pas byang chub kyi sems las bzlog mi srid do zhes bstan pa'i phyir tshigs su bcad pa gnyis smos so ||

des ni chos kun sgyu ma lta bur brtags || zhes bya ba la | byang chub sems dpa'[366] ye shes kyi tshogs kyis[367] phyi dang nang gi chos thams cad sgyu ma dang smig rgyu dang | rmi lam lta bur rang bzhin gyis stong par mthong ngo zhes bya ba'i don to ||

skye ba skyed mos tshal du 'gro ba bzhin || zhes bya ba la | dper na skyed mos tshal ngan pa nas bzang por 'gro bas na | sngon pas[368] lhag par dga' ba skye ba de bzhin du | byang chub sems dpa' rnams bsod nams kyi tshogs dang ldan pas mi la sogs pa'i gnas nas shi 'phos te mi'i longs spyod btang nas lha la sogs pa'i gnas len pas na skyed mos tshal ngan pa bor nas bzang po len pa bzhin du dga' ba'i mchog skye'o zhes bya ba'i don to ||

'byor pa'i dus dang zhes bya ba la | byang chub sems dpa' lha'i gnas su skyes na brgya byin dang tshangs pa la sogs pa lha'i bdag por 'gyur ba dang | mi'i nang du skyes na 'khor los sgyur ba'i rgyal po la sogs pa mi'i bdag por 'gyur ba ni 'byor pa'i dus zhes bya'o ||

rgud[369] **pa'i dus na yang** zhes bya ba la | longs spyod btang nas 'chi ba'i dus la bab pa ni rgud pa'i dus zhes bya'o ||

---

(363) de em. : dag DCPNG
(364) du em. : dang DCPNG
(365) kyi DC : kyis PNG
(366) dpa' em. : dpa'i DCPNG
(367) kyis DC : kyi PNG
(368) sngon pas PNG : mngon par DC
(369) rgud DC : rgyud PNG

「そのような者が，他者に害されたからといって，どうして悪業に手を染めることがあろうか」に関して。そのように他者のために身体と生命をも顧慮せず，様々な種類の苦を受け入れる者は，他者たる衆生がかの菩薩に対して殺害などの悪業を為しても，その報復として殺害などの悪業に，［すなわち］自分自身のために[66]他者たる衆生に対して殺害などの悪業に，どうして手を染めることがあろうか，少しも手を染めることはない，という意味である。

10. 発心の不退転（第 24・25 偈）

［菩提］**心が退転しないことに関して二偈がある，**について。かの菩薩は［自己の］身体と生命をも顧慮せず衆生利益を為すけれども，時には菩提心より退転してしまうという考えに対して，諸菩薩は智慧の資糧と福徳の資糧とによって，［心］堅固なる者なので，菩提心より退転することはありえないと説くために二偈を述べるのである。

「彼（菩薩）は，一切法を幻のようであると洞察して」について。菩薩は智慧の資糧によって外と内との一切法を幻・蜃気楼・夢のように本性として空であると見る，という意味である。

「［また］諸々の再生を遊園に行くことのようであると［洞察して］」について。例えば，つまらない遊園から素晴らしい［遊園］に行くことにより，前よりも大きな楽しみが生じる。同様に，諸菩薩は福徳の資糧を有するので，人などの境涯より死没し人の享受を放棄して，天などの境涯に至ることにより，つまらない遊園を去って素晴らしい［遊園］に至るように，最高の楽しみが生じるという意味である。

「幸福な時も」について。菩薩は天の境涯に再生すれば，帝釈天や梵天などの天主となり，人に再生すれば，転輪王などの人主となることが幸福な時といわれる。

「不幸な時も」について。［天・人の］享受を放棄して死の時に至ることが不幸な時といわれる。

nyon mongs sdug bsngal dag gis mi 'jigs so || zhes bya ba la | byang chub kyi sems ldog pa ni yang na 'dod chags la sogs pa'i nyon mongs pas bcings par dogs pas byang chub kyi sems bor nas mya ngan las 'da' ba'am | yang na[370] skye ba dang rgas pa la sogs pa'i sdug bsngal gyis 'jigs nas byang chub kyi sems 'dor grang na | byang chub sems dpa'[371] ye shes kyi tshogs kyis chos[372] sgyu ma la sogs pa lta bur mthong bas lha dang mi la sogs pa'i 'byor pa'i dus na yang 'dod chags la sogs pa'i[373] nyon mongs pas mi gos pa'i phyir nyon mongs pas mi 'jigs la | byang chub sems dpa'[374] bsod nams kyi tshogs kyis[375] tshe gcig tu 'chi[376] zhing skye ba len pas na skyed mos tshal gcig nas gcig tu 'pho ba 'dra bar mthong bas skye ba dang rga ba'i sdug bsngal gyis[377] 'jigs pa med pas byang chub kyi sems ga la ldog ste mi ldog go zhes bya ba'i don to || [ad k. 24]

skye ba[378] skyed mos tshal dang 'dra'o zhes bstan pa'i don rgyas par bshad pa'i phyir |

> **rang gi yon tan sems can phan par dga' ||**
> **bsams[379] bzhin skye dang rdzu 'phrul rnam par 'phrul ||**
> **rgyan dang zas dang sa mchog rnam bzhi ste ||**
> **rtsed mo dga' ba'i snying rje med la med || IV.25 ||**

ces smos te | sems can dag skyed mos tshal du 'gro bas na rnam pa bzhi byed de | lus bkrus nas rgyan la sogs pas brgyan[380] par byed pa dang | sa gzhi bde ba dag tu gnas par byed pa dang | glu gar la sogs pa rtsed mo rnam pa sna tshogs byed pa ste | de lta bu skyed mos tshal du ni sems 'jug cing ldog pa med do ||

de bzhin du byang chub sems dpa' tshe gcig nas gcig gi[381] skyed mos tshal du rgyu bas na sbyin pa dang tshul khrims dang ting nge 'dzin dang gzungs dang shes rab kyi rgyan la sogs pa rang gi yon tan gyi rgyan yin no ||

sems can thams cad la phan pa dang bde bar byas pas[382] dga' ba'i sems ni kha zas bzang po lta bu'o ||

sems can gyi don du lha dang mi la sogs pa'i gnas de dang de dag tu skye bar bya'o zhes bsams[383] bzhin du skye ba ni skyed mos tshal gyi mchog dang 'dra'o[384] ||

---

(370) yang na DCGP : yang N
(371) dpa' em. : dpa'i DCPNG
(372) kyis chos PNG : kyis DC
(373) pa'i DC : pas PNG
(374) dpa' PNG : dpa'i DC
(375) kyis DC : kyi PNG
(376) 'chi DC : 'tsho PNG
(377) gyis PNG : gyi DC
(378) skye ba PNG : skye bas na DC
(379) bsams PNG : bsam DC
(380) la sogs pas brgyan par byed pa DC : la sogs par byed pa PNG
(381) gi PNG : gis DC
(382) bde bar byas pas em. : bde bar byas pa DC, bde bar PNG
(383) bsams PNG : bsam DC
(384) 'dra'o DC : 'dra ba'o PNG

「**... 煩悩を恐れない。... ［その者は］苦を［恐れない］。**」について。菩提心が退転することはまた，⑴ 貪欲などの煩悩による繋縛を怖れることにより菩提心を捨てて涅槃するか，あるいはまた ⑵ 生・老などの苦を恐れて菩提心を放棄するかのいずれかである。［しかし，］⑴ 菩薩は，智慧の資糧によって［一切］法を幻などのようであると洞察するから，天や人などの［境涯に生まれる］幸福な時でも，貪欲などの煩悩により汚されないので煩悩を恐れない。一方，⑵ 菩薩は，福徳の資糧によって一つの生で死んでから［他の生への］再生を受けるので，一つの遊園から別［の遊園］へと移動するようであると洞察するから，生・老［など］の苦を恐れない。したがって，［彼の］菩提心がどうして［恐れの故に］退転するであろうか，退転することはない，という意味である。＜第 24 偈註＞

再生は遊園［に行くこと］のようであると説かれたことの意味を詳しく示すために，

> **「自身の諸々の功徳・衆生利益による喜び・意図的な出生・神力による化作は，［順次に］装飾品・食事・最高の場所・遊戯なる楽しみという四種**[67]**であり，［それらは］悲愍を本質としない者たちにはない。」（Ⅳ.25）**

と述べる。衆生たちは遊園に行くことで四種［の楽しみ］を為す。沐浴して装身具などにより［身を］飾ることや，諸々の楽しい場所に滞在することや，歌や踊りなどの様々な種類の遊びをすることである[68]。こういうわけで遊園では［楽しい］心が起こって消えることがない（退転しない）のである。

同様に，菩薩が一つの生から別［の生へと再生するのは，一つの遊園から別の］遊園へと移る［ようであり，その場合に装身具を身につけるようである］ので，布施・持戒・三昧・陀羅尼・般若などという装身具が，自身の［諸々の］功徳という装身具である。

一切衆生への利益と安楽をなすことによって喜ぶ心が，美味な食事［による喜び］のようである。

衆生のために天・人などのあれこれの境涯に再生しようという意図的な再生が，最高の遊園［という場所］のようである。

sems can gyi don du mngon par shes pa lngas rdzu 'phrul rnam pa sna tshogs mdzad pa ni byang chub sems dpa' rnams kyi rtsed mo ste[385] |

yon tan de bzhi dang ldan na byang chub sems las ga la ldog ste mi ldog go zhes bya ba'i don to ||

yon tan de bzhi yang bdag dang gzhan gyi don spangs pa snying rje med pa'i nyan thos dang rang sangs rgyas la mi srid de de[386] med do zhes bya ba'i don to || [ad k. 25]

11. 菩薩は苦を怖畏しないこと（第 26 偈）

[D64b3–65a1, C 64b3–65a1, P 72b4–73a3, N 69b3–70a1, G 91a4–91b4]

sdug bsngal gyi 'jigs pa bzlog par tshigs su bcad pa zhes bya ba la | de ltar byang chub sems dpa' nyon mongs pas 'jigs pa[387] yang med | 'chi ba'i sdug bsngal gyis[388] 'jigs pa med du zin kyang | 'khor ba na sems can gyi don du mgo dang rkang lag la sogs pa gtong ba'i sdug bsngal gyis[389] 'jigs par 'gyur ro snyam pa la | sdug bsngal[390] de yang med par bstan pa'i phyir tshigs su bcad pa rtsom mo zhes bya ba'i don to ||

gzhan phyir brtson ldan snying rje can dag ni ||

> **de dag mnar med pa yang[391] dga' 'dzin na ||**
> **gzhan la brten[392] pa'i sdug bsngal 'byung[393] ba yis ||**
> **srid pa dag na de 'dra ga la skrag || Ⅳ.26 ||**

ces bya ba la | **gzhan gyi phyir** zhes bya ba ni sems can gzhan tshe 'dir mi dge ba las[394] bzlog cing dge ba la bzhag[395] pa dang | tshe rabs gzhan du mya ngan las 'das pa dang | thams cad mkhyen pa'i ye shes la gzhag[396] pa ni **gzhan gyi phyir** zhes bya'o || de'i ched du pha rol tu phyin pa drug la spyod pa ni **brtson pa dang ldan pa** zhes bya'o ||

sems can gzhan[397] sdug bsngal bas bdag kyang sdug bsngal bar 'gyur bas na **snying rje can** zhes bya ste | byang chub sems dpa' de dag ni sems can gyi don du 'gyur[398] na mnar med pa'i sems can dmyal bar[399] gnas na yang dga' zhing bde ba ste | skyo ba med na sems can gyi don du 'khor ba

(385) mo ste DC : mos te PNG
(386) de DC : om. de PNG
(387) 'jigs pa DPNG : 'jig pa C
(388) gyis PNG : gyi DC
(389) gyis DC : gyi PNG
(390) sdug bsngal DPNG : sdug bsngal gyi C
(391) med pa yang DC : med pa'ang PNG
(392) brten DC : brtan PNG
(393) 'byung DC : byung PNG
(394) dge ba las DC : dge bas PNG
(395) bzhag DPNG : gzhag C
(396) gzhag PNG : bzhag DC
(397) gzhan DC : gzhan du PNG
(398) 'gyur DC : gyur PNG
(399) bar em. : ba na DCPNG

衆生のために五神通をもって様々な種類の神力を示現することが，菩薩たちの遊戯［なる楽しみ］である。

それら四つの功徳を持つのであれば，［彼が］菩提心よりどうして退転するであろうか，退転することはない，という意味である。

その四つの功徳はいずれも，自他の利益を捨てる者，すなわち悲愍のない声聞や独覚には有り得ない，つまりそれは存在しない，という意味である。<第 25 偈註>

11. 菩薩は苦を怖畏しないこと（第 26 偈）

苦に対する怖畏の否定に関して一偈がある，に関して。そのように菩薩は煩悩に対する怖畏もなくなり，死苦に対する怖畏もなくなったとしても，輪廻の中で衆生のために頭と手足などを喜捨する苦を怖畏するだろう，という［考え］に対して，その苦［に対する怖畏］さえないことを説示するために偈を説き始める，という意味である。

> **「他者のために努める者は，まさに悲愍を本質とする者だから，無間［地獄］さえも彼にとって喜ばしいものとなる時，そのような者であるから，［輪廻の］生存の中で，他者に依拠した諸々の苦の生起を，どうしてさらに怖畏するだろうか。」**（IV.26）

に関して。「**他者のために**」とは，他者たる衆生を，現世において不善［処］から引き離して善［処］に安定させ，来世において涅槃と一切智智に安定させることが，「他者のために」と言われる。そのために六波羅蜜を実践する者が「**努める者**」と言われる。

他者たる衆生が苦しむことで自分自身も苦しむから，「**悲愍を本質とする者**」と言われる。彼ら菩薩たちは衆生のためであれば，無間という地獄にあっても喜ぶ，すなわち安楽がある。厭倦がないから，衆生のために輪廻の中で頭や手足などを喜捨するほどの苦を，どうして怖畏するだろうか，怖畏することはない，という意味である。

na[400] mgo dang rkang lag la sogs pa btang ba tsam gyi sdug bsngal gyis ga la skrag ste mi skrag go zhes bya ba'i don to || [ad k. 26]

12. 菩薩は衆生に対して無関心でないこと（第 27 偈）

[D 65a1–b1, C 65a1–7, P 73a3–b2 74b2–4, N 70a1–6 71a5–7, G 91b4–92a4 93a6–b3]

sems can yal bar 'dor du mi rung bar tshigs su bcad pa zhes bya ba la | de ltar byang chub kyi sems las kyang mi ldog pa sdug bsngal gyis mi skrag tu zin kyang byang chub kyi sems dang ldan pa dag sems can gyi don mi byed de yal bar 'dor ro snyam pa la | byang chub kyi sems dang ldan pa rnams kyis sems can gyi don 'dor du mi rung[401] bar bstan pa'i phyir tshigs su bcad pa rtsom mo zhes bya ba'i don to ||

slob dpon thugs rje chen pos rtag tu brten[402] **||** zhes[403] bya ba la | 'jig[404] rten na bdag gi don[405] bya ba rnams la gzhan gyis ma bskul bar ma byas na yang ngo tsha zhing khrel ba yin na gzhan gyis bdag gi don byas[406] la gzhan gyis bskul te ma byas na ha cang khrel zhes[407] pa'o || de lta bu yin pa las slob dpon dang mkhan po mdzangs[408] pa la brten pa rnams ni gdon mi za bar gzhan gyis bskul mi dgos par bdag don byed par 'gyur ro || de dang 'dra bar byang chub sems dpa' rnams ni sems can sdug bsngal ba rnams la rtag tu don gyis shig[409] ces bskul ba'i snying rje chen po'i slob dpon gyis rgyun du brten[410] te | sems can gyi don bya bar bskul mi[411] 'debs so zhes bya ba'i don to ||

pha rol sdug bsngal bas ni sems[412] **gdungs na ||** zhes bya ba la | gzhan yang byang chub sems dpa' rnams la slob dpon snying rje chen pos brten[413] par ma zad kyi | sems can gzhan gyi[414] sdug bsngal ba mthong na shin tu bdag nyid sdug bsngal bar 'gyur ba'i rang bzhin can[415] yin no zhes bya ba'i don to ||

---

(400) 'khor ba na DC : 'khor na PNG
(401) rung DCNG : ring P
(402) brten PNG : rten D, rton C
(403) zhes DC : ces PNG
(404) 'jig DCPN : 'jigs G
(405) don DC : don du PNG
(406) byas DC : du bya ba PNG
(407) zhes DC : ces PNG
(408) mdzangs DC : 'dzangs PNG
(409) shig DC : ci zhig PNG
(410) brten PNG : bsten DC
(411) mi PNG : ma DC
(412) sems DPNG : sems can C
(413) brten PNG : bsten DC
(414) gyi DPNG : gyis C
(415) PNG にはほぼ一葉表裏分に及ぶ以下の竄入文がある：[P 73b2-74b2, N 70a6-71a5, G 92a4-93a6] gdod bdag dang gzhan gyi don 'grub kyi sgrub pa med na mi 'grub pas sems bskyed pa'i rjes la sgrub pa'i skabs bshad par 'brel to || ... de nas sangs rgyas kyis kun tu 'dod du bla na med pa'i byang chub kyi 'bras bu len pas (len pas = med par N) 'bras bu che ba'i (che ba'i om. N) 。これは本論第 V 章安慧釈導入部の途中から第 1 偈注釈の途中までの釈文（デルゲ版 66a4-67a1 に相当）がそのまま竄入したものである。

12. 菩薩は衆生に対して無関心でないこと（第 27 偈）

衆生に対して無関心であることの否定について一偈がある，について[69]。そのように菩提心より退転せず苦を恐れないとしても，菩提心を有する者たちは衆生利益を為さず［衆生に対して］無関心である，と思う者に対して，菩提心を有する者たちは衆生利益を放棄することはあり得ないと説示するために偈を説き始める，という意味である。

「**軌範師のごとき大いなる悲愍が［自らの内に］常に宿っており**」に関して。世間において，自らの為すべき諸々の目的を他者によって催促されなければ為さない場合ですら，［それは］羞恥，すなわち慚愧（*hrī）なのである。だから，他者によって自らの目的が為され，他者によって催促されて［それでも自ら］為さなければ，［それを］甚だしい慚愧というのである。そのようであるから，賢明な軌範師や親教師に依っている者たちは必ず，他者によって催促される必要なく自ら［の］目的を為すことになる。同様に菩薩たちは，苦しむ衆生たちに対して常に利益を為せと催促する大悲という軌範師が絶えず宿っていて，衆生利益を為すようにと［他者によって］催促されることはない，という意味である。

「**他者（衆生）の諸々の苦によって［自らも］痛苦する心を持つ者にとっては**」に関して。また，菩薩たちには軌範師のごとき大悲が宿っているのみならず，［彼らは］他者たる衆生が苦しむのを見ると甚だしく自らが苦しむという本質を有している，という意味である。

gzhan gyi bya ba nye bar gnas pa la[416] **|| gzhan gyis bskul ba shin tu ngo yang tsha ||** zhes bya ba la | de ltar slob dpon snying rje chen pos kyang[417] brten[418] gzhan sdug bsngal bas kyang bdag sdug bsngal ba'i rang bzhin can yang yin pa[419] de sems can pha rol tu phyin pa drug la gzhag pa'i skabs su bab la | sems can gyi don byed[420] pa rnams la[421] dge ba'i bshes gnyen gyis bskul nas don byed par 'gyur[422] la | byang chub sems dpa' lhag par ngo tsha bar bya[423] ba yin no zhes bya ba'i don to || [ad k. 27]

13. 菩薩の怠惰への戒め（第 28 偈）

[D 65b1–66a1, C 65a7–b1, P 74b4–75a6, N 71a7–72a1, G 93b3–94a6]

le lo la[424] **yongs su smad**[425] **pa'i tshigs su bcad pa** zhes bya ba la | byang chub sems dpa' bdag dang gzhan gyi don du byang chub tu sems bskyed nas brtson 'grus bsnyur[426] te bya dgos kyi | le lo byar mi rung bar bstan pa'i phyir tshigs su bcad pa rtsom mo zhes bya ba'i[427] don to ||

sems can dag gi[428] **khur chen mgos khyer la ||**
sems can mchog ni dal gyis 'gro mi mdzes ||
bdag dang gzhan gyi rnam mang bcing bas bcings ||
brgya 'gyur du ni[429] **brtson 'grus bya bar rigs || IV.28 ||**

zhes bya ba la | 'jig rten na yang khur chen po khyer[430] la lam ring por 'gro ba rnams ma bsnyur[431] bar dal gyis song na gnas der phyin par mi 'gyur ba de bzhin du | byang chub sems dpa' sems can thams cad bla na med pa'i byang chub tu bsgral lo zhes bya ba'i khur mgos khyer te gces par byas nas byang chub kyi sems bskyed de sangs rgyas kyi sar 'gro dgos pa de pha rol tu phyin pa drug spyod pa la brtson 'grus dal gyis 'jug par mi rigs te |

---

(416) pa la DPNG : par C
(417) kyang DC : yang PNG
(418) brten em. : bsten DCPNG
(419) pa PNG : pas DC
(420) byed DPNG : byad C
(421) la C : om. DPNG
(422) 'gyur DC : gyur PNG
(423) bar bya om. PNG
(424) la PNG : la yang DC
(425) smad PNG : smin DC
(426) bsnyur PNG : smyur DC
(427) rtsom mo zhes bya ba'i DC : rtsom mo zhes pa'i P, rtsam mo zhes pa'i N.
(428) gi PNG : gis DC
(429) ni PNG : yang DC
(430) khyer PNG : khyer ba DC
(431) bsnyur PNG : bsgyur DC

「他者（衆生）に対して為すべきことが起きてなお，他者（善き師友）たちにより催促されることは，甚だしい羞恥である」に関して。そのように，軌範師のごとき大悲が宿り，かつ他者が苦しむことによっても自らが苦しむという本質を有してもいる彼の者（菩薩）が，衆生を六波羅蜜に安定させる段階に至って，［そうした］諸々の衆生利益を為すことに関して善き師友に催促されてから（衆生）利益を為すようでは，［その］菩薩は極めて羞恥すべきである，という意味である。

13. 菩薩の怠惰への戒め（第 28 偈）

怠惰を譴責することに関して一偈がある，について。菩薩は自己と他者のために菩提へと発心し，奮励して努力を為さなければならず，怠惰であってはならないと説示するために偈を説き始める，という意味である。

> **「実に，衆生という高大な積荷を頭上に載せた最上の衆生（菩薩）が緩慢に歩むならば，見苦しい。自己と他者の種々なる繋縛によって固く縛られている者は，［声聞の］百倍の努力をするべきである。」(IV.28)**

に関して。世間においても，大きな積荷を［頭上に］載せて長い道を歩む者たちが奮励せず緩慢に移動すれば［なかなか］その目的地に到達しない。同様に，「一切衆生を無上菩提へと済度しよう」という積荷を頭上に載せて，すなわち重荷を負って，菩提心を起こして仏地へと歩まなければならない彼の菩薩は，六波羅蜜の実践に対する努力を緩慢に行なうべきではない。

ci'i phyir zhe na | dper na 'phags pa nyan thos lta bu bdag 'ba' zhig gi[432] don du byed la | bdag nyid kyis las dang nyon mongs pa dang 'tshe[433] ba'i bcing ba gcod par rtsom pa[434] yang gtsub[435] shing las[436] me 'byung ba bzhin du brtson 'grus bsnyur[437] nas tshe gsum mam | bdun gyis rang gi 'bras bu thob par byed na

byang chub sems dpa' bdag dang gzhan gnyi ga'i rgyud la yod pa'i las dang | nyon mongs pa dang 'tshe ba'i bcing bas bcings pa de bsal bar bya ba'i phyir | le lo bya bar mi rigs kyi nyan thos pas bskal pa[438] brgya stong du mas bslabs[439] te | brtson 'grus rtsom[440] pa'i rigs so zhes bya ba'i don to ||

bcing ba gsum ni *mnGon pa'i chos mdzod* la ||

mtshams med pa yi las rnams dang ||
nyon mongs mi bzad ngan 'gro dang ||
sgra mi snyan dang 'du shes med ||
sgrib pa dag ni gsum du 'dod || AK IV.96 ||

de la mtshams med pa lnga ni[441] las kyis bcings pa'o || 'dod chags dang zhe sdang chen po ni nyon mongs pas bcings[442] pa'o || ngan song gsum dang byang gyi sgra mi snyan dang 'du shes med pa'i lhar skyes pa ni tshe'i 'ching ba'o || [ad k. 28]

Byang chub tu sems bskyed pa lhag par bya ba'i skabs rdzogs so ||

---

(432) gi DPNG : gis C
(433) 'tshe DC : che PNG
(434) pa DPNG : par C
(435) gtsub DC : gtsugs PNG
(436) las DC : la PNG
(437) bsnyur PNG : bsgyur DC
(438) bskal pa DC : om. PNG
(439) bslabs DC : blags PNG
(440) rtsom DC : brtsams PNG
(441) ni DC: om. PNG
(442) pas bcings DC : pa'i bcing PNG

何故か。聖者なる声聞のように，自分だけの利益を為して自らの[70]業と煩悩と生[71]という［三種の］繋縛を断じることに努力する場合でさえも，鑽木（*araṇi）から火が起こるように[72]努力し奮励して三生あるいは七［生］かけて自果を獲得するのである[73]。

［一方］菩薩は，自他の両者の相続中にある業と煩悩と生という［三種の］繋縛によって縛られており，それを取り除くために，怠惰に［菩薩行を］為すべきではなく，声聞よりも百千［倍］もの多劫に亘って行じて，精進に努めるべきである，という意味である[74]。

三つの繋縛は『倶舎論』［業品］に［説かれている］—。

> 諸々の無間業（業障）と，猛利な煩悩（煩悩障）と，悪趣・［北］倶盧［州］の者・無想［有情］（異熟障）とが三障であると考えられる[75]。(AK IV.96)

そのうち，五無間［業］が業による所縛であり，強い貪欲と瞋恚が煩悩による所縛であり，三悪趣と北倶盧［洲］と無想天に生まれた者が生という繋縛である。

「菩提への発心」の章[76]　了。

和訳注解

(1) 次註に示した典拠に基づき，諸版 sems las g.yo ba'i とあるのを sems la g.yo ba'i と修正し，「心を動かすこと」と訳した。

(2) 「意思」(cetanā) について，瑜伽行派の諸論書は，下記の通り特徴 (lakṣaṇa) と働き (karman) という二つの観点から定義している。安慧釈も本偈を註釈するにあたって，菩提心という意思について，同様に二つの観点から定義していると見られる。すなわち，本偈は a, b, d 句に説かれる「大いなる士気」乃至「二つの目的を対象とする」までの 5 つによって菩提心の特徴を説き，d 句の「心の生起」によってその働きを説いている，というのが安慧釈の理解であると考えられる。

AS 5.23–6.2: cetanā katamā | cittābhisaṃskāro manaskarma | kuśalākuśalāvyākṛteṣu cittapreraṇakarmikā ||

ASBh 4.24–5.1: cetanāyāḥ cittābhisaṃskāro manaskarmeti lakṣaṇanirdeśaḥ | kuśalākuśalāvyākṛteṣu cittapreraṇa-karmiketi karmanirdeśaḥ | tathā hi yathābhisaṃskāraṃ kuśalādiṣu dharmeṣu cittasya pravṛttir bhavatīti |

TrBh 58.1–2, Psk PskV Kramer ed. 35.14–36.4, YBh 60.2–3, AKBh II.24, 54.20, etc.

詳細は，斎藤 [2014: 37–40]，斎藤 [2011: 55–56] を参照。

(3) 世親釈 yathāsaṃnāhaprayogavīryeṇa (Tib. rtsom pa chen po ni go cha ji lta ba bzhin du sbyor ba'i brtson 'grus kyis) を直接の根拠として，また，安慧釈の直前の文脈の spro ba che ba ni go cha'i brtson 'grus kyis を参考にして，諸版の支持はないが kyis に修正する。

(4) 諸版の支持はないが，第 1 偈 c 句 cetanā bodhisattvānāṃ (Tib. byang chub sems dpa'i sems pa ste) の引用と見做して，byang chub sems dpa'i sems を byang chub sems dpa'i sems pa に修正する。

(5) Cf. MSABh XVII. 35, 研究会 [2013: 80–81]

adhyāśayād bhūmipraviṣṭānām ātmaparasamatāśayalābhāt |

[3] 勝れた意楽に基づく［悲愍］とは，［初］地に悟入した者たち（菩薩）は自他平等である意楽を体得しているからである。

(6) この安慧釈が引用する c 句 rnam par smin pa'i sa 'dod de には sa (bhūmi) が含まれる。これは梵文 vaipākyo bhūmiṣu matas を語順通りに逐語的に訳したものであろう。偈頌の蔵訳には，sa rnams la は a 句の終わりに位置し，文全体にかかるものとして，梵文に沿っている。

(7) Cf. Mvy 102 (7.19–21), samantaprabhābuddhabhūmi, sangs rgyas kyi sa kun tu 'od（［漢］普光佛地［和］遍き光明の佛地）. Cf. *Munimatālamakāra* fol. 130r4: samantaprabhāparanāmadheyā buddhabhūmir | 仏地は普光という別の名称を持つ。

(8) 『伽耶山頂経』については，漢訳四本と蔵訳がある（鳩摩羅什訳『文殊師利問菩提経』T 14, No. 464, 菩提流支訳『伽耶山頂経』T 14, No. 465, 毘尼多流支訳『佛説象頭精舎經』T 14, No. 466, 菩提流志訳

『大乗伽耶山頂経』T 14, No. 467, D No. 109, P No. 777, *'Phags pa gaya mgo'i ri shes bya ba theg pa chen po'i mdo.*）。

菩提流支訳は蔵訳とよく一致する（485a22–28: 復次天子。初發心從因生。第二行發心從智生。第三不退發心從斷生。第四一生補處發心從果生。）。

また，阿部 [2001: 77.15–80.16] は，本論における四種発心が，安慧が引用する『伽耶山頂経』を典拠としていることを以下の二点より指摘する。

・『伽耶山頂経』における四種発心（初発心，行発心，不退発心，一生補処発心）に関する 11 種の比喩のうち，6–9 番目の比喩において初発心を因，行発心を智，不退発心を断，一生補処発心を果と配当する。その直後に，種々の二道を説く箇所（⑹智道・断道）で，智道を初地乃至七地，断道を八地乃至十地と説示する。（行発心＝初地〜七地，不退発心＝八地〜十地）

・世親著『伽耶山頂経論』において，(i) 信解行では，現前させることの熟達によって初地を観察する。... (iv) 果の熟達によって，欲するままに現等覚する，と説示し，⑴初発心を信解行地，⑷一生補処発心を仏地直前と理解する。Cf. 大竹 [2011: 57–65].

⑼ rnam par dbye ba gdon mi za ba とあり，viniścaya の訳語としては不自然である。viniścaya の訳語として rnam par gdon mi za ba は類例がある：『決定義経註』（*Don rnam par gdon mi za ba'i 'grel pa* | *Arthaviniścaya-ṭīkā*）。

⑽ 後出の第 26 偈に対する安慧釈中にも全く同一の文言が見られるが，これは阿含・ニカーヤに由来する一種の定型句であり，『瑜伽師地論』中に頻出する。菩薩地発心品の例を挙げておく（BBh II (W) 18.18–19, (D) 12.13–14）：tatra hitādhyāśayo yākuśalāt sthānād vyutthāpya kuśale sthāne pratiṣṭhāpanakāmatā /玄奘訳（T1579.30.482a13–14）：「利益意樂者。謂欲從彼諸不善處拔濟衆生安置善處」。他の例など詳細は附論 4 若原 [2023](V.2.) および同注を参照。

⑾ 安慧釈によれば，探求することが菩提心の所縁となり，世親釈と必ずしも一致しないが，両者が異なる理解を示すものではないであろう。また，ここで安慧は，第XI章第 1–4 偈「所縁の探求」（ālambanaparyeṣṭi）の所説を念頭に置いて注釈していると思われる。詳細は，附論 4 内藤 [2023] を参照。

⑿ 原文は byang chub de dag gi sems であるが，前後のパラレルな文章（byang chub kyi sems de dag）に合わせて「それらの菩提心は」と訳した。

⒀ 梵文に則せば，世親釈はこの第 5 偈 d 句を独立して問いに設定しておらず，次の「利徳」（anuśaṃsa）の解説に含めており、問答は 10 項目である。以下，安慧釈に沿って，11 の問答として，⑴–⑺までとは区別して，[8]–[11] と示した。なお、漢訳も同様に当該箇所を功徳と自性とに分けて 11 の問答としている（漢訳テキスト注 7 を参照）。

⒁ 「虚空界・衆生界・世間界」は『十地経』に十大願の成就を表すものとして列挙される十尽句（daśa niṣṭhāpada）の最初の三尽に相当するようである。

DBh [Rahder MN, Kondo 22]: tāni ca mahāpraṇidhānāni daśabhir niṣṭhāpadair abhinirharati | katamair daśabhiḥ? yad uta **sattvadhātu**niṣṭhayā ca **lokadhātu**niṣṭhayā ca **ākāśadhātu**niṣṭhayā ca dharmadhātuniṣṭhayā ca nirvāṇadhātuniṣṭhayā ca... |

⒂ bskul ba については，MSA Ⅳ.27 およびその安慧釈において samādāpana（勧奨）の訳語として同様の文脈で用いられている。

⒃ 世親釈所引の本偈では「⑸ 浄善の反復修習による」（śubhābhyāsa）であるが，安慧では所引の本偈も注釈も一貫して，「⑸ 聞いた［教法の］反復修習の力による」（thos goms stobs, *śrutābhyāsabala）となっている。

⒄ 原文 gnyis su sbyar (te) の意味は明瞭でないが，gnyis su について蔵梵辞書は dvau および dvidhā を挙げているので，前者を想定すれば「二つが結合・関係している」ことを，後者を想定すれば「分離して結合・関係している」ことを，それぞれ示すものと解されよう。本偈の梵文では ⑴「師友の力により」mitrabalāt という語句と「他者の説示による発心」cittotpādaḥ parākhyānāt という語句が偈の最初と最後に離れて記されているため，それらが関係していることを注釈しているものと理解して訳した。他の⑵-⑸も「他者の説示による発心」という語句と関係しているから，この安慧釈は必ずしも⑴のみがその語句と関連しているという趣旨ではないであろう。なお，この gnyis su sbyar という表現は他にⅢ.5ab 安慧釈（D 44b4）とⅨ.12ab 安慧釈（D 113b7）に用いられ，何れも偈の原文において離れて記された語句と語句の関連を説明しているようである。

⒅ 「教法と意味とを知る者」については，第 XⅢ章第 2 偈に以下のように説かれることと関連するであろう。 長尾 [2007B: 215–216] を参照。

arthajñaḥ sarvadharmāṇāṃ vetti kolasamānatāṃ |
śrutatuṣṭiprahāṇāya dharmajñas tena kathyate || MSA XⅢ.2 ||

evam arthajñaḥ sarvadharmāṇāṃ sūtrādīnāṃ kolopamatāṃ jānāti | śrutamātrasaṃtuṣṭiprahāṇāya tena dharmajño bhavati |

意味を知る者は，全ての教法が，筏に等しいものと知る。
聞［法のみ］で満足することを断じるためにである。それによって，教法を知る者と呼ばれる。

このように意味を知る者は，経中の全ての教法が，筏に等しいものと知る。聞［法］のみで満足することを断じるためである。それによって，法を知る者と呼ばれる。

⒆ chos kyi dbyings thams cad du 'gro ba'i mtshan nyid du について，MSABh Ⅱ.3 では，大乗に帰依した菩薩が「遍く行き渡る者」（sarvatraga）と言われることを，四通り（衆生・乗・智慧・涅槃）に説く。その第三として，「智に遍く行き渡ること」が以下のように示されている。

MSABh Ⅱ.3:

jñānasarvatragārthaṃ pudgaladharmanairātmyakauśalayuktatvāt |

[3] 智に遍く行き渡ることの意味である。人無我と法無我とに熟達しているからである。これに対する安慧釈では，菩薩の発心への言及が見られる。

SAVBh Ⅱ.3 D 33a3–4, P 35b1–2:

nyan thos dag ni gang zag la bdag med pa tsam rtogs par bya ba'i phyir sems bskyed la | byang chub sems dpa' rnams ni gang zag dang chos la bdag med pa gnyis ka la mkhas par bya ba'i phyir sems bskyed de | 'dis ni ye shes kun tu 'gro ba dang ldan par bstan to ||

声聞たちは人無我のみを証得するために［菩提に］発心する。一方，諸菩薩は人法二無我に善巧であろうとして［菩提に］発心する。以上は，[3] 智に遍く行き渡ることを備えていることを示した。

以上についての詳細は，研究会 [2020: 24–27; 116–117] を参照。

また，MAVBh Ⅱ.14a において，パラレルな文章が見られる。Cf. 松下 [2012: 28–29; 164–165]

MAVBh 35.8–11:

yad uta

sarvatragārthe |

prathamayā hi bhūmyā dharmadhātoḥ sarvatragārthaṃ pratividhyati |

すなわち，

遍く行き渡ることの意味に対して，（Ⅱ.14a）

実に，初地によって，法界の「遍く行き渡ることの意味」に通達する。

MAVṬ 100.1–14:

prathamayā hi bhūmyā *dharmadhātoḥ sarvatragārthaṃ pratividhyatīti* || *tatra prathamā bhūmiḥ prathamā lokottara*prajñā saparivārā darśanamārgasaṃgṛhītā | dharmadhātuḥ śūnyatā | sāmānyalakṣaṇenaikatra yathā sarvatrāpi tatheti sarvatragatvāt | sarvatragaḥ |

dharmadhātuvinirmukto yasmād dharmo na vidyate ||

iti vacanaṃ dharmadhātoḥ sarvatragatvajñāpakam | *pratividhyatīti sākṣātkarotīty arthaḥ* | *tena prativedhena* svaparasamatāṃ pratilabhate | yo 'haṃ sa paro yo vā paraḥ so 'ham iti paratrātmani ca śūnyatāyā | abhedadarśanāt svaparātmanor abhedaṃ manyate | ata evāsyāṃ bhūmau dā*napāramitātiriktatarā bhavati* | *tato 'tra bodhisattvo yathā svārthe parārthe pravartate* || *etad dhi pra*tivedhaḥ pratipakṣaḥ pratipakṣaphalañcodbhāvitam | etac ca tritayam itarāsv api bhūmiṣu vijñeyam ||

⑴ **実に，初地によって，法界の「遍く行き渡ることの意味」に通達する**という。そこで，「初地」とは，随伴をともなう最初の出世間の慧であり，見道に包摂されるものである。「法界」とは，空性のことであり，共相という点からいえば，ある一つの場所と全ての場所で同じあり方であるというように，一切処に行き渡っているから「遍く行き渡ること」である。

法界を離れた法は存在しないから（MAV Ⅴ.19ab）

という文言は，法界が遍く行き渡ることの能証である。「通達する」とは，現証するという意味である。その通達によって，自他の平等性を得る［すなわち］「私は他者であり，あるいは他者は私である」というように，他者と自己において空性には区別がないと見るから，自己と他者との本質には区別がないと考えるのである。まさにそれゆえ，この地において布施波羅蜜が増上することになる。したがって，ここ（初地）では菩薩は自利と同様に，利他を実践する。これが，通達と対治と対治の果であると明らかにされた。以上の三つは，他の諸地においてもあると知るべきである。

⒇ 「勝れた教説を受持し，勝れた原因を成就して，勝れた自性を覚知する」という文言は，勝義的菩提心の「勝義的」（pāramārthika）である所以を，世親釈の「勝れた教説と修行と証悟」に沿って説明するものである。

(21) *Arthaviniścaya-nibandhana*, 本庄 [1989: 126] (21)四預流支

智の完成によって「**正等覚者**」と呼ばれる。「正しく（samyak）」すなはち，不顛倒に「普く（samantād）」諸法を「理解した」（buddhavān）と［語源解釈］して，である。

このように，samyaksaṃbuddha の説明では，samyak が「不顛倒」，saṃが「普く」，buddha が「覚る」と解釈されるのが一般的である。安慧釈もおそらく，このような解釈を背景としているであろうが，「顛倒なく」というのは，samyak を念頭に置いたものかもしれない。

(22) 原文は諸版 dam pa'i chos nyan pa rnams bsags pa rnams bsgoms par byas pa ni | となっているが，それでは意味が取れないため，次注に示す SAVBh VI.6 に見られるパラレルな文章（dam pa'i chos nyan pa dang | bsam pa dang bsgom pa byas pa）に従って蔵文を修正して訳した。

(23) 同内容が SAVBh VI.6 にも見られる。MSA VI.6–10 には勝義的智（pāramārthikajñāna）が五道との関連で説かれ，そのうち道を説くVI.6 の安慧釈では福徳と智慧の二資糧が規定されて六波羅蜜それぞれに配当される。なお，これらの偈頌が MSg III.18 に引用されることが長尾 [1982: 92–103]，早島 [1982: 62] に指摘される。他に，勝呂 [1989: 425–428] 参照。

SAVBh VI.6 D mi 79a3–5, P mi 90a5–8:

'dis ni tshogs chen po bsags pa bstan te | bskal pa grangs med pa gcig tu de bzhin gshegs pa la rgyal mtshan dang gdugs la sogs pa bsnyen bkur byas pa ni bsod nams kyi tshogs so || de bzhin gshegs pa de dag las dam pa'i chos nyan pa dang | bsam pa dang bsgom pa byas pa ni ye shes kyi tshogs so || yang na bskal pa grangs med pa gcig tu sbyin pa dang | tshul khrims dang | bzod pa bsgrubs pa ni bsod nams kyi tshogs so || bsam gtan dang shes rab bsgoms pa ni ye shes kyi tshogs so || brtson 'grus ni gnyis ka'i tshogs so || yang na sbyin pa nas bsam gtan gyi pha rol tu phyin pa lnga bsgrubs pa ni bsod nams kyi tshogs so || shes rab kyi pha rol tu phyin pa bsgoms pa ni ye shes kyi tshogs so ||

これによって大資糧を集積することが説示される。一阿僧祇劫のあいだ如来に旗と傘などを供養したことが福徳の資糧である。諸如来から正法を聴聞し，思惟し，修習を為したことが

智慧の資糧である。あるいは，一阿僧祇劫のあいだ布施と持戒と忍辱とを成就したことが福徳の資糧である。禅定と智慧とを修習したことが智慧の資糧である。精進は［福徳と智慧との］両方の資糧である。あるいは，布施から禅定波羅蜜［まで］の五つを成就したことが福徳の資糧である。智慧波羅蜜を修習したことが智慧波羅蜜である。

(24) ここで安慧は，本偈の「正しく仕え」（sūpāsita）を広義における「供養」として注釈しているようである。MSA XVII.1–8 に説かれる「供養」の詳細は，研究会 [2013: 40–41]，内藤 [2017: 73–111] を参照。

(25) このあとの注釈からも明らかなように，安慧は一貫して uttama を buddhatva ではなく，tatkṛtya にかけて理解している。偈の梵文に，tatkṛtyeṣu uttameṣu とあった可能性もある。その他，この引用偈は梵文と対応しない箇所が多い。ここでは，安慧の引く本偈をそのまま訳した。

(26) この自他平等の定型句は SAVBh において頻出する（SAVBh V.2 D mi 67a6–b1, IX.70 D mi 140a7–b2, IX.76 D142b6–7, XIV.4 D tsi 181a5–6, etc.）。典型的な例として，第Ⅴ章の用例を以下に示す。

SAVBh V.2 D mi 67a6–b1:

gzhan yang* bdag tu mnyam pa'i sems rnyed pa (V.2a) zhes bya ba la | de kho na mngon sum du ma gyur kyang bdag gi sems bskyed pas mos pas spyod pa'i sa na mnyan pa dang | sems pa la sogs pa'i sgo nas ye shes kyi tshogs kyis bdag gang yin pa sems can gzhan yang de yin | gzhan gang yin pa bdag kyang de yin no zhes bdag dang sems can gzhan du sems mnyam pa rnyed pa dang | sa dang po thob pa'i dus na chos kyi dbyings thams cad du 'gro ba'i mtshan nyid du rtogs pas bdag dang gzhan du sems mnyam pa nyid rnyed do zhes bya ba'i don to ||

他者に対して自己との平等心性を獲得した後で（V.2a）に関して。真実が現前（*āmukhībhavati）せずとも，自己の発心によって，信解行地においては聞・思などに基づく智慧の資糧によって「およそ自己なるものは他者なる衆生でもあり，およそ他者なるものは自己でもある」というように自己と他者なる衆生に対する平等心［性］を獲得する。そして，初地に至った時には法界は遍行を特徴とすると理解することによって自己と他者とに対する平等心性を獲得する，という意味である。

なお，自他不二を言う定型句の梵文については前注 19 をも参照のこと。

(27) MSABh XVIII.57–63 には初地の菩薩による七菩提分の修習が説かれ，菩薩は初地において一切諸法の平等性（samatā）と一切衆生の平等性を証得する（avagama）とされる。これは当該箇所の(1)一切諸法の平等心性と (2) 一切衆生の平等心性と同趣旨だと考えられる。MSAṬと SAVBh によれば一切諸法の平等性は法無我によって証得される。一切衆生の平等性は人無我によって証得され，あるいは自己と衆生との平等性，自己と他者との平等性によって証得されるという。以下は当該箇所と類似表現が見られる SAVBh の一節である。詳細は岸 [2014: 199 n. 526] を参照。

SAVBh XVIII.57: D mi 119b5–6, P mi 140b7–141a1（MSAṬ: D bi 148a7–b3, P bi 166b4–8） yang na sa dang po'i tshe chos kyi dbyings kun tu 'gro ba'i mtshan nyid du rtogs pas na chos rnams kyi mnyam pa nyid khong du chud do || de ltar khong du chud pas bdag gang yin pa sems can thams cad kyang de nyid yin | sems can thams cad gang yin pa bdag kyang de nyid yin te | ji ltar bdag gi sdug bsngal zhi bar bya ba bzhin du | sems can thams cad kyi sdug bsngal yang zhi bar bya'o zhes khong du chud pas na sems can thams cad kyi mnyam pa nyid shes so zhes bya ste |

あるいは，初地の時，法界は遍行を特徴とすると理解するから，諸法の平等性を覚知する。そのように覚知するから，自己なるものは一切衆生とも同一であり，一切衆生なるものは自己とも同一であるように，そのように自己の苦を静めようとするように，一切衆生の苦しみをも静めようと覚知するから，一切衆生の平等性を知るのだと言われる。

(28) 長尾 [2007a: 94 n.2] に『十地経』の以下の経文の引用であることが指摘されている。

DBh I [Rahder I W, Kondo II 17.4–5] : [9] sattvārthasamprāpaṇaṃ [anusmaran] pramudito bhavati |

「衆生利益の達成を［随念して,］歓喜する」。

Tib-DBh [D kha 175b2, P li 59a2, L ga 80b3–4]: [9] sems can gyi don rab tu thob par bya ba rjes su dran zhing rab tu dga' ba yin |

竺法護訳『漸備一切智徳經』 T 10, No. 285, 461c3: [9] 用衆生故利益道義。適發悦豫。

鳩摩羅什訳『十住經』T 10, No. 286, 500c7: [9] 念能爲利益衆生故生歡喜心。

佛駄跋陀羅訳『六十華厳』T 9, No. 278, 545a4: [9] 念能爲利益衆生故。生歡喜心。

實叉難陀訳『八十華厳』 T 10, No. 279, 181b5–6: [9] 念能令衆生得利益，故生歡喜。

尸羅達摩訳『佛説十地經』T 10, No. 287, 538b4–5: [9] 念令有情得利益時。

(29) 長尾 [2007a: 94 n.2] に『十地経』の以下の経文の引用であることが指摘されている。

DBh I [Rahder I X, Kondo II 17.7–10]: [6] pratisaraṇabhūto 'smi sarvasattvānām ... iti prāmodyam utpādayati |

「私は一切衆生の帰依処である ... と歓喜を起こす」。

Tib-DBh [D kha 175b4–5, P li 59a5, L ga 80b7]: [6] bdag ni sems can thams cad kyi gnas su gyur to zhes rab tu dga' ba bskyed do ||

竺法護訳『漸備一切智徳經』 461c9: [6] 爲諸衆生勸導之首。

鳩摩羅什訳『十住經』 500c12–13: [6] 與一切衆生作依止生歡喜心。

佛駄跋陀羅訳『六十華厳』 545a9–10: [6] 與一切衆生作依止。生歡喜心。

實叉難陀訳『八十華厳』 181b10: [6] 與一切衆生作依止處。故生歡喜。

尸羅達摩訳『佛説十地經』 538b8: [6] 與諸有情爲依止處。

(30) 仏たること（仏果）の平等心性の教証として，無性釈が引くのと同じ『十地経』「初地」の経文が引用されている。さらに安慧釈には，『十地経』「初地」において歓喜心が生じる理由を十種述べる当該文脈のうち，無性釈にも引用される第二の他に，第七と第八が引用されることが長尾 [2007a: 94 n.2] に指摘されている。それはこの三つにのみ仏もしくは如来の語が直接出るからである。新国訳『十地経論』Ⅰ, p.151 以下をも参照。

DBh Ⅰ [Rahder Ⅰ X, Kondo Ⅱ 17.6–10]: [2] avatīrṇo 'smi buddhabhūmisamīpaṃ ... [7] āsannadarśano 'smi sarvatathāgatānāṃ ... [8] sambhūto 'smi sarvabuddhaviṣaye ... iti prāmodyam utpādayati |

[2] 私は仏地の近くに入った［と歓喜を起こす]。... [7] 私は一切の如来にまみえることに近づいた［と歓喜を起こす]。[8] 私は一切の如来の境界に生まれた ... と歓喜を起こす。

Tib-DBh [D kha 175b3–6, P li 59a3–6, L ga 80b5–81a2]: [2] bdag ni sangs rgyas kyi sa dang nye bar gyur to zhes rab tu dga' ba bskyed do || ... [7] bdag ni de bzhin gshegs pa thams cad mthong bar 'gyur ba dang nye bar gyur to zhes rab tu dga' ba bskyed do || ... [8] bdag ni de bzhin gshegs pa thams cad kyi yul la yang dag par 'byung ngo zhes rab tu dga' ba bskyed do ||

竺法護訳『漸備一切智徳經』 461c7–10: [2] 懷來進入諸佛平等。... [7] 已得覩見如來至眞。[8] 具足成就如來境界。...

鳩摩羅什訳『十住經』 500c10–14: [2] 入一切佛平等中生歡喜心。[7] 近見一切諸佛生歡喜心。[8] 生諸佛境界生歡喜心。...

佛駄跋陀羅訳『六十華厳』 545a7–11: [2] 入一切佛平等中。生歡喜心。... [7] 近見一切諸佛。生歡喜心。[8] 生諸佛境界。生歡喜心。

實叉難陀訳『八十華厳』 181b8–11: [2] 親近一切佛。故生歡喜。[7] 見一切如來。故生歡喜。[8] 生佛境界中。故生歡喜。...

尸羅達摩訳『佛説十地經』 538b7–9: [2] 親近諸佛... [7] 近見諸佛，[8] 住佛境界。...

(31) 本偈にも世親釈にも意楽清浄と二障との関連は言及されないが，先述の第 2 偈において増上意楽の清浄が説かれ，それを安慧釈は二取の汚れを離れると注釈している。この後のⅣ.13 の意楽清浄に関する記述に説かれている，菩提に至る方便（upāya）に二障の浄化が相当する。

(32) 後出 k.14 安慧釈のパラレルに基づいて，「自性」を補って理解した。

(33) 長尾 [2007a: 95 n.5] には，初地における功徳として『十地経』の次の箇所が参照されている。

DBh Ⅰ: Rahder Ⅰ VV, Kondo Ⅱ 26.2–7:

tasyāsyāṃ pramuditāyāṃ bodhisattvabhūmau sthitasya bodhisattvasya, bahavo buddhā ābhāsam āgacchanti, audārikadarśanena praṇidhānabalena ca, bahūni buddhaśatāni bahūni buddhasahasrāṇi bahūni buddhaśatasahasrāṇi bahūni buddhanayutaśatasahasrāṇi bahavo buddhakoṭyo bahūni buddhakoṭīśatāni bahūni buddhakoṭīsahasrāṇi bahūni buddhakoṭīśatasahasrāṇi bahūni buddhakoṭīnayutaśatasahasrāṇy ābhāsam āgacchanti, audārikadarśanena praṇidhānabalena ca | ...

かの菩薩がこのような歓喜という菩薩地にあるとき，肉眼によって，および誓願の力によって，多くの諸仏が眼前に現れる。幾百という多くの諸仏が，幾千という多くの諸仏が，幾百千という多くの諸仏が，幾百千億という多くの諸仏が，幾兆という多くの諸仏が，幾百兆という多くの諸仏が，幾千兆という多くの諸仏が，幾千兆という多くの諸仏が，幾千億兆という多くの諸仏が，肉眼によって，および誓願の力によって，眼前に現れる。...

(34) 長尾 [2007a: n.2] に『維摩経』の該当箇所が指摘されている。

VKN VII §6 k.1 大正 [2006], cf. 高橋・西野 [2011: 147].

prajñāpāramitā mātā bodhisattvāna māriṣa |

pitā copāyakauśalyaṃ yato jāyanti nāyakāḥ ||

友よ，般若波羅蜜が菩薩たちの母であり，

善巧方便が父である。指導者たち（諸仏）はかれら（母と父）から生じる。

(35) 『三昧王経』第 10 章「入城」に見られる。Vaidya 本が参照したギルギット写本と二つのネパール写本のうち，ネパール写本には以下の偈頌を含む，Vaidya 本のおよそ一頁分に相当する長い文章が見られるという。Vaidya 本はこれを異読として脚註に回しており（SRS X: Vaidya 54 n.8），漢訳（那連提耶舎訳）にもこの異読は訳出されていない。一方で現行のチベット訳はこの異読からの訳出だと考えられる。

SRS: Vaidya 313.6–9 (Appendix No.10)

khasamā virajā vararūpadharā aśarīra alakṣaṇa prajñasūtā |

sugambhīraguṇodadhi kāruṇikā dada mūrdhni pāṇī apratimā ||

虚空の如く，塵を離れ，尊い容姿を保ち，身体も相もない般若の息子，甚深なる功徳の海［の如き者］，悲を持つ者よ，比類なき御手を［私の］頭に置いてください。

SRS X *Purapraveśaparivarta* D 29a5–6:

nam mkha' 'dra zhing rdul bral gzugs bzang 'chang ||

shes rab sras po lus dang mtshan mi mnga' ||

yon tan rgya mtsho rab zab thugs rje can ||

mtshungs med phyag ni bdag gi spyi bor zhog ||

同偈は以下の文献にも引かれる。

Āryadeva *Caryāmelāvaṇapradīpa*:

Samādhirājasūtre Candraprabhakumāreṇāpi tathāgatakāyo varṇitaḥ |

khasamā virajā vararūpadharā aśarīra alakṣaṇa prajñasutā |

sugambhīraguṇodadhi kāruṇikā dada mūrdhni pāṇi mama apratimā ||

iti |

Wedemeyer [2007: 272–273]

(36) この安慧釈に述べられる禅定と心一境性については，例えば AS・ASBh に関連する記述がある。

AS Gokhale [1947 : 16.4–5] :

samādhiḥ katamaḥ | upaparīkṣye vastuni cittasyaikāgratā | jñānasanniśrayadānakarmakaḥ ||
三昧とは何か。考察すべき事物に対する心一境性である。智の依り所をもたらすはたらきを為すものである。

ASBh Tatia [1976: 5.8–9]:

cittasyaikāgratāvikṣepaḥ | jñānasaṃniśrayadānaṃ samāhitacittasya yathābhūtajñānāt ||
心一境性とは不散乱である。智の依り所をもたらすこととは，三昧に入った心には如実智があるからである。

(37) MSABh XIX.10–11 に，菩薩が衆生を援助するあり方を，母親が子供を受胎・出産・養育・保護・教育するという譬喩で示している。さらにそれに対する SAVBh XIX.11 に，母親が子供を崖底に堕ちないよう保護するという共通の譬喩が説かれているが，そこでは，菩薩が衆生を三悪道に堕ちないよう保護するという文脈で用いられている。

SAVBh XIX.11a D184b6–7: nyes byas yongs su bsrung ba dang || (duṣkṛtāt parirakṣanti) zhes bya ba la | ji ltar mas bu la g-yang sa dang | ngam grog la sogs par mi ltung bar 'gyur ba srung bar byed pa de bzhin du byang chub sems dpa' rnams kyis kyang sems can rnams ngan song gsum du ltung bar 'gyur ba'i lus kyi nyes pa byed pa dang | ngag gi nyes pa byed pa dang | yid kyi nyes pa byed pa las bsrung zhing bzlog par byed pas na ma dang 'dra ba yin no ||

(38) vyavasāya が安慧釈所引の十地経では brtson 'grus と訳されている。十地経蔵訳では brtson pa である。brtson 'grus は主に vīrya（精進）の訳語であるが，vyavasāya の訳例もある。因みに、十地経論註の当該箇所では、vyavasāya (brtzon pa) が vīrya (brtson 'grus) を特相とすると釈されている（附論 6 桑月 [2023] 参照)。

(39) 『十地経』の第一大誓願の全文については，対応する無性釈を参照。

(40) Ⅳ.9 の安慧釈に引用される文言の一部が再び引用されることが長尾 [2007a: 95 n.4] に指摘されている。以下に再掲する。

DBh Ⅰ [Rahder Ⅸ, Kondo 17.6–10]: [2] avatīrṇo 'smi buddhabhūmisamīpaṃ ... iti prāmodyam utpādayati |

[2] 私は仏地の近くに入った... と歓喜を起こす。

(41) 対応する梵本は以下の通りである。なお，prayoga がチベット訳では thabs となっているが，安慧釈所引の文言と一致する。

DBh Ⅰ [Rahder Ⅰ W, Kondo 17.5]: [10] sarvatathāgatajñānapraveśaprayogam anusmaran bhūyaḥ prāmodyavān bhavati | [10] 一切如来の智に悟入するための加行を随念して，歓喜ある者となる。

Tib-DBh [D kha 175b2–3, P li 59a2–3, L ga 80b4]: [10] de bzhin gshegs pa thams cad kyi ye shes la 'jug pa'i thabs rjes su dran zhing rab tu dga' ba yin |

竺法護訳『漸備一切智徳經』461c4–6：[10] 念於如來至眞之教。念以勸化一切衆生。適發悦豫。念諸菩薩入如來慧精進之業。重復思惟將導不逮。爲以得度。

鳩摩羅什訳『十住經』500c7–8：[10] 念一切佛一切菩薩所入智慧門方便故生歡喜心。

佛駄跋陀羅訳『六十華嚴』545a4–5：[10] 念一切佛一切菩薩所入智慧方便門故。生歡喜心。

實叉難陀訳『八十華嚴』181b6：[10] 念入一切如來智方便。故生歡喜。

尸羅達摩訳『佛説十地經』538b5–6：[10] 念當趣入一切如來智加行時。皆生歡喜。

(42) 阿部 [2000: 86] は，Ⅳ.15–20 に説かれる二十二種の譬喩を勝義発心の功徳を示すものと見ているが，当該の安慧釈によると，勝義発心のみならず，世俗発心の功徳をも示すといわれている。

(43) (1) の世親釈に対する安慧釈において以下のように記されるのに対応するのであろう。

sangs rgyas kyi chos rnams kyi tshogs zhes bya ba la | sangs rgyas kyi (P69a7) chos ni stobs dang mi 'jigs pa dang ma 'dres pa la sogs pa'i sangs rgyas kyi sar gtogs pa'i yon tan la bya'o || tshogs kyi sgras (D62a1) ni sa bcu dang pha rol tu phyin pa bcu la sogs pa la bya'o ||

「[一切の］仏の特質［とそのため］の資糧」(MSABh Ⅳ.15）ということに関して。「仏の特質」とは［十］力や［四］無畏や［十八］不共仏法などの仏地に属する功徳をいう。「資糧」という語は，十地や十波羅蜜などをいう。

(44) 善法の増大，および二資糧と六波羅蜜の関係については，MSABh Ⅳ.5, MSABh & SAVBh Ⅳ.8 を参照。

(45) マカラ（makara 摩喝魚，摩伽羅）は想像上の海の怪物で，鰐から発想されたものと見られる。2本もしくは4本の獅子脚と鱗で被われた身体と鰐の尾を持つ姿で描かれることが多い。

(46) 四無量の定型的な説明において慈無量は不苦不楽の衆生を対象とするとされるので，この安慧の文には何らかの混乱が想定されよう。四無量については研究会 [2013: 59–61, 341] を参照。

(47) ここでは，五神通のみが言われているが，漏尽通を含めた六神通については，MSA Ⅶ（神通品第八）.1（長尾 [2007 : 143–145]），XⅧ.50–54（長尾 [2009 : 243–253]），XXI.48（長尾 [2011 : 145–146]）を参照。

(48) Negi s.v. srog la bab, prāṇāntikaḥ

(49) 四法印の第二句は通常は「一切行苦」であり，ここで「一切の有漏が苦である」とされているのは特異である。瑜伽行派における四法印説示の典型として，菩薩地菩提分品（Bodhipakṣya-paṭala）の例を以下に挙げる。

BBh [W 277.5–15; D 188.9–16]: catvārīmāni dharmoddānāni yāni buddhāś ca bodhisattvāś ca sattvānāṃ viśuddhaye deśayanti | katamāni catvāri | anityāḥ sarvasaṃskārā iti dharmoddānam | duḥkhāḥ sarvasaṃskārā iti dharmoddānam | anātmānaḥ sarvadharmā iti dharmoddānam | śāntaṃ nirvāṇam iti dharmoddānam | etatpratisaṃyuktārthaṃ yad bhūyasā dharmam udīrayanti buddhabodhisattvāḥ sattvānām | tasmād etāni dharmoddānānīty ucyante | purāṇaiś (D paurāṇe) ca śāntamānasair munibhir uditoditatvān nityakālam uddānānīty ucyante | mahodayagāminī bhavāgrāc ca gāminī (D bhavāgrordhvaṃgāminī caiṣā) pratipat tasmād uddānānīty ucyante |；玄奘訳［544a］:「復有四種法嗢拕南。諸佛菩薩欲令有情清淨故說。何等為四。一切諸行皆是無常，是名第一法嗢拕南。一切諸行皆悉是苦，是名第二法嗢拕南。一切諸法皆無有我，是名第三法嗢拕南。涅槃寂靜，是名第四法嗢拕南。諸佛菩薩多為有情宣說如是法相應義，是故說名法嗢拕南。又從曩昔其心寂靜諸牟尼尊，於一切時展轉宣說，是故說此名嗢拕南。又此行迹能趣大生，亦復能趣出第一有，是故說此名嗢拕南。」

(50) chu bo'i klung dang 'dra ba'o とあるが，本偈（klung chen rgyun dang 'dra ba'o）の引用とみなした。

(51) MSA Ⅷにおいて，kk.1–11 で自成熟（仏法成熟），kk.12–22 が他成熟（衆生成熟）が説かれている。その場合の仏法 buddha-dharma とは「仏の特質」，十八不共仏法などを表すと見てよいであろう。

(52) 無性釈には「器世間［の］大地における穀物や薬草，大樹など［の］一切の豊穣（saṃpatti）が生じる」とある。

(53) 原文 dang を同格として理解した。安慧釈におけるこうした訳例は他にも確認できる e.g. SAVBh Ⅲ.4: mtshan nyid dang rang bzhin「本質（mtshan nyid, *svabhāva），すなわち本性（rang bzhin, *prakṛti）...」

(54) 第 2 偈および第 7 偈に対する安慧釈によれば，前者の「浄信の心」は，信解行地における発心すなわち世俗発心に，後者の「歓喜の心」は初地以降における勝義発心に相当することになろう。

(55) k.15 世親釈: sarvabuddhadharmatatsaṃbhāraprasavasya pratiṣṭhābhūtatvāt, MSABh Tib.: sangs rgyas kyi chos thams cad dang de'i tshogs 'phel ba'i rten du gyur pa'i phyir ro.

(56) k.19 世親釈: svarasavāhitvād, MSA-Bh Tib.: rang gi ngang gyis 'byung ba'i phyir ro.

(57) 二障の断滅の円満と人法二無我を覚知する智慧の円満は，それぞれ MSg Ⅸ「果断分第十」と X「彼果智分第十一」に対応する。長尾［1987］を参照。

(58) 原文は dgongs chen don mchog となっているが，mchog は直後の de nyid にかかるもの（sutattva）として理解し和訳しなかった。

(59) 「不起不生」(ma skyes pa dang ma byung ba) に相当する表現は『無尽意所説経』に見られ，当該箇所は『中論釈』に引かれるため梵文も回収される (Braarvig [1993 : 117–118]: *Prasannapadā*, 43.4-7: uktaṃ cāryākṣayamatisūtre | ... | yāvad ye sūtrāntāḥ śūnyatānimittāpraṇihitānabhisaṃskār**ājātānutpādā**bhāva-nirātmaniḥsattvanirjīvaniḥpudgalāsvāmikavimokṣamukhā nirdiṣṭāḥ ta ucyante nītārthāḥ | (mdo sde gang dag stong pa nyid dang mtshan ma med pa dang smon pa med pa dang mngon par 'du mi byed pa dang **ma skyes pa dang ma byung ba** dang dngos po med pa dang bdag med pa dang sems can med pa dang srog med pa dang gang zag med pa dang bdag po med pa nas | rnam par thar pa'i sgo'i bar du bstan pa

de dag ni nges pa'i don zhes bya ste |)

(60) 長尾 [2007a: 105] が示すように,『摂大乗論』所説の四種密語のうちの第四「翻転の密語」(pariṇāmanā-abhisaṃdhi) に相当する (MSg II.31B 長尾 [1982: 上 393–399, 下 56, n.1])。

また「翻転の密語」について, *Abhidharmasamuccaya* には以下のような説明がなされており, おそらく安慧はこれを念頭に注釈しているであろう。

AS §204A–D, (T31_694ab)

abhisandhiviniścayaḥ katamaḥ | uktād anyo 'rthaḥ | nāmapadavyañjanakāyānāṃ channasyābhisandheḥ anyārthābhivyañjane vipariṇāmaḥ || yathoktaṃ sūtre |

mātaraṃ pitaraṃ hatvā rājānaṃ dvau bahuśrutau |

rāṣṭraṃ sānucaraṃ hatvā naro viśuddha ucyate ||

api coktaṃ sūtre |

aśraddho 'kṛtajñaś ca sandhicchedī ca yo naraḥ |

hatāvakāśo vāntāśaḥ sa vai uttamapuruṣaḥ ||

punaś coktaṃ sūtre |

asāre sāramatayo viparyāse ca susthitāḥ |

kleśena ca susaṃkliṣṭā labhante bodhim uttamām ||

なお,「母を殺し...」に相当する偈は *Dhammapada* にも含まれている。

Dhammapada PTS 43 (Hinüber & Norman [1995] *Dhammapada*, Oxford: Pali Text Society (Reprinted with Corrections)) Cf. 中村 [1978: 51]

mātaraṃ pitaraṃ hantvā rājāno dve ca khattiye |

raṭṭhaṃ sānuvaraṃ hantvā anīgho yāti brāhmaṇo || 294 ||

294 (「妄愛」という) 母と (「われありという慢心」である) 父とをほろぼし, (永久に存在するという見解と滅びて無くなるという見解という) 二人の武家の王をほろぼし, (主観的器官と客観的対象とあわせて十二の領域である) 国土と (「喜び貪り」という) 従臣とをほろぼして, バラモンは汚れなしにおもむく。(中村訳)

さらに, SAVBh XVIII.31–32 には以下のようなパラレルな文言がある。

SAVBh XVIII.31 D 95b5–7:

dgongs pa yi ni don rnams dang || zhes bya ba la | bcom ldan 'das kyis gsungs pa'i chos la yang rnam pa gnyis te | don dang tshig go || de la pha bsad ma bsad dgra bcom pa bsad na 'tshang rgya'o zhes bshad pa la sogs pa de'i don yin pa la rtog(rton?) par byed kyi pha bsad ma bsad 'tshang rgya bar 'gyur bar tshig thad kar rjes su snyegs par mi byed pa ni dgongs pa'i don la rton pa zhes bya ste | des ni don la rton gyi tshig la mi rton par bstan to || de la dgongs pa'i don ni pha zhes bya ba ma rig pa la bya bar dgongs | ma zhes bya ba 'dod chags la bya bar dgongs zhes rtog pa ni dgongs pa'i don la rton pa yin no ||

「**それに関して意趣された意味と**」（artho 'bhiprāyiko 'sya 31b）ということについて。世尊が説かれた法にも二種ある。意味と文である。そのうちで，「父を殺し，母を殺し，阿羅漢を殺せば仏と成る」という説示などの意味するところに依拠して，父殺し母殺しが仏と成るという文の側に追随しない者が，意趣された意味に依拠する者と言われる。それで，「意味に依拠して文には依拠せず」（依義不依文）と説かれたのである。そのうちで，意趣された意味とは，父とは無明であると意趣されており母とは貪欲であると意趣されている，と理解する者が，意趣された意味に依拠する者である。

SAVBh XⅧ.32 D 97b4–6:

(2) so sor rton pa gnyis pa ni ma skyes pa dang ma byung ba dang | pha bsad pa dang ma bsad pa la sogs pa'i don la 'bras bu dang sgra ji bzhin du 'dzin gyi | de la dgongs pa'i don la mi rton pa'i gang zag dgag pa'i phyir gsungs te | de bas na don la rton par bya'i tshig la ni ma yin te zhes gsungs te | pha bsad ma bsad ces bya ba la sogs pa gsungs pa yang | 'dod chags dang zhe sdang la sogs pa'i nyon mongs pa'i tshogs spang bar bya ba la dgongs pa yin gyi || pha dang ma dngos bsad par bya ba la | ji ltar tshig thad kar drang ba ni ma yin no ||

第二の依（依義不依文）は，「不起不生」や，「父を殺し，母を殺し」云々の意味について，結果と言葉の通りに把握し，そこに意趣された意味に依拠しない人を非難するために説かれる。それで，「意味に依拠して文には［依拠］せず」と説かれるのである。「父を殺し，母を殺し」云々という説示も，貪欲・瞋恚などの煩悩の集まりを断ぜよという意趣であって，父や母を殺せという文の側の通りではない。

(61) この世親釈冒頭の cittotpādapraśaṃsāyāṃは，世親釈蔵訳及び無性釈蔵訳では sems bskyed pa bsngags par（tshigs su bcad pa）となっている。安慧釈所引文 sems bskyed pa dang bsngags pas からは原梵文*cittotpādapraśaṃsābhyāṃ (f. du. Inst) が想定され，それを Dv. cmpd と解したものと思われる。以下の安慧自身の注釈も，これを前提としたものであろう。

(62) 安慧釈では legs pa はしばしば anuśaṃsa の訳語として用いられ，功徳 yon tan, guṇa とほぼ等置される。典型的な例は以下である。

SAVBh ad MSA Ⅰ.4–6（D 15a6-b1; P 16a6–8）：

de'i 'og tu tshigs su bcad pa gsum gyis ni chos de la ri mo bskyed pa'i phyir **legs pa** rnam pa gsum bstan to zhes bya ba la / gong du theg pa chenpo'i chos de rang bzhin gyis yon tan dang ldan no zhes bstan pa la yon tan yod par cis shes she na / lan du tshigs su bcad pa gsum gyis dpe gsum dang sbyar te / theg pa chen po'i chos la **legs pa** dang yon tan rnam pa gsum yod par ston to // yon tan rnam pa gsum ni / (1) sgrib pa spong pa'i rgyu dang / (2) phun sum tshogs pa'i rgyu dang / (3)'phags pa'i nor la spyod pa'i rgyu'o //

「これに次いで，［大乗法への］尊敬の念を生ぜしめるために，三偈によってその［大乗］法にある三種の利徳を説き示す」（MSABh ad MSA Ⅰ.4–6: ataḥ paraṃ tribhiḥ ślokais tasmin dharme trividham **anuśaṃsaṃ** darśayaty ādarotpādanārthaṃ）について。先に［MSABh ad MSA Ⅰ.3c で］「その［大乗］法は本来的に功徳を具えている」と説いたことに関して。功徳があることは何によって知るのか［と問われる］。それに答えて，三偈によって三つの譬喩と結びつけて，大乗法には三種の利徳すなわち功徳があることを示す。三種の功徳とは，⑴障害を断ずる因と，⑵円満（phun sum tshogs pa ＝自在性 vibhutva MSABh）の因と，⑶聖者の財産を享受することの因である。

⒀ 不作律儀については次偈および世親釈当該箇所の注記を参照。

⒁ 菩薩の苦に対する恐れについては，MSABh XVII.46 に関連する記述がある：

duḥkhābhāve duḥkhaṃ yat kṛpayā bhavati bodhisatvānāṃ ||
saṃtrāsayati tad ādau spṛṣṭaṃ tv abhinandayati gāḍhaṃ || XVII.46 ||

duḥkhābhāva iti duḥkhābhāvo nimittaṃ sattveṣu | karuṇayā bodhisattvānāṃ yad duḥkham utpadyate tad ādau saṃtrāsayaty adhimukticaryābhūmau | ātmaparasamatayā duḥkhasya yathābhūtam aspṛṣṭatvāt | spṛṣṭaṃ tu śuddhādhyāśayabhūmāv abhinandayaty evety arthaḥ ||

［衆生において］苦を無くすために，菩薩たちには悲愍によって苦が生じる。それ（苦）が最初には［菩薩たちを］怖畏させる。それに対して，［苦が如実に］深く直証されるならば，［その苦が菩薩たちを］歓喜させる。|| MSA XVII.46 ||

苦を無くすためにと［いう於格］は，衆生において苦を無くすことを動機としている［という意味な］のである。［その動機のために］悲によって菩薩たちには苦が生じる。それ（苦）が最初には，すなわち信解行地においては，［菩薩たちを］怖畏させる。自他の平等性によって，苦を如実に直證していないからである。それに対して，清浄増上意楽地（初地）において［苦が如実に］直證されるならば、［その同じ苦が菩薩を］まさに歓喜させるという意味である。（MSABh ad XVII.46）（研究会 [2013: 88–89]）

同安慧釈によれば，「信解行地においては，このような苦から解放することはできないと考えて恐れが生じる。何故なら，自他平等の心を未だ得ておらず一切の苦の空性を悟得していないからである。」（取意）。詳細は附論 3 内藤 [2023] を参照。

⒂ Cf. SAVBh ad IV.1 supra: sems can gyi don du bskal pa grangs med par mgo dang rkang lag la sogs pa gtong ba'i dka' ba spyod pa la spro zhing mi ldog pa'i sems bskyed pa dang po la **spro ba che ba** zhes bya'o ||「衆生のために阿僧祇劫にわたって頭や手足などを喜捨する難行に対して［心が］気力に満ちて退転しない，最初の発心を「大いなる気力があり」という。」

⒃ 世親釈中の ātmārthaṃ (bdag gi don du) に対応するものと見做し，諸版 bdag gi don dang とあるのを bdag gi don du に訂正して訳す。

⒄ 「四種」に対応する語は，現行の梵本には見られない。

⒅ 冒頭で四種と言いながら，ここでは，第二「食事」の説明がなく三種しかない。しかしながら，以下

の個別の説明では注釈されている。

(69) 無関心と羞恥の問題については，世親釈注(49)を参照。

(70) bdag nyid kyi em. : bdag nyid kyis CDNPG.

(71) ’tshe ba となっているが，tshe（janman）として理解した。

(72) ここで安慧が言及する「鑽木から火が起こるように」という譬喩は，順決択分の煖・頂・忍・世第一法の四善根について説かれるもので，『声聞地』に以下のように詳説されている。

ŚrBh 324.8–325.16; 声聞地研究会 [2007: 226–229]：

sa eṣām indriyāṇām eteṣāṃ ca balānām āsevanānvayād bhāvanānvayād bahulīkārānvayān nirvedhabhāgīyāni kuśalamūlāny utpādayati mṛdumadhyādhimātrāṇi | tadyathoṣmagatāni mūrdhānaḥ satyānulomāḥ kṣāntayo laukikāgradharmāḥ | tadyathā kaścid eva puruṣo ’gnināgnikāryaṃ kartukāmo ’gninārthy* adharāraṇyām uttarāraṇiṃ pratiṣṭhāpyābhimathnann utsahate ghaṭate vyāyacchate | tasyotsahato ghaṭato vyāyacchataś ca tatprathamato ’dharāraṇyām ūṣmā jāyate | saiva coṣmābhivardhamānā ūrdhvam āgacchati | bhūyasyā mātrayābhivardhamānā nirarciṣam agniṃ pātayati, agnipatanasamanantaram eva cārcir jāyate | yathārciṣotpannayā jātayā saṃjātayāgnikāryaṃ karoti |

yathābhimanthanavyāyāma evaṃ pañcānām indriyāṇām āsevanā draṣṭavyā | yathādharāraṇyā tatprathamata evoṣmagataṃ bhavati, evam ūṣmagatāni draṣṭavyāni | pūrvaṃgamāni nimittabhūtāny agnisthānīyānām anāsravāṇāṃ dharmāṇāṃ kleśaparidāhakānām utpattaye | yathā tasyaivoṣmaṇa ūrdhvam āgamanam evaṃ mūrdhāno draṣṭavyāḥ | yathā dhūmaprādurbhāva evaṃ satyānulomāḥ kṣāntayo draṣṭavyāḥ | yathāgneḥ patanaṃ nirarciṣa evaṃ laukikāgradharmā draṣṭavyāḥ | yathā tadanantaram aricịṣa utpāda evaṃ lokottarānāsravā dharmā draṣṭavyāḥ | ye laukiākgradharmasaṃgṛhītānāṃ pañcānām indriyāṇāṃ samanantaram utpadyate ||

彼（瑜伽行者）はこれら［五］根と［五］力を勤修し，修習し，反復修習することによって，順決択分における低次・中次・高次の善根を起こす。すなわち，煖，頂，諦に随順する忍，世第一法である。例えば，火をもって火の所作を為そうとするある人が，火を求めて下の鑽木（adharāraṇi）に上の鑽木（uttarāraṇi）を置いて摩擦し，努め，勤しみ，精進する。その者が努め，勤しみ，精進すると，最初に下の鑽木に熱が生じる。その同じ熱は高まりつつ上昇する。［その熱が］一層高まると［煙が現れ，やがて］炎のない火を発生させる。火が発生するのと同時に炎が生じる。炎が発生し，生じ，起こるのに従って，［その者は］火の所作を為す。

［鑽木の］摩擦に精進するように，五根を勤修すると見るべきである。最初に下の鑽木によって煖［という熱］が起こるように，煖が［起こる］と見るべきである。［煖は,］煩悩を焼き尽くす火の如き無漏法を生起させるための先行する原因となるものである。その同じ

煖［という熱］が上昇するように，頂が［上昇する］と見るべきである。煙が現れるように，諦に随順する忍が［現れる］と見るべきである。炎のない火が発生するように，世第一法が［発生する］と見るべきである。その［火の］直後に炎が生じるように，世第一法に包摂される五根（・五力）の直後に出世間の無漏なる諸法が生じると見るべきである。」

玄奘訳 [444c]：

即由如是諸根諸力，漸修漸習漸多修習為因縁故，便能發起下中上品順決擇分四種善根。何等為四。一煖二頂三順諦忍四世第一法。譬如有人欲以其火作火所作，為求火故下安乾木上施鑽燧，精勤策勵勇猛鑽求。彼於如是精勤策勵勇猛鑽時，於下木上最初生煖。次煖增長熱氣上衝。次倍增盛其煙遂發。次無焰火欻然流出。火出無間發生猛焰。猛焰生已便能造作火之所作。

如鑽火人精勤策勵勇猛鑽求，五根五力漸修漸習漸多修習當知亦爾。如下木上初所生煖，其煖善根當知亦爾。燒諸煩惱無漏法火生前相故。如煖增長熱氣上衝，其頂善根當知亦爾。如次煙發，其順諦忍當知亦爾。如無焰火欻然流出，世第一法當知亦爾。如火無間發生猛焰，世第一法所攝五根五力無間所生出世無漏聖法當知亦爾。

因みに，『俱舎論』第VI章「賢聖品」には，煖の語義について以下のように述べられる（AKBh VI.17a, 343.9；櫻部・小谷 [1999: 114]）：

tata ūṣmagatotpattiḥ（AK VI.17a）

tasmād dharmasmṛtyupasthānād evam abhyastāt krameṇoṣmagataṃ nāma kuśalamūlam utpadyate | ūṣmagatam ivoṣmagatam | kleśendhanadahanasyāryamārgāgneḥ pūrvarūpatvāt |

「それから，煖の生起がある。（AK VI.17a）

その［総縁の］法念処がこのように修されてから，煖と名付けられる善根が順次に生ずる。煖は煖熱の状態のごとくである。煩悩の薪を焼く聖道の火の前兆だからである。」

(73)「三生あるいは七［生］によって」について，三生とは，『俱舎論』「賢聖品」に以下のように説かれる通りである。七生とは預流の極七返生を指すものであろう。

AKBh VI.24cd, 349.2–10；櫻部・小谷 [1999: 154]

kiṃ punaḥ prathama eva janmani kṛtaprayogo nirvedhabhāgīyāny utpādayet | naitad asti avaśyaṃ hi

prāk tebhyo mokṣabhāgīyam (VI.24c)

utpādayitavyam | sarvasvalpaṃ hi

kṣipraṃ mokṣas tribhir bhavaiḥ ||VI.24d||

ekasmin janmani mokṣabhāgīyaṃ kuśalamūlam utpādayet | dvitīye nirvedhabhāgīyāni | tṛtīye āryamārgam | bījaviropaṇasasyābhivṛddhiphalotpattikramavat | krameṇa hi saṃtānasyāsyāṃ dharmatāyām avatāraparipākavimuktayo bhavantīti |

「では，まさに最初の生において［順解脱分を］行じた者は順決択分を生じるであろうか。そうではない。必ず，

順解脱分はそれら（順決択分）より前［の生］に（VI.24c）
生じるはずである。なぜなら，最も短期間に
速やかに解脱するとは，三つの生存によってである。（VI.24d）
第一の生において順解脱分なる善根を生じるであろうし，第二［の生］において順決択分を［生じるであろうし］，第三［の生］において聖道を［生じるであろう］。種子を植え，穀物が生長し，実が生じる順序のように。相続は，順次，［第一の生において順解脱分を生じることによって］この法性に入り，［第二の生において順決択分を生じることによって］熟し，［第三の生において聖道を生じることによって］解脱することになるからである。」

(74) MSABh XIX.59 に大乗の七種の偉大性を挙げるうち，第四として発勤精進の偉大性（vīryārambha-mahattva）が説かれる。その安慧釈には以下のようにある。

SAVBh XIX. 59c D 218a4–5, P 252b2–3:

brtson ’grus chen po ni bskal pa grangs med pa gsum du rtag tu gus par sbyor ba’i phyir ro zhes bya ba la | nyan thos rnams kyis tshe gsum mam | tshe bdun tsam zhig brtson ’grus rtsom gyi | byang chub sems dpa’ rnams kyis ni rab tu nye ba | bskal pa grangs med pa gsum gyi bar du brtson ’grus rtsom ste | de bas na brtson ’grus brtsams pa che’o ||

［発勤］精進の偉大性とは，三無数劫に亘って，常に恭敬して修行するからである（vīryārambhamahattvena trīṇi kalpāsaṃkhyeyāni sātatyasatkṛtyaprayogāt）について。声聞たちは三生あるいは七生だけで精進に努めるが，菩薩たちは，最短でも三無数劫に至るまで，精進に努めるのであって，それ故に発勤精進は偉大なのである。

(75) 安慧の引用する『倶舎論』の偈には若干の異同があるが，ここでは『倶舎論』梵本および無性釈所引の偈に沿った訳を掲げた。

(76) lhag par bya ba’i skabs とあるが，章末には skabs bshad pa とあるのが通例である。ここでは，lhag par bya ba’i skabs で adhikāra の訳とみなした。

附論

ヴァイローチャナラクシタ作『大乗荘厳経論』注

—「発心品」注釈箇所のテクストと試訳—

加 納 和 雄

『大乗荘厳経論』には複数のインド撰述の注釈書が現存するが，その多くはチベット訳のみで伝わり，原典は見つかっていない(1)。かかる状況においてヴァイローチャナラクシタ（11 世紀頃か）による『大乗荘厳経論』注は，決して浩瀚な注釈とはいえないが，梵文原典が完本として伝存している点で貴重である(2)。同注釈は『大乗荘厳経論』本頌と世親釈に対する注釈であり，チベット訳などは知られていない。著者およびその作品一覧，そして梵文写本などについては加納 [2013] を参照されたい(3)。筆者はこれまで同注釈第 17 章，第 2 章，そして第 1 章の一部について梵文校訂と試訳を発表した(4)。以下には，その第 4 章注釈箇所の梵文校訂テクストと試訳を提示する。

本注釈は逐語釈でもなければ達意釈でもなく，私的な覚書のような体裁をもつ。つまり，語釈が必要だと判断された語句のみを選び出して，そこに解説を加えるという形で注釈がなされる。注釈の対象となっている本文が飛び飛びであるため，探し出すのに労を要し，たいていはシンプルな語釈であるが，時に有益な情報を提供する。

本作のきわめて特徴的な点は，その注釈文が無性釈（Asvabhāva, D 4039）のそれとしばしば逐語的に対応する点である。本作が無性釈を参照し，そこから一部を抜粋していたことは間違いなさそうである。本書の中で無性釈と対応する文言がある場合は，梵本の脚注に無性釈の対応文を提示して一致する箇所に下線を施した。

(1) 加納 [2013: 221] 参照。

(2) 梵文写本はゲッティンゲン（州立兼大学図書館）およびローマ所蔵の写真版を使用した。閲覧に際しては同図書館および Francesco Sferra 氏にご助力頂いた。写本の詳細は加納 [2013] を参照。

(3) 同写本の研究に先鞭をつけたのは Gokhale [1978] である。その他の詳細は Kano [2008], Kano [2016: 103–105] を参照。

(4) 加納 [2006: 49 n. 40]，[2013]，[2020] 参照。

梵文テクストと試訳について

梵文校訂テクストと試訳の凡例を箇条書きする。

・梵文テクストに示す斜体太字は,『大乗荘厳経論』本偈の文言, 太字は世親に帰される注釈の文言を示す。

・子音重複などの綴り字の標準化, 連声の標準化, daṇḍa の添削については適宜行い, 逐一注記しない。

・チベット語訳の無性釈（D 4029）の文に対応する箇所は注記し, 一致する文言に下線を施した。無性釈のテクストは本研究会の校訂本に従う。

・写本の読みを改める場合は, 確定的な訂正を em. で示し, 暫定的な訂正を conj. で示した。

・試訳において『大乗荘厳経論』の本偈と世親釈の文言は基本的に本研究会訳に従う。

[梵文テクスト]

gotre sati bodhisa[18v6]tvasya svaparārthasampattir bhavati | sā ca cittotpādam antareṇa na syād iti tadanantaraṃ cittotpādādhikāraḥ || (5)

IV.1 ***cittasaṃbhavaś*** cittotpādaḥ | cetanāsvabhāvaḥ |(6) ***mahotsāhamahārambhā***bhyāṃ **puruṣakāraguṇaḥ** | ***mahārthe***n**ārthakriyāguṇaḥ** | ***mahoda***[18v7]***ye***na **phalaparigrahaguṇaḥ** ||

IV.3–6 cittotpādapraśnapūrvako niścayaś ***cittotpādaviniścayaḥ*** | praśnaḥ **kiṃmūlaḥ kimāśaya** ityādi |(7)

IV.9b mūla ***uttamabuddhatva***grahaṇaṃ(8) pratyekabuddhanirāsārtham |(9)

IV.12 **daśa mahāpraṇidhānā**ni daśabhūmaka(10) uktāni |(11)

IV.13 prathamabhūmyadhigama[19r1]kāla āśayaśuddhilābhād āsanno 'smi buddhabhūmer iti veti |(12)

IV.14 **yathāvyavasthānamanasikāreṇa**(13) prayogamārgeṇa |

(5) Asvabhāva, D53a6–b2: ji ltar shing ljon pa rtsa ba bzang po zug na rang gi don phun sum tshogs pa yal ga dang | lo ma dang | me tog dang | 'bras bu la sogs pa phal mo che 'byung la | phun sum tshogs pa de lta bu de ni skye bo phal po ches longs spyod par yang 'gyur bas gzhan gyi don phun sum tshogs pa zhes bya ba de bzhin du byang chub sems dpa' la rang bzhin gyi rigs la gnas pa yod na gnyis 'grub par 'gyur ro || gnyis 'grub pa de yang sems bskyed pa la sogs pa'i rim gyis 'gyur gyi gzhan du ni ma yin no || byang chub kyi sems bskyed pa la sogs pa yang rigs yod na 'gyur te | gang la byang chub sems dpa'i rigs yod pa de bla na med pa yang dag par rdzogs pa'i byang chub tu sems skyed par byed pas de'i phyir rigs kyi 'og tu sems bskyed pa'i skabs yin no ||

(6) Asvabhāva, D53b3–4: sems 'byung ba zhes bya ba la | 'byung ba dang bskyed pa zhes bya ba ni don tha dad pa ma yin no || sems pa'i mtshan nyid kyi sems bskyed pa ste | sems pa'i ngo bo nyid ces bya ba'i tha tshig go ||

(7) Asvabhāva, D 53b4–5: **sems bskyed pa rnam par gtan la dbab pa** zhes bya ba ni | sems bskyed pa dri ba sngon du btang ba'i rnam par gtan la dbab pa la **sems bskyed pa rnam par gtan la dbab pa** zhes bya'o || dri ba sngon du btang ba ji lta bu zhe na | **byang chub sems dpa'rnams kyi sems bskyed pa rnam pa bzhi pa 'di'i rtsa ba ni gang | bsam pa ni gang | mos pa ni gang** zhes bya ba la sogs pa yin no ||

(8) -buddhatva-] conj., -buddha- Ms. Cf. MSA IV.9b: uttame ca buddhatve; Asvabhāva, D5a2–3.

(9) Asvabhāva, D5a2–3: **sangs rgyas nyid mchog** ces smos pa ni rang sangs rgyas bsal ba'i phyir ro ||

(10) daśabhūmaka] em., daśabhūmake Ms.

(11) Cf. Asvabhāva, D54a7–b1.

(12) Asvabhāva, D54b1–2: **bsam pa dag pa ni byang chub dang nye bar shes pa'i phyir** zhes bya ba ni sa dang po rtogs pa'i dus na bsam pa dag pa thob ste | de thob pas de 'di snyam du bdag ni sangs rgyas kyi sa dang nye bar gyur to snyam du sems so ||

(13) yathā-] em., yadā Ms.

［試訳］

種姓が存在するときに，菩薩にとっては自利利他の完成がある。そしてそれ（完成）は，発心抜きにしてはありえないだろう。だからそれ（種姓章）の直後に発心章がある。

IV.1 「心の生起」とは発心のことである。［それは三種の徳と二種の所縁をもつところの］意思を本質としている。「大いなる士気」と「大いなる奮闘[14]」とによって「英雄的行為という功徳」が［示された］。「大いなる目的」によって「利益を為すという功徳」が［示された］。「大いなる達成」によって，「果を獲得するという功徳」が［示された］。

IV.3–6 発心について問いを先として確定することが，「発心の確定」である。質問とは，「何を根本とするのか，何に対する意楽があるのか」，云々である。

IV.9b 根本［偈］（IV.9b）において「最高の仏たること（仏果，仏の境地）」という文言があるのは，独覚を除外するためである。

IV.12 「十の大願」とは，『十地経』に説かれたものである。

IV.13 あるいは（vā），初地をさとる時において，意楽の清浄を得るので，〝私は仏地に近づいた〟という［のが第 13 偈 a 句の意味である］。

IV.14 「［『十地経』に］設定されている通りに［地を］作意することによって」とは，加行道によって［という意味である］。

---

[14] 本研究会訳に従う。ārambha は「始動」「着手」「発起」の意味でも理解できるか。

IV.15 **hitāśayo** 'nyajanmani hitaniyojanāt | **sukhāśayo** dṛṣṭajanmani | ***kalyāṇasuvarṇas*** tāpādibhiḥ yathā na vikāraṃ bhajate tathā hitasukhā[19r2]dhyāśayacittotpādo bodhisatvasya na vikāraṃ bhajate |(15)

IV.16 ***anyo yathaiva*** ca ***ratnākaras*** tathā jñeyaḥ |

IV. 17–18 **apramāṇaṃ** maitryādi | **saṃgrahavastu** dānādi | **pratisaṃvid** dharmārthaniruktipratibhānāni | yadi neyārthasūtravyañjanapudgalavijñānapratiśaraṇo(16) bhavati tadā vipraṇāśaḥ | [19r3] tadabhāvād **avipraṇāśaḥ** |(17)

IV.19 **śamathavipaśyane**ti yuganaddhavāhitvam |(18) **dhāraṇī**balena śubhān dharmān arthāñ ca dhārayati | **pratibhāna**balenāśrutā dharmā arthāś codbhidyanta iti | dharmasyoddhatyadānaṃ **dharmoddānam,** anityāḥ saṃskārā duḥkhā [19r4] anātmānaḥ śāntaṃ nirvāṇam iti śrutvā **mokṣakāmānāṃ** priyam utpadyate |(19) aṣṭamyāṃ bhūmāv **anutpattikadharmakṣāntir bodhisattvānām** |(20)

IV.20 **akṣayatānusāro** 'kṣayatāpratipādanaprastāvaḥ |

IV.24 **saṃpattir** jīvitāvasthā, **vipattir** mara[19r5]ṇam || 4 ||

(15) Asvabhāva, D54b4–6: **phan pa'i bsam pa** ni gang gis tshe rabs gzhan du yang phan pa dang sprod par byed pa'o || **bde ba'i bsam pa** ni gang gis tshe 'di kho na la bde ba dang sprod par byed pa'o || gser bzang po dang 'dra ste | 'gyur ba mi rten pa'i phyir ro zhes bya ba ni gser bzang po bsregs pa dang | bcad pa dang | bdar ba la sogs pas brtags na 'gyur ba mi rten pa de bzhin du byang chub sems dpa'i sems bskyed pa phan pa dang bde ba'i bsam pa can yang gnas skabs thams cad du 'gyur ba mi rten to ||

(16) neyārthasūtravyañjanapudgalavijñānapratiśaraṇo] conj. neyārthasūtre vyañjanapratiśaraṇo Ms.

(17) Cf. Asvabhāva, D55a6–7: ji ltar na chud za ba'i rgyu yin | ji ltar na chud mi za ba'i rgyu yin zhe na | **gal te** gang zag dang | tshig 'bru dang | **drang ba'i don gyi mdo** dang | rnam par shes pa la rton par gyur na chud za ba'i rgyu yin no || bzlog na chud mi za ba'i rgyur 'gyur bas chud mi za ba'i rgyu zhes bya'o ||

(18) Cf. Asvabhāva, D55a7–b1 (zung du 'brel bar 'byung bas).

(19) Asvabhāva, D55b3–4: **chos bshad pa dang ldan pa ni kun dga'ba'i sgra dang 'dra ste | thar pa 'dod pa'i gdul ba rnams la snyan pa thos par byed pa'i phyir ro** zhes bya ba ni 'du byed thams cad ni mi rtag pa'o || sdug bsngal ba'o || bdag med pa'o || mya ngan las 'das pa ni zhi ba'o zhes bya ba thos nas **thar pa 'dod pa rnams** bdud rtsis tshim par 'gyur ba dang 'dra bas **kun dga'ba'i sgra dang 'dra** zhes bya'o ||

(20) Cf. Asvabhāva, D55b4–6.

Ⅳ.15「利益の意楽」とは，他の世（未来世）にむけて利益を促すことによる。「安楽の意楽」とは，現世にむけて［利益を促すことによる］。ちょうど（yathā）「純金」が加熱などによって変わることがない（変化を蒙らない）ように，菩薩の［衆生への］利益と安楽の増上意楽の発心は変わることがない。

Ⅳ.16b そして「次［の第六の発心］は宝石の鉱脈のようである」と知られるべきである。

Ⅳ. 17–18「［四］無量」とは慈など。「［四］摂事」とは布施など。「［四］無礙智」とは法・義・詞・弁である。もし［ある発心が］未了義経・文・人・識に依るものであるならば(21)，その場合，［その発心に］退失がある(22)。それらがないことにもとづいて(23)［その発心に］退失はない。

Ⅳ.19「止観」とは双運のことである。「陀羅尼」力によって諸の善なる法と義を保つ。「弁才」力によって聴聞していない諸法と諸義が湧出される，という(24)。法の高揚（uddhatya）を与えること（dāna）が「法印（dharma-uddāna 教えの綱領）」であり(25)，「諸行無常，［一切皆］苦，［諸法］無我，涅槃寂静」ということを聞いた後に，「解脱を欲する者たちには」，喜悦が生じる。「諸菩薩の無生法忍」は第八地において［得られる］。

Ⅳ.20［『無尽意経』所出の］「無尽性に従う」とは［同経中の］無尽性の解説の序文のことである。

Ⅳ.24「幸福」とは生きている状態のことであり，「不幸」とは死のことである。

(21) 写本通りの読み「未了義経における文に依るならば」の場合は内容に問題が残るため，無性釈にもとづいて訂正した。

(22) avipraṇāśa の語義については本研究会の MSABh ad Ⅳ.18 への訳注とそこに提示される MSA XⅧ.33 の用例を参照。

(23) すなわち了義経・義・法・智に依ることによって。

(24) Asvabhāva, D55b2–3: gzungs kyi stobs kyis thos pa'i chos dang don 'dzin par byed la spobs pa'i stobs kyis ma thos pa'i chos dang don 'dzin par byed pas na **bkod ma lta bu** zhes bya ste |

(25) uddāna という語の nirukti として「高揚（uddhatya = auddhatya?）を与えること（dāna）」と説明がなされている。

参考文献

（和文）

加納和雄

[2006] 「サッジャナ著『究竟論提要』―著者および梵文写本について―」，『密教文化研究所紀要』19，28–51 頁。

[2013] 「ヴァイローチャナラクシタ作『大乗荘厳経論』注―第 17 章注釈箇所のテクストと試訳―」，能仁正顕編『『大乗荘厳経論』第 17 章の和訳と注解―供養，師事，無量とくに悲無量―』，自照社出版，221–257 頁。

[2020] 「ヴァイローチャナラクシタ作『大乗荘厳経論』注―第 2 章注釈箇所のテクストと試訳―」，能仁正顕編『『大乗荘厳経論』第 2 章の和訳と注解―大乗への帰依―』，法藏館，173–182 頁。

（欧文）

Gokhale, V. V.

[1978] Yogācāra Works Annotated by Vairocanarakṣita (Discovered in the Tibetan Photographic Materials at the K.P. Jayaswal Research Institute at Patna). *Annals of the Bhandarkar Research Institute* 58/59 (1977/78). pp. 635–643.

Kano, Kazuo

[2008] Two Short Glosses on Yogācāra Texts by Vairocanarakṣita: *Viṃśikāṭīkāvivṛti* and **Dharmadharmatāvibhāgavivṛti*." In: Francesco Sferra (ed.), *Manuscripta Buddhica, Vol. I: Sanskrit Texts from Giuseppe Tucci's Collection*, Part Ⅰ. Serie Orientale Roma. Roma: IsIAO. pp. 343–380.

[2016] *Buddha-nature and Emptiness: rNgog Blo-ldan-shes-rab and a Transmission of the Ratnagotravibhāga from India to Tibet.* Vienna: Vienna Series for Tibetan and Buddhist Studies.

Ye Shaoyong, Li Xuezhu, and Kano Kazuo

[2013] Further Folios from the Set of Miscellaneous Texts in Śāradā Palm-leaves from Zha lu

Ri phug: A Preliminary Report Based on Photographs Preserved in the CTRC, CEL and IsIAO. *China Tibetology* 20. pp. 30–47.

（本研究会の先生方から頂いた様々なご教示に感謝申し上げます。令和 4 年度科学研究費 [17K02222] [18K00074] [21K00079] [22H00002] による研究成果の一部。）

Sūtrālaṃkāraparicaya「発心品」

加納和雄，葉少勇，李学竹

本稿では 11～12 世紀頃，カシュミールの人物により著されたとみられる，*Sūtrālaṃkāraparicaya*（『経荘厳全知』）の「発心品」を扱う。『大乗荘厳経論』への注釈書である本作品には，梵文の断片のみが確認され，チベット訳などの訳本は確認されていない。目下，確認されている断片は，貝葉にして都合 12 枚ほどであり，およそ『大乗荘厳経論』Ⅰ. 8–9, 11–13, Ⅱ. 9–Ⅲ. 12, Ⅳ. 5–Ⅷ. 12, Ⅷ. 19–Ⅸ. 10, Ⅸ. 78, 82–86 の本偈とその注釈が得られる。詳細は Ye, Li, Kano [2013] を参照されたい。この中で「帰依品」Ⅱ.9–12 は前稿で扱った[1]。本稿ではⅣ. 5–28 への注釈箇所を扱う（Ⅳ. 1–4 への注釈箇所は未発見）。

作品の冒頭部や末尾の奥書の貝葉が未発見であるため本注釈の著者は不明であるが，同一著者の作品とみられる *Mahāyānottaratantraparicaya* には，11 世紀のカシュミールで活躍した Sajjana による *Mahāyānottaratantraśāstropadeśa* の偈が「われらの師」（asmadguru）の教説として引用されるため，彼の弟子筋の人物がその著者とみられる。さらに本稿で扱う注釈の題名が *Sūtrālaṃkāraparicaya* であることは，複数の章の末尾に掲げられる後付の記述から確認され（sūtrālaṃkāraparicaye śaraṇagamanādhikāraparicayaḥ など），一連の著作の題名末尾に-paricaya の語を好んで付した Mahājana が，その著者の有力な候補として浮かび上がる。彼の別の作品 2 点も同じ帙に含まれる。彼は Sajjana の実子であり，弟子でもある。現在知られる Mahājana の著作の題名を列挙すると下記の通りである[2]。

Sūtrālaṃkārādhikārasaṅgati
Prajñāpāramitāhṛdayaparicaya
Pratibandhasiddhiparicaya
**Viniścayaparicaya* (*rNam par nges pa'i yongs su shes pa*)
Sūtrālaṃkāraparicaya
Mahāyānottaratantraparicaya

(1) 加納・葉・李 [2020]，大乗経典研究会 [2020]，[2021] 参照。
(2) 詳細は加納 [2021] を参照。

なお Sajjana は韻文による達意釈 *Sūtrālaṃkārapiṇḍārtha* の作者であり，同書は梵文断片のみが知られているが，「発心品」への注釈箇所は未発見である（ただしチベット撰述の注釈からその断片は窺われる(3)）。Sajjana は『大乗荘厳経論』のチベット訳の改訂にも携わり，同書のチベットへの伝承に大きな貢献を果たした(4)。また，この改訳に参画した Sajjana の弟子 rNgog Blo ldan shes rab（1059–1109）も，やはり『大乗荘厳経論』に対する自らの注釈（蔵文）を残している。

本注釈所引の『大乗荘厳経論』本偈について

本注釈『経荘厳全知』の顕著な特徴の一つに，『大乗荘厳経論』の本偈を順番に余すことなく引用する点がある。それら本偈を Lévi による『大乗荘厳経論』梵文刊本と対照するとしばしば異読がみられる。また Lévi 本に欠如する偈を回収することも可能である(5)。Lévi の刊本は周知のごとく 1675/76 年頃のネパール写本（Ns）からの複写本を底本とする。いっぽう本注釈の写本は，プロト・シャーラダー文字で貝葉に書かれた珍しいものであり（同書体は樺皮写本に筆記される現存例が多い），筆記年代は 12〜13 世紀頃とみられる。Lévi 本の底本の写本と本注釈の写本は，地域も時代も異なるため，両者に提示される『大乗荘厳経論』本偈は別系統のテクストの伝承を伝えると考えられ，本注釈の異読を単に「周縁」的なものと片付けることは躊躇される。扱いには慎重を要するが，本注釈中に引用される本偈の梵文は『大乗荘厳経論』原典研究にも資すると期待される。『大乗荘厳経論』には 13 世紀ころのゴル寺旧蔵の梵文貝葉写本の断簡も存在し，また Andrea Schlosser 氏によると，いわゆる「スコイエン写本」の中にも 6–7 世紀の梵文貝葉断簡が存在するという(6)。唯一の完本であるネパール写本の価値が揺らぐことはないが，近年，それに加えて原典研究を深めるための新資料がさらに充実しつつあるといえる。

さて以下には「発心品」の『大乗荘厳経論』本偈について，Lévi 本と比べて異読のある偈のみを抜粋して提示したい。Lévi 本との異読は太字で示し，Lévi 本の読みを注記した。本注釈の写本の明らかな誤写は訂正して注記を施した。ネパール写本（Ns）などを含めた網羅的な異

(3) 稿末資料参照。

(4) Kano [2016: 142 n. 33, 203]，加納 [2021] を参照。

(5) たとえば「帰依品」の梵本は大半が失われているが，それらの偈は本注釈から一部が回収される。加納・葉・李 [2020] を参照。なお，「帰依品」には Jñānaśrīmitra の *Sākārasiddhi* から MSA II.6a およびそれに対する世親釈 MSABh の一部が回収されることを補記しておく。*Sākārasiddhi* (Thakur ed.) p. 498: sūtrālaṅkāre ’pi “sarvaiś citrair lakṣaṇakair maṇḍitagātraḥ” (= MSA 2.6a) ity atra bhāṣyam “citragrahaṇaṃ cakravartyādilakṣaṇebhyo viśeṣaṇārtham” (= MSABh 2.6a) iti dṛḍhīkaraṇam eva. 試訳「『経荘厳』にも，「一切の多彩な諸相によって荘厳された身体を有し」（MSA 2.6a）というこの［偈］に対する釈は，「多彩という語は転輪王などの諸相と区別するためである」と確定している」。この引用からは，MSA II.6 全体は得られないが，少なくともその韻律が Mattamayūra 調だったことが知られる。

(6) Schlosser 氏には未刊行の “A Fragment of Vasubandhu’s *Mahāyanasūtrālaṃkārabhāṣya*” の草稿を見せて頂いた。感謝申し上げる。

読の対照については本書の『大乗荘厳経論』本文の校勘記を参照されたい。

連声については適宜標準化し[7]，写本の綴り字も注記なしで適宜標準化した。写本における脱字は丸括弧で校訂者が補った。

（MSA Ⅳ.1–5ab の注釈部の写本は未発見）

sadāpāramitāyoganiryāṇas **sa ca** kathyate || Ⅳ.5cd

d: sa ca] Ms., ca sa Lévi.

(Ⅳ.6 = Lévi)

mitrabalād **mūlabalād dhetubalāc** chrutabalāc chubhābhyāsāt |

adṛdhadṛdhodaya uktaś cittotpādaḥ parākhyānāt || Ⅳ.7

a: mūlabalād dhetubalāc] Ms., hetubalān mūlabalāc Lévi.

(Ⅳ.8 = Lévi)

dharmeṣu ca satveṣu ca tatkṛtyeṣūttame ca buddhatve |

samacittatopalambhāt prāmodyaviśiṣṭatā tasya || Ⅳ.9

c: samacittato-] Ms., samacitta- Lévi.

janmaudāryaṃ tasminn utsāhaś śuddhir āśayasyāpi |

kauśalam atha pariśiṣṭe niryāṇaṃ caiva vijñeyam || Ⅳ.10

c: kauśalam atha] Ms., kauśalyaṃ Lévi.

(Ⅳ.11 = Lévi)

daśadhā praṇidhānānāṃ nirhārāj jñeyam audāryam |

utsāho boddhavyo duṣkaradīrgh**ādhvikā**khedāt || Ⅳ.12

ab: audāryaṃ vijñeyaṃ praṇidhānamahādaśābhinirhārāt Lévi.

d: -ādhvikā-] Ms., ādhikā Lévi.

āsannabodhibodhāt tadupāyajñānalābhataś cāpi |

āśayaśuddhir jñeyā kauśalam **apy** anyabhūmigatam || Ⅳ.13d

d: apy] Ms., tv Lévi.

(Ⅳ.14–15 = Lévi)

jñeyo mahānidhānavad anyaḥ, ratnākaro**pamaś cā**nyaḥ ||

sāgarasadṛśo jñeyo vajraprakhyo 'calendranibhaḥ || Ⅳ.16

b: ratnākaropamaś cānyaḥ] Ms., ratnākaro yathaivānyaḥ Lévi.

(Ⅳ.17–18 = Lévi)

yānasamo vijñeyo gandharvasamaś ca **cetasaḥ** prabhavaḥ |

[7] 本注釈では例えば本偈の a 句のみを引用し，その後に注釈文を記した後に b 句を引用することなどがしばしばある。その場合，a 句末の音節と b 句初頭の音節の連声が適用されない形で写本に綴られる。例えばⅣ.17ab: -sadṛśaḥ mahā-などである。その場合は両語に連声を適用した（たとえば-sadṛś**o** mahā-）。

ā(na)ndaśabdasadṛśo mahānadīśrotas**as** sadṛśaḥ || IV.19

b: cetasaḥ] Ms., vetasaga- Lévi.

d: -śrotasas sadṛśaḥ] Ms., -śrotasadṛśaś ca Lévi.

meghasadṛśaś ca kathitaś cittotpādo **jinasya tanayānām** || IV.20ab

(IV.20cd は引用されず)

b: jinasya tanayānām] Ms., jinātmajānāṃ hi Lévi.

parārthacittā(t) tadupāyalābhato mahābhisandhyarthasutattvadarśanāt |

mahārhacittodaya**varjanāj** janāḥ śamaṃ gamiṣyanti vihāya tat sukham || IV.21

c: -varjanāj] Ms., -varjitā Lévi.

sahodayāś cittavarasya dhīmatas susaṃvṛtaṃ cittam anantaduṣkṛtāt |

sukhena duḥkhena ca modate sadā śubhī kṛpāluś ca **vivardhayan dvayam** || IV.22

d: vivardhayan dvayam] Ms., vivardhanadvayam Lévi.

yadānapekṣaḥ svaśarīrajīvite parārtham abhyeti paraṃ pariśramam |

paropaghātena tathāvidhaḥ kathaṃ sa duṣkṛte karmaṇi samprava**r**tsyati || IV.23

d: samprava**r**tsyati] Ms., saṃpravatsyati Lévi.

(IV.24 = Lévi)

svakā guṇās sattvahitāc ca modas saṃcintyajanma rddhivikurvitaṃ ca |

vibhūṣaṇam bhojanam agrabhūmiḥ krīḍāratir **nāsty a**kṛpātmakānām || IV.25

d: nāsty a-] Ms., nitya- Lévi.

parārtham udyogavataḥ kṛpātmano hy avīcir apy e .. .. ||

kutaḥ punas trasyati **tādṛśaḥ san** parāśrayair duḥkhasamudbhavair bhave || IV.26

b: e .. ..] Ms. (7 syllable illegible), eti yadāsya ramyatām Lévi.

c: tādṛśas san Ms. (1 syllable missing), tādṛśo bhavan Lévi.

mahākṛp**a**cāryasadoṣitātmanaḥ parasya duḥkhair upataptacetasaḥ |

parasya kṛtye samupasthite punaḥ paraiḥ samādāpan**atā**tilajjanā || IV.27

a: -kṛpa-] Ms. (error), -kṛpā- Lévi

d: -dāpanatātilajjanā] Ms., -dāpanato 'tilajjanā Lévi.

śirasi vinihitoccasattvabhāraḥ śithilagatir na hi śobhate 'grasattvaḥ |

svaparavividhabandhanātibaddhaḥ śataguṇam **udyamam** arhati prakartum || IV.28

d: udyamam] Ms., utsaham Lévi.

『無尽意経』からの引用文

様々な大乗経典が引用される点も本注釈の特色である。中には梵文原典が見つかっておらず蔵訳や漢訳でしか知られていないような大乗経典の引用も確認される。たとえば「帰依品」からは,『郁伽長者所問経』(*Ugradattaparipṛcchā*)の一節や,『如来秘密経』(*Tathāgataguhyasūtra*)

の一節（梵本欠落部）などが得られる[8]。「発心品」にも『無尽意経』（*Akṣayamatinirdeśa*）が引用され，その他に『ラリタヴィスタラ』や『十地経』からの引用も確認される。以下には『無尽意経』の梵文断片を提示しておきたい（写本は fol. 7r1–2）。同経は，「発心品」の主題のひとつである 22 種の譬喩を伴う発心の典拠として『大乗荘厳経論』自体に言及される[9]。下掲の分節記号は本校訂者が適宜添削し，丸括弧内には欠字と想定される語を補った。斜体箇所が経文引用である。

sūtre ca śamathavipaśyanādhikāreṇa[10]

punar aparaṃ bhadanta śāradvatīputra bodhisatvānāṃ śamathavipaśyanākṣayate |[11]

ityādi | dhāraṇīpratibhānādhikāreṇa

punar aparaṃ bhadanta śāradvatīputra bodhisatvānāṃ mārgākṣayatā || *tatra katamā mārgākṣayatā*[12] | *mārga ucyate āryāṣṭā*(7r2)*ṅgikaḥ tadyathā samyagdṛṣṭir iti vistaraḥ* |[13]*dhāraṇīpratibhānākṣayate bhavata*[14]

ityādi | dharmoddānādhikāreṇa

punar aparam bhadanta śāradvatīputra bodhisatvānāṃ catasro dharmoddānākṣayatā[15]

ityādi | ekāyanamārgādhikāreṇa

punar[16] *aparaṃ bhadanta śāradvatīputra bodhisatvānām ekāyanamārgākṣayatā*[17]

ityādi | upāyakauśalādhikāreṇa ca

(8) これらの梵文は大乗経典研究会 [2020]，[2021] として発表した。

(9) MSABh ad Ⅳ.20 末尾: eṣa ca dvāviṃśatyupamaś cittotpāda āryākṣayamatisūtre ’kṣayatānusāreṇānugantavyaḥ.

(10) śamathavipaśyanādhikāreṇa は写本欄外の補記。

(11) *Akṣayamatinirdeśa*, Braarvig [1993: 146]: btsun pa shā radwa ti’i bu / gzhan yang byang chub sems dpa’ rnams kyi zhi gnas dang lhag mthong yang mi zad pa yin te // この後には tatra ta と読みうる文字が記される。経文はこの後，*tatra (ka)ta(maḥ śamathaḥ, katamā vipaśyanā) 云々と続くので，その一部の痕跡を留めるものかもしれないが詳細は不明である。Cf. Braarvig [1993: 146]: de la zhi gnas mi zad pa gang zhe na / gang sems zhi ba dang / rab tu zhi ba dang / nye bar zhi ba dang / ...

(12) 『無尽意経』チベット訳は de la byang chub sems dpa’ rnams kyi lam gang zhe na。

(13) *Akṣayamatinirdeśa*, Braarvig [1993: 144]: btsun pa shā radwa ti’i bu / gzhan yang byang chub sems dpa’ rnams kyi lam mi zad pa ste / de la byang chub sems dpa’ rnams kyi lam gang zhe na / lam zhes bya ba ni ’phags pa’i lam yan lag brgyad pa ste / ’di lta ste / yang dag pa’i lta ba dang / 第 63–70 番目の無尽性である八聖道の無尽性についての一節がここに竄入しているが，本来ここには第 73–74 番目の無尽性である陀羅尼・弁才の無尽性があるべきであろう。実際，この直後に後者の一部が引用されている。

(14) *Akṣayamatinirdeśa*, Braarvig [1993: 148]: btsun pa shā ra dwa ti’i bu / gzhan yang byang chub sems dpa’ rnams kyis gzungs dang spobs pa mi zad pa yin te /

(15) *Akṣayamatinirdeśa*, Braarvig [1993: 150]: btsun pa shā radwa ti’i bu / gzhan yang byang chub sems dpa’ rnams kyi chos kyi mdo bzhi mi zad pa ste /

(16) punar] em., pur Ms.

(17) *Akṣayamatinirdeśa*, Braarvig [1993: 151]: btsun pa shā radwa ti’i bu / gzhan yang byang chub sems dpa’ rnams kyi gcig pu bgrod pa’i lam mi zad pa yin te /

punar aparam bhadanta śāradvatīputra bodhisatvānām upāyākṣayo bhavati[18]
ityādi vistaraḥ |

上記は第 18～22 番目の発心に対応する箇所である。つまり，止観を伴う発心，陀羅尼と弁才とを伴う発心，四法印を伴う発心，一行道を伴う発心，善巧方便を伴う発心に相当し，本偈IV. 19–20 に説かれる。この中で陀羅尼と弁才とを伴う発心（第 19 番目の発心）に関する経文引用において，「陀羅尼と弁才の無尽性」ではなく，八正道を扱う「道の無尽性」（mārgākṣayatā, 第 17 番目の発心の一部）が説かれている点は，テクストに混乱が生じている可能性がある。

第 1～17 番目の発心に対応する『無尽意経』の経文も，本注釈には引用されていたと考えられるが，当該のテクストを含む貝葉は，残念ながら欠葉となっている。なお，『無尽意経』所説の 80 無尽と『大乗荘厳経論』世親釈の 22 種発心との対応関係は上野 [2023] を参照されたい。

本注釈「発心品」の写本

本注釈の「発心品」の末尾には以下のように記される。

sūtrālaṅkāraparicaye cittotpādā$_{(9r3)}$dhikāraḫ pañcamaḥ || ||
経荘厳全知における発心章，第 5。

Lévi 本の第 1 章が本注釈では 2 つの章に分けられるので，「発心品」は Lévi 本では第 4 章だが，本注釈では第 5 章となっている。

下掲は「発心品」の偈番号を左に示し，続いて，*Sūtrālaṃkāraparicaya* の注釈箇所を梵文写本の位置によって示す。1～5 偈 ab 句の途中までは写本が見つかっていない。

Sūtrālaṃkāraparicaya「発心品」

第 1～5 偈 ab 句	（貝葉が散逸）	第 16 偈	8r9
第 6 偈（草稿）	**7r**	第 17 偈	8v1
第 5 偈 cd 句	**7v**	第 18 偈	8v2
第 6 偈	**7v1**	第 19 偈	8v2
第 7 偈	7v3	第 20 偈	8v3
第 8 偈	7v4	第 21 偈	8v5
第 9 偈	7v4	第 22 偈	8v6
第 10 偈	7v5	第 23 偈	8v7
第 11 偈	7v5	第 24 偈	8v8
第 12 偈	7v6	第 25 偈	8v9

(18) *Akṣayamatinirdeśa*, Braarvig [1993: 152]: btsun pa shā ra dwa ti'i bu / gzhan yang yang chub sems dpa' rnams kyi thabs mi zad pa ste /

第13偈	8r6	第26偈	8v9
第14偈	8r7	第27偈	9r1
第15偈	8r8	第28偈	9r2

テクストを推敲した痕跡—草稿・改稿の2種のテクスト—

上記一覧の中の太字で示した，第7葉表面（7r）と第7葉裏面（7v）はともに第6偈を注釈する点で重複するが，同じ偈が2度注釈されるということは，一体どういうことであろうか。

前者7rは内容にやや乱れが見られ，かつ貝葉の下部三分の一ほどは空白のまま残されている。いっぽう7vは内容が整理されており，かつ貝葉の最後まで文字が詰まっている（下掲写真参照）。

(貝葉写真：上が7rと下が7v)

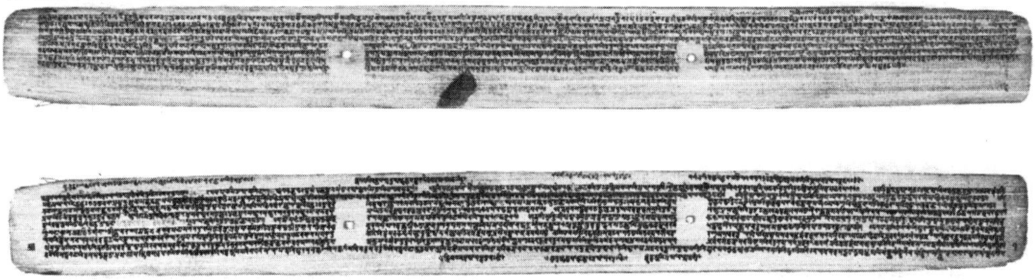

つまり表面（7r）は余白を残したままテクストが終わっているが，裏面（7v）は貝葉面の末尾まできちんと文字が詰まっており，裏面（7v）末尾は次の貝葉（8r）の冒頭へとテクストがきれいに繋がっている。いっぽう表面（7r）の末尾は『ラリタヴィスタラ』の引用で終わり，末尾はitiで終了するが，裏面（7v）冒頭部に，表面（7r）からの文脈的なつながりがあるとは考え難い[19]。すなわち表面で第6偈の注釈がいったん終わり，裏面ではもういちど第5偈cd句の注釈に戻ってから，再び第6偈の注釈が始まっている。以上の点から，表面末尾と裏面冒頭では文脈が断絶している可能性が高い。

表面（7r）と裏面（7v）の関係を理解するうえで鍵となるのは逐語一致する下記の2つの文である。太字は本偈を示す。

7r2–3: tad ayaṃ || || **vijñeyo bo$_{(7r3)}$dhisatvānāṃ cittotpādaviniścayaḥ** || (= Ⅳ.6cd) yathoktavastuka

7v2: tad ayaṃ || || **vijñeyo bodisattvānāṃ cittotpādaviniśayaḥ** (= Ⅳ.6cd) yathokta-vastuka ...

[19] ただし裏面（7v）の冒頭は文字が不鮮明であり判読が難しい。

試訳「それゆえ，以下の［偈］がある。（...IV.6cd の引用。）すでに説かれたことを内容としており...」。

これらは第6偈cd句の引用およびそれに付随する著者自身の文言であり，全同である。すなわち何の説明もなく同一の偈とそれに対する同一の解説文が二度登場している[20]。

この事象を整合的に説明するための試みとして，一方が草稿，他方が完成稿と理解してみよう。すなわち表面には草稿ヴァージョンのテクストが消去されずにそのまま放置され，その裏面に改めて改稿ヴァージョンが記されたと判断しうる。一度，草稿を表面に筆記し，時間をあけて別の機会に改稿版を裏面に書き始めたのかもしれない[21]。もしそうであれば，注釈著者の思考過程の痕跡をとどめる資料ということができる。

上記の想定を補強する状況証拠としては，表面と裏面とにそれぞれ確認される，次のような類似する2つの一節がある。ともに第6偈b句の注釈文の一部である。

7r1（草稿版）...(7r1)tussatyasākṣātkāraprayogamayaḥ |
vikalpavaipulyasyaikāyanamārga ity ekāyanamārgasahagataś śuddhabhūmiprayogātmā ||
anupāyakauśalasya copāyakauśalam ity upāyakauśalasahagato yāvadaśaikṣavajrasamādhiniṣṭhāmārgaprayogarūpas sarvabhūmiṣūpāyakauśalāvirahāt ||
7v1（改稿版）dharmoddānasahagataś catussatyasākṣātkāraprayogavapuḥ |
vikalpavikṣepasyaikāyanamārga ity ekāyanamārgasahagataś śuddhabhūmiprayogātmā |
anupāyakauśalasya copāyakauśalaṃ pratipakṣam ity upāyakauśalasahagata ity aśaikṣavajrasamādhiniṣṭhāmārgaprayogasvarūpaḥ |

両者は大部分が重複している（各内容の検討は後述）。

興味深いことに草稿版（7r）と改稿版（7v）では注釈内容に相違点もある。中でも注目されるのは前者（7r）には豊富な経典引用が見られるが，推敲後とみられる裏面（7v）にはそれらの引用がみられない点である。先述した『無尽意経』の経文引用と『ラリタヴィスタラ』の経文引用は，前者にのみ確認される。

じつは，このようにひとつの偈に対する注釈に，草稿版テクストと改稿版テクストの両者が伝存するという同じ現象は，本注釈の「帰依品」II.11でも確認されていた。そこでもやはり一度，不完全な注釈（草稿）が書かれた後にそれが放棄され，その次の貝葉面に改めて2回目の注釈（改稿）がやり直されていた。その詳細は前稿を参照されたい（加納・葉・李 [2020: 205]）。

[20] ただしこの前後の文言は 7r と 7v で異なっている。

[21] ただしこの貝葉が著者自身に筆記されたものであるのか，その弟子などによって書きとられたものであるのかは判断できない。

写本の成立の背景

表面（7r）に書かれた草稿が消されずに残された理由は必ずしも明らかではないが，つぶさに表面の貝葉を観察すると，一度書かれた文字列を消去した痕跡がところどころに確認される。そのため，この貝葉自体がすでに別作品（またはさらに前段階の草稿）を消去して再利用したものである可能性が高く，それを再再利用することが物理的に困難であったために，表面の草稿を放棄して，裏面に改稿版を新たに書き始めたという状況が想定される。

草稿の貝葉を破棄して，差し替え用の新たな貝葉を調達することをしなかった理由は，様々に考えられるが，たとえば貝葉が貴重で入手が困難であった状況も想定される。そもそも，本注釈の著者とみられる Mahājana はカシュミールの人物なので，もし同地でこの写本が筆記されたならば，貝葉ではなく樺皮にプロト・シャーラダー文字で記されていたはずである。同地は寒冷な気候のために貝葉の素材であるパルミラ椰子などの植生域から外れ，白樺からとれる樺皮写本の使用例が圧倒的に多いからである。ところが，本写本は樺皮ではなく貝葉に記されている。つまり文字はカシュミールの書き手によるが，書写素材はカシュミールの外部の地に由来する可能性が高い。

そうなると，この写本は，カシュミール出身者によってカシュミールの外部で筆記された可能性が高くなる。事実，Mahājana はチベットの資料によると西チベットに滞在したことが知られている。さらに，父 Sajjana が息子 Mahājana に宛てた『息子への手紙』（*Putralekha*）には，故国カシュミールを離れて「辺境地」たる「卑賤な地」（おそらくチベット）で暮らす息子の身を心配する文が綴られている(22)。かかる状況から本写本は，チベットにおいて，インドのどこかから輸入された貝葉の上に記された可能性が想定されうる(23)。

内容概観

以下，「発心品」に対する本注釈の内容を概観しておきたい。

（Ⅳ.6：草稿版テクストと改稿版テクスト）

先述の如く「発心品」最初の貝葉である 7r はⅣ.6 への注釈の草稿とみられ，その内容は経典引用を除くと，7v に記されるⅣ.5–6 への注釈の改稿版と概ね一致する。

草稿版のテクスト（7r）は，Ⅳ.6b の注釈の途中から始まる。Ⅳ.3–6 は発心の 10 種の確定を説き，Ⅳ.6 はその第 10 番目にあたる。本注釈はそれを，22 種の発心の中の第 18〜22 番目に

(22) 加納 [2006: 32]。蔵訳 *Putralekha* については，Dietz 校訂本の再校訂，梵文断片回収，訳注を別途準備している。

(23) その場合は，この写本が著者本人の親筆である可能性も高くなる。

配当する[24]。そしてその第 18〜22 番目の発心の典拠として『無尽意経』から経文を引用する（上野 [2023] および上掲参照）。

次にⅣ.6cd を引用し，22 種の発心の典拠として『ラリタヴィスタラ』第 4 章の章題に言及し[25]，そこから 27 種の「法明門」（dharmālokamukha）を説く経文を引用する（7r3–8）。「法明門」とは菩薩がこれから下生しようとするときに天神衆に対して宣説開示する教えであり，都合 108 種からなる[26]。以上が草稿版テクスト（7r）である。

次に改稿版のテクスト（7v）が続く。まずⅣ.5–6b の注釈から始まる（7v1–2）。そこでは草稿版（7r）と同じく，それらの本偈Ⅳ.5–6b 所説の「発心の 10 種の確定」に，22 種の発心が配当される。Ⅳ.5–6b までの配当一覧を示すと下記の様になる（Ⅳ.4 以前の注釈内容は目下写本が得られないので不明）。

（本偈）	（10 種の確定）	（22 種発心）	
Ⅳ.5ab	8 番目	14–15 番目	
Ⅳ.5cd	9 番目	16 番目	
Ⅳ.6a	10 番目	17 番目	
Ⅳ.6b	10 番目	18 番目	四念処・四正勤・四神足の加行（資糧道）
		19 番目	五根・五力の加行（加行道）
		20 番目	四諦直証の加行（見道…七覚支？）
		21 番目	清浄な地の加行（修道…八正道？）
		22 番目	究竟道の加行

上記の表について説明を補足すると，Ⅳ.6a には第 17 番目の発心たる「三十七菩提分法を伴う発心」が配当され，さらにその三十七菩提分法は次のような 4 つの修行階梯に配当される[27]。

（三十七菩提分法）	（修行階梯）
四念処・四正勤・四神足	＝資糧道
五根・五力	＝加行道
七覚支	＝見道

(24) この点は 7r からは不明瞭な点もあるが，改稿版テクストの 7v の内容から補完できる。

(25) 7r3: lalitavistare dharmālokamukhanirdeśaprakaraṇāc.

(26) 外薗 [1994: 755]。

(27) 7v1: bodhipakṣyasahagataḥ | tatra smṛtyupasthānādayas saṃbhārabhūmiparyavasitāḥ | indriyabalāni prayogabhuvi | bodhyaṅgaṃ darśanabhūmau | mārgāṅgāni ca bhāvanābhūmiparyavasitāni |

八正道　　　　　　　　　＝修道

そしてⅣ.6b には第 18～22 番目の発心（止観・陀羅尼弁才・四法印・一行道・方便善巧を伴う発心）が配当される。さらにこの中の第 18 番目は三十七菩提分法の中の四念処・四正勤・四神足の加行を本質とし，第 19 番目は同じく五根・五力の加行を本質とすると釈される。そして第 20，21，22 番目は順に，四諦直証の加行，清浄な地の加行，究竟道の加行を本質とするとされる。

(Ⅳ.7–14: Ⅳ.2 所説の四種区別に配当)

次に世俗の発心を説くⅣ.7 と勝義の発心を説くⅣ.8–14 への注釈が続く。本注釈はそれらの本偈の内容に，Ⅳ.2 所説の発心の 4 種の区別（(a) 信解の発心，(b) 清浄な増上意楽による発心，(c) 異熟なる発心，(d) 障礙のない発心）を配当する。すなわちⅣ.7 には「(a) 信解の事の地」（ādhimokṣikavastubhūmi）が配当され，Ⅳ.8–13 は「(b) 清浄な増上意楽による地」（śuddhādhyāśayikabhū/-bhūmi）が配当され，Ⅳ.14 には「(c) 異熟の地」（vipākabhū）が配当される。「(d) 障礙のない地」（nirāvaraṇabhū）については個別的に言及されない。

その大略は下記のとおりである（(a)～(d) はⅣ.2 に関する文言）。

（IV.7–14 を IV.2 との対応）

IV.7: **(a)信解の事の地**

IV.8–13: **(b)清浄な増上意楽の地（二～七地）**

　　IV.8–9

　　IV.10: [1]–[6]のリストを提示

　　　　IV.11: [1]生まれ

　　　　IV.12ab：[2]広大さ・[3]士気

　　　　IV.13：[4]意楽の清浄・[5]他地に関する善巧

IV.14: **(c)異熟の地（八～十地）**—[6]出離

IV.7–14 と IV.2 との対応のまとめ

上掲の対応関係を説明すると，本注釈はまずⅣ.7 を釈して，世俗の発心は，師友の力により不堅固なものとして生じ，原因（＝悲）の力により堅固なものとして生じ，さらに善根・聞法・習熟の力により増大する（pratibṛṃhaṇa）と解説する。しかしこの「(a) 信解の事の地」とよばれる段階にある世俗の発心は，いまだ不浄だという。

つづくⅣ.8–13 は本注釈において「(b) 清浄な増上意楽による地」に配当される。本偈Ⅳ.8 では，菩薩が勝義発心にもとづき，仏に仕え，二資糧を積み，無分別智を生む旨が説かれたが，本注釈はそれを釈して，資糧道にもとづいたのちに，仏に仕えて教誡（avavāda）を得て，見道で無分別智を得るとする。Ⅳ.9 所説の平等心性，Ⅳ.10 所説の勝義的発心の 6 つの項目への注釈には際立った特徴はない。

本偈Ⅳ.10 にはその発心の 6 種の意味，すなわち [1] 生まれ・[2] 広大さ・[3] 士気・[4] 意楽の清浄・[5] 他地に関する善巧・[6] 出離が列挙され，つづいてそれぞれ，Ⅳ.11 に [1]，Ⅳ.12 に [2][3]，Ⅳ.13 に [4][5]，Ⅳ.14 に [6] が解説されていた。その中のⅣ.11 には，勝義的発心が，信解という種子と，般若波羅蜜という母から，禅定の安楽という母胎において生じて，悲という養母により育まれると本偈と世親釈に説かれていたが，本注釈はそこに所対治と修行階梯を補足して下掲のように説明する。

（Ⅳ.11 への注釈）

（偈）	（能対治）	（所対治）	（修行階梯）
種子	信解	一闡提の教法への怒り	信解行地
生母	般若波羅蜜	異教徒の教法への我見	（歓喜地？）
母胎	三昧	声聞の輪廻の苦への恐怖	第七地まで
養母	大悲	独覚の衆生利益への無関心	第八地

この補足は『宝性論』（Johnston ed., 29.7–14, ad RGV Ⅰ.32–33）に基づいている。能対治の 4 項目は『大乗荘厳経論』Ⅳ.11 と『宝性論』との間で一致している。そして『宝性論』ではその直後に一偈が引かれるが（RGV Ⅰ.34），その偈は『大乗荘厳経論』Ⅳ.11 とよく対応する(28)。本注釈作者とみられる Mahājana が『大乗荘厳経論』と『宝性論』の関係に気付いていたことは間違いないだろう。

つづくⅣ.12 では十大誓願が言及され，本注釈ではその典拠である『十地経』の経文が引用される。引用される経文を同経の刊本（近藤本）と対照すると異読が散見され，また一部の重複する文言は「残りは前と同様（śeṣaṃ pūrvavat）」などと述べられて割愛される(29)。

本注釈においてⅣ.13ab には法界の洞察と見道と修道が配当され，Ⅳ.13cd には離垢地から遠行地までが配当される。最後にⅣ.14 の「出離」には「(c) 異熟の地」が配当される。

（Ⅳ.15–20: 22 種の発心の譬喩）

Ⅳ.15–20 所説の 22 種の発心の譬喩は本注釈で各々順番に説明される。その説明の末尾で本注釈は，先述のⅣ.2 所説の，(a) 信解にもとづく発心，(b) 清浄な増上意楽にもとづく発心，(c)

(28) RGV Ⅰ.34: bījaṃ yeṣām agrayānādhimuktir mātā prajñā buddhadharmaprasūtyai | garbhasthānaṃ dhyānasaukhyaṃ kṛpoktā dhātrī putrās te ’nujātā munīnām || 詳細は本書Ⅳ.12 の訳注を参照。

(29) このスタイルは，同じ写本集成に含まれる『阿闍世王経』抄本に近く，同作品にも同著者 Mahājana が関与した可能性が想定される。

異熟した発心，(d) 障礙のない発心という 4 種の発心の区別を，22 種の発心（第 15〜20 偈）に配当して，そのうえ，下記のように修行過程の中に位置づける（fol. 8v4）。下記の丸括弧内の番号は 22 種の発心を示す。

⑴〜⑷ = ādhimokṣika （初地）
⑸〜⑽ = śuddhādhyāśayika （第二〜七地）
⑾〜㉑ = vaipākika （第八〜九地）
㉒ = āvaraṇavarjita（仏地）

このように本注釈はⅣ.7–14 だけでなくⅣ.15–20 についても，Ⅳ.2 所説の発心の 4 種の区別を配当している。

つづくⅣ.21 に対して本注釈は，阿羅漢には寂静（śama）のみがあり，安楽（sukha）がないことについて，教証として『勝鬘経』の一節を要約して引く（「阿羅漢たちにも一切諸行に対する恐れの想念が発現する」）。これは『宝性論』所引の箇所でもある（Johnston, p. 19 ad RGV I.20）。つまり阿羅漢には諸行への恐怖があるから安楽はないという意図であろう。いっぽうで「菩薩には安楽と寂静とがある」と述べる。

その後のⅣ.22–28 への本注釈の説明の中には，独自の釈がなされるが，世親釈に説かれていないような行位を配当するなどの特異な点は見られない。

凡例

本稿は，翻刻，校訂，訳注を加納が担当したが，それらの作業は写本資料を提供して頂いた李学竹氏と葉少勇氏のご協力なしにはなしえなかった。両氏には記して謝意を表したい。本注釈の写本は写真版の質が十分でないため，解読困難な箇所が少なくない。そのうえ貝葉には別のテクストを再利用したような痕跡がみられ，文字が完全に消されずにわずかに残っている箇所に新たな文字が上書きされている箇所もある。テクストにはしばしば校正の跡が見られるが，欄外の補記がどこに挿入されるべきであるのかが不明確である場合も残るため，そのことがいっそう解読を困難にしている。これらの難点をひとつずつ解決するための時間的余裕がなかったため，本稿では「発心品」の注釈全文を完全な形で提示することはかなわなかった。それゆえ難読箇所の試訳も保留とした箇所が少なからず残った。テクストと和訳の改訂は今後の課題とし，識者のご教示を請いたい。

以下には，偈頌毎に分けて，暫定的なテクストと試訳を提示する。

試訳において『大乗荘厳経論』本偈の訳文は基本的に本研究会の訳を使用させて頂いた。ただし本注釈にあわせて訳文を一部変更した箇所もある。

サンスクリットの綴り字について，r 音直後の子音重複（rvva, rmma など）は標準化した（rva, rma など）が，その他はほぼ写本通りの綴り字を提示した。たとえば vastubhis sarva- は

vastubhi**ḥ** sarva-への標準化をせず，-prayojana**n** tu は-prayojana**ṃ** tu への標準化をしない。

いっぽう写本における明らかな誤写，脱字，衍字には訂正を行い注記を付した。校訂テクストに使用した略号は以下のとおり。

○	写本の紐穴。
[ ]	不鮮明な文字（別の読み方が可能な場合も含む）。
..	判読困難な 1 文字。
.	判読困難な 1 文字の中の文字要素。
{}	写本の欄外に補筆される文字列。
( )	本校訂者が追加した，写本には存在しない文字など。
׀	本校訂者が追加した，写本には存在しないダンダ[30]。
ḫ	upadhmānīya.
ẖ	jihvāmūlīya.
em.	確定的な訂正。
conj.	暫定的な訂正試案。
~~xxx~~	写本書写者による取り消し。

梵文テクスト（暫定版）

（※MSA Ⅳ.1–6b までの注釈箇所の貝葉は未発見）

【第 6 偈釈の草稿版（7r）】[31]

（Ⅳ.6b: 18–22 番目の発心）

（四法印を伴う発心: 第 20 番目の発心）

(7r1)tussatyasākṣātkāraprayogamayaḥ[32] ׀

（一行道を伴う発心: 第 21 番目の発心）

vikalpavaipulyasyaikāyanamārga ity ekāyanamārgasahagataś śuddhabhūmiprayogātmā ||

（方便善巧を伴う発心: 第 22 番目の発心）

---

[30] ただし本偈が引用された直後に写本でダンダが脱落している場合には，分節がそこにあることに疑いがないため，通常のダンダを表記した。

[31] 7r は第 6 偈の草稿版であり，7v 以降はその改稿版（第 5 偈の注も含む）であると理解しうる。本稿序文参照。

[32] Cf. 7v 下部欄外補記: catussatyasākṣātkāraprayogavapuḥ.

anupāyakauśalasya copāyakauśalam ity upāyakauśalasahagato yāvadaśaikṣavajrasamādhiniṣṭhāmārgaprayogarūpas sarvabhūmiṣūpāyakauśalāvirahāt ||

（第 18～22 番目の発心の『無尽意経』経文）
sūtre ca śamathavipaśyanādhikāreṇa tāvat[33]

punar aparaṃ bhadanta śāradvatīputra bodhisatvānāṃ śamathavipaśyanākṣayate |[34]

ityādi | dhāraṇīpratibhānādhikāreṇa

punar aparaṃ bhadanta śāradvatīputra bodhisatvānāṃ mārgākṣayatā || tatra katamā mārgākṣayatā | mārga ucyate, āryā(7r2)ṣṭāṅgikaḥ tadyathā samyagdṛṣṭir iti vistaraḥ |[35] dhāraṇīpratibhānākṣayate bhavata[36]

ityādi | dharmoddānādhikāreṇa

punar aparam bhadanta śāradvatīputra bodhisatvānāṃ catasro dharmoddānākṣayatā[37]

ityādi | ekāyanamārgādhikāreṇa

punar[38] aparaṃ bhadanta śāradvatīputra bodhisatvānām ekāyanamārgākṣayatā[39]

ityādi | upāyakauśalādhikāreṇa ca

punar aparam bhadanta śāradvatīputra bodhisatvānām upāyo 'kṣayo bhavatītyādi vistaraḥ |[40]

（IV.6cd：『ラリタヴィスタラ』の引用）
tad ayaṃ || ||

vijñeyo bo(7r3)dhisatvānāṃ cittotpādaviniścayaḥ || IV.6cd

yathoktavastuka .. .. [41] lalitavistare dharmālokamukhanirdeśaprakaraṇāc

[33] śamathavipaśyanādhikāreṇa tāvat は一行下（7r2）に補記される。
[34] *Akṣayamatinirdeśa*, Braarvig [1993: 146].
[35] *Akṣayamatinirdeśa*, Braarvig [1993: 144]. 本稿序文参照。
[36] *Akṣayamatinirdeśa*, Braarvig [1993: 148].
[37] *Akṣayamatinirdeśa*, Braarvig [1993: 150].
[38] punar] em., pur Ms.
[39] *Akṣayamatinirdeśa*, Braarvig [1993: 151].
[40] *Akṣayamatinirdeśa*, Braarvig [1993: 152].
[41] 判読困難。末尾の 5 字は na pracaryatvā と読みうるか。

chandāśayādhyāśayaprayogādikrama [ū]nādhikā[rtha]nirdeśavapur iti bhāvaḥ | tatra yathoktaṃ

bodhicittan dharmālokamukhaṃ triratnavaṃśānucchedāya saṃvartate | āśayo dharmālokamukhaṃ hīnajanāspṛhanatāyai[42] samvartate | adhyāśayo dharmālokamukham udārabuddhadharmādhyālambanatāyai samvartate || prayogo dharmālokamukhaṃ sarvakuśaladharmaparipūrtyai saṃvartate | dānapāra(7r4)mitā dharmālokamukhaṃ lakṣaṇānuvyañjanabuddhakṣetrapariśuddhyai[43] sarvamatsarisattvaparipācanatāyai samvartate | śīlapāramitā dharmālokamukhaṃ sarvākṣaṇāpāyasamatikramāya duḥśīlasattvaparipācanatāyai samvartate | kṣāntipāramitā dharmālokamukhaṃ sarvavyāpādākhiladoṣamānamadadarpaprahāṇāya vyāpannacittasattvaparipācanatāyai[44] saṃvartate | vīryapāramitā dharmālokamukhaṃ sarvakuśaladharmārambhottāraṇāya[45] kuśīdasattvaparipācanatāyai saṃvartate | dhyānapāramitā (7r5) dharmālokamukhaṃ sarvadhyānābhijñotpādānāya vikṣiptacittasattvaparipācanatāyai samvartate | prajñāpāramitā dharmālokamukham avidyāmohata○mondhakāropalambhadṛṣṭiprahāṇāya duṣprajñasattvaparipācanatāyai saṃvartate | upāyakauśalan dharmālokamukhaṃ yathādhimuktasattveryāpathasandarśanāya sarvabu○ddhadharmāvidhamanatāyai samvartate | catvāri saṃgrahavastūni dharmālokamukhaṃ sarvasattvasaṃgrahāya bodhiprāptasya ca dharmaparyeṣaṇatāyai[46] samvartate | sattvaparipāko dharmālo(7r6)kamukhaṃ[47] tathāgatasamādhipratilambhāyātmasukhānadhyavasānāyāparikhedanatāyai[48] samvartate |

saddharmaparigraho dharmālokamukhaṃ sa○rvasattvasaṃkleśaprahāṇāya samvartate | puṇyasaṃbhāro dharmālokamukhaṃ sarvasattvopajīvanatāyai[49] samvartate | jñānasaṃbhāro dharmālokamukhaṃ daśa○balaparipūryai samvartate | śamathasaṃbhāro dharmālokamukhan tathāgatasamādhipratilambhāya samvartate | vidarśanāsaṃbhāro dharmālokamukhaṃ prajñācakṣuḥpratilambhā(7r7)ya samvartate | pratisaṃvidavatāro dharmālokamukhaṃ dharmacakṣuḥpratilambhāya samvartate | pratiśaraṇāvatāro dharmālokamukhaṃ

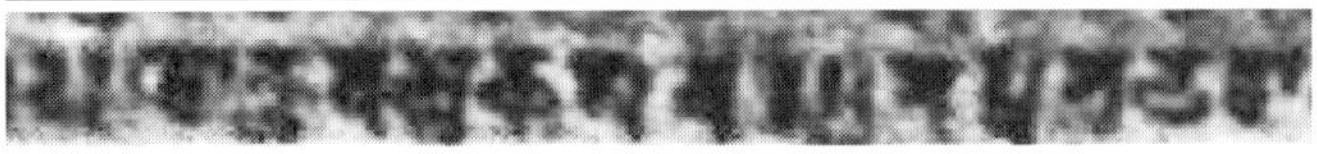

(42) Cf. hīnayāna- *Lalitavistara*.

(43) 写本では-śuddhyai の後に 4 文字ほど取り消されている。

(44) 写本には-darpaprahāṇāya saṃvartate | panna citta とあり，saṃvartate |の箇所が取り消されており，vyā に置き換えるような補記があるようにみえる（上部欄外か）が写真が不鮮明なため判読できない。ここでは外薗 [1994: 334] に従いテクストをこのように読んだ。

(45) -kuśala-] Ms. -kuśalamūla- *Lalitavistara*.

(46) Cf. dharmapratyavekṣaṇatāyai *Lalitavistara*.

(47) dharmālokamukhaṃ] em., dharmālodharmālokamukhaṃ Ms. (ditto)

(48) tathāgatasamādhipratilambāyātma-] Ms. Cf. ātma- *Lalitavistara*.

(49) -jīvanatāyai] Ms. Cf. -jīvyatāyai *Lalitavistara*.

buddhacakṣuḫpariśu○ddhyai samvartate | dhāraṇīpratilambho dharmālokamukhaṃ sarvabuddhabhāṣitādhāraṇāya samvartate | pratibhānapratilambho dharmālokamukhaṃ[50] sarvasattvasubhāṣitasaṃtoṣaṇāyai samvartate | ānulomikīkṣāntir[51] dharmālokamukhaṃ sarvabuddhadharmānulomanatāyai samvartate | anutpattika(7r8)dharmakṣāntir dharmāloka-mukhaṃ vyākaraṇapratilambhāya samvartate | avaivartikabhūmir dharmālokamukhaṃ sarvabuddhadharmaparipūryai samvartate | bhūmisaṃkrā○ntijñānan dharmālokamukhaṃ sarvajñajñānābhiṣekatāyai samvartate | abhiṣekabhūmi dharmālokamukham avakramaṇa-janmābhiniṣkramaṇaduṣkaracaryābodhimaṇḍo○pasaṅkramaṇamāradhvaṃsanabodhivi-bodhanadharmacakrapravartanamahāparinirvāṇasaṃdarśanatāyai[52] samvartata[53]

iti || (7r ends)

【第 5 偈以降の釈の改稿版（7v1–8v9）】

（IV.5ab）

(7v1)[54] [s satve pācanāt][55] pratisaraṇair ā[tmane][56].. .i [pracārāt] tena pratisaṃvitpratiśaraṇasahagato[57] || ||

（IV.5cd: 16 番目の発心）

sadāpāramitāyoganiryāṇas sa ca[58] kathyate || (IV.5cd)

svayaṃ puṇyajñānasaṃbhārayoḥ [pā]ramitāniryāṇāśrayatvam || ||

---

[50] この文字の後に vyākaraṇapratilaṃbhā○ya samvarttate |と書かれて取り消されてている。

[51] ānulomikīkṣāntir] Ms., ānulomikīdharmakṣāntir *Lalitavistara*.

[52] -dhvaṃsana-] conj. (*Lalitavistara*), -dharpaṇa- (?) Ms.; saṃdarśanatāyai] em., (*Lalitavistara*), -tāyai Ms.

[53] *Lalitavistara* chapter 4. 外薗 [1994: 334, 336].

[54] 7r には欄外補記が複数確認され挿入位置も同定された。ただし左上の欄外補記のみ挿入位置が未同定である。文字がかすれているため判読も困難であるが部分的に以下のように読みうる。pāramī .. .. .. [vīryā] .. .. dau || .. .. .i .. .ādhyāna

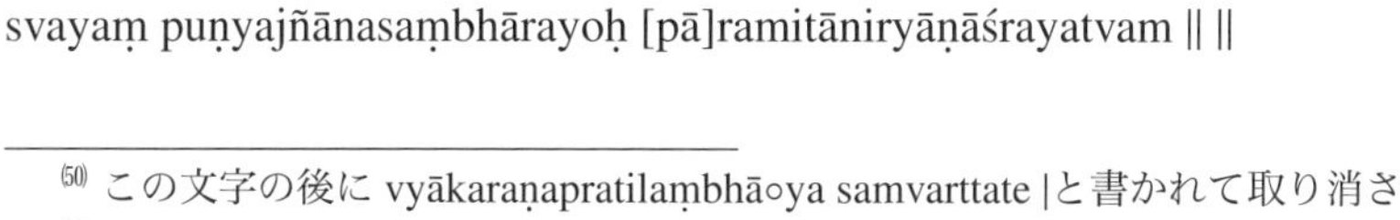

[55] この 5 文字は判読困難。あるいは s satvagocarāt とも読めるか。

[56] 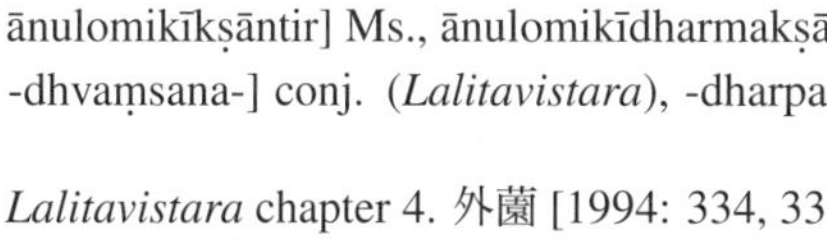

[57] sahagataḥに なぜか連声が適用されている。写本欄外の補記をこの後に補うことが予想されるが，詳細は不明。

[58] Cf. Lévi: -niryāṇaś ca sa.

（IV.6a: 17 番目の発心）

bhūmiparyavasāno 'sau || (IV.6a)

bodhipakṣyasahagataḥ[59] | tatra smṛtyupasthānādayas saṃbhārabhūmiparyavasitāḥ | indriyabalāni prayogabhuvi | bodhyaṅgaṃ[60] darśanabhūmau | mārgāṅgāni ca bhāvanābhūmiparyavasitāni || tac caivaṃ bhūmiṣu paryavasānam || ||

（IV.6b: 18–22 番目の発心）

pratisvaṃ tatprayogataḥ || (IV.6b)

yo yo vipakṣas tasya prahāṇāya yathāsvaṃ prati(7v2)pakṣaprayogād ity arthaḥ | tatra bhāvanāprayuktasya kāmacchandavyāpādauddhatyakaukṛtyānāṃ śamathaḫ pratipakṣaḥ styānamiddhavicikitsayor vipaśyaneti śamathavipaśyanāsahagata{ḥ śamathavipaśyanotpattaye smṛtyupasthānāditrayaprayogamayaḥ}[61] | ālambanasaṃprayo[gasya] dhāraṇīpratibhānā[d] iti tatsahagataḥ {indriyabalaprayogasvabhāvaḥ} | [kai].. .. .. sya dharmmoddānā[d] iti dharmoddānasahagata{ś catussatyasākṣātkāraprayogavapuḥ}[62] | vikalpa[vikṣepa]syaikāyanamārga ity ekāyanamārgasahagata{ś śuddhabhūmiprayogātmā}[63] | anupāyakauśalasya copāyakau{śalaṃ pratipakṣam ity upāyakauśalasahagata ity aśaikṣavajrasamādhiniṣṭhāmārgaprayogasvarūpaḥ}[64] |

（IV.6cd）

tad ayaṃ || ||

vijñeyo bodisattvānāṃ cittotpādaviniśayaḥ (IV.6cd)

yathoktavastuka ity arthaḥ |

---

[59] bodhi-] em., om. Ms.

[60] -aṅgaṃ] em., -aṅga Ms.

[61] -sahagata の直後に挿入記号 (+) があり，その後には{}括弧内に示した写本上部欄外の補記が続く。補記には以下の様にある。ś śamathavipaśyanotpattaye smṛtyupasthānāditrayaprayogamayaḥ ā（ā に取り消し記号がついている）。末尾の ā は，補記がこの後の本文 **ā**lambana-に繋がることを指示している。

[62] -sahagata の直後に挿入記号 + があり，続く文は 7v の下部の欄外に補記される（ś catussatyasākṣātkāraprayogavapuḥ ~~vi~~+）。末尾の~~vi~~ は，補記がこの後の本文 **vi**kalpa-に繋がることを指示している。

[63] -sahagata の直後に挿入記号 + があり，続く文は 7v の下部の欄外に補記される（ś śuddhabhūmiprayogātmā || ~~a~~ +）。末尾の文字~~a~~ は，補記がこの直後の本文 **a**nupāya-に繋がることを指示している。

[64] -kau-の直後に挿入記号 + があり，続く文は 7v の上部右側の欄外に補記される（-śalaṃ pratipakṣam ity upāyakauśalasahagata ity aśaikṣavajrasamādhiniṣṭhāmārgaprayogasvarūpaḥ ~~tad a~~+）。末尾の~~tad a~~ は，補記がこの後の本文 **tad a**yaṃに繋がることを指示している。

(Ⅳ.7–14: Ⅳ.2 との対応)

(Ⅳ.7: 信解事の地)

saṃgrāhyavastubhūmer ādhimokṣikavastubhūmiṃ[65] tāvad āha ||

mi(7v3)**trabalān mūlabalād dhetubalāc chrutabalāc chubhābhyāsāt |**
adṛdhadṛdhodaya uktaś cittotpādaḫ parākhyānāt || (Ⅳ.7)

{hetuḫ karuṇā [cchanda]bhāve, āśayataḥ | **mūlabalāt** karuṇā**balāt, śrutabalād** iti prayogataḥ | **śubhābhyāsād** iti adhyāśayataḥ} |[66]
ādhimokṣikaḫ **parākhyānād** veditavyaḥ | uktānuvā∘ditvam parākhyānam | sa ca **mitrabalād adṛdhodayaḥ** | **hetubalād dṛḍhodayaḥ** | **mūlaśrutaśubhābhyāsabalāni** paribṛṃhaṇahetuḥ || adṛdhatvam atrāniścaya∘ḫ pra .. .. [67] -dharmatvāt | apariśuddhiś ca parānuvṛttyā vā pāṭhamātreṇa [68] vimṛṣya vā jīvikārthaṃ vā parigrahāt ||

(Ⅳ.8–13: 清浄な増上意楽の地)

(Ⅳ.8–9)

śuddhādhyāśayikavastubhūmiṃ krameṇāha || || (7v4)

sūpāsitasaṃbuddhe susaṃbhṛtajñānapuṇyasaṃbhāre |
dharmeṣu nirvikalpajñānaprasavāt paramatāsya || (Ⅳ.8)

puṇyajñānasambhārasambharaṇānantaraṃ[69] sambhāramārgād a[tra][70] **sū∘pāsitasaṃbuddha-tvena**[71] buddhebhyo 'vavādapratilambhaḥ **nirvikalpa**ka**prasavo** dṛṅmārge || yatprasavāt[72] || ||

dharmeṣu ca sattveṣu ca tatkṛtyeṣūttame ca buddhatve |
samacittatopa∘lambhāt[73] **prāmodyaviśiṣṭatā tasya ||** (Ⅳ.9cd)

---

[65] ādhi-] em., ādi- Ms.
[66] 写本の上部欄外に記される。ここに挿入したのは暫定案にすぎない。よりふさわしい別の挿入箇所があるかもしれない。
[67] 4 文字は判読困難。pra[cchadāvṛ[tti] と読みうるか。

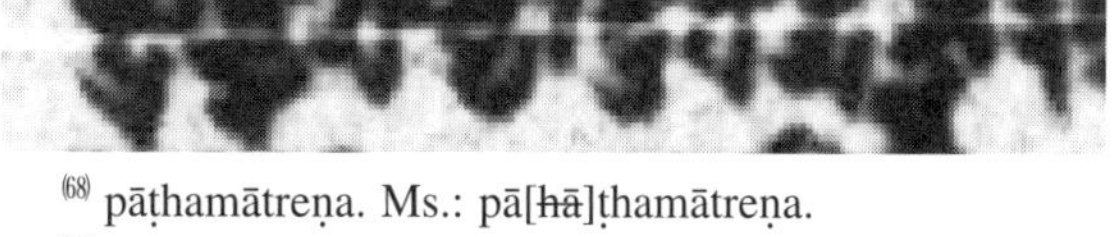

[68] pāṭhamātreṇa. Ms.: pā[~~hā~~]ṭhamātreṇa.
[69] -ānantaraṃ] conj., -ānantara Ms.
[70] atra は anu とも読める。
[71] sū-] conj. (= Ⅳ.8), so- Ms.
[72] 写真では yatprasa**r**āt とも読める。
[73] Cf. Lévi: samacittopālambhāt.

dharmapudgalasamatā nairātmyadvayaprativedhāt | aviśeṣeṇa sa .. ..
sattvasamatā |[74] kṛtyasamatā svaparārthasama(7v5)tvāt | **buddhatve** samatā phalapratyaya-tātparyāt[75] || **prāmodyaviśiṣṭatā** śuddhādhyāśayatā || ||

(IV.10)

janmaudāryaṃ tasminn utsāhaś śuddhi○r āśayasyāpi |
kauśalam atha[76] **pariśiṣṭe niryāṇaṃ caiva vijñeyam ||** (IV.10)

(IV.11: [1] 生まれ)
janmabhāvam || ||

dharmādhimuktibījāt pāramitāśreṣṭhamātṛto jātaḥ |
dhyānamaye sukhagarbhe ○ karuṇā saṃvardhikā dhātrī || (IV.11)

icchantikāvaraṇadharmapratighaviparyāsanena mahāyāna**dharmādhimukti**r bodhicittotpāda-svabhāvā bodhisatvānām adhimu(7v6)kticaryākālapratyarpitaṃ **bījam** || tīrthyāvaraṇadharmātma-darśanaviparyāsanena **pāramitāśreṣṭhā** prajñāpāramitādhiprajñāsaṃgṛhītā **jananī** | śrāvakā○-varaṇasaṃsāraduḥkhabhīrutāvyāvartanena gaganagañjādisamādhayo yāvat sa[pta]mīṃ **garbha**sthānam | aṣṭamyāṃ tu buddhatvena jātasyāpi pratyekabuddhāvaraṇa○satvārthanair-apekṣyāpāvartanena mahākaruṇā vinipātaśatarakṣaṇād **dhātrī** || ||[77]

(IV.12ab：[2] 広大さ・[3] 士気)

daśadhā praṇidhānānāṃ nirhārāj jñeyam audāryam |[78] (IV.12ab)

---

(74)
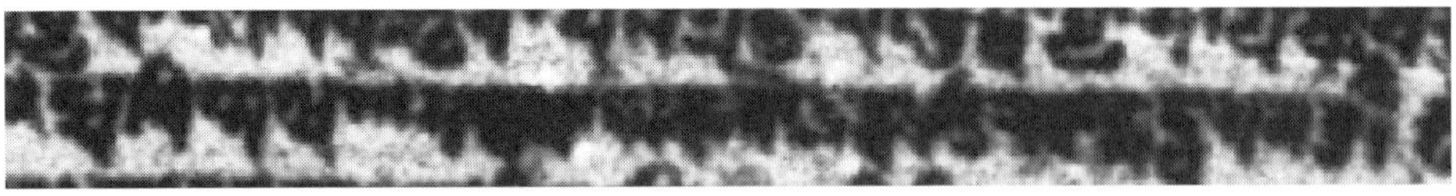
Cf. MSABh: **sattveṣu samacittatā** ātmaparasamatopagamāt.

(75) -pratyaya-] conj., -pratya- Ms. 写本では tātparyā と t の間に 12 文字ほど取り消されており空白となっている。

(76) Cf. Lévi: kauśalyaṃ.

(77) Cf. RGV (Johnston ed.), 29.7–14 (ad RGV I .32–33): mahāyānadharmapratigha icchantikānām āvaraṇaṃ yasya pratipakṣo mahāyānadharmādhimuktibhāvanā bodhisattvānām | dharmeṣv ātmadarśanam anyatīrthānām āvaraṇaṃ yasya pratipakṣaḥ prajñāpāramitābhāvanā bodhisattvānām | saṃsāre duḥkhasaṃjñāduḥkhabhīrutvaṃ śrāvakayānikānām āvaraṇaṃ yasya pratipakṣo gaganagañjādisamādhibhāvanā bodhisattvānām | sattvārthavimukhatā sattvārthanirapekṣatā pratyekabuddhayānikānām āvaraṇaṃ yasya pratipakṣo mahākaruṇābhāvanā bodhisattvānām iti |

(78) Lévi: audāryaṃ vijñeyaṃ praṇidhānamahādaśābhinirhārāt |

yathoktaṃ daśabhūmike |[(79)]

[1] a$_{(7v7)}$śeṣaniśśeṣānavaśeṣasarvabuddhapūjopasthānāya sarvākāravaropetam udārādhimuktiviśuddhadharmadhātuvipulam ākāśadhātuparyavasānam aparānta○koṭīniṣṭhaṃ sarvakalpasaṃkhyābuddhotpādasaṃkhyāpratiprasrabdhaṃ mahāpūjopasthānāya prathamaṃ mahāpraṇidhānam abhinirharati | [2] sarvatathāgatabhāṣitadharmanetrīsandhā○raṇāya sarvabuddhabodhiparigrahāya sarvasamyaksaṃbuddhaśāsanaparirakṣaṇāya dharmadhātvityādi pūrvavat kevalaṃ mahāpūjeti vyāvartya saddharmaparigrahāya dvitī$_{(7v8)}$yaṃ mahāpraṇidhānam abhinirharati | [3] sarvabuddhotpādaniravaśeṣasarvalokadhātuprasareṣu tuṣitabhuvanavāsanādiṃ kṛtvā cyavanāvakramaṇagarbhasthitijanmakumārakrīḍāntaḥpurābhiniṣkramaṇaduṣkaracaryāmāragharṣaṇā[(80)]bhisaṃbodhādhyeṣaṇādharmacakrapravartanamahāparinirvāṇopasaṃkramaṇāya pūjādharmasaṃgrahaprayogaṃ[(81)] ○ pūrvaṃgamaṃ kṛtvā sarvatraikālavivartanāya śeṣaṃ pūrvavat kevalaṃ pratiprasrabdhaṃ yāvan mahāparinirvāṇopasaṃkramaṇāya tṛtīyaṃ mahāpraṇidhānam abhinirharati || [4] sa$_{(7v9)}$rvabodhisattvacaryāvipulamahadgatāpramāṇāsambhinnasarvapāramitāparigṛhītasarvabodhisattvabhūmipariśodhanaṃ sāṃgopāṅganirhārasalakṣaṇavilakṣaṇaṃ savivartasaṃvartaṃ bodhisattvacaryābhūtayathābhūmi[(82)]pathopadeśapāramitāparikarmāvadātasātatyānupradānopaṣṭabdhacittotpādābhinirhārāya pūrvavad uktvā cittotpādābhinirhārāya caturtham mahāpraṇidhānam abhinirharati | [5] niravaśeṣasarvasattvadhāturūpyarūpisaṃjñāsaṃjñinaivasaṃjñināsaṃjñyaṇḍajajarāyujasaṃsvedajopa$_{(8r1)}$pādukatraidhātuka[(83)]paryāpannāṣaḍgatisamavasṛta[(84)]sarvopapattiparyāpannanāmarūpasaṃgṛhītāśeṣasarvasattvadhātuparipācanāya sarvabuddhadharmāvatāraṇāya sarvagatisaṃkhyāvyavacchedanāya sarvajñajñānapratisthāpanāya śeṣaṃ pūrvavat | viśeṣas tu sattvaparipācanāya paṃcamaṃ mahāpraṇidhānam abhinirharati || [6] niravaśeṣasarvalokadhātuvimalasaṃkṣiptamahadgatāpramāṇasūkṣmaudārikavyatyastāmūrdhasamatalapraveśasamavasaraṇānugatendujālavibhāgadaśadigaśeṣavaimātrapraveśavibhāgajñānānuga$_{(8r2)}$mapratyakṣatāyai śeṣaṃ pūrvavat | viśeṣaś ca lokadhātuvaimātratāvatāraṇāya ṣaṣṭhaṃ mahāpraṇidhānam abhinirharati || [7] sarvakṣetraikakṣetrasarvakṣetrasa○mavasaraṇapariśodhanāyāpramāṇa[(85)]buddhakṣetraprabhāvyūhālaṃkārapratimaṇḍitavat | sarvakleśāpanayanapariśuddhapathopetam | apra-

[(79)] *Daśabhūmikasūtra* (Kondō ed.) p. 19.4–22.5.
[(80)] -gharṣaṇā-] em. (= DBh), -dharmaṇā- Ms.
[(81)] -yogaṃ] em., -yoga Ms.
[(82)] Cf. DBh: -yathāvadbhūmi-.
[(83)] -traidhātuka-] em., -traidhātukatraidhātuka- Ms. (ditto)
[(84)] -samavasṛta-] em. (= DBh), -samavṛsṛta- Ms.
[(85)] āpramāṇa-] em. (= DBh), apramāṇa- Ms.

māṇajñānākārasattvapari[86]pūrṇam u○dārabuddhviṣayasamavasaraṇaṃ yathāśayasarvasattvasandarśanasaṃtośanāya śeṣaṃ pūrvavat viśeṣas tu sarvabuddhakṣetrapariśodhanāya saptamaṃ mahāpraṇidhānam abhi(8r3)nirharati || [8] sarvabodhisattvaikāśayaprayogāya niṣpannakuśalamūlopacayāyaikālambaṇasarvabodhisattvasamatāyai | avirahitaṃ satatasamitaṃ bodhi○sattvasamavadhānāya | yatheṣṭabuddhotpādasandarśanāya saṃtoṣaṇa[87]svacittotpādatathāgataprabhāvajñānānugamāyācyutānugāminyabhijñānapratilambhāya sarvalokadhā○tvanuvicaraṇāya sarvabuddhapariṣan[88]maṇḍalapratibhāsaprāptaye sarvopapattisvaśarīrānugamāyācintyamahāyānopetatvāya sarvabodhisattvacaryācaraṇāvyavacche(8r4)dāya pūrvavac cheṣam parighaṭṭya mahājñānābhijñātāyai aṣṭamaṃ mahāpraṇidhānam abhinirharati || [9] avaivartyacakrasamā[89]rūḍhabodhisattvacaryācaraṇāyāmo○ghakāyavāṅmanaskarmaṇe[90] sahadarśananiyatabuddhadharmatvāya sahaghoṣodāhāra[91]jñānāvagamāya sahaprasādakleśavinivartanāya mahābhaiṣajyarājopamāśrayapratilaṃbhā○ya cintāmaṇivat kāyapratilambhāya sarvabodhisattvacaryācaraṇāyeti pūrvavat parighaṭṭyāmoghasarvaceṣṭatāyai navamaṃ mahāpraṇidhānam abhinirharati | [10] sarva(8r5)lokadhātuṣv anuttarasamyaksaṃbodhyabhisambodhāya ekavālapathāvyativivṛtta[92]sarvavālapatheṣu janmopapattyabhiniṣkramaṇavikurvaṇaduṣkaracaryāmāragharṣaṇa[93]bodhimaṇḍadharmacakrapravarta○namahāparinirvāṇadarśanāya sahabuddhiviṣayaprabhāvajñānānugamāya sarvasattvadhātuyathāśayabuddhotpādalakṣaṇākṣayavibodhapraśamaprāpaṇasandarśanāya ○ ekābhisaṃbodhisarvadharmadhātunirmāṇaspharaṇāyaikaghoṣodāhārasarvacittāśayasaṃtoṣaṇāya mahāparinirvāṇopadarśanacaryābalāvyupacchedāya mahā(8r6)jñānabhūmisarvavyavasthānasandarśanāya dharmajñānarddhi[94]māyābhijñāsarvalokadhātuspharaṇāyeti ca pūrvavad yojya mahājñānābhinirhārāya daśamaṃ ma○hāpraṇidhānam abhinirharatīti || ||

(IV.12ab：[2] 広大さ・[3] 士気)

utsāho boddhavyo duṣkaradīrghādhvikākhedāt (IV.12cd)

---

[86] -pari-] em., -prati- Ms.
[87] saṃtoṣaṇa-] em. (= DBh), satoṣaṇa- Ms.
[88] = -parṣan-.
[89] -samā-] em. (= DBh), -saha- Ms.
[90] -karmaṇe] em. (= DBh), -karmaṇo Ms.
[91] -ghoṣodāhāra-] em. (= DBh), -ghodāra- Ms.
[92] -vṛtta-] em. (= DBh), -vitta- Ms.
[93] -vikurvaṇaduṣkaracaryāmāragharṣaṇa-] em. (= DBh), om. Ms.
[94] -rddhi-] em. (= DBh), -rdhi- Ms.

niṣprapaṃcadharmatāsākṣātkārād akhedaḥ || ||

（IV.13：[4] 意楽の清浄・[5] 他地に関する善巧）

āsannabodhibodhā○t tadupāyajñānalābhataś cāpi |
āśayaśuddhir jñeyā (IV.13abc)

"**āsannā** me **bodhir**" dharmadhātuprativedhāt | darśanabhāvanāmārgātmā ca prāptas **tadupāya** ity anyac chuddhādhyāśayi$_{(8r7)}$katākāraṇam || ||

kauśalam apy[95] **anyabhūmigatam ||** (IV.13d)

vimalāta ārabhya dūraṅgamāvadhy **anyabhūmi**tvam || ||

（IV.14: 異熟の地—[6] 出離）

niryāṇaṃ vijñeyaṃ yathāvyavasthānama○nasikāreṇa |
tatkalpanatājñānād avikalpanayā ca tasyaiva || (IV.14)

aśuddhabhūmibhyo yad etan **niryāṇaṃ** tad **yathāvyavasthānaṃ** bodhitadupāyayor **avikalpanenā**ṣṭa○myādibhūmitraya iti ||

（IV.7–14 とIV.2 との対応のまとめ）
atra ca kauśalāvadhi śuddhādhyāśayikabhūḥ | niryāṇaṃ tu vipākabhūḥ | niṣṭhāmārgasyāpy avikalpanam eva dharma iti na nirāvaraṇabhu$_{(8r8)}$vaḥ pṛthag upādānam ||

（IV.15–20：22 種の発心の譬喩）
（IV.15）
vastuprayojanan tu vaktavyan | tad āha || ||

pṛthivīsama utpādaḥ (IV.15a)

bodhicchandasyāśeṣasakalakuśalasasyaprasavahetutvāt | ○ cchandam eva hi nirantarīkurvāṇasya sarvākāraṃ sarvadharmasākṣātkāraḥ | "yathābhūtaṃ sarvaṃ jānīyām" iti hi sarvārthajijñāsācchanda eva | bhūtārthabhāvanāsvabhāva iti ○ ca satyadvayavimarṣe carcitam asmābhiḥ || ||

kalyānasuvarṇasannibhaś cānyaḥ | (IV.15b)

jagaddhitāśayasahagato dāhacchedanigharṣaṇābhir iva sattvavipratipatti$_{(8r9)}$bhir[96] akopyatvāt || ||

[95] Cf. Lévi: kauśalyaṃ tv.
[96] -viprati-] em., -vipra- Ms.

śuklanavacandrasadṛśaḥ (IV.15c)

vidyāsthānaprayogena prajñābalād upāyavyāmohavirahād yathāśayaṃ prayogasāphalyena vivṛ○ddhigamanāt || ||

vahniprakhyo 'paro jñeyaḥ || (IV.15d)

āśayaprayogabalena karuṇā | prajñākaruṇayor vivṛddhyā tadabhedātmakādhyāśayasahagatatvena kleśendha○nadahanapravṛttatvāt | sā ceyaṃ dharmasrotasi buddhebhyo 'vavādād ārabhya prayogamārgapratipattiḥ | tatrāvavādaś śrutāvasthā uṣmamūrdhanī cintākāle[97] kṣāntyagradha(8r9)rmo bhāvanāvasaraḥ ||

(IV.16–17a: 六波羅蜜)
uttaracchandayānas tu ṣaṭpāramitāmaya iti ṣaḍbhiḫ khaṇḍair darśayati || ||

jñeyo mahānidhānavad anyaḥ (IV.16a)

dānapāramitāsahagato yatheccham sarvasattvamanorathaparipūraṇāt | api ca dānapāramitāyā vipākaphalasya niṣyandaphalena sattveṣv eva pratyarpaṇāt | na caivam prayogasya virāma ity akṣayatvam ||

ratnākaropamaś cānyaḥ[98] **||** (IV.16b)

śīlapāramitārohaṇācalam āśṛtya[99] nikhilaguṇaratnaprabhavāt || ||

sāgarasadṛśo jñeyaḥ || (IV.16b)

kṣāntipāramitayā sattvavipratipattibhis svapra (8v1)[100]tipannamaryādāvicalanāt || ||

vajraprakhyaḥ || (IV.16d)

sarvakarmaṇāṃ vedhakatvāt || ||

acalendranibhaḥ || (IV.16d)

dhyānavaśenāniñjyatvāt || ||

bhaiṣajyarājasadṛśaḥ || (IV.17a)

---

[97] -kāle] em., -kāla- Ms.
[98] Cf. Lévi: ratnākaro yathaivānyaḥ.
[99] = āśritya.
[100] 8v 欄外上には挿入位置が不明な補記（ity ayam apy anyaviśeṣaḥ tadā +）がある。

prajñāpāramitayā tadanyapāramitāvipakṣāvaraṇanirhārāt trimaṇḍalapariśuddhimukhena pāramitāṅgaparipūraṇāc ca || ||

(IV.17b–20)

mahāsuhṛtsaṃnibho[101] **'paro jñeyaḥ** (IV.17b)

apramāṇavaśena sarvāvasthaṃ satvānupekṣaṇāt[102] svayam apramādavihāritvād[103] vā || ||

cintāmaṇiprakāśaḥ || (IV.17c)

abhijñābhir icchāmātreṇa phalasamṛddheḥ[104] || ||

dinakarasadṛśo 'paro (8v2) **jñeyaḥ** (IV.17d)

vastubhis sarvakuśalasasyaparipācanāt[105] || || [106]

gandharvamadhuraghoṣavad anyaḥ (IV.18ab)

pratisaṃvidbhiś śūnyanayadeśanāt || || [107]

rājopamo 'paro jñeya○ḥ | (IV.18b)

pratiśaraṇānām avipraṇāśadharmatvāt, svayam avipranaṣṭasya sattvānām aparihāṇidharme pratyarpaṇāt || ||[108]

koṣṭhāgāraprakhyaḥ (IV.18c)

puṇyajñānasaṃbhāratvāt[109] || ○ ||

---

[101] saṃnibho] em., sanibho Ms.

[102] Cf. MSABh ad IV.17b: apramāṇasahagato mahāsuhṛtsaṃnibhaḥ sarvāvasthaṃ sattvānupekṣakatvāt.

[103] apramāda-: read apramāṇa-(?)

[104] Cf. MSABh ad IV.17c: abhijñāsahagataś cintāmaṇisadṛśo yathādhimokṣaṃ tatphalasamṛddheḥ

[105] Cf. MSABh ad IV.17d: saṃgrahavastusahagato dinakarasadṛśo vineyasasyaparipācanāt.

[106] 写本では-kuśalasasya-の kuśala の上に取り消し記号のようなものが付されるが，文脈の上では取り消す必要がないように思われる。

[107] śūnya-の文字は暫定的な翻刻による。

[108] Cf. MSABh ad IV.18b: pratiśaraṇasahagato mahārājopamo 'vipraṇāśahetutvāt.

[109] Cf. MSABh ad IV.18c: puṇyajñānasaṃbhārasahagataḥ koṣṭhāgāropamo bahupuṇyajñānasaṃbhārakoṣasthānatvāt.

mahāpathasamas tathaivānyaḥ (IV.18cd)

mahāpatho rājamārgaḥ || tatsamatvaṃ | pakṣyāṇāṃ hīnamadhyottamapudgalair anuvartanāt || ||

yānasamo vijñeyaḥ (IV.19a)

śamathavipaśyanā(8v3)bhyāṃ saṃsāranirvāṇānyatarāntāpatanāt[110] || ||

gandharvasamaś ca cetasaḫ prabhavaḥ (IV.19ab)

dhāraṇīpratibhāṇebhyām udakadhāraṇodbhedasādharmyeṇa śrutāśrutadharmadhāraṇohanā○t || ||

ānandaśabdasadṛśaḥ[111] (IV.19cd)

mokṣārthyabhimatasyānityādeś śrāvaṇāt[112] || ||

mahānadīśrotasas sadṛśaḥ[113] || (IV.19cd)

anutpattikadharmakṣāntipratilambhasya svarasenāni○ruddhaprasaraṃ vāhāt || ||

meghasadṛśaś ca kathitaś cittotpādo jinasya tanayānām[114] || (IV.20ab)

upāyakauśalasya vakṣyamāṇanayena meghasyeva buddhadharmaparipūra(8v4)ṇādirasarasāyanahiraṇyarajataratnauṣadhivanaspatisasyādisamṛddhetutvāt |

(22種の発心とVI.2所説の四種発心との対応)

tad atra cchandāśayaprayogādhyāśayā ādhimokṣikāḥ[115] | dānādipāramitāsa○hagatāḥ[116] śuddhādhyāśayikāḥ | apramāṇābhijñādayaḫ[117] paripūrṇād acalādau vaipākikāḥ | kauśalasahagato 'nāvaraṇata āvaraṇaprahāṇahetutvād[118] āvaraṇavarjitaḥ ||

(IV.21: 発心を堅固にする方法と小乗の発心に対する卓越性)

tad evaṃ cittotpādasya lakṣa○ṇabhedasvarūpabhūmiprakārakathanaprabhedapramukhabhedaprayojanāny ākhyāya, yādṛśair manasikārair eṣa sthirībhavati tad ādarśayan sāmprataṃ

---

[110] Cf. MSABh ad IV.18cd: śamathavipaśyanāsahagato yānopamaḥ sukhavahanāt.

[111] ānanda-] em., ānda- Ms.

[112] Cf. MSABh ad IV 19cd: dharmoddānasahagata ānandaśabdasadṛśo mokṣakāmānāṃ vineyānāṃ priyaśrāvaṇāt.

[113] Cf. Lévi: mahānadīśrot**a**sadṛśaś **ca** ||

[114] Cf. Lévi: medhasadṛśaś ca kathitaścittotpādo **jinātmajānāṃ hi** |

[115] Ms: tad atra cchandāś~~ayā~~-{yaprayogā~~dhyā~~-: *upper margin*}dhyāśayā ādhimokṣikāḥ.

[116] -gatāḥ] em., gatā Ms.

[117] Ms: {apramāṇā~~bhi~~-: *upper margin*} abhijñādayaḫ .

[118] Ms: {āvaraṇaprahāṇahetu[tvād ~~āva~~]: *upper margin*}.

hīnayāni (8v5)kacittotpādād atiśayam ādarśayati || ||

parārthacittāt[119] **tadupāyalābhato mahābhisandhyarthasutattvadarśanāt |**
mahārhacittodayavarjanāj janāḥ ○ śamaṃ gamiṣyanti vihāya tat sukham[120] **||**
(IV. 21)

pitur ivaikaputrake premānunītasya bodhisattvasya[121] hi paropakāraṃ karotīti cintanāt, tadarthopāyaprāpteḥ,[122] **ma○hābhisandhyarthasutattvadarśanād**[123] gūḍhabhāvāvagamatas[124] tadavagamenānadhigatavaśeṇopāyāvyāmohād[125] yat sukhaṃ tan mahābodhicittotpādarahitāḥ pariva(8v6)rjya śamamātraṃ[126] śrāvakāyānikāḥ[127] prapadyante | ata evānyatrārhatām api sarvasaṃskāreṣu bhayasaṃjñā pratyupasthitā bhavatīty uktam[128] | bodhisattvānāṃ tu sukhaṃ ca śamaṃ○ś ceti †viddhāsanīyanayatnam† [129] |

(IV.22)

api ca prayatnapūrvakām[130] apramādacaryām āmukhīkṛtya svaparitrāṇahetor hīnagotrako[131] **duṣkṛtād** vyāvavartate | bodhisattvasya ○ tu na tadvyāvartanopadeśenārthaḥ | pitur iva premaṇīya ekaputrake hitaprayogena kutas tadviruddhāvaraṇasambhavaḥ | tatas svabhāvād eva[132] bodhisattvas **saṃvṛta** (8v7) ity ucyate || tad āha || ||

sahodayāś cittavarasya dhīmatas susaṃvṛtaṃ cittam anantaduṣkṛtāt |

---

(119) -cittāt] em., -cittā Ms.
(120) Cf. Lévi: mahārhacittodaya**varjitā** janāḥ
(121) bodhi-] em., bohi Ms.
(122) Cf. Ms. tadarthopāya~~amaya~~-.
(123) -darśanād] conj., -darśanaṃ Ms.
(124) -āvagamatas] conj., -āvagamas Ms.
(125) -ānadhigatavaśeṇo-?] conj., ānadhigata[c]a[r]eṇo- Ms.
(126) śamamātraṃ] em., mamātraṃ Ms.
(127) -yānikāḥ] em., -nikāḥ Ms.
(128) Cf. *Śrīmālā* quoted in the *Ratnagotravibhāga* (Johnston, p. 19 ad RGV I .20): yasmād arhatām api kṣīṇapunarbhavānām aprahīṇatvād vāsanāyāḥ satatasamitaṃ sarvasaṃskāreṣu tīvrā bhayasaṃjñā pratyupasthitā bhavati.
(129) 剣標の箇所の意味は未詳。写本の読みから離れるが，意味上，iti viditvopasanīyo yatnaḥなどと訂正しうるか。

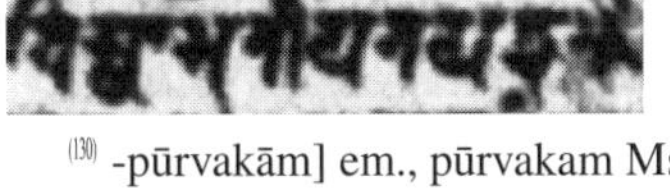

(130) -pūrvakām] em., pūrvakam Ms.
(131) -gotrako] em., -grotrako Ms.
(132) 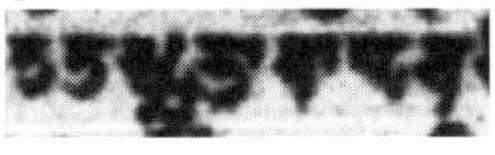

pratyutāyam

sukhena duḫkhena ca modate sadā śubhī kṛpāluś ca vi○vardhayan dvayam[133] **||** (IV.22)

svabhāvasaṃvṛtatvahetunā parārthācaraṇena **śubhī** । śubhaprabhavena ca **sukhena duḫkhena** ca **kṛpālu**tvāt parārthatātparyapravṛtteḥ pra**modate**[134] svaduḫkhasya mahārthatvasaṃvedanāt ।

(IV.23)

yathā cāsya svabhāvasaṃvṛtis tan nirdiśati || ||

yadānapekṣas svaśarīrajīvite parārtham abhyeti paraṃ pariśramam | (8v8)
paropaghātena tathāvidhaḫ kathaṃ sa duṣkṛte karmaṇi sampravartsyati[135] **||** (IV.23)

gatārtham etat ||

(IV.24)

duḫkhenāpy asya yathā modas tad āha || ||

māyopamān vīkṣya sa sarva○dharmān udyānayātrām iva copapattīḥ |
kleśāc ca duḫkhāc ca bibheti nāsau sampattikāle 'tha vipattikāle || (IV.24)

tāvat kṛpālutvena paropakārātmanas saṃskāraduḫkhāt[136] māyopamatvapratyavekṣayā yā[137] **sampattir** upapattibhavas tat**kā**○**le** naiṣa **kleṣebhyaḫ** parārthaṃ saṃsarantaḫ[138] khasamaṃ prādurbhaviṣyantīti **na bibheti** | nāpi **vipattikāle** maraṇaduḫkhāt [kutra .. .opanataṃ bhogam avadhūya] ma[139](8v9)yā gantavyam iti bhayaṃ pratipadyate | udyānād udyānāntarayātrāvan maraṇabhavād upapattibhavasaṃvedanāt । tathā hy asya maraṇakālād upapattir bhave || ||

(IV.25)

svakā guṇās sattvahitāc ca modas saṃcintyajanma rddhivikurvitaṃ[140] **ca |**

[133] vivardhayan dvayam] Ms., vivardhanadvayam Lévi.
[134] pravṛtte**ḥ pra**modate のうち太字箇所は補筆されている。
[135] saṃpravar**t**syati] Ms. saṃpravatsyati Lévi.
[136] tāvat ... saṃskāraduḫkhāt は 8v 下部欄外部に補記される。
[137] yā] conj., om. Ms.
[138] saṃsarantaḫ] conj., saṃ[s]arataḫ Ms.
[139] 8v8 末尾の 14 文字ほど不鮮明。

[140] rddhi-] em., rdhi- Ms.

vibhūṣaṇam bhojanam agrabhūmiḫ krīḍāratir nāsty akṛpātmakānām[141] || (IV.25)

guṇādīnām atra vibhūṣaṇādinā rūpaṇam | vyatirekamukhena cāyaṃ duḫkhade ’pi pramoda iha upanyastaḥ ||

(IV.26)

api ca || ||

parārtham udyogavataḫ kṛpātmano hy
avīcir apy e .. .. (9r1) .. ..[142] |
kutaḫ punas trasyati tādṛśas san[143]
parāśrayair duḫkhasamudbhavair bhave || (IV.26)

dharmatā hy eṣā yat paristaritvāc[144] cittavṛtter aramyam api **ramyatām eti** | yathā śuddhasantates sato ’py aśubhābhāsaḥ | tad asyāvīcer api ramyatopagame kim anyad bhayakāraṇaṃ bhayāvahaṃ syāt ||

(IV.27)

astv evam, pariśuddhavṛtter ādikarmikasya tu kaḫ pratīkāraḥ | āha || ○ ||

mahākṛpācāryasadoṣitātmanaḫ[145] **parasya duḫkhair upataptacetasaḥ |**
parasya kṛtye samupasthite punaḫ parais samādāpanatātilajjanā[146] || (IV.27)

[141] nāsty a-] Ms., nitya- Lévi.

[142] 8v 末尾の 3 文字（etyiti または eṣyiti）および 9r 冒頭の 5 文字は判読困難。Lévi 本では eti yadāsya ramyatām。
(8r 末尾:)

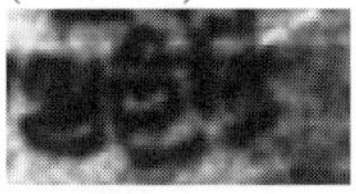

(9r 冒頭:)

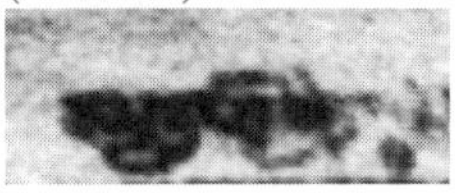

[143] c 句末尾 tādṛśas san には韻律に乱れがある（一音節不足）。tādṛśas san と読む場合 –⏑––となるが，当該箇所は Vaṃśasthavira 律の場合，–⏑–⏑–となる必要がある。Lévi 本の場合は tādṛśo bhavan と読み，韻律に適合する。ただし，san parā-の文字は暫定的読解にすぎない。

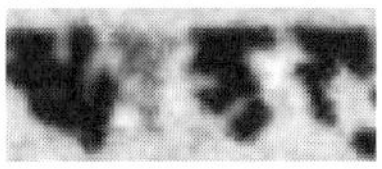

[144] paristaritvāc] conj., paristaritvā Ms.

[145] -kṛpā-] em., -kṛpa- Ms.

[146] samādāpanatātilajjanā] Ms., samādāpanato ’tilajjanā Lévi.

karuṇāvaśāt sa(9r2)mupajātam apy eṣa duḫkhaṃ sattvaikaputrakatātātparyāt[147] paraṃ na gaṇayati ।
yāvatsatvārthaniṣpattyā duḫkham api sukham iti manute ||

(Ⅳ.28)

yad[148] vāditam upasaṃharan svapa○rārthādhikārasaṅgatim upakṣipann āha || ||

śirasi vinihitoccasattvabhāraḥ (Ⅳ.28a)

praṇidhicittabalāt prasthānacittena || ||

śithilagatir na hi śobhate ○ 'grasattvaḥ |
svaparavividhabandhanātibaddhaś śataguṇam udyamam[149] arhati prakartum ||
(Ⅳ. 28bcd)

prasthānadvāreṇeti || ||

（章題）

sūtrālaṅkāraparicaye cittotpādā(9r3)dhikāraḫ pañcamaḥ || ||

試訳

【第 6 偈釈の草稿版】

（Ⅳ.6b: 18–22 番目の発心）

（四法印を伴う発心: 第 20 番目の発心）[150]

［第 20 番目の発心は］四諦直証の加行（準備）からなる。

（一行道を伴う発心: 第 21 番目の発心）

分別の拡散には一行道が［能対治である[151]］。だから一行道を伴う［発心］があり，［それは］清浄な地の加行を自体とする[152]。

（方便善巧をそなえた発心：第 22 番目の発心）

---

[147] -putraka**tā**tātparyā**t**] conj., -putrakatātparyāt Ms. 末尾の t は判読困難（nna とも読みうる）。
[148] yad] conj. (or yāvad?), yā Ms.
[149] udyamam] Ms., utsaham Lévi.
[150] 以下 7v2 に類似内容が確認される。
[151] Cf. 7v2: pratipakṣaṃ.
[152] Cf. MSABh ad Ⅳ.2: śuddhādhyāśayikaḥ saptasu bhūmiṣu.

そして方便に巧みでない人には，方便善巧が［能対治である］[153]。だから，方便善巧を伴う［発心］がある。［それは］無学の者の金剛三昧・究竟道に至るまでの加行を性質とする。なぜならば［その発心には］一切の諸地における方便善巧が欠けることがないからである。

（第 18〜22 番目の発心の『無尽意経』経文）
そして経典（『無尽意経』）において，まず止観（第 18 番目の発心）に関しては，

> さらにまた尊者舎利弗よ，菩薩たちの止と観との両者は無尽（第 18 番目の発心）である。

云々と［説かれ］，陀羅尼と弁財（第 19 番目の発心）に関しては，

> さらにまた尊者舎利弗よ，菩薩たちの道は無尽である。そこにおいて道が無尽であることとは何か。道とは八正道である。すなわち正見，云々である[154]。陀羅尼と弁才との両者は無尽である。

云々と［説かれ］，ダルマウッダーナ（第 20 番目の発心）に関しては，

> さらにまた尊者舎利弗よ，菩薩たちの四つのダルマウッダーナは無尽である。

云々と［説かれ］，一行道（第 21 番目の発心）に関しては，

> さらにまた尊者舎利弗よ，菩薩たちの一行道は無尽である。

云々と［説かれ］，そして方便善巧（第 22 番目の発心）に関しては，

> さらにまた尊者舎利弗よ，菩薩たちの方便は無尽である。

云々［説かれた］。

（Ⅳ.6cd：『ラリタヴィスタラ』の引用）
それゆえ，以下の［本偈がある］。

> **［以上が］諸菩薩の発心に関する確定であると知るべきである**[155]。（Ⅳ.6cd）

［発心に関する確定は］すでに説かれたことを内容としており（vastuka）（... このあと 7 文字

[153] Cf. 7v2: anupāyakauśalasya copāyakauśalaṃ pratipakṣam.
[154] ここは陀羅尼と弁才が説かれるべき文脈であり『無尽意経』本文にもそれが説かれているが，ここでは八正道の解説が竄入しているようである。八正道は第 17 番目の発心（三十七菩提分法を伴う発心）の一部である。
[155] 本研究会訳。以下同。

ほど判読不能...)『ラリタヴィスタラ』の法明門説示章(第 4 章)[156] にもとづき,意欲・意楽・増上意楽・加行などの[22 種の発心の]順番を有し[157],多寡の意味についての説示を内容(vapus)としている,というのが[この本偈の]意図である。それに関して[『ラリタヴィスタラ』に]次のように説かれる[158]。

(1)菩提心は法明門にして,三宝の系譜を不断にさせる。(2)意楽は法明門にして,劣った人[159] への願望をなくさせる。(3)増上意楽は法明門にして,広大な仏の法を所縁とさせる。(4)加行は法明門にして,一切の善法を満たさせる。(5)布施波羅蜜は法明門にして,相好と仏国土を浄化させ,一切の慳貪なる衆生を成熟させる。(6)戒波羅蜜は法明門にして,一切の無暇と悪趣を超えさせて,悪戒の衆生たちを成熟させる。(7)忍辱波羅蜜は法明門にして,一切の害意・悪意・瞋恚・慢心・倨傲・驕佚を棄てさせ,害意の心をもつ衆生たちを成熟させる。(8)精進波羅蜜は法明門にして,一切の善法への着手と済度をさせ,怠惰なる衆生たちを成熟させる。(9)禅定波羅蜜は法明門にして,一切の禅定と神通を生起させ,迷乱した心をもつ衆生たちを成熟させる。(10)般若波羅蜜は法明門にして,無明と愚痴と暗闇と有所得(upalambha)[160] の見解を棄てさせ,愚かなる(duṣprajña)衆生たちを成熟させる。(11)方便善巧は法明門にして,信解に応じた衆生の威儀を示現させ,一切の仏の法の消滅をなくさせる。(12)四摂事は法明門にして,一切衆生を摂受し,菩提の得た者に法を求めさせる[161]。(13)衆生成熟は法明門にして,如来の三昧を獲得させ[162],自らの安楽に執着することなく,倦怠することをなくさせる。(14)正法摂受は法明門にして,一切衆生の雑染を棄てさせる。(15)福徳資糧は法明門にして,一切衆生を活かす。(16)智慧資糧は法明門にして,十力を円満させる。(17)止資糧は法明門にして,如来の三昧を獲得させる。(18)観資糧は法明門にして,慧眼を得させる。(19)入無礙は法明門にして,法眼を得させる。(20)入依(pratiśaraṇāvatāra)は法明門にして,仏眼を浄化させる。(21)陀羅尼獲得は法明門にして,一切の仏説を記憶させる。(22)弁才獲得は法明門にして,一切の仏説に満足させる。(23)順[法]忍は法明門にして,一切の仏の法に随順させる。

---

[156] dharmālokamukhanirdeśaprakaraṇa. 外薗本における『ラリタヴィスタラ』の第 4 章の題名 dharmālokamukhaparivarta とよく合う(外薗 [1994: 344])。

[157] 22 種の発心の第 1〜第 4 番目が列挙されていると考えられる。すなわち,最初の発心,意楽を伴う発心,増上意楽を伴う発心,加行を伴う発心に対応する。「順番」(krama)は主格として理解したが,処格の可能性も残る。Cf. MSABh ad Ⅳ.15.

[158] 以下の『ラリタヴィスタラ』の引用について,テクストは外薗 [1994: 334, 336],和訳は同 753–755 および外薗 [2018: 97–98] を参照にした。以下,項目順に番号を付した。番号を太字にした箇所は,22 種の発心と対応する語彙がみられるものを示す。

[159] hīnajana.『ラリタヴィスタラ』では hīnayāna- とある。

[160] 外薗 [1994: 760 n. 43] に従う。

[161] 再考を要する。外薗 [1994: 334, 754] は読みが異なり「法を領解することを得しむ」(dharmapratyavekṣaṇatāyai)とする。

[162]「如来の三昧に依拠して」は外薗 [1994] に欠如する。

⑵無生法忍は法明門にして，授記を獲得させる。⑵ 不退転地は法明門にして，一切の仏の法を満たす。⑵諸地増進智は法明門にして，一切智者の智で灌頂させる。⑵灌頂地は法明門にして，入胎・誕生・出家・苦行・菩提道場への往詣・菩提の証得・転法輪・般涅槃を示現させる。8v9

と説かれた[163]。

【第 5 偈以降の釈の改稿版（7v1–8v9）】

（Ⅳ.5ab）
（衆生への成熟にもとづいて，［四］依を通じて...[164]）　それによって⒁[165]［四］無礙と⒂［四］依を伴う発心がある[166]。

（Ⅳ.5cd: 16 番目の発心）

また，それ（発心）は波羅蜜を常に実践することを出離（起点）とすると説かれる[167]。（Ⅳ.5cd）

⒃福徳と智慧の二資糧[168]は，おのずから，［六］波羅蜜という出離の依り処である[169]。

（Ⅳ.6a: 17 番目の発心）

それ（発心）は地を完結する。（Ⅳ.6a）

［この発心は］⒄［三十七］菩提分を伴う［発心］である[170]。そこにおいて，［四］念処など（四念処・四正勤・四神足）は資糧地（資糧道）において完成する。［五］根と［五］力は加行地（加行道）において［完成し］，［七］覚支は見地（見道）において［完成し］，そして道の諸支分（八正道）は修地（修道）で完成する。そして以上のように，それが諸地における完成である[171]。

[163] 7r のテクストはここで終了し，貝葉の下部三分の一ほどは空白となっている。

[164] 冒頭箇所は写本の文字が判読し難い。文脈によって暫定的に補った。

[165] 以下の丸括弧内の数字は 22 種の発心の中の番号を示す。

[166] 10 種の発心の確定の中の 8 番目を説くⅣ.5ab が，22 種発心の 14 番目と 15 番目に配当されている可能性がある。

[167] 本研究会による訳。以下，本偈は基本的に本研究会による訳文を踏襲させて頂いた。ただし一部において本注釈の内容に合わせて変更した箇所もある。

[168] 福智資糧は 22 種発心の第 16 番目。

[169] ただし「波羅蜜なる出離を拠り所としている」とも訳しうる。

[170] 22 種発心の第 17 番目。MSABh ad Ⅳ.18d: **bodhipakṣasahagato** mahārājapathopamaḥ sarvārya-pudgalayātānuyātatvāt.

[171] 以上をまとめると次のようになる。［四念処・四正勤・四神足：資糧地］，［五根・五力：加行地］，［七覚支：見地］，［八正道：修地］。北山 [2020] 参照。

(Ⅳ.6b: 18–22 番目の発心)

それぞれ［地ごと］にそれ（地）における［波羅蜜の］実践によってである。（Ⅳ.6b）

あれこれの所対治が存在する場合，それを排除するために，各々個別的に，能対治を実践することによって［発心は地を完結する］，という意味である。

そこにおいて，修［道］（または観想）と相応する者の欲・愛・忿・掉挙・悪作に対しては止が能対治であり，昏沈・昏睡・疑に対しては観が［能対治である］。だから，⒅止観を伴う［発心］がある。［その発心は］止観の生起にむけて，念処などの三種（四念処・四正勤・四神足）の加行からなる。

所縁と相応を持つ者の［能対治は］，陀羅尼と弁才にもとづく。だから，⒆それら（陀羅尼と弁才）を伴う［発心］がある。［その発心は］［五］根［五］力の加行を自性とする。

（このあと 7 文字程判読不能）［...の能対治は］ダルマウッダーナ（四法印）にもとづく。だから⒇ダルマウッダーナを伴う［発心］がある。［この発心は］四諦直証の加行を自体とする。

分別による錯乱（または錯乱した人）には一行道が［能対治である］。だから㉑一行道を伴う［発心］がある。［この発心は］清浄な地の加行を自体とする。

そして方便に巧みでない人には方便善巧が能対治である。だから㉒方便善巧を伴う［発心］がある。よって，無学の金剛定なる究竟道の加行を本質とする。

(Ⅳ.6cd)
そこで次［の偈］がある。

［以上が］諸菩薩の発心に関する確定であると知るべきである。（Ⅳ.6cd）

［つまりその確定は］すでに述べた内容を持つものとして［知られるべきである］という意味である。

(Ⅳ.7–14: Ⅳ.2 との対応)
(Ⅳ.7: 信解事の地)[172]
摂め取られるべき内容項目（saṃgrāhyavastu）に関する地という観点から，信解の［発心］という項目の地について，まず最初に述べる。

師友の力により，原因の力により，［善］根の力により，聞［法］の力により，浄善の反復修習により，他者の説示による発心は不堅固なものと堅固なものとして生じる，と説かれている。（Ⅳ.7）

[172] 本注釈（7v2–8r8）はⅣ.7–14 を，Ⅳ. 2 所説の「信解，清浄な増上意楽，異熟，障礙のないもの」の 4 つに配当する。すなわちⅣ.7 が「信解」，Ⅳ.8–13 が「清浄な増上意楽」，Ⅳ.14 が「異熟」とにそれぞれ配当され，最後の「障礙のないもの」については na nirāvaraṇabhuvaḥ pṛthag upādānam と述べられる（8r7–8）。

原因とは悲のことである。⑴意欲（chanda）[173]が存在する場合に［その原因があり］，⑵意楽の観点による。**根（善根）の力により，悲（原因）の力により，聞の力により，**というのは⑶加行の観点による。**浄善の力により，**とは⑷増上意楽の観点による。

信解の［発心］(ādhimokṣika) は，**他者の説示** (parākhyāna 他者への告知) に基づいて知られるべきである。**他者の説示**とは，述べられたことを繰り返し唱えることである (uktānuvāditva)[174]。

そしてそれ（他者の説示による世俗の発心）は，**師友の力により，不堅固なものとして生じる**。［いっぽうその発心は］**原因の力により，堅固なものとして生じる**。［**善**］**根・聞**［**法**］**・浄善の習熟の力**は，［その発心を］増大させる（paribṛṃhaṇa）ための原因である[175]。**不堅固**ということは，ここでは確定を欠く［発心］のことである。（このあと5文字ほど判読困難）を性質としているからである。

そして［この世俗の発心は］不浄である。なぜならば，他者に随順することによって，あるいは，［発心の定型文を］唱えるだけによって[176]，あるいは，熟慮したあとに（vimṛśya）生活のために（jīvikārthaṃ），［発心を］受け入れるからである。

(Ⅳ.8–13: 清浄な増上意楽の地)

(Ⅳ.8–9)

清浄なる意楽の［発心］を内容とする地について，順次に［次のようにⅣ.8–14で］説く。

> ［**菩薩が**］**等覚者に正しく仕え，智慧と福徳との資糧を十分に集積したならば，諸法に対して無分別智が生じるから，これ（発心）は最勝である。**（Ⅳ.8）

ここでは**福徳と智慧の資糧を集積**した直後に，［また］資糧道にもとづいて，**等覚者によく仕えること**を通じて，諸仏からの教誡（avavāda）の獲得があり，見道において無分別［智］の発生がある[177]。それ（無分別智）の発生の後に，

> **諸法に対して，衆生に対して，彼ら（衆生）のために為すべきことに対して，そして最高の仏たること（仏果，仏の境地）に対して，平等心性を獲得するから，それ（勝義的発心）には最も勝れた喜びがある。**（Ⅳ.9）

---

(173) 以下の「意欲，意楽，加行，増上意楽」は22種の発心の第1～4番に相当する。

(174) 師が発心儀礼の定型文を唱えて，弟子がそれを繰り返し唱えることを指すか。あるいは所定の定型文を受者が繰り返すことを指すか。たとえば「菩薩地戒品」には菩薩戒の受戒に際して，授者と受者との間で定形文が唱えられる。なお後代 Jitāri や Atiśa などの作品では発心儀軌と受戒儀軌は一組とされる。

(175) MSABh ad Ⅳ.7 では hetvādibalād dṛḍhodayaḥ とあり，原因・根・聞・浄善の習熟という四種の力により，発心が「堅固なるものとして生じる」という。いっぽう本注釈では，発心が「原因の力により，堅固なものとして生じる」とされるので，やや異なる。

(176) つまり，師匠の唱えた発心の文言を後から繰り返して唱えることによって。

(177) ただし avavādapratilambhaḥ を所有複合語と解釈して nirvikalpakaprasavaḥ にかけることも文法的には可能。

法と人の平等性というのは，二無我を洞察することにもとづく。区別なく（このあと 9 文字ほど判読困難）にもとづいて，**衆生の平等性**がある。**為すべき事に対する平等性**というのは，自利利他の平等性による。**仏たることに対する平等性**とは，結果に対する条件に専念することにもとづく[178]。［その発心に］**最も勝れた喜びがあることは**，清浄なる意楽があることである。

（Ⅳ.10）

> **それ（勝義的発心）には [1]［勝れた］生まれがあり，[2] 広大さがあり，[3] 士気があり，[4] また意楽の清浄があり，[5] 残り［の諸地］についての善巧があり，[6] また出離があると知られるべきである。**（Ⅳ.10）

（Ⅳ.11: [1] 生まれ）
［ここで列挙された 6 項目のうち］「生まれ」の在り方については［次のように言う］。

> **[1]［勝義的発心は，］教法への信解という種子（精子）から，諸波羅蜜の上首（般若波羅蜜）という［生］母より，禅定から成る安楽な［母］胎に生まれる。悲が育成する養母である**[179]。（Ⅳ.11）

一闡提のもつ障礙なる「教法に対する怒り」を翻すので[180]，発菩提心を自性とする，菩薩たちの大乗の教法への信解が，信解行［地］の時点で植えられる「**種子**」である。異教徒のもつ障礙なる「教法における我見」を翻すので，**諸波羅蜜の中でも上首にして**[181]，増上慧に包摂される般若波羅蜜が，「**生母**」である。声聞のもつ障礙なる「輪廻の苦への恐怖」を取り除くことにより，第七地までの，虚空蔵三昧などが，「**母胎**」である。いっぽう，第八地において仏果をともなって生じた者についても，独覚のもつ障礙なる「衆生利益への無関心」を取り除くことにより，大悲が，数多くの災難から守護するので，「**養母**」である[182]。

（Ⅳ.12ab：[2] 広大さ・[3] 士気）

> **[2] 十誓願を発起するから広大さがあると知られるべきであり**[183]**，**
> （Ⅳ.12ab）

（※ 以下には『十地経』から十大誓願の引用が続くが，和訳は割愛する。和訳は荒牧 [2003: 45–51] 参照。）

---

(178) 暫定訳。
(179) 本注釈にあわせて本研究会の訳文を一部変更した。
(180) 「翻す」は viparyāsanena の暫定訳。
(181) または「最勝の波羅蜜」。
(182) Cf. RGV (Johnston ed.), 29.7–14 (ad RGV Ⅰ.32–33). 本稿序文参照。
(183) Ⅳ.12ab は Lévi 本と大きく読みが異なるが内容は一致する。

[3] 長時にわたる難行に倦むことがないから士気があると理解されるべきである。 (Ⅳ.12cd)

無戯論なる法性を直観するから**倦むことがない**。

(Ⅳ.13：[4] 意楽の清浄・[5] 他地に関する善巧)

[4] 菩提に近づいたことを理解するから，またそれ（菩提）への方便についての智を獲得するから，意楽の清浄があると知られるべきである。(Ⅳ.13abc)

「私にとって**菩提は近づいた**」と［その段階にいる菩薩は考える］。なぜならば法界を洞察しているからである。［これが意楽の清浄の一つの原因である。］そして見道と修道を自体とする**それ（菩提）への方便は**得られている，というのが，清浄なる意楽をもつ［発心の］(śuddhādhyāśayikatā) ため（= [4] 意楽の清浄）のもう一つの原因である(184)。

[5] さらに，他の諸地に関する善巧があると［知られるべきである］。(Ⅳ.13d)

離垢地から遠行地までが，**他の諸地**ということである。

(Ⅳ.14: 異熟の地—[6] 出離)

[6] 出離とは，［『十地経』における］設定の通りに作意することによって，それ（地の設定）が分別であることを知ることから，さらに同じそれ（分別であると知ること）を分別しないことから，知られるべきである。(Ⅳ.14)

不浄なる諸地からのこの**出離**は，［『十地経』に］**設定された通りに**［あるのであるが］，第八地以降の三地において，菩提とそれへの方便（cf. 13ab）を分別しないことにより［ある］。

(Ⅳ.7–14 とⅣ.2 との対応のまとめ)
そしてここ (Ⅳ.7–14) において(185)，**善巧**に至るまで (Ⅳ.8–13) が「清浄な増上意楽の地」(Ⅳ.2) である。いっぽうで**出離** (Ⅳ.14) は，「異熟の地」(Ⅳ.2) である。究竟道にも，法に対する無分別だけがある。だから (iti)，無障礙の諸地については，個別的にとりあげること (upādāna) はない(186)。

---

(184) すなわちⅣ.13abc には āśayaśuddhi の原因が二点挙げられ，一つ目が āsannabodhibodhāt であり，二つ目が tadupāyajñānalābhataś であることを説明している。

(185) Ⅳ.7 が「信解事の地」(ādhimokṣikavastubhūmi) に配当されることはⅣ.7 の注において先述されたので，ここでは省略されている。

(186) つまり「出離」たる異熟地には作意 (manasikāra) と無分別 (avikalpanā) とが共存する (Ⅳ.14) が，「究竟道」たる無障礙の諸地には無分別だけ (eva) があるという点でちがいがあることが述べられていると暫定的に考えたが，内容には理解できない点が多く残る。

（Ⅳ.15–20：22種の発心の譬喩）

（Ⅳ.15）

いっぽうで［発心の］内容項目（vastu）についての必要性/動機/目的（prayojana）が述べられねばならない[187]。それゆえ［次のように］云う。

⑴[188]［**最初の**］**発**［**心**］**は大地と等しい**。（Ⅳ.15a）

なぜならば，菩提への意欲（＝初発心，意欲を伴う発心）は，残りなき全ての善という穀物が生起する原因だからである。じつに，ほかならぬ［菩提への］意欲（chanda）を継続する者（nirantarīkurvāṇa）には，あらゆる点で一切法の現観がある。というのは，ほかならぬ意欲とは，「如実に全てを私は知ろう（jānīyāṃ）」という，一切の対象を知ろうとする願望（sarvārthajijñāsā）のことだからである。そして（ca）「［その意欲は］真実の対象の修習を自性とする」ということが，二諦の内省において，我々によって繰り返される（carcita）。

⑵**そして次の**［**発心**］**は純金と類似していて，**（Ⅳ.15b）

世間の人々への利益の意楽を備えた［発心は純金の如くである］。なぜなら，熱したり，切断したり，摩擦することによって［純金が変化しない］ごとくに，衆生の違逆（sattvavipratipatti）[189]によって［その発心は］動かされないからである。

⑶［**発心は**］**白分の新月と似ている**。（Ⅳ.15c）

なぜならば，明処（学知領域，vidyāsthāna）への加行を通じ，智慧力にもとづいて方便に関する蒙昧が無くなることから，意楽に応じ，加行に実り多きことを通じ，［その発心が新月の如くに］増大へと向かうからである。

⑷**次の**［**発心**］**は火と相似していると知られるべきである**。（Ⅳ.15d）

意楽の加行力により悲がある。なぜならば，［火の如き加行の発心については］智慧と悲が増大することによって，それ（智慧と悲）から不可分である増上意楽を伴うことを通じて，煩悩という薪木に燃焼が発生するからである。そしてそれは[190]，法の流れにおける，諸仏からの教誡より始まる，加行道の実践である。そこ（加行道）において，教誡が「聞」の段階であって，煖位と頂位が「思」の時点にあり，忍位と［世］第一法が「修」の順序（bhāvanāvasara）である。

（Ⅳ.16–17a: 六波羅蜜）

---

[187] 暫定訳。

[188] 以下括弧内の数字は22種の発心の番号を示す。詳細は上野［2022］を参照。

[189] この語はMSA XⅧ.19cにも出る。

[190] sā ceyaṃは発心を指し，この女性・単数・主格は，この文の述語-pratipattiḥに対応しているものと理解した。ただしkaruṇāを指すことも文法的には不可能ではない。

いっぽう，最上なる意欲という乗りもの（uttaracchandayāna[191]）は，六波羅蜜から成るということについて，［偈の］6つの部分によって［次のように］示す。

⑸**次の［発心］は大宝蔵のごとくであると知られるべきである。**(Ⅳ.16a)

布施波羅蜜を伴う［発心は**大宝蔵のごとく**である］。なぜならば，望みの通りに，一切衆生の願いを満たすからである。さらに布施波羅蜜にもとづいて，［自ら得た］異熟果を，等流果として，ほかならぬ衆生たちに返却する（pratyarpaṇa）からである[192]。そして，そのようであって［も］加行に休止（virāma）はない。だから（iti）尽きることがない（akṣayatva）[193]。

⑹**そして次の［発心］はあたかも宝石の鉱脈のようである。**(Ⅳ.16b)[194]

なぜならば，戒波羅蜜という聳える山（rohaṇācala）に依拠して，あまねく徳性という宝石が生じるからである。

⑺**大海に似ていると知られるべきである。**(Ⅳ.16b)

なぜならば，忍辱波羅蜜のおかげで，衆生の違逆（vipratipatti）によって自身の制圧/達成（svapratipanna）した海岸線（maryādā）から動かされないからである[195]。

⑻**金剛に相似する。**(Ⅳ.16d)

なぜならば，一切の行為を貫くものだからである。

⑼**山々の王（須弥山）に類する**[196]。(Ⅳ.16d)

なぜならば，禅定力のおかげで，動かされることがないからである。

⑽**薬の王と似ている。**(Ⅳ.17a)

なぜならば，般若波羅蜜によって，それ以外の諸波羅蜜にとっての所対治なる障害を除去するからであり，そして，三輪清浄というやり方を通じて諸波羅蜜の支分を完成させるからである。

---

[191] 暫定訳。yāna が男性形となっており意味も明確ではないため，何らかの別の語に訂正する必要があるか。

[192] 暫定訳。

[193] Cf. MSABh ad Ⅳ.16a: akṣayatvāc ca.

[194] Lévi 本は ratnākaro yathaivānyaḥ「次［の発心］はあたかも宝石の鉱脈のようである，と知られるべきで」と読むが，内容に大差は生じない。

[195] Cf. MSABh ad Ⅳ.16b: sarvāniṣṭopanipātair akṣobhyatvāt「あらゆる不快なことが起こっても，揺らがないからである」. svapratipannamaryādā という語は暫定訳。pratipanna は「修行したこと」も意味しうるか。

[196] acala を「山」と訳したが，研究会訳「不動なるもの」と同じ理解である。拙訳では文脈から「山」を指すことが明瞭でないためにこのように訳した。

(Ⅳ.17b–20)

⑾**次［の発心］は，偉大な心友と類似していると知られるべきである。**(Ⅳ.17b)

なぜならば，［四］無量によって，どんな状況でも，衆生を見捨てないからであり，あるいは，自らが不放逸（→四無量）に住するからである[197]。

⑿**如意宝珠のように見える。**(Ⅳ.17c)

なぜならば，［五］神通によって，願うや否や（icchāmātreṇa[198]）果を達成するからである。

⒀**次［の発心］は，太陽と似ていると知られるべきである。**(Ⅳ.17d)

なぜならば，［四］摂事によって一切の善という穀物を成熟させるからである。

⒁**次［の発心］は，ガンダルヴァの甘い声のごとくである。**(Ⅳ.18ab)

なぜならば，［四］無解碍によって，空の理趣を示すからである[199]。

⒂**次［の発心］は，王のようであると知られるべきである。**(Ⅳ.18b)

なぜならば，［四］依（法・義・了義経・智慧）は，退失しない性質を持つからである。なぜかというと，自ら退失することのない［王の如き発心］は衆生たちを，失壊なき法に引き留めるからである[200]。

⒃**蔵と相似している。**(Ⅳ.18c)

なぜならば，［この発心は］福智資糧をもつからである。

⒄全く同様に**次［の発心］は，大道に等しい。**(Ⅳ.18cd)

大道とは王の道のことである。［この発心は］それ（王の道）と等しい。なぜならば，［三十七菩提］分（という王の道）に，劣・中・勝なる人々がついてゆくからである。

⒅**乗り物に等しいと知られるべきである。**(Ⅳ.19a)

止観によって，輪廻と涅槃といういずれかの極端に落ちることがないからである[201]。

---

[197] apramādavihāritād という写本の読みは，apramā**ṇa**vihāritvād と訂正したほうが文脈によく合致するか。

[198] または「願っただけで」。

[199] 暫定訳。

[200] 暫定訳。avipraṇāśa の語義については本研究会の MSABh ad Ⅳ.18 への訳注とそこに提示される MSA ⅩⅧ.33 の用例を参照。

[201] Cf. *Abhisamayālaṃkāravivṛti* (Amano ed.) 12.16: -saṃsāranirvāṇānyatrāpāta-.

⒆また心の生起（発心）はガンダルヴァ（泉）に等しい。(IV.19ab)

なぜならば，陀羅尼と弁財とにより，水を湛える（dhāraṇa）泉と類似するので，聴聞した及び聴聞していない法（教え）を［順次］保持させ（dhāraṇa）て推測させる（ūhana）からである[202]。

⒇歓喜をもたらす声に似ていてる。(IV.19cd)

なぜならば，［その発心は］解脱を求める者に承認されている，無常など［の教えの声］を聞かせるである。

(21)大河の流れに似ている。(IV.19cd)

なぜならば［その発心は］無生法忍の獲得を，［大河のように］自然と（svarasena），かつ勢いを失うことなく，運んでゆくからである。

(22)そして最勝者の子ら（菩薩たち）の発心は雨雲に似ていると説かれた。(IV.20ab)

なぜならば，後述する仕方で，方便善巧は，雨雲の如くに，［人々を］仏の法で満たすことなど［の原因であり，］ラサ・ラサーヤナ・黄金・銀・宝石・薬草・森・穀物などが隆盛する（samṛdh）ための原因であるからである。

(22 種の発心とVI.2 所説の四種発心との対応)
それゆえここ（IV.15–20）では，⑴意欲・⑵意楽・⑶加行・⑷増上意楽が，「信解に関するもの」[203]である（初地）。

(5–10) 布施などの波羅蜜を伴う［発心］が，「清浄なる意楽に関するもの」である（第二～七地）。

⑾四無量や⑿神通など（つまり 11–21）[204]は，不動［地］など（八～九地）において満たされるので，「異熟に関するもの」である（第八～九地）。

(22) 善巧［方便］を伴う［発心］は，無障礙ゆえに，障礙を排除する原因であるので，「障礙を離れたもの」である（仏地）[205]。

---

[202] Cf. MSABh ad IV.19ab: dhāraṇāpratibhānasahagato gandharvopamaḥ udakadhāraṇākṣayodbheda-sādharmyeṇa śrutāśrutadharmārthadhāraṇākṣayodbhedataḥ. 陀羅尼によってすでに聴聞した教えを記憶保持し，弁才によってまだ聴聞していない教えを閃くということが説かれていると理解した。

[203] ādhimokṣikāḥは発心を指すと理解した。ただし ādhimokṣikāvastubhūmi を示唆している可能性もある。

[204] すなわち以下を指す。⑾四無量，⑿五神通，⒀四摂事，⒁四無礙智，⒂四依，⒃福徳と智慧との資糧，⒄三十七菩提分法，⒅止観，⒆陀羅尼と弁才，⒇四法印，(21)一行道。

[205] 「菩薩地」bhūmipaṭala の「七つの地」を参照。Bodhisattvabhūmi (Dutt ed.) p. 253: gotrabhūmiḥ, abhimukticaryābhūmiḥ, śuddhādhyāśayabhūmiḥ, caryāpratipattibhūmiḥ, niyatā bhūmiḥ, niyatacaryābhūmiḥ, niṣṭhāgamanabhūmiś ca.

(Ⅳ.21 発心を堅固にする方法と小乗の発心に対する卓越性)
それゆえ，以上のように，発心の定義的特質の分類と本質（Ⅵ.1）・地の種類（Ⅳ.2）・解説の分類（Ⅳ.3–6）・主要要素の分類（Ⅳ.7–14）・目的（Ⅵ.15–20）[206] を説明した後で，どのような（yādṛśair）諸作意によってこれ（発心）が堅固になるのかということ（tad）を示すために（ādarśayan），［弥勒は］適切に，［大乗の発心が］小乗の発心よりも卓越していることを［次の偈で］示す。

[1] 利他の心による，[2] それ（利他）の方便を得ることによる，[3] 偉大な密語の持つ意味と [4] 最高の真実を見ることによる，その安楽（tat sukhaṃ）を捨てて，人々（声聞たち）は，大いに価値のある発心を放棄して，寂静（無余依涅槃）に赴く。(Ⅳ.21)[207]

ちょうど父親が一人息子に対する場合と同様に，［衆生への］愛情を得た菩薩の，[1]「他者（衆生）に有益なことを為す」という考えによる，[2]［そして］かれら（衆生たち）への利益の方便を得ることよる，[3][4]［そして］**偉大な密語の持つ意味と最高の真実を見ることによる**，つまり隠されたもの（gūḍhabhāva）を理解することによる，［そして］その理解を通じて，かつて理解しなかったせいで方便に関して混乱しないことによる，安楽なるもの，それを，大いなる発菩提心なき人々（声聞など）は放棄してから，［その］声聞乗者たちはただ寂静だけを獲得する。まさにそれゆえに，他所（『勝鬘経』）に，「阿羅漢たちにも一切諸行に対する恐れの想念が発現する」と説かれた（つまり阿羅漢には恐怖があるため安楽がない）。いっぽう菩薩たちには安楽と寂静［の両方］がある[208]，と考えて，努力が奉持されるべきである[209]。

(Ⅳ.22)
さらにまた，努力を前提とした不放逸の行を目の当たりにした後に，自分［だけ］を救済するために，劣れる種姓を持つ者は，**悪行**（duṣkṛta）から退く。いっぽう菩薩にとって，それ（悪行）から退く教誡による利益はない[210]。ちょうど父親が愛しい一人息子に対して有益なことを行うことによって，どうして，それに反するような妨害が起こるだろうか。それゆえ，まさに自性からして，菩薩は「［悪行から］**防護される**」(saṃvṛta) といわれる。それゆえ［Ⅳ.22 に次のように］述べる。

---

[206] 括弧内に示した本偈との対応関係は暫定的な解釈にすぎない。Ⅳ.1–4 への注釈箇所のテクストを含む貝葉が将来発見され，この対応関係が確定されることが期待される。

[207] Ⅳ.21c の mahārhacittodayavarjanāj janāḥは，Lévi 本では mahārhacittodaya**varjitā** janāḥ（「大いに価値のある発心を欠いている人々は」）とある。世親釈は varjitāḥ sattvāś と解説するので Lévi 本を支持する。また，janāḥを形容する varjitā（Lévi 本の読み）のほうが，理解が容易である。ただし，本注釈の引く本偈の読みも不可能ではない。

[208] 『宝性論』(Johnston, p. 19 ad RGV Ⅰ.20）所引の『勝鬘経』の一節を簡略化して抜粋したもの。

[209] vidvāsanīyanayatnam（または-yatvam）と写本に綴られるが，直後に prayatnapūrvakam とあることを考慮して，暫定的に viditvopasanīyo yatnaḥと訂正したが，その意味と訂正試案については再考を要する。

[210] 暫定訳。

智者に勝れた心が起こるや否や，［智者の］心は際限のない［衆生の］悪行から完全に防護される。むしろこの者は（pratyutāyaṃ），**［浄善なる行為と悲愍との］両方を増大させるから，浄善［なる行為］ある者となり，悲愍にあふれる者となり，［自身の］安楽と苦を恒に喜ぶ。**(IV.22)

［菩提心が］自性として［悪行から］守護されている，という原因により，［菩薩は］利他行を引き受けて**善なる者**となる。そして善の威力によって**楽にて**［喜び，また,］利他への専心（parārthatātparya）が生起することを通じて，悲愍にあふれていることにより，**苦によって喜ぶ**。なぜならば，［菩薩は］自分の苦が，大いなる目的をもっていること（他人のためであること）を自覚しているからである(211)。

(IV.23)
そして，どのようにして（yathā）この者（菩薩）が自性として［悪行から］防護されているのか，ということについて（tad）［次の偈で］教示する。

他者のために自己の身体と生命とを顧慮しない者は最大の苦労（pariśrama）**を［自主的に］引き受けるのだから（/引き受ける時），そのような，かの者が，他者に害されたからといって，どうして悪業に手を染めることがあろうか**(212)。（IV. 23）

上記は理解が容易である。

(IV.24)
どうしてこの者（菩薩）は苦によってすらも喜ぶのか，ということについて［次の偈は］云う。

彼（菩薩）は，一切法を幻のようであると洞察して，幸福な時でも，煩悩を恐れない。また諸々の再生を庭園めぐり（遊園に行くこと）のようであると［洞察して］，不幸な時も，その者は苦を恐れない(213)。(IV.24)

まず［菩薩は］悲愍にあふれる者として他者を資益するのだから，行苦を［恐れず］，［一切法を］幻のようだと洞察するので，幸福（saṃpatti）つまり再生（upapatti），輪廻生存（bhava）があるその時に，この者は「諸々の輪廻するものは虚空のように出現するだろう」と考えて，他人のために，諸煩悩を恐れない。また不幸な時には「(...(214)) 私はどこに行くべきか」と考えて，死苦（maraṇaduḥkha）によって恐れることはない（na ... bhayaṃ pratipadyate）。なぜなら

(211) Cf. XVII.52.
(212) 本注釈にあわせて本研究会訳を一部変更した。
(213) 本研究会の訳文を一部変更した。
(214) maraṇaduḥkhāt kutra .. .opanataṃ bho[gam ava]dhūya ma $_{(8v9)}$yā gantavyam iti の箇所は判読できていない文字も含まれるため，課題としたい。

ば，庭園から別の庭園へと旅をするように，死有から生有があると自覚しているからである。すなわちこの者（菩薩）には，死時の後に輪廻生存における再生がある［との自覚がある］(215)。

(IV.25)

自身の諸々の徳質（功徳）・衆生利益による喜び・故意受生（意図的な再生）・神力による変現（化作）は，［順次に］装飾品・食事・最高の場所・遊戯の楽しみであって，［それらは］悲愍を本質としない者たちにはない(216)。(IV.25)

ここでは「諸々の徳質」などを「装飾品」などで喩えている。そしてここでは逆の観点から，苦をもたらす歓喜ということついて，これ（「喜び」という語）が含意している(217)。

(IV.26)
さらに，

他者のために努める者は，まさに悲愍を本質とする者だから，無間［地獄］さえも彼にとって喜ばしいものとなる。その時，［菩薩は］そのような者であるから，［輪廻の］生存の中で，他者に依拠した諸々の苦の生起を，どうしてさらに怖畏するだろうか。(218)
(IV.26)

じつに以下のことが法性である。つまり，心の活動が広げられているから（paristaritvāt(219)），喜びがなくても，喜ばしいものとなる（ramyatām eti）。たとえば，清浄なる［心］相続を持つ者にも，不浄なる顕現があるように(220)。それゆえ，この者（菩薩）にとっては，無間地獄すらも喜ばしいものとなるのだから，一体どうして，その他の恐怖の原因が，［この者に］恐怖をもたらすだろうか。［否，もたらさない。］

(IV.27)
そうかもしれないが（astv evaṃ），しかし（tu）行いを浄化した［ばかりの］初学者（ādikarmika）にとって，何が対策（pratīkāra）なのか［ということに関して次に］述べる。

軌範師のごとき大いなる悲愍を自らの内に常に宿し，他者（衆生）の諸々の苦で［自分

---

(215) 暫定訳。

(216) 本研究会の訳文を一部変更した。

(217) 暫定訳。IV.24 の導入部（8v8）duḥkhenāpy asya yathā modas tad āha（「どうしてこの者は苦によってすらも喜ぶのか，ということについて云う」）を参照。

(218) IV.26 は写本に判読不能箇所が残るので Lévi 本で補って理解した（parārtham udyogavataḥ kṛpātmano hy avīcir apy eti yadāsya ramyatām | kutaḥ punas trasyati tādṛśo bhavan parāśrayair duḥkhasamudbhavair bhave ||）。

(219) paristaritvāt は暫定訳。paristaritatvāt とも為し得るか。

(220) 不浄観の観想をする状況などが想定されうるか。

の］心を痛める者（菩薩）にとって最も恥ずべきことは，他者（衆生）のために為すべきことがすぐ目の前にあるのに，他者（善き師友）たちに催促されることである。(221)
(IV.27)

彼（菩薩）は，［衆生たちへの］大悲に由来する苦であっても，衆生たちを一人息子とすることに専念するゆえに，［その苦を］他人事とは数えない。［菩薩は］衆生利益が完成するまでの間，［衆生という息子のために］苦をも楽だと考える(222)。

（IV.28）
［発心品で］説かれたことを要約しながら，自利利他品（次の章）との接合（saṃgati）について示唆するために（upakṣipann），［次のように弥勒は］云う。

誓願心にもとづいて，発趣心を通じて(223)，**実に，衆生という積荷を頭上に高く積み上げた最上の衆生（菩薩）は，のろのろと（緩慢に）歩むなら，見苦しい。［菩薩は］自己と他者の種々なる繋縛（三種雑染）によって固く縛られてながらも［声聞の］百倍もの努力をなしうる［のだから］**(224)。(IV.28)

つまり発趣［菩提心］の点から［努力をなしうる］という。

（章題）
経荘厳全知における発心章，第五，［了］。

(221) 研究会の訳文の意味をそのままに，語順などを少し変えた。
(222) いわゆる一子想が説かれている。XVII.28 など参照。
(223) この句（praṇidhicittabalāt prasthānacittena）は本注釈が偈の間に挿入した注釈文。
(224) 研究会の訳文の意味をそのままに，語順などを少し変えた。

【資料：「発心品」に関する Sajjana の説】

Sajjana（= bla ma sa rdza）の固有の見解は Phya pa Chos kyi seng ge (1109–1169) による『大乗荘厳経論』注にたびたび引用・紹介される（逐一の所在は Kano [2016: 216 n. 18] 参照)。それらの文は，目下，梵文の断片しか伝わらない *Sūtrālaṃkārapiṇḍārtha* の作者 Sajjana の立場を知るうえで欠かせない資料となる。またそれらの資料には *Sūtrālaṃkārapiṇḍārtha* の対応箇所に説かれない内容が含まれることから，Sajjana には未知なる別の注釈も存在したか，あるいは彼の説が Phya pa に口伝で伝承されていた可能性が想定される。事実、11 世紀の Padma seng ge という人物が Sajjana に師事していた時に「備忘録」として作成した『大乗荘厳経論』の浩瀚な注釈が存在したと gZhon nu dpal は伝える[225]。Phya pa は，Sajjana の弟子 rNgog Blo ldan shes rab の孫弟子にあたる。これらの資料は，Sajjana の説と，彼の息子 Mahājana の著とみられる *Sūtrālaṃkāraparicaya* の説との関係を繙く鍵にもなる。

「発心品」に関する Sajjana の説は下掲(1)〜(4)の 4 点である。(5)は彼の同時代のカシュミール仏教徒 Parahitabhadra の説である[226]。

(1)（発心は前五識・阿頼耶識・染汚意には設置されず，有分別かつ善なる意識に設置される）

bla ma sa rdza ’di ltar du bzhed de | sems bskyed de rnam par (400.4) shes pa tshogs brgyad gang la bzhag zhe na | sgo lnga’i shes la mi gzhag ste | cis kho gnyid log pa la sogs pa’i gnas skabs na sgo lnga’i rnam shes ’gags pas sems bskyed de yang ’gag par ’gyur ro || kun gzhi la mi gshag ste | cis kun gzhi rang kha mchu’i sa yod de | cis thun mong du grags pa med pa’i phyir ro || nyon mongs pa can (400.5) gyi yid la mi gzhag ste | cis yid de dmigs pa kun gzhi la dmigs nas rnam pa nga bdag du ’dzin pa grogs phyin ci log bzhin mtshung [= mtshungs] par par (sic) ldan pa yin pa dang de rang gi ngo bo phyin ci log de la bo de’i [= bodhi’i] sems phyin ci ma log pa gzhan du mi btub pa’i phyir ro || ’o na gang la gzhag na yid kyi rnam par shes pa rtog bcas kyi shes pa de yang dge ba la gzhag go || (...)（『カダム全集』[227] 第 7 巻 400.3–5）

試訳「師サッジャナは次のようにお認めになった。すなわちその発心は八識身のどこに置かれるのかというと，(a)［発心は］五門識（前五識）には置かれない。［なぜならば］いかなる場

[225] Kano [2016: 217 n. 22] (des kyang sadzdza na la gtugs pa’i skabs kyi zin bris byas pa’i mdo sde rgyan gyi ṭī ka chen po zhig kyang snang ngo). ’Jam dbyangs dga’ ba’i blo gros (1429–1503) も Sajjana の説に言及する。Kano [2016: 217].

[226] Parahitabhadra は，rNgog Blo ldan shes rab の別の師でもある。この二人と Sajjana は共同で『大乗荘厳経論』偈本のチベット訳の改訂を担った。Parahitabhadra 自身は Somaśrīの弟子でもあり，「弥勒五法」に通じており *Sūtrālaṃkārādiślokadvayavyākhāna*（D4030）を著した。ただし同書（D4030）の中に上記の当該文言は含まれないので，Sajjana と同じく，Parahitabhadra にもまた，現存しない『大乗荘厳経論』の注が存在した可能性，または彼の説が口伝として Phya pa に伝わっていた可能性が想定される。Parahitabhadra については Kano [2016: 33, 152 n. 80, 194 n. 19, 216 n. 19] などを参照。

[227] *bKa’ gdams gsung ’bum ’phyogs sgrigs thengs dang po* (vols. 1–30). Chengdu: Si khron mi rigs dpe skrun khang, 2006.

合も（cis[228]）睡眠などの状態で五門識が停止すると，その発心もまた停止してしまう［からである］。(b)［発心は］アーラヤ［識］には置かれない。なぜならば，いかなる場合もアーラヤ［識］自体に論争の余地があり，いかなる場合も共通するものと称されることがないからである。(c)［発心は］染汚意には置かれない。なぜならば，いかなる場合もその意は所縁たるアーラヤ［識］を相手にして，［その］あり方を自我[229]として把捉するという顛倒した助判を従えるからであり，かつそれ（染汚意）自体の顛倒した本質にとって不顛倒なる菩提心（＝発心）は別体として適合しえないからである。(d) それでは［発心は］どこに置かれるのかというと，有分別かつ善なる意識に置かれる。(...[230])」

⑵（異熟の発心）

sa rdza na re dper na mig smin pa dang 'dra ste 'bad pa dang rtsol ba med par rang gi ngang gis lhun grub du rtogs pa'i phyir ro || （『カダム全集』第7巻 402.2）

試訳「(...) サッジャナは［次のように］言う。喩えると［異熟の発心は］異熟した眼（mig smin）と似ている。努力や労力なしに，自らの自然なありかたで，おのずから証得するからである」[231]。

⑶（22種発心の数の確定）

sa rdza na re nyi shu rtsa gnyis po 'dis byang chub sems pa'i [= dpa'i] rang don gzhan don thams cad 'di tshogs yongs su rdzogs pas nyi shu rtsa gnyis kho nar grangs nges so || ji ltar zhe na | tshogs gnyis dang ldan pa yan chad kyis rtso [= gtso] bor rang don yongs su rdzogs pa la | bo de'i [= bodhi'i] phyogs dang 'thung pa man chad kyis rtso [= gtso] bor (406.8) gzhan don yongs su rdzogs pas so || (『カダム全集』第7巻 406.7–8)。

試訳「サッジャナは言う。この22によって菩薩の自利と利他というこの全ての集合が完成するので，［発心の種類は］ちょうど22として数が確定される。どのようにか，というと，二資糧を伴う［第16番目の発心］までによって専ら自利が完成し，菩提分と相応する［第17番目の発心］以降によって専ら利他が完成することによる[232]」。

---

[228] 暫定的に cis を cis kyang の意味で理解したが，ここでくり返し使用される cis の語法についてはさらなる検討を要する。また kho は三人称代名詞として理解すると，「発心」を指すことになるが，この文には「その発心は」という主語が別に存在するため，そのような理解は困難である。さらなる検討を要する。

[229] 暫定訳。rnam pa は「形象として」と訳すべきか。

[230] 議論はさらに続くが，どこまでが Sajjana の説であり，どこから Phya pa の文が始まるのかは不明瞭である。なお上記に引用した Sajjana 説の直前には，発心（またはさとりを目指す意欲）が意識に存するのかその他の識に存するのかをめぐる Ratnākaraśānti（= bla ma shan ti pa）の説が紹介されている（同 400.1–3）。

[231] 暫定訳。IV.2 所説の発心の四種の区別のうち，第八地以降で得られる「異熟の発心」を念頭にした解説と考えられる。第八地以降の菩薩には無功用に無分別智が働く様子が説かれていると理解できるが，この譬喩については未詳。この後の文では仏地で得られる「障害のない発心」の釈が続く。

[232] 22種発心の中で，第1～16番目（二資糧を伴う発心）によって専ら自利が，第17（菩提分法を伴

⑷（発心品は誓願の菩提心，行品は進趣の菩提心を説く）
sems skyed kyis rtso [= gtso] bor smon pa bstan nas sgrub pas rtso [= gtso] bor ’jug pa ’chad **sa rdza** gsung ngo ||（『カダム全集』第 7 巻 410.3）
試訳「発心［品］によって専ら誓願（*praṇidhi/praṇidhāna）［の菩提心］が説示された後で，行［品］によって専ら進趣（*prasthāna）［の菩提心］が解説される，とサッジャナは仰った」。

⑸（Parahitabhadra 説：発心は広大律儀を生み出す基盤）
pa ra he ta ’dri ba rang yang ’di ltar ’dri ste | sems skyed de gang gi rten yin zhe na | lan sdom pa rgya chen po de’i rten sems skyed yin zhes bstan pa ste | sdom pa rgya chen po ni sdom pa’i shi lar ma zad shes rab dang snying rjes bsdus pa’i bo de sa ta’i [= bodhisattva’i] bya ba thams cad do || de’i rten sems bskyed yin pas don la sems bskyed de sdom pa (403.3) ma skyes pa skyed pa’i rten rang yin par bstan sto ||（『カダム全集』第 7 巻 403.2）
試訳「Parahita の質問自体も，次のように問う。その発心は何の依処なのか，と。答える。かの〝広大な律儀〟の依処が，発心であると説示された。〝広大な律儀〟とは，律儀戒だけではなく，智慧と慈悲に集約される菩薩の一切の行いである。それの依処が発心であるので，意味のうえでは，その発心は，まだ生じていない律儀を生み出す依処そのものだと教示された」(233)。

参考文献

（略号）

DBh　*Daśabhūmikasūtra*. See Kondō 1936.
RGV　*Ratnagotravibhāga*. See Johnston 1950.

（和文）
荒牧典俊
2003　『大乗仏典 8・十地経』，中公文庫（初版 1974 年）。

上野隆平
2023　「研究ノート『大乗荘厳経論』「発心章」にみえる 22 種の発心とその譬喩」（本書所収）。

加納和雄

う発心）～22 番目によって専ら利他が完成するという趣旨。

(233) Ⅳ.4 所説の「［発心の］基盤は広大な律儀である」という文言を念頭にした説明であるが，もし上記の拙訳が誤っていなければ，この説明では，Ⅳ.4 と比べて能依と所依が逆転して説かれていることになる（gang gi rten を所有複合語のように読めば逆転した理解とならないが，文法的にそのようには理解することは困難である）。

2006 「サッジャナ著『究竟論提要』—著者および梵文写本について—」,『密教文化研究所紀要』19: 28–51 頁。

2021 「サッジャナとマハージャナ—11 世紀カシュミールの弥勒論書関連文献群—」,『印度学仏教学研究』69–2: 118–124 頁。

加納和雄・葉少勇・李学竹

2020 「*Sūtrālaṃkāraparicaya*「帰依品」—要文抜粋—」, 能仁正顕編『『大乗荘厳経論』第 2 章の和訳と注解—大乗への帰依—』, 法蔵館, 203–213 頁。

北山祐誓

2020 「瑜伽行派における五根・五力についての一考察—『中辺分別論』第Ⅳ章を中心として—」,『印度学仏教学研究』68 (2): 967–964。

大乗経典研究会

2020 「郁伽長者所問経の梵文佚文—*Sūtrālaṃkāraparicaya* 帰依品より—」,『インド学チベット学研究』24: 293–316 頁

2021 「如来秘密経の梵文佚文—*Sūtrālaṃkāraparicaya* 帰依品より—」,『インド学チベット学研究』25: 35–62 頁。

外薗幸一

1994 『ラリタヴィスタラの研究　上巻』, 大東出版。

2018 「和訳「ラリタヴィスタラ（改訂版）」（第 4〜5 章）」,『国際文化学部論集』19–2, 91–118 頁。

（欧文）

Amano, Koei H.

2000 *Abhisamayālaṃkāra-kārikā-śāstra-vivṛti, Haribhadra's commentary on the Abhisamayālaṃkāra-kārikā-śāstra edited for the first time from a Sanskrit manuscript.* Kyoto: Heirakuji-Shoten.

Braarvig, Jens.

1993 *Akṣayamatinirdeśasūtra Volume* Ⅰ. Oslo: Solum Forlag.

Dutt, Nalinaksha.

1966 *Bodhisattvabhūmi*. Patna: K.P. Jayaswal Research Institute.

Kano, Kazuo.

2016 *Buddha-nature and Emptiness: rNgog Blo-ldan-shes-rab and a Transmission of the Rat-*

nagotravibhāga from India to Tibet. Vienna: Vienna Series for Tibetan and Buddhist Studies.

Kondō, Ryūkō.

1936 *Daśabhūmīśvaro nāma Mahāyānasūtraṃ*. Tokyo: Daijyō bukkyō kenyōkai. (Reprint: Kyoto: Rinsen Book, 1983).

Ye Shaoyong, Li Xuezhu, Kano Kazuo.

2013 Further Folios from the Set of Miscellaneous Texts in Śāradā Palm-leaves from Zha lu Ri phug: A Preliminary Report Based on Photographs Preserved in the CTRC, CEL and IsIAO. *China Tibetology* 20. pp. 30–47. (改訂版は下記に収録：Horst Lasic and Xuezhu Li (eds.), *Sanskrit Manuscript from China* Ⅱ. *Proceedings of a panel at the 2012 Beijing Seminar on Tibetan Studies, August 1 to 5*. Beijing 2016, pp. 245–270.)

(謝辞　写本写真版の確認に際しては葉氏，李氏に寛大なご協力を賜った。また若原先生をはじめ本研究会の先生方には様々なご教示を賜った。梵文の再検討に際しては伊集院栞氏よりご教示を頂いた。心より感謝申し上げる。本稿は全てを加納が担当し，誤解や誤記などの責を負う。令和 4 年度科学研究費 [17K02222] [18K00074] [21K00079] [22H00002] による研究成果の一部。)

『大乗荘厳経論』の構成と第IV章
—「発心の章」の構造—

内藤昭文

序章　はじめに

本論考の主目的は，『大乗荘厳経論 *Mahāyānasūtrālṃkāra*』世親釈 *Bhaṣya* の構成（構造）を踏まえつつ，第IV章「発心 Cittotpāda 品 adhikāra」の構造（構成）を解明することである(1)。本論書は『菩薩地 *BoddhisattvaBhūmi*』の章節をほぼそのまま継承しているが(2)，第I章「縁起品・成宗品（サンスクリット版本・写本はすべて Mahāyānasiddhi の一章，チベット訳と漢訳は二章）」と第II章「帰依 Śaraṇagamana 品」を新たに設けている。その『菩薩地』には自らの三部構成，すなわち「[i] 何を修学するのか yatra śikṣante（所学処）」と「[ii] どのように修学するのか yathā śikṣante（如是学）」と「[iii] 誰が修学するのか ye śikṣante（能修学）」の前二者を示す二つのウッダーナ uddāna（摂偈）がある。第一は，「種姓 gotra 品 paṭala」「発心品」の二章の直後にあり，「自他利 Svaparārtha 品」「真実義 Tattvārtha 品」「威力 Prabhāva 品」「成熟 Paripāka 品」「菩提 Boddhi 品」に当たる七つの項目を事前列挙するウッダーナである。これには，その五つの主題（テーマ）が「[i] 何を修学すべきか」であることを示す目次的役割があるとされる。第二は，続く「力種姓 Balagotra 品」の六つの副主題である「多修信解 adhimuktibahula」と「求法 dharmaparyeṣaka」と「説法 dharmadeśaka」と「法次法向 dharmānudharmapratipanna」と「正教授教誡 samyagavavādānuśāsanī」と「摂方便三業 upāyaparigṛhītakarman」に当たる項目を事前列挙するウッダーナである。これにも，この六つの項目が「[ii] どのように修学するのか」であることを示す目次的役割があるとされる。

一方，本論書には，その『菩薩地』のウッダーナと類似する二つのウッダーナがあるが，その存在位置と意味・役割は先行研究によっても解明されていない(3)。この二つは，レヴィ版本

---

(1) 『大乗荘厳経論』の基本的なことは，研究会 [2009][2013][2020]，内藤 [2009a][2017] など参照。

(2) 両論書全体の各章各節や各項目の概略的な対応関係は内藤 [2017]52–56 頁に図式化して提示した。

(3) このウッダーナの位置と役割については，宇井 [1978]，小谷 [1984]，小川 [1985]，袴谷・荒井 [1993] などに言

では第Ⅹ章「明信 Adhimukti（信解）品」第 1 偈と第ⅩⅤ章「業伴 Upāyasahitakarman 品」第 1 偈とされているが，先行研究でも指摘されているように，それぞれ前章の第Ⅸ章「菩提 Boddhi 品」と第ⅩⅣ章「教授教誡 Avavādānuśāsanī品」の最後に置く方が妥当であると考えられる。筆者は，この二つのウッダーナが本論書の構成・構造を示唆していると理解し，それによって本論書は以下の「三部構成」であると考えている。それを図 A として示す (4)。

図A：ウッダーナ1（第X章第1偈）とウッダーナ2（第XV章第1偈）の意味するもの	
二つのウッダーナにある章名と第XV章	備考：三部の意味（私見）
[I]ウッダーナ1の第I章乃至第IX章の九章の名	聞所成 ： 何を聞き学ぶのか
[II]ウッダーナ2の第X章乃至第XIV章の五章の名	思所成 ： どのように思惟するのか
[III]第XV章（『菩薩地』第二ウッダーナにはあるが，ウッダーナ2では除外）の「三種の方便」による実践	修所成 ： 何によって修習するのか ★第XVI章以後の章の説示構造の視点

まず，本論書のウッダーナ 1 は，新設の第Ⅰ章・第Ⅱ章と『菩薩地』ではウッダーナに含まれなかった第Ⅲ章「種姓品」とこの第Ⅳ章「発心品」を含めて第Ⅴ章「二利 Pratipatti（正行）品」・第Ⅵ章「真実 Tattva 品」・第Ⅶ章「神通 Prabhāva 品」・第Ⅷ章「成熟 Paripāka 品」・第Ⅸ章「菩提品」までの主題に当たる項目を事後列挙する。またウッダーナ 2 は，第Ⅹ章「明信品」から第Ⅺ章「述求 Dharmaparyeṣṭi 品」・第Ⅻ章「弘法 Deśanā 品」・第Ⅷ章「随修 Pratipatti（正行）品」・第ⅩⅣ章「教授教誡品」までの主題に当たる項目を事後列挙する。すでに指摘したように (5)，ウッダーナ 1 にある世親釈に対する筆者の理解は，第Ⅸ章「菩提品」内の説示項目（トピック）が第Ⅰ章乃至第Ⅸ章と対応することを示唆しているというものである。ウッダーナ 2 には世親釈はないが，ウッダーナ 1 と同様に，第ⅩⅣ章内の説示項目が第Ⅹ章乃至第ⅩⅣ章と対応することを示唆していると考えられる。後者の留意点は，『菩薩地』の第六「摂方便三業」に当たる第ⅩⅤ章「業伴品」がウッダーナ 2 では除外されている点である。このように列挙する位置も章数も異なる。この相違点に，新設の二章の意味と役割とともに，『大乗荘厳経論』独自の構成意図があると考えられる。

筆者は，本論書の構成については，基本的に伝統的仏道体系の「聞・思・修」による「三部構成」であると考えている (6)。端的にいえば，ウッダーナ 1 に事後列挙される第Ⅰ章「序品・成宗品」乃至第Ⅸ章「菩提品」の九章は，大乗の菩薩として無上菩提を証得するために何を聞

及があるが，『菩薩地』のウッダーナとの類似性の指摘と，レヴィ版本のように第 1 偈に位置づける点には否定的であること以外は何も解明していない。長尾ノート (2) 3–4 頁注解 (1)では，漢訳にウッダーナがない点から削除すべきかとコメントしている。筆者も，本論書の他偈とは異質であると考えるので，長尾コメントと同意見であるが，諸写本や無性釈・安慧釈にある点から簡単に削除することはできない。筆者は，世親を含めた後の何者かが本論書の構成・構造を示すものとして作成・挿入した可能性を考えているが，確証はない。

(4) 内藤 [2013b]，内藤 [2017]30–31 頁，内藤 [2020]272–273 頁参照。備考欄内の表現は各論考で若干変更。

(5) ウッダーナ 1 の理解は内藤 [2009b]，ウッダーナ 2 の理解は内藤 [2013b] で論述し，内藤 [2017]16–31 頁で全体的にまとめたので参照。

(6) 「三部構成」について詳しくは内藤 [2020]272–275 頁参照，また内藤 [2017]30–31 頁。

き学ぶのかの説示であり，「聞」に当たる。ウッダーナ2に事後列挙される第X章「明信品」乃至第XIV章「教授教誡品」の五章は，その証得のために何をどのように思惟するのかの説示であり，「思」に当たる。そして，除外された第XV章「業伴品」はわずか四偈で構成され，菩薩の業に伴う「三種の方便」を提示するだけである[7]。それは，何（どのような方便）によって第XVI章「度摂 Pāramitā [-saṃgrahavastu] 品」以後の各章で示される実践徳目が向上的に成就するのかの説示であり，「修」に当たる。その「三種の方便」を図Bとして示す。

図B：第XV章の四偈が示す「三種の方便」とその階位		
第2偈	(A)波羅蜜等の行為を「引き起こす方便samutthānopāya」	信解行地
第3-4偈	(B)退転の可能性のある行為が「反転する方便vyutthānopāya」	初地乃至第七地
第5偈	(C)行為の「清浄なる方便viśuddhyupāya」	第八地以後

この三種は，図の右欄に示したように，(A) 信解行地から初地見道に悟入する方便，(B) 初地以後において第八地（不退転地）に転入する方便，(C) 第八地以後における仏地を得入する方便である[8]。この「三種の方便」を骨格として，第XVI章「度摂品」以後の各章において具体的実践行の向上的な展開が説示されていると考えられる[9]。この展開が「初地見道」を世間的段階と出世間的段階の転換点とする「加行道→見道→修道→究竟道」であるが，その前提として「資糧道」がある。これがいわゆる「五道説」である[10]。

この「三部構成」（図A）は，単に伝統的な仏道体系であるだけではなく，いわゆる「世親の回心」[11]にも関係すると考えられる。大乗を誹謗していた世親は，兄無著の教化によって大乗に回心し，最勝乗 agrayāna（大乗 mahāyāna）を帰依処とする。これが「大乗仏説論」を含む第I章の説示と，第II章の最勝乗を「帰依処とすること」である[12]。その大乗を誹謗する原因は，空性などの広大で甚深な大乗の教法に対する聴聞の軽視や不足であり，思惟としての如理作意の不完全さである。それは，換言すれば，福徳と智慧の二資糧の集積に関する不足であり，不完全さである。それを解消して，自ら仏と同じ功徳（仏たること buddhatva：仏果）を獲得して大乗菩薩道を成就するためには，善知識に師事し教導されて「聞・思」を繰り返すこ

(7) 「三種の方便」の図式化と説明は，内藤 [2020]259–262 頁参照。また内藤 [2017]27–30 頁参照。

(8) この「三種の方便」を伴う菩薩行における菩薩の心（意業）が，この第IV章第1偈（図F）の (i)(ii)(iii) の三種の功徳に対応したものであると考えられる。この点は後に言及する。

(9) 少なくとも，第XVI章「度摂 Pāramitā [-saṃgrahavastu] 品」と第XVII章「供養・親近（師事）・無量（梵住）Pūjā-Sevā-Apramāṇa 品」の説示は「三種の方便」を基本にして説示が展開している。内藤 [2013a]269–275 頁参照。また，第XVIII章「覚分 Bodhipakṣa 品」は第XVII章と同じであると考えられる。この点について詳しく論述する余裕はないが，本論考註解 (153)(154)の図Xと図Y参照。

(10) 「五道説」の理解は，早島 [1973] などの先行研究にもとづいて，内藤 [2017]12–16 頁でまとめた。

(11) 「世親の回心」の視点は，長尾ノート (1) 32 頁注解 (4)および研究会 [2009]3 頁。筆者の理解は，内藤 [2017]5–12 頁，内藤 [2020] 参照。

(12) 第I章については研究会 [2009]，長尾ノート (1) 3–46 頁参照。第II章については研究会 [2020]，長尾ノート (1) 47–65 頁参照。

とが必要不可欠なのである。その実体験者が世親その人なのである。私見では，本論書全体の構成自体が「世親の回心」という実体験と重なっているように見える。

第1章　第Ⅳ章と第Ⅰ章・第Ⅱ章・第Ⅲ章との関連について

この第Ⅳ章「発心品」第1偈は，世親釈によれば，後に図Fとして示す「発心の特徴」の説示である。その発心は，「(5a) 大菩提と (5b) 衆生利益を為すことを所縁（認識対象）とする」「心の生起 cittasaṃbhava」であり，菩薩の「意思 cetanā」である。その意思とは，後述するように，第Ⅸ章で「菩提」の内実を意図する「仏たること buddhatva」，つまり仏・如来の智慧と慈悲を獲得しようと希求する菩薩の心所（心のはたらき）である。

端的にいえば，第Ⅰ章では，その智慧と慈悲によって衆生利益のために仏・如来の説いた言葉（仏語・仏説）が最勝乗の教法である（大乗仏説論）というのである。続く第Ⅱ章では，その最勝乗・大乗を「帰依処とすること śaraṇagamana」が説示されるが，その基本的な内容は第Ⅱ章第11偈の「六義」(13) によってまとめられている (14)。要点をいえば，最勝乗・大乗を「帰依処とすること」とは，その「<1>自性」（六義の一つ）として示されているように，「仏たること」を希求し如来の大悲によって説法された教法を「受け入れること abhyupagama」なのである。この abhyupagama の語は第XVII章「供養・親近（師事）・無量（梵住）Pūjā-Sevā-Apramāṇa品」第49偈では「すべての苦を受け入れること」に使用されている (15)。それは，一切衆生の苦を受け入れた仏・如来の言葉を菩薩自らも「受け入れること」が最勝乗を「帰依処とすること」であることを意図すると考えられる。換言すれば，[i] その菩薩自身がまず他者の苦を受け入れること，つまり衆生縁の悲を行じる意思をもつことである。それは，[ii] 菩薩自身が自ら帰依処とした存在と同様の存在になろうという意思をもつことである。この [i] [ii] の二種一具の意思こそ「(5a) 大菩提と (5b) 衆生利益を為すことを所縁とする」発心なのである (16)。そして，「それ（受け入れること）は悲愍（悲）からであると考えること」を「<2>原因」（六義の一つ）とし，「一切種智者性 sarvākārajñatā の獲得」という「<3>結果」（六義の一つ）があるという構造（因果関係）で示される。このように「仏たること（智慧と慈悲）」を希求する意思が，第Ⅱ章第2偈世親釈では「決意 vyavasāya」と表現されている。

その具体的な内容は，第Ⅱ章第2–4偈の説示理解に関わる (17)。特に第3偈の「[A] 遍く行き

(13)「六義」については，研究会 [2020]76–78 頁注解 (49)参照。そこでは『大乗荘厳経論』における用例一覧を提示した。その内の第XVI章第23–24偈は本論考「第3章第2節第2項」参照。

(14) 研究会 [2020]36–39 頁，内藤 [2020]279–281 頁参照。また長尾ノート (1) 61–63 頁参照。

(15) 研究会 [2013]92–93 頁。内藤 [2017]196–198 頁参照。および本論考註解 (123)とその該当箇所参照。

(16) 筆者は，この二つを所縁とする意思とは第Ⅱ章第12偈（最終偈）の「śaranagatim gato 帰依処のあり方（領域）に至った者」（研究会 [2020] 和訳 39 頁）に生起する心であると考えている。この śaranagatim gataḥという表現理解は，第Ⅱ章の編集会議だけでなくこの第Ⅳ章の編集会議で何度も議論したが難解である。第Ⅲ章「種姓 gotra 品」の内容を踏まえた要検討の課題である。筆者の理解は，内藤 [2020]281–284 頁参照。

(17) 内藤 [2020]246–262【問題点 B】参照。特に，256–259 頁参照。

渡ること sarvatraga」の四種（[A1] 乃至 [A4]）を「帰依処とすること」，すなわち「[B] 受け入れること abhyupagama」の説示構造の理解である。筆者の理解であるが，まず最勝乗を帰依処とする菩薩とは「[A1] 一切衆生を済度しようとして行じる者」に成ろうという意思ある者であり，その者自身を含めた一切衆生を済度している如来の大悲である衆生縁の悲を『受け入れた者』である。その菩薩自らが仏・如来と同じく大悲を行じる者と成るためには，その大悲を裏付ける智慧（智慧即慈悲）を成就しなければならない。そのために，向上的に「[A2] 三乗すべてにわたって巧みである者」と成り，「[A3] 智すべてにわたって巧みである者」と成り，「[A4] 涅槃において生死輪廻と寂静を一味とする者」と成らなければならない。この向上的成就が，「一切種智者性」という「仏たること」を証得することである。このように向上的な成就を目指す「心の生起」（意思）が「発心」なのである[18]。筆者は，この [A1] が後述する第Ⅳ章第 1 偈（図 F）の「⑸大菩提と衆生利益を為すことを認識対象（所縁）とする」に対応し，この [A2]→[A3]→[A4] の三つが「三種の功徳」，すなわち「(i) 英雄的行為という功徳」→「(ii) 利益を為すという功徳」→「(iii) 果を獲得するという功徳」に，順次対応すると考えている。

また筆者は，第Ⅲ章の主題である菩薩の「種姓 gotra」[19] にとって，最勝乗（大乗）を「帰依処とすること」の第Ⅱ章が必要不可欠な説示（必要条件）であり，この「発心」の第Ⅳ章が「種姓」を確立する説示（十分条件）であると考えている。この三章に通底するものが，第Ⅰ章前半第 1–6 偈の説示意図であり，具体的には後半第 7–21 偈の「大乗仏説論」の根拠である。それが藤田 [2011] の提示する知見である[20]。すなわち，大乗が仏説論である根拠は，説法者が仏陀であるか否かではなく，大乗の教説が菩薩も含めた一切衆生に「[1] 涅槃を達成させ，[2] 苦しみを終わらせる」という二種の宗教的利益をもたらすものだからであるという。換言すれば，この二種の宗教的利益は，最勝乗の教法・教説が仏・如来の智慧にもとづく慈悲であるから，「(5a) 大菩提と (5b) 衆生利益を為すことを所縁とする」意思ある者（菩薩）にもたらされるのである。この点を説示するのが第 1 章前半第 1–6 偈であると考えられる。

ともあれ，この藤田 [2011] の知見である仏説観を踏まえれば，仏説（仏語）である最勝乗（大乗）を帰依処とし，その教法の方軌 vidhi にもとづいて，菩提（智慧即慈悲）に心を発して，正行を実践する者が「菩薩」なのである。その菩薩としての「種姓」とは上記の二種の宗教的利益を得るのに必要不可欠で根本的な原因・要素であると考えられる。すなわち，一切衆

---

(18) この第Ⅱ章第 3 偈の「[A] 遍く行き渡ることの意味（意義・目的）」である [A1] 乃至 [A4] の四種を「帰依処とすること」とは，第 2 偈と第 4 偈に示される「[B] 受け入れること」である。その四段階は順次この第Ⅳ章第 2 偈の「四種の発心」（図 I）に深く関連すると考えられる。この点は，内藤 [2020]246–262 頁で論述した【問題点 B】を踏まえて，別の機会に論じるべき要検討課題である。

(19) 長尾ノート ⑴ 67–84 頁参照。なお，以下の第Ⅲ章の各偈理解は第Ⅲ章研究会を通じた現時点の筆者個人の理解である。研究会の議論を経た総意的理解は，次回出版予定の当研究会の「第Ⅲ章和訳と注解」参照。

(20) 研究会メンバーの藤田祥道には他に [2008] などの「大乗仏説論」に関する論考が多数ある。『大乗荘厳経論』第Ⅰ章に対する筆者の理解は基本的に藤田知見に依る。以下の言及は，筆者の問題意識からの理解（内藤 [2009a]9–14 頁，[2013]310–311 頁）であるが，藤田説に対する誤解があればそれは筆者の責任である。

生を見放すことなく教導する仏・如来の大悲—一人一人とっては衆生縁の悲— を，菩薩が受け入れること（法界等流の聞熏習）によって「悲愍を本質とする者 kṛpātmaka」（第Ⅳ章第 25 偈など）となることが必要なのである。その意味で，「種姓」の核心は本論考「第 3 章第 1 節」で言及するように，「悲 karuṇā（悲愍 kṛpā）」なのである。その種姓ある者が，正行を実践して [1][2] の二種の宗教的利益を自利・利他として実現することによって，その帰依処とした最勝乗（大乗）の教法が「仏説」であることを立証していくのである (21)。

また，この第Ⅰ章乃至第Ⅲ章を承けた第Ⅳ章「発心品」の説示内容は，大乗を誹謗していた世親自身が兄無著の教化によって，仏語である大乗を帰依処とし受け入れた自らの「心の生起」であり，回心した「意思」であると考えられる。その意思ある者の聞き学ぶべき内容が続く第Ⅴ章乃至第Ⅸ章の説示であり，それは『菩薩地』の「[i] 何を修学すべきか」を継承したものである。しかし，その聞き学ぼうという意思が起こるには，第Ⅰ章乃至第Ⅳ章の説示を聞き学ぶことが必要不可欠なのである。

したがって，本論書の聞き学ぶ内容は<i>第Ⅰ章乃至第Ⅸ章の各主題全体であり，前後の章の主題がどのように必然的に関連するかを聞信する必要がある。その上で，<ii>各章の説示内容が菩薩の証得すべき「菩提」（第Ⅸ章の説示）のどのような内実と関連するのかを聞信する必要がある。この<ii>の対応関係を示唆するのが上述のウッダーナ 1 の役割なのである (22)。この<i><ii>は，最勝乗を帰依処とした者にとって，諸仏を供養しつつ，善知識に師事して繰り返し聴聞することが必修なのである。以上のことを念頭に置きながら，この第Ⅳ章の構成・構造を考えつつ，その説示内容について論述する。

第 2 章　第Ⅳ章「発心品」の構成理解 —概説—

第 2 章第 1 節 世親釈にもとづく第Ⅳ章の科段 —第Ⅳ章の構成図 C—

第Ⅳ章全体の科段を図 C として提示する (23)。それは，本篇提示の「本章目次」を踏まえた，筆者による世親釈導入文の要約，つまり「取意」である。詳しくは本篇「世親釈和訳」を参照。大別すると内容は，前半 [A] 第 1–20 偈が発心自体の説示，後半 [B] 第 21–27 偈が菩薩に発心

(21) 筆者の私見であるが，『大乗荘厳経論』の造論の意趣は，最勝乗（大乗）を帰依処とした菩薩が「(5a) 大菩提と (5b) 衆生利益を為すこととを所縁とする」意思をもち，最勝乗の法軌 vidhi 通りに修習することで，自らにも他者である衆生にも「[1] 涅槃を達成させ，[2] 苦しみを終わらせる」という二種の宗教的利益を実現することで，大乗が仏説であることが立証・確立されることではないかと考えている。

(22) この対応関係に関して，第Ⅳ章「発心品」が第Ⅸ章「菩提品」のどの説示と対応するかが一番の問題点となる。この点については本論考「第 5 章　まとめ」で言及するので参照。

(23) この第Ⅳ章の科段内容が『菩薩地』「発心品」を踏まえていることは，本書附論若原 [2023] から明白である。例えば，第 1 偈は【Ⅰ. 初発心の五相：自性・行相・所縁・功徳・最勝】の内容を換骨奪胎して再整理したものであると考えられる。以下，筆者が必要と判断したものを適宜註記して，他は紙面の都合上省略した。

するよう誘引する説示，[C] 第 28 偈が発心を保持するよう教導する説示であると考えられる。

図C：第IV章「発心品」の構成（科段）：世親釈導入文を踏まえて：私見
[A]発心そのものについて
[A1]第1偈：発心の五つの特徴 → 意思（発心）の「三種功徳と二所縁」（世親釈）
[A2]第2偈：発心の四つの区別 → 信解行地以後における「四種発心」
[A3]第3-6偈：発心の確定 → 発心に関する「十種問答」による説示
[A4]大乗の発心について
[A4-1]第7偈：誓言による五種の「世俗的発心」→ 他者（善知識など）の必要性
[A4-2]第8-14偈：「勝義的発心」のあり方→ 自他平等の無分別智の視点
[A4-3]第15-20偈：「二十二種の譬喩」による発心の偉大性の説示 → 経典による説示
[B]菩薩における発心の有無による説示 ---- 菩薩とその発心 ----
[B1]無発心（未発心）菩薩に発心するよう誘引する説示
[B1-1]第21偈：「無発心（未発心）菩薩」への譴責→ 四種の安楽を得られない過失
[B1-2]第22偈：「堕悪趣と倦怠」の無恐怖による発心の讃嘆 → 功徳ある発心の讃嘆
[B1-3]第23偈：「不作律儀akaraṇasaṃvara」の獲得 → 利徳の獲得
[B2] 有発心（既発心）菩薩を向上的に教導する説示
[B2-1]第24-25偈：発心から退転しない根拠 → 自利的課題に関する智慧の視点
[B2-2]第26偈：苦に対する怖畏の否定 → 利他的課題に関する慈悲の視点
[B2-3]第27偈：衆生に「無関心upekṣā（捨）」であることの否定 →「大悲」の視点
[C]第28偈：「最勝の衆生」に対する「菩薩行が怠惰であること」への譴責（叱責教導）

帰依処とした最勝乗の「智慧と慈悲（仏たること）」(第Ⅱ章）を踏まえれば，[A] は [B] を裏付ける理論的な智慧の視点であり，[B] は [A] にもとづく実践的な慈悲の視点である。第Ⅳ章第 1 偈（図 F）を踏まえれば，[A] は菩薩にとって菩提を証得するための「(5a) 大菩提を所縁とする」意思の理論的な説示であり，[B] はその証得のための「(5b) 衆生利益の実行を所縁とする」意思の実践的な説示なのである [24]。このように理解して，第 28 偈は後半 [B] 特に [B2]

[24] 第 1 偈（図 F）と第 28 偈（図 V）の説示に通底するものは，菩薩の意思が「(5a) 大菩提」と「(5b) 衆生利益の実行」という二つを所縁とすることであるが，後述するようにその説示の順序が第 1 偈と第 28 偈の説示で逆転していると考えられる。筆者はこの点に留意している。端的にいえば，第 1 偈の (5a)→(5b) の説示展開は自利→利他（智慧→慈悲）という視点である。つまり，慈悲を行じるための智慧の視点から，理論的に「発心」を区別する説示である。一方，第 28 偈の (5b)→(5a) の説示展開は利他→自利（慈悲→智慧）という視点である。つまり，智慧の成就するための悲の視点から，実践的に「発心」を促す説示である。この智慧と慈悲の関係による筆者の理解は長尾 [2013] の知見にもとづく。それを筆者の責任で要約して以下に示す。

> 仏教において理論と実践とは常にお互い影響しあい，実践についての議論は常に仏教理論に裏付けられ，理論は布施などの実践の経験によって新しく生まれ，はぐくまれ，発達した。このような理論と実践の関係は，『大乗荘厳経論』特に第 XVII章では，瑜伽行唯識学派特有の「不住涅槃」の理論すなわち智慧の視点が悲に関連して唐突に導入され，悲の実践的側面が理論的側面である智慧との関係において明確化される。その理論的な智慧と実践的な悲は，「鳥の両翼」あるいは「車の両輪」のようなものであり，どちらか一方がなければ仏教精神の退廃をまねく。智慧と悲との両者は仏教思想の極致であるが，この二つは明らかに性格を異にし，方向性も真反対である。この両者の関係をどのように理解するかは，仏教思想の究極的な問題のひとつであ

の最終偈であると同時に，第Ⅳ章全体の [C] 総括偈であり，智慧と慈悲の一体化を促す説示であると考えられる。だからこそ，第 28 偈（図 V）では，第 1 偈（図 F）の (5a)→(5b) の順序が逆転しているのである。つまり，「(5b) 衆生利益の実行を所縁とする」意思ある「最勝の衆生」は，「(5a) 大菩提を所縁とする」意思がある限り，大菩提を証得するまで菩薩行が怠惰（懈怠）であってはならないというように，(5b)→(5a) の順序で叱咤激励しているのである。それは，第 1 偈（図 F）の三種の功徳を順次 [i]→[ii]→[iii] と向上的に具足するよう促すためであると理解する。その意味でも，第 28 偈は第 1 偈と一対一組の総括偈と考えられる。

第 2 章第 2 節 第Ⅳ章の構成の理解 — 第 3–6 偈「十種問答」の意味 —

さて，第Ⅳ章の構成（構造）については，上記の図 C で示したように，各偈の説示内容は世親釈導入文によって知ることができるが，なぜこの説示内容の順序となったのであろうか。特に，後半 [B][C] 第 21–28 偈の説示展開は何を意味しているのであろうか。

この点に関して筆者は，他章には確認できない第 3–6 偈の説示に注目し重視する。この第 3–6 偈には十項目が提示され，最後に偈自体で「[以上が] 諸菩薩の発心に関する確定 viniścaya であると知るべきである」という。世親釈は，偈の十項目を問答の答えとして，それに対応する十種の問いを示している。この発心に関する「十種問答」の順序こそ本章各偈の説示に対応するのである [25]。この対応関係を論述する前に，図 D で提示しておく。

る。（長尾 [2013]，特に 260 頁参照）

なお，筆者は，この智慧と悲の関係が，問答 (09) の「出離」と問答 (10) の「完結」の表裏一体の関係として説示されていると理解している。特に「第 4 章第 3 節」参照。

(25) 「確定 viniścaya」という語による十種もの問答形式による説示は，管見であるが『大乗荘厳経論』ではここだけしかない。この問答は実際にあった弟子（聞者）と善知識（答者）の質疑応答であると考えられる。

図D：十種問答による第IV章の構造図：第IV章第3-6偈世親釈		
問い項目	問いに対する答え	備考（対応偈：私見）
(01)何が根本か	悲を根本mūla（根）とする。	前第III章第13偈＝最終偈 菩提樹の吉祥根の譬喩
(02)何に対する意楽か	常に衆生利益を意楽āśayaとする。	[A1]第1偈 発心は菩薩の意思cetanā
(03)何に対する勝解か	大乗の教法に対する勝解adhimokṣa（→信） ---- 和訳は「信解」----である。	[A2]第2偈 向上的階梯における四種発心
★発心の「十種問答」による確定viniścaya → 第2偈の四種発心の確定 [A3]第3-6偈		
(04)何が所縁か	［大乗の］智の尋求paryeṣṭiによって， ［その教法を］所縁ālambanaとする。	[A4-1]第7偈 世俗的な五種の発心
(05)何が乗り物か	向上的欲求chandaを乗り物yānaとする。 ［安慧釈］[1]信解行地では初地へ向かうことと[2]初地乃至第十地では仏地に向かうことの二段階の乗り物。	[A4-2]第8-14偈 勝義的発心の六つの意味 [A4-3]第15-20偈 両発心の二十二種の譬喩
(06)何が基盤か	菩薩の「戒律儀śīlasaṃvara」を 基盤pratiṣṭhaとする。	[B1-1]第21偈 発心のない者には過失がある。
(07)何が災難か	障害paripanthaを災難ādīnavaとする。障害とは向上的菩薩道に背反するものであり，対治されるべき他の乗（二乗）に向かう心を引き起こし，容認することである。	[B1-2]第22偈 発心の有る者に堕三悪趣や堕懈怠などの恐れがない。 （それらの恐れが災難）
(08)何が利徳か	福徳と智慧から成る善法が 増大することを利徳anuśaṃsaとする。	[B1-3]第23偈［偈釈ともに反語］ 発心の有る者は悪業を為すはずがない。
(09)何が出離か	常に六波羅蜜を反復修習することabhyāsaを 出離niryāṇaとする。	[B2-1]第24-25偈［釈だけ反語］ 発心の有る者はその発心から退出しない。 [B2-2]第26偈［偈釈ともに反語］ 発心の有る者は悲を本質とするから苦を恐れない。
(10)何が完結か	それぞれ［地ごとに］地［の波羅蜜］を実践するから，地を完結paryavasānaする。つまり，ある者がある地において［波羅蜜を］実践するならば，その者はその地を完結する。	[B2-3]第27偈 発心の有る者は，内なる大悲を阿闍梨とするから，衆生に無関心であること（衆生を見捨てること）を否定する。
		[C]第28偈：第IV章総括偈 発心の有る者が利他に懈怠であることを叱責教導する。

第 3 章　問答 (01) 乃至 (05) —「十種問答」による構造理解：前半 [A]—

第 3 章第 1 節　問答 (01) と第Ⅲ章「種姓品」第 13 偈（最終偈）の対応

問答 (01) では，発心の「根本 mūla（根）」は何かという問いに対して，「悲 karuṇā」であると答えている。この問答 (01) は，無性釈も安慧釈も第Ⅳ章の注釈冒頭で言及するように，前章第Ⅲ章「種姓品」との関連を示唆するのである。端的にいえば，この mūla は第Ⅲ章の最終偈第 13 偈世親釈がいう菩提樹の「吉祥根 praśastamūla」の「根」を意味すると考えられる。その意味で，筆者は問答 (01) が第Ⅲ章第 13 偈に対応すると考える。

さて，この「吉祥根」とは第Ⅲ章の詳細な検討を踏まえなければならないが，上述した第Ⅱ章第 11 偈にもとづけば，「一切種智者性の獲得」という結果に対する原因である「悲愍（悲）」である。また，第ⅩⅦ章の一節「梵住（無量）品」第 34 偈世親釈の「勝れた種姓 gotraviśeṣa」の説示によっても，それは「悲愍（悲）」なのである [(26)]。その意味で，菩薩は仏・如来の智慧に裏付けられた「悲愍を受け入れた者」であるから，この第Ⅳ章第 26 偈で「悲愍を本質とする者 kṛpātman」という。それを世親釈は「悲を本質とする者であること karuṇātmakatva」という語で示すのである。その悲愍が菩提樹に成長する「根」であるから「吉祥根」というのであり，「一切種智者性」という結果を結実する原因なのである。

換言すれば，帰依処である如来の大悲を「根本 mūla」としなければ，その者の「根 mūla」は「吉祥根」ではないのである。菩薩の「種姓」は，最勝乗の教法（智慧と慈悲）を聞熏習することを「種子」とするから，単なる「根」から「吉祥根」へと成長・成熟するのである。その意味で，下記のように第Ⅲ章最終偈の第 13 偈では，菩提の獲得という結果の点から，その原因である「種姓」という「根」を「最勝の種姓 agragotra」といい [(27)]，世親釈はそれを「菩提樹 bodhivṛkṣa」の譬えによって「吉祥根」というのである。その根である「種姓」が如来の大悲を聞熏習した「種子」でなければ，大悲を裏付ける智慧を希求して，その智慧を獲得しようとしないのである。それは「吉祥根」と譬喩される「最勝の種姓」ではないのである。

その第Ⅲ章を総括する第 13 偈は次のようなものである [(28)]。

> **<1>極めて大いなる功徳のある菩提樹を成長させることと，<2>強固な安楽と苦の寂滅とを獲得することに資する。<3>自他の利益・安楽をもたらす結果を結ぶから，この最勝の種姓は良い［樹］根の如くである。（第Ⅲ章第 13 偈）**

---

(26) 研究会 [2013]78–81 頁，内藤 [2017]167–169 頁と図 2-o 参照。長尾ノート (3) 150–153 頁参照。なお，本書附論の若原 [2023] の注解 (25)参照。また，科段【Ⅳ.2　発心の四因】の 3) との関連があると思われる。

(27) 第Ⅲ章最終偈で「種姓」を agragotra という点は，第Ⅳ章最終偈の第 28 偈で菩薩を agrasattva という点と関連させて考えるべきである。後者については本論考「第 4 章第 4 節第 2 項」参照。

(28) 長尾ノート (1) 83–84 頁参照。詳しくは次回出版予定の当研究会の「第Ⅲ章和訳と注解」参照

この偈は難解であるが，筆者の理解の要点だけを記す。世親釈は偈の「良い［樹」根 sumūla」を「吉祥根」という。その吉祥根に譬えられる「最勝の種姓」は，<3>という結果を結実することに<1>と<2>の二つとして資するから「最勝」なのである(29)。筆者は，この<1><2>は<3>の結果に対する原因・根拠であると考える。<1>の功徳ある「菩提樹の成長」は自利的要素であるが，それは利他のための「極めて大いなる功徳」の成長に他ならない(30)。すなわち，<1>は自利即利他に資するのである。それと同様に，<2>「強固な安楽と苦の寂滅とを獲得すること」も自らと他者の両者における獲得である。端的にいえば，「種姓」を「吉祥根」というのは，利他のために自利（利他的自利）を成就する原因だからである。したがって，<3>の「自他の利益・安楽をもたらす結果」(31)の原因が<1>と<2>であると考える(32)。また，上記の第Ⅱ章第11偈を踏まえれば，「吉祥根」とは智慧に裏付けられた悲（悲愍）であり，一切種智者性の獲得という結果に対する原因である「悲」，つまり大悲へと成長する「悲」を意味するのである。

さらに，この「菩提樹」の譬喩は，第XVII章第36–40偈の「樹木に譬えられる悲」，つまり「大悲樹」の譬喩と関連させて考えるべきである(33)。ただし，その譬喩による説示目的が異なるので，その説示意図に留意しながら考えなければならない。「大悲樹」の成長の譬喩は，菩薩の悲そのものが大悲へと成長することを譬えるものである(34)。その根（悲）の成長は，菩薩自身の成長，つまり利他のために自利が増大することを意味する(35)。それによって自利行である六波羅蜜などの正行が利他行として展開するのであるが，それが「菩提樹」の成長である。どちらの樹木の譬喩も，その「根」は「悲（悲愍）」である。その意味で，菩薩の「種姓」の核心は「悲（悲愍）」なのである(36)。

最後に，第XVII章の「大悲樹」の譬喩にもとづいて，第Ⅲ章の「菩提樹」の譬喩を対照的に図Eとして示す。なお，世親釈には「菩提樹」の「根」以外の説明がないので，無性釈と安慧

(29) 筆者は，この<1><2>が順次，第Ⅳ章第1偈（図F）の「(5a) 大菩提と (5b) 衆生利益の実行を所縁とするから」に対応すると考えている。順次，智慧の成就と慈悲の成就を目的とすると考えられるからである。また，藤田 [2011] の「二種の宗教的利益」に関連すると考えている。本論考註解 (20)参照。

(30) この理解は，第Ⅲ章第3偈世親釈の「利他がないことが，偉大な目的（利益・意義）がないことである。」（取意）という説示による。長尾ノート (1) 69–70 頁参照。すなわち，mahā（大いなる・偉大な）は利他があることを意味するのである。以下，本論考では，mahā は基本的にこの意味で理解する。

(31) この「利益 hita」と「安楽 sukha」については，本論考註解 (108)参照。

(32) 無性釈も安慧釈も，<1>を自利，<2>を利他であると説明する。この意図は種々考えるべきであろうが，現時点の筆者は，<1>も<2>も自利かつ利他の内容であろうと理解している。

(33) この「菩提樹」と「大悲樹」の呼称は長尾ノート (1) 83–84 頁に準じておく。

(34) 研究会 [2013]80–85 頁，内藤 [2013a]，内藤 [2017]172–180 頁参照。また，小谷 [2014] 参照。

(35) これは，安慧釈（De. 50a5–51a1， Pek. 55a4–56a2）による。詳しくは，次回出版予定の当研究会の「第Ⅲ章和訳と注解」参照。安慧釈は，偈の「良い［樹］根 rtsa ba bzang po」を「堅固な［樹］根であり，腐敗しない［樹］根である（rtsa ba brtan pa dang | rtsa ba ma rul ba'o ||）」という。本論考註解 (70)参照。また，安慧釈の「尽無生智」（図E）などは「一切種智者性」の智に該当すると考えられるが，明確ではない。

(36) これは，本論考「第1章」参照。また，若原 [2023] の注解 (104)を参照。

釈を参照して図式化したものである[(37)]。

図E：大悲樹（第XVII章第36-40偈）と菩提樹（第III章第13偈の無性訳・安慧釈）		
大悲樹 karuṇā-vṛkṣa［筆者理解の補記］	両者の譬喩	菩提樹 bodhi-vṛkṣa
悲 karuṇā［大悲へ成長 ← 大慈の灌水が必要］	根 mūla	菩薩種姓 → 吉祥根＝自利
忍辱 kṣānti［慈悲の実践による智慧の成長］	幹 skandha	尽無生智 ——— 自利
思惟 cintā［智慧の成長による悲の成長］	枝 śākhā	十地 ——┐ ［即］
誓願 praṇidhāna［自利即利他の智慧による］	葉 patra	六波羅蜜 ——┤ 利他
故意受生 janman［自利即利他の慈悲による］	花 puṣpa	十力等の大功徳 ——┘
衆生成熟 sattvaparipāka［智慧即慈悲による］	果 phala	自他の利益と安楽 ← 自利即利他

第3章第2節　問答(02)「意楽」と第IV章第1偈「発心の特徴」の対応

第3章第2節第1項　発心の内実とその展開

問答(02)では，何に対する「意楽 āśaya」があるのかという問いに対して，「常に衆生を利益することに意楽がある」と答えている。これは，第II章第12偈世親釈の「利他の正行は意楽によって，つまり悲によって一切衆生を包容する」（取意）と同主旨である[(38)]。筆者の問題意識から，「作意 manasikāra / manaskāra」ではなく「意楽」とする点に留意しておきたい[(39)]。

さて，世親釈導入文によれば，第IV章第1偈は「発心の特徴」を説くというが，偈自体には「発心」という語はない[(40)]。偈に示される五種の特徴ある菩薩の「意思 cetanā」が「心の生起 cittasaṃbhava」であり，世親釈はそれを「発心」という。「意思」とは身・口・意の三業の本質であり，三業をつくる心所法 caitasa である。その「意思」に五種の特徴があることをもって，世親釈は「発心」というのである。その第五の特徴が「(5)二つを対象とする」，つまり「(5a)

(37) 長尾ノート(1) 84頁を参照した筆者の修正図である。譬喩の対応関係は無性釈と安慧釈の研究会の解読にもとづく筆者の理解である。詳しくは，次回出版予定の当研究会の「第III章和訳と注解」参照。

(38) 第II章第12偈世親釈は研究会[2020]38–41頁参照，また内藤[2020]281–284頁参照。なお，「意楽」の定義的意味は第XX[-XXI]章「行住 Caryā 品」第1–2偈世親釈にある。長尾ノート(4) 85–86頁参照。

(39) 筆者は，「作意」が「意楽」となることが第III章第13偈の「吉祥根」とよばれる兆候であり，本論考註解(40)(60)(82)で言及する「増上意楽」となることが「吉祥根」を意図すると理解している。『大乗荘厳経論』において，六波羅蜜などの正行を為す菩薩の「歓喜などの三喜」の心に対する呼び方が「作意」から「意楽」と変わるが，それは菩薩道の向上的展開を意図すると考えるからである。内藤[2013a]289–291頁，312–313頁図P参照。その意味で，ここでは「意楽」であることに留意する。それはまた，以下に論述するように，自発的な意思であり，聞熏習によって自然と生起した心であると考えられる。

(40) 留意すべき点を補記しておく。第IV章は「発心」を説示するとしながら，第3–6偈の「発心の確定」を説く第6偈に「発心 cittotpāda」が一度使用されるだけで，「菩提心 bodhicitta」や「発菩提心 bodhicittotpāda」の語はない。世親釈には「発菩提心」が第7偈，「菩提心」が第25偈にそれぞれ一度だけ使用される。この意味では，第IV章の説示の焦点は「菩提心（発菩提心）」そのものではなく，菩薩種姓の者に「生起する心」「意思」を「発心」という名目で問題にしていると考えられる。これは第IV章の主題が何かという問題でもあると思われる。本書附論の若原[2023]の注(21)参照。本論考註解(22)参照。

大菩提と (5b) 衆生利益の実行を所縁（対象）とする」というように，(5a) の自利（智慧）の成就を所縁とするだけではなく，(5b) の利他（慈悲）の成就を所縁とする意思が，上記の問答 (02) の「意楽」に対応すると考えられる。ともあれ，その第 1 偈を図 F として提示する。

図F：意思＝心の生起（世親釈：発心）にある特徴：第IV章第1偈			
五種（偈）	世親釈の説明（取意）	三功徳・二対象	備考（私見）
(1)大いなる mahā 士気utsāha	(1)被甲精進によって(1a)甚深なる教法の理解pratipattiと(1b)難行の長時にわたる実践pratipattiに対する士気がある。	(i)英雄的行為の功徳	(02-1)意楽を伴う発心
(2)大いなる奮闘ārambha	(2)被甲［精進］通りの加行prayoga 精進によって奮闘がある。	(i)英雄的行為の功徳	(02-2)意楽を伴う発心
(3)大いなる目的artha	(3)自利利他を目標adhikāraとする。	(ii)利益を為す功徳	(03)加行を伴う発心
(4)大いなる達成udaya	(4)大菩提の証得samudāgamatvaがある。	(iii)果を獲得する功徳	(04)増上意楽を伴う発心
(5)二つを対象arthaとする	(5a)大菩提と(5b)衆生利益の実行を所縁ālambanaとする。	二つを所縁とすること	(01)初発心

この五種の特徴の内，世親釈は (1)乃至 (4)を「三種の功徳」とする。その (1)と (2)が「(i) 英雄的行為という功徳」，(3)が「(ii) 利益を為すという功徳」，(4)が「(iii) 果を獲得するという功徳」であるという。筆者は，この「三種の功徳」が後半 [B] の説示に対応し，発心によって菩薩が得る功徳であると考える。端的にいえば，(i) の功徳は [B1] 第 21–23 偈の説示に，(ii) の功徳は [B2] 第 24–27 偈に，(iii) の功徳は [C] 第 28 偈に対応する。詳しくは，該当偈の箇所で論述する内容を参照。なお，備考欄の私見は以下基本的なことを言及するが，詳しくは本論考第 3 章第 4 節の「世俗的発心」と第 3 章第 5 節の「勝義的発心」の論述を参照。

さて，(5)の世親釈は，偈の artha（対象・目的）を ālambana（所縁）と言い換えるだけである。それは，(5a) 大菩提と (5b) 衆生利益の実行の二種があくまで所縁（認識対象），つまり意業の対象であることを意図し，その二つを所縁として自らに「生起した心」，つまり自発的な「意思」が「発心」であり，それには順次 (1)乃至 (4)の特徴があるというのである。

その内で重要なのは，世親釈が (1) (2)を合して詳説する「(i) 英雄的行為という功徳」である。被甲精進による「 (1)大いなる士気」は，世親釈では二つの正行 pratipatti[41] の語で注釈してい

[41] 世親釈の (1)の説明における pratipatti は一般的に「正行」と訳されるが，『大乗荘厳経論』においては第Ⅴ章と第ⅩⅢ章の二つの章題に使用され，漢訳は順次「二利品」と「随修品」と訳し分けている。同一論書の独立した二つの章の題名に同じ語が使用される点には違和感があり，留意が必要である。この両章が『菩薩地』の三部構成の内，「[i] 何を修学するのか」の「自他利 Svaparārtha 品」と，「[ii] どのように修学するのか」の「法次法向 Dharmānudharmapratipanna」に順次対応する。筆者は，前者が「聞」としての正行であり，後者が「思」としての正行であると理解している。図 F の (1a) と (1b) の pratipatti の内実は，安慧釈によれば順次「聞・思」と「聞・思・修」である。この点を踏まえて筆者

る点が重要である。安慧釈によれば，向上的な菩薩行から，(1a) は大乗の教法に関する「聞・思」という自利を行じる士気が満ちて退転しないことであり，(1b) は利他を行じる士気が満ちて退転しないことである。(1a) の自利は (1b) の利他のための「聞・思」であるから，単に「士気」ではなく「大いなる士気」というのである。また，被甲精進の通りの加行精進[42]による「⑵大いなる奮闘」とは，安慧釈によれば，甚深で広大な教法を「聞・思・修」して，具体的に衆生のために六波羅蜜などの菩薩行を実践するから，「⑵大いなる奮闘」というのである。

安慧釈は，この⑴を初発心*prathamacittotpāda とし，⑵⑶⑷には何も言及しない。筆者は，第Ⅳ章第 15–20 偈で二十二種 (01) 乃至 (22) の譬喩によって「発心の偉大性」を説示する中，最初の四つの「(01) 初発心→(02) 意楽を伴う発心→(03) 加行を伴う発心→(04) 増上意楽を伴う発心」という展開が[43]，この⑴⑵⑶⑷の意思に順次対応すると考えている。この理解の要点は第 4 節で提示するが，他の検討課題が残っているので[44]，詳細は別の機会にしたい。その筆者理解の基本的視点は，第ＸＸ [-XXI] 章「行住 Caryā[-敬仏 Pratiṣṭha (Niṣṭha)] 品」第 41 偈の説示である。そこでは，初地見道悟入以前の信解行地において，「<1>信解 adhimukti による獲得」と「<2>行 carita による獲得」の二つの獲得があるという[45]。この意味する所は難解であるが，この<1>が (02) 意楽を伴う発心に，<2>が (03) 加行を伴う発心に関連すると考えている[46]。

は，(1a) が第Ｖ章に，(1b) が第XIII章に対応すると考えている。要検討課題である。

(42) この「被甲精進通りの加行精進」については，第XI章で四十四種作意を説く中の第 63 偈の

> [11] 正行 pratipatti に関しては，鎧を着服する作意 saṃnāhamanasikāra がある。布施などを完全円満ならしめるために鎧を着服（被甲）するからである。（長尾ノート ⑵ 130–131 頁）

という。つまり，作意という「思」も「被甲」する正行なのである。本論考註解 (41)参照。

(43) この「(02) 意楽」と「(03) 加行」は一組の説示と考えられる。内藤 [2020]281–284 頁参照。第Ⅱ章第 12 偈（研究会 [2020]38–41 頁）と第ＸＸ [-XXI] 章「行住品」第 1–2 偈（長尾ノート ⑷ 85–86 頁）参照。「(04) 増上意楽」については本論考註解 (78)参照—本篇「世親釈和訳」の注解 (23)とは少し異なる—。

(44) 安慧釈の説明する瑜伽行派の仏道体系は有部の体系を踏まえていて，筆者には難解である。両者の体系の基本的な対応については早島理 [2007] 特に 101–105 頁参照。また，本書序説の早島 [2023] 参照。

(45) 長尾ノート ⑷ 132–133 頁参照。この「行による獲得」の「行」とは具体的には「十法行」であり，この内容は『摂大乗論』第Ｖ章第 3 節，長尾 [1987]173–175 頁参照。それは『瑜伽師地論』『顕揚聖教論』にもあるが，『中辺分別論』第Ｖ章第 9 偈では「作意正行」との関連でその名目が列挙され。この「作意正行」によって「聞・思・修」の三つの所成慧が成就するという。長尾雅人・梶山雄一・荒牧典俊 [1976]326–329 頁参照。また，現時点の筆者理解の一部は本論考註解 (46)(57)参照。なお，本論書の構成からいえば，「<1>信解による獲得」の信解は第Ｘ章「信解品」の説示であり，「<2>行による獲得」の行は第XIII章「随修品」の説示であり，その成就は第XIV章「教授教誡品」の説示であると考えている。内藤 [2013b] 参照。

(46) 『摂大乗論』の長尾 [1987]173–175 頁の注解では，「獲得」の意味が十分に明かではないとしながらも詳細な注記がなされる。一方，本論書第Ｖ章「正行 Pratipatti 品」第 2 偈世親釈によれば，「信解にもとづいて世俗的発心を獲得し，智にもとづいて勝義的発心を獲得する」（取意）という。長尾ノート ⑴ 116–117 頁，本篇「世親釈和訳」の注解 (12)参照。この説示理解は次々回出版予定の当研究会の「第Ｖ章和訳と注解」に拠らなければならないが，現時点での筆者理解を端的にいえば以下となる。<1>最勝乗の教法を聞思すること［＝ (01) 初発心］による信解［＝ (02) 意楽を伴う発心］によって世俗的発心［＝ (03) 加行を伴う発心］が獲得され，<2>その世俗的発心にもとづく正行［＝信解行］によって勝義的発心［＝ (04) 増上意楽を伴う発心］が獲得されるという理解である。これは詳しい論述が必要な私見であるが，本論考「第 3 章第 4 節第 3 項」参照。また，本論考註解 (45)(57)参照。

第 3 章第 2 節第 2 項　発心と精進の関連 —第 XVI章「度摂品」の「精進」の説示—

さて，世親釈の「(i) 英雄的行為という功徳」は，被甲精進と加行精進という二つの精進によって示されるが，その「精進」は「意思」と同じく心のはたらき（心所法）の一つである。また，以下言及するように，菩薩の「発心」は「精進」と不離なるものと考えられる。そこで，第 XVI章「度摂品」における二箇所の「精進」の説示に言及しておく。

第一に，第 XVI章第 17–28 偈では，「布施」などの六波羅蜜をそれぞれ「六義」によって説示するが，そのうち第 23–24 偈が「精進」の説示である [47]。それを図 G として示す。

図G：精進の六義による説示：第XVI章第23-24偈	
智者は，精進を次のようであると遍知して精進を達成する。	世親訳による六義説示
<1>善において正しく士気utsāhaあるものであり	<1>自性svabhāva
<2>信śraddhāと欲求chandaを基盤とするものpratiṣṭhitaであり	<2>原因hetu
<3>憶念smṛtiや三昧samādhi等の功徳を増進するものであり	<3>結果phala
<4>汚染に対する能対治なるものprātipakṣikaであり	<4>はたらきkarman
<5>貪欲がないこと等の功徳を具足するものであり	<5>具備yoga
<6>それ（精進）は彼ら（菩薩）に，増上戒学などの三学において 身体的にも心的にも，間断なく恭敬をもって精進することである。 [無性釈・安慧釈 → 身体的な五種と心的な二種とする]	<6>あり方vṛtti（生起）

この<1>の「士気」に「大いなる mahā」がないのは，<2>乃至<6>の内容から明確なように，この精進は利他ではなく自利を目的とするからである。それに対して，第Ⅳ章第 1 偈（図 F）では，自利と利他を目的（所縁）とするから，「大いなる士気」なのである。それは，士気の対象の「善」が自利の視点か自利即利他の視点かの違いである。

その相違を踏まえた上で，「<1>自性」の「善」は後述する問答 (04)「所縁」に関係すると理解する。問答 (04) において，士気の所縁が種々に説かれた大乗の教法であり，それを「尋求」して「聞・思」することが「被甲精進」であり，その被甲精進の通りの「修」が「加行精進」なのである。この「士気ある」精進は，「信と欲求」を「<2>原因」とするが，この「信」は問答 (03)「勝解 adhimokṣa」に相応し [48]，「欲求」は問答 (05)「乗りもの」に相応する。その「<3>結果」の「憶念や三昧等の功徳が増進する」とは精進する者自身の功徳が増大することであるが，その増大の内実が精進の「<4>はたらき」である。その具体的な説示が世親釈引用の経文 [49] である「精進に勤める者は，邪悪や不善の事がらと混じり合うことなく，安楽に住

[47] 詳しくは，長尾ノート (3) 44–46 頁参照。

[48] これは『大乗阿毘達磨集論（AS）』と『唯識三十頌』などにもとづく長尾知見による。長尾ノート (3) 45 頁注解 (1)参照。また，本篇「安慧釈和訳」の注解 (54)参照。若原 [2023] 注解 (34)参照。

[49] この経典についてレヴィの仏訳は SN.ii，29：Dasabalā.（「南伝」第 13 巻「相応部二」41 頁・「大正」第 2 巻

する」ことである。その「邪悪や不善の事がら」が問答 (07)「災難」に相応し，それらと「混じり合うことなく，安楽に住する」ことが問答 (08)「利徳」に相応すると考えられる。このように，この六義による「精進」の説示内容は発心ある者の自利であるが，同時に「十種問答」の (03)(05)(07)(08) にも自利即利他の点で無関係ではないと考えられる[(50)]。

第二に，第XVI章第 67–68 偈の「精進」の説示は，上記の第 23–24 偈（図 G）を踏まえた上で，自利即利他の「波羅蜜（完成行）」としての最高なる功徳を詳説する[(51)]。まず第 67 偈で，精進が六種の区別で示され，前五種は四正勤・五根・五力・七覚支・八正道分などの三十七菩提分法に関する向上的要素の精進である。その前五種中の前三種は初地見道以前の段階における精進であり，第四種の「真実に悟入する tattve praviṣṭam」精進が初地見道に対応し，第五種の「転回せしめる parivartaka」精進が第二地以後の修道に対応する。

そして第六種は，前五種とは別の視点で説示されている。それは，自利利他を目標とする「大いなる目的 mahārtha」ある精進であるという。これが第 1 偈（図 F）の特徴 (3)に対応することは明白である。この第六種の精進が第 68 偈で詳説される。それは世親釈によれば，そこに引用する経典[(52)]にもとづく五つの区別による精進である。それを図 H として示す。

図H：第XVI章第68偈「精進」と第IV章第1偈（第28偈）理解のための対照表

第XVI章第68偈	世親釈引用の経典（漢訳）	第IV章第1偈の対応：私見
[1]被甲精進 saṃnāhavīrya	1)力勢を具えたもの sthāmavān（有誓願）	→(1)大いなる士気ある意思による 被甲精進に展開するもの
[2]加行精進 prayogavīrya	2)精進を具えたもの vīryavān（有現起）	→(2)大いなる奮闘ある意思による 加行精進に展開するもの
[3]卑屈ならざる精進 alīnavīrya	3)士気であるもの utsāhī（有勇猛）	←(1)大いなる士気mahotsāhaの意思が 完備した精進
[4]不動なる精進 akṣobhyavīrya	4)堅固に前進するもの dṛḍhaparākramaḥ（有堅固）	←(2)大いなる奮闘mahārambhaの意思が 完備した精進
[5]満足せざる精進 asaṃtuṣṭivīrya	5)諸の善法において重荷を 肩から降ろさないもの anikṣiptadhuraḥ kuśaleṣu dharmeṣu（有不捨仏道）	→この5)は，第28偈の「重荷（衆生か利他行）を捨てない」という点で同主旨である。なお，漢訳は重荷を仏道とするので利他行と理解している。

図右欄に第IV章第 1 偈（図 F）との関係を記す。また，この [5] の経典の文言が内容的に，第

「雑阿含」98 頁 a）であるという。詳しくは，長尾ノート (3) 45 頁注解 (3)参照。

(50) 「十種問答」の内，ここに対応関係のない問答 (04)(06)(09) (10) の四つは利他的問題であり，次に言及する第 67–68 偈の自他の両者に関わる内容であると考えられる。

(51) 詳しくは，長尾ノート (3) 86–89 頁参照。

(52) この経典は『菩薩地』(BBh, 203.1) などに引用され，種々の研究があるが未同定である。長尾ノート (3) 89 頁注解 (10)(11)参照。および『摂大乗論』第IV章第 9 節，長尾 [1987]141–145 頁 (注 2) 参照。

Ⅳ章の最終偈第 28 偈（図 V）と関連することは明白である。その意味で，この「精進」の内実が，この第Ⅳ章の「発心」の説示全体に通底する菩薩の意思であると考えられる。

さて，瑜伽行唯識学派の精進は『摂大乗論 *Mahāyānasaṃgraha*』第Ⅳ章第 9 節で説示される<1>被甲精進と<2>加行精進と<3>無怯弱無退転無喜足精進 alīna-akṣobhya-asaṃtuṣṭi-vīrya の三種である[(53)]。この<3>は「無怯弱・無退転・無喜足」の三要素から成る精進であり，五種（図 H）の [3][4][5] を合したものであることは明白である。また，<1>被甲精進と<2>加行精進は順次，図 H の [1] と [2] に相当する。そのような被甲精進と加行精進によって初地見道に悟入して出世間する。それ以後の修道においては，無怯弱・無退転・無喜足なる精進なのである。この五種が三種となるのは，[1] 被甲→[3] 無怯弱，[2] 加行→[4] 無退転という展開を示すものであり，この展開のあることが最上乗を帰依処とした菩薩であることを意図するのである。この理解によって，第Ⅳ章第 1 偈（図 F）の被甲精進と加行精進は順次，経典の文言としては 1)→3) と 2)→4) というように展開することを含意して「大いなる」が附加されていると考えられる。

筆者の理解では，この展開の内，[1] 被甲と [3] 卑屈ならざる精進の内実が後述する第Ⅳ章第 22 偈と第 26 偈の「恐れ」の問題と，[2] 加行と [4] 不動なる精進の内実が第 23 偈と第 24–25 偈の「不退転」の問題と，[5] 満足せざる精進の内実が第 27 偈の「衆生に無関心」の問題と関連する。その [5] に対応する「5) 諸の善法において重荷を肩から降ろさない」点は第 28 偈の説示に関連する。すなわち，[1] 被甲精進が [3] 卑屈ならざる精進に，[2] 加行精進が [4] 不動なる精進に展開することで，[5] 満足せざる精進が「無怯弱・無退転・無喜足精進」といわれるのである[(54)]。このように，第 1 偈の被甲精進と加行精進の内実は後半 [B] 第 21–28 偈の説示と深く関わるのである。なぜならば，菩薩の「発心」も「精進」も向上的な「意思」だからである。

第 3 章第 3 節　問答 (03)「勝解」と第Ⅳ章第 2 偈「四種発心」の対応

問答 (03) では，何に対する「勝解 adhimokṣa（本篇和訳では「信解」）」があるのかという問いに対して，「大乗の教法に対する勝解がある」と答えている。adhimokṣa という語は adhimukti

(53) 六波羅蜜それぞれを三種に整理することは『瑜伽師地論』「摂決択分菩薩地」や『雑集論』に見られるが，相違があるという。長尾 [1987]141–145 頁参照。本篇「世親釈和訳」の注解 (4)参照。その長尾 [1987] は三種の整理を「便宜的な感がある」というが，筆者は智慧波羅蜜を加行無分別智・根本無分別智・後得無分別智の三種で整理することが要であり，それに準じて他の波羅蜜も三種に整理したのではないかと考えている。要検討課題である。また筆者の理解では，その三種の整理は，以下の第Ⅳ章第 21–28 偈で示される，向上的な実践における種々の具体的な問題を克服するための視点であり，体系化であると理解している。

(54) 第 28 偈は，後述するように「怠惰（懈怠）であることを叱責すること」の説示である。この点については，第 15–20 偈の譬喩による「二十二種の発心」の内，「(08) 精進波羅蜜を伴う発心」と合わせて考えるべきである。この (08) の発心は「怠惰という刀剣によって砕くことができないので，金剛に類似している」ので「堅固」なのである。本書所収の「無性釈和訳と注解」と「安慧釈和訳と注解」の該当箇所参照。

（信解）と関連する語であり，その相違は難解である[55]。この adhimokṣa は，先に長尾知見にもとづいて指摘したように，図 G の<2>原因の「信と欲求」の「信 śraddhā」に相当し，その「信」の内実を意味するのである。端的にいえば，「信」を意味する adhimokṣa は向上的「欲求 chanda」と不離関係であり，その両者によって向上的な修習の展開が実現するのである。ともあれ，第 2 偈の「四種発心」を世親釈の示す向上的な階梯[56]とともに図 I として示す。

図I：四種発心とその階梯：第IV章第2偈と世親釈	
第2偈：発心の内実	第2偈世親釈の階梯
(1)勝解adhimokṣa［に基づくもの］（世親釈：ādhimokṣika）	1)信解行地における発心
(2)清浄な増上意楽に基づくものśuddhādhyāśāyika	2)初地乃至第七地における発心
(3)異熟したものvaipākya（世親釈：vaipākika）	3)第八地以降における発心
(4)障礙のないものāvaraṇavarjita（世親釈：anāvaraṇika）	4)仏地における発心

この「(1)勝解［に基づくもの］」が問答 (03) の「勝解」に対応するのは明白である。端的にいえば，信解行地から仏地に至るまでの向上的修習の「四種発心」には，勝解 adhimokṣa が必要不可欠なのである。また，この adhimokṣa に相当する「信」と「欲求」の関係は，『大乗荘厳経論』において，第Ｘ章の「信解 adhmikti」の説示から第XI章の「尋求 paryeṣti」，つまり教法の探究という欲求のあり方への説示展開を意味していると考えられる[57]。

---

(55) 一般的な「信」という概念に関わる語の一つに「信解」と訳される adhimukti がある。楠本 [1999] 参照。現時点の筆者は後述するように，adhimokṣa は向上的欲求と不離である点が adhimukti との違いかもしれない。本論考註解 (57)参照。なお，第XVII章では菩薩の心が五相で示されるが，その第一相が adhimukti から adhimokṣa へと変化する。これは，菩薩道の向上的展開を意味すると考えられる。内藤 [2013a]284–293 頁図 E など参照。第XVI章と第XVII章の二章にわたる向上的展開・構造は 312–313 頁図 P 参照。

(56) ここでは信解行地 adhimukticaryābhūmi と初地乃至第十地と仏地の十二段階である。『大乗荘厳経論』では，「信解行地」の語は世親釈にしかなく，ここが初出である。『菩薩地』「菩薩功徳 Bodhisattvaguṇa 品」は十地説ではなく七地説である。その「第二勝解行地」が「信解行地」,「第三浄勝意楽地」が「初地」に当たる。詳しくは本書附論の若原 [2023] 注解 (24)参照。留意すべきは「第一種姓地」である。単純に考えれば，それは信解行地の前段階であり，五道説でいえば「資糧道」に相当する。その意味で筆者は，本論書における「種姓」を考える場合,「資糧道」という視点が重要であると思われる。要検討課題である。

(57) 本論考註解 (45)の該当本文で言及した第XX [-XXI] 章「行住品」第 41 偈によれば，信解行地では「<1>信解 adhimukti による獲得」と「<2>行 carita による獲得」の二つの獲得がある。後者の行の具体的な徳目は本論考 (45)参照。現時点の筆者は，後者<2>の「行」とは，第 2 偈（図 I）の「(1)勝解 adhimokṣa［に基づくもの］」（世親釈：ādhimokṣika）といわれる発心による行であり，<2>による獲得とは加行 prayoga による獲得と理解している。その意味で，「<1>信解による獲得」は，「勝解」（本論考註解 (48)の長尾知見では「信 śraddhā」に当たるもの）の獲得であると理解している。ここに，adhimukti から adhimokṣa への展開があると考える。作業仮説ではあるが，adhimukti は「世間的発心」，adhimokṣa は「勝義的発心」に対応するのではないかと考えている。その意味で，二十二種の譬喩による発心に関しては，adhimukti が「(01) 初発心」「(02) 意楽 āśaya を伴う発心」「(03) 加行を伴う発心」に相応し，その加行によって獲得される adhimokṣa が「(04) 増上意楽 adhyāśaya を伴う発心」に相応する。本論考註解 (78)参照。さらに，本論考註解(100)で言及するように，この (03) と (04) は典拠となる経典の説示順序と逆転している。それは，adhimukti から adhimokṣa への展開を踏まえた「加行」と「増上意楽」の意味づけが関わっていると考えられる。本論考註解 (78)参照。

以上のような理解にもとづいて，第 1 偈（図 I）の五種の特徴に対応させると，「<1>信解による獲得」が「(1)被甲

この四種発心の内，(1)(2)(3)の発心は，順次第Ⅳ章第 1 偈（図 F）の「(i) 英雄的行為という功徳」と「(ii) 利益を為すという功徳」と「(iii) 果を獲得するという功徳」という三種の功徳と順次対応すると考えられる[58]。「(4)障礙のないもの」は，世親釈では「4) 仏地における発心」とされる[59]。筆者には，仏地においても発心があるという点に違和感と驚きがあり，難解である。要は (i)→(ii)→(iii) と向上的に功徳を得た菩薩に生起した心（意思）と考えられる。この「(4)障礙のないもの」について，安慧釈は「煩悩障・所知障を残りなく断じた智を特徴とする」という。すなわち，「仏たること」という仏果を獲得した者も衆生利益のために唯利他の六波羅蜜を行じているので，「仏地における発心」といわれるのであろう[60]。現時点の筆者は，

精進によって (1a) 甚深なる教法の理解 pratipatti（正行）と (1b) 難行の長時にわたる実践 pratipatti に対する士気がある」発心による獲得であり，「<2>行による獲得」が「(2)被甲［精進］通りの加行 prayoga 精進によって奮闘がある」発心による獲得であると考えられる。またその意味で，前者が「聞・思」に，後者が「修」に対応するのである。また，本論考註解 (45)(46)および (54)参照。

(58)「(3)異熟したもの vaipākya（世親釈：vaipākika）」は難解である。この点は本書所収の早島 [2023] の序説参照。また，本第Ⅳ章においては，二十二種の譬喩による発心の「(21) 一行道を伴う発心は，河の流れのようである」に関する世親釈の「無生法忍を得る［第八地の］時に，自然に生じるからである」について，無性釈が「第八地において，菩薩は「一切法は不生である」という異熟生（*vipākaja）の知が自然に生じるから，一切法を知るのである」という。本篇の無性釈「和訳と注解」参照。筆者は，この「異熟生」に関連すると考えている。それはまた，「故意受生」（本論考図 O）と関連し，第ⅩⅦ章の「悲の修習による五種の結果」の説示において，第 22–23 偈の「欲界の衆生の間に生まれること」と第 31 偈の「願う［がままに生まれる］原因であること iṣṭahetu」による「異熟果」として衆生利他を実行する心のことであると考えている。両者の相違は向上的修習の段階である。研究会 [2013]64–77 頁，内藤 [2017]156–159 頁参照。本論考註解 (137)参照。また，内藤 [2013a] 註解 (70)に記した長尾 [2013] の知見が関係すると思われる。

(59) この四種発心の内，特に「(4)障礙のないもの」を「仏地における発心」とする点は理解が難しい。本篇「世親釈和訳」の注解 (6)など参照。現時点の筆者は以下のように考えている。本論考註解 (58)(60)参照。

本論の「第 5 章　まとめ」に引用するように第Ⅸ章「菩提品」第 86 偈の「仏地」を世親釈が「仏たること」と置き換える点から，両者はほぼ同義である。つまり，仏地における「(4)障礙のないもの」とは「仏たることによる発心」ではないだろうか。本論考註解 (171)参照。第Ⅸ章「菩提品」では，無上菩提の内実が「仏たること buddhatva」を主語に，「一切種智者性」（第 1–3 偈）→「無二相」（第 4–6 偈）→「無上帰依処性」（第 7–11 偈）として説示され，さらに「転依 āśrayaparāvṛtti」（第 12–17 偈）として説示される。長尾ノート (1) 185–206 頁，内藤 [2009a]30–53 頁参照。この「転依」が「(4)障礙のないもの」という発心と関係するのではないかと考えて検討中である。

その「転依」について，第Ⅸ章では第 13 偈で如来とは大悲を行じるものであると示される。これは向上的に智慧を成就することはそのまま向下的に慈悲を行じることであるという意味をもつと考えられる。この点については内藤 [2017]「あとがき」参照。それを承けた第 14 偈では，転依の内実が十種の「如来の転依 tathāgatānām parivṛttir」として語源解釈（語呂合わせ的な説明）によって示されている。その内容は，「仏たること（智慧と慈悲）」が一切衆生にとって一切種智者と無上帰依処として如何にはたらいているかを示していると考えられるからである。端的にいえば，一切衆生を利益する仏に生起する心，つまり仏心・仏意・仏願がこの第Ⅳ章第 2 偈の「(4)障礙のないもの」ではないかと考えられる。

(60) 無性釈は第 2 偈の注釈がない。安慧釈は「(4)障礙のないもの」について煩悩障・所知障を断じているというだけで，「仏地」を「普光なる仏地」として尽智・無生智を特徴とする障礙のない発心という。さらに，『伽耶山頂経』を引用して「第一の発心は因から，第二の発心は智から，第三の発心は断から，第四の発心は果からそれぞれ生じる」（取意）という。阿部 [2001] は (4)を一生補処の発心とするが，それは「仏地」とすることとの整合性は未審である。詳しくは本篇「安慧釈和訳」の注解 (8)参照。さて，第［XX-］XXI章「敬仏 Pratiṣṭha (Niṣṭha) 品」第 59 偈で，諸仏世尊の六波羅蜜が完全円満であることを説示する。長尾ノート (4) 158–159 頁，上野 [2015]68–69 頁と 124–125 頁参照。筆者は，正行が発心と一具である点から，その諸仏の六波羅蜜に対する「発心」を意味するのではないかと考えている。それは，「無住処涅槃」による向下的な発心であるが，『伽耶山頂経』の「果から生じる」という説示とも整合性があると考える。

「故意受生」(下記図 O) による利他行を通して, 三種の功徳 (智慧即慈悲) を成就・獲得し無住処涅槃に入った者に生起した心 (意思) であり, まったく無功用に願いのままに菩薩行を実践するから, 「⑷障礙のないもの」といわれると考えている。

第 3 章第 4 節　問答 (04)「所縁」と第 7 偈「世俗的発心」の対応

第 3 章第 4 節第 1 項　問答 (04)「所縁」について

問答 (04) では, 何を「所縁 ālambana (認識対象)」とするのかという問いに対して, 「尋求 paryeṣti (探求) というあり方によってその [大乗の教法に関する] 智を対象とするから, その智を尋求によって対象とする」と答えている。

この「尋求」は第XI章「述求 Dharmaparyeṣti (法の尋求) 品」の章名の paryeṣti と同一であり, 大乗の教法を探究することである。第 X 章「明信 adhmikti 品」に続いて第XI章が説かれる関係は, 安慧釈によれば, 「信解*adhmikti 多き菩薩は信解するだけでは満足せず, 進んで大乗の教法を尋求するから」(取意) というが [61], この「尋求」は主に「思 (思惟)」を目的とすると考えられる。その第XI章全体では, 「諸法の尋求」が種々の形式・手段で広く実践されることを示しているという [62]。その根幹は<a>聞・思・修の三智による所縁 (第 1–4 偈) と<b>所縁の獲得 (第 5–7 偈) と<c>作意 manasikāra (第 8–12 偈) による尋求であるという。換言すれば, <a>は経・律・論の三蔵を所縁として尋求することであり, <b>は三蔵に関する聞・思・修の三つによる獲得を尋求することであり, <c>はその<b>の獲得がどのように成就するのかを作意によって尋求することである。この<a>→<b>→<c>のように尋求しようとする意思が「発心」に相当し, それは問答 (04) の「[大乗の教法に関する] 智を対象とする」ことに他ならないと考えられる。端的にいえば, この三蔵に関する<a><b><c>の尋求は, 仏説である経・律・論の教法, すなわち仏の慈悲を裏付ける智慧を所縁とする意思なのである [63]。このように「尋求」の内実を理解して筆者は, 問答 (04)「所縁」が次項で言及する第Ⅳ章第 7 偈の「世俗的発心」に対応すると考える [64]。

---

(61) 安慧釈 [De;154a7] は「信解 adhimukti と記憶*smṛti 多き」という。なお, 無性釈 [De:78a1] は明確ではない。換言すれば, adhimukti とは基本的には「心を傾ける性向のこと」(私見 : 近代語の「信仰」に当たるか) であり, 「記憶」とは聴聞した教法を保持することである。その信解と記憶は「聞」だけでは不充分で, その意味や意図を思惟する必要がある。そのための「尋求」である。筆者は, この「尋求」の最終的な成就が第 XIV 章「教授教誡品」第 4–22 偈の説示内容であると考えている。内藤 [2013b] 参照。

(62) 以下の第XI章の概説は長尾ノート ⑵ 19–160 頁による。特に 19 頁注解 ⑴参照。

(63) この<a><b><c>の尋求について筆者は, 順次「聞・思・修」より成る三慧をどのように成就するのかを思惟することであると理解する。それはまた, 受け入れた (帰依処とした) 経典の教法だけの「聞・思」で満足することなく, それ以外の種々の経典に説かれた教法を尋求することである。

(64) 筆者は, 次項の「世俗的発心」が第Ⅱ章第 2 偈世親釈の「決意 vyavasāsa」に関連すると考えている。研究会 [2020]22–25 頁, 長尾ノート ⑴ 47–65 頁参照。内藤 [2020]246–262 頁【問題点 B】参照。

第 3 章第 4 節第 2 項　第 7 偈「世俗的発心」の説示について

世親釈は，第Ⅳ章第 7 偈を「誓言による世俗的発心 samādānasaṃketikacittotpāda」の説示であるといい(65)，また「実に，他者の説示 ākhyāna による，すなわち他者の勧導 vijñāpana による発心が，誓言による世俗的 [発心] といわれる」と説明する。ともあれ，この第 7 偈に示される五種の「世俗的発心」を図 J として示す。

図J：誓言による世俗的発心：第Ⅳ章第7偈と世親釈		
五種の世俗的発心	世親釈A	世親釈B
[1]師友の力による発心	［善き］師友にしたがうことによる発心	不堅固
[2]原因の力による発心	種姓の効力による発心	堅固
[3]［善］根の力による発心	種姓の成長puṣṭi（養成）による発心	堅固
[4]聞［法］の力による発心	あれこれの法門が説かれると［それを聞いた］多くの衆生が菩提へ心を発すという発心	堅固
[5]浄善の反復修習による発心	現世で絶えず聴聞し把握し，保持するなどによって善を修習することによる発心	堅固

この五種すべては，基本的に菩薩自らの養育・成長という自己成熟の自利に力点があり，利他的視点が希薄であると考えられる。そして，この無性釈・安慧釈によれば，前者の [1] だけではなく後者の [2] 乃至 [5] も，具体的な善知識・師匠が必要である。その意味で，両者の相違は自発的な心（意思）であるか否かである(66)。[1] は自発的ではなく師友 mitra（友：同朋）から「発心しなさい」と指導され促された発心である。一方，[2] 乃至 [5] は善知識・師匠の発心の言葉を，自らの意思で復唱する発心である(67)。

その内，[2] は菩薩自らの「種姓 gotra」を原因とする発心であるといい，それは菩提の証得の「原因 hetu」を意味し，菩薩の構成要素という「界 dhātu」を意味するという。しかし管見の限り，それが具体的に何であるかは明示されていない。筆者は本論考「第 3 章第 1 節」で論述したように，仏果を得る原因は仏たることを帰依処とした，すなわち受け入れた智慧即慈悲の「悲」であると考えている。それにもとづけば，原因である「種姓」は大悲へと成長する「悲」である。その [3] 種姓の成長とは，教法の「聞・思」による善根の養育と，それによる福徳の

(65) この「世俗的発心」の説示は，後述する第Ⅳ章第 21 偈世親釈において無（未）発心の菩薩が問題視されるが，その説示の伏線でもあると考えられる。その菩薩は，勝義的発心を起こさず「世俗的発心」に留まる者に相当すると理解している。その菩薩はまた，第Ⅲ章第 4 偈の「本性住 prakṛtistha 種姓」の菩薩を承けたものであるとも考えている。要検討課題である。長尾ノート ⑴ 70–72 頁とその注解参照。

(66) この「他者 anya」について，安慧釈は，[1] では善知識*kalyāṇamitra といい，[2] 乃至 [5] では親教師*upādhyāya もしくは規範師*ācārya という。この三者の区別が何を意味するかは要検討課題である。

(67) 私見であるが，この [2] 乃至 [5] は第Ⅲ章「種姓品」第 5 偈「種姓の表徴 liṅga」の四種と関連するように思われ，今後の要検討課題である。第Ⅲ章第 5 偈は長尾ノート⑴ 72–73 頁と次期発刊予定の研究会 [2024] 参照。

資糧の集積であるが，[3] は [2] の種姓である悲が成長することを意味する。さらに，[4] 聞法の力とはその教法の「聞・思」にもとづく智慧の資糧の集積であるが，それは「法界等流の聞熏習」とその思惟による集積である。また，[5] 浄善の反復修習とは [4] によって集積された智慧の資糧による「修」である (68)。この [4][5] も [3] と同じく [2] の種姓，つまり悲の成長の一貫であり，大悲によるものへの成長過程である。しかし，その成長は短期間の容易なものではない (69)。換言すれば，これら [2] 乃至 [5] によって菩薩の「種姓」である「根」が，上述の第III章第 13 偈世親釈のいう「吉祥根」へと成熟するのであり，それを通して「勝義的発心」が起こるのである。それには，大乗の教法を所縁とする「尋求」による「聞・思・修」が必要なのである。この意味で，問答 (04)「所縁」が第 7 偈の「世俗的発心」に対応すると考えるのである。

最後に，図 J の世親釈 B の「不堅固・堅固」は，安慧釈によれば，発心から退転する可能性の有無である。つまり，[1] はその発心が不堅固であるから退転する可能性が有り，[2] 乃至 [5] は堅固であるから退転する可能性がないというのである (70)。

---

(68) この「[5] 浄善の反復修習の力による発心」を，安慧釈は「聞いた［教法の］反復修習の力による発心」と言い換えるが，それは「<1>現世において多くの善き師友から教法を聞いた者が，<2>さらに度々聴いて教法と意味とを知る者となって，<3>［教法を］観察して（思惟して）発心すること」であるという。本篇「安慧釈和訳」の注解 (18) とその該当箇所，および注解 (24) 参照。筆者は，ここにも<1>→<2>→<3>の三段階の展開があり，それは世間的発心による「聞」→「思」→「修」の意図であり，順次 [3]→[4]→[5] に対応すると考える。筆者は，この [5] の発心による修習の結果として第 8 偈の勝義的発心が起こると考える。つまり，第 8 偈の指示代名詞 asya は [5] を経て生起・転起する心であると理解している。

(69) この [3][4][5] について，安慧釈は過去世・現在世・未来世の三世の観点で説明する。これは世間的発心による修習が現在世の一世だけで成就しないことを意図し，釈迦の前生説話（ジャータカ）を踏まえていると考えられる。筆者は，この点を第XVI章「度摂品」第 16 偈の説示と関連して考えている。そこでは，六波羅蜜の修習は，[A] 物がら upadhi と [B] 作意と [C] 意欲と [D] 方便と [E] 自在性に依拠するという。その [A] の upadhi とは「有余涅槃」「無余涅槃」の「余」に当たる語であるが，ここでは [A1] 原因 hetu と [A2]［身体的］異熟 vipāka と [A3] 誓願 praṇidhāna と [A4] 思択考究 pratisaṃkhyāna として示される。これらによる修習について，安慧釈が過去世と現在世の視点で注釈することに留意すると，世俗的発心の [2] 乃至 [5] に順次対応するのではないかと思われてならない。これは要検討課題である。第XVI章第 16 偈については長尾ノート (3) 23–24 頁参照。その図式化は内藤 [2013a]312–313 頁図 P 参照。

(70) 安慧釈は，ここでは不退転の理由に言及しないが，第III章「種姓品」第 13 偈（本論考図 E 参照）の「吉祥根」を「堅固で腐食しない根」(Pek. 55a6–7 : De. 50a7：取意）という。これが世俗的発心の「堅固」に対応し，樹木の幹が倒れるような根の腐食のないことである。換言すれば，悲が智慧に包摂されていることが「不退転」の理由であると考えられる。筆者は，その腐食の具体的な問題が第IV章（図 D）では問答 (07)「災難」であり，腐食しない理由が問答 (08)「利徳」であると理解している。

なお，『菩薩地』には，この「世俗的発心」の [2] 乃至 [5] に対応する四種発心が説示されているが，それは「不堅固な発心」とされる。本篇「世親釈和訳」の注解 (14) 参照。この両論書の相違点は，第III章「種姓品」第 13 偈（図 E）の「最勝の種姓 agragotra」，つまり菩薩の「根」が「菩提樹」となる「吉祥根」であるか否かであり，それは本論書で新設された第II章「帰依品」の最勝乗を帰依処としているか否かの問題である。すなわち，最勝乗を帰依処とすることが「堅固な発心」の根拠であると考えられる。換言すれば，図 E の第XVII章第 36–40 偈「大悲樹」の説示におけるように，諸仏の供養を通じて如来の大慈が菩薩の悲に灌水することで「堅固なる発心」と成ることを意味すると考えられる。この慈の「灌水 seka」については，研究会 [2013]80–85 頁，内藤 [2013a]302–307 頁，詳しくは内藤 [2017]172–180 頁参照。

第 3 章第 4 節第 3 項　世俗的発心と勝義的発心について [71]

筆者の理解を整理すると，「世俗的発心」は，無性釈と安慧釈においても，利他の要素は希薄であり，智慧と福徳の二資糧の集積などの自己成熟という自利を目的とするものである。「世俗的発心」を通して，菩薩自身の種姓が「吉祥根」（第Ⅲ章第 13 偈世親釈・図 E）と呼ばれる「根」へと成熟し，第Ⅳ章第 1 偈（図 F）の「(5a) 大菩提と (5b) 衆生利益の実行を所縁とする」心が形成されるのであろうと考える。それが「勝義的発心」であり，(i)(ii)(iii) の「三種の功徳」ある「意思」である。それは，大別すると信解行地以後の向上的な「四種発心」（第 2 偈・図 I）であり，その菩薩に生起する心（意思）の成長が第 XⅦ章第 36–40 偈の「大悲樹」の譬喩（図 E）による説示なのである。また，「世俗的発心」は善知識などの他者への「師事」が必要不可欠であるが，「勝義的発心」も次の第 8 偈の考察で論述するように，「師事」が必要なのである [72]。

その「世俗的発心」（図 J）の「[4] あれこれの法門が説かれる」[73] について，筆者は，第Ⅰ章後半「成宗品」の「大乗仏説論」における第 15 偈の「大乗が仏説である七つの理由（菩薩が大乗を怖畏しない七つの理由）」の説示の一つ「4) 種々に説くから」に関連して考えている。この 4) を世親釈は「資糧道」であるという [74]。換言すれば，大乗の教法は一切衆生を教導・成熟するために「種々に」説かれているので，その大乗の教法の意図（意味・目的）を善知識に師事して聴聞すべきであるというのである。また，続く第 16 偈では五段階による展開があるという。つまり，「1) 聞き学んだことが依り所となって，2) 如理作意 yoniśo-manaskāra が生じ，3) 真実義を対象とする智の正しい知見 samyagdṛṣṭi が生じ，4) 法の獲得があり，・・・」（取意）という [75]。この 2) と 3) が「世俗的発心」の [4][5] に相当すると考えられる。

---

(71) 「世俗的発心」であれ「勝義的発心」であれ，発心は正行 pratipatti と一具であるから，一組で考えなければならない。しかし，本論書には Pratipatti を主題とする章が第Ⅴ章と第Ⅷ章の二つある。少なくとも，この第Ⅳ章に続く第Ⅴ章との関連は重要であり，その解読は必要である。この第Ⅳ章第 1 偈世親釈（図 F）でも明らかなように，pratipatti はいわゆる「聞・思・修」すべてを含意するので，難解である。ともあれ，この点に関する筆者の理解の一部が本論考である。本論書註解 (41)(42)(80)参照。

(72) 「師事」については第 XⅦ章第 9–16 偈で詳説される。研究会 [2013] および内藤 [2013a] 参照。筆者の理解の詳細は，内藤 [2017]83–112 頁参照，特に図 2-H と図 2-I と図 2-J 参照。

(73) 安慧釈は [4] に二つの解釈を示す。その第二として「如来によって『楞伽 [経]』などのあれこれの経典が説かれている時に，天や人などの多くの生き物が［その教法を聞いて］菩提への心を起こすこと」であるという。以下の論述は，この第二解釈である。この点については，本論考「第 3 章第 5 節第 2 項」参照。

(74) 第Ⅰ章については，研究会 [2009]，長尾ノート (1) 3–46 頁参照。以下の理解・解釈は，内藤 [2017]12–16 頁と 24–27 頁参照と関連する。なお，この点は本書附論の若原 [2023] の注解 (48)参照。

(75) 筆者は，この「1) 聞き学んだこと」と「2) 如理作意」が順次，「三部構成」（図 A）の [Ⅰ] と [Ⅱ] に相当すると考えている。また，ウッダーナ 2 が示す「思」を構成する第Ⅹ章乃至第 XⅣ章において，その核心は第 XⅠ章「述求品」であり，その成就が第 XⅣ章「教授教誡品」であると考えている。内藤 [2013b] 参照。その第 XⅠ章の中でも第 61–73 偈の四十四種の「作意」が重要である。長尾ノート (2) 124–151 頁参照。そこで「それら（四十四種作意）の主題は本論そのものの構成の思索であるといえよう。」（148 頁）と指摘する。つまり，四十四種の作意は『大乗荘厳経論』全章と逐一対応しているからである。その対象表は長尾ノート (2) 148–150 頁と早島理 [1973] 参照。その筆者理解の一部は

ともあれ，この「世俗的発心」について，安慧釈は一括的に「凡夫位の時に発心するので，世第一法位までの信解行地の時の発心」（取意）であるという。一方，勝義的発心については「<1>人法二無我を理解して，所取・能取の二を断じた無分別智が生じたから，勝義的菩提に心を起こすこと（don dam pa'i byang chub tu sems bskyed pa：研究会訳「菩提への勝義的発心」）といわれる。<2>また，菩薩が初地に至った時に，その菩薩に勝義的菩提心が起こる（don dam pa'i byang chub kyi sems skye）」（取意）という。この<1>と<2>は，チベット訳表現に相違があるが(76)，両者はともに初地を意味するのであろうか。筆者は，<2>が初地の心であるのに対して，<1>は初地以前であっても無分別智の生起を伴う発心ならば，それを「勝義的発心」に含ませるという意味であると考える。端的にいえば，加行無分別智による心の生起は勝義的発心なのである。この点は本論考の次節「第 3 章第 5 節」で言及する。

また，第Ⅳ章第 15–20 偈の安慧釈によれば，その二十二種の譬喩による「発心の偉大性」の説示は「世俗的発心」と「勝義的発心」の両者であるという。第一の「(01) 初発心」は，菩薩の発心すべての依り所であるという(77)。すなわち，「(02) 意楽を伴う発心」と「(03) 加行を伴う発心」と「(04) 増上意楽を伴う発心」—当然，以下 (22) までのすべての発心— の根拠・根源なのである。安慧釈は，(01) 初発心について「凡夫の時から信解行地である世第一法位までの発心」というが，(02) と (03) については階位の言及はない。(04) 増上意楽を伴う発心については「信解行地の煖位に住する時に，より上の頂位を得ようと思うことから，十地に住する時に，より上の仏地を得ようと思うことまでの発心」（取意）であるという。この (01) と (04) の二つの内容を比較することで筆者は，信解行地の煖位のある状況から，大菩提の証得に至るまで上へ上への向上的な欲求のある「心の生起」があり，それが (04) 増上意楽を伴う発心であると理解する。つまり，(04) 増上意楽(78)を伴う発心は出世間前であっても，無分別智に包摂

本論考「第 4 章第 4 節第 1 項」参照。

なお，この四十四種の「作意」には，manasikāra と manaskāra の両語が使用されるが，前者は世親釈のみで第 XVII 章までに対応する [1] 乃至 [21] の各作意である。後者は総括の第 73 偈一箇所と世親釈の [22] 乃至 [44] の各作意である。筆者はこの二つの使い分けに留意しているが，その意図はまだ明確に言及できない。ただし，この相違は諸写本すべてを確認していない。内藤 [2013a]312–313 頁図 P と註記 (g) も参照。

(76) 安慧釈は「世俗的発心」では「菩提に心を発すこと byang chub tu sems bskyed pa」といい，「勝義的発心」では「勝義的菩提に心を起こすこと don dam pa'i byang chub tu sems bskyed pa」という。ここには菩提に勝義の有無の相違があるが，ともに byang chub tu sems bskyed pa である。さらに，「勝義的菩提心が起こる don dam pa'i byang chub kyi sems skye」ともいう。このチベット訳の相違は何を意味するのであろうか。この相違について筆者は第Ⅳ章第 27 偈と関連すると理解している。本論考「第 4 章第 3 節第 4 項　第 27 偈の理解」参照。端的にいえば，この相違は根本無分別智を触証しているか否かを意味すると考えられる。

(77) 筆者は，この「初発心」の説示が第Ⅱ章第 2 偈世親釈の仏たること (智慧と慈悲) を帰依処とする「決意 vyavasāya」という意思と密接な関係にあると考える。第Ⅱ章第 2 偈については，研究会 [2020]22–25 頁，内藤 [2020]246–262 頁【問題点 B】参照。端的にいえば，「帰依」における「決意」は仏智に裏付けられた大悲を受け入れる意思であり，「発心」はその受け入れた大悲を裏付ける仏智を希求し成就しようという意思であり，その最初が「初発心」であると考えられるからである。

(78) 「増上意楽 adhyāśaya」は，本篇「世親釈和訳」の注解 (23) で示すように，第ⅩⅩ [-ⅩⅩⅠ] 章「行住品」第 6 偈では五種として説示されるが，世親釈によれば並列的な五種ではない。要点を註記すれば，増上意楽とは「(3)涅槃を願望する nirvāṇecchā 増上意楽」一つであり，その内実が二種，すなわち後世での好結果を願望する「(1)安楽 sukha の

された発心―加行無分別智による発心― であることを意図し,「勝義的発心」に対応すると考える。それは,第 1 偈(図 F) の「(5a) 大菩提と (5b) 衆生利益を為すこととを認識対象(所縁)とする」意思であり,第 2 偈(図 I) の「四種発心」,特に「(1)勝解 [にもとづくもの]」(「信 śraddhā」にもとづくもの)に相応する発心である。

まだ検討課題はあるが,筆者は以上のように考えて,二十二種の譬喩による「発心」の中で,「(01) 初発心」「(02) 意楽を伴う発心」「(03) 加行を伴う発心」は「世俗的発心」であり,「(04) 増上意楽を伴う発心」は世間的段階であっても「勝義的発心」であると理解する。その上で,「増上意楽」に「清浄な」が付加される第 2 偈(図 I)の「(2)清浄な増上意楽に基づくもの」が出世間した初地見道に悟入した発心を意味すると考える(79)。

第 3 章第 5 節　問答 (05)「乗りもの」と第 8–14 偈「勝義的発心」について

第 3 章第 5 節第 1 項　問答 (05)「乗り物」について―第 8 偈の理解に先立って―

問答 (05) では,何を「乗りもの yāna」とするのかという問いに対して,「上へ上への欲求を乗り物とする uttarottaracchandayāna」と答えている。筆者は,上述のように「勝義的発心」を理解するので,問答 (05) は第IV章第 8–14 偈の「勝義的発心」に対応すると考える。その発心によって,「加行無分別智→根本無分別智→後得無分別智」による六波羅蜜などの修習が向上的に展開し,「衆生縁の悲→法縁の悲→無縁の大悲」を行じるのである。これが「(5a) 大菩提と (5b) 衆生利益の実行を所縁とする」意思による菩薩行である(80)。その「勝義的発心」は第 8 偈乃至第 14 偈で説示されるが,その第 9 偈が「歓喜地」という初地見道の発心である。そして,第 10 偈では勝義的発心を六つの点から整理して示し,第 11–14 偈でその六つを詳説している。では,第 8 偈は何を説示しているのかといえば,第 9 偈の説示に対して,初地見道に悟入するための発心であると考えられる。

第 3 章第 5 節第 2 項　第 8 偈の説示の「二段階構造」理解―「世親の回心」の視点―

第 8 偈は,世親釈によれば,「(1)勝れた教説 upadeśaviśeṣa と (2)勝れた正行 pratipattiviśeṣa

---

増上意欲」と現世で浄善の生起を願望する「(2)利益 hita の増上意欲」である。この (1)について,初地に入ったものか否かと,不退転地に入ったものか否かで区別する。前者は清浄であるか否かであり,後者は利他行が無功用であるか否かである。端的にいえば,向上的に信解行地→初地乃至第七地→第八地の向上的展開としての三種である。これを順次「(3)不清浄 aśuddha 増上意楽」→「(4)清浄 viśuddha 増上意楽」→「(5)極清浄 suśuddha 増上意楽」という。長尾ノート (4) 89–90 頁参照。この意味で,「増上意楽」は初地以後ではなく,世間的段階の信解行地を含めたものである。本論考註解 (76)(79)参照。

(79)「清浄 śuddha 増上意楽」が初地を示すことは,第XVII章第 46 偈世親釈において śuddhādhyāśaya-bhūmi が「初地」の異名とされる点からも明白である。研究会 [2013]88–89 頁,内藤 [2017]189–192 頁,長尾ノート (3) 162–164 頁参照。本論考註解 (78)参照。

(80) この点は,「三種の方便」(図 B)と関連させて考えるべきであるが,別の機会に譲る。

と (3)勝れた証悟 adhigamaviśeṣa」[81] による説示，つまり「教・行・証」による説示であるという。それを図 K として提示しておく。

図K：教・行・証による勝義的発心［の基本的なあり方］：第8偈		
第8偈：最勝なる発心の三要素	世親釈	備考（私見）
それ（asya：発心←本篇和訳では「菩薩」）が，	教・行・証	筆者理解の視点
[1]等覚者saṃbuddhaによく仕えsūpāsita，	<1>勝れた教説	師事対象が何かで初地
《問題点：等覚者とは誰を，何を示唆するのか》	upadeśaviśeṣa	の前後かを理解する。
[2]智慧と福徳との資糧をよく集積したならば，	<2>勝れた正行	1)衆生縁の悲か
《問題点：どの段階の何の為の資糧なのか》	pratipattiviśeṣa	2)法縁の悲か
[3]諸法に対して無分別智が生じるから，	<3>勝れた証悟	1)加行無分別智か
《問題点：無分別智は加行なのか後得なのか》	adhigamaviśeṣa	2)後得無分別智か
［その発心は］最勝である。	勝義的の意味	←向上的な発心

この第 8 偈の説示においては，自他平等の無分別智の生起が「(3)勝れた証悟」であり，その結果をもたらす正行が「(2)勝れた正行」であり，その正行の根拠が「(1)勝れた教説」である。つまり，最勝乗（大乗）の教説を所縁とすることが「勝義的発心」であると考えられる。

まず，第 8 偈 d 句の指示代名詞の asya が意味するのは「発心」なのか「菩薩」なのかが問題である。[1][2][3] の内容から「菩薩」でも意味は通じるが，筆者は，第 1 偈（図 F）の菩薩に「生起した心」であり「意思」であると理解する。具体的には，「世俗的発心」（第 7 偈・図 J）の (5)浄善の反復修習によって「生じた堅固な心」が転じて「生起した心」であると理解する[82]。その上で，この擬人化した内容は理論的な智慧の視点による説示であり，生起した心と等覚者（仏たること・智慧即慈悲）の関係を菩薩と善知識の師弟関係として説示したものであ

(81) この (1) (2) (3)は，第Ⅱ章「帰依品」第 4 偈世親釈の<1>卓越した誓願，<2>卓越した正行，<3>卓越した得果と比較して考えるべきである。研究会 [2020]26–27 頁，内藤 [2020] の【問題点 B】参照。そこには明らかに相違がある。第Ⅱ章の<1><2>はいわゆる「願行具足」の点からの説示である。一方，第Ⅳ章では「誓願」ではなく，「教説」と「正行」の一組である。この一組は，「誓願」を発すために教説の「聞・思」が必要不可欠なのであり，その「聞・思」の意思が第 1 偈（図 F）の被甲精進と加行精進であると考えられる。現時点での筆者の理解であるが，その「聞・思」は最勝乗の教説への「信解 adhimukti」に始まり，それが「勝解 adhimokṣa」となることで「誓願」が発ると考えている。本論考註解 (57)参照。

なお，「発心」の内実を「信解」とするか「発願」とするかは第 XⅦ章でも議論になったが，筆者は「信解」と理解する。研究会 [2013]114–115 頁注解 (5)参照。つまり，浄土教で有名なように，世自在王仏のもとで大乗の教法を聴聞した法蔵菩薩は「五劫にわたって思惟して誓願を建てる」ようにである。この思惟を通して「信解」が「勝解」となると考えている。一方で，第Ⅱ章の無性釈と安慧釈は「発心」と「発願」を同義とする。研究会 [2020]47–48 頁注解 (8)参照。これは，両者がすでに発心した者であり，その立ち位置としての注釈だからであろう。発心とはどのようなものかを聞き学ぶ段階では，単純に同義であるとは思えない。筆者の理解であるが，「発心」は菩薩自ら（自利）を基点とし，自利即利他の智慧の成就に力点がある。「発願」は他者（利他）を基点し，その智慧による大悲の成就に力点があると考えている。この点は，本論書第 XⅧ章「覚分品」第 74–76 偈の説示を踏まえた要検討課題である。本篇「世親釈和訳」の注解 (22)参照。また，桑月 [2023] と若原 [2023] 注解 (48)参照。

(82) この筆者の理解は本論考註解 (68)で註記したので参照。

ると考える(83)。端的にいえば，発心の成長がそのまま菩薩の成長なのであるが，この擬人化した説示自体が智慧による「世親の回心」を理論的な内実として説示していると考えている。

世親は兄無著を善知識として回心したが，その教化のはたらきには仏・如来の智慧と慈悲が通底している。それが瑜伽行唯識学派の「弥勒菩薩→無著→世親」という系譜である。実際には，世親の直接的教化は無著によるが，その教化は無著の師とされる弥勒菩薩によるものでもあり，根本的には如来の大悲によるものでもあるということを意図する(84)。だからこそ，向上的に修習し続ける世親にとって，無著は変わらず常に善知識であり続けるのである。重要な点は，如来の大悲がなければ世親の回心はないということである。その意味で，擬人化による師弟関係の説示は人を通して大悲のはたらきがあることを意図しているのである(85)。

以上の理解にもとづいて，第8偈を考えてみる。まず「[1] 等覚者によく（本篇和訳：正しく）仕え su-upāsita」についてである。師事の対象を，第7偈では mitra（友・同朋）とするが，この第8偈では saṃbuddha とする。安慧釈によれば，「等覚者」とは「一切の所知を覚知する者」であるが，それは第Ⅰ章第1偈の「大乗の意義を知悉する者」と無関係ではないと考えられる(86)。世親にとって，その知悉する者は「弥勒菩薩」であるが，具体的にはその教説を言語化して教導した無著である。筆者の理解では，無著への師事は「ある段階」から弥勒菩薩への師事となるのであり，それは仏・如来の智慧と慈悲に仕えることを意図する(87)。その「ある段階」とは「世俗的発心」が「勝義的発心」に転じた時であり，上述したように仏の智に包摂された発心と成った時と考えている。換言すれば，世親の回心とは，無著の教化によって第7偈（図J）の「世俗的発心」が起こったことであるが，それによって「勝義的発心」が起こるかどうかが重要なのであり，その生起にも二段階がある。それは，無著への師事が，無著を介した弥勒菩薩に対する師事から仏・如来（智慧と慈悲）に対する師事へと展開することである。筆者は，この師事対象の展開が [1] の「よく（正しく）仕え」であり，その意味で世親釈が [1] を「(1)勝れた教説」というと理解するのである。

---

(83) この師弟関係のような擬人化の説示は，第XVII章第53–58偈においても，悲と布施の関係に見られる。研究会 [2013]96–101頁，内藤 [2017]205–216頁，長尾ノート(3) 171–177頁参照。

(84) 第XX[-XXI]章「行住品」第29–30偈の説示理解では，究竟の菩薩でも善知識は必要であると考えられる。内藤 [2013a]299–301頁，内藤 [2017]7–10頁参照。また，第XVII章第10偈によれば，善知識は弟子より上位の者である点が必要である。研究会 [2013]48–51頁。さらに，そこに示される「師事」の具体的な内容については，内藤 [2017]83–98頁の図2-Hとその解説参照。端的にいえば，究竟の菩薩は諸仏を供養しつつ，その諸仏に師事するのである。

(85) 以上の理解が，第XVII章で「諸仏への供養」と「善知識への師事」と「四無量（特に大悲）」の三つを一章として説示する理由であると考えている。内藤 [2017]337–342頁「あとがき」参照。

(86) 「大乗の意義を知悉する者」については，研究会 [2009]38–41頁，および86頁注解(4)参照。筆者の理解では，この「大乗の意義を知悉する者」の説示，すなわち第Ⅰ章の「序品」である第1–6偈の説示は，第IX章「菩提品」の「一切種智者性 sarvākārajñatā」に対応すると理解している。内藤 [2009a][2009b] 参照。

(87) 筆者は，「等正覚者によく仕え」の「よく su-」の有無が向上的な意味で段階の相違を意図していると考えている。つまり，本論考註解(78)で示した五種の内の(5)善清浄意楽 suśuddhādhyāśaya の善 su-のように前段階との区別を意図していると理解する。なお，本篇「安慧釈和訳」の注解(21)(23)(24)参照。

次に「[2] 智慧と福徳との資糧をよく（本篇和訳：十分に）集積したならば su-saṃbhṛta」についてである。ここにも「よく su-」がある。すなわち，[1] と同様に「勝義的発心」にも二段階があることを意味すると考えられる。具体的には，安慧釈が二資糧の集積について，第一は六波羅蜜の実践にもとづく二資糧の集積，第二は諸仏への供養と大乗の教法にもとづく二資糧の集積でもって説明する点である[(88)]。この二つの説示は，六波羅蜜の実践である「修」が，善知識に師事して「聞・思」した「<1>勝れた教説」にもとづくことだけではなく，その上で諸仏の供養と大乗の教法に適ったものとしての二段階が意図されていると考えられる。その意味で，世親釈が [2] を「⑵勝れた正行」というと理解するのである。

その二資糧の集積によって「[3] 諸法に対して無分別智が生じる」のである。この生じる無分別智は初地見道悟入を意図するので基本的には根本無分別智である。しかし筆者は，ここでも [1][2] と同じく二段階の意味を考えるのである。それは，初地悟入のための加行無分別智の生起と，初地悟入後の後得無分別智の生起である。加行無分別智が生じなければ根本無分別智を触証した初地悟入はないし，後得無分別智も生じないからである。この意味で，世親釈が [3] を「⑶勝れた証悟」[(89)] というと理解するのである。

以上のように第 8 偈の [1][2][3] すべては二段階の展開を含意していると解釈できる。端的にいえば，次の第 9 偈の初地見道の説示に対して，第 8 偈はその前段階を含みつつ初地見道悟入と，さらに初地以後の向上的な菩薩道の二段階を示すものなのである[(90)]。この向上的な展開によって，「勝義的発心」の説示が問答 (05)「乗りもの」に対応すると考えられる。

第 3 章第 5 節第 3 項　勝義的発心にある四種の歓喜 —第 9 偈の理解—

次の第 9 偈は，以下の図 L の ⑴乃至 ⑷の四種の平等心性があるから，勝義的発心には勝れた喜びがあるという。これは，出世間した初地を「歓喜地」という理由（原因）を意味する内

---

(88) 第一は，布施と持戒と忍辱が福徳資糧であり，禅定と般若が智慧資糧であり，精進が両方の資糧である。第二は，諸如来への供養が福徳資糧であり，正法の聴聞や思惟が智慧資糧である。この二つは二段階である。筆者は，第一が第 XVI 章の六波羅蜜の修習に，第二が第 XVII 章に順次対応すると考える。すなわち，第二の「福徳資糧」と「智慧資糧」は順次第 XVII 章の「［諸仏への］供養」と「［善知識への］師事」の説示に対応し，そのように供養・師事しつつ六波羅蜜を行じることが「無量」の説示に対応すると考える。この二章の対応は内藤 [2013a]269 頁図 B 参照。

(89) この「勝れた証悟」は，第 II 章「帰依品」第 9 偈の「[C] 証得すること adhigama」と関連し，それを承ける形で第 10 偈では「[D] 他に勝ること abhibhava」が，浄善 śubha に関して世間的段階と出世間的段階の二段階の意味で勝れていると説示される。研究会 [2020]32–37 頁，内藤 [2020] 特に 276–278 頁参照。

(90) この理解は勝義的発心の二段階であり，二段階における菩薩行が智慧と慈悲の「二重構造」なのである。つまり，菩薩の正行自体が向上的な「加行無分別智→根本無分別智→後得無分別智」と向下的な「衆生縁の悲→法縁の悲→無縁の大悲」の二重の意味をもつのである。前者の理解が第 2 偈（図 I）の四段階である。なお，この二重構造は内藤 [2020] の【問題点 A】と【問題点 B】にも関わると考えている。

容である[91]。世親釈とともに，その四種を図Lとして示す。

図L：勝義的発心に勝れた歓喜がある四種の原因：第9偈	
(1)乃至(4)に対する世親釈	備考（私見）
(1)諸法に対する平等心性は，法無我の証得pratibodhaにもとづく。	←法無我の証得 （自他平等の智慧）
(2)衆生に対する平等心性は，自他平等性の理解upagamaにもとづく。	←人無我の証得 （衆生縁の悲）
(3)衆生のために為すべきことに対する平等心性は，自己と同様に 衆生の［生老病死などの］苦の滅尽を願うことākāṅkṣaṇaにもとづく。	←煩悩障の断滅 （法縁の悲）
(4)仏たることに対する平等心性は，仏の法界dharmadhātuと自己 ［の獲得するもの］とに区別のないことの証得pratibodhaにもとづく。	←所知障の断滅 （無縁の大悲）

この(1)乃至(4)の平等性が智慧によるものであることは，(1)の pratibodha，(2)の upagama，(3)の ākāṅkṣaṇa，(4)の pratibodha という語から十分に窺える。特に，(1)法無我の証得は，第8偈（図K）の「[3] 諸法に対して無分別智が生じるから」に対応し，初地見道悟入という自他平等の無分別智を触証した自利成就—大菩提の証得にとって必要不可欠の自利成就— の喜びである。その無分別智による(2)は自と他の平等性を理解する喜びである。筆者は，この(1)→(2)の説示が「法無我→人無我」の方向性を意味し，その順序が重要であると考える[92]。その(2)による(3)は，自己の苦滅を願うことと平等に，菩薩の悲の対象である他者の苦滅を願う喜びである。そして，(3)による(4)は，自己の獲得する法界が証得対象である仏の法界（「仏たること」）と区別のないこと（平等であること）の喜びである[93]。

換言すれば，(1)(2)は初地悟入の結果としての喜びであり，その結果を原因として(3)(4)は以後の向上的な修習に関する喜びであると考えられる。ここに筆者は，第8偈理解で示した二段階構造を見るのである。すなわち，(1)(2)は加行無分別智の結果としての喜びであり，(3)(4)は後得無分別智の原因としての喜びである。ともあれ初地では，無分別智の生起とともに，

[91] 本論考註解(141)で註記する安慧釈にもとづいて筆者は，この四つの喜び（図L）を後の第21偈（図N）の「四種の安楽」と関連させて考える。両者は同じく初地である点からも関連して考えるべきである。私見では，この安楽は如来の大慈大悲の大慈の「与楽」と関連すると思われるが，「大慈」の説示は本論書第XVII章でも言及が少ないので，明確化できないままである。本論考註解(107)参照。

[92] 大乗の二無我は一般的に「人無我→法無我」の順序で考えられる。それは，部派の「人無我法有」に対して，大乗は人無我だけではなく法無我を説くという意味合いである。しかし，この図Lの順序は「(1)法無我→(2)人無我」である。筆者はこの順序を重視する。すなわち，人無我は法無我の証得によって真の意味で証得されるのである。なぜならば，人と法の区別の否定が法無我であり，そこに大乗の「人法二無我」の意義があるからである。ともあれ，この「(1)法無我→(2)人無我」の説示順序は，大乗の仏道において重要な意味がある。この点は，長尾[1953]参照。また，本篇「安慧釈和訳」の注解(26)(27)参照。

[93] 筆者の理解であるが，四種の「故意受生」（図O）に対応させると，この(3)は「[2] 願による再生」に対応し，(4)は「[3] 三昧による再生」と「[4] 自在性による再生」に対応する。要検討課題である。なお，本篇「安慧釈和訳」の注解(30)と該当箇所参照。

(1) (2)と (3) (4)という二種二組の喜びが生じるのである。その喜びは根本無分別智を触証した spṛṣṭa（直証した）内実であり，その証左なのである[94]。

第3章第5節第4項　勝義的発心の六つの意味 —第10偈および第11–14偈—

以上のような第8–9偈を承けて第10偈では，勝義的発心には六つの意味 artha（意義・利益・目的）があるという。その [1] 乃至 [6] の六つの意味は，勝義的発心について第8–9偈とは別の点から改めて整理して示すものである。その内容は，続く第11–14偈で順次詳説される—その対応は→矢印で示す—。実際，その世親釈は偈とほぼ同じことを述べるだけで，釈としての意義・役割は希薄である。ともあれ，それを図Mとして示す。

図M：勝義的発心にある「六つの意味」：第10偈（→その詳説偈・第11-14偈）		
六つの意味	詳説＝偈と世親釈と無性釈・安慧釈（合説取意）	私見：五種特徴（図F）
[1]生まれjanman →第11偈	［譬喩］<1>種子と<2>生母と<3>母胎と <4>養母のそれぞれが殊勝であるから。	←初地悟入への 外的環境要件
[2]広大さaudārya →第12偈ab	自他のために十大誓願を発起するから。 ［安慧釈：この[2]を初地とする］	(5)二つを所縁 とすること
[3]士気utsāha →第12偈cd	長時にわたって衆生のために頭や手足を捨施するという難行に倦むことがないから。	(1)(2)＝(i)英雄的 行為の功徳
[4]意楽āśayaの 清浄śuddhi →第13偈abc	[4a]菩提に近づいたと知ることからと， [4b]その［菩提に至る］方便に関する智を獲得していることから。	(3)＝(ii)利益を 為す功徳
[5]残りの諸地に ついて善巧 →第13偈cd	初地以降の諸地について善巧であるから。 ［安慧釈：他の各地の1)自性と2)功徳と，3)その上の地に至ることに善巧であるから。］	(4)＝(iii)果を獲得 する功徳
[6]出離niryāṇa →第14偈 [補記：図Dの問答(09)「出離」との関連は如何]	『十地経』に設定されている通りに各地を作意すること manasikāra，すなわち[6a]その各地の設定が「これは唯分別である」というように分別であると知ることと，[6b]まさにその「分別である」と知ることも分別しないことによるから。	［＊留意点：第2偈の向上的な「四種の発心」に相当するか。］

この [1] 乃至 [6] について簡単に言及しておく。まず，重要な点は，[2] が初地である点から考えれば，[1] は初地以前，すなわち初地に悟入するための勝義的発心であり，それは加行無分別智による発心であると考えられる。その「[1] 生まれ」を説明する第11偈の譬喩は，菩薩に勝義的発心が起こることに関して，菩薩に関わる外的な環境的要件である。その譬喩項目は

(94) この点はXVII章第32–33偈の説示が重要である。研究会 [2013]76–79頁，内藤 [2017]159–167頁参照。

第Ⅱ章第5偈と同一である[95]。その両者の対照図をM[1]として示す。

図M[1]：「最勝乗への帰依」と「勝義的発心」に関する生まれの外的要件（譬喩）				
譬喩	種子	生母	母胎	養母
帰依（第II章第5偈）	菩提に心を発すこと	智慧波羅蜜	福徳と智慧の二資糧	悲・悲愍
発心（第IV章第11偈）	教法を信解すること	勝れた智慧	禅定から成る安楽	悲・悲愍

この両者に共通する四種の譬喩は菩薩自らではなく，菩薩の「帰依」あるいは「発心」に関して必要不可欠な外的要件であることを意味する。それらが外的要件である点は，智慧の「生母」と悲の「養母」から分かるように，それらは菩薩の内的要素ではなく，菩薩にとって周囲の外的要件（環境）である。つまり，「生母」の譬喩は智慧が自ら触証する前の信解行地（加行道）の段階であることを意図していると考えられる。具体的にいえば，帰依処とした最勝乗の教法の内実である智慧が「生母」であり，その悲（大悲）が「養母」であると考えられる。筆者の理解であるが，その教法とは大悲にもとづく智慧の具現化であり，その教法に対する「信解」は大悲と一体の智慧を受け入れること（法界等流の聞熏習）であり，それが発心を生み出す「種子」なのである。その受け入れた智慧のままに思惟する「禅定から成る安楽」[96]が発心を成長させる「母胎」なのである。これらは菩薩自らの成長（成熟）という自利的要素である。

そして，第12偈ab句の「[2]広大さ」である「発願」は，無性釈によれば初地である。その発願は自他平等の無分別智によるから「広大」なのであり，第1偈（図F）の「(5a)大菩提と(5b)衆生利益の実行を所縁とする」意思に相当すると考えられる。この[2]は菩薩自身にとって，[1]が外的要件であったのに対して，無分別智によって生起した心（意思）という点で内的要件である。それは，以下の[3][4][5]も同じく内的要件である。

「[3]士気」の「長時にわたる難行に倦むことがないこと」[97]は，第1偈（図F）の「⑴大いなる士気」と「⑵大いなる奮闘」であり，「(i)英雄的行為という功徳」に相当する。「[4]意楽の清浄」の「菩提に近づいたと知ること」と「その方便についての智を獲得していること」は，「⑶大いなる目的がある（自利利他を目標とする）」であり，「(ii)利益を為す功徳」に相当する。「[5]残りの諸地に善巧である」の「初地以降の他の諸地についての善巧である」は，「⑷大いなる達成がある（大菩提の証得がある）」であり，「(iii)果を獲得する功徳」に相当すると考えられる。

以上のように，外的と内的の要件の違いはあるが，その説示順序は[1]→[2]→[3]→[4]→[5]というように信解行地以後の向上的な展開を意味する。その向上的な展開そのものが「[6]出

[95] 本篇「世親釈和訳」の注解⒇参照。また第Ⅱ章については，研究会[2020]28–29頁と注解㉒参照。内藤[2020]264–265頁参照。

[96] これが，第21偈（図N）の「⑴利他を思惟することによる安楽」に連なると考えられるが，要検討課題である。

[97] この「[3]士気」の内容は，本文で言及した第XVI章第23–24偈（本論考図G）と第67–68偈（本論考図H）の「精進」の説示を踏まえて理解すべきである。その点は紙面の都合上省略する。

離」に相当する(98)。その世親釈の内容は，「入無相方便」(99)であり，基本的には信解行地（加行道）から初地見道に悟入することである。しかし安慧釈によれば，その初地から第二地に入ることをも「[6] 出離」であるという。すなわち，「勝義的発心」による「[6] 出離」は，信解行地から初地へだけではなく，初地から第二地へも含意している。なぜならば，第十地までの各地について [5] 善巧であるからである。この内容にも上述した二段階があると考えられる。このように「勝義的発心」によって上へ上へと向上的に修習するのであるから，「勝義的発心」は問答 (05)「乗り物」に対応するのである。

以上で，「十種問答」の (01) 乃至 (05) が前半 [A] の第 1–14 偈までの説示順序に対応することは，他に検討すべき点もあるが，基本的には論述できたと考える。続く第 15–20 偈は，「二十二種の譬喩」による世俗的発心と勝義的発心の両者の「偉大性 mahātmya」の説示である(100)。この説示についての詳細な論述は紙面の関係で省略する。

第 4 章　問答 (06) 乃至 (10) の意図
—「十種問答」による構造理解：後半 [B][C]—

次に，問答 (06) 乃至 (10)が後半の第 21–28 偈の説示に対応することを論述する。それは大別すると，[B1] 第 21–23 偈が無発心（未発心）の菩薩に対する説示であり，[B2] 第 24–27 偈，および [C] 第 28 偈が有発心（既発心）の菩薩に対する説示である。その中の「反語表現」は，

(98) この「[6] 出離」は「十種問答」（図 D）の問答 (09) と同一である。後述するように，その「出離」は問答 (10)「完結 paryavasāna」と表裏一体の一組の説示であり，各地の「出離」はその各地の「完結」を意味するのである。

(99) 「入無相方便」については，早島理 [2007]106–122 頁，特に 106–110 頁参照。本書所収の早島序説，つまり早島 [2023] 参照。また，『大乗荘厳経論』第ＸＸ [-XXI] 章「行住品」第 24–26 偈参照。長尾ノート (4) 109–111 頁参照。

(100) この二十二種の譬喩は『二万五千頌般若経』によるが，その発心の説示順序は『無尽意経』を継承する。また，ハリバドラの『現観荘厳論光明』は，この二十二種の発心を信解行地・十地・仏地などの菩薩の階位に配当させる。本書附論の上野 [2023] を参照。端的にいえば，この第Ⅳ章第 15–20 偈は，二十二種の譬喩の数に対応するように，『無尽意経』所説の八十無尽を整理し二十二の発心にまとめる。例えば，四無量の四つを一つの発心とする。このような整理を意図するのが，第 15–18 偈の要所要所に配置される anya と apara の語であると筆者は考えているが，現時点では確証をもって論述できない。偈における anya と apara の意味と役割に関する筆者の理解は，一例として第XⅦ章第 1–5 偈の解釈で示した。内藤 [2013a]276–279 頁参照。

さらに本論書は，「十地」などの菩薩の階位を踏まえているが，基本的には第Ⅳ章第 2 偈（図 I）の四段階に焦点がある —この点は第Ⅱ章「帰依品」第 1 偈の理解に関連する。内藤 [2020]，特に 243–246 頁の【問題点 A】を参照—。明確な「十地・仏地」による説示は，第ＸＸ [-XXI] 章「行住品」第 10–42 偈であり，そこでは十一の「住 vihāra」を「地 bhūmi」と言い換えている点に留意がいる。本論考註解 (56)参照。

以上を踏まえると，二十二種の発心を「十地」などの菩薩の階位にどう配当させるか考える必要もある。その前に，筆者には，本論書第Ⅳ章自体の視点では，二十二種の発心を「世俗的発心」と「勝義的発心」に，あるいは第 2 偈の四段階（図 I）に，どう配当させるかが重要である。その場合に本論考で取り上げた (01) 乃至 (04) で譬喩を踏襲した『二万五千頌般若経』と相違するのは，(03) 加行を伴う発心と (04) 増上意楽を伴う発心が譬喩はそのままでありながら，順序が入れ代わっている点に留意がいる。この問題点に関する筆者理解の視点の一つは，本論考註解 (57)参照。残りの発心に関して筆者は，本論考註解 (54)(58)(106) (146)(159)などに註記した点から考えて筆者の試論はある。その二十二種の全体的な試論は別の機会に提示したい。

善知識が弟子を誘引・教導するために，強い決意・決断を促す意図があると考えられる[101]。

第4章第1節　問答(06)「基盤」と第21偈の対応

第4章第1節第1項　問答(06)「基盤」について

問答(06)では，発心の「基盤 pratiṣṭha」は何かという問いに対して，「戒律儀 śīlasaṃvara を基盤とする」と答えている。この śīlasaṃvara[102] について，安慧釈は，<1>摂律儀戒*saṃvaraśīla と<2>饒益有情戒*sattvārthakriyāśīla と<3>摂善法戒*kuśaladharmasaṃgrāhakaśīla の「三聚浄戒」であるという[103]。この三種の戒は，第XVI章「度摂品」第37偈で「持戒波羅蜜の功徳」として次のように示される[104]。

> **諸の仏子は，制御と勉励から成る三種の戒をいつも身に備えていて，1) 昇天を望まない。そして，2) そこ（天界）に至ったとしても，さらに [天界に] 執着しない[105]。また，3) その［三種の］戒によってこそ，生類すべてを三［乗］の菩提へと育成させるのである。そしてまた，4)［この三種の］戒が智に包摂せられることによって，世間において無尽（不滅）なるものとして確立するのである。（第XVI第37偈）**

この偈の世親釈は，「三種の戒とは<1>摂律儀戒（悪業を抑制し防御する戒）と<2>饒益有情戒（衆生の利益を為すものとしての戒）と<3>摂善法戒（あらゆる善を包摂する戒）であり，<1>が制御 yama を本質とし，<2><3>が勉励 udyama を本質とする」（取意）というだけである。重要なのは，偈の1)と2)と3)の内容が順次<1><2><3>の「三聚浄戒」であるが，この三つは4)の「智」，つまりは三輪清浄の無分別智に包摂された持戒，つまり自利即利他の持戒

---

[101]「反語表現」による説示は，第XVII章でも連続的に多用され，向上的な菩薩行に躊躇する菩薩を誘引・教導する決め手として使用されていると考えられる。内藤 [2017]147–152頁，特に151–152頁参照。

[102] この śīlasaṃvara の語は第XIX章「功徳 Guṇa 品」第1–3偈世親釈において，「自らの肉体などを布施することは，戒律儀 śīlasaṃvara を因 nimitta とする場合，広大な結果がある」（取意）という。長尾ノート(4) 3–4頁参照。また，この捨肉体などは第XVI章「度摂品」第44偈の「持戒の功徳である」という。長尾ノート(3) 68–69頁。これらは，この第IV章第23偈の説示を考える時に重要な視点となる。本論考註解(123)参照。

[103] この安慧釈の三種の順序は，以下の第XVI章第37偈世親釈を踏襲している。一方，『摂大乗論』第IV章第9節と第VI章第2節では，<2>と<3>の順序が入れ代わっている。この相違点は留意しておく必要がある。長尾 [1987]141–145頁，194–195頁参照。本篇「世親釈和訳」の注解(11)参照。また，その長尾注解（195頁）の以下の指摘にも留意したい。

> 戒そのものにこのような（筆者註：利他の完成である饒益有情戒のような）菩薩の利他行の意味までも含ませようとしている。

[104] 長尾ノート(3) 59–61頁参照。以下は補記。この第XVI章第37偈は，第I章の「大乗仏説論」と無関係ではないと考えている。その第11偈では「律」の意味・解釈が問題とされ，大乗としての「律 vinaya」の語義を「煩悩を調伏すること」であるという語源解釈で説明をする。すなわち，大乗は無分別智を説いて煩悩（分別）を対治するから，大乗は「律」に矛盾しないというのである。研究会 [2009]60–61頁および注解(44)(46)，長尾ノート(1) 24–27頁参照。藤田 [2011] 参照。このような律が「三聚浄戒」の内容であると考えられる。

[105] この「1) 昇天を望まない」と「2) 天界の楽の享受に執着しないこと」は，この第IV章第22偈と第24–25偈の無性釈・安慧釈を考える時に重要な視点となる。

あるという点である[106]。

筆者の理解であるが，第1偈（図F）の「発心の五種の特徴」を踏まえれば，この第XVI章第37偈の「1) 昇天を望まない」のは「(5a) 大菩提を所縁とするから」であり，「2) 天界に住着しない」のは「(5b) 衆生利益の実践を所縁とするから」である。その具体的な内容が，「3) その［三種の］戒によってこそ，生類すべてを三［乗］の菩提へと育成させる」ことなのである。また，1) が「(i) 英雄的行為の功徳」に，2) が「(ii) 利益を為す功徳」に，3) が「(iii) 果を獲得する功徳」に相応すると考えられる。

この<1>摂律儀戒→<2>饒益有情戒→<3>摂善法戒の順序による説示は，次節で言及するように，第21偈（図N）の「四種の安楽」に対応すると考えられる。すなわち，「三聚浄戒」を具足・保持しない者は大乗の菩薩としての「基盤」のない者であり，勝義的発心の「無（未）発心の菩薩」に相当すると考えられる。その者には勝義的発心による「四種の安楽」がないのである。この意味で，問答 (06)「基盤」は第21偈の内容と対応するのである。

第4章第1節第2項　第21偈の説示理解—問答 (06) 基盤との対応として—

その第21偈世親釈が示す，勝義的発心のある者が得る「四種の安楽」を図Nとして示す。

図N：発心しないと得られない四つの安楽：第21偈		
勝義的発心によって得られる安楽（世親釈）	三聚浄戒（私見）	四種受生（図O）
(1)利他を思惟することによる安楽	<1>摂律儀戒	[1]業による
(2)利他の方便を得ることによる安楽	<2>饒益有情戒	[2]誓願による
(3)偉大な密語の持つ意味を観ることによる安楽，すなわち甚深なる大乗経典に意趣された意味を覚知することによる安楽	<3>摂善法戒	[3]三昧による
(4)最高の真実である法無我を観ることによる安楽	<3>摂善法戒	[4]自在性による

この四種の安楽について，安慧釈の内容を端的に示すことは難しい。詳細は安慧釈（無性釈には注釈がない）を確認してほしい。筆者は，上述の智に包摂された「三聚浄戒」の利他的要素に対応させて，次のように理解する。<1>摂律儀戒（悪業を抑制し防御する戒）を保持するから自らに苦がなく，「⑴利他を思惟することによる安楽」がある。<2>饒益有情戒（衆生の利益を為すものとしての戒）を保持するから，「⑵利他の方便を得ることによる安楽」がある。

[106] この持戒波羅蜜については，第15–20偈の譬喩による「二十二種の発心」の「(06) 持戒波羅蜜を伴う発心」と合わせて考えるべきである。安慧釈は，(06) の発心を「十地・六波羅蜜や三十七菩提分法や十力・四無畏などの法という無量の宝が生じるので，あたかも宝の鉱脈のようである」という。本書所取の安慧釈和訳参照。この安慧釈の内容は，菩提樹へと成長する「吉祥根」（第III章第13偈・本論考図E参照）の説示と共通する。それは，問答 (01)「根本」の「悲」と問答 (06)「基盤」の「戒律儀」の両者が，智に包摂されている点で一致しているからである。本論考註解(115)(125)参照。それは，菩薩の自利的な要素の持律が悲によるもの，すなわち利他的なものであるか否かである。

そして，<3>摂善法戒（あらゆる善を包摂する戒）を保持するから，(3)と(4)の智慧即慈悲の安楽がある。筆者は右欄に示すように，四種の「故意受生」（下記図O）に対応させる。端的にいえば，無分別智にもとづく四種，つまり(1)が無汚の業による安楽に，(2)が誓願による安楽に，(3)が三昧による安楽に，(4)が自在性による安楽に，それぞれ対応すると考える。これらが勝義的発心によって得られる安楽である[(107)]。その意味で，第21偈世親釈導入文は，勝義的発心の無（未）発心菩薩，つまり世俗的発心に留まる菩薩には，この四種の安楽はないというのである。この意味で，問答(06)「基盤」は第21偈に対応すると考えるのである[(108)]。

さて，菩薩が衆生利益を実践しようという「意思」によって生死流転の世間に再生して悲を行じる場合に，世間の煩悩に汚染されることなく清浄のまま利他を為すことができるのは，智に包摂されているからである。その再生が「故意受生」と呼ばれる。それには四種があると第XX[-XXI]章「行住品」第8偈で示されている[(109)]。それを図Oとして示す。

図O：利他行を実践するための「故意受生」＝再生の四種：第XX[-XXI]章第8偈		
第XX-[XXI]章第8偈の四種受生	受生する菩薩の階梯	私見：図Nとの対応
[1]業の助力による［故意］受生	信解行地の菩薩	自利的利他の(1)安楽
[2]誓願の助力による［故意］受生	初地乃至第二地の菩薩	自利即利他の(2)安楽
[3]三昧の助力による［故意］受生	第三地乃至第七地の菩薩	利他的自利の(3)安楽
[4]自在性の助力による［故意］受生	第八地以上の菩薩	唯利他である(4)安楽

この内，[1]業の助力による再生（受生）は，凡夫における煩悩を原因とする悪業による生死流転の再生とは全く異なる。第XVII章第43–45偈の説示によれば[(110)]，衆生縁の悲を行じる業，つまり加行無分別智による業には「罪過avadyaはない」のである。そのような[1]業の助力による故意受生は，「四種の安楽」（図N）の「(1)利他を思惟すること」に対応する。この理解にもとづいて筆者は，この四種の「故意受生」が図Nの右欄のように対応すると考える。

---

(107) 本論考註解(91)で註記したように筆者は，第9偈の「四種の喜び」（図L）と第21偈の「四種の安楽」（図N）を一組で考えている。端的にいえば，前者は菩薩が帰依処として希求した「仏たること」の智慧による。後者はその「仏たること」の大慈大悲が菩薩に安楽を与え，苦を抜いているからである。第XVII章第18偈参照。研究会[2013]58–61頁，内藤[2017]122–129頁，特に122–124頁参照。この「与楽」とは，第XVII章第36–40偈の「樹木に譬えられる悲」の説示にもとづけば，如来の大慈が菩薩の根である悲に灌水し，その根を成長させることであると考えられる。内藤[2013a]302–307頁参照。本論考註解(70)参照。

(108) 「安楽sukha」について留意すべきは，第II章第11偈世親釈にある「利益と安楽をもたらすhitasukhakaraṇa」に関する無性釈で，「利益は後世であり，安楽は現世である」（取意）という説明である。研究会[2020]166–167頁参照，この説示にもとづけば，この「四種の安楽」は今現在（現世）の発心している菩薩にあるのであって，将来（後世）にあることではない。その意味でも，それ以後の発心の「基盤」なのである。この点も重要であり，本論考註解(107)と合わせて要検討課題である。

(109) 内藤[2017]36–38頁，内藤[2020]259–260頁，長尾ノート(1) 92–94頁参照。

(110) 第XVII章第43–45偈の「無量」の説示は，他者に対する「愛情sneha」について凡夫と声聞と菩薩の三者の相違点を説示する。特に第43偈の三者の対比が重要である。また，この菩薩の「愛情」が「悲から大悲へ」と成長することを説示している。これが重要である。研究会[2013]86–89頁と注解(43)，内藤[2017]182–189頁，長尾ノート(3) 160–162頁参照。

第 4 章第 2 節　問答 (07)「災難」と問答 (08)「利徳」について

問答 (07) では，発心の「災難 ādīnava」とは何かという問いに対して，「障害を災難とする」と答え，その障害とは「背反するもの，［すなわち］他の乗（二乗）へ向かう心を引き起こし，容認すること」であると説明している。端的にいえば，自利だけに満足し執着することが「障害」である。つまり，我執・我所執によって「四種の安楽」（図 N）のないことが「災難」に当たるのである[(111)]。また問答 (08) では，発心の「利徳 anuśaṃsa」とは何かという問いに対して，「福徳と智慧から成る，善法が増大すること」であると答えている。その「利徳」とは，将来もたらされる「功徳」の兆候である[(112)]。すなわち，最勝乗を帰依処とし仏たることを希求して発心した菩薩には智慧と慈悲（仏たること）の「功徳」の兆候が顕れるのである。その「功徳」と「利徳」の関係が第 22 偈の説示であり，それにもとづいて第 23 偈で「利徳の獲得」が示されている。端的にいえば，第 23 偈が問答 (08) の「利徳」と対応し，第 22 偈は第 21 偈の「災難」と第 23 偈の「利徳」の関係を説示する重要な説示なのである。

第 4 章第 2 節第 1 項　「災難」と「利徳」の関係について

上記の説示展開を論述するに当たって，筆者の基本的な考え方を確認しておく。まず，「災難」と「利徳」とは一組の説示であると理解している。たとえば，第 XVII 章第 24–27 偈の「過失 doṣa」と「功徳 guṇa」の説示は，「過失の無」と「功徳の有」の一組で成立しているからである[(113)]。まず第 24–26 偈では，四無量を能対治とし，所対治の瞋恚などの煩悩を「過失」とする。その「過失（煩悩）の有」による世間における「災難の有」を示す。そして，第 27 偈で四無量による二種の「功徳の有」を説く。その二種は，[1] 所対治である過失（煩悩）が存在しない功徳と [2] 生死輪廻に汚染されないままに衆生利益のために生死輪廻を放棄することがな

[(111)] 第 21 偈の「⑴利他を思惟することによる安楽」は，問答 (02) を踏まえれば「意楽の安楽」である。その安楽がないことは，第 1 偈の「五種の特徴のある意思」の生起しないことであり，それが菩薩にとって最大の「災難」であるともいえる。またそれは，内藤 [2013a]587–291 頁の図 G・図 I の理解からいえば，歓喜などの喜びが作意 manaskāra のままであり，意楽 āśaya へ展開しないことであると考えられる。

[(112)]「利徳」については，研究会 [2013]147–148 頁注 (48)，内藤 [2017]180–181 頁参照。さて，世親釈漢訳と安慧釈は問答を十種ではなく十一種とする。本篇の「世親釈漢訳」と「安慧釈和訳」参照。それは両者ともに，第 5 偈 ab 句の「それは，⑻浄善の増大を利徳とする。実にそれは，福徳と智慧から成る śubhavṛddhyanuśaṃso ’sau puṇyajñānamayaḥ sa」を「浄善増大の利徳」と「福智から成る」を区別し，利徳と自性 rang bzhin とするのである。それは後者の maya を svabhāva の意味に理解したのであり，字義解釈上は問題ない。しかも，指示代名詞が二つある点からいえば，区別が妥当とも言える。しかし，世親釈はこの説示全体を「利徳」とするので，本篇「世親釈和訳」のように補った。なお，漢訳と安慧釈のように区別する場合，その「自性」は本論考「第 4 章第 3 節第 2 項 B　第 25 偈の理解」で問題となる「悲愍を本質とする者 kṛpātmaka」と関連すると考えられる。端的にいえば，智慧と一体の悲愍を本質・自性とする者を意味するのである。この点は紙面の余裕はないので指摘だけにしておく。本篇「世親釈和訳」の「注解」⑼参照。

[(113)] 研究会 [2013]66–71 頁。内藤 [2017]139–145 頁と 156–167 頁参照。「利徳」と「功徳」は同一視されがちであるが，筆者は，その説示内容を区別して因果関係で理解すべきであると考える。

い功徳である[(114)]。すなわち，この二種の「功徳の有」はそれぞれ，[1] が「過失（煩悩）の無」であり，[2] が「利徳の有」であるという内容と関係なのである。

基本的な要点をいえば，この [1] の内容は「功徳の有」と「過失（煩悩）の無」の関係が表裏一体であることであり，[2] の内容は「功徳の有」と「利徳の有」の関係が因果関係であるということである。すなわち，利徳と災難はその有無に関して表裏一体の関係—「利徳の有」⟺「災難の無」・「利徳の無」⟺「災難の有」—であり，同じく功徳と過失はその有無に関して表裏一体の関係—「功徳の有」⟺「過失の無」・「功徳の無」⟺「過失の有」—なのである。また，利徳と功徳は因果関係であり，同じく過失（煩悩）と災難（種々の苦難）は因果関係なのである

この理解にもとづけば，第 21 偈は (1)乃至 (4)の安楽の無という「功徳の無」の説示であり，それは「過失（煩悩）の有」を意味する。端的にいえば，無（未）発心菩薩には自利のみで利他を思うことがない点で，煩悩（我執・慢心）という過失が有るのである。そのような菩薩には「功徳の無」，つまり安楽がないのである。

続く第 22 偈世親釈導入文の「［堕三］悪趣や懈怠に対する恐れがない」は「災難の無」である。その「災難の無」は智による。その智による発心が勝義的発心であると考えられる[(115)]。端的にいえば，加行無分別智による段階では，その無分別智の「功徳」そのものはないが，その「利徳」がある。すなわち，堕三悪趣や懈怠に対する「恐れの無」という「災難の無」は「利徳の有」を意味する。そして，根本無分別智を触証することで無分別智の「功徳の有」，つまり「過失（煩悩）の無」となる。換言すれば，煩悩が滅していない世間的段階であっても，加行無分別智という智にもとづく限り，煩悩による悪業はなく，その悪業の結果である堕三悪趣や正行の継続に関する懈怠を恐れることがないのである。その「恐れの無」が「災難の無」であり，その「災難の無」は「利徳の有」を意味する。その「利徳の有」の説示が第 23 偈の「不作

---

(114) この第XⅦ章第 27 偈の [1][2] の功徳は第 32 偈の「無住処涅槃」と類似している。したがって，[1] を「不住生死」，[2] を「不住涅槃」に対応しがちである。両偈の説示は向上的な段階の相違がある。すなわち，前者は出世間（苦の滅）を意味し，後者は涅槃に入ること（菩提の獲得）を意味する。内藤 [2017]143–147 頁と 159–164 頁参照。この相違点は，第 22–24 偈と第 31 偈でそれぞれ示された「異熟果・増上果・士用果・等流果・離繋果」の五果の説示順序とその内実と関係する。内藤 [2017]156–159 頁参照。

基本的な視点をいえば，第XⅦ章において，「慈・悲・喜・捨」の四種を，冒頭の第 17–19 偈では「梵住 brāhmyavihāra」とし，その世親釈で「無量 apramāṇa」と言い換える。続く第 20–28 偈では「梵住」としてのみ説示し，それ以後の説示では「梵住」の語はなく「無量」として説示する。本論考註解 (153)(154)参照。つまり，第 27 偈は「梵住」，第 32 偈は「無量」の説示である。そして，「梵住」が自利を主目的とし，「無量」が利他を主目的とするのである。それは，世間的段階と出世間的段階の相違である。その意味で，前者は本第Ⅳ章の「世俗的発心」に相応し，後者は「勝義的発心」に相応すると考えられる。この点は別稿で総合的に論じたい。

(115) この理解は本論考註解 (46)に註記した本論書第Ⅴ章「正行 Pratipatti 品」第 2 偈世親釈の「智にもとづいて勝義的発心を獲得する」（取意）による。問題はこの「智」は加行無分別智を含まないのかである。筆者は，第 8 偈の「勝義的発心」には初地悟入の前後の二段階が意図されていると解釈している。本論考「第 3 章第 5 節第 2 項」参照。その意味で，この第Ⅴ章第 2 偈の「智」は無分別智であるが，加行無分別智も含意していると理解している。この点は第XⅦ章の「八要義」と「ヤーパデーシャ yāpadeśa」の理解でも問題になり，詳しく論述した。内藤 [25017]65 頁と 68–71 参照。本論考註解 (125)参照。

律儀 akaraṇasaṃvara の獲得」なのである。

以上のように理解すると，問答 (06)「基盤」→問答 (07)「災難」→問答 (08)「利徳」は順次，第 21 偈→第 22 偈→第 23 偈という一連の説示展開に対応する。すなわち，第 21 偈の「安楽の無」は「功徳の無」を意味し，その「功徳の無」は「過失の有」を意味する。そして，その第 21 偈を踏まえて第 22 偈は「過失の無」による「災難の無」という因果関係にもとづく説示であるが，それは「功徳の有」による「利徳の有」の説示である。その「利徳の有」が第 23 偈の「不作律儀の獲得」である。この「利徳の有」は「功徳の有」と因果関係であるが，その「功徳」は第 1 偈（図 F）の「⑴大いなる士気」と「⑵大いなる奮闘」のある発心にとっての「(i) 英雄的行為の功徳」に相当すると考えられる。

第 4 章第 2 節第 2 項　第 22 偈の理解—無性釈と安慧釈を踏まえて—

以上の理解を踏まえて第 22 偈の説示を考えてみる。世親釈導入文は「発心を讃嘆することについて，悪趣と疲倦に対する恐れがないという点から一偈がある」という。これは，[1] 堕三悪趣に対する恐れ bhaya（恐怖）がないことと [2] 正行の継続に関する疲倦に対する恐れがないという二つの「災難の無」の点から，勝義的発心の「功徳」を讃嘆しているのである。換言すれば，どのような勝義的発心の功徳が，発心ある菩薩にどのような利徳として顕れて，[1] と [2] の災難がないというのかが説示されるのである。

その [1] と [2] の世親釈は，「・・・・・である。それ故に atas，・・・・・」という同一構文であり，「それ故に」の前文が理由（原因）であり，その後文が結論（結果）である(116)。この構文によって，前文が勝義的発心の功徳を，後文が「災難の無」つまり「利徳の有」を説示していると考えられる。また，[1] の主語は中性名詞の「心 citta」であるが，[2] の主語は男性の指示代名詞の「彼 saḥ」であり，菩薩である(117)。そして，その [1] は [1a] という菩薩の心の成長が示されて，それを理由に菩薩には堕三悪趣に対する恐れがないことを説示する。また，[2] は [2a] と [2b] という二段階—「それによって yena」で連続する二段階—の菩薩の成長（具体的には，菩薩の本質である悲の成長）が示されて，それを理由に菩薩には疲倦に対する恐れがないことを

(116) 陳那の三支作法の論理学である「かの山に火あり。煙あるが故に」の点からいえば，自然発生論の因果関係では，火が原因であり，煙が結果である。結果の存在から原因の存在を主張するのである。それと同様に，功徳は勝義的発心の結果であり，利徳はその結果に対する原因である。端的にいえば，仏・如来の智慧と慈悲の功徳，すなわち仏たることの功徳が菩薩に利徳として表れるのであり，菩薩はその利徳が表れることで，利徳の根拠である功徳があると如理に思惟して，菩薩行によってその功徳を得ていくのである。

(117) 筆者の本論書の科段理解（図 C）では，[B1] の第 21 偈→第 22 偈→第 23 偈の一連の説示における第 21 偈は [A] 第 1–20 偈の「発心」の説示を承けた総括的視点であり，それに続く第 22 偈は説示の主題を「発心」そのものから，発心した「菩薩」に変える蝶番的役割を担っているのである。

説示する。以上の点を踏まえて第 22 偈の説示を図 P として示す。

図P：勝れた心が起これば，菩薩には堕三悪趣・懈怠に対する恐れがない：第22偈	
偈と世親釈（取意）	備考：第1偈・図Fとの対応（私見）
智者に優れた心が起こるや否や，[1a]［智者の］心は世間的な悪行から よく防護されたものと成る。それ故にatas，彼（智者）には，[1]堕三悪趣に対する恐れは生じない。	[1a]は「(1)大いなる士気」と「(2)大いなる奮闘」のある意思であり，[1]は「(i)英雄的行為の功徳に対する利徳である。
彼（智者）は，[2a]善なる行為を増大させるから，絶えず善行を行う者と成るので，自らの安楽を常に喜ぶ。	[2a]は「(3)大いなる目的」のある意思であり，「自ら」以下は「(ii)利益を為す功徳」に対する利徳である。
それ[2a]によって，[2b]悲愍を増大させるから，悲愍あふれる者kṛpāluと成るので，利他行に基因する苦さえ常に喜ぶ。	[2b]は「(4)大いなる達成」のある意思であり，「利他行に」以下は「(iii)果を獲得する功徳」に対する利徳である。
それ故にatas，[2]彼（智者）には，多くの為すべき利他行に関する懈怠に対する恐れは生じない。	この[2]は「(5)二つを対象とする」意思であり，上記の三功徳に対する利徳である。

世親釈は，「優れた心 cittavara」について何も注釈しない。安慧釈は，「智者」を「二無我を了知する智」ある者とし[(118)]，その「優れた心」を初地における「勝義的発心」とする。さらに，第 23 偈世親釈導入文でいう「不作律儀*akaraṇasaṃvara」をもって注釈し，それは初地以後に得られるという。一方，無性釈は，「優れた心」を「初発心」とする。第Ⅳ章第 23 偈の無性釈はないが，「不作律儀」は第ⅩⅩ [-ⅩⅩⅠ] 章「行住品」第 3–5 偈無性釈に詳説される[(119)]。その無性釈は難解であるが，「不作律儀の獲得」は初地悟入直前と示しているように思われる。この両釈の相違点を踏まえつつ，筆者の理解を以下に提示する。

筆者は，この第Ⅳ章では上述したように第 21 偈→第 22 偈→第 23 偈という説示展開を基本にして，第 23 偈の「不作律儀の獲得」は，初地の功徳に対する利徳が顕れることであり，初地悟入直前であると考える。その「利徳の有」に先行して，第 22 偈は「災難の無」をもって，

(118) 筆者は，安慧釈の「二無我を了知する智 khong du chud pa'i ye shes，*anugamanajñāna」は加行無分別智を意図し，「人法二無我を証得した智」である根本無分別智とは区別して理解する。したがって，この偈の「智者」を加行無分別智に相応する「智ある者」であると理解する。

(119) 「不作律儀」については本篇「世親釈和訳」の注解 (41)参照。なお，第ⅩⅩ [-ⅩⅩⅠ]「行住品」章第 3–5 偈の無性釈（Pek，183b2–5; De，164a1–3）は次のようにいう。上野 [2015]76 頁参照。

> 「法性によって得る」［出家］とは，証得する際に，「不作律儀」を得るゆえに，真如を証得する者は，次のように考える。「私には地獄も尽き，畜生も尽き，餓鬼も尽きている。私はもはや悪業を為すことにより，諸々の悪趣に対し，果報を成就することは相応しくない」と。

この無性釈は難解であるが，筆者は「証得する際に，不作律儀を得るゆえに」という点から，文脈的に「不作律儀の獲得」は初地悟入直前であると理解する。なお，この「不作律儀」と上述した「三聚浄戒」の<1>摂律儀戒（悪業を抑制し防御する戒）との関係が未審である。前者は自利的で，後者は利他的であると考えておきたい。本論考「第 4 章第 3 節第 3 項」など参照。

第21偈の無（未）発心菩薩に対して発心を促しているのである。その発心を第22偈では「優れた心」という。問題は，この「優れた心」が安慧釈のいう「勝義的発心」なのか，無性釈のいう「初発心」なのかである。筆者は後述するように，この第22偈の説示に関して第15–20偈における二十二種の発心の(01)乃至(04)の四つの発心で考えているので，この「優れた心」を「(01)初発心」と理解する。無性釈が「優れた心」を「初発心」とするのは，「初発心」が他の二十一種の発心の「依り所」となるからであると理解する。

まず第22偈（図P）の[1]であるが，その「勝れた心」が世間的な悪行からよく防護されているのは，最勝乗を帰依処とし「仏たること」を希求した「心」がその「仏たること」の「無上帰依処性」に，つまり智慧即慈悲によって防護されているからであると理解する(120)。その防護されている[1]堕三悪趣に対する恐れが生じない心が「(02)意楽を伴う発心」に相当すると考えられる。

続く[2]懈怠に関する恐れが生じないことについて，[2a]と[2b]は両方ともに「喜び」があるという。これは「智」の視点であるが，この[2a]と[2b]の説示内容の相違点は，それぞれ加行無分別智と後得無分別智に対応すると考えられる(121)。特に，[2a]は悲愍に言及しないが，[2b]では菩薩を「悲愍あふれる者 kṛpālu」という点が重要である。その[2a]から[2b]への展開は，仏たることを帰依処とした者（悲を受け入れた者）が，「悲愍を本質とする者」から「悲愍あふれる者」へと成長していることを意図すると考えられる(122)。その「悲愍あふれる者」とは後得無分別智にもとづく者であり，それが「利他行に基因する苦さえ常に喜ぶ」者である。すなわち，その利他行は後得無分別智，つまり後得清浄世間智による悲の修習を意図する。

このように理解する筆者は，「優れた心」がすべての発心の所依となる「(01)初発心」に，[1]が「(02)意楽を伴う発心」に，[2a]が「(03)加行を伴う発心」に，[2b]が「(04)増上意楽を伴う発心」に，それぞれ順次に対応すると考えるのである。

---

(120) これは，第IX章「菩提品」第3–11偈の「無上帰依処性」の説示にもとづく理解である。つまり，希求した帰依処の「仏たること」の功徳である。内藤[2009a]36–43頁，長尾ノート(1)192–198頁参照。

(121) ここで論述する余裕はないが，本論考註解(122)に註記する内容などを総合的論理的に考えると，「悲愍を本質とする者」とは自他平等の無分別智を触証した者を意味すると考えられる。要検討課題。

(122) 「悲愍を本質とする者」に関わる表現は，この第IV章第25偈のkṛpātmaka，第26偈のkṛpātmanである。また，第XVII章では第10偈のkṛpātmakaや第34偈のkaruṇātmakaがあるが，第33・42・50・52・61偈では「悲愍あふれる者 kṛpālu」が多用され，第63偈世親釈では「悲愍に満ちあふれる者 āviṣṭānāṃ kṛpayā」という表現もある。これらが何を意味するかは，第XVII章第33偈や第46偈の説示理解が重要である。研究会[2013]76–79頁と88–89頁参照。筆者は，この表現の異なる三者には，発心した菩薩が順次「悲愍を本質とする者」→「悲愍あふれる者」→「悲愍に満ちあふれる者」と向上的に成長していくのである。つまり，その表現の相違は菩薩道における向上的な展開が意図されているのである。内藤[2017]159–167頁，185–195頁，221–223頁などを参照。具体的にいえば，勝義的発心のある菩薩は「無縁の大悲」を行じる者と成るために，「衆生縁の悲」を行じる者から「法縁の悲」を行じる者，すなわち「悲愍（悲）を本質とする者」から「悲愍あふれる者」と成ることで，[2]疲倦を恐れない者と成るのである。

なお今回の第IV章の解読から改めて，「悲愍（悲）を本質とする者」については，勝義的発心以前か以後かの視点や，第III章「種姓品」第5偈の「本性住種姓・習所成種姓」の解釈問題と，同じく第6偈の種姓の「確定・不確定 niyata-aniyata」の問題からも考えなければならないと思った。引いては第I章第14偈の「[菩薩の]種姓なきもの agotra」の理解に関わると思われる。研究会[2009]66–69頁と注解(57)参照。

第 4 章第 2 節第 3 項　第 23 偈（反語表現）の説示—問答 (08)「利徳」との対応—

第 23 偈について世親釈導入文は「不作律儀（悪行を為すことがないという防護）の獲得」を説く偈であるという。第 22 偈で示されるように，世間的段階において帰依処とした「仏たること（智慧と慈悲）」を希求し発心した時，その生起した心（意思）は「仏たること」の功徳によって防護され堕三悪趣に対する恐れがないとしても，「惑→業→苦」の生死流転の世間で種々の出来事にあえば，「過失（煩悩）の無」に至っていないから悪業を為してしまう可能性があり，恐れがあるのである。つまり，堕三悪趣の恐れは根本的に解消されていない。端的にいえば，第 22 偈の「堕三悪趣に対する恐れの無」という「災難の無」は「過失（煩悩）の無」によるのではないからである。それを承けた第 23 偈は，煩悩障を断滅していない段階であっても，菩薩は「不作律儀の獲得」によって堕三悪趣に対する恐れがなくなるというのである。その「不作律儀の獲得」とは，加行無分別智による修習の段階であっても，無分別智の「功徳」が「利徳」としてあることを意図する。すなわち，それは自他平等の無分別智を触証する前段階であると考えられる。その第 23 偈を図 Q で示す[123]。

図Q：不作律儀を獲得するように叱咤激励：第23偈（偈の釈も反語表現）	
菩薩に対する勝義的発心への教導（叱咤激励）	備考：私見
(a)他者のために自己の身体と生命とを顧慮することなく，	← 自他平等の智慧
(b)最大の労苦を引き受ける時，	← その智慧による慈悲
(c)そのような者が，他者から害されたといって，	← 智慧即慈悲
悪業を為すことがどうしてあろうか。［否，ない。］	← 反語的表現による教導

この第 23 偈の「反語表現」は，上述した第 22 偈（図 P）の [2a] から [2b] へと展開することを促す説示であり，その展開を迫っていると考えられる。すなわち，[2a] 善なる行為を増大させ絶えず善行を行う者となり，自らの安楽を常に喜ぶ者になった上で，さらに [2b] 利他行に基因する苦さえ常に喜ぶ者となるように教導する説示である。これが「加行無分別智→根本無分別智→後得無分別智」の展開である。このような展開を前提として教導する第 23 偈の説示対象者は，初地見道直前の菩薩であると考えられる。

その説示対象である菩薩を (a)(b) が示し，菩薩とは「自己の身体と生命とを顧慮することなく」他者の利益のために「最大の労苦を引き受ける」者であるというのである。ここで「最大

[123] この第 23 偈の「反語表現」の主旨は，第 XVII章第 48–58 偈における「悲による布施の向上的修習（悲による布施への教導）」の説示と関連する。研究会 [2013]90–101 頁，内藤 [2017]195–216 頁参照。特に，第 XVII章第 49 偈の「悲ある者 kāruṇika たちは，悲愍によって，衆生利益［を実行する］のために，苦から成る生死流転（輪廻）を放棄しない。その場合，［悲ある菩薩が］利他のために苦を受け入れないことがあろうか。［いや，ない。］」という説示と同主旨である。さらに，続く第 XVII章第 50–51 偈の説示は利他行の布施と功徳の増大が説示されるが，その究極的なものが第 23 偈にも示される「自己の身体と生命さえも喜捨する」ことなのである。本論考註解 (102)参照。

の労苦」といわれるのは，安慧釈がいうように「衆生に不善業を止めさせて善業に住させ，そして無上菩提（大菩提）を体得させる」労苦だからである。この菩薩には，苦滅と菩提（涅槃）の証得という二つの宗教的利益をもたらすことを，自己の身体と生命をも懸けて実行する意思（発心）があるのである。しかし，その二つの利益を自ら成就することも容易ではなく長時間を要するのに，他者にまでも成就させるのであるからさらに困難であり，そこに当然ながら恐れ bhaya（恐怖）が起こるのである[(124)]。その恐れが第 22 偈（図 P）の [2] の「懈怠の恐れ」である。したがって，「不作律儀の獲得」によって [1] 堕三悪趣に対する恐れがなくなったとしても，菩薩行の継続に対する [2] 懈怠に対する恐れはなくならないのである。その [2] の恐れがなくなるは「(04) 増上意楽を伴う発心」によってなのである。

以上のことを踏まえると，この第 23 偈の「反語表現」による説示は，第 1 偈（図 F）の「(5a) 大菩提と (5b) 衆生利益の実行の二種を所縁とする」心ある者に対して，その生起した心は「(3) 自利と利他を目標とする」意思，つまり自他平等の無分別智を希求する意思ではなかったのかと詰め寄っていることになると考えられる。それが「不作律儀の獲得」への教導なのである。その教導対象の菩薩は，第 1 偈（図 F）の (1) (2)の特徴ある心の生起，つまり被甲精進通りに加行精進する意思ある者であり，第 22 偈（図 P）の [2a] の「善なる行為を増大させて絶えず善行を行う者」で「自らの安楽を常に喜ぶ者」なのである。そのような者でなければ，「不作律儀の獲得」などありえない，その意味で，「不作律儀の獲得」とは第 1 偈（図 F）の (1) (2)の精進による「(i) 英雄的行為の功徳」を具足することであり，この功徳 (i) こそが初地見道に悟入した場合に得る「(ii) 利益を為す功徳」に対する「利徳」なのである。

第 4 章第 3 節　問答 (09)・(10) と第 24–28 偈の対応について

第 4 章第 3 節第 1 項　問答 (09)「出離」と問答 (10)「完結」

問答 (09) では，何を「出離 niryāna」とするのかという問いに対して，「常に六波羅蜜を反復修習すること sadāpāramitābhyāsa を出離とする」と答えている。筆者は，この「常に sadā」がある点に留意している[(125)]。端的にいえば，この答えの内容が「後得清浄世間智」といわれる

---

(124) この労苦には，第 XVII 章第 46 偈の安慧釈に示される，次のような具体的な恐れがあると考えられる。

> 菩薩は悲を因として，衆生の苦しみをなくすために活動し，衆生に多くの苦しみがあるのを見て，悲ゆえに自分自身苦しむようになる。しかし，初めつまり信解行地においては，「このような苦から解放することはできない」と考えて，恐れが生じる。それはなぜかといえば，自他平等の心を未得であり，一切の苦しみの空性を悟得していないからである。（Pek，83b1–4）

これが菩薩道を歩む者にとって実体験的な恐れであると考えられる。内藤 [2017]190 頁参照。

(125) 筆者は，この「常に」が文脈的に仏の智に包摂された状況を意図すると考えている。この私見は，第 XVII 章の「供養」を説く第 5 偈と「師事」を説く第 9 偈の「八要義」による説示を理解する場合に重要である。研究会 [2013] 該当箇所参照。筆者は，この「八要義」による説示が第 XVI 章「度摂品」にもある点を踏まえ，その関連で論述した。内藤 [2017]63–98 頁，特に八要義中の「(06) 智（無分別智）の点から」参照。それはまた，「供養」の最終偈第 8 偈と「師事」の最終偈第 16 偈の五相ある菩薩の心について「無分別智の方便に包摂されている点から」の説示と関連する。

「後得無分別智」の発心による六波羅蜜の修習であり，第1偈（図F）の「⑶自利と利他を目標とする」意思による「出離」であると考えられる。

さて，先に言及したように，第10偈（図M）にも「[6] 出離」があり，それを第14偈で詳説する。その世親釈は「仏説の設定通りに地を作意すること manasikāra によって，その地の設定が分別であると知り，その分別であるという知も分別しないことによって，出離がある」（取意）という。これは，加行道における初地見道悟入への「入無相方便」である(126)。一方，第Ⅳ章第14偈の安慧釈は，これを初地から第二地に入ることであるという(127)。さらに第XⅧ章「覚分 Bodhipakṣa 品」第67偈の説示を踏まえると(128)，「出離」とは，「加行無分別智→根本無分別智→後得無分別智」という三つの無分別智による修習によって，信解行地→初地→第二地への展開だけではなく，さらに向上的な展開を含意すると考えられる。

一方，問答(10)では，何を「完結する paryavasāna」のかという問いに対して，「それぞれの［地ごとに各］地［の波羅蜜］を実践するから，地を完結する」と答えている。この答えの内容が第1偈（図F）の「⑷大菩提の証得がある」意思，つまり「(iii) 果を獲得する功徳」に相応すると考えられる。すなわち，問答(10)の「完結」は問答(09)の「出離」と表裏一体の一組の説示なのである。換言すれば，「加行無分別智→根本無分別智→後得無分別智」による向上的な六波羅蜜の修習は，「衆生縁の悲→法縁の悲→無縁の大悲」による利他行という向下的な六波羅蜜の実践によって完結するのである。それが自利即利他を意味し，智慧即慈悲の「仏たること」を獲得すること，つまり大菩提を証得することなのである。

筆者の理解をまとめると，各地における六波羅蜜の修習は，智慧（理論）によって始まり，

内藤 [2017]108–112頁参照。これらの内容は，本論考で示した第XV章の(A)(B)(C)の「三種の方便」（図B）による修習であることを意味する。

これらの説示を総合的に考えると，この「常に」は重要で，「三種の方便」による修習であることを意味する。上記の第Ⅳ章第11偈（図M[1]）で示した，生母の智慧と養母の慈悲などの四種の外的要件が完備した状況は(A)に対応し，加行無分別智による段階である。一方，第27偈の「軌範師のごとき大いなる悲愍が自らの内に常に宿った」という表現は，(B)(C)に対応し，無分別智を触証した初地以後であることを意味する。なお，先に引用の第XVI章「度摂品」第37偈にある「常に」も4)の智との関連であると考える。

(126) 早島理 [2007]106–122頁，特に106–110頁参照。

(127) 「出離」が単に出世間だけを意味し，初地から第二地への展開を意図しない限り，その「出離」は声聞乗と同じである。苦の滅だけではなく無上菩提（無住処涅槃）の証得を目的とする「出離」は，第XI章「述求品」の「一乗性」を説く第53偈の「「4) 種姓 gotra に区別があるから，往くことが同一である」について世親釈が「声聞種姓に未決定なる者たちを大乗によって出離させるから niryāṇād である」（取意）という点を合わせて考えるべきである。長尾ノート⑵111–113頁参照。本論考註解(128)参照。

(128) 第XⅧ章「覚分品」の止観 śamathavipaśyanā を説く三偈の一つである第67偈cd句の理解による。長尾ノート⑶268頁参照。その世親釈では，「通暁 prativedha が初地見道に悟入することであり，出離 niyāṇa は第六地に至ることであり，無相 animitta が第七地であり，無為 asaṃskṛta が第八地乃至第十地である」（取意）という。すなわち，「出離」は，初地見道悟入以後から第六地に至ることであり，初地乃至第六地の各地に六波羅蜜の一つずつが対応させられる点からも，問答(06)の「常に六波羅蜜を反復修習すること」の意味を考えるべきである。本論考註解(127)参照。なお，「通暁」は信解行地から初地見道に悟入することであり，それは第Ⅱ章第3偈で問題となる「遍く行き渡ること（一切遍）の意味 sarvatragārtha」に通暁することである点は留意が必要である。長尾ノート⑶269頁注解⑶参照。この sarvatragārtha については，研究会 [2020]24–27頁参照，および内藤 [2020]246–262頁【問題点B】参照。また，本篇「無性釈和訳」の注解(18)参照。

慈悲（実践）によって成就することなのである。この向上的な菩薩行に対する発心は，第Ⅳ章第 1 偈（図 F）にもとづけば，まず「(5a) 大菩提と (5b) 衆生利益の実行を所縁とする」意思である。そして，その発心が「⑴大いなる士気」のある意思→「⑵大いなる奮闘」のある意思→「⑶大いなる目標」のある意思→「⑷大いなる達成」のある意思へと展開するには，各地の「出離」と「完成」が必要不可欠なのである。この ⑴乃至 ⑷について世親釈が示す (i)(ii)(iii) の三種功徳は，第ⅩⅤ章の「三種の方便」（図 B）を伴う菩薩の業に対応すると考えられる。その具体的な内実が，第ⅩⅥ章「度摂品」以下の各章で説示される六波羅蜜などの菩薩行の向上的な展開である。それは，苦滅という出世間だけではなく，無上涅槃（無住処涅槃），つまり大菩提を証得する自利即利他の正行への展開なのである [129]。

第 4 章第 3 節第 2 項　第 24–25 偈の理解

以上の問答 (09)「出離」と問答 (10)「完結」の理解を踏まえて，まず第 24–25 偈の説示から考えてみたい。その世親釈導入文は，この両偈を一括して「［発］心が退転しないこと」を説くという。この「心」とは，第 22 偈（図 P）の「優れた心」であると考えられる。

さて，この第 24–25 偈は，前後の第 23 偈と第 26 偈が「反語表現」であるのに対して，反語表現ではない。しかし，世親釈は両偈それぞれを反語表現でもって注釈している。この「反語表現」による注釈には，その偈の内容に対する世親自らの了解が反映していると思われる。具体的にいえば，第 25 偈の「悲を本質としない者」とは二乗の者であるが，その者は大乗を誹謗していた回心前の世親その人でもある [130]。「世親の回心」という事態を踏まえれば，この偈の内容は弥勒菩薩による無著に対する説示とされるが，その説示を世親は自らに対する叱咤激励の言葉として受けとめたのであろう。すなわち，大乗を帰依処とした世親自らに対する「出離」を促した言葉として受けとめたからこそ，「反語表現」で注釈していると理解しておく。

---

[129] 第ⅩⅥ章「度摂品」最終偈の第 79 偈で，「六波羅蜜」（第 1–71 偈）は自利行であり，「四摂事」（第 72–78 偈）が利他行であると明白に区別する。一方，第ⅩⅦ章「供養・師事・無量」の最終偈では「自利利他の成就を説く」といいながら，何が自利であり利他であるかの区別はない。それは，悲が大悲と成長することで，菩薩行が自利即利他となることを意図するのである。内藤 [2013a]273–275 頁参照。

[130] 第 25 偈の「悲を本質としない者」とは，第Ⅱ章「帰依品」（内藤 [2020]【問題点 B】）の視点でいえば，大乗を帰依処とし，その智慧と不一不二の悲―如来の大悲― を受け入れていない者，つまり智に包摂されていない者を意味する。本論考註解 (115)参照。その者が，第Ⅰ章第 14 偈の「大乗を怖畏する者」であり，大乗非仏説論者と成る可能性があるのである。筆者の理解では，その者は大乗の教法の「聞・思」の不足している者，あるいは「聞・思」を軽視する者を意味する。内藤 [2009a]9–10 頁，[2013]310–311 頁参照。

これらを踏まえて考えると，第 24–25 偈を世親釈があえて「反語表現」で注釈するのは，大乗へ回心した世親の心が反映されているからではないだろうか，その回心とは，大乗の教法を単に受け入れて批判しなくなるという事態ではなく，大乗の教法を被甲精進によって繰り返し「聞・思」して，さらに被甲精進通りの加行精進によって仏・如来の智慧と慈悲を向上的に成就しようという「心の生起」があり，その「意思」を保持することである。そのように回心した「意思」が，この第Ⅳ章第 1 偈（図 F）における発心の特徴 ⑴ ⑵である心なのである。それはまた，次項の図 R で示す第 24 偈の<a><b>に対応すると考えられる。

第 4 章第 3 節第 2 項 A　第 24 偈の理解

まず，第 24 偈を図 R として示すが，それは世親釈の取意である。

図R：菩薩にとって菩提への発心が「退転しない」二種の理由：第24偈世親釈	
<a>煩悩と<b>苦を恐れないから退転しない。	備考：安慧釈などによる私見
<a>一切法を幻のようであると洞察するから， 幸運な時も諸煩悩を恐れない。	智慧の資糧によって，自らの業の原因である煩悩を恐れない。
<b>再生を遊園に行くようであると洞察するから， 不運な時も再生において苦を恐れない。 ［内藤註：この再生は生死流転としての受生］	福徳の資糧によって，自らの業の結果である苦を恐れない。→ 自らが生死輪廻の世界に再生する苦を恐れない。
菩薩は，<a>幸運な時も<b>不運な時も恐れがないのであるから， 菩提への発心がどうして恐れのゆえに退転するであろうか，否，退転しない。	

この第 24 偈の説示は，<a>は煩悩を恐れず，<b>は再生という苦を恐れない na bibheti から，菩薩自身は発心から退転しないという。これは，「惑（煩悩）→業→苦（生）」という生死流転のあり方において，<a>業の原因である煩悩を恐れるか，<b>業の結果である生苦（再生）を恐れるかによって，菩薩が発心から退転する場合を問題にして，「洞察すること īkṣaṇa」という智慧の視点から，「退転しない」というのである。

さて，第 22 偈の [1] 堕三悪趣に対する恐れ bhaya（恐怖）がないというのは煩悩が無でなくても悪業を為すことがないという説示であり，それが第 23 偈の「不作律儀の獲得」である。それを承けた第 24 偈の内容は難解であるが，安慧釈を踏まえれば次のように考えられる。まず「不作律儀の獲得」によって悪業を為さずとも，業報によって生死流転し，悪趣ではない人界か天界の善趣に再生する場合がある。そのような「幸運な場合」でも，<a>は一切法を幻のように空・無自性であると洞察する智慧によって，その善趣に執着することはないので[131]，三悪趣に堕ちる業の原因である煩悩そのものを恐れないのである。また，善趣であっても，生死流転の境涯である限り必ず死があり再生があり，事故や災害で命が終わるような場合もある。そのような「不運な場合」の再生であっても，<b>はその再生を遊園に行くようであると「洞察する」智慧によって，再生という生苦そのものを恐れないのである。

ここに想定される「幸運な場合」と「不運な場合」の両者は，<a>と<b>の両方の内容から，順次，菩薩自らの煩悩障と所知障を断じていないことによる恐れを前提にしていると考えられる。つまり，この第 24 偈の内容は「(5b) 衆生利益の実践」（図 F）を目的とする意思，つまり

---

[131] これは，先に第 21 偈に対応する問答 (06)「基盤」の理解に引用した第XVI章「度摂品」第 37 偈の「三聚浄戒」の内実である 1) と 2) の内容に対応すると考えられる。

悲による再生の視点ではない。その意味で，この洞察する智慧は煩悩障と所知障を断じるための智に関するものであり，それは「故意受生」（図 O）の「[1] 業の助力による受生」である。すなわち，「(5b) 衆生利益の実践」を所縁とする意思によって再生するが，再生した世間（境涯）の汚れに染まらない—煩悩を恐れない—のは智慧によってなのである[132]。その意味で，この第 24 偈の説示は加行無分別智による「故意衆生」への教導なのである。

第 4 章第 3 節第 2 項 B　第 25 偈の理解

続く第 25 偈は，安慧釈が示すように，第 24 偈（図 R）の<b>の視点，つまり「故意受生」の智慧の視点を詳説するものである。またそれは，第 22 偈の [2] 懈怠という恐れ bhaya がないという説示を承けたものでもある。その第 25 偈の説示を図 S として示す。

図S：菩薩にとって菩提への発心が「退転しない」四種の理由：第25偈世親釈	
(1)乃至(4)の楽しみ	備考（私見）→「故意受生」（図O）との対応
(1)自身の諸功徳という「装飾」	加行無分別智　→ [1]［不染］業の力：信解行地
(2)利他による喜びという「享受」	根本無分別智　→ [2]誓願力：初地・第二地
(3)意図的再生という「遊園に行くこと」	後得無分別智　→ [3]三昧力：第三乃至七地
(4)神通による化作という「遊戯」	後得無分別智　→ [4]自在力：第八地以上
(1)乃至(4)の楽しみは菩薩のみにあり，悲を本質としない者（二乗）にはない。したがって，その［四種の楽しみのある菩薩，つまり悲を本質とする］者の心がどうして退転するであろうか。［否，退転しない。］	

第 25 偈は，「悲を本質としない者」には (1)乃至 (4)の「四種の楽しみがない」という否定的表現である[133]。これは自己における楽しみの有無であり，自利的視点である点に留意しておきたい。それを世親釈は反語表現で注釈し，この四種の楽しみがある菩薩は「退転しない」というのである。この四種の楽しみは，菩薩自身の「洞察する」智慧の区別による詳説である一方で，「悲愍を本質としない者にはない」というように，悲愍（悲）を本質とするか否かの視点に切り替えている点が，第 22 偈（図 P）と同じく重要である。端的にいえば，悲愍を本質とする菩薩の発心には，その悲愍と一体の智慧による (1)乃至 (4)の楽しみがあり，その展開がそのまま菩薩の本質である悲愍（悲）を増大するのである。それは，「衆生縁の悲→法縁の悲→無縁の大悲」というように，悲を行じる者と成ることである。筆者は，この視点の切り替えが自利的利他から利他的自利への転換，つまり初地見道悟入を示唆していると考えている[134]。

---

(132) これは「無住処涅槃」の視点である。これについては内藤 [2017]31–39 頁で整理したので参照。

(133) この否定表現が智慧を意図し，肯定表現が慈悲を意図する。この理解は長尾 [1984]，[1986]，[1992a]，[1992b]，[1992c]，[2013] などの知見にもとづく。この知見は内藤 [2017]10–12 頁でまとめた。

(134) この点は内藤 [2017]38–40 頁でまとめたが，第 X 章乃至第 XIV 章の章名を事後列挙するウッダーナ 2 の理解にも

まず(1)について，安慧釈は「布施・持戒・三昧・陀羅尼・般若の装身具などは自身の功徳という装身具である」というが，その意図することは明確ではない。私見であるが，修習する布施・持戒などの譬喩である「装身具」は装着する者にとって外的なものである。それは，菩薩自らが無分別智を触証していない，加行無分別智による功徳を意図すると考えておきたい[135]。一方，(2)は美味しそうな料理を見て実際に食べて喜ぶように，自他平等の智慧によって他者の苦を自身の苦として享受することを喜ぶことであり，根本無分別智の触証に相応するのである。さらに，(3)の「意図的再生 saṃcintyajanman」[136]は，後得無分別智による自らの意思によって他の境涯に再生することであり，(4)の内容はその再生が無功用になされることである[137]。この(3)と(4)は再生が意図的で意識的か否かの相違である。

この四種の楽しみは，智慧の視点による説示であり，菩薩自らにとって「(5a) 大菩提を所縁とする」意思（第1偈・図F）による自利的なものである。その菩薩には自らにこの四種の楽しみがあるから，発心が退転することなく，「常に六波羅蜜を反復修習する」というのである。この意味で，この第24–25偈の説示は問答(09)「出離」に対応するのである。また，この(1)乃至(4)は，図Sの備考欄に示したように，四種の「故意受生」（図O）に相応し，「(5b) 衆生利益の実践を所縁とする」意思（第1偈・図F）の楽しみを含意しているのである。その意味で，これは「自利即利他」と「智慧即慈悲」を意図する説示であると考えられる。

まとめると，第24偈の<b>の再生を恐れない菩薩は智慧によって「出離」するが，それは第25偈で示すように，「悲愍を本質としない者」から「悲愍を本質とする者」と成ることである。その成長には(1)乃至(4)の楽しみがあるというのである。これが第1偈（図E）の「(3)大いなる目標」のある意思による「(ii) 利益を為す功徳」に相応すると考えられる。

第4章第3節第3項　第26偈の理解

第26偈について，世親釈導入文は「苦に対する怖畏 trāsa の否定」を説くという。それは，第24偈の「<b>苦を恐れない na bibheti」という説示と重複するようであるが，視点が異なる。上述したように第24–25偈は自利的な智慧の視点であり，智慧によって苦を恐れないの

重要な視点である。内藤[2013b]参照。

[135] 布施行などの功徳が菩薩自身の内的なものではなく身に着ける装身具に譬えられる点は，本論考「第4章第2節第1項」で言及した第XVII章第27偈の二種の功徳の理解とも関連すると考えられる。

[136] いわゆる「故意受生」の語は基本的に saṃcintya[-bhava]-upapatti であり，(3)の saṃcintya-janman の用例はここだけである。どちらもチベット訳は同じであるが，漢訳は「作意生處」とし，微妙に訳し分けているともいえる。漢訳の「作意」からは manaskāra を想起するが，それは備考欄に示した図Oの[3]の「三昧 samādhi」に相応する「意図的（意識的）な再生」なのである。

[137] この(4)は遊ぶが如く意のままに再生することであり，それは備考欄に示した図Oの「故意受生」における「[4] 自在性 vibhutva」に対応する。その究極的なものが，第XVII章第31偈の「願うが[ままに生まれることを結果とする]原因であること iṣṭahetu」による異熟生と考えられる。この iṣṭahetu について，安慧釈は「願った通りの生存をその都度結果とする」という。内藤[2017]159頁参照。本論考註解(58)参照。

である。換言すれば，第 24–25 偈の説示のように智慧によって苦を恐れないのであるから，第 26 偈では苦に対する怖畏 trāsa そのものがないというのである。それを智慧の一体である「悲愍を本質とする者だから」というのである。つまり，第 26 偈は利他的な慈悲の視点である [138]。視点を換えれば，第 24–25 偈は菩薩自らの苦であり，第 26 偈は「代受苦」である他者の苦である [139]。換言すれば，第 23 偈（図 Q）の「不作律儀の獲得」によって自らの煩悩を原因とする「苦」を恐れないが，「代受苦」に対する怖畏があるのであろう。そのような菩薩に対して，その菩薩が本質とする悲愍は，菩薩が帰依処とした如来の大悲，つまり自他平等の智慧にもとづく「代受苦」の悲愍ではなかったのかというのである。それが第 26 偈の「反語表現」による説示の意図することであると理解する。その第 26 偈を図 T として示す。

図T：「苦に対する怖畏の否定」の説示（反語表現）：第26偈	
菩薩を衆生縁の悲から法縁の悲（無縁の大悲）へ教導	備考：私見
[a]他者のために努める者は，まさに悲愍を本質とする者だから	←慈悲の視点
[b]無間［地獄］さえもが彼にとって喜ばしいものとなる時，	←自他平等の智慧の視点
[c]そのような者であるから，	←智慧即慈悲の視点
[d]［生死流転の］生存の中で，他者に依拠した諸々の苦の生起を，	←代受苦の視点
どうしてさらに怖畏するだろうか。［いや，怖畏しない。］	←故意受生の視点

さて，[a] の「他者のために努める者は悲愍を本質とする者 kṛpātman だから」とは，問答 (09)「出離」で示された「六波羅蜜を常に繰り返し修習すること」が智慧から慈悲によるものに転換したことを意味する。その意図は，第 1 偈（図 F）の「⑶大いなる目標」から「⑷大いなる達成」のある意思への教導である。端的にいえば，「(5a) 大菩提と (5b) 衆生利益を為すことを所縁とする」意思があるならば，仏・如来と同じく利他行の対象である衆生の境涯までも限定せず，究極的には最悪趣である無間地獄の住人をも悲（悲愍）の対象とするように教導しているのである。すなわち，智慧と一体の慈悲によるならば，無間地獄という境涯さえも「故意受生」によって再生する場所として [b]「喜ばしいものとなる」のである。それは初地から第二地への展開を意味する。この意味で，第 26 偈の説示は，第 24–25 偈が智慧による問答 (09)「出離」に対応するのに対して，慈悲による問答 (10)「完結」に対応すると考えられる。

したがって，その [a][b] の説示を承けた [c] の「そのような者」とは，仏の智慧と不一不二の無縁の大悲を行じる者と成ることを希求して，法縁でもある衆生縁の悲を行じているのだから，[d] の「他者に依拠した諸々の苦の生起を，どうしてさらに怖畏するだろうか。［いや，怖畏しない。］」と迫っているのである。この教導によって，「衆生縁の悲」を行じる者が無間地獄

(138) これは第 25 偈の「悲愍を本質としない者」の説示と一組の対照的な説示と見做す理解でもある。

(139) これは第 23 偈（図 Q）の「(a) 他者のために自己の身体と生命とを顧慮することなく，(b) 最大の労苦を引き受ける時」という代受苦として菩薩の苦である。

などの境涯であっても区別なく「故意受生」して，「法縁の悲」を行じる者と成るのである[140]。これが「後得無分別智」が「後得清浄世間智」といわれる由縁なのである。その智慧によってどのような境涯の住人の苦であってもその苦を代受することが喜びとなる，すなわち「代受苦」の喜びがあるのである[141]。だからこそ，その苦に対する怖畏があろうはずがないというのである。これが問答 (10) の「完結」に対応するのである。

そして，この問答 (09)「出離」と問答 (10)「完結」が表裏一体であること，すなわち「智慧即慈悲」を説示するのが続く第 27 偈なのである。その点に留意しつつ考えてみたい。

第 4 章第 3 節第 4 項　第 27 偈の理解 —第 XVII章の「無量」の説示を踏まえて—

第 27 偈は，世親釈によれば，「衆生に対して無関心 upekṣā であることの否定」の説示である[142]。最悪趣に再生する生苦に対する怖畏がないとしても，その「怖畏しない」理由があらゆる境涯の衆生に無関心であっては，衆生利益を実践しないことになってしまうことが危惧されているのである[143]。その第 27 偈の説示を図 U として示す。

図U：衆生に対して無関心であることの否定：第27偈	
第27偈の説示（私見：悲愍を本質とする者のあり方）	備考：私見
<a>軌範師のごとき大いなる悲愍が自らの内に常に住して， <b>他者の諸々の苦によって［自らも］痛苦する心をもつ者にとっては， <c>他者に為すべきことが起きてなお，他者たちにより催促されることは <d>甚だしい羞恥ati-lajjanāである。	←智慧即慈悲 ←代受苦 ←非自発的 ←慚愧への展開

まず菩薩について，第 26 偈が「悲を本質とする者」というが，この第 27 偈は「<a>軌範師のごとき大いなる悲愍が自らの内に常に住して（研究会訳「宿って」）」[144] いる者という。この

[140] 「法縁の悲」といっても，その行じる悲の対象は生死流転する苦悩の衆生である。換言すれば，それは，人無我の証得だけではなく法無我の証得によって境涯の区別がなくなり，どのような境涯の衆生，つまり人間ではなく地獄の境涯の者であっても区別なく平等に対象とするということであろう。

[141] 安慧釈は，この「喜び dga' zhing（dga' ba zhing pa : *ramya）」を「安楽 bde ba（*sukha）」と言い換える。それは，第 21 偈（図 N）の「四種の安楽」を意図する。本論考註解 (91)(107)参照。

[142] ここで，「捨 upekṣā（無関心）」を問題にする点は唐突な感じがする。この点に関して筆者は，次の第 5 項で言及するように第XVIII章「覚分品」第 1–16 偈，特に第 4 偈の内容から理解する。なお，次の三点からの考察も必要であるが，指摘だけに留める。<1>第 I 章第 7–21 偈の「大乗仏説論」において，最終偈の第 21 偈で「捨 upekṣā であることこそが，最上 vara である。罪過がないから。」と結ぶように，「平静（捨）である」ことを勧めている点。研究会 [2009]82–83 頁参照。<2>「捨」は悲（悲愍）とともに四無量（四梵住）の一つである点。<3>『菩薩地』では「四無量の慈・悲・喜が安楽をもたらそうという勝れた意楽に，捨が利益しようという勝れた意楽に，それぞれ包摂さている」（取意）と説かれている点。若原 [2020]242–243 頁参照。ここでの説示は，<1>の自利的視点ではなく，<2><3>の利他的視点である。本論考註解 (157)参照。

[143] これは，第 1 偈（図 F）の「⑸二つを対象とする」心の生起，つまり「(5a) 大菩提と (5b) 衆生利益の実行を所縁とする」意思，特に後者の特徴を否定することになる危惧である。

[144] これは，複合語 mahākṛpā-ācārya-sadā-uṣiā-ātmanaḥの和訳である。長尾ノート⑴ 110–110 頁では，「軌範師のご

「軌範師のごとき大いなる悲愍」の表現は，後得無分別智にもとづく悲愍を意味すると考えられる。だからこそ「大いなる悲愍」というのである。それによって常に「<b>他者の苦を代受して痛苦する」のである。にもかかわらず，<c>他者が苦悩して助けを必要とする状況であるのに第三者から催促されなければ，衆生利益を実践しないこと，つまり無関心であるならば，そこには「<d>甚だしい羞恥」の心が生じるのである。この「<d>甚だしい羞恥」の心が生じることこそ初地見道悟入の証左なのであろう。なぜならば，触証した自他平等の無分別智が軌範師のように常に必ず叱責するからである。すなわち菩薩自らの智慧が自らの悲愍の叱責によって，初地見道から第二地以後へと展開して利他行としての六波羅蜜を修習するのである[(145)]。これは初地から第二地への「出離」を意味するが，同時に初地の「完成」をも意味するのである[(146)]。この表裏一体の「出離」と「完成」は「智慧即慈悲」なのである。

このように，初地悟入後においては，第三者の「善知識」ではなく，自ら触証した無分別智を「軌範師」として向上的に衆生利益を実践するのである。それが「後得無分別智」を「後得清浄世間智」という由縁である。その展開の根拠が「軌範師のごとき大いなる悲愍」であるが，その「大いなる悲愍」は大悲へと成長する悲である[(147)]。この点に関して，第XVII章第17–63偈では「衆生縁の悲→法縁の悲→無縁の大悲」という悲の成長が示されるが，それはそのまま「加行無分別智→根本無分別智→後得無分別智」という智慧の向上的展開を意図する。その理論的な展開の「悲の大悲への成長」が第XVII章第36–40偈「樹木に譬えられる悲」の説示である[(148)]。また，その具体的で実践的な展開の「悲による布施への教誡」が第XVII章第53–58偈の説示である。そこでは，悲による布施は利他行の象徴であり，「軌範師」という語こそないが，

とき大悲に仕える uṣitā」と訳すが，それは安慧釈の内容や本論で言及する第XVII章の「師事 sevā」の説示から考えた達意的訳であると思われる。この uṣitā の意味するところは筆者には難解である。

(145) この第IV章第27偈の無関心を叱責するのは「軌範師のごとき大いなる悲愍」であり，それは智慧と一体の悲愍である。また，第XVII章第62偈では，六波羅蜜を実現するために悲が六波羅蜜の個々の所対治を叱責すること vidūṣaṇa が説示される。研究会 [2013]104–107頁と注解 (66)および内藤 [2013a] 参照。両者に共通する悲愍（悲）は菩薩自らの無分別智などの五相ある心である。次項の本論考註解 (152)(153)(154) 参照。

(146) この第3–6偈の「十種問答」の「完結」について無性釈は，「各地において［六波羅蜜を］実践するならば，その地について修習が完結に到るので，完結という。それ（修習）を伴った殊勝な意思の完結が地である」（取意）という。本篇「無性釈和訳」参照。この「殊勝な意思」は，二十二種の譬喩における発心に対する無性釈で使用される。しかし，それは「(18) 止観を伴う［発心］は乗り物のようである」の注釈においてだけである。本篇「無性釈和訳」参照。この二つだけの用例では確定的なことはいえないが，筆者はこの「殊勝な意思」が「勝義的発心」を意図するのではないかと考えている。下記本論考註解 (159)参照。

(147) 「偉大な mahā」を伴う「大悲」の用例は，管見であるが偈ではわずか五例である。この<1>第IV章「発心品」第27偈，<2>第IX章「菩提品」第71偈の「偉大なる慈と悲 mahā-maitrī-kṛpā」，<3>第XVII章「供養・師事・無量品」第36偈の「この偉大なる悲という樹木 karuṇātarur eṣa mahān」，<4>同じく第XVII章第41偈の「偉大なる悲愍 mahā-kṛpā」，<5>最終章第［XX-］XXI章「敬仏 Pratiṣṭha (Niṣṭha) 品」第56偈「大悲 mahākaruṇā」である。この第IV章の説示形態は他と比べて特異であり，留意すべきである。

(148) 留意点は，樹木の成長にはその根っこを潤す水の灌水が必要不可欠であるように，菩薩の悲が大悲への成長には如来の大慈の灌水が必要不可欠なことである。その「灌水」には，菩薩道のどの階梯でも常に諸仏を供養すること，つまり大慈大悲を蒙ることが重要なのである。内藤 [2013a]302–307頁，小谷 [2014] 参照。また，内藤 [2017]172–179頁および「あとがき」。

師匠（悲）が弟子（布施）を教導するかのように説示される[149]。この師匠である悲は智慧と一体の悲である。つまり，「後得無分別智」を「後得清浄世間智」というが，後者は「智」といいながらも，世間において智慧によって清浄のままはたらく「悲」なのである。私見であるが，「悲」を内実とする「後得清浄世間智」は「故意受生」による「智」の成就を意味し，問答(09)「出離」と(10)「完結」の表裏一体の関係に相当する。その第XVII章第53–58偈の説示はこの第IV章第27偈の詳細な内容であると考えられる。すなわち，この第27偈の説示も，菩薩自身の向上的成長が内的な智慧と慈悲の展開なのである。

第4章第3節第5項　「無関心」と「羞恥」の関係について
—第XVIII章「覚分品」第1–16偈の説示を踏まえて—

以上のような第27偈の説示では，衆生に無関心であることが「甚だしい羞恥である」というが，この「無関心 upekṣā」と「羞恥 lajjanā」の関係はどのようなものであろうか。

さて「羞恥［心］lajjā」は，lajjanāという語と微妙に異なるが，第XVIII章「覚分 Bodhipakṣa品」[150]において，その第一徳目として第1–16偈で詳説される。その説示は第1偈ではlajjāで始まるが，第11偈でhrīとなり，最終偈第16偈もhrīである。本論考では，漢訳に準じて，前者を「羞恥」，後者を「慚愧」と和訳する[151]。「自ら恥じる心」（心所）を意味する語が，lajjā（lajjanā）からhrīに変わるのは菩薩の心の向上的成長の展開を意味する。筆者の理解では，lajjā（lajjanā）は加行無分別智に，hrīは後得無分別智による心であると考えられる。なぜならば，この第XVIII章第1–16偈の説示が直前の第XVII章の一節「梵住（無量）品」の第17–65偈の「悲の大悲への成長」の説示と，内容的にも構造的にもほぼ一致するからである[152]。

(149) 第XVII章第53–58偈では，「悲」が「布施」を叱責し教導する具体的な内容を示して，悲が大悲へと成長・成熟する内実が詳説される。この説示には師匠や弟子に当たる語はないが，あたかも悲が師匠で布施が弟子という師弟関係の譬喩による説示として理解できる。実際，漢訳者は師弟関係として訳している。内藤[2017]205–216頁，研究会[2013]96–101頁，長尾ノート(3) 171–177頁参照。

(150) 『大乗荘厳経論』第XVIII章「覚分 Bodhipakṣa品」は『菩薩地』「菩提分品」の二十一項目をほぼそのままの順序で採用し，その上に刹那滅 kṣaṇikatvaと無我 nairātmyaの二項目が付加される。なお，『菩薩地』では「慚愧」という漢訳語はhrī-vyapatrāpyaにもhrīにも当てられる。「大正」第30巻537頁b以下参照。

(151) 漢訳では，第1偈導入の「諸菩薩に羞相有あり」の直後に割り注のような形で「羞は慚愧を兼ぬ」とある。「大正」第31巻640頁a参照。基本的にはhrīはlajjāを含意すると思われる。このhrīに「慚」「慚愧」などの多用な訳語が当てられている。

(152) 第XVII章の「大悲への成長」の説示は研究会[2013]参照。詳しくは内藤[2013a]と[2017]参照。第XVII章の「慚愧」との一致点は内藤[2013a]284頁の註解(33)でも指摘したが，本論考註解(153)(154)で図Xと図Yとして示す。図Xを見ると一目瞭然であるが，両項目の最終偈では，それぞれ全く同一の(1)乃至(5)の五相がある自らの心から svacittatas，「四無量を修習することが最勝 agra」で，「慚愧することが根本 pradhāna」であるという。後者は，慚愧hrīの説示内容が諸の「菩提分（覚分）」の以下の項目に関して根本であるという意味である。この「自らの心による」とは「慚愧」が他者からの指摘によるのではないことを意味する。この点は，第IX章第27偈（図U）の「<a>軌範師のごとき大いなる悲愍が常に自らの内に住しており」と同じ主旨である。筆者の理解では，この五相が順次，(1)→(2)→(3)→(4)→(5)というように向上的に菩薩の心に完備していくのである。その「(1)勝解 adhimokṣa」は「十種問答」（図D）の問答(03)に相当する。この「(1)勝解」の前段階として，「信解 adhimukti」があると考える。それによって，

具体的にいえば，第一に，両主題の説示においてそれぞれの冒頭偈と総括偈が全く一致する点である[153]。第二に，その説示構成が同一の項目で，しかもほぼ同じ順序である点である[154]。

「信解」と「勝解」が順次「世俗的発心」と「勝義的発心」に対応すると理解している。本論考註解(55)(57)参照。

(153) 第XVIII章では，第1偈世親釈導入文では，lajjā（→hrī）の説示は16偈があるというが，レヴィ版本では第15偈までしかない。長尾ノート(3) 191頁注解cが指摘するように，レヴィ版本では第2偈に相当する一偈が欠落していて，写本より第2偈を補う。第XVII章と第XVIII章の両項目の最初と最後の偈は以下の通り一致する。

図X：第XVII章「無量（梵住）」と第XVIII章「慚愧（羞恥）」の説示の冒頭偈と最終偈の比較	
第XVII章「梵住品」第17偈	brāhmyā [1] vipakṣahīnā [2] jñānena gatāś ca nirvikalpena / [3] trividhā-ālambana-vṛttāḥ [4] sattvānāṃ pācakā dhīre //
第XVII章「梵住品」第65偈	maitrādibhāvanā-agrā svacittato dharmato (1) 'dhimokṣāc ca / (2) āśayato 'pi (3) vibhutvād (4) avikalpād (5) aikyataś cāpi //
第XVIII章「覚分品」第1偈	lajjā [1] vipakṣahīnā [2] jñānena gatā ca nirvikalpena / [3] hīnānavadya-viṣayā [4] sattvānāṃ pācikā dhīre //
第XVIII章「覚分品」第16偈（レヴィ版本第15偈）	hrībhāvanā pradhānā svacittato dharmato (1) 'dhimokṣāc ca / (2) āśayato 'pi (3) vibhutvād (4) akalpanād (5) aikyataś cāpi //

(154) 下図Y中に示す[brāhma-]vihāra［梵］住，apramāṇa無量，およびlajjā羞恥，hrī慚愧は，「慈・悲・喜・捨」と「恥じ入ること（慚愧すること）」という各主題の呼称の変化を示す。上記図Xと合わせてみると，両者の説示意図がほぼ同じであるといえる。両者の内容の比較による詳細な論述は別の機会に譲る。

図Y：第XVII章「無量（梵住）」と第XVIII章「慚愧（羞恥）」の説示構成と構造の比較		
説示の視点	第XVII章第17-28+29-65偈	第XVIII章第1-16偈：（数）は版本
(a)四つの点からの概説	第17-19偈：vihāra	第1偈：lajjā
(b)所対治（・能対治）	第24-26偈：vihāra	第2(欠)-3(2)偈：lajjā
(c)入禅定・意欲・慢心の有無や階位の相異	第20-21偈：vihāra	第4(3)偈：lajjā
(d)所対治の過失と功徳（利徳）	第24偈（功徳と過失）：vihāra 第25-26偈（過失詳説） 第27偈（功徳詳説）	第5-9ab(4-8ab)偈（過失詳説）：lajjā 第9cd-11(8cd-10)偈（功徳詳説）：hrī ★第9偈abでhrī（世親釈：lajjāguṇa）
(e)五果の区別による説示	第22-23偈：vihāra	第9cd-11ab(8cd-10ab)偈：hrī
(f)最上なることtīvratā *世間的段階の視点	第28偈：vihāra 親子の譬喩	第12-14ab(10-13ab)偈：hrī 親子の譬喩：第14(13)ab偈
(g)大乗的な展開	第29-64偈：apramāṇa *悲→大悲への詳細な向上的展開	第14cd-15(13cd-14)偈：hrī ☆向上的展開の要説であると見做す
(h)最勝（根本）なるもの	第65偈（五相ある心）：apramāṇa	第16(15)偈（五相ある心）：hrī

その説示展開において，第XVII章では「慈・悲・喜・捨」の総称が「梵住 brāhmavihāra」から「無量 apramāṇa」になる。その両語の相違は，菩薩の心が自他平等の無分別智とどのように関係するかの視点である。この第XVII章と同主旨の文脈・意図をもって，第XVIII章では「恥じる心」を示す術語が lajjā から hrīへと変化しているのである。

ともあれ，この第IV章第27偈では「<a>軌範師のごとき大いなる悲愍が常に自らの内に住して」いる菩薩の「恥じる心」が，「慚愧」ではなく「羞恥」である点に，しかも「甚だしい羞恥」というように強調されている点に留意する。この「羞恥」と「無関心」の関係が示されるのが第XVIII章第4偈である[(155)]。それを世親釈とともに引用する。

智者は，羞恥を欠くこと lajjārahita によっては理不尽にも <1>諸の煩悩を許容し［て自己を害し］，<2>憤懣をもって［他者を害し］，［そして］<3>無関心と慢心をもって衆生［という他者］を傷つけ，また持戒［という自己］をも損傷する。

（第XVIII章第4偈）

というここ（第4偈）においては，<1>自らを害することと，また<2>他者を害することと<3>［自他の］両者を害することを体験すると［いう過失が］示された。「理不尽に」とは，如理作意によらないことである。いかにして「無関心」であることが衆生を傷つけることになるのか［といえば］。［衆生を見捨てて］衆生利益［の正行］に関して放逸 pramāda（怠慢）である［という過失になる］からである。

この説示の問題点は，<2>と<3>のように和訳した偈の複合語<2>pratigha-<3>upekṣā-mānaḥをどのように解釈するかである。筆者は長尾ノート(3)の知見によって，世親釈と合わせて以下のように理解する。<1>諸煩悩の容認は自らを害し[(156)]，<2>憤懣 pratigha は他者に向けられるものであるから他者を害する。<3>無関心 upekṣā と慢心 māna は自利利他の障害である。すなわち，<3>の「無関心」は，他者に無関心であるから，利他という善行を捨て去って不善を行い，他者を害する。一方「慢心」は，慢心があるから，善き師匠に師事して教法を学ぼうとせず，悪知識（悪友）と交わって戒律を犯して，自らを害する[(157)]。「無関心」は他人の苦や危惧を見ても自ら何もせず見捨てることであるが，裏返せば我執にもとづくのであり，「慢心」に他ならない。その意味で，<3>の「無関心」と「慢心」の両者の否定が「自利即利他」を意味するのである。換言すれば，この「無関心」と「慢心」を否定することが自他平等の無分別智を触証した証左なのである。端的にいえば，大いなる悲愍によって「無関心」を，無分別智によって「慢心」を否定することで，「智慧即慈悲」が成就するのである。そのために法縁

(155) 長尾ノート(3) 195–196頁参照。以下は，長尾知見にもとづく筆者の理解である。特に注解(3)参照。

(156) この「<1>諸煩悩の容認」は「十種問答」の「(07)災難」に当たると考えられる。

(157) この「慢心」の内容は，第I章の「大乗仏説非仏説論」における第14偈の「真の友人（善知識）のいない者 asanmitra」と第20偈の「自分で［自らの知を］確信する者 svapratyaya」を想起させる。研究会[2009]68–67頁と80–83頁参照。特に第21偈の「捨」と関わる点に留意がいる。本論考註解(142)参照。

の悲を行じる，後得無分別智による修習があると考えられる。

この第XⅧ章第 4 偈の説示を踏まえれば，「甚だしい羞恥」に言及する第Ⅳ章第 27 偈について，世親釈導入文がなぜ「無関心であることの否定」というのか理解できよう。「甚だしい羞恥」とは無関心と慢心の否定なのである。この甚だしい羞恥がなければ他者に無関心となり，慢心を否定できずに衆生利益に対する意思が生じないのである。そうなれば，菩薩の階梯（地）を向上的に修習しようという意思も生じずに，その階梯に留まるかあるいは後退するかとなり，六波羅蜜の修習の「出離」もなく「完結」もないのである。それが，第XⅧ章第 4 偈世親釈の最後にいう「衆生利益に関して放逸（怠慢）である」という過失である。その放逸（怠慢）とは，衆生を見捨てるという「無関心」と自利即利他の正行に怠惰であるという「慢心」の両者である。それを譴責するために第 28 偈の説示があるのである。

なお，第XⅧ章第 4 偈を視点にすれば，その第 28 偈（図 V）の<a>は「無関心」の否定であり，<b>は「慢心」の否定に相当すると考えられる。

第 4 章第 4 節　第 28 偈（最終偈）の意味と位置づけ

第Ⅳ章最終偈である第 28 偈について，世親釈導入文は，「［菩薩行において］怠惰 kauśīdya（懈怠）を譴責すること」を説くというが，それを図 V として示す。

図V：第IV章総括偈：第28偈	
偈の内容	第1偈（図F）との対応
<a>実に，衆生という高大な積荷を頭上に載せた 最勝の衆生（菩薩）が，緩慢に歩むならば，見苦しい。	(5b)衆生利益の実行を所縁 とする意思ある者
<b>自と他の種々なる繋縛によって固く縛られている者は， ［声聞の］百倍の精進をするべきである。	(5a)大菩提を所縁 とする意思ある者

この偈の位置づけは，第 21 偈以後の後半 [B] 菩薩に発心するよう誘引・教化する内容を結ぶ偈であると同時に，以下の視点から第Ⅳ章全体の総括偈であると筆者は考える[158]。

まず，「<a>衆生という高大な積荷を頭上に載せた」[159]とは，第 27 偈（図 U）の他者に無関心であることを否定された者である。換言すれば，上述した第 24–27 偈の説示によって，発心に関して智慧による「出離」と慈悲による「完結」の菩薩行を受け入れたことを意味し，第 1 偈（図 F）の「(5a) 大菩提と (5b) 衆生利益を為すことを所縁とする」意思ある者である。そ

[158] 無性釈（Pek 63b8–64a1, De 56b4–56b5）と安慧釈（Pek 75a7–75a8, De 66a1–66a2）は，第Ⅴ章の注釈冒頭で第Ⅳ章との関連を注釈する。そこでは，この第 28 偈がそのまま引用される点からも，第Ⅳ章を総括する偈と考えられる。

[159] この表現は経典にもとづく菩薩の「精進」のあり方と関連する点に留意。上記図 H[5] 参照。また，この「積荷 bhāra, khur」は，二十二種の譬喩による発心では「(18) 止観を伴う［発心］は乗り物のようである」の無性釈・安慧釈で言及される点に留意すべきである。本篇の無性釈・安慧釈「和訳と注解」参照。また，本論考註解 (146)参照。

の者を「最勝の衆生 agrasattva」というのである。そのような意思ある菩薩が，煩悩と業と生（苦）を本性とする「<b>種々なる自と他の繋縛によって強固に縛られている」からといって，菩薩道を「緩慢に歩むならば，見苦しい」といわれる。それは「怠惰（懈怠）」の心を否定されているのである。その否定の視点は，苦滅と涅槃の証得を自ら成就するという声聞の実践でも大変な精進が必要であるのに，自らだけではなく一切衆生という他者にも苦滅と涅槃の証得を成就しようとするのであるから[160]，「声聞の百倍の精進をするべきである」というのである。

この「見苦しい」と指摘され「声聞の百倍の精進をするべき」と譴責（叱咤激励）される菩薩が「最勝の衆生」といわれる。それには一見すると違和感があるが，それは「(5a) 大菩提と (5b) 衆生利益を為すことを所縁とする」意思があるからであり，被甲精進通りの加行精進をなそうという意思があるからである[161]。すなわち，第 1 偈（図 F）の「⑴大いなる士気」によって「⑵大いなる奮闘」を為すべきであると指摘されているのである。この⑴⑵のある菩薩は，世親釈のいう「(i) 英雄的行為という功徳」があるので，「緩慢に歩むこと」がなくなり，「見苦しい」と指摘されることもなくなるのである。

端的にいえば，この第 28 偈はそのような「最勝の衆生」に対して，勝義的発心が生起したのではなかったのかと確認し，大乗菩薩道を歩む決意を促しているのである[162]。

第 4 章第 4 節第 1 項　「最勝の衆生」とは —『大乗荘厳経論』の用例—

この「最勝の衆生 agrasattva」という語は，この第Ⅳ章第 28 偈以外に第Ⅻ章「弘法品」第 4 偈と第 6 偈，および第ⅩⅣ章「教授教誡品」第 50 偈と第 51 偈にある[163]。本論書を「聞・思・修」の「三部の構成」（図 A）と考えている筆者には，この五例のある三章の位置が重要である。また，「修」に当たると考えている第ⅩⅤ章以後にはない点は興味深い。

簡単に要点を以下論述する。大菩提を証得するためには，「修」である実践行が必要不可欠であるが，その「修」は「聞」「思」にもとづくものである。この「聞」「思」「修」それぞれが菩薩の正行 pratipatti であり，それらには菩薩の意思が必要不可欠である。すなわち，この第

[160] これは，藤田 [2011] の知見である「[1] 涅槃を達成させ，[2] 苦しみを終わらせる」という宗教的利益をもたらす教説が仏説であると関連すると考えられる。

[161] すでに言及したように，筆者は，この被甲精進が「聞・思」に関する精進であり，被甲精進通りの加行精進が「聞・思」による「修」であると理解する。その「修」が緩慢であるならば見苦しいという指摘は，逆説的ではあるが，「修」に対する「聞・思」が不充分であることを暗に指摘しているのである。その意味でこの第 28 偈は，大乗の教法に対する聴聞と思惟の点で，被甲精進通りに加行精進して，第 1 偈（図 F）の「(i) 英雄的行為という功徳」を得るように叱咤激励しているのである。

[162] この第Ⅳ章最終偈の第 28 偈の内容は出世間への教導であり，第Ⅱ章第 2 偈世親釈の「決意 vyavasāya」を促していると考えている。研究会 [2020]22–25 頁，内藤 [2020]246–259 頁【問題点 B】参照。

[163] 第Ⅳ章以前に agrasattva の用例はないが，少なくとも以下の agra の用例と合わせて考えるべきである。[1] 第Ⅱ章「帰依品」第 2 偈 agraśaraṇārtha と世親釈の agrayāna の用例。[2] 第Ⅲ章「種姓品」第 1 偈・第 3 偈における種姓の「最勝性 agratva」と，第 13 偈の「最勝の種姓 agragotra」の用例。用例 [1] は研究会 [2020]，内藤 [2020] 246–259 頁【問題点 B】参照。用例 [2] は長尾ノート ⑴ 69–70 頁と 83–84 頁参照。

Ⅳ章第28偈は「聞」の視点での「最勝の衆生」である。「思」の視点は，第Ⅹ章の「信解」による第Ⅺ章の智慧に対する「尋求」が核となるが，それは自己成熟という自利である。その自利がそのまま利他へと転換するのが第Ⅻ章の「説法」，つまり慈悲による利他行である。その転換は最勝乗の教法に対する信解の問題でもあるが，最勝乗の教法を尋求するという自利がその教法を説法するという利他のためであること，つまり「自利即利他」であることが重要な点である。その説法のあり方が，第Ⅻ章第4偈と第6偈で「最勝の衆生」として示されている。それを承ける形で，第XIV章第50偈の「最勝の衆生」は，その自利（尋求）と利他（説法）の「思」の成就した者，つまり教法に関する「教授教誡」の成就した者である。その上で，第51偈は第50偈の「最勝の衆生」が六波羅蜜の修習によって，功徳の彼岸に到達する，つまり大菩提を証得するというのである(164)。これは，「修」としての「最勝の衆生」の説示である。その菩薩は，自らの身・口・意の三業が第XV章「業伴品」の「三種の方便」（図B）による「修」へと展開するからこそ，「最勝の衆生」というのである。

具体的にいえば，この第Ⅳ章第28偈の「最勝の衆生」は，続く第Ⅴ章乃至第Ⅸ章の聞き学ぶべき項目に対する聴聞という正行，つまり「聞」に対する意思ある菩薩である。その「聞」という正行でさえ，声聞の百倍の精進が必要であると説示されているのである。それは，第1偈（図F）の「(i) 英雄的行為という功徳」を成就する精進なのである。

第二の第Ⅻ章第4偈の「最勝の衆生」は，どのように説法するかという区別によるものである。それは自己の享受した教法をどのように他者へ伝えるか思惟するという利他の視点でもある。換言すれば，聴聞した大乗の教法を自らの上で，どのように思惟し受け入れるかということであり，それはそのままどのように他者に説法するかという問題である。その説法のあり方を次の図Wとして示す(165)。

図W：最勝の衆生agrasattvaの説法の区別：第XII章第4偈		
具体的な説法のあり方	階位	備考
[1]阿含の教法を善知識から聴聞したままに他者に説く。	信解行地	聞所成
[2]法界の触証によって教法を説く。	初地乃至第七地	思所成
[3]無分別智と神通力（自在力）を得て無功用に教法を説く。	第八地以上	修所成

この第4偈では，説法のあり方をもってそれぞれが「最勝の衆生」というのであるが，それは信解行地以後の三段階の菩薩として示されている。そして，第6偈は第5偈とともに「最勝の衆生」の完成された説法のあり方（特徴）が示される。

(164) この第XIV章の構成理解は，内藤 [2013b] 参照。

(165) 長尾ノート⑵ 166–170頁参照。第5–6偈は紙面の関係上，省略する。なお，第5–6偈の説示は第Ⅰ章の無性釈と安慧釈に依用されている。第Ⅰ章の研究会 [2009] の再版にむけて両釈の和訳研究が進行中である。したがって，その詳細はその出版に期待したい。

第三の第XIV章第 50 偈の「最勝の衆生」は，すでに論述したように[166]，その内容が第 1–49 偈の説示に対応する形でまとめられた偈であると考えられ，次のように説く。

> **<a>諸仏は，［1) 戒に関しては］自利のために正しく修行する者には正しい賞賛を［与える］。しかし，誤って行じる者には叱責を与える。<b>そして，［今］ここで，［2) 定と 3) 慧に関しては］安住せしめ，探求することに専心する最勝の衆生 agrasattva に，［それら安住と探求に］1>妨害を与えると，2>順応するとのあらゆる種類のあり方を，勝利者（仏陀）は方軌あるもの vidhivat として説示する。<c>それら（妨害と順応）を，［妨害するものは］断じ，あるいは［順応するものは］味方として，善逝者（仏陀）のこの教説において，瑜伽（止観）における［行］が広大性あるものとなる[167]。（第XIV章第 50 偈）**

この偈は，衆生に対して諸仏が「戒・定・慧」に関して説示している内容である。換言すれば,「最勝の衆生」とは，<a>仏説である大乗を帰依処とした持戒ある者であり，その上で<b>方軌あるものとして説示された大乗の教法について，その方軌 vidhi に随順して聴聞と思惟に専念した者である。その「最勝の衆生」に，<c>その「聞・思」のままの「修」，すなわち広大なる「止寂と観照 śamathavipaśyana（止観）」という瑜伽行があるというのである。

これを承けた第XIV章第 51 偈（最終偈）は，次のようにいう[168]。

> **<1>以上のように常に善を積み重ねて［それを］成就し，［釈迦］牟尼尊の常恒で偉大な教授を得たその者は，<2>心の三昧の極めて広大なることを得て，<3>功徳の海の彼岸に到達する一人の最勝の衆生 agrasattva である。（第XIV章第 51 偈）**

この偈の「最勝の衆生」は，<3>「功徳の海の彼岸に到達する」者であるが，それは<1><2>を経た者である。この<1><2><3>が順次「聞・思・修」に対応すると考えられる。そして，その彼岸に到達する手段が続く第XV章「業伴品」で示される「三種の方便」（図 B）なのである。つまり，この第 51 偈の「最勝の衆生」とはその「三種の方便」によって向上的に六波羅蜜を実践する菩薩であることを意味する[169]。

筆者の理解を端的にいえば，本論書の偈における「最勝の衆生」とは，第IV章が「聞」，第XII章

---

[166] 詳しくは，内藤 [2013a]269–270 頁，内藤 [2013b] 参照。それらを内藤 [2017]24–27 頁にもまとめた。以下の和訳における<a><b><c>の三分割は，長尾ノート (2) 286–288 頁にもとづく筆者の理解である。

[167] 偈の「瑜伽 yoga」は世親釈によれば「止観」であり，それが「方便 upāya」である点は，第XVIII章第 67–68 偈の説示によって明白である。長尾ノート (3) 268–269 頁，特に注解 (2)参照。この方便が第XV章の「三種方便」(図 B) と関連すると考えられる。この点は別の機会に言及したい。本論考註解 (169)参照。

[168] 長尾ノート (2) 288–289 頁参照。この偈の理解については，内藤 [2013b]，内藤 [2017]24–27 参照。

[169] 端的にいえば，第 50 偈は「聞・思」を成就した種姓としての agrasattva であり，第 51 偈は「修」を成就しようとする種姓としての agrasattva であり，両者は同一の菩薩である。なお,「三種の方便」とは，本論考註解 (167)で言及したように，第 50 偈の「止観という瑜伽である方便」であると考えられる。第 51 偈の理解については，内藤 [2013a]269–270 頁，内藤 [2017]24–27 頁など参照。

が「思」，第XIV章が「修」の各段階におけるあるべき理想像の菩薩を意味していると考えられる。この三段階における「最勝の衆生」には第1偈（図F）の⑴と⑵→⑶→⑷というように順次，特徴ある心の生起がある。その生起した心（意思）には「三種の功徳」があるのである。その向上的に順次生起する心に一貫して共通するものが「(5a) 大菩提と (5b) 衆生利益の実行を所縁とする」意思なのである。

以上を踏まえれば，この第28偈の「最勝の衆生」は，「十種問答」を経て，「(5a) 大菩提と (5b) 衆生利益の実行を所縁とする」意思があり，第1偈（図F）の世親釈のいうように，甚深なる教法について「聞・思」しようという偉大な士気があり，また被甲精進通りに加行精進しようという偉大な奮闘がある菩薩なのである。そのような精進を通して「(i) 英雄的行為という功徳」を成就することによって「緩慢に歩む」こともなく，「見苦しい」と指摘されることもなくなるのである。

第5章　まとめ―第IV章の構成・構造と位置づけ―

以上で，第IV章「発心品」の構成・構造は第3–6偈の「十種問答」にもとづいたものであるという本論考の目的は論述し得たと思う。また，『大乗荘厳経論』は「三部構成」（図A）であるという筆者の理解に関して，その根拠の一部を提示できたと考える。

その点をまとめて本論考を終わりたい。第IV章は，仏語・仏説である最勝乗・大乗（第I章）を帰依処とした（第II章）者，つまり菩薩種姓の者（第III章）にとっての「発心」のあり方が説示される。第IV章第1偈（図F）では，その「発心」が五つの特徴ある「心の生起」つまり「意思」として示される。第2偈（図I）では，その「意思」である発心には信解行地から仏地までの四種の区別があると示される。この二偈による「発心」に関する理論的な基本的説示を聞き学んだ者に起こる根本的な問いが第3–6偈の「十種問答」として示されている。この問答は善知識と弟子という師弟間のものであり，筆者の推測であるが，無著と世親の間でも行われたものではないかと考えている。

また，第IV章の最終偈第28偈の「最勝の衆生」は，究極の菩薩ではなく，「聞・思・修」という向上的な仏道（菩薩道）で求められる理想的な菩薩の姿（あり方）の第一段階の姿・あり方である。第28偈の「<a>実に，衆生という高大な積荷を頭上に載せた」とは，第1偈（図F）の「(5a) 大菩提と (5b) 衆生利益の実行を所縁とする」意思ある菩薩を意味するが，その菩薩が「緩慢に歩むならば，見苦しい」と指摘されている。それは，「(i) 英雄的行為の功徳」（図F）が成就していないからである。すなわち，最勝乗の教法に関する「聞・思」が不充分であるからである。したがって，長期・長時に及ぶ，「声聞の百倍」と表現される「被甲精進通りの加行精進」（図F）に励むよう叱咤激励されているのである。

筆者の「三部構成」（図A）の理解でいえば，その「聞（聴聞）」すべき対象は第I章乃至第IX章の説示である。そこには，『菩薩地』の「(i) 何を修学するのか yatra śikṣante」に当たる第

Ⅴ章乃至第Ⅸ章だけではなく，第Ⅰ章乃至第Ⅳ章が含まれる。それは，この第Ⅰ章乃至第Ⅳ章の「聞」がなければ，第Ⅴ章乃至第Ⅸ章に対する「聞」は成就しないことを意味する。端的にいえば，第Ⅴ章乃至第Ⅸ章だけではなく，第Ⅰ章乃至第Ⅳ章をも聞き学ぶべき修学の対象とする点が『菩薩地』とは異なる『大乗荘厳経論』の独自性なのである。そこには「世親の回心」という実体験が想起される。その点を示唆するのが，第Ⅰ章乃至第Ⅸ章の章名を事後列挙しているウッダーナ 1（図 A）の役割であると考えられる。

内藤 [2009a][2009b] で論述したように，ウッダーナ 1 の役割は，第Ⅸ章の「菩提」の内実である各項目が第Ⅰ章乃至第Ⅸ章の説示に対応していることを示すことなのである。具体的にいえば，第Ⅸ章「菩提品」の第 1–3 偈「一切種智者性」と第 4–6 偈「無二相」は第Ⅰ章の前編第 1–6 偈（序品）と後編第 7–21 偈（成宗品）に，第 7–11 偈「無上帰依処性」は第Ⅱ章「帰依品」に対応している—他は省略—。同様に，第Ⅸ章の他の項目がどの章と対応しているかを聞き学ばなければ，その教法の自利即利他の正行を如理に思惟できないのである。

この筆者の理解での問題点は，この第Ⅳ章「発心品」が第Ⅸ章「菩提品」のどの偈の説示項目と対応関係にあるかである。筆者は，内藤 [2009b] で言及したように，第Ⅸ章最終偈の第 86 偈に対応すると考えている。その第 86 偈は次のようにいう[170]。

> **以上のように，仏地は，<1>無比で白浄なるダルマ（特性）を円具しているから，<2>また［衆生］利益と安楽の根拠であることによって，<3>清浄で最勝なる安楽の無尽なる鉱脈であるから，清浄なる智慧ある者（菩薩）は，菩提心を受持すべきである。（第Ⅸ章第 86 偈）**

この偈について世親釈導入文は，「仏たること buddhatva（仏性）へ向かうように勧めること（勧請すること）について一偈がある」という。さらに世親釈は偈の「仏地 buddhabhūmi」を「仏たること」に言い換えているが[171]，この「仏たること」は第Ⅸ章冒頭の「一切種智者性」と「無二相」と「無上帰依処性」，さらに第 12–17 偈「転依」の四項目を説明する一貫した主語であり，「菩提」の内実を説明するキーワードである。端的にいえば，仏地に至ることは，「仏たること」すなわち「智慧と慈悲」を証得することなのである。筆者の理解では，この四項目の説示順序は，向上的な智慧の成就がそのまま向下的な慈悲へと転じることを意味する。この第Ⅳ章「発心品」の説示の主眼は，そのような「仏たること」を獲得しようという意思についてである。つまり，それは「発菩提心」というよりも，菩薩としての「意思」の内実の説示であると考えられる。その意味で，この第Ⅸ章第 86 偈は，第Ⅰ章乃至第Ⅸ章に説示された最勝乗（大乗）の教法に対する「聞」によって，菩提に対して「生起した心」を，「思」「修」を通して

---

(170) 長尾ノート (1) 270–271 頁，内藤 [2009a]134–197 頁とその註解参照。

(171) この「仏地」と「仏たること（仏性）」は，本論書第ⅩⅧ章「覚分品」第 42–44 偈の「証得とは十地と仏たることの証得である」（取意）とする点から考えるべきである。長尾ノート (3) 234–239 頁，特に 238–239 頁参照。本篇「世親釈和訳」の注解 (19)参照。

向上的に仏地に至るまで捨て去ることなく，受持することが必要不可欠であることを説示していると考えられる。

したがって，この第Ⅸ章第 86 偈で「菩提心を受持すべきである」と勧められている菩薩こそ，この第Ⅳ章第 1 偈（図 F）の「(5a) 大菩提と (5b) 衆生利益の実行を所縁とする」意思がありながらも，第 28 偈（図 V）で「見苦しい」と指摘される菩薩，つまり菩薩道を「緩慢に歩む」者でありながら「最勝の衆生」とされる者であると考えられる。その菩薩は，第Ⅸ章第 86 偈の説示されるように勧められるままに菩提心を受持しつつ，被甲精進と加行精進を継続して，「(i) 英雄的行為の功徳」を得ていくのである。それによって，「見苦しい」と指摘される「緩慢に歩む」ことがなくなるのである。このように理解して筆者は，この第Ⅳ章「発心品」が第Ⅸ章第 86 偈に対応すると考えるのである。

さらにいえば，この菩提心を受持する菩薩は，第Ⅰ章乃至第Ⅸ章に続いて，第Ⅹ章乃至第ⅩⅣ章の説示にしたがって「聞にもとづく思」を繰り返すことによって，本論考「第 4 章第 4 節第 1 項」に引用した第ⅩⅣ章「教授教誡品」最終偈の第 51 偈に示される「最勝の衆生」と成るのである。それが「思所成慧」の成就した者である。その菩薩は，第ⅩⅤ章「業伴品」の「三種の方便」（図 B）の第一段階，つまり「(A) 波羅蜜等の菩薩の「［行為を］引き起こす方便」によって「修」である六波羅蜜を実践していくのである。

ともあれ，以上のように理解して，第Ⅳ章最終偈の第 28 偈の「最勝の衆生」は，第Ⅰ章乃至第Ⅲ章の説示を聴聞して，第Ⅳ章第 1 偈（図 F）の「(5a) 大菩提と (5b) 衆生利益の実行を所縁とする」意思（心）が生じた菩薩である。同時に，その第 1 偈（図 F）の「発心の特徴」と第 2 偈（図 I）の菩薩道における「四種の発心」の説示によって，大乗の菩薩としての発心の基本を聞き学び，その内容について第 3–6 偈の「十種問答」の質疑応答を善知識と交わした菩薩である。それは，その「十種問答」を通して第Ⅳ章の説示を聞き学んで，さらに続く第Ⅴ章乃至第Ⅸ章の説示を聞き学ぼうという向上的な意思，つまり第 1 偈（図 F）の ⑴乃至 ⑷の「発心」の内実が明確化し，確定 viniścaya した菩薩であると考えられる。

『菩薩地』第Ⅱ章「発心」の和訳と注解

若 原 雄 昭

序

『大乗荘厳経論』は，瑜伽行唯識学派の基本典籍である膨大な叢書『瑜伽師地論』中の一書『菩薩地』に範をとり，基本的にはその構成と内容に従って論述されている。したがって，『大乗荘厳経論』第Ⅳ章「発心」の読解に当たっても，対応する『菩薩地』第Ⅱ章「発心」（漢訳「発心品」第二）の参照が必須となる。『大乗荘厳経論』との関係を離れても，『菩薩地』というテキスト自体がインド大乗仏教研究における重要な資料であることは云うを俟たない。ここに本書附論として『菩薩地』第Ⅱ章「発心」の翻訳研究を提示する所以である[(1)]。

以下に，本稿作成にあたって使用した梵蔵漢各種資料および直接に関連する先行研究３点のみを挙げる[(2)]。

梵本[(3)]

Bodhisattvabhūmi, Wogihara ed. (W.) pp.12–21, Dutt ed. (D.) pp. 8–14
（詳細な書誌は本書巻末の文献リスト BBh，BBh(D) を参照）

蔵訳

---

(1) 本稿は，『世界仏教文化研究論叢』第 61 集に世界仏教文化研究センター 2021 年度専任研究員報告論文として寄稿した拙論「梵文『菩薩地』第Ⅱ章「発心」および諸注釈の翻訳研究」に大幅な加筆増補を施したものである。

(2) 菩薩地および大乗荘厳経論に関する参考文献は枚挙に遑がない。研究会 [2009][2013][2020][2023] に収載されている文献一覧を見られたい。また，瑜伽師地論に関する詳細で網羅的な書誌情報として以下がある：Martin Delhey, The Yogācārabhūmi Corpus: Sources, Editions, Translations and Reference Works, *The Foundation for Yoga Practitioners: The Buddhist Yogācārabhūmi Treatise and Its Adaptation in India, East Asia, and Tibet,* Harvard Oriental Series 75, ed. by Ulrich Timmer Krag, Cambridge MA, USA 2013。

(3) 後述の Dorji [2007] には，Appendix A: A Critical Edition of the Sanskrit Text of *Bodhisattvabhūmi* Ⅰ.2 および Appendix B: A Critical Edition of the Sanskrit Text of *Bodhisattvabhūmi* Ⅰ.2 として，現存諸写本及び諸刊本を用いて厳密に校合し異読を詳細に注記した梵蔵テキストが収載されている。本訳稿でも原則としてこれに依るが，その読みに従わない場合には訳文当該箇所脚注に記した。また，筆者による科段を加えた梵蔵漢（玄奘訳のみ）テキストを本文末尾に付した。なお，羽田野伯猷編『瑜伽論菩薩地』（チベット佛典研究叢書第 1 輯第 1 巻，第 2 輯，1975–1976）には菩薩地本文梵蔵漢対照校訂テキストと *Bodhisattvabhūmi-vyākhyā* が収載されている由であるが，参照することが出来なかった。

rNal 'byor spyod pa'i sa las Byang chub sems dpa'i sa (Colophon: Byang chub sems dpa'i sa'i gZhi'i rnal 'byor gyi gnas las Sems bskyed pa'i le'u ste gnyis pa)（Prajñāvarman, Ye shes sdes 訳）（9 世紀初葉訳出）
sDe dge ed. (De.) No.4037, Sems Tsam, Wi 7a6–12a4; Peking ed. (Pek.) No. 5538, Sems Tsam, Zhi 8b4–14b1

漢訳

玄奘訳『瑜伽師地論』（648 年訳出）：大正大蔵経第三十巻瑜伽部上 No. 1579, pp. 480b-482c, 瑜伽師地論巻第三十五本地分中菩薩地第十五初持瑜伽處發心品第二
（高麗大蔵経第十三巻 No. 570, pp. 759a-762a；宋版磧砂大蔵経第十五冊 No. 589, pp. 354a-356a）
曇無讖訳『菩薩地持經』（414–426 訳出）：大正大蔵経第三十巻瑜伽部上 No. 1581, pp. 889b-890c, 菩薩地持經巻第一菩薩地持方便處發菩提心品第二
（高麗大蔵経第十四巻 No. 523, pp. 73b-75a；宋版磧砂大蔵経第十三巻 No. 541, pp. 836b-837b）
求那跋摩訳『菩薩善戒經』（431 年訳出）：大正大蔵経第三十巻瑜伽部上 No. 1582, pp. 964a-965c, 菩薩善戒經巻第一菩薩地發菩提心品第三
（高麗大蔵経第十四巻 No. 524, pp. 167b-169b；宋版磧砂大蔵経第十三巻 No. 542, pp. 897a-898b）

注釈書（インド撰述）

徳光（Guṇaprabha, Yon tan 'od, 5c.-6c?）[4]，『菩薩地注』（*Bodhisattvabhūmi-vṛtti*; *Byang*

---

[4] プトンの『仏教史』は，「世親の弟子にして律の学識において師の世親を凌いだ者」として徳光の名を挙げ，バラモン出身で根本有部律の権威であり，『律経』・『同自注』・『百一羯磨』(**Ekottarakarmaśataka*)・『菩薩地戒品注』を著したと述べ，また，ハルシャ王の帰依を得て王師となっていたが，名声は同時代の安慧 (Sthiramati) に及ばなかったという逸話を記す（E. Obermiller, *History of Buddhism by Bu-ston*, p.160, 148）。ターラナータの『仏教史』は，他に，徳光がマトゥラーの生まれで同地のアグラプリー僧院に住したこと，ハルシャ王の大臣が刑罰に処せられて眼球を剔られたのを神通力で回復させた逸話，持律堅固で常に頭陀を行じていたこと等を記す（Lama Chimpa & Alaka Chattopadhyaya tr., D, Chattopadhyaya ed., *Tāranātha's History of Buddhism in India*, Delhi 1990, pp.176–179）。

一方，玄奘・辯機『大唐西域記』（巻四・秣底補羅國［中印度境］および巻十一・鉢伐多國［北印度境］の条，大正 51, No. 2087, 891b-c; 937c）と慧立・釋彦悰『大唐大慈恩寺三藏法師傳』（巻二同条・巻四同条，大正 50, No.2053, 232c; 243c）は，大略以下のように記す–「秣底補羅 (*Matipura) 城外に小伽藍があり，昔そこで瞿拏鉢剌婆（唐言徳光）論師が『辯真論』（怛埵三弟鑠論**Tattvasaṃdeśa*）など百余部の論を著した。論師は鉢伐多 (*Parvata) 国の出身で，博覧強記の英才であったが，元々は大乗を学びながらそれを究めないうちに『毘婆沙論』に接して大乗を捨て小乗に転じ，多数の論を著して大乗を破し小乗を成じた。経典を研究するうちに幾多の疑問が生じ，それを質すため兜率天に弥勒菩薩を訪ねた際に，"弥勒は天界の楽を享受する在家者であり，自分は出家の比丘である" と云って礼拝しなかった。弥勒は彼が増上慢の比丘であって聞法の器でないことを見抜き，彼が兜率天に三度往来しても答えは与えられなかった。徳光はこれを恨んで山林に趣き修定したが，慢心のため竟に證果を得られなかった」。

玄奘門下の著作では，他に，基『成唯識論述記』巻第一（本）（大正 43, No. 1830, 236b）に，論本の「復有迷謬唯識理」の文を釈して「徳光論師先小乘學。造『十地疏』，釋＜一心＞言：如言王來非無臣從，舉勝者故。非謂唯心便無境等」と記されているのを見出だしたに止まる。

更に，義淨の『南海寄帰内法伝』（巻四，大正 54, 229b）では，近代の学匠の一人に徳光の名が挙げられ，律蔵を弘

chub sems dpa'i sa'i 'grel ba)（Dīpaṃkaraśrījñāna, Tshul khrims rgyal ba 訳）（11 世紀中葉訳出）
De. No. 4044, 'i 146a5–149a6；Pek. No. 5545, Yi 183a8–187a5（不完本）(5)（BBhVṛtti）
海雲（*Sāgaramegha, rGya mtsho sprin, 8c. 末-9c. 初）(6),『菩薩地広注』(*Bodhisattvabhūmi-vyākhyā*; *Byang chub sems dpa'i sa'i rgya cher 'grel ba*)（Śāntibhadra, Tshul khrims rgyal ba 訳）（11 世紀中葉訳出）
De. No. 4047, Yi 18a3–31b5；Pek. No. 5548, Ri 21a7–36a5（完本）（BBhVyākhy*ā*）

注釈書（中国撰述）

基撰『瑜伽師地論略纂』（不完本）(7)
大正大蔵経第四十三巻論疏部四 No. 1829, pp. 130c-131c, 瑜伽師地論略纂巻第十（論本第三十五巻）菩薩地一（発心品）
遁倫集撰『瑜伽論記』（完本）(8)
大正大蔵経第四十二巻論疏部三 No. 1828, pp. 492a-494b, 瑜伽論記巻第八之下（論本第三十五巻）菩薩地（発心品）

翻訳研究等

宣したという（近則，陳那・護法・法稱・戒賢及師子月・安慧・德慧・慧護・德光・勝光之輩，...，德光乃再弘律藏，...）。これに従えば世親の弟子とするのは困難であり，6c.～7c. の人となろう。また，これら諸伝に云う徳光が同一人物であるかどうかも不明である。

西蔵大蔵経には彼の著作として『律経』・『律経注』・『百一羯磨』が律部に，本書『菩薩地注』および『菩薩戒品注』・『五蘊論』(*Pañcaskandha-vivaraṇa*) が唯識部に，それぞれ収められている。『律経』・『律経注』は梵本が刊行されている：R. Sankrityayana ed., *Vinayasūtra of Bhadanta Guṇaprabha*, Bombay 1981 (Singhi Jain Series 74); P. V. Bapat and V. V. Gokhale, *Vinayasūtra and Auto-commentary on the same by Guṇaprabha*, Patna 1982 (Tibetan Sanskrit Works Series 22)。後者については大正大学グループによる一連の詳細な和訳研究がある：米澤嘉康他，『律経』「出家事」の研究（1）～（10），大正大学綜合佛教研究所年報 25, 2003～36, 2014。

(5) 西蔵大蔵経所収の現存同書は「施品」第九までで中絶している。他の品については，前注に挙げた『菩薩戒品注』(De. No. 4045; Pek. No.5546 *Byang chub sems dpa'i tshul khrims kyi le'u'i 'grel pa* (/ ... *le'u bshad pa*, in the colophon) すなわち「戒品」第十の注釈のみが，菩薩地の訳者 Prajñāvarman, Ye shes sdes によって訳されている。これに相当するテキストは敦煌文書中にも見いだされている。

(6) チベット訳名 rGya mtsho sprin のみ伝わり，原名は*Samudramegha などの可能性もあって定かではない。ターラナータの『仏教史』は，パーラ朝第二代ダルマパーラ (Dharmapāla) 王の治世 (ca. 781–821) に活動した学者の一人として彼の名を挙げ，弥勒の霊告を受けて瑜伽論全章の注釈書を著したと記す (Chimpa & Chattopadhyaya, op.cit,.pp.276-277)。彼の菩薩地広注が『デンカルマ目録』(824 年編纂) に記載されていることもこの年代と符合する（羽田野伯猷，「瑜伽行派の菩薩戒をめぐって」注 (13)，羽田野『チベット・インド学集成』第 4 巻インド篇 II, pp.179–180；同「大乗仏教随想 6『瑜伽師地論』と『菩薩地』をめぐる文献」，同書 pp. 198–201)。漢土にはこの人の名も著作も伝えられていない。

(7) 慈恩大師・基（632–682）は長安の人，古来百本の疏主と称されるほど述作は多い。『瑜伽師地論略纂』は巻第十六（論本六十一～六十六）摂決択分中思所成慧地第八までで終わっているが，当初から未完であったらしく，このことからも基の示寂後の成立と見られている。

(8) 遁倫（道倫）(ca. 650–730) は新羅海東興輪寺の沙門で，『瑜伽論記』は 701 年に著述が開始された。同書は基の『略纂』を主体に慧景・円測・神泰など唐代唯識諸家の説を広く集載しており，瑜伽論研究の指針とされてきた。略纂と論記の二書については，以下の要を得た論攷がある：水谷（林）香奈，道倫（遁倫）集撰『瑜伽論記』について–基撰『瑜伽師地論略纂』との関係から–，印佛研 64.1，2015。

相馬一意，梵文和訳「菩薩地」（1）–種姓の章，発心の章–，『仏教学研究』第 42 号 pp. 1–26，龍谷大学仏教学会，1985

Dorji Wangchuk, *The Resolve to Become a Buddha: A Study of the Bodhicitta Concept in Indo-Tibetan Buddhism*, Studia Philologica Buddhica Monograph Series ⅩⅩⅢ, The International Institute for Buddhist Studies of The International College for Postgraduate Buddhist Studies, Tokyo, 2007

Artemus B. Engle, *The Bodhisattva Path to Unsurpassed Enlightment: A Complete Translation of the Bodhisattvabhūmi: Ārya Asaṅga*, Snow Lion, Boulder, Colorado, 2016

次いで，筆者の理解に基づく本章の科段と，その根拠資料を示す。

【Ⅰ. 初発心の五相：自性・行相・所縁・功徳・最勝】
【Ⅱ. 初発心の四殊別（帰属）：所摂・根本・等流・所依】
【Ⅲ. 初発心の二種：出離（不退転）と非出離（退転）】
【Ⅳ. 発心の因縁の区別：四縁・四因・四力】
　【Ⅳ. 1. 発心の四縁】
　【Ⅳ. 2. 発心の四因】
　【Ⅳ. 3. 発心の四力】
　【Ⅳ. 4. 発心退轉の四因】
【Ⅴ. 初発心堅固菩薩の種々なる利徳】
　【Ⅴ. 1. 初発心堅固菩薩の二未曾有法】
　【Ⅴ. 2. 初発心堅固菩薩の二意楽】
　【Ⅴ. 3. 初発心堅固菩薩の二加行】
　【Ⅴ. 4. 初発心堅固菩薩の二善法生門】
　【Ⅴ. 5. 初発心堅固菩薩の所摂善法】
　【Ⅴ. 6. 初発心堅固菩薩の二利徳】

菩薩地に対するインド撰述の注釈は，簡略な『菩薩地注』*Bodhisattvabhūmi-vṛtti*（BBhVṛtti）と，浩瀚な『菩薩地広注』*Bodhisattvabhūmi-vyākhyā*（BBhVyākhyā）の二点がチベット訳として伝存している。そのうち，BBhVṛtti は，同章全体の注釈を一通り終えた後に，以下のような一種の科段を示した上で，改めて上掲科段のⅤ. 6. に当たる部分を簡明に釈して本章を結んでいる（以下の訳文中の⑴, (i) などの番号は勿論原文にはなく，筆者が便宜的に付したものである）。

> この「初発心章」の要旨（*piṇḍārtha）は以下である：⑴初発心の相，⑵［その］殊別相，⑶発心を堅固にしてその対立物から排除するところの，間断なき発心の四縁・四因・四力，⑷堅固な初発心［菩薩］の未曾有希有法，⑸その［堅固な初発心の］利徳の自相，⑹［それの］殊別相である。［以上のように］⑴～⑶発［心］の因・縁・力をそれに無知な者たちに説示し，また⑷～⑹未曾有希有法などにより，(i) 不定種姓で声聞・縁

覚種姓に趣入している者たちを［小乗から］転向させて［大乗へ］趣入させる目的，(ii) 不定種姓の者たちを仏性に据え付けて確定させること，(iii) 菩薩種姓で不放逸，怯弱，正行の者たちを，順に，正受し，讃励し，敬重すること，［を説示するの］である[9]。

また，BBhVyākhyā も，上掲科段のⅠ. からⅣ. までに相当する箇所の注釈を終えた後に，BBhVṛtti とほぼ同様の趣旨を次のように述べてから，Ⅴ. に対する詳細な注釈を続ける。

以上，先ず菩提心（*bodhicitta）[10] について無知な者たちに対して，［菩提心の］[1] 自相，[2] 殊別相，[3] 区分相［出離（＝不退転，堅固）と非出離（＝退転，非堅固）］，[4] 因と縁［と力］の区別，[5] 随転（＝不退転）と退転の区別，により，五通りの菩提心が説かれた。[6] 更に，(i) 不定種姓で他乗に趣入している者たちが菩提心の利徳を聞くことでそれら（他乗）への信解を捨ててこちら（大乗）に趣入するために，また，(ii) 不定種姓で仏性への趣入が不堅固な者たちを［仏性に］確定させるために，そして (iii) 定［菩薩］種姓で不放逸，怯弱，正行の者たちに，順に，菩提心を勧発し，讃励し，歓喜させるために，発菩提心の未曾有希有法を説示すべく，「初発心の堅固な菩薩には，世間とは異なった，以下の二つの未曾有稀有なる法がある」（＝Ⅴ. の導入部）と［説く］[11]。

BBhVṛtti が⑶として一括する部分を BBhVyākhyā は [3]〜[5] に三分し，逆に BBhVṛtti が⑷〜⑹として三分する部分を BBhVyākhyā は [6] に一括するといった若干の相違は見られるが，

---

[9] BBhVṛtti (De. 148b3–7; Pek. 186a6–186b5): dang po sems bskyed pa'i le'u 'di'i bsdus pa'i don ni | 1) dang po sems bskyed pa'i mtshan nyid dang | 2) khyad par gyi mtshan nyid dang | 3) rgyun mi 'chad par sems bskyed pa'i rkyen bzhi dang | rgyu bzhi dang | stobs bzhi gang dag gis sems bskyed pa brtan pas de'i mi mthun pa las ldog pa dang | 4) dang po sems bskyed pa brtan pa'i ngo mtshar rmad du byung ba'i chos dang | 5) de'i phan yon gyi rang gi mtshan nyid dang | 6) khyad par gyi mtshan nyid dang | skye ba'i rgyu dang rkyen dang stobs dang | de la rmongs pa rnams la bstan pa dang | ngo mtshar rmad du byung ba'i chos la sogs pas i) rigs ma nges pa dang | nyan thos dang rang sangs rgyas kyi rigs la zhugs pa rnams rnam par bzlog nas gzhug pa'i don dang | ii) ma nges pa'i rigs can rnams sangs rgyas nyid la rab tu dgod cing nges par bzung ba dang | iii) byang chub sems dpa'i rigs can bag med pa dang | zhum pa dang yang dag par rab tu zhugs pa rnams la go rims ji lta ba bzhin du yang dag par bzung ba dang | yang dag par gzengs bstod pa dang | yang dag par mgu bar bya ba'o ||

[10] 後述するように，BBhVyākhyā は，BBhVṛtti（および BBh 本文も）が「発心」(cittotpāda, sems bskyed pa) の語のみを用いるのと異なって，何度か「菩提心」(bodhicitta, byang chub kyi sems) の語を用いる。

[11] BBhVyākhyā (De. 28a2–5l; Pek. 32a3–7): de ltar re zhig byang chub kyi sems la rmongs pa rnams la [1] rang gi mtshan nyid dang | [2] khyad par gyi mtshan nyid dang | [3] rab tu dbye ba'i mtshan nyid dang | [4] rgyu dang rkyen gyi dbye ba dang | [5] 'jug pa dang ldog pa'i dbye bas byang chub kyi sems rnam pa lnga bstan nas | [6] yang (i) rigs ma nges pa theg pa gzhan la zhugs pa rnams byang chub kyi sems kyi phan yon thos nas de dag la mos pa bor nas 'dir 'jug par bya ba'i phyir dang | (ii) rigs ma nges pa sangs rgyas nyid la zhugs pha mi brtan pa rnams nges par gzung ba'i phyir dang | (iii) rigs nges pa bag med pa dang | zhum pa dang | yang dag par zhugs pa rnams go rims bzhin du byang chub kyi sems la yang dag par bskul ba dang | gzengs bstod pa dang | yang dag par rab tu dga' bar bya ba'i phyir | byang chub tu sems bskyed pa'i ngo mtshar rmad du byung ba'i chos bstan pa'i phyir | **'di gnyis ni byang chub sems dpa' dang po sems bskyed pa brtan pa'i** zhes bya ba ni … ||

＊以下，両注釈中に引かれる菩薩地本文は蔵文，和訳共にボールドで表記する。

明らかに上記 BBhVṛtti の所論を踏まえたものである[12]。二注釈共に，本章が，初発心の種々相をその不退転（堅固）・退転（不堅固）と関連させて記述する前半部分と，堅固なる不退転の発心（菩提心）の利徳を説いて種姓の異なる者たちをその種姓に応じて大乗に誘引し或いは鼓舞する後半部分とからなるとする理解は共通である。

一方，伝統的な法相唯識の学系において瑜伽論研究の指針とされてきた遁倫（道倫）集撰『瑜伽論記』「菩薩地」は，菩薩地初持瑜伽處全十八品を種姓持（種姓品第一）・発心持（発心品第二）・行方便持（自他利品第三～菩提功徳品第十八）の三持に分かち[13]，基，慧景，円測など諸師の説を縦横に引きつつ各品を順次に釈して行く。その発心品の釈文を通読すると，以下のような科段を抽出し構成することができる[14]。

1. 釈発心体　五句（自性・行相・所縁・功徳・最勝）
2. 釈発心異名　四句（趣入［＝所摂］・根本・等流・所依）
3. 随義分別
   (1)発心退不退
   (2)発心因縁（四縁・四因・四力）
   (3)就縁因力等分別有退不退

---

[12] 後述するとおり，BBhVyākhyā は BBhVṛtti を知っており，逐語的に引用することも批判的に言及することもある。

[13] 言うまでもなく，この三つの持（ādhāra, gzhi, 依持，能持）は，菩薩地冒頭の序論に当たる箇所で，「ここでは，菩薩の自身の種姓，初発心，および全ての菩提分法が，持と云われる」以下，これら三者が持と呼ばれる所以が延べられることに基づいている（D. 1.7f., W. 梵文欠）：iha bodhisattvasya svagotraṃ prathamaś cittotpādaḥ sarve ca bodhipakṣyā dharmā ādhāra ity ucyate | … ; Tib. De. 1b3–4: 'di la byang chub sems dpa'i rang gi rigs dang | dang po sems bskyed pa dang | byang chub kyi phyogs kyi chos thams cad ni gzhi zhes bya'o || … ; 玄奘訳：「謂諸菩薩自乘種姓，最初發心，及以一切菩提分法，是名為持。…」。『論記』にはこの「持」に関しても種々の議論が述べられているが，今は触れない。
なお，この菩薩地冒頭の序論で「初発心［という持］」と明示され，また上述の BBhVṛtti も「初発心の章」(dang po sems bskyed pa'i le'u) と呼んでいるように，菩薩地の古層に属する本「発心品」は一貫して初発心のみを説く。これは，後に『大乗荘厳経論』などの論書で世俗的発心（saṃketika-cittotpāda）と称されることになるもので，菩薩の階位では入地以前の信解行地に位置づけられる。これに対して，やはり後に勝義的発心（pāramārthika-cittotpāda）と呼ばれることになる初地以降の発心は，後注 17 に示すように，菩薩地新層に含まれる初持瑜伽處第一・菩提分品（Bodhipakṣa-paṭala）第十七において五種正願を挙げる中で，その第四正願・第五大願すなわち十地経初地所説の十大願として説かれる。これは更に，同じく菩薩地新層に属する菩薩地持随法瑜伽處（Ādhārānudharma-yogasthāna）第二・住品（Vihāra-paṭala）第四において十三住を説く中で，その第三極歓喜住すなわち初地にある菩薩の「無変・無尽の大願が発心と呼ばれる」として，やはり十大願と共に詳説されている（BBh W. 326.3–329.7; D. 223.10–225.10; 玄奘訳 554–555)。世俗的発心・勝義的発心という名称は菩薩地自体には見られないが，後注 23 に示すとおり，注釈者は既定の術語としてこれらを用いている。瑜伽論における菩薩の諸階位説については，後注 24 に概要を示した。また，菩薩地の古層・新層については，荒牧典俊博士の論攷を参照されたい（上掲研究叢書 XX [2009] 付論 2pp.165–167 及び同叢書 30 [2013] 序説 p.29）。

[14] このうち 3. 随義分別（4）明不退菩薩勝利（八雙十六利）の下に挙げられる iv) 二善法生門・v) 二善法聚・vi) 二善法蔵の三は実質的には一括されるべきものであることを，慧景の説として『論記』自体が述べている（第四明不退菩薩勝利中總有八雙十六利。但**景公**云「有六種二者，以法門聚藏體一故合為一」。今以義別故開為三。若開若合於義無傷）。菩薩地本文該当箇所でも二善法聚・二善法蔵は名目を挙げるのみで，BBhVyākhyā も三は名称の相違であると釈すから，本訳稿でもこれらは分節しない。なお，『論記』の主たる資料となっている基撰『略纂』には科段らしいものは示されていない。

⑷最初初発心堅固菩薩下明不退菩薩摂善離過所得勝利|明不退菩薩勝利
（八雙十六利）

i) 二未曾有法
ii) 二意楽（利益意楽・安楽意楽）
iii) 二加行（意楽加行・正行加行）
iv) 二善法生門
v) 二善法聚
vi) 二善法蔵
vii) 二所摂善法（因勝・果勝）
viii) 二勝利
a) 世間尊重福田
b) 無害利［九句と結文］：
初現身得護非他所嬈・第二受餘生身無重病・第三利他無倦・
第四身心麁重轉復輕微・第五所用明呪皆有神驗・第六柔和忍辱・
第七摧諸煩惱・第八隨所居處災横不起・第九或生惡趣速脱愍他・結文

こちらも，発心の退転不退転をその因縁によって示すと共に発心の利徳を説くという本章の文脈理解は明確であり，妥当な分節と思われる。但し，インド撰述の二注釈とは異なって，発心の利徳を称揚する後半部は第3節「随義分別」下の第4項とされており，これを種姓との関連で釈しつつ節として別に設けるという観点には立っていない。

初めに掲げた本章の科段は，筆者がこれらインド及び漢土の諸註釈を勘案した上で，簡潔を旨としつつ本章の有機的構成を反映するように策定したものである[15]。

なお，『瑜伽師地論』には，本地分中菩薩地にこの「発心品」がある他に，摂決択分中菩薩地に発心品決択の短い一段があり，十種発心と四種心の説が簡潔に述べられている。これも『大乗荘厳経論』「発心章」の記述と関連するため，当該箇所の和訳と注解を本稿の末尾に【補遺】として掲載した。

---

[15] 前注3に記したDorji [2007] Appendix A, Bの梵蔵校訂テキストには著者による1.1.1から4.6.0までの分節が施してあるが，それには従わない。

和訳と注解

【Ⅰ. 初発心の五相：自性・行相・所縁・功徳・最勝】[16]

（Ⅰ. 1.）ここで，菩薩の初発心は，菩薩のあらゆる正願の最初の正願であり，それ以外の正願を包摂するものである[17]。したがって，それは最初の正願を自性とする。

（Ⅰ. 2.）その菩薩は菩提へと願心を起こすときに，このように心を定め[18](De 7b)，言葉を述べる–「嗚呼，私は無上正等菩提を証得したい，そして一切衆生の利益をなす者となり，［衆

---

[16] 発心章冒頭の BBhVyākhyā には以下のような導入の文がある (18a3–4)：「このような種姓にもとづいて無上正等菩提に発心するのである，というので，「種姓持」章の後に「発心持」［章］が必ず説示さるべきだから，まず最初に，その発心が五相［i.e. 自性・行相・所縁・功徳・最勝］により示される。それ（発心）の甚深・広大を示すためである。それも［初めの］四相が広大で，最後が甚深である」; de lta bu'i rigs la brten nas bla na med pa yang dag par rdzogs pa'i byang chub tu sems bskyed par 'gyur ro zhes bya bar rigs kyi gzhi'i le'u'i rjes la sems bskyed pa'i gzhi nges par bstan par bya ba yin pas dang po nyid du sems bskyed pa de rnam pa lngas bstan par bya ste | de'i zab pa dang rgya che ba bstan par bya ba'i phyir ro || de yang rnam pa bzhi ni rgya che ba'o || phyi ma ni zab pa'o ||

なお，菩薩地第 I 章「種姓品」と本章との関連は，同論の序に示されている–「種姓に住しない人が，種姓がないのに発心しても，［菩薩行の］精勤という依止（＝持）があっても，無上正等菩提を達成することは出来ない」(D. 1.16–18, W. 梵文欠)：agotrasthaḥ pudgalo gotre 'sati cittotpāde 'pi yatnasamāśraye saty abhavyaś cānuttarāyāḥ samyaksaṃbodheḥ paripūraye; Tib. De.2a7–2b1: gang zag rigs la gnas pa ma yin pa rigs med pa ni sems kyang skyed cing 'bad pa la yang dag par gnas pa yod du zin kyang | bla na med pa yang dag par rdzogs pa'i byang chub yongs su rdzogs par 'gyur ba'i skal ba med do || 玄奘訳 (478b)：「住無種姓補特伽羅，無種姓故，雖有發心及行加行為所依止，定不堪任圓滿無上正等菩提」。

[17] 発心と誓願（praṇidhāna）の関係については，Engle [2016]（p. 21, n. 144）も指摘するように，菩薩地初持瑜伽處菩提分品第十七の第十三目「正願」に説かれる五種正願が参照されるべきである。発心願（cittopāda-praṇidhāna）・受生願（upapatti-praṇidhāna）・所行願（gocara-praṇidhāna）・正願（samyak-praṇidhāna）・大願（mahā-praṇidhāna）の五種であるが，このうち発心願とは「菩薩の無上正等菩提への初発心」と定義されている。第五の大願は第四の正願を十種に開いたもので，十地経初地所説の十大願に相当する。W. 274.23–276.1; D. 186.20–187.14：[D. tatra] katamad bodhisattvasya bodhisattvapraṇidhānaṃ. tat samāsataḥ paṃcavidhaṃ draṣṭavyaṃ. cittopādapraṇidhānam upapattipraṇidhānaṃ gocarapraṇidhānaṃ samyakpraṇidhānaṃ mahāpraṇidhānaṃ ca. 1) **tatra prathama-cittotpādo bodhisattvasyānuttarāyāṃ samyaksaṃbodhau cittotpādapraṇidhānam ity ucyate.** 2) āyatyāṃ sattvārthānukūlāsu sugatyupapattiṣu praṇidhānaṃ bodhisattvasyopapattipraṇidhānam ity ucyate. 3) samyagdharmapravicayapraṇidhānam apramāṇādikuśaladharmabhāvanāviṣayapraṇidhānaṃ bodhisattvasya gocarapraṇidhānam ity ucyate. 4) āyatyāṃ sarvabodhisattvakuśalasaṃgrahāya sarvaguṇasaṃgrahāya ca samāsato vyāsato vā praṇidhānaṃ bodhisattvasya samyakpraṇidhānam ity ucyate. 5) mahāpraṇidhānaṃ punar bodhisattvasyāsmād eva samyakpraṇidhānād veditavyaṃ. tat punar daśavidhaṃ. 5.1.) āyatyāṃ sarvākārāprameyatathāgata- pūjopasthānatāyai prathamaṃ praṇidhānaṃ bodhisattvasya mahāpraṇidhānam ity ucyate ...；瑜伽師地論卷四十五菩提分品第十七之二［大正 30b, No. 1579, p. 543b-c］：「云何菩薩所修正願。當知此願略有五種。一者發心願。二者受生願。三者所行願。四者正願。五者大願。**若諸菩薩於其無上正等菩提最初發心。是名發心願**。若諸菩薩願於當來往生隨順饒益有情諸善趣中。是名受生願。若諸菩薩願能無倒思擇諸法。願於境界修無量等殊勝善法。是名所行願。若諸菩薩願於當來攝受一切菩薩善法。攝受一切所有功德。若總若別所有正願。是名正願。菩薩大願當知即從正願所出。此復十種。若諸菩薩願於當來。以一切種上妙供具。供養無量無邊如來。當知是名第一大願。... 。」（曇無讖訳 934b；求那跋摩訳 997a)。

但し，本「発心品」が菩薩地の古層に属するのに対し，「菩提分品」は同新層に含まれるという点には留意が必要である。

[18] cittam abhisaṃskaroti, Tib. sems mngon par 'du byed；玄奘訳「發（如是）心」，曇無讖訳「發心」；BHSD s.v. abhisaṃskaroti, with cittam, *makes up, fixes* (the mind, thought).

生を］究竟涅槃に，また如来智に，据え付けたい」と[19]。彼はこのように自らの菩提と衆生利益とを希求しつつ発心する。したがって，その発心は希求を行相とする。

（Ⅰ. 3.）その菩提と衆生利益とを縁じて，その発心は希求するのであり，縁じずにではない。したがって，その発心は菩提を所縁とし衆生利益を所縁とする。

（Ⅰ. 4.）また，その発心は菩提分という善根全てを包摂するための前提であるから，善にして至善なる功徳を備え，賢にして至賢であり，妙にして至妙であり，一切衆生の依處にある身・語・意の悪行の対立物である[20]。

---

[19] 両注釈はほぼ同趣旨で，大略以下のようである（BBhVṛtti 146a6–7, BBhVyākhyā 18b2–5）–「**そして一切衆生の利益をなす者となり**とは，般涅槃の種姓を持つ者たち（yongs su mya ngan las 'das pa'i rigs can rnams, BBhVṛtti），三乗に包摂される涅槃の法を有する種姓に住する者（theg pa gsum gyis bsdus pa'i mya ngan las 'das pa'i chos can rigs la gnas pa, BBhVyākhyā），に関してである。［**衆生を**］**究竟涅槃に据え付けたい**とは声聞種姓・独覚種姓を持つ者に関してである。**如来智に据え付けたい**とは，仏の種姓を持つ者 (sangs rgyas kyi rigs can, BBhVṛtti) に関してである，何故なら菩薩たちは無住處涅槃に据え付けられるべきだからである (BBhVyākhyā)」。

このように，両注釈とも一切衆生を三乗所摂の般涅槃の種姓を具えた者（いわゆる不定種姓をも含むのであろう）に限定した上で，初発心の願文の対象を二乗種姓と菩薩種姓に配分している。明示的ではないが，無種姓の者（無性有情）は除外されるという趣旨であろうから，共に五種姓説を前提として釈しているようである。経所説の一切衆生の解釈として法相唯識で云われる「小分の一切」にも通じる見方である。

因みに，この「般涅槃の種姓を具えた者」「三乗に包摂される涅槃の法を有する種姓に住する者」に相当する表現は，瑜伽論巻五十二攝決擇分中五識身相應地意地之二末尾（大正 589a；De. No. 4038, Sems tsam, Zhi 27b5–6）の種子義決択中に，「三種般涅槃法種姓差別補特伽羅」(gang zag yongs su mya ngan las 'das pa'i chos can gyi rigs gsum) と，それに対比される「不般涅槃法種姓補特伽羅」(gang zag yongs su mya ngan las mi 'da' ba'i chos can gyi rigs) を挙げる箇所に見られる。前者は声聞・独覚・菩薩の三乗種姓の者に，後者は無種姓の者に，それぞれ対応する。これに先行する同地不相応義決択中の異生性を定義する箇所には以下の文がある（587b）:「復次云何異生性。謂三界見所斷法種子，唯未永害量，名異生性。此復略有四種：一無般涅槃法種性所攝，二聲聞種性之所隨逐，三獨覺種性之所隨逐，四如來種性之所隨逐。」; (23b5–6): de la so so'i skye bo nyid gang zhe na | khams gsum na spyod pa'i mthong bas spang bar bya ba'i chos kyi sa bon rnams yang dag par ma bcom pa tsam gang yin pa de ni so so'i skye bo nyid ces bya'o || de yang mdor bsdu na rnam pa bzhi ste | yongs su mya ngan las mi 'da' ba'i chos can gyi rigs kyis bsdus pa dang | nyan thos kyi rigs kyis bsdus pa dang | rang sangs rgyas kyi rigs dang ldan pa dang | de bzhin gshegs pa'i rigs dang ldan pa'o ||。また，巻二本地分中意地第二之二（大正 284a）の結生相続（pratisaṃdhi）の箇所にも次のように説かれる：「復次此一切種子識，若般涅槃法者，一切種子皆悉具足。不般涅槃法者，便闕三種菩提種子。」; V. Bhattacarya ed. *Yogācārabhūmi of Ācārya Aasṅga*, Pt. Ⅰ, 25.1–2 : tat punaḥ sarvabījakaṃ vijñānaṃ parinirvāṇadharmakāṇāṃ paripūrṇabījam aparinirvāṇadharmakāṇāṃ punas trividhabodhibījavikalaṃ || ; De. No.4035, Sems tsam, Tshi 12b5: rnam par shes pa sa bon thams cad pa de yang yongs su mya ngan las 'da' ba'i chos can dag gi ni sa bon yongs su tshang ba yin no || yongs su mya ngan las 'da' ba'i chos can ma yin pa dag gi ni | byang chub rnam pa gsum gyi sa bon med pa yin no ||。初めの種子義決択の箇所は，五姓各別をめぐる議論で古来問題とされてきた著名な一段である（深浦正文『唯識学研究』下巻 pp. 644–645；吉村誠『中国唯識思想史研究—玄奘と唯識学派—』pp.439–453）。なお，瑜伽行派における種姓論については，岡田英作氏の一連の論攷を参照されたい。

[20] 菩薩地の蔵訳では kauśalya は一貫して mkhas pa と訳されており，Dorji [2007] (Appendix p. 368, n. h) も指摘するとおり，ここの mchog tu dge ba は paramakauśalyaḥではなく paramakuśalaḥを支持する。曇無讖訳「極巧便」は paramakauśalyaḥを思わせるが，玄奘訳に「善極善」，求那跋摩訳に「善大善」とある。以上により，kuśalaḥ paramakauśalya-guṇayuktaḥを kuśalaḥ paramakuśala-guṇayuktaḥと訂正する。いずれにせよ，初発心の功徳を説くこの一文は問題を残す。蔵訳に従えば「善にして至善，賢にして至賢，妙にして至妙なる，功徳を備え，… 」と解される (dge ba dang | mchog tu dge ba dang | bzang ba dang | mchog tu bzang ba dang | legs pa dang | mchog tu legs pa'i yon tan dang ldan pa dang | ...)。諸漢訳は以下の通りである—

玄奘訳（480c）:「又諸菩薩最初發心，能攝一切菩提分法殊勝善根為上首故，是善極善，是賢極賢，是妙極妙，能違一切有情處所三業惡行，**功德**相應。」; 曇無讖訳（889c）:「是故初發心攝受一切菩提善根為上導。為極巧便，為**功德**具足，為極賢善，為極真實，於一切眾生悉捨惡行。」; 求那跋摩訳（964a）:「是故菩薩名善大善，名實真實。亦名一切眾生善根，能破一切身口意等三業諸悪」。

二注釈は以下のようである–

BBhVṛtti (146a7-b4)：「**その発心は…，善にして**，どのようにか？ **菩提分という善根全て**の相は慧などを自体とするのであり，［発心は］それら**を包摂する**から善なのである。どのように包摂するのか？ それら［を包摂するため］の**前提であるから**である。［このような意味で発心は］**…，至妙なる，功徳を備え**ているから善である。或いは，［発心は］慧と悲という善根と相応しているから，悲は無瞋恚を相とする［ので発心は善である］。つまり，［発心は］二つの理由で必ず善である；［菩提分という］善根を功徳としていることと，［慧と悲という］善根と相応していることである。また，**一切衆生の依處にある身・語・意の悪行の対立物であるから**，つまり不善根と相応して等起する殺生などの悪行と対立するから，［発心は］善である。或いは**至善なる功徳をもつから善である**のであり，菩提分という善根［が至善なる功徳］である。このように，包摂するそれら（発心）も諸菩提分法［という至善なる功徳］の**前提であるから善**である。**賢**とは，利他に努めることである。無動（堅固）の故に**妙**である。」；**sems bskyed pa de ni dge ba** ste | ci ltar byas nas she na | **byang chub kyi phyogs rnams kyi dge ba'i rtsa ba thams cad** kyi mtshan nyid ni shes rab la sogs pa'i ngo bo nyid yin la | de rnams **sdud pa'i phyir dge ba**'o || ji ltar sdud ce na | smras pa | de rnams kyi **thog mar 'gro ba'i** don gyi **phyir ro** || **mchog tu legs pa'i yon tan dang ldan pa'i** phyir **dge ba**'am | shes rab dang snying rje'i dge ba'i rtsa ba dang ldan pas kyang snying rje ni zhe sdang med pa'i mtshan nyid can no || de bzhin du rgyu gnyis dag gis dge ba kho na ste | dge ba'i rtsa ba yon tan du byed pa nyid dang | dge ba'i rtsa ba yang dag par sbyor ba'o || gzhan yang **sems can thams cad la brten pa'i lus dang ngag dang yid kyi nyes par spyod pa dang mi mthun pa'i phyir** dang | mi dge ba'i rtsa ba yang dag par sbyor ba'i kun nas slong ba srog gcod pa la sogs pa nyes par spyod pa dang mi mthun pa'i phyir yang dge ba'o || yang na **mchog tu dge ba'i yon tan nyid kyis dge ba** ste | byang chub kyi phyogs kyi dge ba'i rtsa ba'o || 'di ltar yang dag par sdud pa de dag kyang byang chub kyi phyogs kyi chos rnams kyi **thog mar 'gro ba'i phyir dge ba'o** || **bzang ba** ni gzhan la phan pa'i phyir zhugs pa nyid do || mi 'gyur (Pek. 184a) ba nyid kyis na **legs pa**'o ||

＊ BBhVṛtti は，本文には菩提分なる善根とのみ云われているのを，その本質が慧と悲であることを読み込んで注釈しているようである。要するに，発心は菩提分法という善根の前提すなわち因であると同時に，それ自体が慧と悲という善根から生じる結果でもあるとして，因と果の両面で善であるとするのであろう。この理解は基本的に以下の BBhVyākhyā にも継承されている。

BBhVyākhyā (19a2–7)：「趣入広大（＊功徳広大の意か？）に関して，**その発心は菩提分という**［**善根全てを**］云々という。その発心は二様に善である知るべきである。⑴慧と悲という善根と相応しており，⑵一切の菩提分法という善根の因となるからである。それ故に，**善にして至善なる功徳を備え**，という。そのうち，第一が善であり，第二が至善であると知るべきである。まさに善なるが故に**賢**である。舞踊と音曲に通じた者を舞踊家というように（i.e. 舞踊家であれば音曲にも通じているように，善であれば賢でもある）。また自利を成就するから**賢**である。利他を成就するから**至賢**である。自利に一致して獲得させるから**妙**であり，利他に一致し，またそのような本性となるから**至妙**である。このように，先ず［発心が］一切の善法に随順しているという殊別を示してから，［発心が］一切の不善法と対立していることを示すべく，**一切衆生の依處にある**云々という。一切衆生の依處［にある］とは，一切衆生の相続における，という意味である。それら（不善法）の**対立物**とは，それらと対立しているものであり，声聞などの種姓をもつ三乗に包摂される者を，輪廻と対立するものである善法に据え付ける，と知るべきである。」；'jug pa rgya che ba'i dbang du byas nas | **sems bskyed pa de yang byang chub kyi phyogs kyi** zhes bya ba la sogs pa la | sems bskyed pa de ni rnam pa gnyis kyis dge ba yin par rig par bya'o || shes rab dang snying rje zhes bya ba'i dge ba'i tsa ba dang yang dag par ldan pa dang | byang chub kyi phyogs kyi chos thams cad kyi dge ba'i tsa ba'i rgyur gyur pa'i phyir ro || de'i phyir | **dge ba dang mchog tu ge ba'i yon tan dang ldan pa dang** zhes bya ba la | de la dang po'i rnam pa ni dge ba'o || gnyis pa ni mchog tu dge bar rig par bya'o || dge ba nyid kyis na **bzang ba** ste | gar dang glu la mkhas pa'i gar mkhan bzhin no || rang gi don sgrub par byed pas na yang bzang ba'o || gzhan gyi don yang dag par sgrub par byed pas na **mchog tu bzang ba**'o || rang gi don la mi bslu zhing phrad par byed pa'i phyir **legs pa**'o || gzhan gyi don la mi bslu ba dang | de lta bu'i rang bzhin du gyur pas **mchog tu legs pa**'o || de ltar re zhig dge ba'i chos thams cad kyi rjes su mthun pa la 'jug pa'i khyad par bstan nas | mi dge ba'i chos thams cad dang 'gal ba nyid du 'jug pa bstan par bya ba'i phyir | **sems can thams cad la brten pa'i** zhes bya ba la sogs pa la | sems can thams cad la brten pa zhes bya ba ni sems can thams cad kyi rgyud la zhes bya ba'i don to || **de dag dang mi mthun pa** ni de dag dang mi mthun par gyur pa nyan thos la sogs pa'i rigs can theg pa gsum gyis bsdus pa | 'khor ba'i mi mthun par gyur pa dge ba'i chos la rab tu 'god par rig par bya'o |

玄奘・曇無讖両漢訳は guṇayuktaḥ が複合語後分ではなく独立語であったことを示唆しており，kuśalaḥ paramakuśalaḥ / paramakauśalyaḥ（？ 曇無讖訳「極巧便」）guṇayuktaḥ といった読みが想定され得る。本文蔵訳，及び BBhVṛtti の第

（Ⅰ. 5.）そして，世間・出世間の利益についての他の如何なる善なる正願であれ，それら全ての中で最上にして無上であるのが，この正願，即ち菩薩の初発心である。

以上のように，この初発心は自性・行相・所縁・功徳・最勝という点から知るべきであり，五相を持つと知るべきである。

【Ⅱ. 初発心の四殊別（帰属）：所摂・根本・等流・所依】

（Ⅱ. 1.）そして，その心を(21)発するのとまさに同時に，菩薩は無上なる［正等］菩提大乗へ

一釈「... ，至妙なる，功徳を備えているから善である」は，こうした梵文を想定させる。一方，BBhVṛtti の第二釈「或いは，至善なる功徳をもつから善である」と，BBhVyākhyā の釈は，上で修正した現存梵本と同じ「善にして至善なる功徳を備え」kuśalaḥ paramakuśala-guṇayuktaḥという本文を前提に釈していると見られる。恐らく BBhVyākhyā は BBhVṛtti の第二釈（及びその前提となっている梵文）を採ったのであろう。玄奘訳に従えば，「善にして至善」から「悪行の対立物」までは一々が並列的に発心の功徳を示していることになる。一方，二注釈（及びその前提となっている梵文）は，本文に発心と菩提分なる善根 (kuśala-mūla) との関連が説かれていることから，特に善 (kuśala)・至善 (parama-kuśala) を発心の功徳としているものと思われる。今は現存梵本の示す読みとこれら二注釈に従って訳出した。なお Dorji は同注 (Appendix p. 368, n. h) において，蔵訳の前提となっている原梵文が*kuśala-paramakuśala-. . . -paramakalyāṇa-guṇayuktaḥという長い複合語形であった可能性を想定しているが，賛同できない。また，同注に"The Chinese however has no guṇayuktaḥ . . ." としているのは誤りで，上掲の通り玄奘訳「功徳相応」，曇無讖訳「為功徳具足」に guṇayukta は明示されている。Engle [2016] (pp. 22–23) は全く蔵訳に従ったもので，如上の問題点は考慮されていない。

(21) W. D. 両本共に tasya bodhicittasya「その菩提心を」とするが，諸写本 tasya cittasya である。蔵訳 sems de bskyed (ma thag tu ...) および BBhVyākhā 所引の本文 **sems de bskyed ma thag tu** zhes bya ba la sogs pa la . . . 何れもこの読みを支持する。玄奘訳「諸菩薩**初發心已**」，曇無讖訳「**初發心**菩薩」も恐らく同じであろうが，求那跋摩訳は「菩薩若**能發菩提心**」とする（同訳には菩提心の語が多用される）。W. 本では bodhicitta の語が本章「発心品」末尾に utpādita-bodhicitta という形でもう一度現れるが，同様に utpādita-citta と修正されなければならない（後注 92 をも参照）。

菩薩地では bodhicitta の語は他に少なくとも二箇所に見られる。一つは菩薩地新層の初持瑜伽處菩提品第七である：yasmimn eva divase pakṣe māse saṃvatsare ekena bodhisatvena **bodhicittaṃ** (D. **bodhau cittaṃ**) praṇihitaṃ. tasminn eva divase pakṣe māse saṃvatsre sarvaiḥ.（W. 92.13–15; D. 65.5–6）; Tib (De. 50a3–4)：zhag dang zla ba phyed pa dang | zla ba dang lo gang kho na la byang chub sems dpa' gcig gis **byang chub sems kyis smon lam btab pa** de'i nyin mo dang | zla ba phyed dang | zla ba dang | lo de kho na la thams cad kyis smon lam btab ste |；玄奘訳（499c）：「若一菩薩於如是日於如是分，於如是月於如是年，**發菩提心願趣菩提**，即於此日即於此分，即於此月即於此年，一切亦爾。」；曇無讖訳（902a）：「若一菩薩如是日如是分如是月如是歲**發菩提心**，一切菩薩亦復如是。」；求那跋摩訳（976b）：「十方世界有無量菩薩同時同願修集莊嚴，同時俱**發菩提之心**，一時一日一月一歲。」。蔵漢訳は W. 本に一致するように見えるが，諸写本は D. 本の読みを支持するという（Ayako Nakamuara, *Das Kapitel Über das Erwachen des Buddha in der Bodhisattvabhūmi: kritische Edition mit annotierter Übersetung und Einleitung*, 2004, p. 28）。

もう一箇所は同じく新層に属する同菩薩功徳品第十八である：sarvakriyācāravihāramanasikāreṣu **bodhicittapūrvaṃgamatā** bodhisattvasya pamcamaṃ sātatyakaraṇīyaṃ.（W. 291.8–10, D. 197.17–18）；蔵訳（De. 152b6）：bya ba dang | spyod pa dang | gnas pa dang | yid la byed pa thams cad la **byang chub kyi sems sngon du 'gro ba** ni byang chub sems dpa'i rtag par bya ba lnga pa'o ||；玄奘訳（547a）：「又諸菩薩於其五處常所應作。何等為五。... 。五者一切所作若行若住諸作意中，**大菩提心恒為導首**。如是五種是諸菩薩常所應作。」；曇無讖訳（936b）：「菩薩有五事常所修集。... 。五者所作所行所可憶念，一切**迴向無上菩提**。」；求那跋摩訳（999b）：「有五事菩薩常所修集。... 。五者所作善事，悉以**迴向阿耨多羅三藐三菩提**」）。筆者の手元には梵文写本資料がないので写本の読みは確認できないが，蔵訳と玄奘訳は梵文刊本に一致する。

Dorji [2007]（p.148）はこの後者の例に気づかないまま，"The term bodhicitta does not seem to be attested in the *Bodhisattvabhūmi*. All three instances in which the term bodhicitta occurs certainly do not represent the original reading... " と述べているが，正確ではない。また，「菩提（之）心」の語が玄奘訳のみならず，曇無讖訳，求那跋摩訳にも頻出

と[22]趣入した者となり，菩薩という (W. 13) 名前を得る，すなわち言語協約という世俗のやり

するという事態にも言及していない。更に，菩薩地における bodhicitta の用例を検討するにあたっても，発心品が菩薩地の古層に属するのに対し，菩提品および菩薩功徳品は新層に含まれるという点をも考慮すべきであろう。因みに，菩薩地二注釈のうち，BBhVṛtti には発心品のみならず他章にも byang chub kyi sems の用例はなく，BBhVyākhā では発心品に五例，他には菩薩功徳品，持随法瑜伽處第二増上意楽品（Adhyāśaya-paṭala）第三，同住品（Vihāra-°）第四に各一例の計八例が確認される程度である。

なお，大乗荘厳経論第IV章発心品の本頌には bodhicitta の語は用いられず，同章世親釈には第 7 偈釈と第 25 偈釈にそれぞれ一例がある。同無性釈においては章の導入部に byang chub kyi sems bskyed pa la sogs pa ... という一例が確認されるのみであるが，同安慧釈に至れば byang chub kyi sems の語が無慮百数十箇所に亘り頻用される。大乗荘厳経論全体でも，本頌に bodhicitta が用いられるのは第IX 章菩提品最終第 86 偈の一例のみであるが，同世親釈では上記発心品の二例を含め十二例が確認される。上述の菩薩地各品および二注釈での用例と共に，bodhicitta という用語と観念の発展過程を考察する上で注意すべきであろう。

[22] W. 本'nuttara-bodhi-mahāyāne であるが，下に示す菩薩地他品の類似句にもとづき，諸写本および D. 本の読み 'nuttare bodhimahāyāne を採る。何れの読みにせよ理解は容易でない。蔵訳 bla na med pa'i byang chub theg pa chen po la (zhugs pa dang | ...) は曖昧であり，二注釈にはこの箇所の釈がなく，理解に寄与しない。玄奘訳「又諸菩薩初發心已，即名**趣入無上菩提，預在大乘諸菩薩數**，此據世俗言說道理。是故發心趣入所攝。」からは，*... avatīrṇo ... 'nuttara-bodhau, mahāyāne (/ mahāyāna-) bodhisattva iti ca saṃkhyāṃ gacchati といった梵文が想定され解しやすいが，後に述べる理由でここでは従わない。曇無讖訳「度大乘菩提諸菩薩數」，求那跋摩訳「則得名為菩薩摩訶薩，定得阿耨多羅三藐三菩提修大乘行」は何れも確定的な資料とならない。基の略纂 [131a01] には「論云**又諸菩薩初發心已即名趣入大乘至是故發心趣入所攝**者。此中意明。初發心菩薩。名趣入大乘菩薩數。此約隨世俗情說。....。」とあり，引文が元の玄奘訳文の「無上菩提，預在」を欠き，正確に引いていない（或いは略纂伝承の過程で生じた欠文かもしれない）。瑜伽論記には原文通り「即名趣入無上菩提」とあるが，有用な釈はない。

ところで，この anuttare bodhimahāyāne に近似した anuttare samyaksaṃbodhiyāne という表現が，菩薩地の二箇所に見られる。一つは，やはり菩薩地古層に位置づけられる初持瑜伽處攝事品第十五の中で菩薩の一切種利行（sarvākārārthacaryā）を十三種に分類する文脈においてであり，その第十三として次のように述べられている–「声聞独覚種姓の者たちを声聞独覚乗に据え付け，如来種姓の者たちを**無上なる正等菩提乗に**据え付ける」(W. 223.5–7, D. 153.13–14: śrāvakapratyekabuddhagotrān śrāvakapratyekabuddhayāne saṃniyojayati. tathāgatagotrān **anuttare samyaksaṃbodhiyāne** niyojayati. Tib. De. 119a3–4: nyan thos dang | rang sangs rgyas kyi rigs can rnams nyan thos dang | rang sangs rgyas kyi theg pa la yang dag par 'dzud pa dang | de bzhin gshegs pa'i rigs can rnams **bla na med pa yang dag par rdzogs pa'i byang chub kyi theg pa la** yang dag par 'dzud pa'o || 玄奘訳 (531b)「若有聲聞獨覺種性，即於聲聞獨覺乘中而正安處。若有如來種姓有情，即**於無上正等菩提最上乘中**而正安處」)。

もう一つは，菩薩功徳品第十八で菩薩の五未曾有法を挙げる箇所である–「**無上なる正等菩提乗において**修学する菩薩にはこれら五つの未曾有希有法があると知るべきである。五つとは何々か。一切衆生に対して無因の愛情を持つことと，...。」(W. 285.4–5, D. 193.3: pañceme bodhisattvāsyāścaryādbhūtā dharmā **anuttare samyaksaṃbodhiyāne** śikṣamāṇasya veditavyāḥ | katame pañca | niṣkāraṇavatsalatā sarvasattveṣu ...; Tib. De. 149b4–6: lnga po 'di dag ni **bla na med pa yang dag par rdzogs pa'i byang chub kyi theg pa la** slob pa'i byang chub sems dpa'i ngo mtshar rmad du byung ba'i chos yin par rig par bya ste | lnga gang zhe na | rgyu med par sems can thams cad la mnyes gshin pa dang | ... ; 玄奘訳 (545b)「謂諸菩薩**於其無上正等覺乘**勤修學時，應知有五甚希奇法。何等為五。一者於諸有情非有因緣而生親愛。...」)。

これらの用例によれば，＜無上なる正等菩提乗＞は二乗に対する菩薩乗／大乗の別名であり，この発心品の＜無上なる菩提大乗＞と同義であろう。なお，Engle は発心品では the unsurpassed Great Vehicle [that leads to] enlightment (p.23)，摂事品では the vehicle of unsurpassed true and complete enlightment (p. 376)，菩薩功徳品では the vehicle [that leads to] unsurpassed true and complete enlightment (p. 465) と訳しており，bodhi-mahāyāna|samyaksambodhi-yāna という複合語を Dative Tp. もしくは Kdh. と解しているようである。

方で[23]。したがって，その発心は趣入に包摂される[24]。

---

[23] BBhVyākhyā (19b5–6)：「**言語協約という世俗のやり方で**とは，言語的世俗によって菩薩といわれるのであり，世俗的な（*sāṃketika）発心である。無上正等菩提への勝義的な無漏の発心は，初地を証得した時である。そして，菩薩の決定に趣入する。［それが］如来の種姓に生まれた者であり，勝義的な菩薩といわれる。」**brda dang tha snyad kyi tshul gyis** zhes bya ba ni ming du btags pa'i tha snyad kyis byang chub sems dpa' zhes bya ste | brda las byung ba'i sems bskyed pa'o || bla med pa yang dag par rdzogs pa'i byang chub tu don dam pa zag pa med pa'i sems bskyed pa ni sa dang po rab tu rtogs pa'i dus so || byang chub sems dpa'i nges pa la yang 'jug par 'gyur ro || de bzhin gshegs pa'i rigs su skyes pa yin no || don dam pa'i byang chub sems dpa' zhes bya'o ||

この初発心は『大乗荘厳経論』第Ⅳ章「発心」第7偈では，「他者の説示 (parākhyāna) による発心」と呼ばれており，世親釈では「誓言による世俗的発心」(samādānasāṃketikacittotpāda),「他者の勧導 (paravijñāpana) による発心」と釈されている。これは，同論に対する無性，安慧の釈に拠れば，和尚・阿闍梨などの善知識が誦えた発心の願文を復誦するという形の発心であるといい，何らかの発心儀礼が前提とされているが，瑜伽行派におけるその具体的な様相は明らかではない。菩薩地戒品においても，戒律儀（三聚浄戒）受持の儀礼は詳細に記述されるものの，その前段階となるであろう発心の儀礼への言及はない（藤田光寛 [1989][1990][1991] 参照)。西藏大藏経には，菩薩の発心と律儀受持の儀礼を主題とする儀軌文献5点が収められているが，何れも後代の中観派の著者によるものである（デルゲ版 No. 3966–70, 北京版 No. 5361–65)。これらを紹介した藤田光寛 [1983] は，その中 No. 3967, Byang chub bzang po (Bodhibhadra, 10–11 c.) 著『菩薩律儀儀軌』*Byang chub sems dpa'i sdom pa'i cho ga* (*Bodhisattvasaṃvaravidhi*) の梵文が，N. Dutt, Bodhisattva Prātimokṣa Sūtra, *Indian Historical Quarterly*, 1931, pp. 265–266 に報告されたケンブリッジ大学図書館所蔵の *Bodhisattva Prātimokṣa Sūtra* なる題名を持つ梵文写本から回収されることを明らかにし，その和訳を提示している。また，同テキストの懺悔・三帰依・発菩提心・福徳廻向の儀礼に相当する部分が，No. 3966, 'Phags pa Klu sgrub (Ārya Nāgārjuna, 8c.?) 著『発菩提心儀軌』*Byang chub tu sems bskyed pa'i cho ga* (*Bodhicittotpādavidhi*) とほぼ同文であることも論じている。以下には，*Bodhisattva Prātimokṣa Sūtra* の発菩提心儀軌に相当する箇所のみにつき，梵・蔵テキストと拙訳を示す。

> 「わたくし何某は，このように罪を繊悔し，三帰依して，無辺の衆生界を済度するために，救抜するために，輪廻の苦から救護するために，そして無上なる一切智智に据え付けるために，かの過去・未来・現在の諸菩薩が菩提心を発して仏性を嘗て證得し，これから證得し，いま證得しつつあるように，そして一切の諸仏が無礙なる仏智によって知り仏眼によって観るように，［そして］諸法が無自性であることを知るように，そのような方軌で，わたくし何某は，何某阿闍梨の下で，そして一切の諸仏諸菩薩の前で，無上正等菩提へと発心致します」。このように三度（誦える)。
>
> so 'ham evaṃnāmā evaṃdeśitātyayas triśaraṇagato 'nantasattvadhātūttāraṇāyābhyuddharaṇāya saṃsāraduḥkhāt paritrāṇāya sarvajñajñāne anuttare pratiṣṭhāpanāya | yathā te atītānāgatapratyutpannā bodhisattvā bodhicittam utpādya buddhatvam adhigatavanto 'dhigamiṣyanti adhigacchanti ca | yathā sarvabuddhā 'nāvaraṇena buddhajñānena buddhacakṣuṣā jānanti paśyanti yathā dharmāṇāṃ niḥsvabhāvatām anujānanti | tena vidhinā aham evaṃnāmā evaṃnāmna ācāryasyāntikāt sarvabuddhabodhisattvānāṃ ca purato 'nuttarāyāṃ samyaksambodhau cittam utpādayāmi || trir evam ||
>
> De. No. 3967, 240a6-b3 (Cf. De. No. 3966, 237b7–238b2): bdag ming 'di skad ces bgyi bas 'di ltar sdig pa bshags nas | gsum la skyabs su mchis te | mtha' yas pa'i sems can gyi khams bsgral ba'i phyir dang | 'byung ba'i phyir dang | 'khor ba'i sdug bsngal las yongs su bskyab pa'i phyir dang | thams cad mkhyen pa'i ye shes bla na med pa la gzhag pa'i (240b) phyir | 'di ltar 'das pa dang ma 'ongs pa dang da ltar byung ba'i byang chub sems dpa' de rnams kyis byang chub tu sems bskyed nas | sangs rgyas nyid rtogs pa dang ldan pa dang | rtogs par gyur pa dang | rtogs par 'gyur ba dang | ji ltar sangs rgyas thams cad sgrib pa dang bral ba dang | sangs rgyas kyi ye shes dang | sangs rgyas kyi spyan gyis mkhyen cing gzigs pa rnams dang | ji ltar chos rnams kyi chos nyid mkhyen pa'i cho ga des | bdag ming 'di skad ces bgyi ba slob dpon dang nye bas sangs rgyas dang byang chub sems dpa' rnams kyi spyan sngar bla na med pa yang dag par rdzogs pa'i byang chub tu sems bskyed par bgyi'o || 'di ltar lan gsum mo ||

[24] 菩薩功徳品第十八末に住種性 (gotrastha) 菩薩から住最後有 (caramabhavika) 菩薩までの十種菩薩が説かれるが，その第二が「趣入した」(avatīrṇa 已趣入）菩薩であり，以下のように定義されている―「そのうち，種姓に住する菩薩が修学しようと発心すれば，彼は趣入した［菩薩］と呼ばれる」(W. 298.15–21; D. 202.18–22: ke punas te bod-

hisattvā ya evaṃ śikṣamāṇā anuttarāṃ samyaksaṃbodhim abhisaṃbudhyante | te samāsato daśa veditavyāḥ | gotrasthaḥ | avatīrṇaḥ | aśuddhāśayaḥ | śuddhāśayaḥ | aparipakvaḥ | paripakvaḥ | aniyatipatitaḥ | niyatipatitaḥ | ekajātipratibaddhaḥ | caramabhavikaś ceti | **tatra gotrastho bodhisattvaḥ śikṣamāṇaś cittam utpādayati so 'vatīrṇa ity ucyate |** ... ; De 156b2–4: byang chub sems dpa' gang dag de ltar slob na | bla na med pa yang dag par rdzogs pa'i byang chub mngon par rdzogs par 'tshang rgya bar 'gyur ba de dag gang zhe na | de dag ni mdor bsdu na rnam pa bcur rig par bya ste | rigs la gnas pa dang | zhugs pa dang | bsam pa ma dag pa dang | bsam pa dag pa dang | yongs su ma smin pa dang | yongs su smin pa dang | nges par zhugs pa ma yin pa dang | nges par zhugs pa dang skye ba gcig gis thogs pa dang | srid pa tha ma pa'o || **de la rigs la gnas pa'i byang chub sems dpa' slob pa na sems skyed par byed pa de ni zhugs pa zhes bya'o** || ... ; 玄奘訳（549a）：如是菩薩勤修學已，能證無上正等菩提，何等菩薩勤修學已能證無上正等菩提？ 當知菩薩略有十種：一住種性，二已趣入，三未淨意樂，四已淨意樂，五未成熟，六已成熟，七未墮決定，八已墮決定，九一生所繫，十住最後有。**此中即住種性菩薩發心修學。名已趣入。即已趣入**。...）。

菩薩功徳品は，十地経の十地説そのものではなく，菩薩地古層の菩薩地持究竟瑜伽處第三地品 (Bhūmi-paṭala) 第三に説かれる七地説（W. 367.1–16; D. 253.1–11: 種姓地 gotra-bhūmi・勝解行地 adhimukticaryā-°・浄勝意楽地 śuddhādhyāśaya-°・行正行地 caryāpratipatti-°・決定地 niyatā °・決定行地 niyatacaryā-°・到究竟地 niṣṭhāgamana-°）に拠って記述される。七地の第一種姓地と第二勝解行地は十地では初地以前の階位であり，第三浄勝意楽地が十地の初地（歓喜地）に，第四行正行地が十地の第二地から第七地に，第五決定地から第七到達究竟地が十地の第八地から十地に相当する。

また，この十種菩薩説は一種の重複分類であり，七地の各地との配当はやや複雑である。十種菩薩の第一住種性菩薩・第二已趣入菩薩は七地の第一種姓地・第二勝解行地に配当され，十地では初地以前に当たる。この第二已趣入菩薩が第三未淨意樂菩薩と第四已淨意樂菩薩に分けられ，それぞれ十地での入地以前と以降に相当する。次いで第四已淨意樂菩薩が第七到究竟地への未到達と到達により第五未成熟菩薩と第六已成熟菩薩に区別される。第五未成熟菩薩は更に第五決定地・第六決定行地への未到達と到達により第七未墮決定菩薩と第八已墮決定菩薩に分けられる。第九一生所繫菩薩と第十住最後有菩薩の二菩薩は第六已成熟菩薩の下位分類である。

したがって，第二已趣入菩薩は初地以前の勝解行地に配当される。これは，やはり新層に属する菩薩地持隨法瑜伽處第二住品（Vihāra-paṭala）第四に説かれる十三住の第二勝解行住に同じであり，そこでも以下のように記述されている–「勝解行住の菩薩は一切の菩薩住・如来住に**発趣**したが，未だ［それらに］到達しておらず［それらを］浄化してもいない。」(BBh W. 319.13–14; D. 218.23–219.1: adhimukticaryāvihāriṇā punar bodhisattvena sarve bodhisattvavihārāḥ tāthāgataś ca vihāra **ārabdhā** bhavanti, no tu pratilabdhā na viśodhitāḥ；玄奘訳（553b）：「若諸菩薩勝解行住，普於一切餘菩薩住及如來住，皆名**發趣**，未得未淨。」)。

他に，やはり新層に属する菩薩地第一持瑜伽處成熟品第六には，上記「地品」に云う七地の第二勝解行地以降の六地にそれぞれ対応する六種菩薩が説かれており（W. 84.21–85.4; D. 59.27–60.5)，その第一勝解行菩薩 (adhimukticārī bodhisattvaḥ) がここでいう已趣入菩薩に当たる。『大乗荘厳経論』第Ⅳ章「発心品」第2偈では四種発心を云い，その第一が「信解（勝解）に基づく発心」(ādhimokṣikaḥ cittotpādaḥ) である（本書研究会 [2023] 当該箇所を参照)。

なお，本稿末に【補注】として，以上の七地・十種菩薩・六種菩薩・十三住・十地・四種発心について関連資料を示し，それらに基づいて筆者が作成した対照表を掲げておいたので，併せて参照されたい。

因みに，『大乗荘厳経論』第Ⅰ章「［大乗の］確立」章の安慧釈導入部分では，菩薩地「菩薩功徳品」当該部分を引きつつ，十種菩薩を七地ではなく十地に配当する説が詳述されている（De. No. 4034, Mi 4a6–5a1; Pek. No. 5531, Mi 4b5–5a8)。

一方，二注釈は十種菩薩／六種菩薩には関説せず，種姓（rigs, gotra)・趣入（'jug pa, avatāra)・出離（nges par 'byung ba, naiṣkramya）という三種の地（sa, bhūmi）に言及して釈している。

BBhVṛtti (146b5–7)：「このように説かれる：これら五つについて，**自性**は何か，［つまり］発心の相は何か，**行相**は何か，**所縁**は何か，［如何なる功徳を］備えるか，如何なる殊別により**最勝**なる法と相応して生じるか，[... 欠文？ ... ］というのは，種姓・趣入・出離という三種の地であって，ゆえに地の三種類に包摂されるのであり，［発心は］そのうち趣入［地］に包摂されると示すのが，**その発心は無上正等菩提の根本である**，であり［根本とは］因という意味である。何の結果なのかといえば，**悲の等流［果］である**，と云う。」'di ltar bstan par 'gyur te | lnga po 'di dag gi **ngo bo** ni gang | sems bskyed pa'i **mtshan nyid** ni gang | **rnam pa** ni gang | **dmigs pa** ni gang dang yang dag par ldan | khyad par gang gis **khyad par du 'phags pa'**i chos dang mtshungs par ldan par 'byung [... lacuna? ...] zhes bya ba ni rigs dang 'jug pa dang nges par 'byung ba zhes bya ba'i sa rnam pa gsum ste | des na sa'i rigs gsum gyis bsdus pa nyid de | de la 'jug pas bsdus pa bstan pa ni | **sems bskyed pa de ni bla na med pa yang dag par rdzogs pa'i byang chub kyi rtsa ba**

（Ⅱ. 2. ）そして，菩薩はその心を発してから，段階を経て，無上正等菩提を証悟するのであり，［心を］発せずにでは（De. 8a）ない。したがって，その発心は無上正等菩提の根本である。

（Ⅱ. 3. ）(D. 9) また，その菩薩は，苦しんでいる衆生を悲愍し，［彼らを苦から］済度する意趣をもってその心を発する。したがって，その発心は悲の等流［果］である(25)。

（Ⅱ. 4. ）そして，この発心に依拠し，基づいて，菩薩は諸々の菩提分法と衆生利益という，菩薩の学を実修する。故に，その発心は菩薩の学の所依である(26)。

---

zhes bya ba ste | rgyu zhes bya ba'i don to || gang gi 'bras bu yin zhe na | smras pa | **snying rje 'i rgyu mthun pa** zhes bya ba'o ||

＊この徳光注の前半は菩薩地本文の前節Ⅰ.「初発心の五相」末尾に対する注釈であるが，第四の<功徳>が明言的に示されず，釈文も完結していない。後半は本節Ⅱ. 1.「趣入」の釈であるが，始まりが不明である。おそらく、前節Ⅰ. の終わりと本節Ⅱ. の導入に相当する釈文が［...］で示した箇所に脱落していると思われる。

BBhVyākhyā (19b3–5)：「**その心を発するのとまさに同時に**云々に関して。種姓・趣入・出離と呼ばれる三地が菩薩たちについても［云われる］。**したがって，その発心は趣入に包摂される**とは，分位の殊別を示している。種姓を具えていても，発心しない時は趣入しないので，発心は趣入といわれる；菩薩の道に趣入するからである。」**sems de bskyed ma thag tu** zhes bya ba la sogs pa la | rigs dang | 'jug pa dang | nges par 'byung ba'i ming can gyi sa gsum ni byang chub sems dpa' rnams la yang yin no || **de'i phyir 'jug pas bsdus pa**s ni gnas skabs kyi khyad par bstan pa yin no || rigs yod du zin kyang sems ma bskyed pa'i dus su zhugs pa ma yin pas | sems bskyed pa ni zhugs pa zhes bya ste | byang chub sems dpa'i lam la zhugs pa'i phyir ro ||

菩薩地自体にこの三種の地は確認出来ないが，声聞地第一瑜伽処は種姓・趣入・出離の三地からなり，その趣入地 (avatāra-bhūmi) の冒頭に次のように述べられている：「趣入とは何か。種姓に住する人（*pudgala）が，以前には如来によって説かれた法と律への浄信を得ていなかったが，初めて［浄信を］獲得し，浄戒を受持し，［多］聞を摂受し，恵捨を増長し，［諸］見を調柔する (*dṛṣṭiṃ ṛjūkaroti)。これが趣入することと云われる。」［*Śrāvaka-bhūmi* De. 11a5–7］: de la zhugs pa gang zhe na | rigs la gnas pa'i gang zag gis sngon de bzhin gshegs pas gsungs pa'i chos 'dul pa la dad pa ma thob pa las | dang por thob par gyur cing tshul khrims yang dag par len pa dang | thos pa 'dzin pa dang | gtong ba spel ba dang, lta ba sbyong bar byed pa gang yin pa ste | de ni zhugs pa zhes bya'o ||＊梵文は写本欠落箇所であるため得られない（声聞地研究会 [1998] 42–43）。

(25) 以下の BBhVyākhyā にもあるように，悲とは抜苦であるという定説に沿った記述である。

BBhVyākhyā (De. 20a1–5, Pek. 23a8-b5)：「慧と悲の二つが菩提の主因である。その二つのうち，その菩提心は慧から生じるのか或いは悲から生じるのか，というので，**苦しんでいる衆生を**云々という。［菩提心が］慧から生起する場合でも，［慧は］菩提を得る主［因］ではあるが，［菩提心は］それ（慧）の力で生じるのではない。それ故に，［菩提心は］悲から生起するので，**したがって，その発心は悲の等流**［**果**］**である**と知るべきである。菩薩は先に衆生を**済度する**堅固・不動の**意趣**を起こし（＝悲），その後で済度する方便の道を追求する場合に（＝慧），仏性以外のものを見ずに（／まさに仏以外の者を見ずに）無上正等菩提へと発心する。それ故に，苦ある衆生を済度することが悲であるというこのことの意味を知るべきである。これについては，井戸の中に子が落ちた母が喩えである」; shes rab dang snying rje gnyis ni byang chub kyi rgyu'i gtso bo yin no || de dag las kyang ci byang chub kyi sems de shes rab las 'byung bar 'gyur ram | 'on te snying rje las 'byung bar 'gyur zhe na | de lta bas na **sems can sdug bsngal ba rnams la** zhes bya ba la sogs pa la | shes rab las kun tu 'byung ba yin na ni byang chub thob pa gtso bor 'gyur zhing | de'i dbang gis byung bar mi 'gyur ro || de'i phyir snying rje las kun tu byung ba yin pas | **de lta bas na sems bskyed pa de ni snying rje'i rgyu mthun pa yin no** zhes bya bar rig par bya'o || byang chub sems dpa' ni sngar sems can **yongs su bskyab pa'i bsam pa** brtan po mi g-yo ba bskyed nas | de'i rjes la yongs su bskyab pa'i thabs kyi lam tshol bar byed pa na | sangs rgyas nyid las gzhan ma mthong nas bla na med pa yang dag par rdzogs pa'i byang chub tu sems skyed bar byed do || de lta bas na sdug bsngal ba'i sems can rnams yongs su bskyab pa ni snying rje yin no zhes 'di'i don rig par bya'o || 'dir khron pa'i nang du bu lhung ba'i ma dper bya'o ||

＊下線部の趣旨は明瞭ではないが，衆生に内在する仏性ではなく，菩薩にとっての帰依処たる仏性もしくは仏と解した。これについては本書附論 3 内藤 [2023] を参照。

(26) BBhVyākhyā (20a5–7)：「発心した者にとって布施などの実修は波羅蜜の名称を得ることになる。したがって，**この発心に依拠し，基づいて，菩薩は諸々の菩提分法を実修する**のである。発心した者たちは能力に応じて衆生を成

以上のように，この初発心は包摂・根本・等流・所依の点からも知るべきである。

【III. 初発心の二種：出離（不退転）と非出離（退転）】(27)

そして，菩薩のその初発心は，要約すると，出離と非出離の二種である。そのうちで，出離［発心］とは，生じたら究竟して向上し，退転することがないものである。一方，非出離［発心］とは，生じても究竟して向上せず，再び退転してしまうものである(28)。

また，その発心の退転もまた，究竟と不究竟との二種である。そのうち，究竟［退転］とは，心が一旦退転すると二度と再び菩提へと生じない場合である。一方，不究竟［退転］とは，心が退転しても繰り返し菩提へと生じる場合である。

【IV. 発心の因縁の区別：四縁・四因・四力】

その発心は四縁，四因，四力によって知るべきである(29)。

熟させるが，発心しない者たちはそうではない。それ故に，**衆生利益を実修する**という。諸々の仏法（＝菩提分法）を増大することと，衆生たちを成熟させることとが，**菩薩の学**である。故に，［**その発心は**］**菩薩の学の所依である**という。」; sems bskyed pa'i sbyin pa la sogs pa la sbyor ba ni pha rol tu phyin pa'i ming thob par 'gyur ba yin no || de'i phyir | **sems bskyed pa de la brten cing gnas nas byang chub kyi phyogs kyi chos rnams la sbyor bar byed do** zhes bya ba yin no || sems bskyed pa rnams ni nus pa ji ltab bzhin du sems can rnams yongs su smin par byed kyi | sems ma bskyed pa rnams ni ma yin no || de'i phyir | **sems can gyi don bya ba dag la sbyor bar byed do** zhes bya ba smras te | sangs rgyas kyi chos rnams kun tu 'phel bar 'gyur ba dang | sems can rnams yongs su smin par bya ba nyid ni **byang chub sems dpa'i bslab pa** yin no || **des na byang chub sems dpa'i bslab pa rnams kyi rten yin te** zhes smras so ||

(27) BBhVṛtti にはIII. に対する釈文がない。

(28) 発心退転の因は，BBhVyākhyā も示すとおり，後出【IV. 4. 発心退転の四因】に挙げられる。

(29) BbhVyākhyā (20b4–21a1) は本節の冒頭で，以下に説かれる四縁・四因・四力の相互関連を前もって要約して提示している：「生起の因の区別により発心に区別があるということを知らせるために，**その発心は四縁**［**・四因・四力**］**によって**［**知るべきである**］という。どのように諸縁・諸因・諸力により区別されるか。[1] 種姓の力が堅固である（＝第一因）ことで，第一の縁により発［心］する。つまり種姓の力ある者は，如来・菩薩たちの威力を目のあたりにし，或いは聞いて（＝第一縁），広大への信解ある者たちの発心を生じる。[2] 善知識により摂受された（＝第二因）者たちは，菩薩の聖教（＝菩薩蔵＝方廣）の法を聞いて（＝第二縁），利根の者たちの発心を生じる。[3] 悲の力の堅固なるを得て（＝第三因），菩薩の証得法（＝菩薩正法）を摂持することを機縁として（＝第三縁）発心を生じる。[4] 輪廻を怖れず（＝第四因），衆生たちの相続の分位を見ることを機縁として堅固な力を得ることで（＝第四縁）発心を生じる。初めの二因こそ（1) 自力と 2) 他力の）二力であり，初めの二縁も（1) 自力と 2) 他力の）二力である。」skye ba'i rgyu'i bye brag gis sems bskyed pa'i bye brag tu 'gyur zhes shes par bya ba'i phyir | **sems bskyed pa de yang rkyen bzhis** zhes smras te | ji ltar rkyen rnams dang | rgyu rnams dang || stobs rnams kyi rnam par gzhag pa yin zhe na | [1] rigs kyi stobs brtan par gyur nas rkyen dang po las skye bar 'gyur ro || rigs kyi stobs dang ldan pa zhig gis | sangs rgyas dang byang chub sems dpa' rnams kyi mthu mthong ba'am | thos nas rgya che ba la mos pa rnams kyi sems skye bar 'gyur ro || [2] dge ba'i bshes gnyen gyis yongs su gzung ba dag gis byang chub sems dpa'i lung gi chos thos nas dbang po rnon po rnams [kyi] sems skye bar 'gyur ro || [3] snying rje'i stobs nye bar brtan pa thob nas byang chub sems dpa'i rtogs pa'i chos la bsgrub pa dang ldan pa bdag por gyur ba las sems skye bar 'gyur ro || [4] 'khor ba'i sdug bsngal la 'jigs pa med cing sems can rnams kyi rgud pa'i gnas skabs mthong ba bdag bor gyur pas stobs brtan pa thob par gyur pa las sems skye bar 'gyur ro || dang po'i rgyu gnyis nyid stobs gnyis yin zhing | dang po'i rkyen gnyis kyang stobs gnyis yin no ||

【IV. 1. 発心の四縁】

［その中で］(30) 四縁とは何々か？

1) ここにて，善男子もしくは善女人が如来や菩薩の不可思議にして稀有の神変・威力を目のあたりにし，或いは信頼すべき人から聞く。見終わって，或いは聞き終わって，その人はこう思う―「嗚呼，この菩提は何と大いなる威力をもつことか（W. 14），そこに住する者や修する者の持つ，これ程の威力，これ程の神変が見られ聞かれるとは！」と (31)（De 8b）。その人は，まさにその威力を見たり聞いたりすることを機縁として，大菩提を信解し，大菩提へと発心する (32)。これが発心のための第一の縁である。

2) その人が，［仏・菩薩の］威力を見ることも聞くことも決してないけれども，無上正等菩提に関して菩薩蔵が示されると (33)，正法を聞き，聞き終わって更に浄信を抱く。浄信を抱いて，正法の聴聞を機縁として如来の智を信解し，如来の智を獲得しようと発心する (34)。これが

(30) Tib. de la

(31) BBhVṛtti (146b7–147a2):「**不可思議にして稀有の神変**とは，神変は三種である：神足神変 (*ṛdhi-prātihārya])，説法神変 (*ādeśa|ābhāṣaṇa[-°])，教誡神変 (*anuśāsanī[-°]) である。経に "都城に入ると盲人たちが眼を獲得する" 云々（出典未詳）とあるような，他の神通（abhijñā）などが**威力**である。その威力を如何にして聞き，また見るのか？ 信頼すべき人［の教示］，現量による知覚，誤りなき聖典の説示［によって］である。**そこに住する者**とは如来である。［**そこに**］**修する者**とは菩薩である。」**cho 'phrul bsam gyis mi khyab pa** ni | cho 'phrul rnam pa gsum ste | rdzu 'phrul dang | kun brjod pa dang | rjes su bstan pa'i cho 'phrul lo || gzhan mngon par shes pa la sogs pa mdo las ji ltar 'byung ba'i grong khyer du 'jug pa na long ba rnams kyis mig thob par 'gyur zhes bya ba la sogs pa ni **mthu**'o || mthu de gang las thos pa dang mthong ba ste | **yid ches pa** dang | mngon sum gyi tshad mas nye bar dmigs pa dang | mi slu ba'i lung gis bstan pa'o || **gang la gnas par gyur pa** zhes bya ba ni de bzhin gshegs pa'o || **zhugs par gyur pa** zhes bya ba ni | byang chub sems dpa'o ||

(32) BBhVyākhyā (21a1–4)：「種姓の力ある者は（＝第一因），広大性に対する信解により，如来・菩薩の大威力を見たり聞いたりすることを機縁として発［心］する。菩薩の一切の神通は甚深にして広大なので**威力**といわれる。それらのうち三つは神通であり，三つは**神変**である。甚深であるから**不可思議**といい，広大であるから**稀有**という。**信頼すべき人から**とは，信ずべき人から，という意味。**そこに住する者や**とは如来たちである。［**そこに**］**修する者に**とは菩薩たちに，である。**大菩提を信解して**とは，大菩提を勝解する者となって，である。［**大菩提へと**］**発心する**とは，それ（大菩提）を得るために心をそれ（大菩提）に傾注し，督励するのであって，発願し［心を］定める (*abhisaṃskaroti) から発心する，という意味である。rigs kyi stobs can rgya chen po la mos pas sangs rgyas dang byang chub sems dpa'i mthu chen po mthong ngam thos pa bdag por gyur pa las skye bar 'gyur ro || byang chub sems dpa' rnams kyi mngon par shes pa thams cad ni zab cing rgya che ba'i phyir **mthu** zhes bya'o || de dag las gsum ni mngon par shes pa yin la | gsum ni **cho 'phrul** yin no || zab pa nyid kyis **bsam gyis mi khyab pa**'o || rgya che ba nyid kyis **rmad du byung ba**'o || **yid brtan pa las** zhes bya ba ni dad par bya ba las zhes bya ba'i don to || **gang la gnas par gyur pa'am** zhes bya ba ni de bzhin gshegs pa rnams so || **zhugs par gyur pa'i** zhes bya ba ni byang chub sems dpa' rnams kyi'o || **byang chub chen por mos shing** zhes bya ba ni byang chub chen po la mngon par mos par gyur pa'o || **sems skyed par byed pa** zhes bya ba ni de thob par bya ba'i phyir sems de la gtod cing skul bar byed pa ste | smon lam 'debs shing mngon par 'du byed pas sems skyed par byed ces bya ba'i don to ||

(33) BBhVṛtti (147a2–3)：「**無上正等菩提に関して**とは，声聞乗の正法においても無上正等菩提に関して聞かれるのである。**菩薩蔵**とは方広である。」**bla na med pa yang dag par rdzogs pa'i byang chub las brtsams te** zhes bya ba ni | nyan thos kyi theg pa'i dam pa'i chos la yang bla na med pa yang dag par rdzogs pa'i byang chub las brtsams nas nyan pa'o || **byang chub sems dpa'i sde snod** ces bya ba ni | shin tu rgyas pa'o ||

(34) BBhVyākhyā (21a4–6)：「善知識により摂受された利根なる者たちは（＝第二因），甚深・広大なる方広経の意味を聞いて歓喜する。心が歓喜するので，まさにその**正法の聴聞を機縁として如来の智を信解し，如来の智を獲得し**

発心のための第二の縁である。

3) その人が，［正］法を聞くことは決してないけれども，菩薩正法[35]の湮滅が目前に迫っているのを見る。見終わって，更にその人はこう思う—「嗚呼，無量の衆生たちの苦を取り除くために菩薩正法の存続があるのだ。さあ，私は菩薩正法が長く存続するよう発心しよう，すなわち，他ならぬこれらの衆生たちの苦を抜去するために。」と。その人は，正法の護持のみを機縁として如来の智を信解し，如来の智を獲得しようと発心する[36]。これが（D. 10）発心のための第三の縁である。

4) その人が，正法の湮滅が近づいているのを見ることは決してないけれども，末世・末時において[37]，末世の衆生の依身[38]が劣悪[39]であるのを，すなわち十随煩悩に汚染されているのを，愚癡多く，無慚・無愧多く，嫉・慳多く，苦多く，麁重多く，煩悩多く，悪 (W. 15) 行多く，放逸多く，懈怠多く，不信多いのを，見るのである[40]。見終わって，（De 9a）更にその人

ようと発心するのである。」dge ba'i bshes gnyen gyis yongs su gzung zhing dbang po rnon po rnams kyis zab cing rgya che ba shin tu rgyas pa'i mdo sde'i don thos nas rab tu dga' bar 'gyur ro || sems rab tu dga' bar gyur pas **dam pa'i chos thos pa** de nyid **bdag por byas nas de bzhin gshegs pa'i ye shes la mos par 'gyur zhing | de bzhin gshegs pa'i ye shes thob par bya ba'i phyir sems skyed par byed do ||**

[35] bodhisattvasaddharma 玄奘訳「菩薩蔵法」，曇無讖訳「法（滅）」

[36] BBhVyākhyā (21a6–21b2)：「衆生たちに対する堅固な悲の力を備えた者が（＝第三因），正法が滅しようとする時節に，このように発心する：. . . . 。」sems can rnams la snying rje'i stobs brtan pa thob par gyur pas | dam pa'i chos 'jig par 'gyur ba'i dus kyi tshe 'di ltar sems skyed par byed do || . . .

[37] BBhVyākhyā (21b2–4)：「**末世・末時**とは，五濁を伴う時節である。**末世［の衆生］**とは，衰微 (*vipatti) の時であり，五濁を伴うために衆生は四通りに衰微するのである。命濁は寿命を衰微させ，短命となる。. . .（以下，五濁の解説が続くが長文につき省略）」。因みに，倶舎論世間品に，「減劫の時には五濁が増大し，減劫の末に人寿百歳以下になれば五濁は更に極増して，諸仏菩薩も出現しない」という趣旨の記述がある（山口・舟橋『倶舎論の原典解明世間品』pp. 472–6）。

[38] āśraya, Tib. lus; 玄奘訳「身心」; BHSD q.v. (3) に倶舎論世間品第 41 偈仏訳（de La Vallée Poussin, Tome II, p.126）の一文を引き，(4) commonly, *body* (cf. prec.) という。倶舎論当該箇所は以下である。AKBh ad AK III.41 (Pradhan ed. 154.13–14): **āśrayo hi sendriyaḥ kāyaḥ** | tasya puṣṭaye kavaḍīkārāhāraḥ | āśritāś cittacaittās teṣāṃ puṣṭaye sparśaḥ; 阿毘達磨倶舎論巻第十（大正 29 巻 55c）「**言所依者，謂有根身**。段食於彼能為資益。言能依者，謂心心所。觸食於彼能為資益。」

[39] 「劣悪」(pratyavara) は蔵訳になく二注釈にも言及がない；玄奘訳「濁悪」。

[40] ここに挙げられる愚癡から不信までの十種の随煩悩は，瑜伽論全品中でもこの箇所にしか見られない特異な法数である。根本煩悩に従って生じるいわゆる随煩悩は，唯識五位百法には二十種を，有部五位七十五法では十九種を数えるが，ここの十種随煩悩と共通するものは，無慚・無愧，嫉・慳，放逸・懈怠・不信のみである。西村実則氏は瑜伽論の随煩悩説を，(1)貪瞋癡の三つを随煩悩とするもの，(2)この菩薩地所説の十種随煩悩，(3)百法中の二十種随煩悩に相当するもの，(4)『法蘊足論』「雑事品」所説の染汚法を随煩悩とするもの，の四種に分類し考察を加えておられる（西村『増補アビダルマ教学　倶舎論の煩悩論』第三章第三節「五位七十五法と五位百法—心・心所法に対する世親の立場」pp.235–238)。この十随煩悩説の由来は未詳であるが，末世・末時の衆生について云われているので，何らかの経典に典拠があるかもしれない。因みに，後出VI.2.7. には「忿・嫉・諂・覆などの随煩悩」とあり，こちらは何れも通常の二十種随煩悩に含まれるものである。なお，瑜伽行派の煩悩論に関する近年の専著 Sung-Doo Ahn, *Die Lehre von den Kleśas in der Yogācārabhūmi*, Alt- und Neu-Indische Studien 55, Stuttgart 2003 は，本地分中有尋有伺等三地および摂決択分中五識身相応地・意地・有尋有伺等三地決択における煩悩章の梵蔵校訂テキストと詳細な訳注を収載し，随煩悩についても論じているが，この十随煩悩への言及はない。

BBhVṛtti (147a3–7)：「**十随煩悩**の要旨は，1) 趣入障礙，2) 極趣入障礙，3) 正行障礙である。1) そのうち，趣入の因は三つ，増上慧，無罪過，自身に観待して衆生に悲あり，である。この三つの所対治である三つの随煩悩が，**愚癡多く，無慚無愧多く，嫉・慳多く**であり，これらは趣入を難しくする［障礙である］。2) 三障によって妨げられるから，［次の］二つとも障であって，**苦［多く］**に包摂されるものは異熟障に包摂される。**麁重多く，煩悩多く**とは煩悩

はこう思う—「嗚呼，大いなる濁世が近づいている！ これ程に汚染したこの時世にあっては，低劣な声聞・独覚の菩提への発心すら得難い，況んや無上正等菩提への発心に於いてをや。さあ，先ず私が発心しよう，そして私に従って学ぶ他の人たちも発心するように！」と。その人は，末時に於いて得難き発心を機縁として大菩提を信解し，大菩提へと発心する。これが発心のための第四の縁である(41)。

障である。**悪行多く，**は業障である。或いは，苦と麁重は苦であり，異熟障である。これら三障により趣入が困難になるので，それの［極趣入］障礙である。3) **放逸多く，懈怠多く，不信多い**とは，正行障礙である。劣業に執着するのと，中間で退失するのと，所得と能得を信じないのとである。放逸の故に正行せず，同じく懈怠の故に趣入しながら途中で退轉し，不信が多い者たちは正行が緩慢である。」; **nye ba'i nyon mongs pa bcu'**i bsdus pa'i don ni | 'jug pa'i bar du gcod pa dang | 'jug pa'i shin tu bar du gcod pa dang | sgrub pa'i bar du gcod pa'o || de la 'jug pa'i rgyu ni gsum ste | shes rab lhag pa dang | kha na ma tho bas 'dzem pa dang | bdag la ltos nas sems can la snying rje ba'o || gsum po 'di'i mi mthun pa'i phyogs su gyur ba gsum ni nye ba'i nyon mongs pa ste | **gti mug shas che ba dang | ngo tsha med cing khrel med pa shas che ba dang | phrag dog dang ser sna shas che ba** ste | de dag ni 'jug par dka' ba nyid do || sgrib pa gsum gyis bsgribs pas gnyis kar yang sgrib pa nyid de | **sdug bsngal** gyis bsdus pa ni rnam par smin pa'i sgrib par bsdus so || **gnas ngan len dang nyon mongs pa shas che ba** ni | nyon mongs pa'i sgrib pa'o || **nyes par spyod pa shas che ba** ni las kyi sgrib pa'o || yang na sdug bsngal dang gnas ngan len ni sdug bsngal te | rnam par smin pa'i sgrib pa'o || sgrib pa gsum po 'di dag gis 'jug par dka' ba nyid de | de'i bar du gcod pas so || **bag med pa dang | le lo dang | ma dad pa shas che ba** rnams ni sgrub pa'i bar du gcod pa'o || bya ba ngan pa la chags pa nyid dang | bar du nyams pa dang | thob par bya ba dang | thob par byed pa la dad pa med pa dang | bag med pas mi sgrub pa dang | de bzhin du le los zhugs su zin na yang bar nas mngon par ldog pa ste | ma dad pa'i shas che ba rnams kyis sgrub pa g-yel ba'o ||

以上の BBhVṛtti の記述を BBhVyākhyā は「［菩薩地］注釈（*'Grel pa*）によれば」と名指ししてほぼ逐語的に引用し（21b4–22a4），その後に，十随煩悩を「繁栄の道の障礙」(mngon par mtho ba'i lam gyi bar chad du gyur pa, *abhyudayamārgāntarāya)，「至福の道の障礙」(nges par legs pa'i lam gyi bar chad du gyur pa, *niḥśreyasa- °)，「両道の障礙」(lam gnyi ga'i bar chad du gyur pa, *ubhaya- °）に配当する興味深い自説を展開しているが（22a4–22b2），長文に亘るので省略する。

(41) BBhVṛtti (147a7-b2)：「［以上の］発心の四縁の要旨は，決定菩薩種姓発心の二縁と，廻向菩提［声聞］発心の二縁である。決定菩薩種姓の二種類は広大信解と甚深信解である。廻向菩提［声聞］の二種類は有学と無学である。これら四が発心の縁に他ならないから，これら四が発心の縁として発心と適宜に相応する。」; sems bskyed pa'i rkyen bzhi'i bsdus pa'i don ni | byang chub sems dpa'i rigs nges pa sems bskyed pa'i rkyen gnyis dang | byang chub tu gyur pa'i sems bskyed pa'i rkyen gnyis so || byang chub sems dpa'i rigs nges pa rnam pa gnyis ni rgya che ba la mos pa dang | zab pa la mos pa'o || byang chub tu 'gyur ba rnam pa gnyis ni | slob pa dang mi slob pa zhes bya ba'o || bzhi po de rnams ni sems bskyed pa'i rkyen nyid pas | bzhi po 'di dag ni sems bskyed pa'i rkyen du sems bskyed pa dang ci ltar 'tsham par sbyar ro ||

因みに，瑜伽論巻八十摂決択分中菩薩地（大正 30, No. 1579, 744a-c; sDe dge ed. No. 4038 Zi 113b7–115b2）に變化聲聞 (sprul pa'i nyan thos)・増上慢聲聞 (mngon pa'i nga rgyal can gyi nyan thos)・迴向菩提聲聞（byang chub tu yongs su gyur pa'i nyan thos)・一向趣寂聲聞 (zhi ba'i bgrod pa gcig pa'i nyan thos) の四種声聞が挙げられる。その中の迴向菩提声聞は，生来極めて慈悲の乏しい種姓を有する者で，如来に親近して広大な仏法に対する功徳想を修習し究竟に至り無漏界に住するものの，諸仏の教導・方便により大菩提に発趣する者であるが，寂静を悦ぶ故に加行の達成が遅鈍であって，初発心の仏種姓の者 (sangs rgyas kyi rigs can dang po sems bskyed pa) に如かないとされる。続く同巻有餘依及無餘依地末では，迴向菩提声聞の中には声聞願 (nyan thos kyi smon lam) を有学位において棄捨する者もあれば無学位において棄捨する者もあるとされ（749b10; 125b7–126a1），彼らは生来の声聞種姓でも菩薩種姓でもない不定種姓（ma nges pa'i rigs can）であると述べられている（749b22; 126a5)。上引の BBhVṛtti の記述はこれと関連がありそうだが，本論中に説かれる発心の四縁との対応関係は判然としない。

なお，この四種声聞のうち，迴向菩提声聞と一向趣寂声聞は『解深密経』無自性相品 (T16, 695a22-b8; SNS Ⅶ.15–16) に説かれている。また，それぞれの原梵語 bodhipariṇatikaḥ śrāvakaḥ, śamaikāyanikaḥ śrāvakaḥが *Sāratamā*, 22.13–16 より回収される（藤田祥道氏ご提供情報)。

【IV. 2. 発心の四因】

［その中で］[42]［発心の］四因とは何々か？[43]　1) 菩薩が種姓を具備していることが，発心のための第一の因である。2)［菩薩が］仏・菩薩・善友により摂受されていることが，発心のための第二の因である。3) 衆生たちに対する菩薩の悲が，発心のための第三の因である。4) 長時に亘り，多様で，激しく，絶え間ない，輪廻の苦と難行の苦を怖れないことが，発心のための第四の因である。このうち，

1) 菩薩が種姓を具備していることは，法爾に獲得されたものと知るべきである[44]。

2) 菩薩が友を具備していることは四つの様相によると知るべきである。

i) ここで，菩薩の友が生来愚かならず，性質鈍ならず[45]，賢く，聡く[46]，悪見に陥っていな

---

[42] Tib. de la

[43] BBhVṛtti (147b2–4)：「［発心の］**四因**の要義について，［それらは以下の］3 つの因，つまり，(1)法爾に獲得されたもの（＝第一因）と，(2)外的な他者の言葉という原因によると（＝第二因），(3)内的な如理作意と（＝第三・第四因）に要約される。それ(3)もまた二種であって，(3.1) 他者を苦より済度しようと望むことと（＝第三因），(3.2) 自らの相続中にある苦を怖れないこととであり，輪廻の苦なる生などと難行による苦との中にあっても［福・智の］二資糧を集積するのである（＝第四因）。」; rgyu bzhi'i bsdus pa'i don la | rgyu gsum ni chos nyid kyis thob pa dang | phyi rol gyi gzhan gyi sgra'i mtshan ma las dang | nang gi tshul bzhin yid la byed pas bsdus pa'o || de yang rnam pa gnyis te | gzhan sdug bsngal las bsgral bar 'dod pa dang | bdag gi rgyud du gtogs pa'i sdug bsngal gyis mi 'jigs pa nyid de | 'khor ba'i sdug bsngal skye ba la sogs pa dang | dka' ba spyod pas sdug bsngal na yang tshogs gnyis kun nas sogs pa'o ||

[44] ここで種姓を法爾に獲得されたものと述べているのは，本性住種姓と習所成種姓のいわゆる二種種姓のうち前者であることを示している。二種の種姓は『菩薩地』「種姓品第一」で以下のように定義されている：「その（三持の）うち，種姓とは一体何か。要約すれば種姓は二種であり，本性住［種姓］と習所成［種姓］である。そのうち，本性住種姓とは諸菩薩の殊勝な六処である。それは展転相続し，無始時来の，法爾に得られた，そのような［殊勝な六処］である。そのうち，習所成種姓とは前世での善根の修習により得られた［種姓］である。」; (W. 3.1–6 ; D. 2.4–7) tatra gotraṃ katamat. samāsato gotraṃ dvividham. prakṛtisthaṃ samudānītaṃ ca. tatra prakṛtisthaṃ gotraṃ yad bodhisattvānāṃ ṣaḍāyatanaviśeṣaḥ. sa tādṛśaḥ paramparāgato 'nādikāliko dharmatāpratilabdhaḥ. tatra samudānītaṃ gotraṃ yat pūrvakuśalamūlābhyāsāt pratilabdham. ; Tib. (De. 2b4–5) : de la rigs gang zhe na | mdor na rnam pa gnyis te | rang bzhin gyis gnas pa dang | yang dag par bsgrubs pa'o || de la rang bzhin gyis gnas pa'i rigs ni byang chub sems dpa' rnams kyi skye mched drug gi khyad par gang yin pa ste | de ni gcig nas gcig tu brgyud de 'ongs pa thog ma med pa'i dus can chos nyid kyis thob pa de lta bu yin no || de la yang dag par bsgrubs pa'i rigs ni sngon dge ba'i rtsa ba goms par byas pa las thob pa gang yin pa ste | ; 玄奘訳（478c）：「云何種姓。謂略有二種，一本性住種姓，二習所成種姓。本性住種姓者，謂諸菩薩六處殊勝有如是相從無始世展轉傳來法爾所得，是名本性住種姓。習所成種姓者，謂先串習善根所得，是名習所成種姓。」

BBhVyākhyā (23a1–3)：「**種姓を具備している**云々について。［本性住］種姓は法爾に獲得されるものであり，因と縁によって形成されるものではない。したがって，一相のみであって，それには区別はない。習所成種姓は因と縁によって形成されるものではあるが，区別はない；つまり，それの縁は本質が同一であるから結果にも区別はないのである。それ故に，これ以外の（i.e. 2)〜4) の）三因による区別だけがある。」; **rigs phun sum tshogs pa ni** zhes bya ba la sogs pa la | rigs ni chos nyid kyis thob pa yin gyi | rgyu dang rkyen gyis mngon par 'dus byas pa ni ma yin no || de'i phyir rnam pa gcig nyid yin gyi de la dbye ba yod pa ma yin no || gang yang bsgrubs pa las byung ba de yang rgyu dang rkyen gyis mngon par 'dus byas pa yin yang dbye ba med de | de'i rkyen ngo bo gcig pa'i phyir 'bras bu la yang dbye ba med do || de'i phyir 'di las gzhan pa'i rgyu gsum gyis dbye ba ni yod do ||

[45] adhandhajātīya, Tib. yid rtul ba'i rang bzhin can ma yin; 玄奘訳「不（愚）鈍」，曇無讖訳「不鈍」; BHSD s.v. dhandha, (=Pali dandha; see also adhandha), *slow, weak, dull*: ...opp. to kṣipra, Pali khippa....

[46] BBhVṛtti：「**愚かならず**とは，倶生の慧を持つのである。**性質鈍ならず**とは，速やかに理解する能力がある。**賢く**とは，聞所成慧を持つのである。**聡く**とは，思所成慧を持つのである。」 **blun po ma yin pa** zhes bya ba ni lhan cig

い，これが第一の友の具備である。

ii) 彼を放逸に導かず，彼に放逸の機会[47]を与えない，これが第二の友の具備である。

iii) 彼を悪行に導かず，彼に悪行の機会を与え (De. 9b) ない，これが (W. 16) 第三の友の具備である。

iv) 彼に高次の信仰・意欲・誓言[48]・精進・方便という功徳を思いとどまらせ[49]，低次の信仰・意欲・誓言・精進・方便という功徳を勧める[50]ことをしない：例えば，大乗を思いとどまらせて声聞乗や独覚乗を［勧める］，修所成［慧］を思いとどまらせて思所成［慧］を，思所成［慧］を思いとどまらせて聞所成［慧］を，聞所成［慧］を思いとどまらせて奉仕行を[51]，戒

---

skyes pa'i shes rab dang ldan pa'o || **yid rtul ba'i rang bzhin can ma yin** zhes bya ba ni myur du 'dzin par nus pa'o || **mkhas shing** zhes bya ba ni thos pa las byung ba'i shes rab dang ldan pa'o || **mdzangs pa** ni bsams pa las byung ba'i shes rab dang ldan pa nyid do ||。

BBhVyākhyā (23a6–23b2) の釈はやや異なる：「悪友は堕見の者と邪見の者であって，それと逆の善友は勝慧にして明慧であるということを示して，**愚かならず**云々という。**愚かならず，**［性質］**鈍ならず，賢く，聡く**という四語は，凡愚 (*bāla)，痴愚 (*mūḍha)，不敏 (*apaṭu)，無知 (*avidvat) の逆であると知るべきである。凡愚でないから痴愚でないのであって，［五］明処全てに通達するに足る倶生の慧を具えているからである。痴愚でないのは多聞の種姓を持つからであって，聞所成慧を持つのである。**賢く**とは明敏であって，思所成慧を持つのである。**聡く**とは一切知を持つのである。」bshes gnyen ngan pa de yang lta bar lhung ba dang | lta ba log par gyur pa'o || de las bzlog pa'i dge ba'i bshes gnyen ni shes rab lhag par gyur pa shes rab gsal ba yin no zhes bstan pa'i phyir | **blun po ma yin zhing** zhes bya ba la sogs pa yang | **blun po ma yin pa** dang | **yid rtul ba ma yin pa** dang | **mkhas pa** dang | **mdzangs pa** zhes bya ba'i tshig bzhi ni byis pa dang | rmongs pa dang | mi gsal ba dang | mi mkhas pa rnams las bzlog pa las rig par bya'o || byis pa ma yin pas na ma rmongs pa ste | rig pa'i gnas thams cad la rjes su 'jug pa dang mthun pa'i lhan cig skyes pa'i shes rab dang yang dag par ldan pa'i phyir ro || ma rmongs pa ni mang du thos pa'i rigs can te | thos pa las byung ba'i shes rab can no || **mkhas pa** ni gsal ba ste | bsams pa las byung ba'i shes rab can no || **mdzangs pa** ni kun la rig pa can no ||

[47] pramādasthāna, Tib. bag med pa'i gnas；玄奘訳「放逸具」，曇無讖訳「放逸之具」；BHSD q.v. (2) *he does not produce for him an occasion for heedlessness*.

[48] samādāna, Tib. yang dag par blang ba；玄奘訳「受学」，曇無讖訳「受」。BHSD q.v. (2) without specific expression of complement, *formal undertaking, vow.*; BBhVṛtti (127b7) 所引の本文には dam 'cha' ba（sic! dam bca' ba の異綴）とあり，これは通常 pratijñā（誓言，誓願）の訳語である。BBhVyākhyā (24a2–3) も，以下の通りこの samādāna を発心・発願として釈している：「**意欲**が生じてから，目的を達するために心で願い［心を］定めることを生じるので，その次に**誓言**である。このように発心し発願した者は資糧を円満する為に実修することになるというので，その次に**精進**を始めるのである」**'dun pa** skyes nas de thob par bya ba'i phyir sems kyis smon par byed cing mngon par 'du byed skyed par byed pas de'i rjes la **yang dag par blang ba** 'o || de ltar sems bskyed cing smon lam gdab pa byas pa ni tshogs yongs su rdzogs par bya ba'i phyir sbyor bar 'gyur ro zhes bya bar de'i rjes la **brtson 'grus** rtsom mo ||

[49] vicchandayati, Tib. 'dun pa bzlog；玄奘訳「勧捨」，曇無讖訳「断」；BHSD q.v., The fundamental meaning is *makes undesirous* (denom., vi plus chanda).

[50] samādāpayati, Tib. 'jug par byed；玄奘訳「勧修」，曇無讖訳「與」；BHSD q.v. (=Pali samādapeti) (1) *causes to assume, to take upon oneself*, usually a moral or religious duty: ... (2) *incites* (to), with loc. which seems to imply weakining of the orig. lit. mg. ...

[51] vaiyāpṛtya-karman, Tib. zhal ta byed pa (sevice)；玄奘訳・曇無讖訳「福業」；BHSD s.v. vaiyāpatya, °-pṛtya, °-vṛtya (=Pali veyyāvacca), *work* (of duty or service to a superior), esp. to a Buddha or (often) to monks)；BBhVyākhyā (24a5–24b1)：「比丘の義務には勝・中・劣がある。そのうち比丘の主たる義務は禅と修習に勤めることである。中は読誦，聴聞，思所摂の非禅に勤めることである。［勝・中の］二つとも全く勤めることが出来なければ，信により布施された資具が果報を伴うように奉仕行に勤めることが許されている。それもまた二種であって，僧伽の食を満たし時（？ res）などを満たす奉仕をすることと，師を尊重し恭敬することで師に承事 (*paricaryā) して仕えることである」。dge slong gi bya ba'i dbang du byas nas | khyad par du 'phags pa dang | 'bring po dang | dman pa'o || de la dge slong gi bya ba'i gtso bo ni bsam gtan dang | sgom pa la sbyor ba'o || 'bring po ni klog pa dang | nyan pa dang | sems pas bsdus pa bsam gtan ma yin pa'i sbyor ba'o || gnyi ga yang thams cad kyi thams cad du sbyor bar mi nus na | dad pas byin pa longs

所成［福徳］を思いとどまらせて布施所成［福徳］を［勧める］，といった具合に，高次の諸功徳を思いとどまらせて低次の諸功徳を勧めるということをしない。これが第四の友の具備である。

3) (D. 11) 菩薩は四つの原因によって衆生たちに対し悲多き者となる。

i) 十方の無量無辺の世界には苦が見られない世界もあるが(52)，菩薩は苦なき世界ではなく，苦が見られる苦ある世界に再生する。

ii) そして，他者がある何らかの苦に冒され，苛まれ，打ちひしがれているのを見る。

iii) また，自身もある何らかの苦に冒され，苛まれ，打ちひしがれる［のを見る］。

iv) 更に他者，自身，或いはその両者が，長時に亘る多様な激しく絶え間ない苦に冒され，苛まれ，打ちひしがれているのを見る(53)。

---

spyod pa ’bras bu dang bcas par bya ba’i phyir | zhal ta ba’i las la sbyor bar gnang ba yin no || de yang rnam pa gnyis te | dge ’dun gyi zas la sko bar byed cing res la sogs pa’i sko ba’i zhal ta byed pa dang | bla ma la gus shing rim gror byed pas bla ma’i yongs su spyod pas g-yog byed pa’o || ; Engle, administrative activities [in support of the spiritual community].

(52) BBhVyākhyā (24a5–24b1) は，苦のない世界について以下のような興味深い注釈を加えている：「汚染された世界に生まれた衆生の中で最高の者たち（菩薩）に悲が生じるのであり，汚染されていない［世界 ... に悲が生じるの］ではないことを示して，**苦が見られない世界もあるが**という。このうち汚染されていない［世界］は二種であり，清浄と不清浄である。そのうち清浄なる世界は女人などの名前すら知られない，況んや［女人などが］生まれることがあろうか。大力ある仏菩薩だけが生まれるのだ。そこではただ大乗についてのみ法を説くのである。したがって声聞・独覚の名前すら知られない。それらの世界では苦諦と集諦に包摂されるものは存在しない，極清浄なる出世間の善により出離しているからである。」; kun nas nyon mongs pa can gyi ’jig rten gyi khams su skyes pa’i sems can las dang po pa rnams la snying rje skye bar ’gyur gyi | kun nas nyon mongs pa med pa rnams la ni ma yin no zhes bstan pa’i phyir smras pa | **’jig rten gyi khams gang na sdug bsngal med pa de lta bu dag kyang yod na** zhes bya ba’o || de la kun nas nyon mongs pa can ma yin pa la rnam pa gnyis te | rnam par dag pa dang | rnam par ma dag pa’o || de la rnam par dag pa’i ’jig rten gyi khams ni bud med la sogs pa’i ming yang shes par mi ’gyur na skye ba lta smos kyang ci dgos | sangs rgyas dang byang chub sems dpa’ mthu chen po thob pa ’ba’ zhig ’byung bar ’gyur ba’o || de na theg pa chen po gcig gi dbang du byas nas chos ston par byed pa nyid do || des na nyan thos dang rang sangs rgyas kyi ming yang (Pek.28b) shes par mi ’gyur ro || ’jig rten gyi khams de dag na sdug bsngal dang kun ’byung gi bden pas bsdus pa yod pa ma yin te | shin tu rnam par dag pa’i ’jig rten las ’das pa’i dge ba las nges par byung ba’i phyir ro ||

この「清浄なる世界」の説明が極楽浄土を念頭に置いたものかどうかは定かでないが，直ちに想起されるのは，世親『浄土論』の一節である：大正 26a 釋經論部下 No. 1524 無量壽經優波提舍願生偈 [231c]：「大乘善根界　等無譏嫌名　女人及根缺　二乘種不生」（第十四偈）；同釈：「大義門功德成就者。偈言『大乘善根界，等無譏嫌名，女人及根缺，二乘種不生』故。淨土果報離二種譏嫌過應知。一者體，二者名。體有三種，一者二乘人，二者女人，三者諸根不具人。無此三過故，名離體譏嫌。名亦三種，非但無三體。乃至不聞二乘女人諸根不具三種名故，名離名譏嫌。等者平等一相故。」

(53) 前項 2）及び次項 4）と違い，この 3）項では菩薩地本文自体には四原因の配当が明示されていない。このため，諸訳・諸註釈によりその理解が異なる。現存梵文を普通に読めば本訳稿に示したような i) から iv) の四原因となると思われ，BBhVṛtti (148a1–2) もそう釈している：「**3) 菩薩は四つの原因によって衆生たちに対し悲心多き者となる**と。四原因を要約すると，i）苦のあるところ，ii)，iii）苦しむ者，iv）それを縁じて［菩薩が］悲多き者となるところの苦の相，である。そのうち，苦しむ者とは，ii) 他者たち，iii) 自身，或いは iv) 両者，と更に適宜に結びつく」。**rgyu bzhis byang chub sems dpa’ snying rje ba’i shas che bar ’gyur te** | rgyu bzhi’i bsdus pa’i don ni | i) gang du sdug bsngal ba dang | ii, iii) gang gis sdug bsngal ba dang | iv) gang sdug bsngal gyi rnam pa la nye bar dmigs nas snying rje shas che bar ’gyur ba ste | de la gang gis sdug bsngal zhes bya ba ni ii) gzhan rnams iii) bdag gam iv) gnyi ga’am gzhan yang ji ltar rigs par sbyar ro ||。

しかし，BBhVyākhyā (24b7–25a7) は，BBhVṛtti を名指しせずに他説として紹介した後で批判し，自説を大略以下のように述べている：「他相続にある小苦が第一原因，自相続にある小苦が第二原因，自他両者にある大苦が第三原因，その大苦の四相（i.e. 長時・多様・激烈・無間）が第四原因である」。これによれば，i) は悲の原因から除かれ，ii) iii) がそれぞれ第一・第二原因に当たり，iv) が第三・第四の二原因を含むことになる。

かくして，その菩薩には，自らの種姓 (De. 10a) にもとづいて，本来的に仁愛あることによって，これら四つの所縁・依拠により，低次・中次・高次の悲が生じるのである[54]，修習によらずして[55]。

4) 菩薩は，衆生たちに対する悲を先として，四つの原因により，長時に亘る多様な激しく絶え間ない輪廻の苦ですら怖れず，怯まない，況んや多少の苦をや。(W. 17)

i)［菩薩は］本性上，勇健にして堅強であり大力である。これが第一の原因である。

ii) 賢く，正しく思惟する性質を持ち，思択力がある。これが第二の原因である。

iii) 無上正等菩提に対する高次の信解を備えている。これが第三の原因である。

iv) 衆生に対する高次の悲を備えている。これが第四の原因である[56]。

玄奘訳もやはり i) を四原因には数えず，iv) に相当する箇所を二分しており，[1] 或時見他隨遭一苦觸對逼切，[2] 或時見自隨遭一苦觸對逼切，[3] 或見自他隨遭一苦觸對逼切，[4] 或見二種倶遭長時種種猛利無間大苦觸對逼切の四原因としている。曇無讖訳も同様で，[1] 見他受苦，[2] 或自受苦，[3] 或見倶受，[4] 或見生死長久受無間苦の四原因とする（玄奘訳がこれに倣って分節した可能性もある）。求那跋摩訳は相当に異なり，i)〜iii) を併せた如きものを第一原因とし，iv) に当たるものを地獄・餓鬼・畜生の三悪道に配してそれぞれ第二・三・四原因としている。そうした原文があったとは思われず，恐らく訳者による改変増広であろう。

(54) 前注に記した理由で，この四所縁・依拠（＝四原因）と低次・中次・高次の三悲の配当も諸注釈で相異する。BBhVṛtti にはこの釈を欠くが，BBhVyākhyā は「他相続にある小苦（第一原因）に対して低次の悲が，自相続にある［小苦］（第二原因）に対して中次の［悲］が，自他［両者］の相続にある大［苦］（第三・四原因）に対して高次の［悲が生じる］」と述べ，更に，「前述の（BBhVṛtti による）四原因の設定に従えば，i) 苦ある世界に生まれること，ii, iii) 自・他の相続にある苦，iv) それら自他の苦が大なること，に対してそれぞ低次・中次・高次の悲が生じる」と補足する（25a7–25b3 取意）。BBhVyākhyā は必ずしも BBhVṛtti の解釈を否定しているのではなく，要するに i)〜iv) の四原因のうち i) を除外し，ii)，iii)，iv) の三を低次・中次・高次の悲に対応させ，i) は三悲に共通とするのであろう。

基『略纂』(131a) は，前注に示した玄奘訳文の [1] 他苦と [2] 自苦を低次の悲に，[3] 自他苦を中次の悲に，[4] 自他大苦を高次の悲に配当したあと，別釈として，これら四所縁のそれぞれに三悲が生じるとも述べている（論云「依四境處雖不串習而能發起下中上悲無有斷絶」者。四境謂前列他自受苦等。若見自，若見他，隨遭一苦，起下悲。若見自他隨遭一苦，起中悲。若見自他受無間大苦，起上悲拔濟。又或於四境，一一皆能起上中下悲）。遁倫『瑜伽論記』は，[2] 自苦は悲の所縁とはならないからそれ以外の三所縁 [1]・[3]・[4] が三悲に対応するとする慧景の説（景云，四中但取三境除自，非悲境故）を紹介したあと，この基説を全文そのまま引くのみである。

以上注記してきたように，三悲とその四所縁に対する BBhVyākhyā と玄奘系統の理解は期せずして近似しており，興味深い。

(55) BBhVyākhyā (25b3–4)：「**修習によらずして**とは，修習なしに，である。四種の因によりこのように［三種に］悲が生じると知るべきである。修習に勤めるならば，全面的に高次［の悲］のみとなるのである」。**goms pa med par yang** zhes bya ba ni goms pa med par ro || rgyu rnam pa bzhis de ltar snying rje skye bar rig par bya'o || goms pa'i sbyor bas ni thams cad du chen po nyid du gyur ro ||

(56) BBhVṛtti (148a2–5)：「**［菩薩は］本性上，勇健にして堅強であり，大力である**という中で，堅強とは，低劣な心を煩悩のように断捨しているのであり，煩悩の力に従わないのである。多様で激しい苦の心を怖れない性質あるが故に正加行から揺るがない者は，本性上，勇健な者であり，思択あるが故に，**賢く**とは，聞所成慧を持つのである。**正しく思惟する性質を持ち**とは，思所成慧を持つのである。**思択力ある**者は思択力あるが故に輪廻の苦を怖れない。」；**rang bzhin gyis snying stobs che zhing brtan pa dang ldan pas stobs dang ldan pa yin** zhes bya ba la | **brtan pa** ni dman pa'i sems nyon mongs pa bzhin du nges par spong ba ste | nyon mongs pa'i dbang gis rjes su mi 'byung ba'o || sdug bsngal gyi sems mang zhing rab tu drag pas mi 'jigs pa'i ngang tshul nyid kyis yang dag par sbyor ba las mi bskyod pa ni **rang bzhin gyis snying stobs che** ba dang ldan pa ni so sor rtog pa dang ldan pas **mkhas par 'gyur** te | thos pa las byung ba'i shes rab dang ldan pa'o || **yang dag par sems pa'i ngang tshul can** zhes bya ba ni | bsams pa las byung ba'i shes rab dang ldan pa'o || gang la **so sor rtog pa'i stobs** yod pa de ni so sor rtog pa'i stobs dang ldan pas 'khor ba'i sdug bsngal la mi 'jigs pa'o ||

BBhVyākhyā (26b7)：「苦を怖れない四因の要約した設定は，身体の力と，心の力についてである。そのうち，因

【Ⅳ. 3. 発心の四力】

［発心のための］四力とは何々か？ 1) 自力, 2) 他力 3) 因力 4) 加行力である。その中で,

1) 無上正等菩提への熱望が自身の能力によって生じれば，それが菩薩の発心のための自力と言われる。

2) 一方，他者の能力によって生じた無上正等菩提への熱望が，菩薩の発心のための他力と言われる。

3) 菩薩の，前世での，大乗に相応した善法の修習は，此世で仏・菩薩を見るだけで，或いは彼らへの称讃(57)を聞くだけで，速やかに発心をもたらす。況んや［此世で仏・菩薩の］威力を

を伴う身体の力を示して，i)［**菩薩は本性上**］，**勇健にして堅強であり大力である**という中で，**勇健**と勇猛 (*vīra)・勇壮 (*śūra)・勇敢 (？ sems stobs can, *cittabalavat?) は同義である。ある者は，特殊な精進が勇健であるとする。更にそれは染汚と不染汚の二種で，そのうち染汚の加行は戦闘における勇健であり，不染汚の加行は布施における勇健である。... 。**堅強**とは堅固な本質 (*dhīrasvabhāva) であり，殊勝な大種 (*mahābhūtaviśeṣa) である。他の者たちは殊勝な慧であるとするが，それは非理である，それの区別は別に説かれるから。それら［勇健と堅強の］二つのある者には必ず，**本性上**，身体の力があるというので，**大力である**という。意の力は三種であり，ii) 慧の力と，iii) 勝解の力と，iv) 悲の力である。第一の［慧の］力を示して ii) **正しく思惟する性質を持ち**という。前［世］と後［世］の過失と功徳を分別することについて正しく思惟する性質を持つのである。このように観察しても輪廻の苦を怖れない。... 。このように正思惟して，衆生たちが邪行を為し苦を与えても，” これらの衆生は自律的ではない，煩悩に動かされている，煩悩の魑魅に魅入られてこのような非行をなしているから，この者たちを煩悩の魑魅から解放しなければならない” と正観察する。...。上述の教説を伴う正思惟という相を持つ慧が**思択力**と言われる。殊勝な種姓と殊勝な友により大菩提を求め信解し認知（忍）に近づく者は，魔羅や外道異論たちに引かれることは有り得ない。それで，iii) **無上正等菩提に対する高次の信解を備えている**者は苦を怖れないのである。自身の楽を求めながら利他を為すという双運轉 (*yuganaddhavāhin) は有り得ない，というわけで，iv) **衆生に対する高次の悲を備えているから**，如何なる苦であろうとも全てが悲の増大する因となり，怖れる因とはならないのである。」sdug bsngal gyis mi 'jigs pa'i rgyu bzhi mdor rnam par gzhag pa ni lus kyi stobs dang | sems kyi stobs kyi dbang du byas pa'o || de la rgyu dang bcas pa'i lus kyi stobs bstan pa ni | 4.i.) **snying stobs che zhing brtan pa dang ldan pas stobs dang ldan pa yin te** zhes bya ba la | **snying stobs che ba** dang | dpa' ba dang | rtul phod pa dang | sems stobs can zhes bya ba ni don gcig go || kha cig ni brtson 'grus kyi khyad par la snying stobs zhes zer ro || yang de ni rnam pa gnyis te | nyon mongs pa can dang | nyon mongs pa can ma yin pa'o || de la nyon mongs pa can gyi sbyor ba ni g-yul ngor dpa' ba'o || nyon mongs pa can ma yin pa'i sbyor ba ni sbyin pa la dpa' ba'o || ... || **brtan pa** ni ngang dal ba ste | 'byung ba chen po'i khyad par ro || gzhan dag ni shes rab kyi khyad par du 'dod do || de ni mi rigs te | de'i dbye ba ni tha dad du bshad pa'i phyir ro || gang la 'di dag gnyis ka yod pa de la nges par **rang bzhin gyis** lus kyi stobs dang ldan par 'gyur ro zhes bya par **stobs dang ldan pa yin te** zhes smras so || yid kyi stobs ni rnam pa gsum ste | shes rab kyi stobs dang | lhag par mos pa'i stobs dang | snying rje'i stobs so || stobs dang po bstan pa'i phyir | 4.ii.) **yang dag par sems pa'i ngang tshul can** zhes bya ba la | sngon dang phyi ma'i skyon dang yon tan yongs su rtog pa la nges par sems pa'i ngang tshul can no || 'di ltar brtags nas kyang 'khor ba'i sdug bsngal gyis 'jigs par mi 'gyur te | ... || de ltar nges par bsams nas sems can rnams phyin ci log tu grub cing sdug bsngal ster bar byed kyang sems cad 'di dag ni rang dbang med pa | nyon mongs pa'i dbang gis 'gro ba | nyon mongs pa'i gdon gyis zin pas 'di lta bu'i bya ba ma yin pa byed kyis | de'i phyir 'di dag nyon mongs pa'i gdon las thar bar bya'o zhes nges par brtag pa yang | ... || sngar bstan pa'i bstan pa dang bcas pa'i nges par sems pa nyid kyi rnam pa'i shes rab ni **so sor rtog pa'i stobs** zhes brjod do || rigs kyi khyad par dang | bshes gnyen gyi khyad par gyis byang chub chen po 'dod pa dang | mos pa dang | bzod pa la nye bar gyur pa de ni bdud dang phas kyi rgol ba rnams kyis bkri bar mi nus pa yin no || 4.iii.) des na **byang chub chen po la mos pa'i stobs can** ni sdug bsngal gyis mi 'jigs so || bdag nyid bde ba 'dod pa dang gzhan don byed pa zung du 'jug pa yod pa ma yin pas | zhes bya bas 4.iv.) **sems can rnams la snying rje chen po dang ldan pas** sdug bsngal gang ci yang rung ba de thams cad snying rje 'phel ba'i rgyur 'gyur ba yin gyi | 'jigs pa'i rgyu ni ma yin no ||

(57) varṇa; Tib. bsngags; 玄奘訳「称揚讃美」, 曇無讖訳「歎説」; BBhVyākhyā (27a5–6)「現世で仏・菩薩を見るだけ

見たり正法を聞いたりすれば尚更である。［それが菩薩の］(58) 発心のための因力と言われる。

4) 菩薩に，現世での，善き人に親近し正法を聴聞し思惟するなどの，長期に亘る，善法の修習が［あれば，それが菩薩の］(59) 発心のための加行力と言われる(60)。

その中で，菩薩にとって，四縁および四因の総体 (De. 10b) 若しくは各々にもとづいて，もし 1) 自力と 3) 因力という二つの力の総体若しくは各々によって(61)，その心が発するならば，(D.12) それは堅固で確実で不動なものとして (W. 18) 発する。一方，2) 他力と 4) 加行力［という二つの力の総体若しくは各々］(62) によってであれば，その心は堅固ならざるものとして生じると知るべきである(63)。

【IV．4．発心退転の四原因】

菩薩の［発］心が退転する原因は四つである。四つとは何々か。

1) 種姓を具備していないこと，

2) 悪友に取り巻かれていること，

3) 衆生たちに対する悲心が乏しいこと，

4) 長期に亘る様々な激しく絶え間ない輪廻の苦を怖れ，大いに怖れ，怯み，恐怖に陥ること，である(64)。

で，或いは彼らの功徳を聞くだけで，速やかに発心する。」; da ltar sangs rgyas dang byang chub sems dpa' mthong ba tsam mam | de dag gi yon tan thos pa tsam gyis myur du sems skye bar 'gyur na ; Engle (p.29): ... by seeing a buddha or bodhisattva or by hearing them being praised, ...

(58) Tib. ... | de ni byang chub sems dpa'i . . .

(59) Tib. ... goms par byas pa gang yin pa de ni byang chub sems dpa'i ...

(60) 以上の四力について，BBhVṛtti (148a7–148b1) は以下のように要約する：「四力の要旨は二種である：善法の修習と，相続中にあるものである。相続中にあるものも二種であり，自己と他者の区別による。善法の修習も二種であり，過去世におけると現世におけるとの区別による。」; stobs bzhi'i bsdus don ni rnam pa gnyis te | dge ba'i chos goms pa dang | rgyud du gtogs pa'o || rgyud du gtogs pa yang rnam pa gnyis te | bdag dang gzhan gyi bye brag gis so || dge ba'i chos la goms pa yang rnam pa gnyis te | 'das pa'i dus kyi dang | mthong ba'i chos kyi dus kyi dbye bas so ||

(61) 二刊本・諸写本いずれも samastābhyāṃであるが，Tib. tshogs pa'am | so so las nges par; 玄奘訳「或由自力或由因力，或總二力而發心者」，BBhVyākhyā の引く本文 nang gi stobs dang | rgyu'i stobs 'di gnyis **tshogs pa'am | so so las** sems de skyed na (De. 27b1–2; Pek. 31b1) によって samastavyastābhyāṃと訂正する。

(62) 玄奘訳「或由他力或加行力，或總二力而發心者」によって補う。

(63) BBhVyākhyā (27b2–4)：「**確実で**とは，悲が劣小なために退転するようなことがないからである。**不動で**とは，苦により怖れ動揺することがないからである。他の同義語が，輪廻の苦により退転しないから**堅固な**である。［或いは］衆生の怨害によって退転しないから**確実**である。難行の苦により退転しないから**不動**である。これら以外の諸力より生じた［発心］は**堅固ならざるもの**である。」; **snying por gyur pa** ni snying rje dman par gyur pas ldog pa med ba'i phyir ro || **mi g-yo bar gyur pa** ni sdug bsngal gyis 'jigs shing g-yo ba med pa'i phyir ro || rnam grangs gzhan yang 'khor ba'i sdug bsngal gyis mi ldog pas na **brtan pa**'o || sems can gnod pa byed pas ldog par mi 'gyur bas na **snying por gyur pa**'o || dka' ba spyod pa'i sdug bsngal gyis mi ldog pas na **mi g-yo bar 'gyur** ro || 'di dag las gzhan pa'i stobs las bskyed pa ni **brtan par mi 'gyur** ro ||

(64) BBhVyākhyā (27b7–28a1)：「これら（2) から 4) の）三因により退転するのは畢竟退転ではない。1) 種姓を具備していないこと［による退転］が畢竟退転となる。」; rgyu gsum po 'di dag gis ldog pa ni gtan ldog pa ma yin no || rigs phun sum tshogs pa ma yin pa ni gtan ldog par 'gyur ro ||

因みに，龍樹に帰せられる『十住毘婆沙論』「発菩提心論第六」に，初発菩提心の七因縁を挙げて，前三因縁にもとづく発心は必ず菩提を成就するが，後四因縁による発心は成就しない，という記述がある（大正 26 巻 No. 1521,

［発］心退転のこれら四つの原因は，発心の四因の逆であり，詳しくは上述の通りに知るべきである(65)。

【V. 初発心堅固菩薩の種々なる利徳】(66)

【V.1. 初発心堅固菩薩の二未曾有法】

初発心の堅固な菩薩には，世間とは異なった，以下の二つの未曾有稀有なる法がある(67)。二つとは何々か？ 1) 一切衆生を眷属(68)として庇護し，2) しかも眷属として庇護することの過失に汚されないのである(69)。

35a–b)：

初発菩提心　或三四因縁　一者諸如来　令発菩提心
二見法欲壊　守護故発心　三於衆生中　大悲而発心
四或有菩薩　教発菩提心　五見菩薩行　亦随而発心
或因布施已　而発菩提心　或見仏身相　歓喜而発心
於七発心中　仏教令発心　護法故発心　憐愍故発心
如是三心者　必定得成就　其余四心者　不必皆成就

本論において四縁・四因・四力によって初発心の堅固・不堅固を分かつのに重なるところがある。但しこの『十住毘婆沙論』の記述は『十地経』ではなく『如来智印経』(大正 15 巻 No. 633, 470b-c) に拠るものである（詳細は，瓜生津隆真 [1994 : 21–24, 128–129] 参照)。

(65) BBhVyākhyā はここまでの注釈を終えた後に，本章の一種の科段を示し，更に以下のV. に対する詳細な注釈を続ける。これについては，次注と共に，本稿序論の科段の項を参照されたい。

(66) BBhVṛtti は以下のV．1.～V．5．を一括して簡潔に要約した後，「初発心章の要旨」として本章の科段を示した上で，改めてV．6．を短く釈して終わる。

(67) BBhVyākhyā (28a5–7)：「**初発心の堅固な菩薩には，世間とは異なった，以下の二つの未曾有稀有なる法がある**とは，上述の自力と因力との故に再び退転することのない，出離の，という意味である。**世間とは異なった**とは，現在時に関して他の者たちには全く存在しないからである。**未曾有**とは過去時において起こらなかった，**希有**とは未来時においても起こらない，というのであり，未曾有希有なる諸法の順序の設定はこのように知るべきである。」**'di gnyis ni byang chub sems dpa' dang po sems bskyed pa brtan pa'i** zhes bya ba ni ji skad bstan pa'i nang gi stobs dang | rgyu'i stobs kyis phyir mi ldog cing nges par 'byung ba zhes bya ba'i don to || **'jig rten dang thun mong ma yin pa** ni da ltar gyi dus la nye bar ltos nas gzhan dag la thams cad kyi thams cad du med pa'i phyir ro || **ngo mtshar** ni 'das pa'i dus na yang ma byung ba'o || **rmad du byung ba** ni ma 'ongs pa'i dus na yang mi 'byung ba'o zhes byas nas ngo mtshar rmad du byung ba'i chos rnams kyi rim pa rnam par gzhag pa ni 'di ltar rig par bya'o ||

(68) kaḍatra / kalatra, Tib. chung ma; 玄奘訳：「眷屬」，曇無讖訳：「親屬」; BHSD q.v., *family*

(69) BBhVyākhyā (28a7-b5)：「世間の者たちには子や妻などの有限で限られた庇護さるべき者たちがあるだけだが，菩薩たちには尽虚空界の**一切衆生界を眷属として庇護する**という未曾有希有法がある。一切衆生を眷属として庇護しながらも，そのことによって汚染は生じない，というのが第二［の未曾有希有法］である。汚染がないから意楽を具足し加行を具足する。意楽と加行を具えた者には諸善法がもたらされる。したがって，彼には諸善法が生じて増大するので，因と果が殊勝となる。それ故に，殊勝な因と果を具えた者は福徳資糧を完備するから，現法と次世において発菩提心のこれら［以下に述べられるような種々の］功徳と利徳を獲得する。菩薩はこの発心と同時に一切衆生の同一の善知識となる；［衆生を］不利益から離し利益に結びつけるからである。したがって，一切衆生界が眷属として庇護されるのである。」; 'jig rten pa rnams kyi ni bu dang chung ma la sogs pa yongs su bzung ba rnams mtha' yod pa dang | yongs su chad pa yod pa yin la byang chub sems dpa' rnams kyi ni nam mkha'i khams kyi mthas gtugs pa'i **sems can** gyi khams **thams cad chung ma'i tshul du yongs su 'dzin pa** ngo mtshar rmad du byung ba'i chos so || sems can thams cad chung ma'i tshul du 'dzin na yang des nyon mongs pa yang mi skye ba ni gnyis pa'o || nyon mongs pa med pas bsam pa

その中で，2) 眷属として庇護することの過失とは，眷属の親愛と対立によって汚染された好意と嫌悪[70]である。そして，この二つながら菩薩には存在しない[71]。

【V.2. 初発心堅固菩薩の二意楽】

初発心の堅固な菩薩には，衆生たちに対する以下の二通りの善き意楽が生じる[72]。［二つとは何々か？］[73] 1) 利益意楽と 2) 安楽意楽とである[74]。その中で，

1) 利益意楽とは，［衆生を］不善の機会から救出して善の機会に安定させようと望むことである[75]。

phun sum tshogs pa dang | sbyor ba phun sum tshogs par 'gyur ro || bsam pa dang sbyor ba dang ldan pa'i dge ba'i chos rnams nye bar sogs par 'gyur ro || de'i phyir de'i dge ba'i chos rnams skye zhing 'phel bar 'gyur bas rgyu dang 'bras bu khyad par can du 'gyur ro || des na rgyu dang 'bras bu khyad par can dang ldan pa ni bsod nams kyi tshogs bsags pa dang yang dag par ldan pas mthong ba'i chos dang | 'jig rten gzhan du byang chub kyi sems bskyed pa'i yon tan dang | phan yon 'di dag thob par 'gyur ro || byang chub sems dpa' sems de bskyed ma thag tu sems can thams cad kyi gcig tu dge ba'i bshes gnyen du 'gyur te | mi phan pa las zlog par byed cing phan pa la sbyor bar byed pa'i phyir ro || de'i phyir sems can gyi khams thams cad chung ma'i tshul du gzung bar 'gyur ba yin no ||

(70) anurodha-virodha, Tib. mthun pa dang mi mthun pa；玄奘訳「(於眷屬饒益損減染污) 違順」，曇無讖訳「(受親屬故心生) 愛恚」；BHSD q.v. (=Pali id.) *compliance and aversion* (dvandva; one of the pairs of opposites from which the perfected are freed): °-apagata | vipramukta; Cone, Dictionary of Pali, q.v., compliance and opposition, liking and dislike.

(71) BBhVyākhyā (28b7–29a4)：「貪欲と愛着と執着による子や妻などへの情愛が，汚染された［好意］である。違逆する衆生の瞋恚などによる，衆生への加害逼害などの汚染［された嫌悪］も菩薩にはない。... 。汚染されない嫌悪とは，悪行を為す衆生たちに対して，他の方便がないので，暫時，向背 (*vimukha) するのである」；'dod chags dang | brtse ba dang nges par 'dzin pas bu dang bu mo la sogs pa la brtse ba ni nyon mongs pa can no || 'gal ba byed pa'i sems can la khro ba la sogs pas sems can la brdeg pa dang | gsod pa la sogs pa'i nyon mongs pa ni byang chub sems dpa' la med do || ... || nyon mongs pa med pa'i mi mthun pa ni sems can log par spyod pa rnams la thabs gzhan med pas dus de srid du rgyab kyis phyogs par byed do ||。

(72) BBhVyākhyā (29a4–6)：「**善き意楽が生じる**のもまた未曾有希有である，というわけで，一切世間は三部類になるのであって，友の部類，敵の部類，中立の部類である。そして菩薩は一切衆生を友の部類として包摂する。したがって，一切衆生に対する **1) 利益意楽と 2) 安楽意楽と**が生じるのである。」；**lhag pa'i bsam pa bzang pos 'jug pa** yang ngo mtshar rmad du byung ba'o zhes bya bas 'jig rten thams cad phyogs gsum gyis 'jug par 'gyur te | bshes gnyen gyi phyogs dang | dgra'i phyogs dang | tha mal pa'i phyogs so || yang byang chub sems dpa' ni sems can thams cad bshes gnyen gyi phyogs kyis yang dag par bsdus pa nyid do || de'i phyir sems can thams cad la **phan pa bya ba'i lhag pa'i bsam pa dang | bde ba bya ba'i lhag pa'i bsam pa 'jug par 'gyur ro** ||

(73) Tib. gnyis gang zhe na

(74) この二種の善勝意楽は早くは声聞地に見られ（瑜伽論巻三十 453b-c など），菩薩地には多くの用例がある。例えば，供養親近無量品第十六（梵本第十七章）では，慈・悲・喜・捨の四無量（心）について，慈・悲・喜の三無量は安楽意楽，捨無量は利益意楽であるとされる（MSA 研究会 [2013] 附論 5，p.343 参照)。

(75) BBhVyākhyā (29b1–6)：「**不善の機会**とは，悪行の機会と罪過ある機会と後に非愛異熟を与える機会という意味である。その逆のものが**善の機会である**。そこに**安定させる**とは，到達させ，そこに結びつけるのである。同様に，衆生たちに対する後世での利益意楽も利益意業といわれる。」；**mi dge ba'i gnas** zhes bya ba ni nyes par spyod pa'i gnas dang | kha na ma tho ba dang bcas pa'i gnas dang | mthar mi 'dod pa'i rnam smin ster ba'i gnas zhes bya ba'i don to || de'i gnyen po'i phyogs su gyur pa ni **dge ba'i gnas** te | de la **rab tu dgod pa** ni yang dag par sgrub cing | de la sbyor bar byed pa'o || de bzhin du sems can rnams la 'jig rten pha rol tu phan pa'i lhag pa'i bsam pa ni **phan pa bya ba'i bsam pa** zhes bya'o ||

なお，これは一種の定型句であり，例えば菩薩地戒品第十で三聚浄戒の第三饒益有情戒（sattvārthakriyāśīla / sattvānugrāhakaśīla）の十一相を説く中にその第十相として（BBh W.140.22–25, D.97.21–23，大 511c: 內懷親昵利益

2) 安楽意楽とは，困窮し庇護者なく寄辺なき衆生たちに，汚染なき救援資材[76]を提供しようと望むことである[77]。

【V．3．初発心堅固菩薩の二加行】

(De. 11a) 初発心の堅固な菩薩には以下の二つの加行がある。1) 意楽加行と 2) 正行加行とである。その中で，

1) 意楽加行とは上述の利益意楽・安楽意楽を日々に増長させることである。

2) 正行加行とは，i) 日々に自身の仏法を成熟させる加行と (W. 19)，ii) 前述の意楽加行に依拠して，能力に応じ力に応じて，衆生たちに利益・安楽を提供する加行とである[78]。

増上意樂，調伏訶責治罰驅擯，**為欲令其出不善處安置善處**)，また同力種姓品第八で四摂事を説く中にその第三利行（arthacaryā）の定義文として（BBh W. 112.24–26, D.79.17–20，大 504c: 若諸菩薩知彼有情攝受瞻察正道理已，次行利行**拔彼有情出不善處於其善處勸導調伏安處建立**。如是利行，當知名為令入方便)，用いられている。四摂事については，若原 [2007] を参照されたい。

[76] anugrāhakavastu, Tib. phan pa'i dngos po；玄奘訳「種種饒益樂具」；求那跋摩訳「以財物賬（給眾生令離貧窮，所謂衣食房舍臥具病瘦醫藥)」。

[77] BBhVyākhyā (29b3–6)「**困窮し**とは，必需品がないため苦しんでいる者である。**庇護者なく**とは，悲の対象となる，必需品を備えられず苦を除去することが自分で出来ない者である。**寄る辺なき**とは，願わしい寄る辺が他にない者である。**救援資材**は二種である：汚染ある楽に包括されるものと**汚染なき**楽に包括されるものと。そのうち，汚染ある楽に包括されるものは，愚癡と放逸により諸善法から退失させ諸不善法に入らせ［それを］増大させる。汚染なき楽に包括されるものは，諸不善法を断じて諸善法を受持し増大させる。」；**phongs pa** zhes bya ba ni nye bar mkho ba dang bral bas sdug bsngal bar gyur pa'o || **mgon med pa** zhes bya ba ni snying rje'i yul du gyur pa nye bar mkho ba bsgrub par mi nus pa | sdug bsngal bsal bar rang gis mi nus pa'o || **rten med pa** ni 'dod pa'i rten gzhan med pa'o || **phan pa'i dngos po** yang rnam pa gnyis te | nyon mongs pa can gyi bde bas sdud par byed pa dang | **nyon mongs pa can ma yin pa**'i bde bas sdud par byed pa'o || de la nyon mongs pa can gyi bde bas bsdus pa ni kun tu rmongs pa dang | bag med pas dge ba'i chos rnams las yongs su nyams par 'gyur zhing mi dge ba'i chos rnams la 'jug cing 'phel bar byed pa'o || nyon mongs pa can ma yin pa'i bde bas bsdus pa ni mi dge ba'i chos rnams spangs nas | dge ba'i chos rnams yang dag par blangs nas 'phel bar byed pa'o ||

[78] BBhVyākhyā (29b6–30a2)：「**日々に増長させること**とは，毎日三度，毎夜三度，**上述の利益意楽・安楽意楽を**習近しよう，修習しよう，多大にしよう，増大させよう，顕わにしようというのが**増長させること**といわれる。一切衆生に対する慈の作意が多大なことで，利益意楽が増大する。悲の作意が多大なことで安楽意楽が増大する。諦察法忍が，正法の伺察と法の簡択により厭離の諸**仏法を成熟させる加行**である。布施・持戒に従事することも［正行］加行と云う。忍辱や四摂事により衆生たちを摂受するのも意楽加行である。それで，**利益・安楽を提供する加行とであるという。**」；**nyin gcig bzhin du yang dag par spel ba'o** zhes bya ba ni nyin lan gsum mtshan lan gsum du **phan pa dang bde ba'i bsam pa de nyid** bsten par bya'o || bsgom par bya'o || mang du bya'o || rnam par 'phel bar bya'o || bstan par bya'o zhes bya ba de lta bu ni **yang dag par spel ba** zhes bya'o || sems can thams cad la byams pa yid la byed pa mang bas ni **phan pa'i lhag pa'i bsam pa 'phel bar 'gyur** ro || snying rje yid la byed pa mang bas ni **bde ba'i lhag pa'i bsam pa 'phel bar 'gyur** ro || chos la nges par rtogs pa'i bzod pa ni yang dag par chos la rtog par byed pa dang | chos la so sor rtog pas rab tu dben pa'i **sangs rgyas kyi chos rnams yongs su smin par byed pa'i sbyor ba**'o || sbyin pa dang | tshul khrims la rab tu 'jug pa yang sbyor ba zhes bya bar brjod do || bzod pa dang | bsdu ba'i dngos po bzhis sems can rnams rjes su sdud pa yang lhag pa'i bsam pa'i sbyor ba'o || de'i phyir **phan pa dang bde ba bsgrub pa'i sbyor ba'o** zhes bya ba smras te |

【V．4．初発心堅固菩薩の二善法生門】

初発心の堅固な菩薩には大いなる二つの善法の生門[79]がある。1) 無上正等菩提を証得するための自利加行と，2) 一切衆生を一切の苦から解放するための利他加行とである。二つの生門と云われるのと同様に，大いなる二つの善法の集積，無量なる二つの善法蘊，等々とも云われる[80]。

【V．5．初発心堅固菩薩の所摂善法】

初発心の堅固な菩薩は[81]，最初の発心にもとづいて，(D.13) 菩提のために善［法］を包摂するが，それらは以下の二点において彼以外の者が善［法］を包摂するのよりも殊勝である。1) 因が殊勝であることと，2) 果が殊勝であることとである[82]。実に，菩薩のその善［法］の包摂

---

[79] Tib. dge ba'i chos chen po 'du ba'i sgo; 玄奘訳「増長大善法門」，曇無讖訳「二門善法所入」，求那跋摩訳「出生福德有二處」; BHSD s.v. āya-dvāra, *cause or means* (lit. door) *of arrival or origin*: of rain, jewels, money, flowers（以下，大宝積経迦葉品，華厳経入法界品等の用例が挙げられている）; 梵和 q.v. 来門，生門，生長之門。

[80] BBhVyākhyā (30a2–6)：「広大な福徳が生じる因（＝門）となるから，**大いなる二つの善法の生門**という。このように，発心して，身・口・意により布施などの波羅蜜を伴う業をなして，無上正等菩提に廻向することが，**自利加行**となる。それこそが大菩提を証得する因となるのである。前述の正行加行の波羅蜜加行を伴うそれらの諸業も，一切衆生に随順して，一切衆生がその果報を得るために廻向するのである。それ故に**利他加行**である。上述の利益・安楽に包括される［正行］加行も，衆生たちを趣入させ解脱させるためだからである。それ故に**一切の苦から解放するための**という。これら二つの加行は**大いなる二つの善法の集積**ともいわれる，福徳蘊が尽きないからである。**無量なる二つの善法蘊**ともいう，福徳蘊を自体としているからである。」; bsod nams rgya chen po 'byung ba'i rgyu mtshan du gyur pas **chos chen po 'du ba'i sgo** zhes bya'o || de ltar sems bskyed nas lus dang ngag dang yid kyis sbyin pa la sogs pa'i pha rol tu phyin pa dang ldan pa'i las byas nas bla na med pa yang dag par rdzogs pa'i byang chub tu yongs su bsngo ba ni | **rang gi don gyi sbyor ba**r 'gyur ro || de nyid ni byang chub chen po yang dag par sgrub par byed pa'i rgyur 'gyur ro || sngar bstan pa'i sgrub pa'i sbyor ba'i pha rol tu phyin pa'i sbyor ba dang ldan pa'i las de dag kyang sems can thams cad dang thun mong du byas nas | (Pek.34b) sems can thams cad kyis de'i 'bras bu thob par bya ba'i phyir yongs su sngo bar byed do || de'i phyir **gzhan gyi don gyi sbyor ba** yin no || sngar bstan pa'i phan pa dang bde bas bsdus pa'i sbyor ba yang sems can rnams 'jug cing rnam par grol bar bya ba'i phyir zhes byas nas so || de'i phyir | **sdug bsngal thams cad bsal ba'i phyir** || zhes bya ba yin no || sbyor ba 'di gnyis ni **dge ba'i chos kyi tshogs chen po gnyis** zhes kyang brjod de | bsod nams kyi phung po mi zad pa yin pa'i phyir ro || **dge ba'i chos kyi phung po** zhes kyang bya ste | bsod nams kyi phung po'i ngo bo nyid yin pa'i phyir ro ||

[81] 両刊本及び諸写本 prathamacittotpādikasya bodhisattvasya であるが，Tib. byang chub sems dpa' dang po sems bskyed pa brtan pa'i, 玄奘訳「最初發心堅固菩薩」，曇無讖訳「初發心堅固」，求那跋摩訳「初發堅心菩薩」により，dṛḍhaprathamacittotpādikasya bodhisattvasya と訂正する。本節 1. から 6. までの全てに dṛḍhaprathamacittotpādikasya とあり，この 5. のみがそれを欠くのは文脈上不自然であろう。

[82] BBhVyākhyā (30a6–30b3)：「その二つ，［菩薩が］無量の善法蘊を積むときの，**最初の発心にもとづいた**，因の殊勝と果の殊勝［の二つ］は，未曾有希有法であると示すために，**彼以外の者が**というのは，声聞などの相続の善［法］の包摂に比してである。殊勝なる福徳の積集は無上正等菩提の因となり，他の善［法］包摂はそうではない，これが**因が殊勝であること**である。その果はまさにその無上正等菩提であり他ではないというのが，**果が殊勝であること**である。したがって，発心した菩薩が包摂する善法は因と果の点で殊勝である。声聞など一切の者の善［法］包摂には［この殊勝性は］全く存在しないのである」; de gnyis ni dpag tu med pa'i dge ba'i chos kyi phung po nye bar sogs pa la **dang po sems bskyed pa nas bzung nas** rgyu khyad par du 'phags pa dang | 'bras bu khyad par du 'phags pa ni ngo mtshar rmad du byung ba'i chos yin no zhes bstan pa'i phyir | **de las gzhan** nyan thos la sogs pa'i rgyud (rgyu?) kyi dge

は無上正等菩提の因であり，後者［無上正等菩提］は前者［善法の包摂］の果である。彼以外の一切の声聞・縁覚たちの善［法］の包摂はそうではない。況んや彼ら以外の衆生たちの［善法の包摂］は。それ故に，菩薩たちの善の包摂は，彼ら以外の者たちの一切の善の包摂より，因としても果としても殊勝なのである。

【V．6．初発心堅固菩薩の二利徳】

初発心の堅固な菩薩には，以下の二つの発心の利徳がある。

1) 発心と同時に (De. 11b) 一切衆生にとって供養さるべき者，師長たる者，福田となり，生類にとって慈父の如き者となる(83)。

2) また，損傷なき(84)福徳を包摂する。

このうち，損傷なき福徳とは以下のようである(85)。

---

ba yongs su 'dzin pa la ltos nas | khyad par du 'phags pa'i bsod nams bsags pa ni bla na med pa yang dad par rdzogs pa'i byang chub kyi rgyur 'gyur zhing | dge ba yongs su 'dzin pa gzhan ni ma yin pa 'di ni **rgyu'i khyad par du 'phags pa**'o || de'i 'bras bu ni bla na med pa yang dag par rdzogs pa'i byang chub de nyid yin gyi gzhan ma yin pa ni **'bras bu khyad par du 'phags pa**'o || de lta bas na sems bskyed pa'i byang chub sems dpa' dge ba'i chos gang yongs su 'dzin pa de ni rgyu nyid dang | 'bras bu nyid kyis rab tu khyad par du 'phags pa yin no || nyan thos la sogs pa thams cad kyi dge ba yongs su 'dzin pa la yang thams cad kyi thams cad du med pa yin no ||

(83) BBhVyākhyā (30b3–7)：「以上のような功徳をもつ発心は一切世間を超出しており，利徳を備えているということを示すべく，**発心と同時に**云々という。**一切衆生にとって供養さるべき者**とは，一切世間により供養されるから，また一切世間より殊勝であるから，そして**師長たる者**，つまり阿闍梨，智者であり，そして**慈父の如き者**だからである。... 。供養さるべき者・師長たる者であるから，彼こそ群生の**福田**なので，そこに饒益を為して果が殊勝となり，願われた果を有し，速やかに善［法］を得るのである。」; de lta bu'i yon tan dang ldan pa'i sems bskyed pa ni 'jig rten thams cad las yang dag par 'das pa ste | phan yon dang bcas par bstan pa'i phyir | **sems bskyed ma thag nas kyang** zhes bya ba la sogs pa la | **sems can thams cad kyi yon gnas su gyur pa dang** zhes bya ba ni 'jig rten thams cad kyis mchod pa'i phyir dang | 'jig rten thams cad las khyad par du 'phags pa'i phyir dang | **bla mar gyur pa** dang | slob dpon dang | mkhan po dang | **pha mar brtags pa**'i phyir ro || ... || yon gnas dang bla mar gyur pa'i phyir de nyid 'gro ba'i bsod nams kyi zhing yin pas de la phan pa'i bya ba byas nas 'bras bu khyad par du 'phags shing | 'dod par bya ba'i 'bras bu dang bcas pa dang | myur zhing dge ba 'thob par 'gyur ro ||

(84) avyābādhya, Tib. gnod pa med pa；玄奘訳「無惱害福」，曇無讖訳「純淨福德」。BHSD q.v. adj. *that cannot be injured, inviolable, undisturbed*: said of puṇya BBh 19.21, 22; 20.24, 25; of sukha, 25.13; 26.9 ... ; 27.2, 6; of a bodhisattva, 73.21（ここで BHSD が挙げる最初の四例は菩薩地本章の，次の三例は自他利品第三の，最後の例は威力品第五の，それぞれ用例である）。以下の本論の記述に鑑みれば，「損傷なき福徳」とは，その福徳を具えた者は自身が他者から損傷を受けることもなく他者に損傷を与えることもない，という意味であろう。BBhVyākhyā (30b6–7) も以下のように釈す：「このような福徳を備えたそのときに，他者からの自己への損傷がなくなり，その損傷なき福徳によって生じた自己の本体により他者への損傷を鎮静することが出来るように必ずなる。**損傷なき福徳**とは，**それを具備した菩薩**の設定は五種である。」; de lta bu'i bsod nams dang yang dag par ldan pa'i tshe 'di dang gzhan la bdag nyid la gnod pa med par 'gyur zhing | gnod pa med pa'i bsod nams des bskyed pa'i bdag gi dngos pos gzhan gyi gnod pa rab tu zhi bar byed nus par 'gyur ba nyid do || **gnod pa med pa'i bsod nams** ni **gang dang ldan pa'i byang chub sems dpa**'i rnam par gzhag pa ni rnam pa lnga ste | ...

(85)『瑜伽論記』は以下を，初現身得護非他所嬈・第二受餘生身無重病・第三利他無倦・第四身心麁重轉復輕微・第五所用明呪皆有神驗・第六柔和忍辱・第七摧諸煩惱・第八隨所居處災横不起・第九或生惡趣速脫愍他の九条と結文に分科している。今これに従って九項目に分けた。但し，BBhVṛtti (148b7–149a5) は，以下に訳出するとおり V.6.2.1.〜.3 は現当二世の自他利益を，2.4. と 2.5. は現世の自他利益を，2.6. と 2.7. は現世の自他不害を，2.8. は現世の利他を，2.9. は当来世の利徳を，それぞれ説くものとして，五項目としている。前注 84 に示したように，BBhVyākhyā は

2. 1.）それを具備した菩薩が転輪聖王の倍の防護により防護されることになるものである[86]。それが常に彼の防護として現前しているので，睡眠時も酩酊時も散漫時も野獣[87]・夜叉・悪霊・大蛇[88]どもが害[89]をなすことが出来ないのである[90]。

損傷なき福徳を備えた菩薩の五種の設定としているが，これも BBhVṛtti に倣ったものであろう。

BBhVṛtti (148b7–149a5)：「福徳とその果を具えた菩薩の利徳の要旨は以下である。現法で自己の身体に損傷がないことと，**轉輪聖王の神力の功徳**云々（＊対応本文と若干異なるが原梵文に cakravarti-dviguṇena ではなく°-ṛddhiguṇena とあったか或いはそう誤読して訳したかであろう）と説かれるのは，当来世で得られる生において自他の利益を為しうる身体を獲得することであり，**その上，転生したこの菩薩は**云々で説かれる（以上Ⅴ.6.2.1～3.）。まさに現法で，自己を損傷する身・心の麁重が弱まっているから，自己を損傷する本体がない。彼の福徳の力によって，他者が作成したマントラなどが他者を損傷することもないのである。［このことが］**種姓に住する菩薩は，そもそも本性として**云々により説かれるのである（以上 2.4. & 2.5.）。自他を損傷する煩悩が不生で，微少で，速やかに無くなることが，この現法でも，**高次の忍辱と柔和を具えていて**，云々により説かれる（以上 2.6.&2.7.）。そして，利他に関して，**また，［彼が］居住する村や国では... たとえ［今後］起こっても鎮静する**と説く（以上 2.8.）。当来世の利徳は，“悪趣に生まれることがない”云々と前に説かれたとおりに知るべきである。つまり，「種姓［の章］」において説かれたその同じ利徳が，全面的に［この発心の章でも］利徳として説かれるのである（以上 2.9.）。」; 'bras bu dang bcas pa'i bsod nams dang ldan pa'i byang chub sems dpa'i phan yon mdor bsdus pa'i don ni mthong ba'i chos la bdag gi lus la gnod pa med pa dang | **'khor los sgyur ba'i rdzu 'phrul gyi yon tan** zhes bya ba la sogs pa bstan pa ni | ma 'ongs pa'i dus su thob pa'i skye ba la bdag dang gzhan gyi don sgrub nus pa'i lus rab tu 'thob pa ste | **tshe brjes pa'i 'og tu yang** zhes bya ba la sogs pas bstan to || mthong ba'i chos nyid la bdag la gnod pa'i lus dang sems kyi **gnas ngan len** dang nyams smad pa'i phyir bdag la gnod pa'i ngo bo med do || de'i bsod nams kyi dbang gis gzhan gyis byas pa'i sngags la sogs pas gzhan la gnod pa yang med do || **byang chub sems dpa'i rigs la gnas pa ni rang bzhin gyis kyang** zhes bya ba la sogs pas bstan to || bdag dang gzhan la gnod pa'i nyon mongs pa mi skye ba dang | dman pa dang myur du med pa ni mthong ba'i chos 'di la yang **lhag par yang bzod pa dang des pa dang ldan te** zhes bya ba la sogs pas bstan pa dang | gzhan gyi don las brtsams nas ni **grong gi gnas gang na gnas pa der yang 'jigs pa dang 'jigs par 'gyur ba dang | mu ge'i nyes pa rnams dang | mi dang mi ma yin pas byas pa'i gnod pa ma byung ba rnams ni 'byung bar mi 'gyur | byung ba rnams ni rnam par zhi bar 'gyur** zhes bya ba la sogs pas bstan to || ma 'ongs pa'i phan yon ni ngan 'gror skye bar mi 'gyur ba la sogs pa snga ma bzhin du rig par bya ste | 'di lta ste rigs su bstan pa'i phan yon de dag nyid rnam pa thams cad du phan yon du bstan par 'gyur ro ||

[86]「転輪聖王の倍の防護」について二注釈に特段の説明はない（前注 84 および後注 90 参照）。『瑜伽論記』は慧景と円測の説を引く－「**景**云。如一輪王即有五百青衣鬼護，發心菩薩得無惱逼故，得於輪王一倍所護即有千鬼所護。**測**云。舊論云『成就淨福者，二轉輪王福德所護』者。有兩解。一云，勝福堅固菩薩功德，敵二輪王，故稱為二。謂古言二輪王義意相似。護二輪王許兵眾及鬼神等，護此發心菩薩。又解，菩薩福德殊勝，非彼輪王倍能敵之。但彼出世俗過世福故，二輪王福德護。一輪王有千善福之所衛護，發心菩薩有二千故言二護」。このうち，慧景説は求那跋摩訳に「如轉輪王常為五百青衣鬼神之所守護，不退菩薩亦復如是」とあるのにより，円測説が「舊論云... 」とするのは曇無讖訳「成就淨福者，二轉輪王福德所護」の引文である。

[87] vyāḍa, ; Tib. gdug pa；玄奘訳「魍魎」，曇無讖訳「悪獣」；BHSD q.v. ⑴ (=Skt vyāla, Pali vaḷa), *wild beast and serpent.* 二注釈共にこの語も次注の naivāsika も釈さない。

[88] naivāsika, Tib. gnyug mar gnas pa；玄奘訳「宅神」；BHSD q.v. ⑴ adj. *resident, dwelling*; ⑵ m. some sort of monster, *python* or the like とあるのに従ったが，蔵訳・玄奘訳によれば「土着神」の意か。蔵漢大辞典 s.v. gnyug mar gnas pa は「gnyug mar gnas pa'i mi 土著人，本地人」という用例と訳語を示す。Engle は local spirits と訳している。

[89] viheṭha, Tib. gtse ba；玄奘訳「嬈害」，曇無讖訳「惱害」；BHSD q.v. *injury, doing harm.*

[90] BBhVyākhyā (30b7–31a2)：「現法において楽を有するので他者により損傷されることがないのであり，**転輪聖王の如く**殊勝な**防護により防護される**から，また，その菩薩の自性が仏樹（？）の芽の所依だからである。それ故に，天・人・龍・**夜叉**などの一切により損傷されない加行に防護されるから，一切の境位において損傷され得ないというのが，**睡眠時も**から**害を為すことが出来ない**までである。」; mthong ba'i chos la bde ba dang ldan pas gzhan gyis gnod par mi nus pa yin te | **'khor los sgyur ba'i rgyal po** ltar rab tu khyad par du 'phags pa'i **bsrung bas bsrungs pa**'i phyir dang | byang chub sems dpa' de'i bdag gi dngos po ni sangs rgyas kyi ljon shing gi myu gu'i gnas yin pa'i phyir ro || de'i phyir | lha dang | mi dang | klu dang | **gnod sbyin** la sogs pa thams cad kyis gnod pa med pa'i sbyor bas bsrung bar 'gyur

2. 2.）その上，転生したこの菩薩は，その（W. 20）［損傷なき］福徳の包摂により少病となり無病者となる。また，長期の若しくは重い病に冒されることがない。

2. 3.）そして，彼は衆生の利益と衆生のための行為に身体と言語でもって精進し，法を宣説しても，過度に身体が疲労したり憶念が忘失したり心が害なわれたりすることがない(91)。

2. 4.）先ず，種姓に住する菩薩は，そもそも本性として麁重が微少である。だが，発心したら(92)，よりいっそう麁重が微少となる：すなわち身麁重・語麁重(93)・心麁重が。

2. 5.）衆生たちの疫病・災難・不幸を鎮める呪句・明句は，彼以外の衆生が用いると効験がないが，彼が用いれば効験を発揮する。［元々］効験がある場合なら尚更である。

2. 6.）また，高次の忍辱と柔和を具えていて，他者から苦しめられても堪え忍び，他者を苦しめることもない。また，他者が互いに苦しめ合うのを見［たり聞いたりす］(94)るだけでも，大いに懊悩する(95)。

---

ba'i phyir | gnas skabs thams cad du gnod pa bya bar mi nus pa yin no zhes bya bar **gnyid log gam** zhes bya ba nas | **brtse bar mi nus so** zhes bya ba'i bar gyis so

(91) BBhVyākhyā (31a2–4)：「他生においても後世においても殊勝な自性を獲得することが，**その上，転生したこの菩薩は**であり，後世においても自利と利他を為し得る自性を獲得するのである。**身体による法の宣説**は，菩薩が，他者を据え付けたいと望むところを自身も正勤し常に尊重を以て加行するならば，彼に随順して修学しようと望む他者たちも同じように修学するのであり，それが彼の身体による法の宣説である。」; skye ba gzhan la yang phyi ma'i tshe yang bdag gi dngos po khyad par du 'phags pa rab tu thob par 'gyur ba ni yang **tshe brjes pa'i 'og tu** ste tshe phyi ma la yang bdag dang gzhan gyi don byed par nus pa'i bdag gi dngos po rab tu thob par 'gyur ro || **lus kyis chos ston pa** yang byang chub sems dpa' gang la gzhan yang dag par dgod par 'dod pa de la bdag nyid yang dag par zhugs nas rtag tu gus pa dang bcas pas sbyor bar byed pa na | gzhan de'i rjes su slob par 'dod pa rnams kyang de bzhin du slob par byed de | de lta bu ni de'i lus kyis chos ston pa yin no ||

なお，身体による法の宣説を釈すこの文は，菩薩地力種姓品における四摂事の第四同事 (samānārthatā) の定義文を念頭に置いたものであろう（BBh W.112.26–113.6, D.79.20–24，大正 504c；前注 75 に記した拙論 [2007] を参照）：「菩薩はその衆生たちを［利行によって］導入してから彼らと同じ行動を共にして随順し，教化さるべき者たちが彼に対し"あなたが先ず自ら浄信と戒と施与と智慧を具えていないなら，あなたはどうして他の人にこれを勧奨出来るのか，またそれによって命じたり留意させたり出来るのか？"などと言わないようにする。これにより，同事が菩薩の第四の随順させる方便であると知るべきである。」; evaṃ ca bodhisattvaḥ tān sattvān avatārya tatsabhāgavṛttasamācāreṇānuvartate yenāsya na bhavaṃti vineyā vaktāraḥ: "tvaṃ tāvad ātmanā na śraddhāsampannaḥ śīlasaṃpannas tyāgasaṃpannaḥ prajñāsaṃpannaḥ kasmād bhavān parān atra samādāpayati, tena ca codayati smārayati" iti. tasmāt samānarthatā bodhisattvasya caturtho 'nuvartakaḥ upāyo veditavyaḥ.

(92) W (20.7) は utpādita-bodhicittas（菩提心を発したら）とするが，この読みは諸写本及び蔵漢訳の支持が得られない（D. utpādita-cittas ; Tib. sems bskyed na ni; 玄奘訳「既發心已」，曇無讖訳「既發心已」，求那跋摩訳欠。BBhVyākhyā (31a4–5) も発心とのみ云う：「殊勝な依身を得ていることから，発心した菩薩はまさにその生において極清浄の依身を得るのであり麁重の依身ではないから，**よりいっそう麁重が微少となるのである**。」; rten khyad par can thob par gyur pa las kyang sems bskyed pa'i byang chub sems dpa' ni skye ba de nyid la shin tu sbyangs pa'i rten 'thob par 'gyur gyi | gnas ngan len gyi rten ni ma yin pas **gnas ngan len shin tu chung bar 'gyur ro** ||。なお，菩薩地における bodhicitta（菩提心）の語の用例については，前注 21 参照。

(93)「語麁重」vāgdauṣṭhulya は W. になく，蔵漢訳もこれを欠く。前注 85 に示したように，BBhVṛtti も身・心の麁重のみを云う|

(94) Tib. mthong ngam thos na yang；次注 95 に示すように，BBhVyākhyā 所引の本文も gzhan gyis gzhan dag la gnod pa byed pa mthong ngam thos na yang となっている。但し，両漢訳には玄奘「見他相相惱」，曇無讖「見人相惱」とある。

(95) BBhVyākhyā (31a7–31b2)：「忍辱の特相を示すべく，**他者から苦痛を与えられても堪え忍び**という。共にいる者たちにより苦しめられても，彼らによるそれらの苦痛を耐え忍び，動じることがないのである。柔和の特相を示すべく，**他者を苦しめることがない**という。他者が苦しめても，害を与え瞋恚し忿怒しても，自身は全く何もしないので

2. 7.）彼にあっては，忿・嫉・諂・覆[96]などの随煩悩は勢力を削がれて弱まり，時に顕わになることがあっても (De. 12a)，速やかに消失して行く[97]。

2. 8.）また，［彼が］[98]居住する村や国[99]では恐怖・闘争・飢饉といった災禍や，悪霊の引き起こす疫病は，曾て起こらず，今も起こらず，たとえ［今後］起こっても鎮静する[100]。

2. 9.）更に，［その］[101]初発心の菩薩が i) 時として［ごく稀に］(D.14) 諸地獄という悪趣に生まれたとしても，ii) 甚だ速やかに諸地獄から離脱する。iii) また，［諸地獄で］受ける苦受はごく僅かである。iv) そして，［その僅かな苦受に対しても］強い厭悪を生じる[102]。v) 更に，損傷なき福徳を包摂しているが故に[103]，彼ら［地獄にいる］衆生たちに対して悲心を生じる[104]。

あり，かくして柔和が増すのである。また，**他者が互いに苦しめ合うのを見たり聞いたりするだけでも**，殊勝なる悲を備えているので，**大いに懊悩する**のだから，どうして他者を苦しめることがあろう。」; bzod pa'i mtshan nyid bstan pa'i phyir | **gzhan gyis gnod pa byas pa bzod pa** zhes bya ba la | gang dang lhan cig gnas pa de dag gis **gnod pa byas par** gyur na yang | de dag gis gnod pa byas pa de dag bzod cing 'gyur bar mi byed do zhes bya ba'o || des pa'i mtshan nyid bstan pa'i phyir **gzhan la yang gnod pa mi byed pa** zhes bya ba la | gzhan gnod pa byed dam ste | nye bar 'tshe bar byed cing khro zhing 'khrug na yang bdag nyid thams cad du mi byed pa ste | de ltar na des pa mang bar 'gyur ro || **gzhan gyis gzhan dag la gnod pa byed pa mthong ngam thos na yang** snying rje khyad par can dang ldan pa'i phyir | **shin tu mi dga' bar 'gyur** na | ji ltar na gzhan la de gnod pa byed par 'gyur |

[96] mrakṣa, Tib. 'chab；玄奘訳欠；曇無讖訳「隠覆（-幻偽？）」; BHSD q.v., (=Pali makkha) despite usual rendering *hypocrisy* or the like, never has that mg.; primarily, concealment of the good qualities of others, *jealous disparagement, nasty disposition, ill-will*, finally (like mrakṣya, q.v.) virtually=krodha, *anger*；PTSD s.v. makkha, hypocrisy; usually comnd with paḷāsa.

[97] BBhVyākhyā (31b2–4)：「衆生たちに対する悲愍が多大であるから，**忿などの随煩悩**が増大することはない。時に生じることがあっても，速やかに**勢力を削がれて弱まる**のである。弱まることを示すべく，**速やかに消失して行く**という。**時に顕わになることがあっても**とは，常に何時でも現れるわけではないのである。生じることがあっても**速やかに消失して行き**，継続することはない。微少な形で生じることはあっても，増大はしない。そういうわけで，発生が微弱であり，持続が微弱であり，本体が微弱であることにより，微力なものとして生じるのである。」; sems can rnams la rjes su brtse ba mang ba'i phyir | **khro ba la sogs pa nye ba'i nyon mongs pa** mang bar mi 'gyur ro || res 'ga' skyes par gyur na yang myur du **bcom** zhing **nyams smad par** 'gyur ba'o || nyams smad pa nyid bstan pa'i phyir | **myur du 'bral bar 'gyur ba**'o || **brgya la spyod par gyur na yang** zhes bya ba ni rtag tu dus thams cad du mi spyod pa'o || skyes par gyur na yang **myur du 'bral bar 'gyur** gyi | rgyun 'jug par mi 'gyur ba'o || chung ba'i rnam pas skye bar 'gyur gyi | chen pos ni ma yin no || de ltar na skye ba dman pa nyid dang | gnas pa dman pa nyid dang | ngo bo nyid dman pa nyid kyis nyam chung ba nyid du skye bar 'gyur ro ||

[98] Tib. de

[99] grāmakṣetra, Tib. grong gi gnas; 玄奘訳「國土城邑」

[100] この項目への BBhVṛtti は前注 85 に示した。BBhVyākhyā には本文当該箇所への言及も釈文もない。

[101] Tib. de

[102] bhṛśataraṅ ca saṃvegam utpādayati, Tib. skyo ba yang shin tu skye bar 'gyur ro; 玄奘訳「生大厭離」，曇無讖訳「疾生厭離」。後注 104 に示す種姓品末の対応箇所に adhimātraṃ saṃvegam（増上厭離）とある。

[103] ここの avyābādhyapuṇyaparigrahahetoḥ は梵蔵にあるが，玄奘訳に欠。直後の本節総括の箇所に同じ語があり，文脈上も不要に思われる。竄入として削除すべきかもしれない。

[104] この第九の利徳については，両注釈ともに前章「種姓品」末の記述への参照を促すのみで，特段の釈はない。BBhVṛtti は前注 85 に訳出した。BBhVyākhyā (31b4–5)：「悪趣に生まれた者（菩薩）には［悪趣に生まれた他の衆生との］五種の相違があることは，前に『種姓の特徴』(*Gotra-liṅga*) において説かれたとおりに知るべきである」; ngan song du skyes pa'i khyad par du 'phags pa rnam pa lnga ni sngar *Rigs kyi rtags* su bstan pa bzhin du rig par bya'o。

当該の「種姓品」の記述は以下であり，そこでも BBhVyākhyā は五種の相違があると釈している（BBhVyākhyā 16b4–5：「その（菩薩の）種姓を具えた者たちは或る時には悪趣に生まれることがあっても，そこに生まれた他の者たちとは五種に相違している。」de'i rigs dang ldan pa rnams res 'ga' ngan song du skyes par gyur na yang der skyes pa gzhan dag las khyad par rnam pa lngas khyad par du 'phags pa yin te | ...)。

初発心の菩薩は，損傷なき福徳を包摂していることにより，以上のような多くの利徳を享受するのである。

（W. 21）菩薩地における初持瑜伽處の中の第II章「発心」了。

これに従って，以下の菩薩地種姓品当該箇所の訳文も i)〜v) に分節し番号を付した (BBh W. 10.10–21, D. 6.27–7.8)：「たとえ悪趣に生まれても，菩薩には，悪趣に生まれた彼以外の衆生との，種姓に基づく大きな相違があると知るべきである。ここで菩薩は i) 長時に亘る［輪廻の］中で或る時，或る折には (i.e. ごく稀に) 諸悪趣に生まれることがある。ii) そして，生まれても速やかに諸悪趣より解脱する。iii) そして，悪趣に生まれた他の衆生が受けるような悪趣の激しい苦受を受けない。iv) また，たとえ僅かな苦受に触れても高次の厭離を生じる。v) 更に，そこに生まれて苦しんでいる衆生に対する悲心を獲得する，即ち仏の大悲を因とするまさにその種姓によって勧発されて，である。」; apāyopapattāv api bodhisattvasya tadanyebhyaḥ apāyopapannebhyaḥ sattvebhyo gotrakṛto mahān viśeṣo veditavyaḥ | i) iha bodhisattvo dīrgheṇa kālena kadācit karhicid apāyeṣūpapadyate | ii) upapannaś cāśu parimucyate apāyebhyaḥ | iii) na ca tathā tīvrām āpāyikīṃ duḥkhāṃ vedanāṃ vedayate tadyathā 'nye 'pāyopapannāḥ sattvāḥ | iv) tayāpi ca pratanvyā duḥkhayā vedanayā spṛṣṭo 'dhimātraṃ saṃvegam utpādayati | v) teṣu ca sattveṣu tatropapanneṣu duḥkhiteṣu kāruṇyacittaṃ pratilabhate yaduta tenaiva gotreṇa buddhamahākaruṇāhetunā codyamānaḥ | ; Tib. (De. 6b2–5): byang chub sems dpa' ni ngan song du skyes na yang | rigs kyis bsgyur bas de las gzhan pa'i sems can ngan song du skyes pa rnams las shas cher khyad par du 'phags par rig par bya'o || i) 'di la byang chub sems dpa' ni yun ring mo zhig nas brgya lam brgya lam na ngan song du skye bar zad de | ii) skyes par gyur na yang ngan song dag nas myur du yongs su thar bar 'gyur la | iii) ji ltar sems can gzhan dag ngan song du skyes pa de bzhin du ngan song du sdug bsngal drag po tshor ba myong bar mi 'gyur te | iv) sdug bsngal gyi tshor ba shin tu chung ngu des reg na yang shas cher skyo ba skyed par 'gyur ro || v) der skyes pa'i sems can sdug bsngal ba de dag la yang 'di ltar sangs rgyas kyi snying rje chen po'i rgyu'i rigs de nyid kyis bskul bas | snying rje'i sems skye bar 'gyur te | ; 玄奘訳 (480a)：「菩薩雖生諸惡趣中，由種姓力應知與餘生惡趣者有大差別。謂 i) 彼菩薩久處生死，或時時間生諸惡趣。ii) 雖暫生彼，速能解脫。iii) 雖在惡趣，而不受於猛利苦受如餘有情生惡趣者。iv) 雖觸微苦，而能發生增上厭離。v) 於生惡趣受苦有情，深起悲心。如是等事，皆由種姓佛大悲因之所熏發。」

因みに，i) について当該箇所の BBhVyākhyā（16b5–7）は盲亀浮木の比喩を用いて以下のように釈している–「彼（菩薩）以外の衆生たちにとっては，大海に漂う頸木の穴に亀が首を入れることが難しいように善趣に生まれることは困難であり，そこに生まれると長い間そこから解脱することが出来ないのに対し，その（菩薩の）種姓を具えた者たちが悪趣に趣くことは同様に得難いので，**或る時には**という。」ji ltar de las gzhan pa'i sems can rnams la rgya mtsho chen por g-yengs pa'i gnya' shing gi bu gar rus sbal gyi mgrin pa chud par dka' ba yin pa ltar bde 'gror skye ba dka' ba yin te | der skyes nas yun ring por de nas thar bar mi nus pa yin la | de'i rigs dang ldan pa rnams ni ngan 'gror 'gro ba de ltar dkon pa yin pas de'i phyir | **brgya lam na** zhes bya ba smras so ||。

なお，種姓の因が仏の大悲であるという菩薩地本文の記述は注目すべきものに思われるが，これについては BBhVyākhyā には特段の釈はない。

梵蔵漢テキスト

【Ⅰ. 初発心の五相：自性・行相・所縁・功徳・最勝】

[Ⅰ.1.] (W. 12) (D. 8)

iha bodhisattvasya prathamaś cittotpādaḥ sarvabodhisattvasamyakpraṇidhānānām ādyaṃ samyakpraṇidhānaṃ tadanyasamyakpraṇidhānasaṃgrāhakam | tasmāt sa āditaḥ samyakpraṇidhānasvabhāvaḥ |

[Ⅰ.2.] sa khalu bodhisattvo bodhāya cittaṃ praṇidadhad evaṃ cittam abhisaṃskaroti vācaṃ ca bhāṣate | aho batāham anuttarāṃ samyaksaṃbodhim abhisaṃbudhyeyaṃ sarvasattvānāṃ cārthakaraḥ syām atyantaniṣṭhe nirvāṇe pratiṣṭhāpayeyaṃ tathāgatajñāne ca | sa evam ātmanaś ca bodhiṃ sattvārthaṃ ca prārthayamānaś cittam utpādayati | tasmāt sa cittotpādaḥ prārthanākāraḥ |

[Ⅰ.3.] tāṃ khalu bodhiṃ sattvārthaṃ cālambya sa cittotpādaḥ prārthayate nānālambya | tasmāt sa cittotpādo bodhyālambanaḥ sattvārthālambanaś ca |

[Ⅰ.4.] sa ca cittotpādaḥ sarvabodhipakṣakuśalamūlasaṃgrahāya pūrvaṅgamatvāt kuśalaḥ paramakuśalaguṇayuktaḥ bhadraḥ paramabhadraḥ kalyāṇaḥ paramakalyāṇaḥ sarvasattvādhiṣṭhānakāyavāṅmanoduścaritavairodhikaḥ |

[Ⅰ.5.] yāni ca kānicid anyāni laukikalokottareṣv artheṣu kuśalāni samyakpraṇidhānāni teṣāṃ sarveṣām agram etat samyakpraṇidhānaṃ niruttaraṃ yad uta bodhisattvasya prathamaś cittotpādaḥ |

evam ayaṃ prathamaś cittotpādaḥ svabhāvato 'pi veditavyaḥ | ākārato 'py ālambanato 'pi guṇato 'py utkarṣato 'pi pañcalakṣaṇo veditavyaḥ |

[Ⅰ.1.] (De. 7a6) (Pek. 8b4)

'di la byang chub sems dpa'i dang po'i sems bskyed pa ni byang chub sems dpa'i yang dag pa'i smon lam thams cad kyi nang na yang dag pa'i smon lam gyi dang po yin te | de las gzhan pa'i yang dag pa'i smon lam rnams sdud pa yin no || de lta bas na de ni yang dag pa'i smon lam dang po'i ngo bo nyid yin no ||

[Ⅰ.2.] byang chub sems dpa' de byang chub tu sems kyis smon lam 'debs pa na | 'di ltar sems mngon par 'du (De. 7b) byed cing | tshig 'di skad ces kyang smras te | kye ma bdag bla na med pa yang dag par rdzogs pa'i byang chub mngon par rdzogs par 'tshang rgya bar gyur cig | sems can thams cad kyi don yang byed cing shin tu mthar thug pa'i mya ngan las 'das pa dang | de bzhin gshegs pa'i ye shes la 'god par gyur cig ces de de ltar bdag gi byang chub dang sems can gyi don sgrub pa na | sems skyed par byed do || de lta bas na sems bskyed pa ni (Pek. 9a) sgrub pa'i rnam pa yin no ||

[Ⅰ.3.] sems bskyed pa de yang byang chub de dang | sems can gyi don la dmigs nas sgrub par byed kyi | dmigs pa med par ni ma yin te | de lta bas na sems bskyed pa de ni byang chub la dmigs pa dang | sems can gyi don la dmigs pa yin no ||

[Ⅰ.4.] sems bskyed pa de yang byang chub kyi phyogs kyi dge ba'i rtsa ba thams cad sdud pa'i thog mar 'gro ba'i phyir | dge ba dang | mchog tu dge ba dang | bzang ba dang | mchog tu bzang ba dang | legs pa dang | mchog tu legs pa'i yon tan dang ldan pa dang | sems can thams cad la brten pa'i lus dang ngag dang yid kyi nyes pa spyod pa dang mi mthun pa yin no ||

[Ⅰ.5.] 'di lta ste | byang chub sems dpa'i dang po sems bskyed pa de ni de las gzhan pa 'jig rten pa dang | 'jig rten las 'das pa'i don dag la yang dag pa'i smon lam dge ba de dag thams cad kyi nang na yang dag pa'i smon lam gyi mchog bla na med pa yin no ||

de ltar na dang po sems bskyed pa de ni ngo bo nyid las kyang rig par bya | rnam pa dang | dmigs pa dang | yon tan dang | khyad par du 'phags pa las kyang mtshan nyid lngar rig par bya'o ||

[Ⅰ.1.] (480b25) 復次菩薩最初發心於諸菩薩所有正願是初正願，普能攝受其餘正願。是故發心以初正願為其自性。

[Ⅰ.2.] 又諸菩薩起正願心求菩提時，發如是心說如是言：「願我決定當證無上正等菩提，能作有情一切義利．畢竟安處究竟涅槃及以如來廣大智中」。如是發心定自希求無上菩提，及求能作有情義利。是故發心以定希求為其行相。

[Ⅰ.3.] 又諸菩薩緣大菩提，及緣有情一切義利，發心希求，非無所緣。是故發心以大菩提及諸有情一切義利為所緣境。

[Ⅰ.4.] 又諸菩薩最初發心，能攝一切菩提分法殊勝善根為上首故，是善極善，是賢極賢，是妙極妙，能違一切有情處所三業惡行，功德相應。

[Ⅰ.5.] 又諸菩薩最初發心所起正願，於餘一切希求世間出世間義妙善正願，最為第一最為無上。如是應知最初發心有五種相：一者性，二者行相，三者所緣，四者功德，五者最勝。

【Ⅱ. 初発心の殊別（帰属）：所摂・根本・等流・所依】

[Ⅱ.1.] tasya ca cittasya sahotpādād avatīrṇo bhavati bodhisattvo 'nuttare bodhimahāyāne | bodhisattva iti ca (W. 13) saṃkhyāṃ gacchati yad uta saṃketavyavahāranayena | tasmāt sa cittotpādaḥ avatārasaṃgṛhītaḥ |

[Ⅱ.2.] utpādya ca bodhisattvas tac cittaṃ krameṇānuttarāṃ samyaksaṃbodhim abhisaṃbudhyate nānutpādya | tasmād anuttarāyāḥ samyaksaṃbodheḥ sa cittotpādo mūlam |

[Ⅱ.3.] duḥkhiteṣu ca sattveṣu sa kāruṇiko bodhisattvaḥ paritrāṇābhiprāyas tac cittam utpādayati | tasmāt sa (D. 9) cittotpādaḥ karuṇāniṣyandaḥ |

[Ⅱ.4.] taṃ ca cittotpādaṃ niśritya pratiṣṭhāya bodhisattvo bodhipakṣyeṣu dharmeṣu sattvārthakriyāyāṃ ca bodhisattvaśikṣāyāṃ prayujyate | tasmāt sa cittotpādo bodhisattvaśikṣāyāḥ saṃniśrayaḥ |

evam asau prathamaś cittotpādaḥ saṃgrahato 'pi mūlato 'pi niṣyandato 'pi saṃniśrayato 'pi veditavyaḥ |

[Ⅱ.1.] byang chub sems dpa' ni sems de bskyed ma thag tu bla na med pa'i byang chub theg pa chen po la zhugs pa dang | 'di lta ste | brda dang | tha snyad kyi tshul gyis byang chub sems dpa' zhes bya ba'i grangs su 'gro ba yang yin te | de lta bas na sems bskyed pa de ni 'jug par bsdus pa yin no ||

[II.2.] byang chub sems dpa' sems de bskyed nas rim gyis bla na med pa yang dag par rdzogs pa'i byang chub mngon par rdzogs par 'tshang rgya bar 'gyur gyi | ma bskyed par ni ma (De. 8a) yin te | de lta bas na sems bskyed pa de ni bla na med pa yang dag par (Pek. 9b) rdzogs pa'i byang chub kyi rtsa ba yin no ||

[II.3.] byang chub sems dpa' sems can sdug bsngal ba rnams la snying rje dang ldan zhing | yongs su bskyab par sems pa yang sems de skyed par byed de | de lta bas na sems bskyed pa de ni snying rje'i rgyu mthun pa yin no ||

[II.4.] byang chub sems dpa' ni sems bskyed pa de la brten cing gnas nas | byang chub sems dpa'i bslab pa byang chub kyi phyogs kyi chos rnams dang | sems can gyi don bya ba dag la sbyor bar byed de | de lta bas na sems bskyed pa de ni byang chub sems dpa'i bslab pa rnams kyi rten yin te |

de ltar dang po sems bskyed pa de ni bsdu ba dang | rtsa ba dang | rgyu mthun pa dang | rten du gyur pa las rig par bya'o ||

[II.1.] [480c14] 又諸菩薩初發心已，即名趣入無上菩提預在大乘諸菩薩數，此據世俗言說道理。是故發心趣入所攝。

[II.2.] 又諸菩薩要發心已，方能漸次速證無上正等菩提，非未發心。是故發心能為無上菩提根本。

[II.3.] 又諸菩薩悲愍一切有苦衆生，為欲濟拔發菩提心。是故發心是悲等流。

[II.4.] 又諸菩薩以初發心為所依止為建立故，普於一切菩提分法及作一切有情義利菩薩學中，皆能修學。是故發心是諸菩薩學所依止。

如是應知最初發心，是趣入攝，菩提根本，大悲等流，學所依止。

【III. 初発心の二種：出離（不退転）と非出離（退転）】

sa ca bodhisattvasya prathamaś cittotpādaḥ samāsena dvividhaḥ | nairyāṇikaś cānairyāṇikaś ca | tatra nairyāṇiko yad utpanno 'tyantam anuvartate na punar vyāvartate | anairyāṇikaḥ punar yad utpanno nātyantam anuvartate punar eva vyāvartate |

tasya ca cittotpādasya vyāvṛttir api dvividhā | ātyantikī cānātyantikī ca | tatrātyantikī yat sakṛd vyāvṛttaṃ cittaṃ na punar utpadyate bodhāya | anātyantikī punaḥ yad vyāvṛttaṃ cittaṃ punaḥ punar utpadyate bodhāya |

byang chub sems dpa'i dang po sems bskyed pa de yang mdor na rnam pa gnyis te | nges par 'byin pa dang | nges par 'byin pa ma yin pa'o || de la nges par 'byin pa ni gang skyes nas gtan du 'jug la phyir ldog par mi 'gyur ba'o || nges par 'byin pa ma yin pa de ni gang skyes nas gtan du mi 'jug la phyir ldog par 'gyur ba'o ||

sems bskyed pa de'i ldog pa la yang rnam pa gnyis te | gtan du ba dang | gtan du ba ma yin pa'o || de la gtan du ba ni 'di ltar sems lan cig log nas phyis byang chub kyi phyir mi skye ba'o || gtan du ba ma yin pa ni 'di ltar sems log kyang byang chub kyi phyir yang dang yang skye bar 'gyur ba'o ||

[480c26] 又諸菩薩最初發心略有二種：一者永出，二不永出。言永出者，謂發心已，畢竟隨轉，無復退還。不永出者，謂發心已，不極隨轉，而復退還。

此發心退，復有二種：一者究竟，二不究竟。究竟退者，謂一退已，不能復發求菩提心。不究竟者，謂退已，後數數更發求菩提心。

【IV. 発心の因縁の区別：四縁・四因・四力】

[IV.0.] sa khalu cittasyotpādaś caturbhiḥ pratyayaiś caturbhir hetubhiś caturbhir balair veditavyaḥ |

【IV. 1. 発心の四縁】

[IV.1.1.] catvāraḥ pratyayāḥ katame | iha kulaputro vā kuladuhitā vā tathāgatasya vā bodhisattvasya vācintyam adbhutaṃ prātihāryaṃ prabhāvaṃ paśyati saṃpratyayitasya vāntikāc chṛṇoti | tasya dṛṣṭvā vā śrutvā vaivaṃ bhavati | mahānubhāvā bateyaṃ (W. 14) bodhir yasyāṃ sthitasya vā pratipannasya vāyam evaṃrūpaḥ prabhāva idam evaṃrūpaṃ prātihāryaṃ dṛśyate ca śrūyate ca | sa tad eva prabhāvadarśanaṃ śravaṇaṃ vādhipatiṃ kṛtvā mahābodhyadhimukto mahābodhau cittam utpādayati | ayaṃ prathamaḥ pratyayaś cittasyotpattaye |
[IV.1.2.] sa na haiva prabhāvaṃ paśyati vā śṛṇoti vāpi tv anuttarāṃ samyaksaṃbodhim ārabhya saddharmaṃ śṛṇoti bodhisattvapiṭakaṃ deśyamānam | śrutvā ca punar abhiprasīdati | abhiprasannaś ca saddharmaśravaṇam adhipatiṃ kṛtvā tathāgatajñānādhimuktaḥ tathāgatajñānapratilambhāya cittam utpādayati | ayaṃ dvitīyaḥ pratyayaś cittasyotpattaye |
[IV.1.3.] sa na haiva dharmaṃ śṛṇoty api tu bodhisattvasaddharmāntardhānim āmukhām upagatāṃ paśyati | dṛṣṭvā ca punar asyaivaṃ bhavati | aprameyāṇāṃ bata sattvānāṃ duḥkhāpagamāya bodhisattvasaddharmasthitiḥ saṃvartate | yan nv ahaṃ bodhisattvasaddharmacirasthitaye cittam utpādayeyaṃ yad uta eṣām eva sattvānāṃ duḥkhāpakarṣaṇāya | sa saddharmadhāraṇam evādhipatiṃ kṛtvā tathāgatajñānādhimuktas tathāgatajñānapratilambhāya cittam utpādayati | ayaṃ (D.10) tṛtīyaḥ pratyayaś cittasyotpattaye |
[IV.1.4.] sa na haiva saddharmāntardhāniṃ pratyupasthitāṃ paśyaty api tv antayuge 'ntakāle pratyavarān antayugikān sattvāśrayān paśyati yad uta daśabhir upakleśair upakliṣṭān | tadyathā mohabahulān āhrīkyānapatrāpyabahulān īrṣyāmātsaryabahulān duḥkhabahulān dauṣṭhulyabahulān kleśabahulān duścarita-(W.15)-bahulān pramādabahulān kausīdyabahulān āśraddhyabahulāṃś ca | dṛṣṭvā ca punar asyaivaṃ bhavati | mahān batāyaṃ kaṣāyakālaḥ pratyupasthitaḥ | asminn evam upakliṣṭe kāle na sulabho nihīnaśrāvakapratyekabodhāv api tāvac cittotpādaḥ | prāg evānuttarāyāṃ samyaksaṃbodhau | yan nv aham api tāvac cittam utpādayeyam apy eva nāma mamānuśikṣamāṇā anye 'py utpādayeyur iti | so 'ntakāle cittotpādadurlabhatām

adhipatiṃ kṛtvā mahābodhāv adhimukto mahābodhau cittam utpādayati | ayaṃ caturthaḥ pratyayaś cittasyotpattaye |

[IV.0.] sems skye ba de yang rkyen bzhi dang | rgyu bzhi dang | stobs bzhis skye bar rig par bya'o ||
[IV.1.1.] de la rkyen bzhi gang zhe na | 'di la rigs kyi bu'am | rigs kyi bu mos de bzhin gshegs pa'am | byang chub sems dpa'i cho 'phrul dang | mthu bsam gyis mi khyab pa dang | rmad du byung ba mthong ngam | yid brtan pa las thos kyang rung ste | des (Pek. 10a) mthong ngam thos nas 'di snyam du sems te | kye ma gang la gnas par 'gyur ba'am | zhugs par gyur pa'i mthu de lta bu de dang | cho 'phrul de lta bu de mthong ba dang | thos pa'i byang chub de ni mthu che ba yin no snyam (De. 8b) nas de mthu mthong ba dang thos pa de nyid kyi dbang du byas te | byang chub chen por mos shing byang chub chen por sems skyed par byed pa | 'di ni sems skye ba'i rkyen dang po'o ||
[IV.1.2.] des mthu mthong ba'am thos pa med du zin kyang bla na med pa yang dag par rdzogs pa'i byang chub las brtsams te | byang chub kyi sde snod ston pa na dam pa'i chos nyan par byed do || mnyan nas kyang mngon par dad par byed do || mngon par dad nas kyang dam pa'i chos thos pa'i dbang du byas nas | de bzhin gshegs pa'i ye shes la mos shing | de bzhin gshegs pa'i ye shes thob par bya ba'i phyir | sems skyed par byed pa | 'di ni sems skye ba'i rkyen gnyis pa'o ||
[IV.1.3.] des chos ma thos su zin kyang byang chub sems dpa'i dam pa'i chos nub tu cha bar nye bar gyur pa dag mthong ngo || mthong nas kyang yang de 'di snyam du sems te | kye ma byang chub sems dpa'i dam pa'i chos gnas pa ni sems can dpag tu med pa dag gi sdug bsngal sel bar byed pa yin gyis | bdag gis 'di lta ste | sems can 'di dag nyid kyi sdug bsngal bsal ba'i phyir | byang chub sems dpa'i dam pa'i chos yun ring du gnas par bya ba'i don du sems bskyed par bya gor ma chag snyam nas | de dam pa'i chos gzung ba nyid kyi dbang du byas te | de bzhin gshegs pa'i ye shes la mos shing | de bzhin gshegs pa'i ye shes thob par bya ba'i phyir sems skyed par byed pa | 'di ni sems skye ba'i rkyen gsum pa'o ||
[IV.1.4.] des dam pa'i (Pek. 10b) chos nub tu nye bar gyur pa ma mthong du zin kyang | dus kyi tha ma dus kyi mjug tu bab pa'i tshe | dus ngan pa'i sems can rnams kyi lus 'di ltar nye ba'i nyon mongs pa bcu po 'di lta ste | gti mug shas che ba dang | ngo tsha med cing khrel med pa shas che ba dang | phrag dog dang ser sna shas che ba dang | sdug bsngal shas che ba dang | gnas ngan len shas che ba dang | nyon mongs pa shas che ba dang | nyes par spyod pa shas che ba dang | bag med pa shas che ba dang | le lo shas che ba dang | ma dad pa shas che ba rnams kyis nye bar nyon mongs pa mthong ngo || mthong (De. 9a) nas kyang yang 'di snyam du sems te | kye ma snyigs ma'i dus chen po de ni byung gis med do || nye ba'i nyon mongs pa can gyi dus 'di'i skabs su ni nyan thos dang | rang sangs rgyas kyi byang chub dman pa la sems bskyed pa yang rnyed par sla ba ma yin na | bla na med pa yang dag par rdzogs pa'i byang chub tu lta ci smos te | re zhig bdag gis sems bskyed pa dang | de dag kyang 'di ltar bdag gi rjes su slob cing | gzhan dag gis kyang sems bskyed par 'gyur ro snyam nas | de dus kyi tha ma'i tshe | sems bskyed pa rnyed par dka' ba'i dbang du byas te | byang chub chen po la mos shing byang chub chen por sems skyed par byed pa | 'di ni sems skye ba'i rkyen bzhi pa'o ||

[IV.0.] [481a3] 當知菩薩最初發心由四種緣四因四力。云何四緣。

[IV.1.1.] 謂善男子或善女人，若見諸佛及諸菩薩有不思議甚奇希有神變威力，或從可信聞如是事。既見聞已便作是念：「無上菩提具大威德，令安住者及修行者成就如是所見所聞不可思議神變威力」。由此見聞增上力故，於大菩提深生信解，因斯發起大菩提心。是名第一初發心緣。

[IV.1.2.] 或有一類，雖不見聞如前所說神變威力，而聞宣說依於無上正等菩提微妙正法菩薩藏教，聞已深信。由聞正法及與深信增上力故，於如來智深生信解，為得如來微妙智故發菩提心。是名第二初發心緣。

[IV.1.3.] 或有一類，雖不聽聞如上正法，而見一切菩薩藏法將欲滅沒。見是事已便作是念：「菩薩藏法久住於世，能滅無量衆生大苦。我應住持菩薩藏法發菩提心，為滅無量衆生大苦」。由為護持菩薩藏法增上力故，於如來智深生信解，為得如來微妙智故發菩提心。是名第三初發心緣。

[IV.1.4.] 或有一類，雖不觀見正法欲滅，而於末劫末世末時，見諸濁惡衆生身心十隨煩惱之所惱亂。謂多愚癡，多無慚愧，多諸慳嫉，多諸憂苦，多諸麁重，多諸煩惱，多諸惡行，多諸放逸，多諸懈怠，多諸不信。見是事已便作是念：「大濁惡世於今正起。諸隨煩惱所惱亂時，能發下劣聲聞獨覺菩提心者尚難可得，況於無上正等菩提能發心者。我當應發大菩提心，令此惡世無量有情隨學於我起菩提願」。由見末劫難得發心增上力故，於大菩提深生信解，因斯發起大菩提心。是名第四初發心緣。

【IV. 2. 発心の四因】

[IV.2.0.] catvāro hetavaḥ katame | gotrasaṃpad bodhisattvasya prathamo hetuś cittasyotpattaye | buddhabodhisattvakalyāṇamitraparigraho dvitīyo hetuś cittasyotpattaye | sattveṣu kāruṇyaṃ bodhisattvasya tṛtīyo hetuś cittasyotpattaye | saṃsāraduḥkhaduṣkaracaryāduḥkhād api dīrghakālikād vicitrāt tīvrān nirantarād abhīrutā caturtho hetuś cittasyotpattaye |

[IV.2.1.] tatra gotrasaṃpad bodhisattvasya dharmatāpratilabdhaiva veditavyā |

[IV.2.2.] caturbhir ākārair bodhisattvasya mitrasaṃpad veditavyā |

i) iha bodhisattvasya mitram ādita evājaḍaṃ bhavaty adhandhajātīyaṃ paṇḍitaṃ vicakṣaṇaṃ na ca kudṛṣṭipatitam | iyaṃ prathamā mitrasaṃpat |

ii) na cainaṃ pramāde viniyojayati na pramādasthānam asyopasaṃharati | iyaṃ dvitīyā mitrasaṃpat |

iii) na cainaṃ duścarite viniyojayati na duścaritasthānam asyopasaṃharati | iyaṃ (W. 16) tṛtīyā mitrasaṃpat |

iv) na cainan utkṛṣṭatarebhyaḥ śraddhācchandasamādānavīryopāyaguṇebhyo vicchandayitvā nihīnatareṣu śraddhācchandasamādānavīryopāyaguṇeṣu samādāpayati | tadyathā mahāyānād vicchandayitvā śrāvakayāne vā pratyekabuddhayāne vā bhāvanāmayād vicchandayitvā cintāmaye cintāmayād vicchandayitvā śrutamaye śrutamayād vicchandayitvā vaiyāpṛtyakarmaṇi śīlamayād vicchandayitvā dānamaye | ity evaṃbhāgīyebhya utkṛṣṭatarakebhyo guṇebhyo na vicchandayitvā evaṃbhāgīyeṣu nihīnatareṣu guṇeṣu samādāpayati | iyaṃ caturthī mitrasaṃpat |

[IV.2.3.] (D.11) caturbhir kāraṇair bodhisattvaḥ karuṇābahulo bhavati sattveṣu |

i) santi te dhātavaḥ yeṣu duḥkhaṃ nopalabhyate daśasu dikṣv anantāparyanteṣu lokadhātuṣu | sa ca bodhisattvaḥ saduḥkhe lokadhātau pratyājāto bhavati yatra duḥkham upalabhyate, nāduḥkhe |

ii) paraṃ cānyatamena duḥkhena spṛṣṭam upadrutam abhibhūtaṃ paśyati |

iii) ātmanā cānyatamena duḥkhena spṛṣṭo bhavaty upadruto 'bhibhūtaḥ |

iv) punaś ca param ātmānaṃ vā tadubhayaṃ vā dīrghakālikena vicitreṇa tīvreṇa nirantareṇa duḥkhena spṛṣṭam upadrutam abhibhūtaṃ paśyati |

iti tasya bodhisattvasya svagotrasaṃniśrayeṇa prakṛtibhadratayā ebhiś caturbhir ālambanair adhiṣṭhānaiḥ karuṇā mṛdumadhyādhimātrā pravartate anyatrābhyāsataḥ ||

[IV.2.4.] caturbhiḥ kāraṇair bodhisattvaḥ sattveṣu karuṇāṃ saṃpuraskṛtya saṃsāraduḥkhād dīrghakālikād vicitrāt tīvrān nirantarād api na bibheti nottrasyati | prāg eva nihīnāt |

i) (W. 17) prakṛtyā sāttviko bhavati dhṛtimān balavān | idaṃ prathamaṃ kāraṇam |

ii) paṇḍito bhavati samyagupanidhyānaśīlaḥ pratisaṃkhyānabalikaḥ | idaṃ dvitīyaṃ kāraṇam |

iii) anuttarāyāṃ samyaksaṃbodhāv adhimātrayā 'dhimuktyā samanvāgato bhavati | idaṃ tṛtīyaṃ kāraṇam |

iv) sattveṣu cādhimātrayā karuṇayā samanvāgato bhavati | idaṃ caturthaṃ kāraṇam |

[IV.2.0.] de la rgyu bzhi gang zhe na | rigs phun sum tshogs pa ni byang chub sems dpa'i sems skye ba'i rgyu dang po'o || sangs rgyas dang | byang chub sems dpa' dang | dge ba'i bshes gnyen gyis yongs su zin pa ni byang chub sems dpa'i sems skye ba'i rgyu gnyis pa'o || sems can rnams la snying rje ba ni byang chub sems dpa'i sems skye ba'i rgyu gsum pa'o || 'khor ba'i sdug bsngal dang | dka' ba spyad pa'i sdug bsngal (Pek. 11a) yun ring po rnam pa sna tshogs pa drag pa bar chad med pas kyang mi 'jigs pa ni byang chub sems dpa'i sems skye ba'i rgyu bzhi pa'o ||

[IV.2.1.] de la byang chub sems dpa'i rigs phun sum tshogs pa ni | chos nyid kyis thob pa nyid yin par rig par bya'o ||

[IV.2.2.] byang chub sems dpa'i bshes gnyen phun sum tshogs pa ni rnam pa bzhir rig par bya ste |

i) 'di la byang chub sems dpa'i bshes gnyen ni thog ma nas kyang | blun po ma yin zhing | yid rtul ba'i rang bzhin can ma yin te | mkhas shing mdzangs la lta ba ngan pa la zhugs pa yang ma yin pa 'di ni bshes gnyen phun sum tshogs pa dang po'o ||

ii) bag med pa la yang de 'jug par mi byed la | bag med pa'i gnas kyang de la sgrub par mi byed pa 'di ni bshes gnyen phun sum tshogs pa gnyis pa'o ||

iii) nyes par spyod pa la yang de 'jug par mi byed la nyes par spyod pa'i gnas kyang de la sgrub par (De. 9b) mi byed pa 'di ni bshes gnyen phun sum tshogs pa gsum pa'o ||

iv) de dad pa dang | 'dun pa dang | yang dag par blang ba dang | brtson 'grus dang | thabs kyi yon tan ches khyad par du 'phags pa dag las 'dun pa bzlog la | dad pa dang | 'dun pa dang | yang dag par blang ba dang | brtson 'grus dang | thabs kyi yon tan ches dman pa dag la 'jug par mi byed de | 'di lta ste | theg pa chen po las 'dun pa bzlog la | nyan thos kyi theg pa'am | rang sangs rgyas kyi theg pa la 'jug par mi byed pa dang | bsgoms pa las byung ba las 'dun pa bzlog la | bsams pa las byung ba la 'jug pa'am | bsams pa las byung ba las 'dun pa bzlog la | thos pa las byung ba la

’jug pa ’am | thos pa las byung ba las ’dun pa bzlog la | zhal ta byed pa la ’jug par (Pek. 11b) byed pa’am | tshul khrims las byung ba las ’dun pa bzlog la | sbyin pa las byung ba la ’jug pa’am | de ltar ’di lta bu dang mthun pa’i yon tan ches khyad par du ’phags pa dag las ’dun pa bzlog la | ’di lta bu dang mthun pa’i yon tan ches dman pa dag ’dzin du ’jug par mi byed pa ’di ni bshes gnyen phun sum tshogs pa bzhi pa’o ||

[IV.2.3.] byang chub sems dpa’ ni rgyu rnam pa bzhis na | sems can rnams la snying rje ba’i shas che ba yin te |

i) phyogs bcu’i ’jig rten gyi khams mtha’ yas mu med pa dag na ’jig rten gyi khams gang na sdug bsngal med pa de lta bu dag kyang yod na | byang chub sems dpa’ de ni gang na sdug bsngal yod cing | sdug bsngal dang bcas pa’i khams su skye bar byed kyi | sdug bsngal med par ni ma yin te |

ii) gzhan sdug bsngal ci yang rung bas thebs shing gnod par gyur te | non pa mthong ba dang |

iii) bdag kyang sdug bsngal ci yang rung bas thebs shing gnod par gyur te non pa mthong ba dang |

iv) gzhan nam bdag gam gnyis ka yang rung ste | sdug bsngal yun ring ba rnam pa sna tshogs pa drag po bar chad med pas thebs shing gnod par gyur te non pa mthong na

’di ltar byang chub sems dpa’ de ni rang gi rigs (De. 10a) la brten cing | rang bzhin gyis dge bas na goms pa med par yang dmigs pa rten bzhi po ’di dag gis snying rje chung ngu dang | ’bring po dang | chen po skye bar ’gyur ro ||

[IV.2.4.] byang chub sems dpa’ ni sems can rnams la snying rje yang dag par sngon du btang nas | rgyu bzhi po ’di dag gis ’khor ba’i sdug bsngal yun ring ba rnam pa sna tshogs pa drag po bar chad med pas kyang mi ’jigs shing mi skrag na chung ngus lta ci smos te |

i) rang bzhin gyis snying stobs che zhing brtan pa dang ldan stobs dang ldan pa yin te | ’di ni rgyu dang po’o ||

ii) mkhas pa dang | yang dag par sems pa’i (Pek. 12a) ngang tshul can dang | so sor rtog pa’i stobs dang ldan pa yin te | ’di ni rgyu gnyis pa’o ||

iii) bla na med pa yang dag par rdzogs pa’i byang chub la mos pa chen po dang ldan pa yin te | ’di ni rgyu gsum pa’o ||

iv) sems can rnams la yang cher snying rje ba dang ldan pa yin te | ’di ni rgyu bzhi pa’o ||

[IV.2.0.] [481b5] 云何四因。謂 1) 諸菩薩種姓具足，是名第一初發心因。2) 又諸菩薩賴佛菩薩善友攝受，是名第二初發心因。3) 又諸菩薩於諸衆生多起悲心，是名第三初發心因。4) 又諸菩薩於極長時種種猛利無間無缺生死大苦難行苦行，無有怯畏，是名第四初發心因。

[IV.2.1.] 若諸菩薩六處殊勝從無始世展轉傳來法爾所得，當知是名種姓具足。

[IV.2.2.] 由四種相，當知菩薩善友具足。

i) 謂諸菩薩所遇善友，性不愚鈍聰明黠慧不墮惡見。是名第一善友具足。

ii) 又諸菩薩所遇善友，終不教人行於放逸，亦不授與諸放逸具。是名第二善友具足。

iii) 又諸菩薩所遇善友，終不教人行於惡行，亦不授與諸惡行具。是名第三善友具足。

iv) 又諸菩薩所遇善友，終不勸捨增上信欲受學精進方便功德，而復勸修下劣信欲受學精進方便功德。所謂終不勸捨大乘勸修二乘，勸捨修慧勸修思慧，勸捨思慧勸修聞慧，勸捨聞慧，勸修福業，勸捨尸羅，勸修惠施，終不勸捨如是等類增上功德，而復勸修如是等類下劣功德。是名第四善友具足。

[IV.2.3.] 由四因緣當知菩薩於諸衆生多起悲心。謂諸菩薩雖有十方無量無邊無苦世界，而生有苦諸世界中，於中恒有衆苦可得非無衆苦。

i) 或時見他隨遭一苦觸對逼切。

ii) 或時見自隨遭一苦觸對逼切。

iii) 或見自他隨遭一苦觸對逼切。

iv) 或見二種倶遭長時種種猛利無間大苦觸對逼切。

然此菩薩依自種姓性自仁賢，依四境處雖不串習，而能發起下中上悲無有斷絶。

[IV.2.4.] 由四因緣當知菩薩於諸衆生先起悲心，於極長時種種猛利無間無缺生死大苦難行苦行尚無怯畏，何況小苦。

i) 謂諸菩薩性自勇健堪忍有力。當知是名第一因緣。

ii) 又諸菩薩性自聰敏能正思惟具思擇力。當知是名第二因緣。

iii) 又諸菩薩能於無上正等菩提成就上品清淨信解。當知是名第三因緣。

iv) 又諸菩薩於諸衆生成就上品深心悲愍。當知是名第四因緣。

【IV. 3. 発心の四力】

[IV.3.0.] catvāri balāni katamāni | adhyātmabalaṃ parabalaṃ hetubalaṃ prayogabalaṃ ca |

[IV.3.1.] tatra svaśaktipatitā yā rucir anuttarāyāṃ samyaksaṃbodhau idam ucyate bodhisattvasyādhyātmabalaṃ cittasyotpattaye |

[IV.3.2.] paraśaktisamutpāditā tu rucir anuttarāyāṃ samyaksaṃbodhau bodhisattvasya parabalam ity ucyate cittasyotpattaye |

[IV.3.3.] pūrvako bodhisattvasya mahāyānapratisaṃyuktakuśaladharmābhyāsa etarhi buddhabodhisattvasaṃdarśanamātrakeṇa tadvarṇaśravaṇamātrakeṇa vāśu cittasyotpattaye prāg eva prabhāvadarśanena vā saddharmaśravaṇena vā hetubalam ity ucyate cittasyotpattaye |

[IV.3.4.] dṛṣṭadhārmiko bodhisattvasya satpuruṣasaṃsevāsaddharmaśravaṇacintādiko dīrghakālikaḥ kuśaladharmābhyāsaḥ prayogabalam ity ucyate cittasyotpattaye |

tatra bodhisattvasya samastavyastāṃś caturaḥ pratyayāṃś caturo hetūn āgamya saced adhyātmabalena hetubalena ca samastavyastābhyāṃ dvābhyāṃ balābhyāṃ tac cittam utpadyate, (D.12) evaṃ tad dṛḍhaṃ ca sāraṃ ca niścalaṃ (W. 18) cotpadyate | parabalaprayogabalābhyāṃ tu tac cittam adṛḍhodayaṃ veditavyam |

[IV.3.0.] stobs bzhi gang zhe na | nang gi stobs dang | gzhan gyi stobs dang | rgyu'i stobs dang | sbyor ba'i stobs so ||

[IV.3.1.] de la rang gi mthus bla na med pa yang dag par rdzogs pa'i byang chub 'dod par gyur pa gang yin pa de ni byang chub sems dpa'i byang chub tu sems skye ba'i nang gi stobs zhes bya'o ||

[IV.3.2.] gzhan gyi mthus bla na med pa yang dag par rdzogs pa'i byang chub la 'dod pa skyed pa

gang yin pa de ni byang chub sems dpa'i sems skye ba'i gzhan gyi stobs zhes bya'o ||
[Ⅳ.3.3.] sngon theg pa chen po dang ldan pa'i dge ba'i chos la goms pas da ltar sangs rgyas dang byang chub sems dpa' mthong ba tsam mam | de dag gi bsngags pa thos pa tsam gyis kyang myur du sems skye bar 'gyur na | dam pa'i chos thos pa'am | mthu mthong bas lta ci smos te | de ni byang chub sems dpa'i sems skye ba'i rgyu'i stobs zhes bya'o ||
[Ⅳ.3.4.] tshe 'di nyid la skyes bu dam pa la brten pa dang | dam pa'i chos mnyan pa dang | sems pa la sogs pa dge ba'i chos yun ring du goms par byas pa gang yin pa de ni byang chub sems dpa'i sems skye ba'i sbyor ba'i stobs zhes bya'o ||

de la byang chub sems dpa'i rkyen bzhi dang | rgyu bzhi po dag tshogs (De. 10b) pa'am | so so la brten nas | gal te stobs gnyis po nang gi stobs dang | rgyu'i stobs 'di gnyis tshogs pa'am | so so las nges par sems de skyes na ni des na de brtan pa dang | snying por gyur pa dang | mi g-yo bar 'gyur ro || gzhan gyi stobs dang | sbyor ba'i stobs gnyis (Pek. 12b) las skyes pa'i sems de mi brtan par rig par bya'o ||

[Ⅳ.3.0.] [481c14] 云何四力。一者自力。二者他力。三者因力。四者加行力。
[Ⅳ.3.1.] 謂諸菩薩由自功力能於無上正等菩提深生愛樂。是名第一初發心力。
[Ⅳ.3.2.] 又諸菩薩由他功力能於無上正等菩提深生愛樂。是名第二初發心力。
[Ⅳ.3.3.] 又諸菩薩宿習大乘相應善法，今暫得見諸佛菩薩，或暫得聞稱揚讚美，即能速疾發菩提心。況覩神力聞其正法。是名第三初發心力。
[Ⅳ.3.4.] 又諸菩薩於現法中親近善士聽聞正法諦思惟等，長時修習種種善法，由此加行發菩提心。是名第四初發心力。

若諸菩薩依上總別四緣四因，或由自力或由因力，或總二力而發心者，當知此心堅固無動。或由他力或加行力，或總二力而發心者，當知此心不堅不固亦非無動。

【Ⅳ. 4. 発心退転の四原因】

catvāri bodhisattvasya cittavyāvṛttikāraṇāni | katamāni catvāri | na gotrasaṃpanno bhavati | pāpamitraparigṛhīto bhavati | sattveṣu mandakaruṇo bhavati | saṃsāraduḥkhāc ca dīrghakālikād vicitrāt tīvrān nirantarād bhīrur bhavati atyarthaṃ bibhety uttrasyati saṃtrāsam āpadyate |

caturṇāṃ cittotpattihetūnāṃ viparyayeṇa catvāry etāni cittavyāvṛttikāraṇāni vistareṇa pūrvavad veditavyāni |

byang chub sems dpa' sems ldog pa'i rgyu ni rnam pa bzhi ste | bzhi gang zhe na | rigs dang mi ldan pa yin | sdig pa'i grogs pos yongs su zin pa yin | sems can rnams la snying rje chung ba yin | 'khor ba'i sdug bsngal yun ring po rnam pa sna tshogs pa drag po bar chad med pas 'jigs te | shin tu 'jigs shing skrag la dang ngas par 'gyur ba yin te |

sems ldog par 'gyur ba'i rgyu bzhi po 'di dag ni sems skye ba'i rgyu bzhi po 'di dag bzlog pa las snga ma bzhin du rgyas par rig par bya'o ||

[482a1] 有四因緣能令菩薩退菩提心。何等為四。一種姓不具。二惡友所攝。三於諸衆生悲心微薄。四於極長時種種猛利無間無缺生死大苦難行苦行，其心極生怯畏驚怖。

如是四種心退因緣，與上發心四因相違，廣辯其相如前應知。

【V. 初発心堅固菩薩の種々なる利徳】

【V.1. 初発心堅固菩薩の二未曾有法】

dvāv imau dṛḍhaprathamacittotpādikasya bodhisattvasya lokāsādhāraṇāv āścaryādbhūtau dharmau | katamau dvau | sarvasattvāṃś ca kaḍatrabhāvena parigṛhṇāti | na ca punaḥ kaḍatraparigrahadoṣeṇa lipyate |

tatrāyaṃ kaḍatraparigrahadoṣaḥ | kaḍatrasyānugrahopaghātābhyāṃ kliṣṭānurodhavirodhau | tau ca bodhisattvasya na vidyete |

’di gnyis ni byang chub sems dpa’ dang po sems bskyed pa brtan pa’i ngo mtshar rmad du byung ba’i chos ’jig rten dang thun mong ma yin pa ste | gnyis gang zhe na | sems can thams cad chung ma’i tshul du yongs su ’dzin pa dang | chung ma yongs su ’dzin pa’i nyes pas kyang gos par ’gyur ba ma yin no ||

de la chung ma yongs su ’dzin pa’i nyes pa ni ’di yin te | chung ma la phan ’dogs pa dang | gnod pa byed pa las mthun pa dang mi mthun pas nyon mongs pa can du ’gyur ba ste | de gnyis ni byang chub sems dpa’ la med do ||

[482a7] 最初發心堅固菩薩略有二種不共世間甚希奇法。何等為二。一者攝諸衆生皆為眷屬。二者攝眷屬過所不能染。

攝眷屬過有其二種，謂於眷屬饒益損減染污違順。如是二事菩薩皆無。

【V.2. 初発心堅固菩薩の二意楽】

dvāv imau dṛḍhaprathamacittotpādikasya bodhisattvasya sattveṣu kalyāṇādhyāśayau pravartete | hitādhyāśayaś ca sukhādhyāśayaś ca |

tatra hitādhyāśayo yākuśalāt sthānād vyutthāpya kuśale sthāne pratiṣṭhāpanakāmatā |

sukhādhyāśayo yā vighātinām anāthānām apratiśaraṇānāṃ sattvānāṃ kliṣṭavarjitānugrāhakavastūpasaṃharaṇakāmatā |

’di gnyis ni byang chub sems dpa’ dang po sems bskyed pa brtan pa’i sems can rnams la lhag pa’i bsam pa bzang po ’jug par ’gyur ba yin te | gnyis gang zhe na | phan pa bya ba’i lhag pa’i bsam pa dang bde ba bya ba’i lhag pa’i bsam pa’o ||

de la phan pa bya ba’i lhag pa’i bsam pa ni mi dge ba’i gnas nas bton nas | dge ba’i gnas su ’god par ’dod pa gang yin pa’o ||

bde ba bya ba'i lhag pa'i bsam pa ni sems can phongs pa dang | mgon med pa dang | rten med pa rnams la nyon mongs pa can spangs te | phan pa'i dngos po sgrub par 'dod pa gang yin (Pek. 13a) pa'o ||

最初發心堅固菩薩，於諸衆生發起二種善勝意樂。一者利益意樂。二者安樂意樂。
利益意樂者，謂欲從彼諸不善處拔濟衆生安置善處。
安樂意樂者，謂於貧匱無依無怙諸衆生所離染污心，欲與種種饒益樂具。

【V．3．初発心堅固菩薩の二加行】

dvāv imau dṛḍhaprathamacittotpādikasya bodhisattvasya prayogau | adhyāśayaprayogaḥ pratipattiprayogaś ca |
tatrādhyāśayaprayogo yā tasyaiva hitasukhādhyāśayasya pratidivasam anubṛṃhaṇā |
pratipattiprayogaḥ pratidivasam ātmanaś ca buddhadharmaparipākaprayogaḥ (W. 19) sattvānāṃ ca yathāśakti yathābalam adhyāśayaprayogam eva niśritya hitasukhopasaṃhāraprayogaḥ |

'di (De. 11a) gnyis ni byang chub sems dpa' dang po sems bskyed pa brtan pa'i sbyor ba yin te | lhag pa'i bsam pa'i sbyor ba dang | sgrub pa'i sbyor ba'o ||
de la lhag pa'i bsam pa'i sbyor ba ni phan pa bya ba dang | bde ba bya ba'i lhag pa'i bsam pa de nyid nyin gcig bzhin du yang dag par spel ba'o ||
sgrub pa'i sbyor ba ni nyin gcig bzhin du bdag gi sangs rgyas kyi chos yongs su smin par byed pa'i sbyor ba dang | lhag pa'i bsam pa'i sbyor ba nyid la brten nas ci nus ci lcogs kyis sems can rnams la phan pa dang | bde ba sgrub pa'i sbyor ba'o ||

最初發心堅固菩薩有二加行。一意樂加行。二正行加行。
意樂加行者，謂即利益安樂意樂日夜增長。
正行加行者，謂於日夜能自成熟佛法加行，及於衆生隨能隨力依前所說意樂加行，起與利益安樂加行。

【V．4．初発心堅固菩薩の二善法生門】

dve ime dṛḍhaprathamacittotpādikasya bodhisattvasya mahatī kuśaladharmāyadvāre | svārthaprayogaś cānuttarāyāḥ samyaksaṃbodheḥ samudāgamāya | parārthaprayogaś ca sarvasattvānāṃ sarvaduḥkhanirmokṣāya |
yathā dve āyadvāre | evaṃ dvau mahāntau kuśaladharmasaṃnicayau dvāv aprameyau kuśaladharmaskandhau peyālam |

'di gnyis ni byang chub sems dpa' dang po sems bskyed pa brtan pa'i dge ba'i chos chen po 'du ba'i sgo yin te | bla na med pa yang dag par rdzogs pa'i byang chub yang dag par bsgrub pa'i phyir bdag gi don la sbyor pa dang | sems can thams cad kyi sdug bsngal thams cad bsal ba'i phyir gzhan gyi don la sbyor ba'o ||

'du ba'i sgo gnyis ji lta ba bzhin du dge ba'i chos kyi tshogs chen po gnyis dang | dge ba'i chos kyi phung po dpag tu med pa gnyis kyang de bzhin du sbyar ro ||

最初發心堅固菩薩有二增長大善法門。一者自利加行，能證無上正等菩提。二者利他加行，能脫一切有情衆苦。

如二增長大善法門，如是二種大善法聚，二種無量大善法藏，當知亦爾。

【V．5．初発心堅固菩薩の所摂善法】

dve ime dṛḍhaprathamacittotpādikasya bodhisattvasya prathamaṃ cittotpādam upādāya (D.13) bodhāya kuśalaparigrahavaiśeṣye tadanyaṃ kuśalaparigraham upanidhāya | hetuvaiśeṣyaṃ phalavaiśeṣyaṃ ca | sa khalu bodhisattvasya kuśalaparigraho 'nuttanurāyāḥ samyaksaṃbodher hetuḥ sā ca tasya phalam | na tadanyaḥ sarvaśrāvakapratyekabuddhakuśalaparigrahaḥ | prāg eva tadanyeṣāṃ sattvānām | tasmād bodhisattvānāṃ kuśalaparigrahas tadanyasmāt sarvakuśalaparigrahād dhetubhāvataḥ phalataś ca prativiśiṣṭaḥ |

'di gnyis ni byang chub sems dpa' dang po sems bskyed pa brtan pa'i sems bskyed pa nas bzung ste | byang chub kyi phyir dge ba yongs su 'dzin pa ni de las gzhan pa'i dge ba yongs su 'dzin pa las khyad par du 'phags pa yin te | rgyu khyad par du 'phags pa dang | 'bras bu khyad par du 'phags pa'o || byang chub sems dpa'i dge ba yongs su 'dzin pa de ni bla na med pa yang dag par rdzogs pa'i byang chub kyi rgyu yin te | de yang de'i 'bras bu yin no || de las gzhan pa nyan thos dang rang sangs rgyas thams cad kyi dge ba yongs su 'dzin pa yang de lta ma yin na | de las gzhan pa'i sems can rnams (Pek. 13b) kyi lta ci smos | de lta bas na byang chub sems dpa' rnams kyi dge ba yongs su 'dzin pa ni de las gzhan pa'i dge ba yongs su 'dzin pa thams cad las rgyu dang 'bras bu'i ngo bos khyad par du 'phags pa yin no ||

最初發心堅固菩薩，由初發心求菩提故所攝善法，比餘一切所攝善法，有二種勝。一者因勝。二者果勝。謂諸菩薩所攝善法，皆是無上正等菩提能證因，故所證無上正等菩提是此果。故比餘一切聲聞獨覺所攝善法尚為殊勝。何況比餘一切有情所攝善法。是故菩薩所攝善法，比餘一切所攝善法，因果俱勝。

【V．6．初発心堅固菩薩の二利徳】

[V.6.0.] dvāv imau dṛḍhaprathamacittotpādikasya bodhisattvasya cittotpādānuśaṃsau |

1) saha cittotpādāc ca sarvasattvānāṃ dakṣiṇīyabhūto bhavati gurubhūtaḥ puṇyakṣetraṃ pitṛkalpaḥ prajānām

2) avyābādhyasya ca puṇyasya parigrahaṃ karoti |

tatredam avyābādhyaṃ puṇyam |

[V.6.2.1.] yena samanvāgato bodhisattvaś cakravartidviguṇenārakṣeṇārakṣito bhavati | yasminn asyārakṣe sadā pratyupasthite na śaknuvanti suptamattapramattasyāpi vyāḍā vā yakṣā vāmanuṣyā vā naivāsikā vā viheṭhāṃ kartuṃ |

[V.6.2.2.] parivṛttajanmā punar ayaṃ bodhisattvas (W. 20) tena puṇyaparigraheṇālpābādho bhavaty arogajātīyaḥ | na ca dīrgheṇa khareṇa vā ābādhena spṛśyate |

[V.6.2.3.] sattvārtheṣu ca sattvakaraṇīyeṣv asya vyāyacchamānasya kāyena vācā dharmaṃ ca deśayataḥ nātyarthaṃ kāyaḥ klāmyati na smṛtiḥ pramuṣyate na cittam upahanyate |

[V.6.2.4.] prakṛtyaiva tāvad gotrastho bodhisattvo mandadauṣṭhulyo bhavati | utpāditacittas tu bhūyasyā mātrayā mandataradauṣṭhulyo bhavati | yaduta kāyadauṣṭhulyena vāgdauṣṭhulyena cittadauṣṭhulyena ca |

[V.6.2.5.] asiddhāny api ca tadanyasattvahastagatāni sattvānām ītyupadravopasargasaṃśamakāni mantrapadāni vidyāpadāni taddhastagatāni sidhyanti | kaḥ punar vādaḥ siddhāni |

[V.6.2.6.] adhikena ca kṣāntisauratyena samanvāgato bhavati | parataupatāpasahaḥ aparopatāpī ca | pareṇāpi ca param upatāpyamānam upalabhyātyarthaṃ bādhyate |

[V.6.2.7.] krodherṣyāśāṭhyamrakṣādayaś cāsyopakleśā hatavegā mandāyamānāḥ kadācit samudācaranty āśu ca vigacchanti |

[V.6.2.8.] yatra ca grāmakṣetre prativasati | tasmin bhayabhairavadurbhikṣadoṣā amanuṣyakṛtāś copadravā anutpannāś ca notpadyante utpannāś ca vyupaśāmyanti |

[V.6.2.9.] sacet punaḥ prathamacittotpādiko bodhisattvaḥ ekadā (D.14) narakeṣv apāyabhūmāv upapadyate | sa bhūyasyā mātrayā āśutaraṃ ca mucyate narakebhyaḥ | tanutarāṃ ca duḥkhāṃ vedanāṃ vedayate | bhṛśataraṃ ca saṃvegam utpādayati teṣāṃ ca sattvānām antike karuṇācittatām avyābādhyapuṇyaparigrahahetoḥ |

ity evaṃbhāgīyān bahūn anuśaṃsān avyābādhyapuṇyaparigrahāt prathamacittotpādiko bodhisattvaḥ pratyanubhavati |

'di gnyis ni byang chub sems dpa' dang po'i sems bskyed pa brtan pa'i sems bskyed pa'i phan yon yin te |

1) sems bskyed ma thag gis (De. 11b) kyang sems can thams cad kyi yon gnas su gyur pa dang | bla mar gyur pa dang | bsod nams kyi zhing dang | skye dgu rnams kyi pha dang 'dra bar gyur pa dang |

2) gnod pa med pa'i bsod nams yongs su 'dzin par byed do ||

de la gnod pa med pa'i bsod nams ni

2.1.) gang dang ldan na byang chub sems dpa' 'khor los sgyur ba kun nas bsrung ba'i nyis 'gyur gyis bsrung ba yin te | kun nas bsrung ba de dag de la rtag tu nye bar gnas pas | gnyid log gam | myos par gyur pa'am | bag med par gyur pa na yang | gdug pa'am gnod sbyin nam | mi ma yin pa gnyug mar gnas pa rnams kyis gtse bar mi nus pa'o ||

2.2.) tshe brjes pa'i 'og tu yang byang chub sems dpa' de ni bsod nams yongs su bzung ba des na | gnod pa nyung zhing rang bzhin gyis gnod pa med pa yin te | gnod pa yun ring ba dang | drag pos 'debs par mi 'gyur ro ||

2.3.) de lus dang ngag gis sems can gyi don dang | sems can gyi bya ba dag la rtsol ba dang chos ston pa na shas cher lus ngal bar mi 'gyur zhing | brjed ngas par mi 'gyur la | sems nyams par mi 'gyur ro ||

2.4.) byang chub sems dpa'i rigs la gnas pa ni rang bzhin gyis kyang gnas ngan len shas chung ba yin la sems bskyed na ni 'di lta ste | lus kyi gnas ngan len dang | sems kyi gnas ngan len gyi gnas ngan len shin tu chung bar 'gyur ro ||

2.5.) gsang sngags kyi tshig dang | (Pek. 14a) rig sngags kyi tshig sems can rnams kyi yams kyi nad dang | gnod pa dang | nad 'go ba zhi bar byed pa dag de las gzhan pa'i sems can gyi lag na 'dug pa ma grub pa rnams kyang de'i lag tu 'ongs na 'grub par 'gyur na | grub pa dag lta ci smos |

2.6.) lhag par yang bzod pa dang | des pa dang ldan te | pha rol gyi gnod pa byas pa bzod pa yin no || gzhan la yang gnod pa mi byed la | gzhan gyis gzhan la gnod pa byed pa mthong ngam thos na yang shin tu mi dga' bar 'gyur ro ||

2.7.)de'i nye ba'i nyon mongs pa khong khro ba dang | phrag dog dang | g-yo dang 'chab pa la sogs pa rnams kyang bcom ste | nyams smad pas brgya la spyod par gyur na (De. 12a) yang myur du 'bral bar 'gyur ro ||

2.8.) de grong gi gnas gang na gnas pa der yang 'jigs pa dang | 'jigs par 'gyur ba dang | mu ge'i nyes pa rnams dang | mi ma yin pas byas pa'i gnod pa ma byung ba rnams ni 'byung bar mi 'gyur la | byung ba rnams ni rnam par zhi bar 'gyur ro ||

2.9.) gal te byang chub sems dpa' dang po sems bskyed pa de lan 'ga' zhig ngan song gi sems can dmyal ba rnams su skyes su zin kyang de ni gnod pa med pa'i bsod nams yongs su 'dzin pa'i rgyus shas cher shin tu myur bar thar bar 'gyur la | sdug bsngal gyi tshor ba myong ba yang shin tu tshabs chung ba myong bar 'gyur te | skyo ba yang shin tu skye bar 'gyur ro || sems can de dag la yang snying rje'i sems bskyed par 'gyur ro ||

de ltar byang chub sems dpa' dang po sems bskyed pas ni gnod pa med pa'i bsod nams yongs su 'dzin pa las 'di lta bu dang | mthun pa'i phan yon mang po nyams su myong bar 'gyur ro ||

[482b3] 最初發心堅固菩薩略有二種發心勝利。

1) 一者初發菩提心已，即是衆生尊重福田，一切衆生皆應供養，亦作一切衆生父母。

2) 二者初發菩提心已，即能攝受無惱害福。

2.1.) 由此菩薩成就如是無惱害福，得倍輪王護所守護。由得如是護所護故，若寢若寤若迷悶等，一切魍魎藥叉宅神人非人等不能嬈害。

2.2.) 又此菩薩轉受餘生，由如是福所攝持故少病無病。不為長時重病所觸。

2.3.) 於諸衆生所作義利，能以身語勇猛而作，常為衆生宣說正法，身無極倦念無忘失心無勞損。

2.4.) 菩薩本性住種姓時，一切麁重性自微薄。既發心已所有麁重轉復輕微：謂身麁重及心麁重。

2.5.) 若餘衆生為欲息滅疾疫災橫，所用無驗呪句明句，菩薩用之尚令有驗。何況驗者。

2.6.) 成就增上柔和忍辱，能忍他惱不惱於他，見他相惱深生悲惱。

2.7.) 忿嫉諂等諸隨煩惱，皆能摧伏令勢微薄，或暫現行速能除遣。

2.8.) 隨所居止國土城邑，於中所有恐怖鬭諍饑饉過失非人所作疾疫災横，未起不起，設起尋滅。

2.9.) 又此最初發心菩薩，或於一時生極惡趣那落迦中，多分於此那落迦趣速得解脱。受小苦受，生大厭離。於彼受苦諸衆生等，起大悲心。

如是一切皆因攝受無惱害福，最初發心堅固菩薩，由能攝受無惱害福，便得領受如是等類衆多勝利。

(W 21) Bodhisattvabhūmāv ādhāre yogasthāne dvitīyaṃ Cittotpādapaṭalaṃ samāptam ||

Byang chub sems dpa'i sa'i gzhi'i rnal 'byor gyi gnas las | Sems bskyed pa'i (Pek. 14b) le'u ste gnyis pa'o || ||

【補遺】『瑜伽師地論』「摂決択分中菩薩地」＜発心品決択＞の和訳と注解

発心は十種である。すなわち，(1)誓言による世俗的発心と(2)法爾に得られた［発心］，(3)不確定な［発心］と(4)確定した［発心］，(5)不浄な［発心］と(6)清浄な［発心］，(7)無力な［発心］と(8)有力な［発心］，(9)結果の未達成な［発心］と(10)結果の達成された［発心］である。

そのうち，(1)誓言による世俗的［発心］とは，正性離生にまだ趣入していない一切の菩薩の［発心］である。そのうち，(2)法爾に得られた［発心］とは，正性離生に趣入した菩薩たちと，廻向菩提声聞たちの［発心］である。

(3)不確定な［発心］とは，その種姓を持たない者たちと，その種姓を持ちながら発心から再び退転する性質を持つ者たちが有するところのものである。(4)確定した発心とは，その逆であると知るべきである。

そのうち，(5)不浄な［発心］とは，例えばここで誰かが[105]他者に随順し，或いは王への恐怖，盗賊への恐怖，鬼魅への恐怖，暴流への恐怖[106]から，或いは生計（活命）のために，或いは利得や名聞のために，或いは詐言や暗示［により施物を得る］ために[107]，審察せず思量せず忽然と発心するような，またそれに類する発心であるところのもの，それが不浄な発心である

---

[105] 'di ltar 'di na la la, *yathāpīhaikatyaḥ

[106] 蔵訳 chu klung gis 'jigs pa に従って訳したが，漢訳には「怖退轉」とある。

[107] 詐言（kha gsag dang, lapanā 虚談）と暗示（gzhogs slong, naimittikatā 現相）は，五邪命の第二と第三に挙げられるものである。五邪命は菩薩地では戒品第十に以下のように説かれている：

「菩薩が偽善と詐言と暗示と強要，および利得により更に利得を要求することという（五つの）邪命を為す諸法が生じたのに執着し，それらを恥じず捨てなければ，有罪であり有犯であり染汚の罪となる。」

BBh Wogihara 168.21–22; Dutt 115.21–25:

bodhisattvaḥ utpannāṃ kuhanāṃ lapanāṃ naimittikatāṃ naiṣpeṣikatāṃ lābhena lābhaṃ niścikīrṣutāṃ mithyājīvakarāṃ dharmān adhivāsayati | na tai ritīyate | na vinodayati | sāpattiko bhavati sātisāraḥ kliṣṭām āpattim āpadyate |

De. No. 4037, Wi 90b7–91a2:

byang chub sems dpa' tshul 'chos pa dang | kha gsag dang | gzhogs slong dang | (91a) thob kyis 'jal ba dang | rnyed pas rnyed par byed 'dod pa log par 'tsho bar byed pa'i chos byung ba rnams dang du len par byed cing | de dag gis mi 'dzim la sel bar mi byed na | nyes pa dang bcas shing 'gal ba dang bcas par 'gyur te | nyon mongs pa can gyi nyes par 'gyur ro ||

[518a] 若諸菩薩安住菩薩浄戒律儀，生起詭詐・虚談・現相・方便研求・假利求利，味邪命法，無有羞恥，堅持不捨，是名有犯有所違越，是染違犯。

五邪命は阿含・ニカーヤに出る経説で，比丘が種々の手管を弄して在家者から利得を貪ることを云い，パーリ語形はそれぞれ kuhanā, lapanā, nemittikatā, nippesikatā, lābhena lābhaṃ nijigiṃsanatā である。Edgerton は以下のように説明している：BHSD s.v. kuhana, nt. or -nā, lit. *trickery*; as one of the 5 mithyājīva, q.v., for a monk, ..., *hypocrisy*, specifically *display of behavior designed to stimulate laymen to give gifts*: ...; ibid. s.v. lapana and -nā (=Pali id.), *boasting* (of one's own religious qulities, to extract gifts from patrons; one of the 5 mithyājīva of a monk, see reference s.v. kuhana); ibid. s.v. naimittika, (=Pali ne-), *one who hints at a desire for a gift* (from a lay patron); ibid. s.v. naimittika-tā or -tva, *hinting* at desires, to get particular gifts; one of the 5 mithyājīva of a monk; .... Tib renders gzhog slong, indirect begging; ibid. s.v. naiṣpeṣikatā (=Pali nippesikatā), *extraction of gifts* (from laymen by monks) *by means of threats*.

因みに，『倶舎論』「業品」第 86 偈に「邪命とは貪欲から生じる身業・語業である」(AKBh 255.1: lobhajaṃ kāyavākkarma mithyājīvaḥ) とあり，それに対する称友疏は五邪命の定型句を引いて，「他者に依存して生活する彼の比丘にとって，偽善と詐言と暗示と強要および利得により更に利得を要求することは邪命となる」(AKVy 420.12–15: tasya parādhīnavṛtter bhikṣor mithyājīvā bhaveyuḥ kuhanā lapanā naimittikatā naiṣpeṣitā (sic!) lābhena lābhaniścikīrṣā ca) と釈している。

と知るべきである。(6)清浄な［発心］とは，その逆であると知るべきである。

そのうち，(7)無力な［発心］とは，例えばここで或る菩薩が発心の後に貪欲・瞋恚・愚痴という諸纏により制圧されて，正行から退失して邪行に固着するようなものである。(8)有力な［発心］とはその逆であると知るべきである。

そのうち，(9)結果の未達成な［発心］とは，信解行地から十地まで［の発心］である。(10)結果の達成された［発心］とは，如来地における［発心］である。世尊が「私はその難行を離脱して，自らの正願と最勝菩提をも得たのだ」と説かれたとおりである。

それら十［種］発心のうちどれが染汚でどれが染汚でないのか，といったことなどを決択する本文は見られない。

菩薩の四心とは，常に不断に随護すべきものであり，聞・思所成［心］と悲心と資糧［心］(108)と修所成［心］である。

rNal 'byor spyod pa'i sa rnam par gtan la dbab pa bsdu ba

De. No. 4038, Zhi 285a6–286a1; Pek. No. 5539, Zi 300a7–301a1:

sems bskyed pa ni rnam pa bcu ste | 'di lta ste yang dag par blang ba brda las byung ba dang | chos nyid kyis thob pa dang | ma nges pa dang | nges pa dang | yongs su ma dag pa dang | yongs su dag pa dang | stobs chung ba dang | stobs dang ldan pa dang | 'bras bu yongs su ma grub pa dang | 'bras bu yongs su grub pa'o ||

de la yang dag par blang ba brda las byung ba ni byang chub sems dpa'(109) yang dag pa nyid du skyon (De. 285b) med pa la ma zhugs pa thams cad kyi'o || (Pek. 300b) de la chos nyid kyis thob pa ni byang chub sems dpa' yang dag pa nyid du skyon med pa la zhugs pa rnams dang | nyan thos byang chub tu yongs su 'gyur pa rnams kyi'o(110) ||

ma nges pa ni de'i rigs can(111) ma yin pa rnams dang | de'i rigs can sems bskyed pa las phyir ldog pa'i chos can rnams kyi gang yin pa'o || sems bskyed pa nges pa ni de las bzlog pa las rig par bya'o ||

de la yongs su ma dag pa 'di ltar 'di na la la gzhan gyi rjes su zhugs pa'am | rgyal pos 'jigs pa'am | rkun pos 'jigs pa'am | 'dzin khris 'jigs pa'am | chu klung gis 'jigs pa'am | 'tsho ba'i phyir ram | rnyed pa dang bkur sti'i phyir ram | kha gsag dang | gzhogs slongs kyi(112) phyir nges par ma brtags | yongs su ma brtags | gzu lums su sems skyed par byed pa dang | de lta bu dang mthun par sems skyed par byed pa gang yin pa de ni yongs su ma dag pa yin par rig par bya'o || yongs su dag pa ni de las bzlog pa las rig par bya'o ||

de la stobs chung ba ni 'di ltar 'di na byang chub sems dpa' la la sems bskyed pa las 'dod chags dang zhe sdang dang | gti mug gi(113) kun nas dkris pa dag gis zil gyis gnon par byed cing | yang

(108) 瑜伽論記巻第十九 (之上)[739c] は，基云として「言資糧者，如聲聞地所説十三資糧等」と釈している。

(109) 諸版 dpa'i であるが，文脈により dpa' に訂正する。

(110) De. kyi | を Pek. kyi'o | により訂正。

(111) rigs can は De. に欠。

(112) De. slong gi を Pek. slongs kyi により訂正。

(113) De. gis を Pek. gi により訂正。

dag pa'i sgrub pa las rab tu nyams par byas nas | log pa'i sgrub pa la kun tu sbyor bar byed pa'o || stobs dang ldan pa ni de las bzlog pa las rig par bya'o ||

de la 'bras bu yongs su ma grub pa ni mos pas spyod pa'i sa nas bzung ste | sa bcu pa'i bar gyi'o || de la 'bras bu yongs su grub pa ni[(114)] de bzhin gshegs pa'i sa la ste | bcom ldan 'das kyis | nga ni dka' ba spyod pa de las thar cing | bdag nyid kyi yang dag pa'i smon lam dang | byang chub dam pa yang thob pa yin no zhes ji skad gsungs pa lta bu'o ||

sems bskyed pa bcu po de dag las du ni nyon mongs pa can yin | du ni nyon mongs pa can ma yin pa dang | de lta bu la sogs pa'i rnam par gtan la dbab pa'i gzhung ni mi snang ngo ||

byang chub sems dpa'i sems (Pek. 301a) bzhi ni rtag tu rgyun mi 'chad par rjes su bsrung bar[(115)] (De. 286a) bya ba yin te | thos pa dang bsams pa las byung ba dang | snying rje'i sems dang | tshogs su 'gyur ba dang | bsgoms pa las byung ba'o ||

大正大蔵経第三十巻瑜伽部下 No.1579 瑜伽師地論巻第七十二攝決擇分中菩薩地之一 [694c-695a]

復次有十發心：謂世俗受發心，得法性發心；不決定發心，決定發心；不清淨發心，清淨發心；羸劣發心，強盛發心；未成果發心，已成果發心。

世俗受發心者，謂諸菩薩未入菩薩正性離生所有發心。得法性發心者，謂諸菩薩已入菩薩正性離生，及迴向菩提諸聲聞等所有發心。

不決定發心者，謂非彼種性，設彼種性復退還法所有發心。與此相違，當知名為決定發心。

不清淨發心者，謂如有一或隨他轉，或被陵逼不揆不量，或怖王難或怖賊難，或怖鬼難或怖退轉，或為活命或為利養恭敬因緣或復矯誑，如是等類而發心者，當知皆名不清淨發心。與此相違而發心者，名清淨發心。

羸劣發心者，謂如有一已發心菩薩，貪瞋癡纏所蔽伏故，捨於正行處於邪行。與此相違，名強盛發心。

未成果發心者，謂從勝解行地乃至第十地所有發心。已成果發心者，謂如來地所有發心。如世尊言：「我已解脱難行之行，我於一切難行之行極善解脱，自正願滿，亦令於他趣證菩提」。

此十發心，幾染污幾不染污等廣決擇文，更不復現。

復次有四種心，菩薩應當恒常隨護：一聞思所成心，二悲心，三資糧心，四修所成心。

【補注】十地・七地・十種菩薩・六種菩薩・十三住・四種発心について

⑴菩薩地古層の菩薩地持究竟瑜伽處第三「地品」(Bhūmi-paṭala) 第三地の冒頭に七地と菩薩地「住品」所説の十三住との配当が示されている。

> 前述の十三住に従って七地を知るべきである。六［地］は菩薩地であり，一［地］は菩薩と如来の混合地である。種性地，勝解行地，淨勝意樂地，行正行地，決定地，決定行地，到究竟地，というこれらが七菩薩地である。これらのうち最後のものが［菩薩と如来の］混合［地］である。

---

(114) De. la を Pek. ni により訂正。

(115) De. ba'i を Pek. bar により訂正。

このうち，［十三住の］種姓住と勝解住とは［それぞれ七地の初めの］二つの地である。極歓喜住は淨勝意樂地である。增上戒住・增上心住と三つの增上慧住および［有加行］有功用無相住は行正行地である。［無加行］無功用無相住は決定地である。その地において菩薩は第三の決定にある［からである］。無礙解住は決定行地である。最上［成滿菩薩］住と如來住は到究竟地である。そして，如來住と［如来］地については，後で「仏の諸徳性なる基盤の章」（建立品）において解說されるであろう。

W. 367.1–16; D. 253.1–11:

eṣu yathāvarṇiteṣu trayodaśasu vihāreṣv anugatāḥ sapta bhūmayo veditavyāḥ | ṣaṭ bodhisattvabhūmayaḥ | ekā vyāmiśrā bodhisattva-tāthāgatī-bhūmiḥ | gotrabhūmiḥ | abhimukticaryābhūmiḥ śuddhādhyāśayabhūmiḥ | caryāpratipattibhūmiḥ | niyatā bhūmiḥ | niyatacaryābhūmiḥ | niṣṭhāgamanabhūmiś ca itīmāḥ sapta bodhisattvabhūmayaḥ | āsāṃ paścimā vyāmiśrā |

tatra gotravihāro 'dhimukticaryāvihāraś ca dve bhūmī | pramudito vihāraḥ śuddhādhyāśayabhūmiḥ | adhiśīlādhicittavihārau trayaś cādhiprajñavihārāḥ sābhogaśca nirnimitto vihāraścaryāpratipattibhūmiḥ | anābhogo nirnimitto vihāro niyatā bhūmiḥ | tasyāṃ bhūmau bodhisattvas tṛtīyaniyatipātapatito bhavati | pratisaṃvidvihāro niyatacaryābhūmiḥ | paramo vihāras tāthāgataś ca niṣṭhāgamanabhūmiḥ | tāthāgatasya punar vihārasya bhūmeś ca paścān nirdeśo bhaviṣyati buddhadharmapratiṣṭhāpaṭale |

De. 189b1–5; Pek. 218a5-b3:

ji skad bstan pa'i gnas pa bcu gsum po 'di dag dang ldan pa'i sa bdun yod par rig par bya ste | byang chub sems dpa'i sa drug dang | byang chub sems dpa' dang de bzhin gshegs pa'i sa 'dren ma gcig ste | rigs kyi sa dang | mos pas spyod pa'i sa dang | lhag pa'i bsam pa dag pa'i sa dang | spyod pa sgrub pa'i sa dang | nges pa'i sa dang | spyod pa nges pa'i sa dang | mthar thug par 'gro ba'i sa'o || 'di dag ni byang chub sems dpa'i sa bdun yin te | de dag las tha ma ni 'dren ma yin no ||

de la rigs la gnas pa dang | mos pas spyod pa la gnas pa ni sa gnyis so || rab tu dga' ba la gnas pa ni lhag pa'i bsam pa dag pa'i sa'o || lhag pa'i tshul khrims la gnas pa dang | lhag pa'i sems la gnas pa dang | lhag pa'i shes rab la (Pek. 218b) gnas pa gsum dang mtshan ma med pa la gnas pa rtsol ba dang bcas pa ni spyod pa sgrub pa'i sa'o || mtshan ma med pa la gnas pa lhun gyis grub pa ni nges pa'i sa ste | sa de la byang chub sems dpa' ni* nges par 'jug pa gsum pa la zhugs pa yin no || so so yang dag par rig pa la gnas pa ni spyod pa nges pa'i sa'o || gnas pa mchog dang de bzhin gshegs pa'i gnas pa mthar thug par 'gro ba'i sa ste | de bzhin gshegs pa'i gnas pa dang sa ni sangs rgyas kyi chos kyi gnas pa'i le'u las 'og nas 'chad do ||

em. De. Pek. dpa'i

瑜伽師地論巻第四十九本地分中菩薩地第十五第三持究竟瑜伽處地品第三

[564c] 如前所說十三住中，應知隨彼建立七地。前之六種，唯菩薩地，第七一種，菩薩如來雜立為地。何等為七？ 一種性地，二勝解行地，三淨勝意樂地，四行正行地，五決定地，六決定行地，七到究竟地。如是七種菩薩地中，最後一種，名為雜地。

前種姓住，名種性地。勝解行住，名勝解行地。極歡喜住，名淨勝意樂地。增上戒住，增上心住，三種增上慧住，有加行有功用無相住，名行正行地。無加行無功用無相住，名決定地。此地菩薩墮在第三決定中故。無礙解住，名決定行地。最上成滿菩薩住，及如來住，名到究竟地。如來住・地，於後「建立佛法品」中，當廣演說。

(2) 新層に属する菩薩地持隨法瑜伽處第二住品（Vihāra-paṭala）第四に，菩薩十二住に如来住を加えた十三住が詳説される（瑜伽師地論巻第四十七・四十八；W. 317–358; D. 217–246; De. 164a5–185b6; Pek.

187b3–214a3)。(長文に亘るため略)

⑶ 新層に属する菩薩地第一持瑜伽處成熟品第六には，上述⑴「地品」に云う七地の第二勝解行地以降の六地にそれぞれ対応する六種菩薩が説かれる。

ここで，成熟させる人は幾何か？ 要約すると六種である。六つの菩薩地に住する菩薩たちが衆生たちを成熟させる：勝解行地に住する勝解行菩薩，淨勝意樂地に住する勝解行菩薩，行正行地に住する行正行菩薩，墮決定地に住する墮決定菩薩，決定行正行地に住する決定行正行菩薩，到究竟地に住する到究竟菩薩である。

その場合，無種姓に住する人たちを善趣へ趣くように成熟させることは，何度も退転し得るものであり，何度も行わなければならない。しかし，種姓に住する人たちを［それぞれ三乗へと］成熟させることは，退転し得るものではなく，何度も行わなくてよい。

W. 84.21–85.4; D. 59.27–60.7:

tatra paripācakāḥ pudgalāḥ katame | samāsataḥ ṣaṭ bodhisattvāḥ ṣaṭasu bodhisattvabhūmiṣu vyavasthitāḥ sattvān paripācayanti | adhimukticaryābhūmisthito (D 60) bodhisattvo 'dhimukticārī | śuddhādhyāśayabhūmisthito bodhisattvaḥ śuddhādhyāśayaḥ | caryāpratipattibhūmisthito bodhisat-(W. 85)-tvaś caryāpratipannaḥ | niyatabhūmisthito bodhisattvo niyatapatitaḥ | niyatacaryāpratipattibhūmisthito bodhisattvo niyatacaryāpratipannaḥ | niṣṭhāgamanabhūmisthito bodhisattvo niṣṭhāgataḥ |

tatrāgotrasthānāṃ pudgalānāṃ sugatigamanāya paripākaḥ punaḥ punaḥ pratyāvartyo bhavati punaḥ punaḥ karaṇīyaḥ | *gotrasthānāṃ punaḥ paripāko na pratyāvartyo bhavati na punaḥ punaḥ karaṇīyaḥ |

* gotrasthānāṃ以下の梵文は W. 本に欠。

De. 46a2–6; Pek. 54b1–5:

de la yongs su smin par byed pa'i gang zag rnams gang zhe na | mdor bsdu na byang chub sems dpa' sa drug la gnas pa'i byang chub sems dpa' rnam pa drug po dag sems can rnams yongs su smin par byed de | mos pas spyod pa'i sa la gnas pa'i byang chub sems dpa' mos pas spyod pa dang lhag pa'i bsam pa dag pa'i sa la gnas pa'i byang chub sems dpa' lhag pa'i bsam pa dag pa dang | spyod pa la 'jug pa'i sa la gnas pa'i byang chub sems dpa' spyod pa la zhugs pa dang | nges pa'i sa la gnas pa'i byang chub sems dpa' nges par gyur pa dang | nges pa'i spyod pa sgrub pa'i* sa la gnas pa'i byang chub sems dpa' nges pa'i spyod pa'i sa la zhugs pa dang | mthar thug par 'gyur ba'i sa la gnas pa'i byang chub sems dpa' mthar thug par 'gyur pa yin no ||

de la rigs med par gnas pa'i gang zag rnams kyi bde 'gror 'gro ba'i yongs su smin pa ni yang dang yang du phyir ldog cing yang dang yang du bya dgos pa yin no || rigs la gnas pa rnams kyi yongs su smin pa ni phyir mi ldog cing yang dang yang du bya mi dgos pa yin no ||

*Pek. sgrub pa'i ; De. drug pa'i

瑜伽師地論卷第三十七本地分中菩薩地第十五初持瑜伽處成熟品第六

[498a] 云何能成熟補特伽羅。謂略有六種菩薩。住菩薩六地能成熟有情。一 [1] 者勝解行菩薩住勝解行地。二者淨勝意樂菩薩住淨勝意樂地。三者行正行菩薩住行正行地。四者墮決定菩薩住墮決定地。五者決定行正行菩薩住決定行正行地。六者到究竟菩薩住到究竟地。

住無種姓補特伽羅，於往善趣而成熟時，有數退轉有數應作。安住種姓補特伽羅，於往三乘而成熟時，無數退轉無數應作。

⑷ 菩薩功徳品第十八末には，やはり七地説を前提とした十種菩薩が説かれる

そのように修学しつつ無上正等菩提を証得する菩薩たちとは誰か？ 彼らは要約すると十種であ

ると知るべきである。住種性［菩薩］，已趣入［菩薩］，未淨意樂［菩薩］，已淨意樂［菩薩］，未成熟［菩薩］，已成熟［菩薩］，未墮決定［菩薩］，八已墮決定［菩薩］，一生所繫［菩薩］，住最後有［菩薩］である。

このうち，住種性菩薩が修学しようと発心すれば，彼は已趣入［菩薩］と云われる。更に，その同じ已趣入［菩薩］が淨意樂地に随入していない間は未淨意樂［菩薩］と云われるが，悟入すれば已淨意樂［菩薩］となる。その同じ已淨意樂［菩薩］が到究竟地に随入していない間は未成熟［菩薩］と云われるが，悟入すれば已成熟［菩薩］となる。更に，その未成熟［菩薩］が決定地・決定行地に随入していない間は未決定［菩薩］と云われるが，悟入すれば已決定［菩薩］となる。更に，その已成熟［菩薩］は二種である：此の生の直後に無上正等菩提を證得することになる一生所繫［菩薩］と，当にこの生に住しながら無上正等菩提を證得する住最後有［菩薩］である。

かくしてこれら種姓に始まり無上正等菩提に至るまでの，菩薩の諸学を修学する十［種］菩薩が説示された。彼らにとって，これより上には，それをその通りに修学すべき学は存在しない。そして，これら前述の菩薩たちより上には，菩薩の諸学を修学する如何なる菩薩も存在しない。

W. 298.15–299.14; D. 202.18–203.8

ke punas te bodhisattvā ya evaṃ śikṣamāṇā anuttarāṃ samyaksaṃbodhim abhisaṃbudhyante | te samāsato daśavidhā veditavyāḥ | gotrasthaḥ | avatīrṇaḥ | aśuddhāśayaḥ | śuddhāśayaḥ | aparipakvaḥ | paripakvaḥ | aniyatipatitaḥ | niyatipatitaḥ | ekajātipratibaddhaḥ | caramabhavikaś ceti |

tatra gotrastho bodhisattvaḥ śikṣamāṇaś cittam utpādayati | so 'vatīrṇa ity ucyate | sa eva punar avatīrṇo yāvac chuddhāśayabhūmim nānupraviṣṭo bhavati tāvad aśuddhāśaya ity ucyate | praviṣṭas tu śuddhāśayo bhavati | sa eva punaḥ śuddhāśayo yāvan niṣṭhāgamanabhūmim nānupraviṣṭo (W. 299) bhavati tāvad aparipakva ity ucyate | praviṣṭas tu paripakvo bhavati | sa punar aparipakvo (D. 203) yāvan niyataniyatacarya-bhūmiṃ nānupraviṣṭo bhavati tāvad aniyata ity ucyate | praviṣṭas tu niyato bhavati | sa punaḥ paripakvo dvividhaḥ | ekajātipratibaddho yo 'sya* janmano 'nantaram anuttarāṃ samyaksaṃbodhim abhisaṃbhotsyate | caramabhavikaś ca yas tasminn eva janmani sthito 'nuttarāṃ samyaksaṃbodhim abhisaṃbudhyate | ta ete gotram upādāya yāvad anuttarāyāḥ samyaksaṃbodher daśa bodhisattvā nirdiṣṭāḥ ye bodhisattvaśikṣāsu śikṣante | teṣāṃ nāta uttari śikṣā vidyate yatra śikṣeran yathā ca śikṣeran | na ca ebhyo yathānirdiṣṭebhyo bodhisattvebhya uttari bodhisattvo vidyate yo bodhisattvaśikṣāsu śikṣeta |

*em. W. D. yasya

De. 156b2–157a2; Pek. 178a5-b5:

byang chub sems dpa' gang dag de ltar slob na | bla na med pa yang dag par rdzogs pa'i byang chub mngon par rdzogs par 'tshang rgya bar 'gyur ba de dag gang zhe na | de dag ni mdor bsdu na rnam pa bcur rig par bya ste | rigs la gnas pa dang | zhugs pa dang | bsam pa ma dag pa dang | bsam pa dag pa dang | yongs su ma smin pa dang | yongs su smin pa dang | nges par zhugs pa ma yin pa dang | nges par zhugs pa dang skye ba gcig gis thogs pa dang | srid pa tha ma pa'o ||

de la rigs la gnas pa'i byang chub sems dpa' slob pa na sems skyed par byed pa de ni zhugs pa zhes bya'o || zhugs pa de nyid ji srid du bsam pa dag pa'i sa la ma zhugs pa de srid du ni bsam pa ma dag pa zhes bya'o || zhugs pa ni bsam pa dag pa yin no || bsam pa dag pa de nyid ji srid du mthar thug par 'gro ba'i sa la ma zhugs pa (Pek. 178b) de srid du ni yongs su ma smin pa zhes bya'o || zhugs pa ni yongs su smin pa yin no || yongs su ma smin pa de yang ji srid du nges pa dang | spyod pa nges pa'i sa la nges par ma zhugs pa de srid du ni ma nges pa zhes bya'o || zhugs pa ni nges pa yin no || yongs su smin pa de yang rnam pa gnyis te | skye ba gcig gis thogs pa ni tshe phyi ma la bla na med pa yang dag par rdzogs pa'i byang chub mngon par rdzogs par 'tshang rgya bar 'gyur ba gang yin pa dang | srid pa tha ma pa ni tshe 'di nyid la gnas bzhin du bla na med pa yang dag par rdzogs pa'i byang chub tu mngon par rdzogs par 'tshang rgya bar 'gyur ba gang yin pa'o ||

rigs yan chad bla na med pa yang dag par rdzogs pa'i byang chub kyi bar du byang chub sems dpa' bcu po de dag bstan pa gang yin pa dag byang chub sems dpa'i bslab pa rnams (De. 157a) la slob pa | de dag gi bslab pa ni gang la slob pa dang | ji ltar slob pa de las gong na yang med do || de las lhag pa yang med do || ji skad bstan pa'i byang chub sems dpa' de dag las gong na yang gang dag byang chub sems dpa'i bslab pa rnams la slob pa'i byang chub sems dpa' med do ||

瑜伽師地論卷第四十六本地分中菩薩地第十五初持瑜伽處菩薩功德品第十八

[549a] 何等菩薩勤修學已能證無上正等菩提？ 當知菩薩略有十種：一住種性，二已趣入，三未淨意樂，四已淨意樂，五未成熟，六已成熟，七未墮決定，八已墮決定，九一生所繫，十住最後有。

此中即住種性菩薩發心修學，名已趣入。即已趣入，乃至未入淨意樂地，名未淨意樂。若已得入，名已淨意樂。即淨意樂，乃至未入到究竟地，名未成熟。若已得入，名已成熟。未成熟中，乃至未得入決定地決定行地，名未決定。若已得入，名已決定。已成熟中，復有二種：一者一生所繫，謂此生無間當證無上正等菩提。二住最後有，謂即住此生能證無上正等菩提。

如是如說從初種性，廣說乃至能證無上正等菩提，十種菩薩於菩薩學能正修學。此上更無能正修學，若於中學若如是學。非如所說諸菩薩上更有菩薩於菩薩學能正修學。

以上の菩薩地諸品の記述に基づいて，十地・七地・十種菩薩・六種菩薩・十三住・四種発心の対照表を，作成し，次頁に掲載したので参照されたい。本書序説（早島 [2023]）に大乗荘厳経論における幾つかの菩薩の分類が挙げられているが，それらも基本的にはこの表中に各々位置づけられ得るであろう。

十地・七地・十種菩薩・六種菩薩・十三住・四種発心の対照表

十地経の十地	菩薩地（古層）「地品」の七地	同（新層）「功徳品」の十種菩薩	同（新層）「成熟品」の六種菩薩	同（新層）「住品」の十三住	大乗荘厳経論 IV「発心章」（第 2 偈）の四種発心
	種姓地 gotra-bhūmi	住種性菩薩 gotrasthaḥ (bodhisattvaḥ)		種性住 gotra-vihāra	
	勝解行地 adhimukti-°	已趣入菩薩 avatīrṇo° 未淨意樂菩薩 aśuddhāśayaḥ°	勝解行菩薩 adhimukti-cārī bodhisattvaḥ	勝解行住 adhimukticaryā-°	勝解に基づく発心 ādhimokṣikaś cittotpādaḥ
歓喜地（初地）pramudita-bhūmi	浄勝意楽地 śuddhādhyāśaya-°	已淨意樂菩薩 śuddhāśayaḥ°	清浄勝意樂菩薩 śuddhādhyāśayaḥ°	極歡喜住 pramudita-°	清浄増上意楽に基づく発心 śuddhādhyāśayikaḥ°°
離垢地 vimala-°	行正行地 caryāpratipatti-°	未成熟菩薩 aparipakvaḥ°° 未墮決定菩薩 aniyatipatita°	行正行菩薩 caryāpratipannaḥ°°	增上戒住 adhiśīla-°	
発光地 prabhākara-°				增上心住 adhicitta-°	
焔慧地 arciṣmatī-°				覚分相応增上慧住 bodhipakṣyapratisaṃyukto 'bhiprajñā-°	
極難勝地 sudurjayā-°				諸諦相応增上慧住 satyapratisaṃyukto 'bhiprajñā-°	
現前地 abhimukhya-°				緣起流轉止息相応增上慧住 pratītyasamutpādapravṛttinivṛttipratisaṃyukto 'bhiprajñā-°	
遠行地 dūraṃgama-°				有加行有功用無相住 sābhisaṃskāraḥ sābhogo nirnimitto-°	
不動地 acala-°	決定地 niyatā°	已墮決定菩薩 niyatipatita°	墮決定菩薩 niyatapatitaḥ°	無加行無功用無相住 anabhisaṃskāro nābhogo nirnimitta-°°	異熟発心 vaipākikaḥ°
善慧地 sādhumatī-°°	決定行地 niyatacaryā-°		決定行正行菩薩 niyatacaryāpratipannaḥ°	無礙解住 pratisavid-°	
法雲地 dharmamegha-°	到究竟地 niṣṭhāgamana-°°	已成熟菩薩 paripakvaḥ° = 一生所繫菩薩 ekajātipratibaddhaḥ° ／住最後有菩薩 caramabhavikaḥ°	到究竟菩薩 niṣṭhāgataḥ°	最上成滿菩薩住 paramapariniṣpannabodhisattva-°	
（仏地 buddha-°）				如来住 tāthāgata-°	無障礙発心 anāvaraṇikaḥ°

『大乗荘厳経論』「発心章」にみえる22種の発心とその譬喩

上野隆平

1. はじめに

「発心」とは「発菩提心」の略称であり，自らの上に仏の菩提を実現しようとする心を発すことを意味する。菩薩は絶えずこの発心に導かれ促されるようにして，無上菩提を実現し，衆生利益をなすための実践，つまり菩薩行に邁進するのである。その菩薩が最初に発す菩提心を「初発心」と呼び，大乗仏教では古来これを重視した。

その大乗仏教がインドにおいて円熟期をむかえた5世紀頃，諸種の大乗経典に説かれる教法の意味を解明すること（＝大乗経典を荘厳すること）を目的として1つの論書が編纂された。それが本『大乗荘厳経論』(*Mahāyānasūtrālaṃkāla*, 以下『荘厳経論』) である(1)。大乗仏教の諸教理を網羅的に述べた同論には，発心を主題とする1章が存在する。第4章「発心章」である。全28偈よりなる同章の第15–20偈では，先行する『二万五千頌般若経』(*Pañcaviṃśatisāhasrikā Prajñāpāramitā*, 以下『二万五千頌』）および『聖無尽意所説経』(*Āryākṣayamatinirdeśasūtra*, 以下『無尽意経』）にもとづいて，菩薩の種々の心，行，功徳等の徳目を伴う22種の発心が「大地」等の譬喩で表わされている。

小論の目的は，『荘厳経論』が『二万五千頌』や『無尽意経』の所説をいかに受容し，展開させているかを先学の研究成果と当研究会の理解をもとに整理し，研究ノートとして提示することにある。また，あわせて『現観荘厳論』(*Abhisamayālaṃkāra*, 以下『現観論』）第1章第19–20偈に対するハリバドラ（Haribhadra, 9世紀頃）の註釈にみえる，『荘厳経論』とは系統の異なる当該テーマに対する理解を概観することで，『荘厳経論』の独自性を浮き彫りにすることができればと考えている。

2. 『二万五千頌』と『荘厳経論』

『荘厳経論』第4章第15–20偈にみえる22種の発心を「大地」等の譬喩で表わす手法が『二万五千頌』のそれを踏襲したものであることは，すでに田上太秀氏や阿部宏貴氏によって指摘されている[2]。ただし，阿部氏が述べるように『二万五千頌』と『荘厳経論』を比較すると，『荘厳経論』は『二万五千頌』の譬喩（upamāna）に関しては全面的にそれを踏襲するが[3]，譬喩の対象（upameya）となる発心，特にそれが具えている菩薩の心，行，功徳等の徳目に関しては随所で文言を改めており，全22項目のうち，9項目でその内容もしくは次第が一致しない。そこで，『二万五千頌』と比較して，内容もしくは次第が一致しないものに関しては，両者の相違部分を波線で表示した。

	『二万五千頌』[4]	『荘厳経論』(世親釈)
(1)	cchandasahagataḥ pṛthivyupamaḥ 欲求を伴う〔発心〕は，大地のようである。	prathamacittotpādo ... pṛthivīsamaḥ 最初の発心は，大地と等しい。
(2)	āśayasahagataḥ kalyāṇasuvarṇopamaḥ 意欲を伴う〔発心〕は，純金のようである。	āśayasahagataś cittotpādaḥ kalyāṇasuvarṇasadṛśo 意欲を伴う発心は，純金と似ている。
(3)	adhyāśayasahagato navacandropamaḥ 勝れた意欲を伴う〔発心〕は，新月のようである。	prayogasahagataḥ śuklapakṣanavacandropamaḥ 加行を伴う〔発心〕は，白分の新月のようである。
(4)	prayogasahagato jvalanopamaḥ 加行を伴う〔発心〕は，火のようである。	adhyāśayasahagato vahnisadṛśa 勝れた意欲を伴う〔発心〕は，火に似ている。
(5)	dānapāramitāsahagato mahānidhānopamaḥ 布施波羅蜜を伴う〔発心〕は，大宝蔵（無尽蔵）のようである。	dānapāramitāsahagato mahānidhānopama 布施波羅蜜を伴う〔発心〕は，大宝蔵（無尽蔵）のようである。
(6)	śīlapāramitāsahagato ratnākaropamaḥ 持戒波羅蜜を伴う〔発心〕は，宝の鉱脈のようである。	śīlapāramitāsahagato ratnākaropamaḥ 持戒波羅蜜を伴う〔発心〕は，宝の鉱脈のようである。
(7)	kṣāntisahagato mahārṇavopamaḥ 忍辱〔波羅蜜〕を伴う〔発心〕は，大海のようである。	kṣāntipāramitāsahagataḥ sāgaropamaḥ 忍辱波羅蜜を伴う〔発心〕は，大海のようである。
(8)	vīryasahagato vajropamaḥ 精進〔波羅蜜〕を伴う〔発心〕は，金剛のようである。	vīryapāramitāsahagato vajropamo 精進波羅蜜を伴う〔発心〕は，金剛のようである。

表は次ページに続く

前ページからの続き

	『二万五千頌』	『荘厳経論』(世親釈)
(9)	dhyānapāramitāsahagataḥ parvatopamaḥ 禅定波羅蜜を伴う〔発心〕は，山のようである。	dhyānapāramitāsahagataḥ parvatarājopamo 禅定波羅蜜を伴う〔発心〕は，山王のようである。
(10)	prajñāsahagato mahābhaiṣajyopamaḥ 般若〔波羅蜜〕を伴う〔発心〕は，偉大な薬のようである。	prajñāpāramitāsahagato bhaiṣajyarājopamaḥ 般若波羅蜜を伴う〔発心〕は，薬の王のようである。
(11)	upāyasahagato mitropamaḥ 方便〔波羅蜜〕を伴う〔発心〕は，友のようである。	apramāṇasahagato mahāsuhr̥tsaṃnibhaḥ 〔四〕無量を伴う〔発心〕は，偉大な心の友に類似している。
(12)	praṇidhisahagataś cintāmaṇisadr̥śaḥ 願〔波羅蜜〕を伴う〔発心〕は，如意宝珠のようである。	abhijñāsahagataś cintāmaṇisadr̥śo 神通を伴う〔発心〕は，如意宝珠に似ている。
(13)	balasahagata ādityopamaḥ 力〔波羅蜜〕を伴う〔発心〕は，太陽のようである。	saṃgrahavastusahagato dinakarasadr̥śo 〔四〕摂事を伴う〔発心〕は，太陽に似ている。
(14)	jñānasahagato madhurasaṅgītighoṣopamaḥ 智〔波羅蜜〕を伴う〔発心〕は，甘い歌声のようである。	pratisaṃvitsahagato gandharvamadhuraghoṣopamo 〔四〕無礙智を伴う〔発心〕は，ガンダルヴァ(5)の甘い声のようである。
(15)	abhijñāsahagato mahārājopamaḥ 神通を伴う〔発心〕は，偉大な王のようである。	pratiśaraṇasahagato mahārājopamo 〔四〕依を伴う〔発心〕は，偉大な王のようである。
(16)	puṇyajñānasahagataḥ koṣṭhāgāropamaḥ 福徳と智慧とを伴う〔発心〕は，蔵のようである。	puṇyajñānasaṃbhārasahagataḥ koṣṭhāgāropamo 福徳と智慧との資糧を伴う〔発心〕は，蔵のようである。
(17)	bodhipakṣasahagato mahāmārgopamaḥ 菩提分〔法〕を伴う〔発心〕は，広大な道のようである。	bodhipakṣasahagato mahārājapathopamaḥ 〔三十七〕菩提分〔法〕を伴う〔発心〕は，広大な王の道のようである。

表は次ページに続く

前ページからの続き

	『二万五千頌』	『荘厳経論』(世親釈)
(18)	śamathavipaśyanāsahagato yānopamaḥ 止観を伴う〔発心〕は，乗り物のようである。	śamathavipaśyanāsahagato yānopamaḥ 止観を伴う〔発心〕は，乗り物のようである。
(19)	dhāraṇīpratibhānasahagataḥ prasravaṇopamaḥ 陀羅尼と弁才とを伴う〔発心〕は，泉のようである。	dhāraṇīpratibhānasahagato gandharvopama 陀羅尼と弁才とを伴う〔発心〕は，ガンダルヴァのようである。
(20)	dharmoddānasahagata ānandaśabdopamaḥ 法印を伴う〔発心〕は，歓喜をもたらす声のようである。	dharmoddānasahagata ānandaśabdasadr̥śo 〔四〕法印を伴う〔発心〕は，歓喜をもたらす声に似ている。
(21)	ekāyanamārgasahagato nadīsrotopamaḥ 一行道を伴う〔発心〕は，河の流れのようである。	ekāyanamārgasahagato nadīśrotaḥsamaḥ 一行道を伴う〔発心〕は，河の流れのようである。
(22)	dharmakāmasahagato mahāmeghopamaḥ 法欲を伴う〔発心〕は，雨雲のようである。	upāyakauśalyasahagato meghopamaḥ 善巧方便を伴う〔発心〕は，雨雲のようである。

3.『無尽意経』と『荘厳経論』

上述の通り，『荘厳経論』は『二万五千頌』が説く発心に対する22種の譬喩を忠実に踏襲している。しかし一方で，譬喩の対象となる発心が具える菩薩の心，行，功徳等の徳目に関しては，『二万五千頌』ではなく，世親釈がその名を挙げている『無尽意経』の八十無尽—「八十」は同経が列挙する菩薩の心，行，功徳等の諸徳目の法数の総計に当たり，同経ではこれをもって一切の仏法が包摂されると説いている—を構成する諸徳目と内容・次第の両面で完全に合致する。すなわち『荘厳経論』は「大地」等の譬喩に関しては『二万五千頌』の所説に依拠するが，「初発心」等の譬喩の対象に関しては『無尽意経』の所説に依拠し，両者を折衷するようなかたちで22種の発心と譬喩について述べているのである。以下に『無尽意経』が説く八十無尽と『荘厳経論』にみえる22種の発心の対応関係を示しておく。

『無尽意経』(6)	『荘厳経論』(世親釈)
(1) 菩提心 dang po sems bskyed pa (cittotpāda)	(1) 最初 (prathama) の発心
(2) 浄心 bsam pa (āśaya)	(2) 意欲 (āśaya) を伴う発心
(3) 心行 sbyor ba (prayoga)	(3) 加行 (prayoga) を伴う発心
(4) 心畢竟無尽 lhag pa'i bsam pa (adhyāśaya)	(4) 勝れた意欲 (adhyāśaya) を伴う発心
(5) 檀波羅蜜 sbyin pa (dāna)	(5) 布施波羅蜜 (dānapāramitā) を伴う発心
(6) 尸波羅蜜 tshul khrims (śīla)	(6) 持戒波羅蜜 (śīlapāramitā) を伴う発心
(7) 羼提波羅蜜 bzod pa (kṣānti)	(7) 忍辱波羅蜜 (kṣāntipāramitā) を伴う発心
(8) 毘梨耶波羅蜜 brtson 'grus (vīrya)	(8) 精進波羅蜜 (vīryapāramitā) を伴う発心
(9) 禅波羅蜜 bsam gtan (dhyāna)	(9) 禅定波羅蜜 (dhyānapāramitā) を伴う発心
(10) 般若波羅蜜 shes rab (prajñā)	(10) 般若波羅蜜 (prajñāpāramitā) を伴う発心
(11) 慈 byams pa (maitrī)	(11)〔四〕無量 (apramāṇa) を伴う発心
(12) 大悲 snying rje chen po (karuṇā)	
(13) 喜 dga' ba chen po (muditā)	
(14) 捨 btang snyoms (upekṣā)	
(15) 天眼通 lha'i mig (divyacakṣur) (16) 天耳通 lha'i rna ba (divyaśrotra) (17) 他心通 pha rol gyi sems shes pa (paracittajñāna) (18) 宿命通 sngon gyi gnas rjes su dran pa (pūrvanivāsānusmr̥ti) (19) 如意通 rdzu 'phrul bya ba shes pa (r̥ddhi)	(12) 神通 (abhijñā) を伴う発心
(20–23) 四摂 bsdu ba'i dngos po bzhi (saṃgrahavastu)	(13)〔四〕摂事 (saṃgrahavastu) を伴う発心
(24)義無礙 don so so yang dag par rig pa (arthapratisaṃvid) (25)法無礙 chos so so yang dag par rig pa (dharmapratisaṃvid) (26)辞無礙 nges pa'i tshigs so so yang dag par rig pa (niruktipratisaṃvid) (27)楽説無礙 spobs pa so so yang dag par rig pa (pratibhānapratisaṃvid)	(14)〔四〕無礙智 (pratisaṃvit) を伴う発心

表は次ページに続く

前ページからの続き

『無尽意経』	『荘厳経論』(世親釈)
⑵⑻ 依義不依語 don la rton gyi tshig 'bru la mi rton pa (arthapratiśaraṇa) ⑵⑼ 依智不依識 ye shes la rton gyi rnam par shes pa la mi rton pa (jñānapratiśaraṇa) ⑶⑽ 依了義経不依不了義経 nges pa'i don gyi mdo sde la rton gyi drang ba'i don gyi mdo sde la mi rton pa (nītārthasūtrapratiśaraṇa) ⑶⑴ 依法不依人 chos nyid la rton gyi gang zag la mi rton pa (dharmatāpratiśaraṇa)	⒂〔四〕依 (pratiśaraṇa) を伴う発心
⑶⑵ 助道功徳 bsod nams kyi tshogs (puṇya-saṃbhāra) ⑶⑶ 助道智慧 ye shes kyi tshogs (jñānasaṃ-bhāra)	⒃ 福徳と智慧との資糧 (puṇyajñāna-saṃbhāra) を伴う発心
⑶⑷ 身念処 lus la lus kyi rjes su lta ba dran pa nye bar gzhag pa (kāyasmr̥tyupasthāna) ⑶⑸ 受念処 tshor ba la tshor ba'i rjes su lta ba dran pa nye bar gzhag pa (vedanāsmr̥ty-upasthāna) ⑶⑹ 心念処 sems la sems kyi rjes su lta ba dran pa nye bar gzhag pa (cittasmr̥tyupasthāna) ⑶⑺ 法念処 chos rnams la chos kyi rjes su lta ba dran pa nye bar gzhag pa (dharmasmr̥ty-upasthāna) (38–41) 四正勤 yang dag par spong ba bzhi (catuḥsamyakprahāṇa) (42–45) 四如意分 rdzu 'phrul gyi rkang pa bzhi (caturr̥ddhipāda) (46–50) 五根 dbang po lnga (pañcendriya) (51–55) 五力 stobs lnga (pañcabala) (56–62) 七覚分 byang chub kyi yan lag bdun (saptabodhyaṅga)	⒄〔三十七〕菩提分〔法〕(bodhipakṣa) を伴う発心

表は次ページに続く

前ページからの続き

『無尽意経』	『荘厳経論』(世親釈)
(63–70) 八聖道分 lam (āryāṣṭāṅgamārga)	
(71) 定 zhi gnas (śamatha) (72) 慧 lhag mthong (vipaśyanā)	(18) 止観 (śamathavipaśyanā) を伴う発心
(73) 総持 gzungs (dhāraṇī) (74) 弁才 spobs pa (pratibhāna)	(19) 陀羅尼と弁才と (dhāraṇīpratibhāna) を伴う発心
(75–78) 四法 chos kyi mdo bzhi (dharmoddāna)	(20) 〔四〕法印 (dharmoddāna) を伴う発心
(79) 一道 gcig pu bgrod pa'i lam (ekāyano mārgaḥ)	(21) 一行道 (ekāyanamārga) を伴う発心
(80) 方便 thabs (upāya)	(22) 善巧方便 (upāyakauśalya) を伴う発心

4.『荘厳経論』と『光明』

こうして,『荘厳経論』が 22 種の発心とその譬喩について,先行する『二万五千頌』と『無尽意経』の所説を受容し,独自に展開させていることが明らかとなった。

そこで,次は『荘厳経論』のそれとは異なる,当該テーマに対するハリバドラの理解を概観し,それとの比較を通して『荘厳経論』の独自性を明確にしたい。

一般に『大註』と呼ばれる,ハリバドラの『現観荘厳論光明』(*Abhisamayālaṃkārāloka*, 以下『光明』)は,『二万五千頌』の内容を修道論の観点から要約した『現観論』に対して註釈を施しつつ,その科段と内容に関する理解をもって『八千頌般若経』(*Aṣṭāsāhasrikā Prajñāpāramitā*)にも註釈を行った論書とされる。それゆえ『光明』には『二万五千頌』にみえる 22 種の発心とその譬喩に対する解説があり,そこにハリバドラの当該テーマについての理解が示されているのである。ただし,『現観論』とその『光明』の場合,『荘厳経論』とは違って,『無尽意経』の直接的影響を受けていないため,22 種の発心が具える菩薩の心,行,功徳等の諸徳目に多少の相違があり,註釈の仕方に関しても一部異なる点があることは注意を要する。

当該箇所(第 1 章第 19–20 偈)に対する『光明』の註釈に関しては,すでに佐藤晃氏がテキストと和訳を提示しているので,今はそれにもとづいて,『二万五千頌』に見える 22 種の発心とその譬喩に対するハリバドラの理解を以下に示す(7)。

22 種の発心	修道論上の位置づけ	
(1) 欲求 (chanda) を伴う発心	初業位	下 (mṛdu)

表は次ページに続く

前ページからの続き

<table>
<tr><th>22種の発心</th><th colspan="2">修道論上の位置づけ</th></tr>
<tr><td>⑵ 意欲 (āśaya) を伴う発心</td><td rowspan="2">(ādikarmikāvasthā)
資糧地
(saṃbhārabhūmi)</td><td>中 (madhya)</td></tr>
<tr><td>⑶ 勝れた意欲 (adhyāśaya) を伴う発心</td><td>上 (adhimātra)</td></tr>
<tr><td>⑷ 加行 (prayoga) を伴う発心</td><td colspan="2">信解行地 (adhimuktibhūmi)
初地に入るための加行道
(prathamabhūmipraveśaprayogamārga)</td></tr>
<tr><td>⑸ 布施波羅蜜 (dānapāramitā) を伴う発心</td><td colspan="2" rowspan="2">十地 (daśabhūmi)
見道・修道 (darśanabhāvanāmārga)</td></tr>
<tr><td>⑹ 持戒波羅蜜 (śīlapāramitā) を伴う発心
⑺ 忍辱波羅蜜 (kṣāntipāramitā) を伴う発心
⑻ 精進波羅蜜 (vīryapāramitā) を伴う発心
⑼ 禅定波羅蜜 (dhyānapāramitā) を伴う発心
⑽ 般若波羅蜜 (prajñāpāramitā) を伴う発心
⑾ 方便善巧波羅蜜 (upāyakauśalapāramitā) を伴う発心
⑿ 願波羅蜜 (praṇidhānapāramitā) を伴う発心
⒀ 力波羅蜜 (balapāramitā) を伴う発心
⒁ 智波羅蜜 (jñānapāramitā) を伴う発心</td></tr>
<tr><td>⒂ 神通 (abhijñā) を伴う発心</td><td rowspan="6">菩薩地
(bodhisattvabhūmi)</td><td rowspan="5">勝進道 (viśeṣamārga)</td></tr>
<tr><td>⒃ 福徳と智慧との資糧 (puṇyajñāna-saṃbhāra) を伴う発心</td></tr>
<tr><td>⒄ 菩提分法 (bodhipakṣadharma) を伴う発心</td></tr>
<tr><td>⒅ 止観 (śamathavipaśyanā)[8]を伴う発心</td></tr>
<tr><td>⒆ 陀羅尼と弁才と (dhāraṇīpratibhāna) を伴う発心</td></tr>
<tr><td>⒇ 法印 (dharmoddāna) を伴う発心</td><td>加行道 (prayoga-mārga)[9]</td></tr>
<tr><td>(21) 一行道 (ekāyanamārga) を伴う発心</td><td rowspan="2">仏地 (buddhabhūmi)</td><td>根本位 (mūlāvasthā)</td></tr>
<tr><td>(22) 法身 (dharmakāya)[10]を伴う発心</td><td>後得位 (pṛṣṭāvasthā)</td></tr>
</table>

発心が具える菩薩の心，行，功徳等の諸徳目に関しては，先に『二万五千頌』と『荘厳経論』の比較を行った際に指摘した通り，『二万五千頌』の註釈書に当たる『現観論』およびその復

註に当たる『光明』と，『無尽意経』の八十無尽説を通して『二万五千頌』が説く 22 種の発心とその譬喩を受容する『荘厳経論』では，(1) (3) (4) (11) (12) (13) (14) (15) (22) の 9 項目において，その内容もしくは次第の面で相違がみられる。しかし，両者の最大の相違は，内容や次第が多少異なることではなく，『光明』が 22 種の発心を修道論の観点から上記のように位置づけていることであり，この点は『荘厳経論』にはほとんどみられないものである(11)。

なお，ハリバドラには『光明』のほかに，一般に『小註』と呼ばれる『現観荘厳論釈』（*Abhisamayālaṃkārakārikāśāstravivṛti*）なる著作が存在し，当該テーマに関しても，同様の，より簡略な註釈がみられるが，その主旨は基本的には同じである。

5. まとめ

以上の考察をまとめると，以下のごとくとなる。

（あ）『荘厳経論』は，その第 4 章第 15–20 偈において説く 22 種の発心と譬喩のうち，「大地」等の譬喩（upamāna）に関しては，全面的に『二万五千頌』のそれを踏襲する。

（い）一方，譬喩の対象（upameya）となる，22 種の発心が具える心，行，功徳等に関しては，『二万五千頌』のそれではなく，『無尽意経』の八十無尽にみえる諸徳目のリストを採用している。ここに『荘厳経論』が両経を折衷するような仕方で，22 種の発心とその譬喩に関する独自の見解を述べていることが知られる。

（う）他方，ハリバドラの『光明』にみえる当該テーマに対する理解は，『無尽意経』の影響を受けることなく，『二万五千頌』および『現観論』がもつ修道論的な性格を色濃く受け継ぐもので，この点は修道論上の位置づけが明確でない『荘厳経論』とは異なるところであった。

参照文献

Amano, H. Koei
[2000] *Abhisamayālaṃkāra-kārikā-śāstra-vivṛti, Haribhadra's commentary on the Abhisamayālaṃkāra-kārikā-śāstra*, Heirakuji-Shoten, Kyoto.

Braarvig, Jens
[1993] *Akṣayamatinirdeśasūtra Volume I*, Solum Forlag, Oslo.

Kimura, Takayasu
[2007] *Pañcaviṃśatisāhasrikā Prajñāpāramitā I-1*, SANKIBO Busshorin Publishing Co., Ltd., Tokyo.

阿部宏貴
[2000] 「『大乗荘厳経論』における勝義発心」『智山学報』第 49 輯

岩本明美

[2002]　『『大乗荘厳経論』の修行道――第13・14章を中心として――』京都大学学位請求論文

佐藤晃

[2016]　*Pāramitāyānabhāvanākramopadeśa* 校訂テキスト及び試訳(2)」『論叢アジアの文化と思想』第25号

高崎直道

[2009]　『高崎直道著作集 第5巻 如来蔵思想の形成 II』春秋社

※初版は1975年であるが，本稿では2009年版を使用した。

田上太秀

[1990]　『菩提心の研究』東京書籍

谷口富士夫

[2004]　『現観体験の研究』山喜房佛書林

真野龍海

[1971]　『現観荘厳論の研究』山喜房仏書林

注

(1) 以下，本稿では，弥勒（無著）作の偈頌と世親作の散文註釈の双方を含めて『荘厳経論』と称し，両者の間に特別の思想的乖離を認めない立場で論述する。なお，『荘厳経論』の偈頌と散文註釈がほぼ同時に成立し，つまり偈頌は当初より散文註釈の存在を想定しつつ作成されたと考えられ，両者の間に思想的乖離はないとみることに関しては，岩本 [2002] pp. 163–171 を参照。

(2) 田上 [1990] p. 167，阿部 [2000] p. 86 を参照。ちなみに『荘厳経論』が内容・構成の両面で範を得た『菩薩地』（*Bodhisattvabhūmi*）「発心章」には，当該の22種の発心とその譬喩に関する記述は全くみられない。

(3) とはいえ，(3) (4) (7) (9) (10) (11) (13) (14) (17) (19) (22) にように，厳密には譬喩の文言（梵語）が多少異なるものもある。

(4)『二万五千頌』の梵文テキストは，Kimura[2007] pp. 29–53 を使用した。

(5)「ガンダルヴァ」に関しては、本書収録の世親釈の和訳、第IV章第20偈の註記を参照。以下の(19)にみえる「ガンダルヴァ」も同様。

(6) 以下の表は，Braarvig[1993] pp. iii–iv が提示する『無尽意経』のシノプシスにもとづいて，八十無尽の内容と次第を示したものである。漢訳は『大方等大集経』(T. 13, No. 397)「無尽意菩薩品」第27–30巻より，蔵訳は Braarvig[1993] 所収の蔵訳校訂テキストより，各項目の説示箇所にみえる文言を抜き出して示した (蔵漢テキストにおける各項目の説示開始位置の対応表は，Braarvig[1993] p. xix，阿部 [2000] p. 88，高崎 [2009] pp. 394–395 を参照)。また ( ) に示した梵語は，Braarvig[1993] pp. iii–iv が提示するものを参考までに示したものであり，一部，左記の蔵訳とは逐語的に合致しないものもある。

(7) 佐藤 [2016] p. 29, pp. 36–45 を参照。なお，『小註』の対応箇所は，Amano[2000] pp. 10–12 にテキストが，真野 [1971] pp. 104–105，谷口 [2004] pp. 152–154 に和訳が提示されている。

⑻『小註』では，悲と観 (karuṇāvidarśanā) とする。

⑼『小註』では，これを仏地の範疇に摂めている。

⑽『二万五千頌』では，法欲 (dharmakāma) とする。

⑾『荘厳経論』には，少なくともその偈頌および世親釈の文言の上に，修道論上の明確な位置づけはみられない。ただし，無性・安慧の両釈には，僅かだが修道論上の位置づけが示されている箇所も存在する。例えば，22 種の発心のうち⑴は「凡夫」ないし「信解行地」の，(21)は「第八地」のものとされる。詳細は本書所収の両釈の和訳を参照。

『大乗荘厳経論』における abhinirhāra の用法について[1]

桑 月 一 仁

0. 問題の所在

『大乗荘厳経論』(*Mahāyānasūtrālaṃkāra*: MSA,『荘厳経論』) 第 4 章「発心品」(*Cittotopāda-adhikāra*) には，第 7 偈に世俗的発心 (samādāna-sāṃketika-cittotpāda, 受世俗発心)，第 8–14 偈に勝義的発心 (pāramārthika-cittotpāda, 第一義発心) が説かれる。そのうち第 12 偈では，勝義的発心には「広大さ」(audārya) があるとされる[2]。偈頌にはその理由が「十大誓願を abhinirhāra するから」(praṇidhāna-mahā-daśa-abhinirhārāt) とされ，世親釈 (°*bhāṣya*: MSABh) も同じ理由を繰り返している (daśa-mahā-praṇidhāna-abhinirhārāt)[3]。十大誓願とは『十地経』(*Daśabhūmikasūtra*: DBS) の「初歓喜地」に説かれる第一大誓願から第十大誓願までの十の誓願を指す。『荘厳経論』無性釈 (°*ṭīkā*: MSAṬ) には広大さの教証として第一大誓願が引用され，安慧釈 (*Sūtrālaṃkāravṛttibhāṣya*: SAVBh) には十大誓願の導入部と第一大誓願の一部が引用される。

安慧釈に引用される十大誓願導入部の経文は，フランクリン・エジャートン氏の *Buddhist Hybrid Sanskrit Dictionary* (BHSD) において，abhinirhāra の語義の典拠とされている。しかし，エジャートンの理解には従来疑義が呈されている。その経文とは，”mahāpraṇidhānāni mahāvyavasāyān mahābhinirhārān abhinirharati” (以下，当該経文) というものである。大誓願 (mahā-praṇidhāna) が mahā-vyavasāya と mahā-abhinirhāra という他の二つの名詞と併記され，これら複数・対格の三つを一つの動詞 abhi-nir- $\sqrt{hṛ}$ の定形 abhinirharati が目的語として受ける構文の文章である。このうちの，abhinirhāra の語義が争点となる。

---

(1) 本稿は拙稿［2021］「『十地経』の mahābhinirhāra について—『大乗荘厳経論』安慧釈の解釈—」に加筆・訂正したものである。

(2) 勝義的発心には，「広大さ」(audārya, rgya che ba, 願位) を含めた六つの意味 (ṣaḍ-artha, don rnam pa drug, 六勝) があるとされる。以下，『荘厳経論』第 4 章のテキストおよび翻訳は本篇を参照されたい。

(3) 世親釈は意味が分かりやすいように偈頌の語順を並び替えているだけで，なぜ十大誓願が広大さの理由になるのかについての説明はない。

エジャートンは abhinirhāra（Pā. abhinīhāra, Tib. mngon par sgrub pa, Chi. 発, 引発 etc.[4]）について，パーリ聖典では abhinīhāra が誓願（Pā. paṇidhāna / paṇidhi, Skt. praṇidhāna / praṇidhi, Tib. smon lam / smon pa, Chi. 願, 誓願 etc.）の同義語とされることがあるが，仏教混淆梵語にその用法はないとする[5]。そして，"production, accomplishment, effectuation, undertaking,

---

(4) 『梵和大辞典』103 q.v. abhinirhāra には和訳はなく漢訳語のみが記載される。

出, 出生, 出世, 発生, 出離; 発, 所発; 起, 所起, 与; 成就, 成満; 引, 所引, 引発; 作, 作用; 行; 示; 修; 能演

なお，同 1560 s.v. $\sqrt{hṛ}$ における abhi-nir- $\sqrt{hṛ}$ にも和訳はなく以下の漢訳語が記載される。

生, 得, 獲, 出生, 出現, 起, 発起, 引生, 引発, 引堪, 普念, 令其出離

(5) BHSD 52 s.v. abhinirhāra には冒頭で，仏教混淆梵語ではパーリ語とは違って praṇidhāna の同義語という用法はないとされる。なお本稿では BHSD が用いる略号は便宜的に元の形に戻して記載する。

abhinirhāra, m. (= Pāli abhinīhāra; according to Critical Pāli Dictionary generally *earnest wish*, synonym of paṇidhāna, patthanā; Buddhist Hybrid Sanskrit shows no such usage; even when associated with praṇidhi or °dhāna it is clearly different in meaning...)

(1) *production*, *accomplishment*, *effectuation*, *undertaking*, *realization* (particularly of something in oneself); Lévi, *Mahāyāna-sūtrālaṃkāra* iv.12, *production*, *réalisation* (Chinese *accomplishing*).

... That it is not, in Buddhist Hybrid Sanskrit, equivalent to praṇidhāna is illustrated by *Gandhavyūha* 5.20 pūrva-bodhisattva-praṇidhāna-abhinirhāraṃ ca saṃdarśayet, *and shall exhibit the accomplishment (performance) of former Buddha vows*; ...

この解釈の根拠の一つとして『入法界品』（*Gandhavyūha*: Gv）の praṇidhāna-abhinirhāra という複合語の用例が挙げられている（エジャートンが参照する鈴木大拙氏と泉芳璟氏による校訂本では 5.20 にあたる）。この複合語の前分 praṇidhāna と後分 abhinirhāra とが同義語ではないことが，おそらくエジャートンの解釈の根拠なのだろう。

Gv Ⅰ *Nidhānaparivarta*: Vaidya 4.15–16

pūrvabodhisattvapraṇidhānābhinirhāraṃ ca saṃdarśayet |

Tib-Gv: D ga 278a1, P si 45b1

sngon byang chub sems dpa'i smon lam mngon par bsgrubs[1] pa lta'ang yang dag par bstan grang |

[1] bsgrubs P : bsgrub D

佛馱跋陀羅訳『大方広仏華厳経』（『六十華厳』）T (278) [9] 677a2–3（梵本との対応は判然としない。）

世尊往昔発一切智。願求一切智。菩薩諸願。

實叉難陀訳『大方広仏華厳経』（『八十華厳』）T (279) [10] 320a1

往昔所起菩薩大願。

般若訳『大方広仏華厳経』（『四十華厳』）T (293) [10] 662a15–16

往昔所起菩薩大願。

エジャートン訳

and shall exhibit the accomplishment (performance) of former Buddha vows.

村上訳［2000: 47］（部分訳）

昔（過去世に）菩薩の誓願を起こす（＝発す，立てる）こと。

梶山訳［1994: 27.4–5］

realization" などの意味を与えている。同義語ではなくこのような意味であることの典拠として，エジャートンは『荘厳経論』第 4 章第 12 偈に対する世親釈 "daśa-mahā-praṇidhāna-abhinirhārāt" や，『十地経』十大誓願導入部に見られる当該経文を挙げているのである。エジャートンによる前者の英訳はないが，後者は "he undertakes such great vows, resolutions, undertakings." と英訳されている。

これに対し，村上［2000: 37］はエジャートンによる当該経文の理解には再考の余地があると批判する。村上［2000: 44］は当該経文にパーリ語の abhinīhāra の用法を適用して「諸の大誓願，大決心，大志向を起こす」と訳し，「誓願」「決心」「志向」という三つを同義語だと理解する(6)。そして勝本［2002: 130–131］はこの村上氏の理解を支持し，当該経文における abhinirhāra を大乗経典における「praṇidhāna と組み合わせて誓願をあらわす用例」だと指摘する(7)。

本稿の目的は，『荘厳経論』第 4 章「発心品」に見られる abhinirhāra，また安慧釈所引の『十地経』の当該経文の訳語を確定するために，abhinirhāra の用法，意味を検討することである。praṇidhāna を目的語とする abhinirhāra については村上［2000］に大乗経典の用例が精査されている。ただし，村上氏の理解は『荘厳経論』の先行訳，たとえば長尾雅人氏による abhinirhāra の訳語とはニュアンスが異なっている点が注意される。また，エジャートンは abhinirhāra には同族目的語構文の用法があることを指摘しており，当該経文もその用法であるのかどうか検討する必要がある。

そこでまずは，(1.1) パーリ語の abhinīhāra が paṇidhāna の同義語だとされる用例を確認する。次に，(1.2) サンスクリットの abhinirhāra に関する先行研究から用法や従来の訳語など，また (1.2.3) エジャートンが指摘している同族目的語構文について確認する。これらを踏まえて，(1.3)『十地経』「初地」の十大誓願導入部の構造や漢訳を比較検討し，さらに (1.4) 世親による『十地経』の註釈書である『十地経論』の解釈を確認する。これらによって，当該経文の praṇidhāna と abhinirhāra とが同義語であるかどうか，また当該経文は同族目的語構文であるかどうかを判断したい。

また［世尊が］往昔いかにして菩薩の誓願を起こされたかをお示し下さるとよいのですが。

(6) 村上氏は当該経文の "-abhinirhārān abhinirharati" を「大志向を起こす」と訳し，この部分に脚注を付して「ここは誓願の同意語を列挙するのだろう」と述べる（村上［2000: 50 n.5］)。つまり praṇidhāna, vyavasāya, abhinirhāra という併記された三つすべてを同義語とみなしているようである。村上氏は当該経文の vyavasāya を「決心」と訳し，エジャートンは "resolution" と訳す。そしてパーリ語辞書が abhinīhāra を paṇidhāna の同義語だとする際の訳語には "resolve" とある（後註 9 参照)。もちろん，現代語訳が一致するからといって，『十地経』が praṇidhāna と vyavasāya とを同義語だとみなしたことにはならないが，近似する概念であることを予想させるものである。

(7) 勝本氏はそもそもパーリ語の abhinīhāra が「作仏の決意」という意味で使われること自体が特例だとする。サンスクリット語の abhinirhāra も一語だけで誓願を意味する用例はなく，当該経文の abhinirhāra も praṇidhāna と組み合わせて初めて誓願を意味すると理解する。

次に，(2)『荘厳経論』における vyavasāya の用例を検討し，最後に，(3)『荘厳経論』における abhinirhāra の用例のうち praṇidhāna と関連するものを検討することで，abhinirhāra の訳語を提案したい。

1. abhinirhāra の用例

1.1 パーリ語の abhinīhāra

パーリ語の abhinīhāra の一般的な用法としては，勝本［2002］によれば，複合語を形成して神通や三昧，また心を「起こす」という意味があり，特殊な用法としては，仏陀になること（作仏）の「決意」という意味があるという(8)。そしてこの「決意」という意味が paṇidhāna の同義語とみなされている(9)。ただし，abhinīhāra の一語で paṇidhāna の同義語とされる用例は，註釈文献では頻繁に見られるものの，ニカーヤでは小部（*Khuddaka-nikāya*）の韻文文献である『ブッダヴァンサ』（*Buddhavaṃsa*: Bv）にわずか二例しか見られず，どちらも後代の付加の

---

(8) 勝本［2002: 130–131］は次のように述べる。

abhinīhāra という語は，合成語を含めると三蔵の中に数十回でるが，三昧の状態を「起こす」，心を「起こす」といった意味で使われるのがほとんどである。作仏の決意のような意味をもつのは特例である。

(9) 代表的なパーリ語辞書はいずれも abhinīhāra に「決意」の意味があるとするが，CPD は「［作仏の］決意」と表記して paṇidhāna と同義語であると明示する。

PTSD 59: being bent on, taking oneself out to, way of acting, [proper] behaviour, endeavour, resolve, aspiration

Cone 205: streching out, moving (towards); intended action, firm intention; scheme

CPD 361: bringing into motion; initiative (intent); generally in the sense of an earnest wish, aspiration, resolve, determination (to be come a Buddha, a paccekabuddha, etc.), synon. paṇidhāna, patthanā

村上・及川［2009: 176–177］: 志向，願，志欲

雲井［1997: 114］: 引発，志向，決意

用例の一つに PTSD と Cone は『ジャータカ・アッタカター』（*Jātakaṭṭhakathā*: JA）の序章「ニダーナカター」（*Nidānakathā*）の一節を挙げる。PTSD は次のように英訳する。

JA I *Nidānakathā*:Fausböll 14.5: buddhabhāvāya abhinirhāraṃ katvā |

PTSD 59: resolve to become a Buddha.

なお動詞の定形 abhinīharati q.v. についてはパーリ語辞書はおよそ次の通りである。

PTSD 59: to take out, throw out; to direct to, to apply to

Cone 205: draws out; stretches out (towards); moves (thought) out towards, intends; effects

CPD 361: to pull out; to stretch out or forth; to set out for; to direct, apply; to prepare, keep in readiness

村上・及川［2009: 176–177］:［心を］向ける，［言葉によって］表す（村上・及川［1990: 73 n.20］）

雲井［1997: 114］: 取り去る，心を向ける，適用する，引発する

可能性があるという[10]。しかし後代の付加ではないとすれば，この特殊な用例が註釈文献に引用されるうちに術語として定着していき，仏陀だけではなく，辟支仏や声聞になるための決意をも abhinīhāra が意味するようになったのだと指摘する[11]。一般的に初期仏教では paṇidhāna よりも paṇidhi という語形が多用され，paṇidhi はおもに世俗的な生天を願う場合が多い。そもそも paṇidhi が仏陀になろうという願いを意味する用例自体がまれなのである。

『ブッダヴァンサ』の用例の一つはいわゆる「スメーダ物語」，すなわち釈尊がスメーダという名前のバラモン僧であり，過去世の中で一番初めに作仏を決意したとき，燃燈仏から授記を受けて，十波羅蜜を見つけるまでの物語の中に見られる。このときの作仏の決意が abhinīhāra で表現される。その決意には八つの条件が備わっていなければならなず，勝本［2002］が「八条件の偈」と呼ぶこの偈頌は多くの註釈書に引用され[12]，『スッタニパータ・アッタカター』（*Suttanipāta-aṭṭhakathā*: SnA）ではこのときの abhinīhāra は paṇidhāna の同義語

(10) 勝本［2002］によれば，釈尊と過去二十五仏との出遇いの物語であり『ブッダヴァンサ』の序章にあたる第1章「宝経行処」（*Ratana-caṅkamana-kaṇḍa*）に一例見られる（後註14参照）。もう一例は第2章「燃灯仏」（*Dīpaṅkara-buddha-vaṃsa*）のうち，燃灯仏によるスメーダへの授記が説かれるいわゆる「スメーダ物語」（Sumedha-kathā）に一例の（本論参照），合計二例が見られるという。ただしどちらも後代の付加の可能性があるという。

一つ目の用例については，『ブッダヴァンサ』を引用する『ジャータカ・アッタカター』の序章「ニダーナカター」との関係から後代の付加の可能性が知られるという。「ニダーナカター」は『ブッダヴァンサ』と『チャリヤーピタカ』から多くの偈頌を引用し，それに註釈する体裁を取る。したがって，「ニダーナカター」の成立は当然『ブッダヴァンサ』より後になり，『ブッダヴァンサ』に対応する内容が見られることになる。ところが，「ニダーナカター」には『ブッダヴァンサ』の序章に対応する内容が見られず，スメーダ物語への註釈から始まっているという。このことから，勝本［2002: 131］は『ブッダヴァンサ』の序章は「ニダーナカター」成立以降に作られて付加された可能性があると指摘する。なお，「ニダーナカター」の著者を5世紀前半のブッダゴーサだとする説もあるが，成立過程は不明だという。

二つ目の用例については，『ブッダヴァンサ』のスメーダ物語に見られるもので，これは「ニダーナカター」のスメーダ物語にも引用されている（JA 14.17–19）。しかし，そもそも『ブッダヴァンサ』におけるこの用例が文脈にそぐわない唐突な内容であって，韻律も他の偈頌と異なっているという。このことから，勝本［2002: 132］はこの用例も後代に註釈書の影響を受けて挿入された可能性があると指摘する。

(11) さらに勝本［2002: 135］は註釈書の用例は「大乗的な要素のある部分に集中して現われる」と述べており，大乗の影響が示唆されている。勝本［2005: 89］によれば，パーリ聖典における大乗的な要素とは「菩薩の誓願と授記，波羅蜜，仏陀の光明，そして現在十方仏などの思想」なのだという。

(12) 勝本［2002: 132, 136 n.25］によれば「八条件の偈」を引用し註釈を加える文献は次の五つである。

①『スッタニパータ・アッタカター』
②『アパダーナ・アッタカター』（*Apadāna-aṭṭhakathā*）
③『ブッダヴァンサ・アッタカター』（*Buddhavaṃsa-aṭṭhakathā*）
④『チャリヤーピタカ・アッタカター』（*Caryāpiṭaka-aṭṭhakathā*）
⑤『ジャータカ・アッタカター』「ニダーナカター」

このうち abhinīhāra を註釈するものは『スッタニパータ・アッタカター』『アパダーナ・アッタカター』だけだという。その他にも，註釈なしに引用のみの文献も指摘されている。

(adhivacana)(13)だと明示される。もう一つの用例は脚註にとどめ(14)，以下には『スッタニパータ・アッタカター』の用例を先行訳と共に掲げる。

SnA Ⅱ: Smith 48.13–17（第1蛇篇 *Uragavagga* 第3犀角経 *Khaggavisāṇasutta*）

ettakenāpi ca kālena buddhattaṃ patthayato abhinīhārakaraṇe aṭṭha sampattiyo icchitabbā, ayaṃ hi

manussattaṃ liṅgasampatti hetu satthāradassanaṃ |
pabbajjā guṇasampatti adhikāro ca chandatā |
aṭṭhadhammasamodhānā abhinīhāro samijjhati || Bv Ⅱ.59: Morris 9.33–35

abhinīhāro ti mūlapaṇidhānass' etaṃ adhivacanaṃ |

村上・及川訳［1985: 129–130］

またこれほどの［長い］時間をかけて，仏になること（buddhatta）を願う人が，［自分の］志向をなしとげるためには，八つの成就（sampatti）を望むべきである。すなわち，

①人間であること，②［男性の］しるし（性徴）をそなえること，③因（hetu），④［大］師にまみえること，⑤出家，⑥徳をそなえること，⑦奉仕行（adhikāra），⑧志欲あること（chandatā）。［以上の］八つの法が一つに結合すると，志向（abhinīhāra, 願）は成就する。(15)

「**志向**」とは根本の誓願（mūla-paṇidhāna）の同義語である。

文脈上，偈頌末尾の「志向」と訳される abhinīhāra は作仏の決意を意味していると理解される。そして直後にこの abhinīhāra が mūla-paṇidhāna の同義語（adhivacana）だと註釈されて

(13) PTSD 30 q.v. adhivacana:
designation, term, attribute, metaphor, metaphorical expression.

(14)『ブッダヴァンサ』の序章の用例は以下である（勝本訳［2002: 131］，立花訳（南伝大蔵経）［1977: 218］参照）。

Bv Ⅰ.75 *Ratana-caṅkamana-kaṇḍa*: Morris 6.3–4

kīdiso te mahāvīra abhinīhāro naruttama |
kamhi kāle tayā dhīra patthitā bodhimuttamā ||

大勇よ，最上の者よ，汝の決意とはどのようなものですか。賢者よ，汝によって最上の菩提が願求されたのはいつのことですか。

(15) その他の先行訳として，村上・及川訳［2009: 1779］，勝本訳［2002: 128］，立花訳（南伝大蔵経）［1977: 227］などがある。なお村上・及川訳は上掲のものと同文である。以下は「八条件の偈」の勝本訳である。

勝本訳［2002: 128］

①人間であること，②男性であること，③原因があること，④師（仏）に会うこと，⑤出家していること，⑥［神通・禅定などに関し］特性をそなえていること，⑦［仏に］奉仕すること，⑧意欲があること。この八つのことの結合により［仏になろうという］決意は成就する。

いる。一般的な現代日本語における「志向」や「決意」という意味と「誓願」という意味は同義ではないが，その「志向」「決意」が作仏を目指すものであり，かつ註釈書に同義語だと明示されていることが，辞書的に abhinīhāra が paṇidhāna の同義語だとみなされる根拠なのだろう。註釈書には abhinīhāra の他にも patthanā（S. prārthanā）が paṇidhi や paṇidhāna の同義語とされる用例が多く見られ，これらが誓願の同義語であると明瞭に確立されたのは註釈書においてなのである(16)。

1.2 サンスクリットの abhinirhāra

1.2.1 abhinirhāra の一般的な意味

abhinirhāra の一般的な意味は，エジャートンの BHSD に挙げられるものが基本となるだろう。村上［1998: 2］も BHSD に準拠して理解しており，動詞形の abhi-nir- $\sqrt{hṛ}$ については神通（abhijñā, ṛddhi）や誓願（praṇidhāna）を「出す」「発す」という意味で理解し，この名詞形である abhinirhāra についても同様に理解する。村上［2000: 39–46］はとくに『十地経』の abhinirhāra の用例を精査し，その意味について，

> 要するに abhinirhāra は，いろいろな心を起こす（興す，発す）＝出すことであり，心の中の智，誓願，神通力，統一状態（三昧）などを起こす。次にそのような心にもとづいて，行為を起こし，事業をなし事実を創り出す（興す）のである。説法を可能にする雄弁の知（無礙智）を出すのも abhinirhāra の意味するところである

とまとめている(17)。これが村上氏の理解する abhinirhāra の一般的な意味と言えるだろう。そして逆に例外的な意味として，村上［2000: 37］と勝本［2002］は『十地経』「初地」の十大誓願

(16) パーリ聖典における誓願思想の基本的な理解は森［1995］を参照されたい。

(17) 村上［1998］［2000］という連続した二つの論文の主題は，sūtrānta-abhinirhāra という表現に着目して，大乗経典がどのように創作されたのかを考察することである。まず村上［1998］では『三昧王経』に見られる sūtrānta-abhinirhāra の他，類似表現の dharmapada-nirhāra, gāthā-abhinirhāra, buddhadharma-abhinirhāra などや，『法華経』に見られる dharmadeśanā-abhinirhāra，また『八千頌般若経』に見られる pāramitā-abhinirhāra なども勘案して，大乗経典がどのように創作されたのかを考察している。村上氏は結論として，sūtrāntābhinirhāra は「経典を説き出す（演説する）こと」を意味しており，菩薩は仏陀の威神力（anubhāva）を受けて，また弁才（pratibhāna）を獲得することで，大乗経典を新たに創作したのだとする。

この続編が村上［2000］であり，『二万五千頌般若経』，『十地経』，『入法界品』に見られる abhinirhāra の用例が網羅的に精査されている。この用例の一つに『十地経』の当該経文が挙げられ，そこでの abhinirhāra と praṇidhāna との関係はパーリ文献の用例と同様に同義語であると理解しているようである。また，これらの経典には sūtrānta-abhinirhāra は見られないものの，前稿の論拠を補強するものだとする。

導入部に見られる当該経文の praṇidhāna と abhinirhāra とを同義語として理解し，エジャートンの理解に疑義を呈する。エジャートンはパーリ聖典では abhinīhāra が paṇidhāna の同義語だとみなされることがあっても，仏教混淆梵語にその用法はないと理解していた（前註 5 参照）。

1.2.2 praṇidhāna を目的語とする abhinirhāra

村上氏は『十地経』における abhinirhāra の用例を精査した上で，中心的な意味は「起こす」というものだと理解する。その用例の中には，誓願（praṇidhāna / praṇidhi）を目的語とするものもある。このような praṇidhāna を目的語とする abhinirhāra の用例は，『荘厳経論』第 4 章第 12 偈世親釈の “daśa-mahāpraṇidhāna-abhinirhārāt” や，『十地経』「初地」の十大誓願導入部の当該経文もその一例である[18]。村上［2000: 44–45］によれば，そのような用例の多くは praṇidhāna-abhinirhāra といった複合語であるという。また同［2000: 47–55］には『入法界品』における用例も精査され，その多くが『十地経』と同様に複合語であるという。praṇidhāna を目的語とする動詞 abhi-nir- $\sqrt{hṛ}$ の用例も少なくない。これらの用例を村上氏は，誓願を「起こす」「発す」「立てる［こと］」と訳している。

エジャートンもこの村上氏の理解と同様に abhinirhāra に production という意味を挙げているが，しかしそれ以外にも accomplishment，undertaking，effectuation という意味も挙げている。『荘厳経論』第 4 章第 12 偈の用例を典拠に production の他，シルヴァン・レヴィ氏によるフランス語訳 réalisation を挙げ，その漢訳が accomplishment という意味であると補足している（前註 5 参照）。後述するが，長尾雅人氏も同箇所を「完成」と訳しており，その他の『荘厳経論』における abhinirhāra の訳語も「実現完成」「成就」「現成」である（表参照）。これらは単純に何かを起こすという意味ではない。長尾氏以外の先行訳もこれに類似する訳語を与えている。

1.2.3 同族目的語構文の可能性

また，abhinirhāra には同族目的語構文の用法のあることがエジャートンに指摘されている。それは praṇidhāna を目的語とする abhinirhāra の用例にも見られ，当該経文末尾の “mahā-abhinirhārān abhinirharati” もまた同族目的語構文の可能性がある。エジャートンはこの abhinirhāra と abhinirharati をどちらも訳語を undertake として，“he undertakes such great vows, resolutions, undertakings.” と英訳する。訳語を同じにしていることから，この経文を同

[18] パーリ語辞書の abhinīhāra の項目には，paṇidhāna の同義語とする用例が記載されていたが，サンスクリット語のように abhinirhāra が praṇidhāna を目的語とする用例は記載されておらず，先行研究による言及もない。前註 9 参照。

族目的語構文だと理解したのだと推測される[19]。村上氏の理解はこれとは異なるが，同族目的語構文の用法があること自体は認めていたのだろう。村上［2000: 50］には『入法界品』の“praṇidhāna-abhinirhārā abhinirhartavyāḥ”という用例が挙げられている。村上氏はこのうちの“-abhinirhārā”と“abhinirhartavyāḥ”とをはっきり訳し分けずに，あたかも一つの動詞表現だけがあったかのような訳し振りなのである。そしてこれは梶山訳も，『八十華厳』，『四十華厳』の訳し振りも同様なのである[20]。

---

(19) エジャートンは当該経文を同族目的語構文であるとは明示しておらず，筆者が訳語から判断したに過ぎない。しかし，エジャートンは『十地経』の他の用例を同族目的語構文の典拠としている。”-abhinirhāraṃ cābhinirharati” を同族目的語構文とみなし “produces the effect”, ”accomplishes the accomplishment” などと訳している。なお abhinirharati の項目にはこのような記載はない。

BHSD 52 q.v. abhinirhāra

in *Daśabhūmikasūtra* 55.11 following, repeatedly, -abhinirhāraṃ cābhinirharati, *produces the effect* (accomplishes the accomplishment) of (various religiously desirable ends); ...

DBS Ⅶ *Dūraṃgamābhūmi*: Rahder Ⅶ A 55.10–11, Kondo Ⅷ 114.12

traidhātukaviṭhapanālaṃkāra-abhinirhāraṃ cābhinirharati |

Tib-DBS: D kha 258a6–7, P li 111b1–2, L ga 157a4–5

khams gsum pa(1) las dben par gyur pa'ang thob la khams gsum pa bsdu ba dang | rgyan mngon par bsgrub pa'ang(2) mngon par sgrub pa yin |

(1)gsum pa DL : gsum P (2)mngon par bsgrub pa'ang L : om. DP

尸羅達摩訳『仏説十地経』T (287) [10] 556a6–7

而能引発三界荘厳。

實叉難陀訳『八十華厳』T (279) [10] 196a23–24（訳出されていない）

而荘厳三界。

村上訳［2000: 42］

三界の説定と荘厳（荘飾）を創り出す（実現する）ことを現出する。

荒牧訳［1974: 202］

まよいの世界内存在においてこそ，数かぎりない不思議なる美を現出させ，実現する。

龍山訳［1938: 139］

三界の変現・荘厳の成就を成ず。

(20) 村上氏は一応は abhinirhāra を「起こすことを」，abhinirhartavya を「なすべきである」と訳し分けてはいるが，厳密に区別してはいない。梶山氏は明らかに訳し分けずに「成就せねばなりません」とだけ訳している。一方で『六十華厳』のみが praṇidhāna-abhinirhāra を「願・行」とし，さらに abhinirhartavya を「発」と訳している。

Gv L Ⅲ *Śrīsaṃbhava & Śrīmatī*: Vaidya 363.13

acintyā bodhisattvena praṇidhāna-abhinirhārā abhinirhartavyāḥ |

村上訳［2000: 50］

菩薩は不可思議な諸の誓願を起こすことをなすべきである。

梶山訳［1994: 309］

菩薩は不可思議なる誓願を成就せねばなりません。

Tib-Gv: D a 283a6–7, P hi 177b3–4

以上がおよそ先行研究から知られる abhinirhāra の意味，用法である。残された問題を一言で表せば，当該経文における abhinirhāra の理解が研究者によって異なっている，ということに尽きる。作仏の決意を表すパーリ語の abhinīhāra の用法を十大誓願の当該経文に適用し，abhinirhāra と praṇidhāna を同義語だとみなすのは，パーリ聖典とは文脈が異なるため躊躇される。十大誓願は作仏を目的とした誓願ではないからである。しかし梵文としてはそのような読みも，また同族目的語構文とする読みも可能なのである。そこで以下には，実際に当該経文の梵文だけではなくチベット訳と漢訳も参照して問題を検討したい。

1.3 『十地経』「初地」の十大誓願

1.3.1 十大誓願導入部

『十地経』「初地」の十大誓願導入部に見られる "mahāpraṇidhānāni mahāvyavasāyān mahābhinirhārān abhinirharati" という当該経文には，実は十大誓願結論部にも同じ単語を用いた類似表現がある。それは "mahāpraṇidhānāni mahāvyavasāyān mahābhinirhārān ... 'bhinirharati pratilabhate ca" というものである。三つの目的語と "abhinirharati" との間に挿入があって離れており，その "abhinirharati" の後には "pratilabhate ca" が付されている。導入部とは文章の構成が異なっており，これも導入部に続けて検討したい。また，おもに漢訳を比較することによって，梵文だけでは知り得ない abhinirhāra のニュアンスを確認したい。

漢訳には次の六種がある[21]。(1)竺法護訳『漸備一切智徳経』(297）は『華厳経』の「十地品」のみの抄訳であり，これを訳し直したものが(2)鳩摩羅什訳『十住経』(402–412 年）である。(3)佛駄跋陀羅訳『六十華厳』(418–420）の「十地品」はこの『十住経』を参照し，可能な限りそのまま借用したものである[22]。さらにその改定版として(4)實叉難陀訳『八十華厳』(695–699）がある。この『八十華厳』と，そして(5)尸羅達摩訳『仏説十地経』(753–790? 宋高僧伝では 785–789）とが比較的梵本との対応がはっきりしており，当該経文のサンスクリットの理解に

---

byang chub sems dpas smon lam mngon par sgrub[(1)] pa bsam gyis mi khyab pa mngon par bsgrub dgos so ||

[(1)]sgrub D : bsgrub P

佛駄跋陀羅訳『六十華厳』T (278) [9] 768b20

発不可説菩薩願行。

實叉難陀訳『八十華厳』T (279) [10] 420c28

出生不可説菩薩願。

般若訳『四十華厳』T (293) [10] 810b26

応発不思議菩薩願。

[21] 訳出年代は龍山［1938: 12–20］を基本とし，周知と思われる情報を付け加えた。

[22] 船山［2013: 83–85］は『十住経』と『六十華厳』「十地品」の冒頭を比較し，『六十華厳』は『十住経』を参照して可能な限りそのまま用いていると指摘する。

有用である。また，これらに加えて註釈書の(6)菩提流支訳『十地経論』(509–?) [23] から『十地経』本文の一部が回収できる。

チベット訳には「十地品」を含む『華厳経』の完訳と，『十地経論』とがある。いずれも 824 年成立の『デンカルマ目録』に記載されているため，それ以前の訳出になるだろう [24]。

以下ではまず十大誓願導入部から第一大誓願までの諸訳を確認する。また，この箇所は『荘厳経論』第 4 章第 12 偈の無性釈と安慧釈に引用されるため，二註釈の対応箇所も掲げる。無性釈には第一大誓願の全文が引用され，安慧釈には導入部から第一大誓願の途中までが引用される。太字部分が当該経文と，第一大誓願末尾に見られる類似表現 “prathamaṃ mahāpraṇidhānam abhinirharati” である。

十大誓願導入部〜第一大誓願

サンスクリット DBS I *Pramuditābhūmi*: Rahder I DD 14, Kondo 19.3–7

so ’syāṃ pramuditāyāṃ bodhisattvabhūmau sthitaḥ sann imāny evaṃrūpāṇi **mahāpraṇidhānāni mahāvyavasāyān mahābhinirhārān abhinirharati** |（導入部）

yadutāśeṣa-niḥśeṣānavaśeṣa-sarvabuddha-pūjopasthānāya[(1)] | sarvākāravaropetam udārādhimuktiviśuddhaṃ dharmadhātuvipulam ākāśadhātuparyavasānam aparāntakoṭi[(2)] -niṣṭhaṃ sarvakalpasaṃkhyābuddhotpādasaṃkhyāpratipraśrabdham mahāpūjopasthānāya | **prathamaṃ mahāpraṇidhānam abhinirharati** |（第一大誓願）

[(1)] °sthānāya K : °sthāpanāya R [(2)] °koṭi° R : °koṭī° K

彼［の菩薩］はこの歓喜なる菩薩地に住するとき，次のような**諸々の大いなる誓**

[23] 大竹［2005: 20–29］は『十地経論』訳出に関する伝承と先行研究を整理し，勅命によって菩堤流支が公式に訳出を始めたのは 509 年からだと想定する。しかしいつまで訳出期間が続いたかは不明だとする。

[24] チベット訳『十地経』(『華厳経』「十地品」)，『十地経論』の訳者はそれぞれの奥書から以下のように知られる。なお異読は省略した。

Tib-DBS 奥書 D ’a 362a5–6, P si 292a4–5, デンカルマ目録 Lalou No.17

ryga gar gyi mkhan po Dzi na mi tra dang | Su ren dra bo di dang | zhu chen gyi lo tsā ba bande Ye shes sde la sogs pas bsgyur cing zhus te gtan la phab pa’o || ||

インドの親教師ジナミトラとスレーンドラボーディと，大校閲翻訳師の大徳イェシェデなどによって翻訳され校閲された。

Tib-DBhV 奥書 D266a7, P335a3–4, デンカルマ目録 Lalou No.537

rgya gar gyi mkhan po Manydzu shrī garbha dang | Pradznyā warma dang | zhu chen gyi lo tsā ba bande Ye shes sde dang | bande dPal brtsegs kyis bsgyur te zhus nas gtan la phab pa || ||

インドの親教師マンジュシュリーガルバとプラジュニャーヴァルマンと，大校閲翻訳師の大徳イェシェデ，大徳ペルツェクによって翻訳され校閲された。

願・大いなる決意・mahā-abhinirhāra を abhinirharati する。（導入部）

すなわち，余すことのなき残りなき漏れなき一切諸仏を供養し恭敬するために，一切の勝れた形相を備え，広大な信解によって浄化され，法界のように広大で，虚空界を尽くし，未来際を窮め，一切劫に数えられる間（＝一切劫の間），仏の出現に数えられるたびに（＝仏が出現するたびに），止まることなく，［諸仏を］大いに供養し恭敬するために，**第一の大誓願を abhinirharati する。**（第一大誓願）(25)

チベット訳 Tib-DBS: D kha 176b7–177a2, P li 60b1–4, L ga 82b4–7

de byang chub sems dpa'i sa rab tu dga' ba de la gnas(1) shing | rnam pa 'di lta bu'i **smon lam chen po dang | brtson pa(2) chen po dang | mngon par bsgrub pa chen po 'di dag mngon par sgrub(3) ste |** （導入部）

'di ltar sangs rgyas thams cad, ma lus pa, lhag ma med pa(4) mtha' dag la mchod cing rim gro(5) bya ba'i phyir | rnam pa'i mchog thams cad dang ldan pa | mos pa rgya chen pos rnam par dag pa | chos kyi dbyings kyis klas par rgya che ba | nam mkha'i dbyings kyi mthar thug pa | phyi ma'i mtha'i(6) mur thug pa | bskal pa 'grangs pa(7) thams cad du, sangs rgyas skyes pa(8) 'grangs pa la, rim gro dang mchod pa chen po bya bar(9) rgyun mi 'chad pa'i **smon lam chen po mngon par sgrub po ||**(10) （第一大誓願）

(1)gnas P : shin tu gnas DL (2)brtson pa DL : nor brtson pa P (3)sgrub DL : bsgrub P (4)med pa L : med pa dang D : med par P (5)mtha' dag la mchod cing rim gro DL : mtha' dang dbus mchod rim 'gro P (6)phyi ma'i mtha'i DL : phyi'i mtha'i P (7)'grangs pa DL : grangs med pa P (8)skyes pa P : skye ba DL (9)em. bya bar : bya ba DL : om.

---

(25) 龍山訳［1938: 26］

彼は此の歓喜なる菩薩地に住するや，直ちに此等のかかる**大誓願と大決心と大出離とを成就す。**即ち，余すところなきあらゆる一切の仏を供養し恭敬せむが為めに，総ての勝れたる相を具へ，優れたる信解に浄められ，法界の如く広大にして，虚空界を窮め，未来際を尽し，一切の劫数に於ける仏出世の数に於て大供養・恭敬を怠らざる，**第一の大願を成就す。**

荒牧訳［1974: 43–44］

かの菩薩は，このような「歓喜にあふれる」菩薩の地にあるときに，**かぎりない大決心（大勇猛）であり，かぎりない大行（大作用）である，かぎりない大誓願を成就する。**

すなわち，あますところなきあらゆる諸仏に，あらゆる種類のもっともよきものをささげて，あますところなき礼拝供養をなそう，そしてかぎりなく広大にして浄らかな信心をもって，あますところなき恭敬随待をなそう，という大誓願である。かくかぎりない礼拝供養と恭敬従待をなそうというように，あらゆる存在をあらしめる存在性いっぱいにゆきわたり，空間性のひろがるかぎりをきわめ，未来のおよぶ究極をきわめ，あらゆる数の劫にわたって，あらゆる数の仏の出現したまうときにも，休止することのない**第一の大誓願を成就するのである。**

P [10]po || D : pa | P

無性釈 MSAṬ IV.12: C54a5–b1, D54a5–b1, G67a5–b2, N57a3–6, P61a7–b2

rgya chen po ni smon lam chen po bcu mngon par bsgrub[1] pa'i phyir ro zhes bya ba ni | ji skad du *'Phags pa sa bcu pa*[2] las 'di lta ste[3] |

sangs rgyas ma lus pa la[4], mchod pa dang rim gro, lhag ma med pa, mtha' dag, bya ba'i phyir | rnam pa thams cad kyi mchog dang ldan pa | mos pa rgya chen pos rnam par dag pa | chos kyi dbyings ltar rgya che ba | nam mkha'i khams kyi mthas gtugs pa | phyi ma'i mtha'i mur thug pa | bskal pa bgrang bar[5] sangs rgyas 'byung ba | bgrangs pa thams cad la mchod pa dang | rim gro chen po bya ba rgyun mi 'chad pa'i **smon lam dang po mngon par bsgrub po**（第一大誓願）

zhes gsungs pa lta bu yin te | sa dang po la[6] de lta bu la sogs pa smon lam bcu 'byung ngo ||

[1]bsgrub CD : sgrub GNP [2]pa CD : om. GNP [3]'di lta ste CD : 'di skad te GNP [4]em. la : las CDGNP [5]grangs med par CD : bgrang bar GNP [6]la CD : las GNP

安慧釈 SAVBh IV.12: C57b2–3, D57b2–3, G80b1–3, N61b2–3, P64a1–3

smon lam bcu yang *Sa bcu*'i sa dang po las

de byang chub sems dpa'i[1] sa rab tu dga' ba de la shin tu[2] gnas shing | rnam pa[3] 'di lta bu'i **smon lam chen po dang brtson 'grus chen po dang mngon par bsgrub pa chen po 'di dag mngon par bsgrub ste**[4] |（導入部）

'di ltar sangs rgyas thams cad ma lus pa[5] lhag ma med pa mtha'[6] dag la mchod cing rim gro'i phyir rnam pa'i mchog thams cad dang ldan pa mos pa rgya chen pos[7] rnam par dag pa（第一大誓願の一部）

zhes bya ba la sogs pa gsungs so ||

[1]em. dpa'i : dpa' CDGNP [2]tu CD : om. GNP [3]pa DNP : par CG [4]bsgrub ste GNP: bsgrubs te CD [5]em. pa : par CDGNP [6]mtha' CD : mkha' GNP [7]pos DGNP : po'i C

竺法護訳『漸備一切智徳経』T (285) [10] 462a18–20

世尊復言。若能得立悦豫地者。成菩薩住建立広大無極之道。如是景模無限大願弘誓之鎧。

鳩摩羅什訳『十住経』T (286) [10] 501a12–17

菩薩如是。安住歓喜地。**発諸大願，生如是決定心**。所謂我當供養一切諸佛。皆無有余。一切供養之具随意供養。心解清浄。**発如是大願**。広大如法性。究竟如虚空。盡未来際。盡供養一切劫中所有諸佛。以大供養具。無有休息。

佛駄跋陀羅訳『六十華厳』T (278) [9] 545b10–15

菩薩如是。安住歓喜地。**発諸大願，生如是定心**。所謂我當以清浄心。供養一切諸佛。皆無有余。一切供具随意供養。**発如是大願**。広大如法界。究竟如虚空。盡未来際。盡供養一切劫中所有諸佛。以大供養具。無有休息。

實叉難陀訳『八十華厳』T (279) [10] 181c11–15

佛子。菩薩住此歓喜地。**能成就如是大誓願，如是大勇猛，如是大作用**。所謂生広大清浄決定解。以一切供養之具。恭敬供養一切諸佛。令無有余。広大如法界。究竟如虚空。盡未来際。一切劫数。無有休息。

尸羅達摩訳『仏説十地経』T (287) [10] 538c9–14

復次菩薩住於極喜地時。**引発如是諸大誓願，諸大勇決，諸大出離**。爲以無余供養之具及以周備承事。品類普遍供養一切如来。一切行相勝妙成就。而以最上勝解。清浄広大法界盡虚空性窮未来際。一切劫数佛出世数無有休息。爲大供事**発初大願**。

まずサンスクリットを元に文脈を確認すると，太字部分の当該経文には mahā-praṇidhāna, mahā-vyavasāya, mahā-abhinirhāra という三つの名詞が併記されており，これを村上氏は praṇidhāna の同義語が列挙されているのだと理解していた（前註6参照）。また，第一大誓願の末尾には “prathamaṃ mahāpraṇidhānam abhinirharati”（第一の大誓願を abhinirharati する）とある。ここには三つの併記はなく，mahā-praṇidhāna だけが abhinirharati の目的語となっている。そしてこれは第二大誓願から第十大誓願まで同様である[26]。つまり，十大誓願の文脈における主眼はそれぞれの praṇidhāna を abhinirharati することであって，vyavasāya と abhinirhāra とを abhinirharati することはあくまで導入部と結論部にのみ言及されているため，補足的に同義語が列挙されただけだとも考えられる。

しかし一方で，梵本とよく対応する『八十華厳』と『仏説十地経』では，当該経文の三つの目的語をすべて異なる概念だとみなしているようである。『八十華厳』はそれぞれ mahat に修飾された「大誓願」「大勇猛」「大作用」と訳し，abhinirharati を「能成就」と訳している。『仏説十地経』もまた三つの目的語をそれぞれ「大誓願」「大勇決」「大出離」と訳し，abhinirharati

[26] たとえば第二大誓願と第十大誓願の末尾を挙げると次のようである。

DBS I *Pramuditābhūmi*: Rahder I EE 14, Kondo II 19.3–7; Rahder I MM 16, Kondo II 22.5

... dvitīyaṃ mahāpraṇidhānam abhinirharati | ... daśamaṃ mahāpraṇidhānam abhinirharati |

を「引発」と訳している[27]。この漢訳語からは三つをただちに同義語だと判断することはできないだろう。また，abhinirharati の「能成就」という訳はエジャートンの accomplishment や realization，長尾氏の「完成」という訳語を支持するし，「引発」は村上氏の「起こす」という理解を支持する。つまり，praṇidhāna を目的語とする abhi-nir- $\sqrt{hṛ}$ は漢訳からすればどちらの理解も妥当なのである。

そしてこの訳しぶりから，『八十華厳』と『仏説十地経』は当該経文を同族目的語構文とはみなしてはいないと考えられる。前述の通り，村上氏が挙げていた『入法界品』の "praṇidhāna-abhinirhārā abhinirhartavyāḥ" という用例を，漢訳と先行訳はあたかも動詞表現が一つだけであるかのように訳していた。それを根拠に漢訳がこの用例を同族目的語構文だとみなしていると判断した。しかし今の当該経文では，『八十華厳』と『仏説十地経』はそれぞれ abhinirhāra を「作用」「出離」，abhinirharati を「能成就」「引発」と訳し分けている。それにここではそもそも同根に由来する単語が単純に繰り返されているわけではない。abhinirharati の目的語は abhinirhāra ではなく mahat という形容詞との複合語 mahā-abhinirhāra であるし，それだけではなく mahā-praṇidhāna と mahā-vyavasāya との三つなのである。したがって，サンスクリットと対応する二つの漢訳は当該経文を同族目的語構文ではないと理解していると考えられるのである。

1.3.2 十大誓願結論部に見られる類似表現

続けて，当該経文の類似表現が見られる十大誓願結論部を検討したい。当該経文の述部は "abhinirharati" という動詞が一つであったが，結論部では "abhinirharati" の後にさらに "pratilabhate ca" が付されている。チベット訳にも語順が前後するものの *pratilabhata abhinirharati ca と還梵できる訳出がある。ただし，これは梵本のうちラーデル本のみに見られるもので，近藤本には "pratilabhate ca" はなく，すべての漢訳にも欠けている。しかし，『十地経論』の梵文には確認できる。

改めて後述するが，『牟尼意趣荘厳』に引用・借用された『十地経論』の梵文が加納［2019］に回収されている。そこにはこの十大誓願結論部に対する註釈箇所も含まれており，praṇidhāna, vyavasāya, abhinirhāra に対する註釈（加納［2019］の科段 §7）と，結論部を要約したような内容（加納［2019］の科段 §6）とが見られる。この結論部の要約の中に "abhinirharati pratilabhate"

[27] 抄訳である竺法護訳は十大誓願すべてを一文にまとめたような内容が見られるのみである。鳩摩羅什訳とそれを借用する『六十華厳』とはほぼ同じ訳し振りである。鳩摩羅什訳『十住経』を例に挙げれば，「発諸大願，生如是決定心」とあり，praṇidhāna が「願」，vyavasāya が「決定心」であろうが，もう一つの目的語である abhinirhāra が訳されていない。「発」と「生」が動詞なので abhinirharati は目的語に応じて重複して訳されていると考えられるが，あるいは「生」が "-abhinirhārān abhinirharati" の訳だろうか。その場合，同族目的語構文とみなしたのかもしれない。

という表現が見られる。『十地経』のラーデル本と違って接続詞の ca がなく単純に二つの単語が併記されていることから，abhinirharati が pratilabhate に言い換えられていると理解できる。ただし，対応するチベット訳と漢訳にはこの表現が確認できない。しかし少なくとも，サンスクリットの abhinirharati という単語の用法と意味を理解する上では有益であるのは確かである。

以下には『十地経』十大誓願結論部の梵文と諸訳を掲げ，最後に『十地経論』の回収された梵文を掲げる。『十地経論』のチベット訳と漢訳は，次節で『十地経論』所引の十大誓願結論部として引用する文中に含まれているため，ここでは省略する。太字部分が当該経文の類似表現である。

サンスクリット DBS I *Pramuditābhūmi*: Rahder I MM 16, Kondo II 22.6–8

iti hi bhavanto jinaputrā imāny evaṃrūpāṇi **mahāpraṇidhānāni mahāvyavasāyān mahābhinirhārān**, daśa-mahāpraṇidhānamukhāni[(1)] pramukhaṃ kṛtvā, paripūrṇāni daśapraṇidhānāsaṃkhyeyaśatasahasrāṇi yāni bodhisattvaḥ pramuditāyāṃ bodhisattvabhūmau sthito **'bhinirharati pratilabhate ca**[(2)] |

[(1)]mahāpraṇidhāna° K : praṇidhāna° R [(2)]pratilabhate ca R : om. K

以上，汝ら勝者の子らよ，まさに以上のような**諸々の大いなる誓願・大いなる決意・mahā-abhinirhāra を**，［すなわち］およそ十大誓願門を初めとして，十百千阿僧祇の誓願すべてを，歓喜なる菩薩地に住する菩薩は **abhinirharati し，そして獲得する**。

チベット訳 Tib-DBS: D kha 179b3–4, P li 63a6–8, L ga 86b2–4

kye | rgyal ba'i sras dag | de ltar rnam pa 'di lta bu'i **smon lam chen po dang | brtson 'grus chen po dang | mngon par bsgrub pa chen po**'i smon lam gyi sgo bcu po 'di dag las stsogs pa[(1)] | smon lam brgya stong grangs med pa[(1)] bcu tshang ba de dag[(2)] | byang chub sems dpa'i sa rab tu dga' ba la gnas pa'i byang chub sems dpas **thob po || mngon par sgrub**[(3)] **po** ||

[(1)]las stsogs pa DP : la sogs pa L [(2)]grangs med pa P : grangs med pa phrag DL [(3)]em. de dag : dag DPL; cf. de dag DBhV [(4)]sgrub DL : bsgrub P

竺法護訳『漸備一切智徳経』T (285) [10] 462a18–20（導入部の再掲）

世尊復言。若能得立悦豫地者。成菩薩住建立広大無極之道。如是景模無限大願弘誓之鎧。

鳩摩羅什訳『十住経』T (286) [10] 501c18–20

諸佛子。菩薩住歓喜地。以十願爲首。**生**如是等百萬阿僧祇**大願**。

佛駄跋陀羅訳『六十華厳』T (278) [9] 546a17–18

諸佛子。菩薩住歓喜地。以十願爲首。**生**如是等百萬阿僧祇**大願**。

實叉難陀訳『八十華厳』T (279) [10] 182b8–11

佛子。菩薩住歓喜地。**発如是大誓願，如是大勇猛，如是大作用**。以此十願門爲首。満足百萬阿僧祇大願。

尸羅達摩訳『佛説十地経』T (287) [10] 539b16–19

唯諸佛子初地菩薩。**発如是等諸大誓願，諸大勇決，諸大出離**。菩薩住此極喜地中。十大願門以爲上首。**引発**圓満百千阿僧企耶諸余**正願**。

『十地経論』の結論部の要約箇所（『牟尼意趣荘厳』から回収）加納［2019: 119 §6］

tatpramukhāni pratyekaṃ praṇidhānāsaṃkhyeyaniyutaśatasahasraparivārāṇi bhūmipariśodhakāni yāni *bodhisattvo **’bhinirharati pratilabhate** | ity amī bhāvanāmārge bhūmipariśodhakāḥ praṇidhānaviśeṣāḥ | （*原文は bodhisavo）

およそ，それら［十大誓願］を始めとした，それぞれに百千万阿僧祇の誓願を眷属とし，地の清浄を伴ったもの，それらを菩薩は **abhinirharati し，獲得する**。以上，それらは修道における地の清浄であって，殊勝なる誓願である。

この結論部と導入部とで異なるのは，まずここでは mahābhinirhāra と abhinirharati との間に長い挿入があって連続せずに離れていることと，その abhinirharati の後に pratilabhate ca が付されていることである。つまり，導入部の当該経文でも mahābhinirhāra と abhinirharati という同根に由来する単語が単純に繰り返されているわけではなかったが，結論部では単純な繰り返しではないということがより明らかである。さらに，回収された『十地経論』の梵文には接続詞の ca がない abhinirharati pratilabhate という表現が見られる。これはあくまで結論部の要約であって，『十地経』の経文そのものの引用ではない。しかし，この文脈では abhinirharati は pratilabhate に言い換えることができる，あるいは近似した意味であると理解すべきであろう。したがって，当該経文は同族目的語構文ではないからこそ，mahābhinirhāra をそのまま残して動詞の定形 abhinirharati だけを言い換えることができるのだと考えられる。

さらに，結論部にも導入部と同様に漢訳による abhinirhāra と abhinirharati との訳し分けが見られる。『八十華厳』は導入部と同様に abhinirhāra を「作用」と訳し，abhinirharati は「成就」から「発」に変わっているものの，訳し分けていることには変わりない。『佛説十地経』は導入部とまったく同様に，abhinirhāra を「出離」，abhinirharati を「発」とする。

このように，導入部と結論部の文章の構造，ならびに漢訳語を勘案すれば，当該経文は同族目的語構文ではなくて，mahābhinirhāra と abhinirharati とはたしかに同根に由来するけれども，異なる意味であると理解するのが妥当であろう。

1.4 『十地経論』による当該経文の解釈

1.4.1 『十地経論』所引の十大誓願導入部

世親による『十地経』の註釈書である『十地経論』には，十大誓願導入部に対する註釈はない。しかし，前述の通り結論部に対する註釈があって，わずかに praṇidhāna，vyavasāya，abhinirhāra に対する説明がある。そして幸いにも，加納［2019］によってこの註釈箇所の梵文が回収されている。

『十地経論』全体の梵文は散失しているため，基本的に参照できるのはチベット訳と漢訳に限られる。しかし，12 世紀のアバヤーカラグプタ著『牟尼意趣荘厳』には『十地経論』「初地」の十大誓願が引用・借用されており，加納［2019］によってそこから梵文が回収されている。その中に十大誓願結論部に対する註釈箇所が借用されている。この箇所は引用ではなく借用ではあるものの，『牟尼意趣荘厳』の借用態度は原典の語形や文章構造をほぼそのままの形で抜き出して組み入れるものだという。そのため，アバヤーカラグプタの解釈を交えない『十地経論』自身の解釈，すなわち世親による解釈を知ることができるのである[28]。また，『十地経論』には文節ごとに『十地経』の本文が引用されているため，そのチベット訳と漢訳を参照することもできる。ただし，加納［2019］では引用された『十地経』本文は省略されている。

そこで以下には，まず『十地経論』所引の『十地経』十大誓願導入部のチベット訳と漢訳を掲げる。次に結論部に対する註釈箇所の梵文とチベット訳，漢訳とを掲げる。太字部分が当該経文である。

『十地経論』所引の十大誓願 導入部〜第一大誓願

チベット訳 Tib-DBhV: D137b4–6, P176a2–6

de la ’dun pa’i khyad par ni smon lam chen po bcu po rnams te | de dag gis bshad pa ni

byang chub sems dpa’i sa rab tu dga’ ba de la gnas shing | **smon lam chen po**

[28] 『牟尼意趣荘厳』では，『十地経論』の十大誓願結論部に対する註釈が，十大誓願導入部の位置に組み込まれている。つまり『牟尼意趣荘厳』はこの註釈を導入部に置き，導入部として扱うべきだと理解したのかもしれない。加納［2019: 118］の科段分けでも「十大願序」という見出しが付けられている。しかし今は，『牟尼意趣荘厳』ではなく『十地経論』自体の解釈として扱うため，結論部に対する註釈とみなす。

rnam pa ’di lta bu ’di dag dang | brtson pa chen po dang | mngon par sgrub pa chen po dang | mngon par sgrub po(1) || （導入部）

’di lta ste | sangs rgyas ma lus pa la mchod pa dang | rim gro lhag ma med pa mtha’ dag bya ba’i phyir | rnam pa thams cad mchog dang ldan par mos pa rgya chen pos rnam par dag pa | chos kyi dbyings ltar rgya che ba | nam mkha’i khams kyi mthas gtugs pa | phyi ma’i mtha’i mur thug pa(2) | bskal pa bgrangs pa dang | sangs rgyas ’byung ba bgrangs(3) pa thams cad du mchod pa dang | rim gro chen po bya ba rgyun mi ’chad pa’i （第一大誓願）

zhes bya ba ni dang po yin no ||

(1)po P : pa’o D (2)thug pa D : thug pa dang P (3)bgrangs P : ’grangs D

菩提流支訳『十地経論』T (1522) [26] 138b4–9

経曰。

菩薩如是安住菩薩歓喜地，**発諸大願，起如是大方便，如是大行成就**。（導入部）所謂，無余一切諸佛一切供養一切恭敬故，一切種具足，上深信清浄，広大如法界，究竟如虚空，盡未来際，盡一切劫数一切佛成道数，大供養恭敬，無有休息。（第一大誓願）

サンスクリット

なし　＊加納［2019］では『十地経』本文は省略されている。

まず，『十地経論』所引の『十地経』十大誓願導入部に見られる当該経文のチベット訳は，『十地経』本文とはわずかに語順，動詞の時制が異なっているだけで，訳語も内容も同じである。一方で菩堤流支訳は「**発**諸大願，**起**如是大方便，如是大行**成就**」とあり，praṇidhāna が「願」，vyavasāya が「方便」，abhinirhāra が「行」と訳されている。そして abhinirharati の訳が太字の「発」，「起」，「成就」だと考えられる。つまり，目的語に応じて abhinirharati の訳語が変えられており，praṇidhāna には「発」，vyavasāya には「起」，abhinirhāra には「成就」が当てられている。『八十華厳』と『仏説十地経』は abhinirharati をそれぞれ「能成就」，「引発」と訳していたが，そのどちらの意味も菩堤流支訳には含まれている。

1.4.2 『十地経論』所引の十大誓願結論部

世親は『十地経論』で praṇidhāna，vyavasāya，abhinirhāra をわずかではあるが註釈している。そこではこれら三つは明らかに異なる概念として区別されている。

『十地経論』所引の十大誓願 結論部

サンスクリット 結論部への註釈箇所（『牟尼意趣荘厳』から回収）加納［2019: 119 §7］

... tatra prārthitābhisaṃskāraḥ **praṇidhānaṃ** cchandaviśeṣaḥ | tatsamṛddhyupāyo **vyavasāyaḥ** | tatsamṛddhir **abhinirhāraḥ** | etat trayam asyāṃ bhūmau krameṇ**ābhinirharati** |

そのうち「**誓願**」とは，希求されたこと（prārthita）に［心を］定めることであり，勝れた意欲である。「**決意**」とは，それ（誓願）を叶えるための方便である。「**abhinirhāra**」とは，それ（誓願）を叶えることである。［菩薩は］この三つをこの［初］地において順番に「**abhinirharati する**」のである。

チベット訳 Tib-DBhV: D144a1–3, P184a2–5

de la **smon lam** ni ’dod pa’i don mngon par ’du byed pa’o || **brtson pa** ni de grub par byed pa’i thabs so || **mngon par sgrub**(1) **pa** ni de grub par byed par rig par bya ste | sa ’di la gnas pas ’di gsum rim gyis **mngon par sgrub** kyi cig car ni ma yin par(2) rig par bya’o ||

smon lam chen po bcu po ’di rnams re re yang ’khor ’bum phrag grangs med pa dang ldan par rig par bya ste | gang gi phyir

kye | rgyal ba’i sras dag | de ltar rnam pa(3) ’di lta bu’i **smon lam chen po dang | brtson pa**(4) **chen po dang | mngon par sgrub pa chen po**’i smon lam gyi sgo bcu po ’di dag la sogs pa | smon lam ’bum phrag grangs med pa phrag bcu tshang ba de dag byang chub sems dpa’i sa rab tu dga’ ba la gnas pa’i byang chub sems dpas **mngon par sgrub pa** （十大誓願結論部）

zhes gsungs pa’o ||

(1)sgrub P : bsgrub D (2)par D : pas P (3)de ltar rnam pa D : de ltar rnam pa ’di ltar rnam pa P (4)brtson pa D : brtsol pa P

そのうち「**誓願**」とは，希求されたことに［心を］定めることである。「**決意**」とは，それ（誓願）を叶えるための方便である。「**abhinirhāra**」とは，それ（誓願）を叶えることであると知られるべきである。この［初］地に住する者が，この三つを順番に「**abhinirharati する**」のであって，同時にではないと知られるべきである。

これら十大誓願はさらにそれぞれが十百千阿僧祇の眷属を有するのだと知られるべきである(29)。それゆえに，

(29) この一文が前節で引用した『十地経論』の「結論部の要約箇所」に相当する。回収された梵文にあった ”abhinirharati pratilabhate” はチベット訳にも漢訳にも見られない。

. . . 以下，十大誓願結論部の訳は省略。

菩提流支訳『十地経論』T (1522) [26] 141a8–17

「**発諸大願**」者，隨心求義故。「**起如是大方便**」者，成彼所作方便勇猛故。「**如是大行**」者，彼所作行成就故，菩薩住此地漸次久習，起此三行，非一時故。

何以故。此十大願一一願中有百千萬阿僧祇大願以爲眷属故。如経，

諸佛子，菩薩，如是安住菩薩歓喜地，**発諸大願，起如是大方便，如是大行**，以十願門爲首，**生**如是等満足十百千萬阿僧祇大願。是菩薩，住菩薩歓喜地起如是等願。（十大誓願結論部）

故。（＊「菩薩住此地漸次**久習，起**此三行」の太字が abhinirharati の訳か？）

まず，『牟尼意趣荘厳』から回収された『十地経論』の梵文では，初地の菩薩が mahāpraṇidhāna と mahāvyavasāya と mahābhinirhāra という併記された三つを abhinirharati するのは，下線部において「順番に」（S. krameṇa, Tib. rim gyis, Chi. 漸次）だとされている。これはチベット訳と漢訳にも対応が見られ，さらにその後に「同時にではない」（cig car ni ma yin pa, 非一時故）と付け加えられている。つまり，これら三つには段階的な差異があると解釈されているのだから，『十地経論』はこれらを同義語ではなく異なる概念として区別していることになる。

ではこの三つはどういう関係であるかというと，まず praṇidhāna とは「希求されたことに［心を］定めること」（prārthita-abhisaṃskāra）であり，それはすなわち「殊勝な意欲」（chanda-viśeṣa）だとされる。praṇidhāna は『荘厳経論』世親釈でも chanda と関連付けられ，「意欲に相応する意思」（cetanā chanda-saṃprayuktā）だとされる[30]。その cetanā は世親の『倶舎論』では「心を定めること，すなわち意による行為」（citta-abhisaṃskāro manas-karma）だとされ

---

[30] 『荘厳経論』第 18 章「菩提分品」（*Bodhipakṣya-adhikāra*）第 74–76 偈には praṇidhāna のまとまった説明があり，その第 74 偈では praṇidhāna が “cetanā chanda-sahitā” とされ，それを世親は “cetanā chanda-saṃprayuktā” と註釈する。

なお，そこでは praṇidhāna は原因（hetubhūta）だともされ，その教証として『十地経』が引用される。その経文は初地から第十地までの各章の末節に置かれる定型分である。この同じ経文が『荘厳経論』における abhinirhāra と関係する箇所にも引用されているため（後註 46 参照），合わせて後に検討したい。

MSABh XVIII.76 *Bodhipakṣya-adhikāra*: 岸 131.25–132.16, 長尾 (III) 273–274, Lévi 147.22–148.6 (Tib: D230a5–b3, P253a8–b7; Chi: T (1604) [31] 645b29–c15)

praṇidhānavibhāge trayaḥ ślokāḥ |

cetanā chandasahitā jñānena preritā ca tat |

praṇidhānaṃ hi dhīrāṇām asamaṃ sarvabhūmiṣu || XVIII.74 ||

... **cetanā chanda**saṃprayuktā svabhāvaḥ | ...

誓願の分類について三偈がある。

実に堅固なる者たちの誓願とは，意欲を伴う思であり，智によって啓発されたものであり，あらゆる地に同じものはなく . . .（XVIII.74）

... 自性とは「**意欲**」に相応した「**意思**」である。

る[31]。つまり，praṇidhāna とは心所法のはたらきであるが，ただの意思ではなくて殊勝な意欲を伴う意思なのだと考えられるだろう。それはつまり，菩提の獲得や衆生利益などの願いを叶えたいという意欲なのである。

そのような意欲を叶えるための方便（tat-samṛddhi-upāya, 成彼所作方便勇猛）が vyavasāya であり，その意欲を実際に叶えてしまうこと（tat-samṛddhi, 彼所作行成就）が abhinirhāra だとされる。どちらの註釈にも tat-samṛddhi とあり，vyavasāya の方の tat は praṇidhāna を指すだろう。一方で abhinirhāra の方の tat は，praṇidhāna を指すとも vyavasāya を指すとも理解できる。

これについて，スーリヤシッディによる『十地経論』の複註にはこの tat が何を指すかが註釈されている[32]。この複註では『十地経論』による三つの単語の説明に対しさらに註釈が加えられている。

スーリヤシッディによる複註 Tib-DBhVV: Tib-DBhVV: D37a2–5, P43a2–5

de la **'dod pa'i don** sangs rgyas mchod pa la sogs pa la sems mngon par 'du byed cing **mngon par 'du byed pa**(1) ni **smon lam** mo || smon lam de **'grub par bya ba'i thabs** gang yin pa brtson 'grus kyi mtshan nyid de ni **brtson pa**'o || brtson 'grus kyi thabs de sgrub pa shas che ba ni **mngon par sgrub pa**'o ||

de zhes bya ba'i sgra **smon lam** dang 'brel ba yin pa dang **de 'grub pa** ni smon lam 'grub pa zhes bya ba'i don 'dir 'gyur ro || **de 'grub pa** yang smon pa'i don 'grub pa yin la | **'dod pa'i don** yang sems can gyi mthar thug pa'i bar yin pas | de'i phyir **'di la 'di gsum**(2) **rim gyis mngon par bsgrub pa**'i phyir gzhung 'di mi 'gal lo ||

(1)em. mngon par 'du byed pa : 'du mngon par byed pa DP (2)gsum D : sum P

そのうち，**「希求されたこと」**（prārthita）［すなわち］仏陀の供養などに心を定める（*cittam abhi-saṃ-s-$\sqrt{kṛ}$）とき，［その心を］**「定めること」**（abhisaṃskāra）が**「誓願」**（praṇidhāna）である。その誓願を**「叶えるための方便」**（tat-samṛddhi-upāya）

[31] AKBh Ⅱ.24 *Indriya-nirdeśa*: Pradhan 54.20
cetanā cittābhisaṃskāro manaskarma |
バウッダコーシャ訳［2011: 55］
意思とは心の作動であり，思考による行為である。

[32] 大竹［2005: 35–36］によれば，著者とされるスーリヤシッディの著作はこの『十地経論』の複註のみであり，生存年代は未確定だという。チベット訳のみが現存し，その奥書によれば訳者の中には『十地経論』の訳出にも携わっていたプラジュニャーヴァルマンとペルツェクがいる（前註 24 参照）。デンカルマ目録にも記載されており（Lalou No.538），大竹氏は生存年代の下限を 9 世紀前半と想定する。奥書のテキストは省略する。

であって，およそ精進を特徴とするもの，それが「**決意**」（vyavasāya）である。その精進である方便の強固なる達成（*nirhāra）が「**abhinirhāra**」である。「**それ**」（tat）という語は「**誓願**」と結び付くのであり，また「**それを叶えること**」（tat-samṛddhi）とは「誓願を叶えること」というこの意味になる。さらに「**それを叶えること**」（tat-samṛddhi）とは願われた内容を叶えることである。一方，「**希求されたこと**」（prārthita）とは衆生［界］の際にまで及ぶものである。それゆえに「**こ［の初地］においてこの三つを順番に abhinirharati する**」（etat trayam asyāṃ ... kramena-abhinirharati）のだから，この［『十地経論』の］文脈は矛盾していない。

まず，『十地経論』の「希求されたことに［心を］定めること」（prārthita-abhisaṃskāra）が，「仏陀の供養などに心を定めるとき」（*cittam abhi-saṃ-s-$\sqrt{kṛ}$）と註釈される。仏陀の供養とは第一大誓願の内容を指しているのだろう。この cittam abhi-saṃ-s-$\sqrt{kṛ}$ という表現は，発心（cittotpāda）の定義文のようなものであって，pra-$\sqrt{arth}$ とともに『菩薩地』第2章「発心品」（*Cittotpāda-paṭala*）の冒頭に見られる。初発心と誓願は同義として扱われる場合もあり，十大誓願とは初地に趣入した菩薩にとっての初発心としてみなすことができるのかもしれない[(33)]。なにより，『荘厳経論』では勝義的発心の説明で十大誓願が言及されているのである。

次に問題の tat については，vyavasāya とは精進（vīrya）を特徴とするものだとされ，その後の下線部で abhinirhāra は「その［精進を特徴とする］方便の確固たる達成」だとされているため，一見 tat は vyavasāya を指すと理解される。しかし，この abhinirhāra の説明の直後の波線部では「tat は praṇidhāna と結び付く」と明示されている。したがって，これら三つの中心は praṇidhāna であって，それに付随して連動するのが vyavasāya と abhinirhāra という概念なのであろう。

また，菩提流支訳の訳しぶりは導入部の当該経文と同じである。praṇidhāna が「願」，vyavasāya が「方便」，abhinirhāra が「行」と訳されている。また abhinirharati の目的語に応じた訳し分けも同じであるが，abhinirhāra に対する「成就」という訳がここではなくなっている。しかし，vyavasāya が「方便勇猛」，abhinirhāra が「行成就」と註釈されており，理解が異なっているわけではないだろう。

(33) 『菩薩地』第2章「発心品」の該当箇所は本叢書の附論4若原［2023］を参照されたい。脚注には『菩薩地』における発心と誓願の関係がまとめられ，『菩薩地』における十大誓願への言及箇所についても指摘があり有益である。なお，『十地経論』とその複註に見られる prārthita について，同じ語根 $\sqrt{arth}$ から作られた prārthanā（Pā. patthanā）はサンスクリットとパーリ語のどちらにおいても praṇidhāna の同義語だとされる（村上［2000: 37］，勝本［2002: 130］，BHSD q.v. abhinirhāra 前註5参照）。

1.5 小結

以上,『十地経』「初地」の十大誓願導入部に見られる当該経文に関して,先行研究によって理解が異なっている abhinirhāra について検討した。まず当該経文の ”-abhinirhārān abhinirharati” という部分は,結論部の類似表現も比較して文章の構造を検討すると,単純に同根に由来する単語が繰り返されているだけではなく,漢訳も訳し分けていることから,これは同族目的語構文ではないと考えられる(1.3『十地経』「初地」の十大誓願)。

次に,『十地経論』の解釈に基づいて praṇidhāna, vyavasāya, abhinirhāra という三つの関係を検討した。従来この三つを同義語だとする理解が見られたが,『十地経論』では三つを順番に abhinirharati するとあって,異なる概念として区別されていた。誓願とは端的に言えば願いを叶えたいという意欲(chanda)であって,その意欲を叶えようとする勇敢な決意が vyavasāya であり,その意欲を実際に叶えることが abhinirhāra であると考えられた。abhinirhāra の漢訳が「行」「作用」「成就」というようにばらつきがあるのは,願いを叶えるための菩薩行や,叶った後の作用,はたらきをも含意する概念だからであろう。この三つは誓願を中心として,vyavasāya と abhinirhāra とが付随して連動する関係だと考えられた。

したがって,十大誓願導入部と結論部にだけ三つが併記され,各大願の末尾では誓願だけを abhinirharati するとされている理由が推測される。誓願を abhinirharati するということは,単に願いごとをするだけの行為ではなく,その願いを叶えようとする vyavasāya と,実際に叶えることである abhinirhāra とを含意した行為なのである。導入部と結論部ではこれを敷衍して詳細に述べたのであろう。当該経文の abhinirharati の漢訳語にばらつきがあり,起こすという意味の「発」「引発」もあれば,完成するという意味の「成就」もあるのは,このような一連の行為における最初の praṇidhāna を主に据えれば「発」という訳になり,最後の abhinirhāra を主に据えれば「成就」という訳になるということではないだろうか。菩堤流支訳が目的語に応じて順次「発」「起」「成就」と訳し分けているのは,その証左となるだろう。(1.4『十地経論』による当該経文の解釈)。

では次に,以上の検討を踏まえた上で『荘厳経論』における vyavasāya と abhinirhāra の用例を検討したい。『荘厳経論』の無性釈と安慧釈のどちらにも vyavasāya を praṇidhāna と言い換えている箇所があるからである。その後で,abhinirhāra の用例のうち,誓願と関連するものを検討したい。

2.『荘厳経論』の vyavasāya

『荘厳経論』における vyavasāya の用例は二箇所に三例ある。一箇所目の用例は,第 2 章「帰依品」(*Śaraṇagamana-adhikāra*)第 2 偈とその世親釈に一例ずつ見られる。ここでは,大乗を帰依処とするには強く堅い決意（vyavasāya）が必要であるということが説かれている。そして，この決意は殊勝なる誓願（praṇidhāna）に基づいたものだとされる。以下では，praṇidhāna と関係するこの用例のみを検討する。もう一箇所の用例は，praṇidhāna とも abhinirhāra とも無関係な文脈で用いられているため今は検討対象とはしない(34)。その他，vyāvasāyika という語形も一例見られるが，これも praṇidhāna や abhinirhāra との直接的な関係はないため今は検討対象としない（後註 42 参照）。

以下の引用文中の太字が vyavasāya に言及する箇所であるが，vyavasāya のチベット訳は一定していない。偈頌が nges par bya ba，世親釈と無性釈が nges pa，安慧釈が re ba とある。前掲の『十地経』十大誓願導入部では brtson pa であり，結論部では brtson 'grus であって。『十地経論』は一貫して brtson pa であり，『荘厳経論』安慧釈所引の十大誓願導入部は brtson 'grus であった。いずれも「決意」という訳語が妥当だと思われる文脈において，チベット訳がここまで異なる理由は判然としない。

世親釈: 研究会 [2020: 22, 24], 長尾 I 48, Lévi 9.2–9

tathāpy agraśaraṇagamanānāṃ bahuduṣkarakāryatvāt kecin notsahanta iti śaraṇagamanaprotsāhane ślokaḥ |

yasmād ādau duṣkara **eṣa vyavasāyo** duḥsādho 'sau naikasahasrair api kalpaiḥ |
siddho yasmāt sattvahitādhānamahārthas tasmād agre yāna ihāgraśaraṇārthaḥ
|| II.2 ||

etena **tasya śaraṇagamanavyavasāyasya** praṇidhānapratipattiviśeṣābhyāṃ yaśohetutvaṃ darśayati | phalaprāptiviśeṣeṇa mahārthatvam |(35)

---

(34) 二箇所目の用例は praṇidhāna とは関係のない，bhāvanā の文脈に見られ，長尾氏は「努力」と訳している。第 11 章「述求品」（*Dharmaparyeṣti-adhikāra*）第 8–12 偈では，瑜伽行者にとっての作意は十八種だとされる。その第十一番目，すなわち世親釈で「修習の形相に悟入する作意」（bhāvanā-ākāra-praviṣṭa-manaskāra, 修種作意）とされるものの説明中に vyavasāya が見られる。この作意はさらに四種と三十七種とに分けられ，後者の三十七種とは三十七菩提分法を内容としており，その中の五根の説明において vyavasāya が見られる。

MSABh XI.11 *Dharmaparyeṣti-adhikāra*: 長尾 II 48, Lévi 57.21–23（Tib: D167a5–6, P179b2–4; Chi: T (1604) [31] 611a1–2）

sthitacittasya lokottarasaṃpattisaṃpratyayākārabhāvano, yathā saṃpratyayākārabhāvana evaṃ **vyavasāyākārabhāvano** dharmāsaṃpramoṣākārabhāvanaś cittasthityākārabhāvanaḥ pravicayākārabhāvana indryeṣu |

vyavasāya-ākāra-bhāvana（Tib. 'bad pa'i rnam pa bsgom pa dang, Chi. 勤…種修）を長尾［2007B: 48］は「努力を形相とする修習」と訳している。また，長尾［2007B: 49 n.1］はこのときの五根とは五無漏根，すなわち信（śraddhā），勤（vīrya），念（smṛti），定（samādhi），慧（prajñā）だとする。これと世親釈の(1)信順（saṃpratyaya），(2)努力（vyavasāya），(3)忘れない（asaṃpramoṣa），(4)心の定住（cittasthiti），(5)識別考究（pravicaya）が対応するという。

(35) Tib-MSABh II.2: 研究会 [2020: 89–90], D134b1–3, P141b5–7

研究会訳［2020: 23, 25］

そのよう［に三宝を帰依処とした者たちの中で最高なる者］であっても，最勝［乗］を帰依処とした者たちは多大な難行を為さねばならないから，ある者は［その難行に］耐え得ない。したがって，［彼らに対して，最勝乗を］帰依処とすることを勧めることについて，一偈がある。

まず第一に**この［最勝乗を帰依処とすることの］決意は**為し難いものであるから，何千という多数の劫をかけても成就し難い。［その決意が］成就するときは，［一切］衆生に利益を与えるという偉大な意義がある。したがって，この最勝乗においては最勝なる帰依処の意味がある。（Ⅱ.2）

この［偈］は，卓越した誓願と［卓越した］正行の両者にもとづいて，**その［最勝乗を］帰依処とすることの決意には**名声の原因があることを示している。卓越した得果（結果の得られること）にもとづいて，［その決意には］偉大な意義がある［ことを示している］のである。

無性釈: 研究会 [2020: 160], D48b5–6, P55b2–3

nges pa zhes bya ba'i sgra ni smon lam yin par bshad do || theg pa mchog[(1)] la skyabs su 'gro ba ni | 'jig rten pa dang | 'jig rten las 'das pa'i grags pa dag gi rgyu yin no ||

(1)mchog CD : chen po GNP

---

de lta mod kyi mchog la skyabs su 'gro ba bya dka' ba mang ba'i phyir | kha cig[(1)] mi spro bas skyabs su 'gro bar spro bar bya ba'i phyir tshigs su bcad pa |

gang phyir dang por **nges par bya ba 'di** dka'[(2)] ste ||
de ni bskal pa stong phrag du mar bsgrub par dka'[(3)] ||
gang phyir grub na sems can phan byed don chen te ||
de phyir theg chen 'di la skyabs don mchog yin no || Ⅱ.2 ||

'dis ni **skyabs su 'gro bar nges pa de** smon lam dang sgrub pa'i khyad par dag gis grags pa'i rgyu nyid du ston par[(4)] byed de | 'bras bu thob pa'i khyad par gyi[(5)] don chen po nyid do ||

(1)cig CD : dog GNP (2)dka' CDP : bka' GN (3)dka' CDP : bka' GN (4)ston par CDGP : rton par N (5)gyi CD : gyis GNP

波羅頗蜜多羅訳『大乗荘厳経論』T (1604) [31] 593a13–20, 研究会 [2020: 101]

次勧勝帰依。偈曰。

難起亦難成　**応須大志意**
爲成自他利　當作勝帰依

釈曰。「難起」者，所謂勝願由弘誓故。「難成」者，所謂勝行由経無量劫故。由如此難**応須発大志意**。何以故。爲欲成就他利与自利故。「他利」者，所謂願行。由願行是名聞因故。「自利」者，所謂大義由大義是自體果故。

研究会訳［2020: 161］

［世親釈の］「**決意**」という言葉は誓願であることを示した。最勝乗（大乗）を帰依処とすることは，世間と出世間の諸の名声にとって原因となる。

安慧釈: 研究会 [2020: 110–112], D32a4–6, P34b1–2

gang phyir thog mar re ba bya dka' ste ||（Ⅱ.2a）zhes bya ba la | **re ba** zhes bya ba ni byang chub tu sems bskyed pa dang | smon lam 'debs pa la bya'o || de la dang po so so skye bo'i dus na bdag bla na med pa'i byang chub tu[(1)] sangs rgyas nas sems can thams cad 'khor ba'i dgon pa las bsgral te | mya ngan las 'das pa dang thams cad mkhyen pa'i ye shes la gzhag par bya'o zhes khas blangs shing smon lam gdab pa yang shin tu dka'o zhes bya ba'i don to ||

[(1)]byang chub tu CD : byang chub GNP

研究会訳［2020: 111］

「**まず第一にこの決意は為し難いものであるから**」という［第 2 偈 a 句］について。「**決意**」というのは，菩提に欲することと誓願を発すことに関してである。このうち第一に凡夫の時に，「自ら無上菩提を証悟して，一切衆生を［生死］輪廻のあり方から［出世間へと］渡らせて，涅槃と一切智者の智を確立しよう」と［して，大乗の教法を］受け入れて，誓願を保持することも極めて難しいという意味である。

無性釈では vyavasāya という言葉は誓願（*praṇidhāna）のことだとされる。安慧釈では発菩提心（*bodhicittotpāda）と発願（*praṇi-√*dhā*）に関するものだとされ，とくに発菩提心と関係付けられているため，ここでの vyavasāya は作仏の決意に関する文脈で用いられているとみなすことができる。さらに下線部では，その決意を起こすのは「凡夫の時」だとされている。これが偈頌 a 句の “ādau”（まず第一に, thog mar）に対する註釈だとすれば，vyavasāya は大乗に帰依した菩薩がかつて凡夫であった時の決意だと理解できるだろうか。パーリ語の abhinīhāra が作仏の決意を意味する文脈でも，釈尊がスメーダという名前のバラモン僧であったとき，つまり厳密には菩薩ではないとされるときの，過去世における一番初めの作仏の決意が abhinīhāra だとされていた。このような文脈上の類似を勘案すれば，ここでの praṇidhāna と vyavasāya を同義語とみなすことは十分妥当だと考えられる。しかし，この vyavasāya の理解をそのまま安慧釈所引の『十地経』十大誓願の導入部に持ち込むことはできないだろう。なぜなら，そもそも十大誓願の主体は入地の菩薩であって凡夫ではない。あるいは，「凡夫の時」というのが初地以前の凡夫位の菩薩を意味しているとしても，初地の菩薩による十大誓願や勝義的発心とは文脈が異なる。したがって，両註釈が vyavasāya を註釈して praṇidhāna や

cittotpāda と関連付けていることは，当該経文の併記された三つを同義語だとする村上氏の理解を一見支持するかに思えるが，文脈が異なるため同義語の根拠とはならないだろう。

3.『荘厳経論』の abhinirhāra

3.1『荘厳経論』における abhinirhāra の用例

『荘厳経論』に abhinirhāra は合計で二十例ある。ここには動詞形の abhinirharati や，接頭辞 abhi のない nirhāra，また abhinihṛti，nirhṛti という語形の用例も含む。初出は本稿冒頭でも言及した第 4 章「発心品」第 12 偈 b 句の “praṇidhāna-mahā-daśa-abhinirhārāt”，ならびにこの語順を入れ替えただけの世親釈 ”daśa-mahā-praṇidhāna-abhinirhārāt” である。全用例の中で praṇidhāna と直接連語関係にあるものはこれだけである。ほとんどが先行研究に指摘される複合語の用例であり，意味上の目的語を「起こす」「完成する」という意味で理解できるものばかりである。praṇidhāna の同義語とみなされるものも，同族目的語構文をなすものも見られない。しかし，abhinirhāra の訳語を考える上で有用な用例もある。abhinirhāra を複合語ではなく単独で用いるものや，安慧釈の訳語が mngon par sgrub pa ではなく文脈に沿った訳語に変えられているものである。本稿末尾にこれらの用例のサンスクリット，チベット訳，漢訳，そして先行訳の対照表を示す。これらの用例を内容で分類すれば三つに分類できるだろう。本稿ではこのうちの [9–14] の用例を検討する。

①誓願に関するもの：[1] [2]
②菩薩行に関するもの: [3](36) [4] [5] [6] [7] [8] [15] [17] [18](37); [9–14]

---

(36) [3] と [15] は guṇa-abhinirhāra という複合語の用例である。このときの guṇa は禅定や三昧によって獲得される功徳を意味するため，②「菩薩行に関するもの」に分類した。とくに [3] に対する安慧釈はその功徳を六神通（ṣaḍabhijñā）などであるとする。[15] も菩提分法のうちの八正道に関する文脈で見られる。先行訳を参考に，この文脈の abhinirhāra は「実現」と訳した。

SAVBh XI *Dharmaparyeṣti-adhikāra*: D mi 173b3–4, P mi 193a3–4

> **yon tan mngon par sgrub pa shin tu rnam par dag pa** zhes bya ba la | yon tan ni mngon par shes pa drug dang | stobs dang mi ’jigs pa la sogs pa la bya’o || yon tan de dag thob par bya ba la bar du gcod spangs nas, yon tan de dag mngon sum du byas pa la **yon tan mngon par bsgrub pa shin tu rnam par dag pa** zhes bya ste | ’dis ni yon tan mngon par bsgrub pa la dbang byed pa bstan to ||
>
> **「功徳の実現という極めて清浄な［自在作意］である」**（guṇa-abhinirhāra-suviśuddhaś）に関して。功徳とは六神通と［十］力と［四］無畏など［の十八不共仏法］に関してである。それら諸功徳が獲得されるまでに［見所断・修所断の煩悩による障害と，煩悩障・所知障とを］断じ，斥けて，それら諸功徳を作証（*sākṣākṛta）することが**「功徳の実現という極めて清浄な［自在作意］である」**と言われる。こ［の文］によって，功徳の実現に自在であることが説示される。

(37) [17] と [18] は菩薩が十善業道を abhinirhāra するという内容であるため，②「菩薩行に関するも

③その他：[16]（地に関するもの），[19] [20]（善根に関するもの）

の」に分類した。『荘厳経論』第 20–21 章「行住品」第 32–40 偈では，十地それぞれの名称の語義解釈（nirkuti）がなされる。そのうち第 33 偈 ab 句では第二離垢地についてであり，その世親釈に『十地経』「第二離垢地」の経文が引用される。その経文中に abhinirhāra が見られる。

離垢地の菩薩は十善業道を備えているとされ（DBS Ⅱ: Rahder Ⅱ B 23, Kondo 37.14–15），『十地経』の文脈では abhinirhāra は十善業道を意味上の目的語としている。梵本にはないが，チベット訳には"dge ba bcu'i las" の語が見られる。十善業道を abhinirhāra するから「離垢地」と言われると説明され，このときの abhinirhāra を村上氏は「創り出す（実現する）」と訳すが，村上氏の論調からは「完成」ではなく「起こす」というニュアンスだろうか。その他の先行訳はいずれも「起こす」ではなく「成就／完成する」という意味で理解している（長尾訳［2011: 123］，村上訳［2000: 43］，荒牧訳［1974: 77］，龍山訳［1938: 54］参照）。

長尾［2011: 123 n.2］はこの経文が『中辺分別論』世親釈と安慧釈にも引用されることを指摘し，これらも参照した上で内容の再考が必要だと述べる。世親釈の玄奘訳，真諦訳ともに abhinirhāra を「出離」と訳し，安慧釈では abhinirhāra が prayatna と kṛtya に言い換えられている点が注意される。なお，『荘厳経論』安慧釈は最終章の第 31 偈の途中から現存していないため参照できず，無性釈には abhinirhāra への言及はない。

MAVṬ Ⅱ.14 *Āvaraṇa-pariccheda*: Yamaguchi 101.6（真諦訳『中辺分別論』T (1599) [31] 454c23–25, 玄奘訳『弁中辺論』T (1600) [31] 468a19–21）

abhinirhāraḥ prayatnaḥ kṛtiyaṃ vā |

MSABh ⅩⅩ–ⅩⅪ.33 *Caryā-Pratiṣṭhā-adhikāra*: 上野 22.7–8, 長尾 IV 122, Lévi 182.1–2（Chi: T (1604) [31] 659a21–22）

tasmāt tarhy asmābhis tuly**ābhinirhāre** sarvakāraparisodhan**ābhinirhāra** eva yogaḥ karaṇīya iti vacanāt |

Tib-MSABh: Ueno 61.2–4

de lta bas na bdag gis **bsgrub tu** mtshungs pa la rnam pa thams cad yongs su sbyang ba **mngon par sgrub pa** kho na la brtson par bya'o zhes 'byung ba'i phyir ro ||

上野訳（副論）［2015: 25］

［『十地経』には］「それゆえ今や，われわれは，等しく［十善業道を］**実現するにあたって**，あらゆる仕方で［十善業道の］浄化を**実現することに**のみ専念しよう」と説かれている。

DBS Ⅱ *Vimalābhūmi*: Rahder Ⅱ P 26, Kondo Ⅲ 41.4–5

tasmāt tarhy asmābhiḥ sam**ābhinirhāre** sarvākāraparisodhan**ābhinirhāra** eva yogaḥ karaṇīyaḥ |

Tib-DBS: D lha 189a6–7, P li 73b3, L ga 101a6–7

de lta bas na bdag gis(1) dge ba bcu'i las **mngon par bsgrub** tu 'dra ba la rnam pa thams cad du yongs su sbyang zhing **mngon par bsgrub pa la** brtson par bya'o ||

(1)gis DL : gi P

實叉難陀訳『八十華厳』T (279) [10] 185c13–15

是故我今等**行**十善。応令一切具足清淨。

尸羅達摩訳『仏説十地経』T (287) [10] 543a25–26

是故我今於同**出離**。遍於一切行相清淨**出離**之中応作加行。

これらの用例の [1] [2] は誓願を意味上の目的語とし，その他も菩薩行に関わるものを目的語として，それらを「起こす」「完成する」という意味になるだろう。このうち安慧釈の訳語が変わっているものが [4] と [5] である。[4] の abhijñā-abhinirhāra は abhinirhāra が rdzogs pa（完成）と訳され(38)，[5] の samāpatti-abhinirhāra の場合は abhinirhāra が 'byung ba（起こすこと，生じること）と訳されている(39)。この用例のテキストと試訳は拙稿［2021: 12–16］に譲り，本稿では概略を脚註で示すにとどめる。

abhinirhāra を複合語ではなく単独で用いるものは [9] から [14] の，一つの文脈に見られる用例である。ここでは「誓願という abhinirhāra」という表現が用いられ，その教証として『十地経』における願力を備えた菩薩についての経文が引用される。このときの abhinirhāra を漢訳は「成就」と訳し，安慧釈は「結果」（*phala, 'bras bu）と言い換える。つまり「誓願という結果」が説かれたことになる。これに対し，『荘厳経論』の別の箇所では誓願を原因と規定し，その教証として同じ『十地経』の経文が引用される。そこで，一方では結果だとされ，もう一方では原因だとされる誓願という概念を通して abhinirhāra の理解を深めたい。

3.2 誓願の外延

3.2.1 結果としての abhinirhāra

第 18 章「菩提分品」（*Bodhipakṣya-adhikāra*）の第 50–54 偈では四神足について説明される。第 50 偈では，四神足とはあらゆる自利利他を成就するために生じるとされる。第 51 偈では，その四神足が niśraya（rten, 依止），upāya（thabs, 方便），abhinirhṛti（mngom par sgrub pa, 成就）の三項目から規定される(40)。abhinirhṛti はすぐに abhinirhāra と言い換えられ，この

(38) 第 14 章「教授教誨品」（*Avavāda-anuśāsanī-adhikāra*）において，世第一法位の菩薩が堪能性（karmaṇyatā）を獲得し，三昧中に諸仏から教授教誨を受けるという説示がある。その文脈で堪能性が説明される第 17 偈に abhijñā-abhinirhāra（T. bsam gtan las 'thob **mngon par shes** || **mngon par bsgrubs pa**'i sgo nas de ||, Chi. **起通**遊諸界）という表現が見られる。筆者は「神通を完成させたこと」と訳した。これを安慧釈は「最勝の神通を獲得し，神通が完成した菩薩は」などと註釈し，その際に "mngon par shes pa mchog thob ste | mngon par shes pa rdzogs pa'i byang chub sems dpa' " と訳されている。

(39) 第 16 章「度摂品」（*Pāramitā-adhikāra*）の禅定波羅蜜に関する説示の中で，第 25–26 偈では静慮の分類（dhyāna-prabheda）が説かれる。そこでは静慮が生じる原因として記憶（smṛti）と精進（vīrya）が挙げられており，その世親釈に "samāpatti-abhinirhāra"（T. bsam gtan mngon par sgrub pa, Chi. 禅定得起）という表現が見られる。筆者は「等至が起こる」と訳した。これを安慧釈は「記憶を失い怠惰な者たちには静慮は生じない」と註釈し，その際に "bsam gtan mi 'byung" と訳されている。

(40) 安慧釈はこれに prabheda を加えた四項目として理解する。実際に梵本と蔵訳は四項目として読むことも可能である。しかし，世親釈は三項目のみを詳説しており，prabheda に関する詳説はないため，三項目で理解した（長尾［2009: 244 n.1］参照）。なお漢訳は三項目であると明示する。

MSABh XVIII.51 *Bodhipakṣya-adhikāra*: 岸 125.5–7, 長尾III 244, Lévi 142.16–18（Tib: D226b5–6, P249b2–3; Chi: T (1604) [31] 643b28–c3）

三項目がそれぞれ一偈ずつで順番に説明される。第 52 偈では三項目それぞれの分類が説かれ，niśraya は禅定波羅蜜のことであって分類すれば四種だとされる。upāya も分類すれば四種類，abhinirhāra は六種類だとされる。このとき，以下の安慧釈では abhinirhāra が「結果」（*phala, ’bras bu）と言い換えられる。

> 「**方便も［四種］であり，そして成就は六種に分けられる**」（upāyaś cābhinirhāraḥ ṣaḍvidhaś ca vidhīyate: XVIII .52cd）について，四神足を実現するための方便は四種である。成就（abhinirhāra），すなわち結果（*phala）は六種である。(41)

このとき upāya が他の単語に言い換えられていないことと比べれば，abhinirhāra を*phala に言い換えなければ文意が理解し難いということだろう。この upāya が第 53 偈では八断行だとされ，その四種が説明される(42)。そして第 54 偈では，abhinirhāra の六種，すなわち(1)

---

niśrayāc ca prabhedāc ca upāyād **abhinirhṛteḥ** |
vyavasthā ṛddhipādānāṃ dhīmatāṃ sarvatheṣyate || XVIII .51 ||

asyoddeśasya śeṣo nirdeśaḥ |

(1)依止の分類と(2)方便［の分類］と(3)**成就［の分類］に基づいて**，賢者たちの［四］神足の設定があらゆる点で認められる。（XVIII .51）

こ［の偈頌］は概説であるが，以下［の偈頌］が解釈である。

(41)MSABh XVIII .52: 岸 125.11–14, 長尾III 245, Lévi 142.19–22（Chi: T (1604) [31] 643c3–6）

dhyānapāramim āśritya prabhedo hi caturvidhaḥ |
upāyaś c**ābhinirhāraḥ** ṣaḍvidhaś ca vidhīyate || XVIII .52 ||

dhyānapāramitā niśrayaḥ | prabhedaś caturvidhaś chandavīryacittamīmāṃsāsamādhibhedāt | upāyaś caturvidha eva | **abhinirhāraḥ** ṣaḍvidhaḥ |

禅定波羅蜜に依拠すれば，実に分類は四種である。方便も［四種］であり，そして**成就**は六種に分けられる。（XVIII .52）

(1)依止とは禅定波羅蜜である。意欲・精進・心・審察という三昧の区別に基づくから，分類は四種である。(2)方便も同じく四種であり，(3)**成就**は六種である。

Tib-MSABh: D226b6–7, P249b3–4

bsam gtan(1) pha rol phyin brten nas || rab tu dbye ba dag dang thabs ||
rnam bzhi **mngon par sgrub pa** ni || rnam pa drug tu brjod pa yin || XVIII .52 ||

bsam gtan gyi pha rol tu phyin pa la brten nas ’dun pa dang brtson ’grus dang | sems dang dpyod pa’i ting nge ’dzin gyi dbye bas rab tu dbye ba rnam pa bzhi’o || thabs kyang rnam pa bzhi kho na’o || **mngon par sgrub pa** ni rnam pa drug go ||

(1)gtan D : btan P

(42) この第 53 偈の世親釈に “vyāvasāyika upāyaḥ” という表現が見られる。この字面からは『十地経論』で vyavasāya が「方便」と漢訳され，tat-samṛddhi-upāya と註釈されたことが想起される。しかし，ここではあくまで八断行（prahāṇasaṃskāra）の欲・勤・信という始めの三つに対する形容に過ぎない。以下の試訳では術語に漢訳をそのまま用いた。

MSABh XVIII .53: 岸 125.18–21, 長尾III 245, Lévi 142.22–143.1（Tib: D226b7–227a3, P249b4–8, Chi: T (1604) [31] 643c7–21） darśana（能見），⑵ avavāda（能授），⑶ sthiti-vikrīḍita（遊戯），⑷ praṇidhi（遊願），⑸ vaśitā（自在），⑹ dharma-prāpti（得法）が説明される。このうち四つ目の praṇidhi は praṇidhāna と同義であるから，ここに abhinirhāra と praṇidhāna とが関係付けられることになる。なお，無性釈には abhinirhāra の意味に関する註釈はない[43]。

以下の世親釈の下線部が praṇidhi の説明であり，太字は安慧釈による註釈のうち，以下で検討する箇所である。ここでは abhinirhāra を便宜的に漢訳の「成就」と訳した。

世親釈 六種の abhinirhāra: 岸 125.28–126.10, 長尾III 248–249, Lévi 143.5–16

ṣaḍvidho 'bhinirhāraḥ katamaḥ |

darśanasyāvavādasya sthitivikrīḍitasya ca |

praṇidher vaśitāyāś ca dharmaprāpteś ca nirhṛtiḥ || XVIII.54 ||

tatra darśanaṃ cakṣuḥ pañcavidhaṃ, māṃsacakṣuḥ, divyaṃ cakṣuḥ, āryaṃ prajñācakṣuḥ, dharmacakṣuḥ, buddhacakṣuś ca | avavādaḥ ṣaḍabhijñā yathākramaṃ tābhir upasaṃkramya bhāṣāṃ cittaṃ cāgatiṃ ca gatiṃ ca viditvā niḥsaraṇāyāvavadanāt | sthitivikrīḍitaṃ yasmāt bodhisattvānāṃ bahuvidhaṃ nirmāṇādibhiḥ samādhivikrīḍitam | **praṇidhir "*yena praṇidhijñānena praṇidhānabalikā bodhisattvāḥ*** *praṇidhānavaiśeṣikatayā vikrīḍanti* | ***yeṣāṃ na sukaraṃ saṃkhyā kartuṃ kāyasya vā*** *prabhāyā vā svarasya vā*" iti vistareṇa yathā *Daśabhūmike sūtre* | vaśitā yathā tatraiva daśa vaśitā nirdiṣṭāḥ | dharmaprāptir balavaiśāradyāveṇikabuddhadharmāṇāṃ prāptiḥ | ity eṣa darśanādīnām abhinirhāraḥ ṣaḍvidhaḥ |

[44]

---

caturvidha upāyaḥ katamaḥ |

vyāvasāyika ekaś ca dvitīyo 'nugrahātmakaḥ |

naibandhikas tṛtīyaś ca caturthaḥ prātipakṣikaḥ || XVIII.53 ||

aṣṭānāṃ prahāṇasaṃskārāṇāṃ chando vyāyāmaḥ śraddhā **vyāvasāyika upāyaḥ** ...

四種の方便とは何々か。

一つは**起作**［方便］，第二は随摂［方便］，第三は繫縛［方便］，そして第四は対治［方便］である。（XVIII.53）

八断行のうちで，欲・勤・信が**起作方便**である...

[43] 無性釈には四神足に関する第 50–54 偈までの五偈のうち（MSAṬ: D147b4–148a4, P165b7–P166a8），第 50–52 偈までの註釈はなく，第 53 偈 upāya についてと，第 54 偈 abhinirhāra の⑴ darśana と⑶ sthitivikrīḍita にのみ註釈されている。abhinirhāra についての言及はない。

[44] Tib-MSABh XVIII.54: D227a3–7, P249b8–250a5

mngon par sgrub pa rnam pa drug gang zhe na |

mthong ba dang ni[1] gdams ngag dang || gnas pas rnam par rtse[2] ba dang || smon lam dang ni dbang dag dang || chos thob pa ni sgrub pa'i phyir || XVIII.54 ||

de la mthong ba ni spyan rnam pa lnga po sha'i spyan dang | lha'i spyan dang | shes rab kyi spyan dang | chos kyi spyan dang | sangs rgyas kyi spyan no || gdams ngag ni mngon par shes pa drug ste | de dag gis

六種の成就（abhinirhāra）とは何々か。

(1)見，(2)教授，(3)［三昧に］住した遊戯，(4)誓願，(5)自在性，そして(6)法の獲得という成就（nirhṛti）である。（XVIII .54）

(1)そのうち見とは，五種の眼である。肉眼・天眼・聖なる慧眼・法眼・仏眼である。(2)教授とは，六神通である。それら［六神通］によって，順次，［衆生に］近づいて声や心を［知り］，［どこから］来て［どこへ］行くのかを見極めて，［衆生の］出離のために教導するからである。(3)［三昧に］住した遊戯とは，諸菩薩には変化［身］などによって多種の三昧による遊戯があるからである。(4)誓願とは，「ある願智によって，願力を備えた菩薩たちは誓願の殊勝性によって遊戯する。彼ら［菩薩たち］の身体，あるいは威光，あるいは語句を数えることは容易ではない。」云々によって『十地経』に［説かれる］ごとくである。(5)自在性とは，同じそ［の『十地経』］[45]に十自在性が詳説されるごとくである。(6)法の獲得とは，［十］力や［四］無畏や［十八］不共仏法の獲得である。以上，これが見などの六種の成就である。

下線部の誓願の説明の中に『十地経』が引用されている。これは誓願が abhinirhāra である

go rim[3] bzhin du nye bar song nas skad dang sems dang 'ong ba dang 'gro ba rig par byas nas nges par 'byung bar bya ba'i phyir 'doms pa'i phyir ro || gnas pas rnam par rtse ba ni | 'di ltar byang chub sems dpa' rnams ting nge 'dzin gyis sprul pa la sogs pa rnam pa du mas rnam par rtse ba yin no || smon lam ni "***smon lam shes pa gang gis*** *byang chub sems dpa'* ***smon lam gyi stobs can rnams*** *smon lam khyad par can gyis rnam par rtse ba'o* || ***de dag gi***[4] ***lus dang 'od dang dbyangs ni bgrang bar sla ba ma yin te"*** *rgyas par Sa bcu pa'i mdo* las ji skad 'byung ba lta bu yin no || dbang yang de nyid las | dbang bcu ji skad bstan pa lta bu yin no || chos thob pa ni stobs dang mi 'jigs pa dang sangs rgyas kyi chos ma 'dres pa rnams thob pa ste | de ltar na 'di ni mthong ba la sogs pa mngon par sgrub pa rnam pa drug[5] yin no |

[1] ni D : om. P [2] rtse D : brtse P [3] rim P : rims D [4] gi D : gis P [5] drug D : drug pa P

波羅頗蜜多羅訳『大乗荘厳経論』T (1604) [31] 643c21–644a8

問云，何**成就**。偈曰。

能見及能授　遊戯亦遊願

自在并得法　成就此六種（Chi.43 = XVIII .54）

釈曰。六成就者。一能見成就。二能授成就。三遊戯成就。四遊願成就。五自在成就。六得法成就。能見成就者。謂五眼。肉眼天眼慧眼法眼佛眼此成就故。能授成就者。謂六通。依此能教授故。如其次第。身通往彼所。天耳通聞其音而爲説法。他心通知障有無爲之除断。宿住通知過去行借力令知使其生信。天眼通知死此生彼令其生厭。漏盡通爲之説法令得解脱。遊戯成就者。此有多種。謂変化等諸定。**遊願成就者，「謂入願力**遊諸願果。**謂放光，発声等此不可数。**」広如『十地経』説。自在成就者。謂十自在。亦如十地経説。得法成就者。謂得力無所畏及不共法。

(45)『十地経』「第八不動地」の該当箇所（DBS VIII *Acalā-bhūmi*: Rahder VIII O 70, Kondo 142.15–143.9）が長尾［2009: 250 n.6］に指摘されている。長尾氏によれば，この十自在性（daśa vaśitā）の初出がこの『十地経』であって，そこでは十自在性とは六波羅蜜の完成による結果だとされるという。

こと，すなわち誓願が結果であることの教証として引用されたものだと考えられる。この経文は「初地」から「第十地」までの各章の末節に置かれる定型文であり[46]，『荘厳経論』の他の箇所にも引用されている。同じ「菩提分品」の第 74–76 偈では誓願の弁別（praṇidhāna-vibhāga）

[46] 龍山［1930: 16–19］に『十地経』各地の末節が当該の『荘厳経論』第 50–54 偈の四神足の説明に取意的に引用されることが指摘されている。同じ経文が「菩提分品」第 74–76 偈の誓願の説明にも引用されることについては長尾［2009: 276 n.9］，岸［2013: 92–93］に指摘されている。以下には経文の全文を「初地」を例に掲げる。

平賀［2013: 114–115］はこの経文の内容は第十地に到達した菩薩に関するものであって，最終的な到達地点が初地から第十地までの末節に置かれているのだという。しかし，世親釈では必ずしもそのように解釈してはおらず，菩薩一般に関するものだと理解した。

DBS I *Pramuditā-bhūmi*: Rahder I YY 22, Kondo 30.7–11

tata uttare praṇidhānabalikā bodhisattvāḥ praṇidhānavaiśeṣikatayā vikurvanti | yeṣāṃ na sukarā saṃkhyā kartum kāyasya vā prabhāyā varddher vā cakṣuṣo vā gocarasya vā svarasya vā caryāyā vā vyūhasya vādhiṣṭhānasya vādhimukter vābhisaṃskārāṇāṃ vā yāvad etāvadbhir api kalpakoṭīniyutaśatasahasrair iti[(1)] ||

[(1)]iti R : api K

それよりも上［の地］において，願力を備えた諸菩薩は誓願の殊勝性によって遊戯する。彼ら［菩薩たち］の身体，威光，神通，眼，境界，音声，行，荘厳，加持，信解，所作の数を数えることは，乃至，百千万億劫に渡っても容易ではない。

Tib-DBS: D185b2–4, P69a8–b2, L95a2–5

de yan chad byang chub sems dpa'i smon lam gyi mthu can rnams smon lam gyi khyad par gyis rnam par 'phrul te[(1)] | de dag gi lus sam | 'od dam | rdzu 'phrul lam | mig gam | spyod yul lam | dbyangs sam | spyod pa'am | rgyan tam | byin gyi rlabs[(2)] sam | mos pa'am | mngon par 'du byed pa dag kyang bskal pa du ma dang | bskal pa brgya phrag du ma dang | bskal pa stong phrag du ma dang | bskal pa brgya stong phrag du ma dang | bskal pa bye ba khrag khrig brgya stong phrag[(3)] du mas kyang bgrang bar dka'o ||

[(1)]par gyis rnam par 'phrul te DL : illegible P [(2)]byin gyi rlabs DL : byin gyis brlabs P [(3)]phrag DP : om. L

竺法護訳『漸備一切智徳経』T (285) [10] 464b15–17

菩薩由是。所建立力。入殊特願。在所変現。諸可興善。宣布恵施。乃至普通無数億姟百千劫事。

鳩摩羅什訳『十住経』T (286) [10] 503a27–28

若以願力。自在示現。過於此数。若干百千萬億那由他不可計知。

仏陀跋陀羅訳『六十華厳』T (278) [9] 547b21–23

若以願力。自在示現。過於此数。百千萬億那由他劫。不可計知。

実叉難陀訳『八十華厳』T (279) [10] 183c17–19

若以菩薩。殊勝願力。自在示現。過於是数。百劫千劫。百千劫。乃至百千億那由他劫。不能数知。

尸羅達摩訳『仏説十地経』T (287) [10] 544b21–24

有願力者由勝願故。所有遊戯或身或光明或神通或眼或境界或音声或行或荘厳或勝解或所作。此等乃至爾所百千倶胝那庾多劫。不易可数。

が説かれるが，そこでは誓願（praṇidhāna）が「原因なるもの」（hetu-bhūta）だとされる。その教証にもこの同じ経文が引用されるのである。つまり，同じ経文が結果の教証にも，原因の教証にもなるのである。ではどうして誓願が結果であるのか，まずはその理由を世親釈の太字部分に対する安慧釈から検討したい。

3.2.2 結果としての誓願

前述の通り abhinirhāra は結果（*phala, 'bras bu）と言い換えられていたが，ここでは四神足自体が結果であり，つまり abhinirhāra だとされている。

安慧釈 四神足＝結果＝ abhinirhāra: D tsi112a5–6, P tsi 132a8–b2

lta ba dang ni lung nod(1) **dang** zhes bya ba la sogs pa rdzu 'phrul gyi rkang pa bzhi 'bras bu drug mngon par sgrub pa drug gang yin pa ston te | mngon par sgrub pa drug ni lta ba mngon par sgrub pa dang | lung nod pa mngon par sgrub pa dang | gnas pas rnam par rtsen pa(2) mngon par sgrub pa dang | smon pa mngon par sgrub pa dang | dbang byed pa(3) mngon par sgrub pa dang | chos thob pa mngon par sgrub pa'o ||

(1)em. lung nod : lung nod 'dod DP (2)rtsen pa P : rtsom pa D (3)byed pa D : byed P

「**見，教授**」（darśanasyāvavādasya: XVIII.54a）などは，四神足という六つの結果（*phala），［すなわち］およそ六つの成就であるところのものを説示する。［すなわち，］(1)見という成就と，(2)教授という成就と，(3)［三昧に］住した遊戯という成就と，(4)誓願という成就と，(5)自在性という成就と，(6)得法という成就である。

ここでは冒頭で四神足，六つの結果，六つの abhinirhāra という三つが併記されて言い換えられている。四神足が結果であるということは，つまり，四神足にとっての依止（niśraya）だとされた禅定波羅蜜を修習することによって，四神足という結果が獲得されるということだろう。それは言い換えれば，六つの abhinirhāra が獲得されるということでもある。そしてその六つの abhinirhāra のうちの一つが誓願（praṇidhi）なのである。世親釈にはこのことの教証として『十地経』から願力を備えた菩薩が遊戯するという内容の経文が引用されている。この経文に対して安慧釈では以下のような註釈がある。

安慧釈 発願と願力: D tsi 113b7–114a1, P tsi 134a7–8

smon pa ni gang smon pas ***"shes pa'i smon pa'i mthus..."*** zhes bya ba la sogs pa la | smon pa mngon par sgrub(1) pa ni gang smon lam gyi mthu las skyes pa'i ye shes te | smon lam gyi mthu las(2) skyes pa'i ye shes de'i dbang gis(3) smon lam ji ltar btab pa(4) bzhin du | lha dang mi la sogs pa'i skye gnas de dang de dag tu ci dgar 'byung zhing sems can gyi don sna tshogs mdzad pas rol pa'o ||

(1)sgrub D : bsgrub P (2)las D : om. P (3)gis D : gi P (4)pa D : om. P

「誓願とは，『ある願智によって願力を有する［諸菩薩は］…』」（praṇidhir "*yena praṇidhijñānena praṇidhānabalikā* ..."）などに関して，誓願という成就（*praṇidhi-abhinirhāra）とは，ある願力から生じた智慧である。願力から生じたその智慧のはたらきによって，誓願を発した通りに，天や人などあれこれの境遇に望み通りに生まれて，様々な衆生利益をなすことによって遊戯する。

まず，誓願という abhinirhāra とは，願力から生じた智慧だとされる。この智慧が世親釈所引の経文における願智（praṇidhi-jñāna）にあたるのだろう。そしてこの願智のはたらきによって，発願した通りに望みは叶い，衆生利益をするという。これを時系列に沿って端的に言い換えれば，まず菩薩は(1) 発願すると (2) 願力が備わり，この願力から (3) 願智が生まれ，この願智によって衆生利益をなす，ということになるだろう。このうちの (3) 願智が「誓願という abhinirhāra」だとされる。

ところが，安慧釈には経文の後半部分に対する註釈もあり，そこでは願智によってではなく「誓願によってあれこれの境遇に生まれた後で衆生利益をなす」（脚註下線部）とされる。さらに，願智によってでも誓願によってでもなく「願力によってあれこれの境遇に生まれたあれこれの菩薩」（脚註波線部）と言われる[47]。要するに，(1) から (3) まで番号を振って段階的に区別したものの，実際のところその区別は曖昧なのである。したがって，菩薩は発願することで願

(47) SAVBh XVIII.54: D tsi 114a1–3, P tsi 134a8–b3

de dag gi lus dang mthu dang sgra rnams zhes bya ba la sogs pa la | smon lam gyis(1) skye gnas de dang de dag tu skyes nas sems can gyi don mdzad pas rnam par rol pa ni *Sa bcu pa'i mdo* las kyang | "*de dag gi lus dang mthu dang sgra rnams bgrang bar sla ba ma yin no*(2)" zhes bya ba(3) rgya cher gsungs te | **de dag gi** zhes bya ba la(4) smon lam gyi dbang gis skye gnas de dang de dag tu skyes pa'i byang chub sems dpa' de dang de dag gi(5) zhes bya ba'i don te | de dag gi lus kyi yon tan dang | sems kyi mthu'i yon tan dang | sgra dbyangs kyi(6) yon tan la sogs pa'i bde bar brjod du sla ba ma yin no zhes bya ba'i don to ||

(1)em. gyis : gyi DP (2)no D : na P (3)ba D : ba la P (4)zhes bya ba la D : zhes bya bas P (5)em. gi : gis DP (6)sgra dbyangs kyi D : sgra dbang gi P

「彼ら［菩薩たち］の身体や威力や音声の」（yeṣāṃ ... kāyasya vā prabhāyā vā svarasya ve）などに関して，誓願によってあれこれの境遇に生れた後で，衆生利益をなすことによって遊戯することは，『十地経』にも，「彼ら［菩薩たち］の身体，あるいは威力，あるいは音声を数えることは容易ではない。」と詳説されている。**「彼らの」**（yeṣāṃ）に関して，願力によってあれこれの境遇に生まれたあれこれの菩薩の，という意味である。彼らの身体の功徳と，心の威力の功徳と，音声の功徳などの善を述べるのは容易ではない，という意味である。

力が備わり，その願力のはたらきによって衆生利益をなす，というほどの内容として理解すべきだろう。そしてこの場合に結果と言えるのは，願力による衆生利益ということになる。つまり，誓願という概念の中の願力に焦点を当てた場合，その局面では誓願は abhinirhāra，すなわち結果であると表現されるのだろう。

3.2.3 原因としての誓願

次に，第18章「菩提分品」第74–76偈で誓願（praṇidhāna）の弁別が説かれるうち，第75偈a句とそれに対する世親釈で誓願が「原因なるもの」（hetu-bhūta）だとされる。この教証にも先と同じ『十地経』の経文が引用されている。そこで，誓願が原因とされる理由を安慧釈から検討したい。太字部分が安慧釈に註釈される箇所であり，安慧釈においても引用される世親釈の文言は太字で示す。

世親釈 原因としての誓願: 岸 131.25–132.16, 長尾Ⅲ 273–274, Lévi 147.22–148.6

praṇidhānavibhāge trayaḥ ślokāḥ |

... **hetubhūtaṃ ca vijñeyaṃ cittāt sadyaḥphalaṃ ca tat |**

āyatyām arthasiddhyarthaṃ cittamātrāt samṛddhitaḥ || MSA XVIII.75 ||

...tac ca praṇidhānaṃ hetubhūtaṃ cittād eva sadyaḥphalatvād, āyatyāṃ cābhipretārthasiddhyartham | cittāt punaḥ sadyaḥphalaṃ cittamātrāt yathābhipretārthasamṛddhito veditavyām | ”*yena praṇidhānena praṇidhānabalikā bohisattvā vikrīḍanti* | *yasya na sukarā saṃkhyā kartuṃ kāyasya vā* ...” iti vistaraḥ |[48]

誓願の弁別について三偈がある。

...原因なるものだと知られるべきである。そしてそれ（誓願）は心に基づいて即時に結果を持つものであり，未来に利益を成就するためであり，心だけに基づいて叶うからである。（XVIII.75）

...また，その誓願は「原因なるもの」である。まさに心から即時に結果が生じる

[48] Tib-MSABh: D230a5–b3, P253a8–b7（Chi: T (1604) [31] 645b29–c15）

smon lam rnam par dbye ba'i tshigs su bcad pa gsum ste |

... **de ni rgyur gyur shes**[(1)] **bya ste || sems tsam las ni 'grub pa'i phyir ||**

sems las mod la 'bras bu can || de ni ma 'ongs don 'grub byed || MSA XVIII.75 ||

... smon lam de ni sems kho na las mod la 'bras bur 'gyur ba'i phyir dang | ma 'ongs pa na 'dod pa'i don 'grub pa'i phyir rgyur gyur pa yin no || sems las mod la 'bras bur 'gyur ba yang sems tsam las ji ltar 'dod pa'i don 'grub pa'i sgo nas rig par bya ste | ”*smon lam gang gis byang chub sems dpa' smon lam gyi stobs can rnams*[(2)] *rnam par rtse bde'i lus bgrang bar bya*[(3)] *sla ba ma yin no*” zhes bya ba rgyas par 'byung ba lta bu'o ||

[(1)]shes D : zhes P [(2)]rnams D : om. P [(3)]bgrang bar P : bgrang bar bya D

(phalatva, 'bras bur 'gyur ba) からである。あるいは未来［世］において望んだ利益を成就するためである。さらに，心から即時に［生じる］結果とは，心だけで望んだ通りの利益を叶えることに関して，知られるべきである。「ある誓願によって，願力を備えた諸菩薩は遊戯する。彼の身体の数を数えることは容易ではない」云々。...

ここでは誓願（praṇidhāna）が「原因なるもの」（hetu-bhūta）だとされ，その理由には二つあり，一つは心から即時に結果が生じるから，もう一つは未来に望んだ利益が成就するからだとされる。これについて安慧釈は端的に，誓願はあらゆる利益の原因だとする。そしてその利益に二つあって，一つは即時すなわち現世における利益であり，もう一つは未来すなわち来世における利益だという。このどちらもが誓願によって成就するのだという[49]。そして，このような誓願が原因となって利益という結果をもたらすということの教証が，『十地経』の先と同じ経文である。願力を備えた菩薩についての経文であって，先にはその願力に焦点が当てられていたが，ここではその願力の原因である発願に焦点が当てられている。経文に対する安慧釈はなく，二つの利益が発願のみによって叶うという註釈がなされている。

安慧釈 発願という原因: D tsi 129a6–b1, P tsi 153a8–b3

sems las zhes bya ba ni sems tsam las she'am[(1)] | smon lam btab pa tsam gyis zhes bya ba'i don to || **'phral du** zhes bya ba ni tshe 'di la zhes bya ba'i[(2)] don to[(3)] | don du na lus dang ngag gi sgo nas, las su byas pa med par, tshe 'dir yang smon lam btab pa tsam gyis bdag dang gzhan gyi don 'grub par 'gyur ro zhes bya ba'i don to ||

ma 'ongs don rnams 'grub pa'i phyir || sems tsam las ni 'grub par 'gyur || zhes bya ba la | ma 'ongs pa ni tshe phyi ma la bya ste | lus dang ngag gi sgo nas g-yos pa med la | sems tsam gyis bsams pa'am | smon lam btab pa tsam gyis tshe phyi mar yang bdag dang gzhan gyi don kun sgrub par byed do zhes bya ba'i don to ||

---

(49) SAVBh XVIII .75a: D129a4–5, P153a6–8

rgyur gyur ba yang[(1)] **shes par bya** (XVIII .75a) zhes bya ba la | byang chub sems dpa' rnams kyi smon lam ni don thams cad 'grub pa'i rgyur 'gyur bar shes par bya'o zhes bya ba'i don to || de la don thams cad 'grub par bya ba ni rnam pa gnyis te | tshe 'dir bdag dang gzhan gyi don 'grub par bya ba dang | tshe rabs gzhan du bdag dang gzhan gyi don 'grub par bya ba'o ||

(1) pa yang D : pa'ang P

「原因なるものだと知られるべきである」に関して，諸菩薩の誓願はあらゆる利益を成就する原因となると知られるべきである，という意味である。そのうち，あらゆる利益を成就することができるというのは二種類である。⑴現世において自他の利益を成就することができるということと，⑵来世において自他の利益を成就することができるということである。

(1)she'am D : zhe'am P (2)em. zhes bya ba'i : bya ba'i DP (3)to D : te P

「**心から**」(cittāt）とは心のみによって，あるいは発願のみによって，という意味である。「**即時に**」とは現世にという意味である。意味としては，身・口に基づいて業を為さずとも，現世においても発願のみによって自他の利益を成就することになる，という意味である。

「**未来に利益を成就するためであり，心だけに基づいて叶うからである**」(āyatyām arthasiddhyarthaṃ cittamātrāt samṛddhitaḥ: XVIII .75cd）に関して，「未来に」(āyatyām）とは来世（*saṃprāya）を言う。身・口に基づいて動くことなしに，心のみによって思ったことや，発願のみによって来世においてでさえ自他のあらゆる利益を成就する，という意味である。

まず「心から」(cittāt）を註釈して，「心のみ」あるいは「発願のみ」[50] という意味だとされる。それは「即時」(sadyaḥ）すなわち現世においても，「未来」(āyatyāṃ）すなわち来世にお

---

(50) 発願のチベット訳は一般的に smon lam 'debs pa であって，そのサンスクリットは一般的には動詞 pra-ṇi- $\sqrt{dh\bar{a}}$ の定形 praṇidadhāti や，過去受動分詞 praṇihita である。また，『荘厳経論』には praṇidhānaṃ $\sqrt{kṛ}$ で表現される場合もあり，これを直訳すれば「誓願をなす」となる。しかし，ここでの「発願のみ」(smon lam btab pa tsam）に対するサンスクリットがどういう形であったかは分からない。

『荘厳経論』に smon lam 'debs pa は四例ある。ただし，用例③④はどちらも別時意趣の説明であり "praṇidhānaṃ kariṣyanti" という同じ表現が「願」と漢訳される。

① MSABh XVII .6–7 *Pūjā-sevā-pramāṇa-adhikāra*: 研究会 [2013: 42, 44]

punar yāṃ pūjām āyatyāṃ prayojayituṃ **praṇidadhāti** sā dūre yāṃ **praṇihitaḥ** kartuṃ sāntike | katamā punar buddhapūjā paramā veditavyety āha |

研究会訳［2013: 45］

「未来［世］において供養を実践しよう」と**誓願する**場合のそれ（供養）は遠い［時］のであり，「［供養を］実践しよう」と**既に誓願した**［供養］は近い［時］のである。

Tib-MSABh: 研究会 [2013: 168], D211b6, P232a4–5

yang mchod pa gang zhig tshe phyi ma la sbyar bar **smon lam 'debs pa** de ni ring ba'o || gang zhig bya bar **smon lam btab**(1) **pa** de ni nye ba'o ||

(1)btab P : 'debs D 研究会 [2013]

波羅頗蜜多羅訳『大乗荘厳経論』T (1604) [31] 634c20–22, 研究会 [2013: 168]

復次**発願**於未来欲供養者爲遠。**発願**於現在即供養者爲近。

② MSABh XVII .38 *Pūjā-sevā-pramāṇa-adhikāra*: 研究会 [2013: 42, 44]（漢訳は梵本と直接対応しないため省略する）

cintāvihīnabuddhiḥ **praṇidhānaṃ** śuklajanmasu na kuryāt || XVII .38ab ||

意思を欠いた智者は，白浄な諸々の境涯に［生まれたいとは］発願しないだろう。

Tib-MSABh: 研究会 [2013: 192], D216b1, P237b7–8

skye ba dkar po rnam dag tu || **smon lam 'debs par** mi 'gyur ro || XVII .38ab ||

③ MSABh XII.18 *Deśanā-adhikāra*: 長尾 II 203, Lévi 83.4–5

いても，身業・口業という行為なしに，意業としての発願のみで自他の利益が成就するということだとされる。無性釈はわずかに「即時」を註釈するのみであるが，安慧釈とは違い現世ではなく「思った直後」と理解する[51]。いずれにせよ，ここでは発願によって自他の利益が成就するとされる。先に誓願が結果だとされた箇所では，衆生利益をなすのは願智や誓願，願力などと表現されていたが，発願だとされることはなかった。ところが今は，発願によって自他の利益が成就するとされている。つまり，誓願という概念の中の発願に焦点を当てた場合，その局面では誓願は原因であると表現されるのだろう。

3.3 小結

以上，『荘厳経論』における abhinirhāra のうち，「誓願という abhinirhāra」という表現が見られる用例をきっかけに，誓願という概念の外延について考察した。誓願が結果だと規定される場合も，原因だと規定される場合も，どちらも教証には『十地経』の同じ経文が引用されていた。この経文には願力を備えた菩薩のことが説かれているが，それはつまり発願が原因となって願力が生じ，この願力によって衆生利益という結果が実現するという内容だと理解できた。そして，この利益が実現するのは現世の場合もあれば来世の場合もあるが，たとえ来世であっても実現するまで願力ははたらき続けるとされていた。この一連の過程のすべてが「誓願」という概念の外延に含まれるのだと考えられる。そして，この過程における願力に焦点を当てた

---

kālāntarābhiprāyo yad āha | ye sukhāvatyāṃ **praṇidhānaṃ kariṣyanti** te tatropapatsyanta iti kālāntareṇety abhiprāyaḥ |

別時意趣とは，「およそ安楽［国］に［生まれたい］と**発願するだろう**者たち，彼らはそこに生まれるであろう。」と説かれたことが別時におけるという意趣である。

Tib-MSABh: D185a7–b1, P200b4–5

dus gzhan la dgongs pa ni | 'di ltar gang dag bde ba can du **smon lam 'debs pa** de dag der skye bar 'gyur ro zhes gsungs pa lta bu ste | dus gzhan na snyam du dgongs pa yin no ||

波羅頗蜜多羅訳『大乗荘厳経論』T (1604) [31] 620c23–25

別時意者。如佛說。若人**願**見阿弥陀佛。一切皆得往生。此由別時得生故如是說。如是等說。是名別時意。

（＝④ MSABh XII.19–20 *Deśanā-adhikāra*: 長尾II 206, Lévi 83.22–23; Tib: D185b7–156a1, P201a5–6; Chi: T (1604) [31] 621a10–11）

[51] MSAṬ XVIII.75: D150b4–5, P169a3–4

sems las mod la 'bras bur 'gyur ba yang sems tsam las ji ltar 'dod pa'i don 'grub pa'i sgo nas rig pas bya'o || zhes bya ba ni **ji ltar 'dod pa'i don 'grub pa** ni mod kyi 'bras bu ste | de ltar gyur cig snyam pa de'i mjug thogs su de kho na ltar 'gyur ba yin no ||

「さらに，心から即時に［生じる］結果とは，心だけで望んだ通りの利益を叶えることに関して，知られるべきである」とは，**「望んだ通りの利益を叶えること」**とは即時の結果である。「そのようにあらんことを」と思ったその直後に（*anantaram）その通りになることである。

場合には，誓願は abhinirhāra，すなわち結果だと表現される。また発願に焦点を当てた場合には，誓願は原因だと表現されるのである。つまり，誓願には文脈によって結果や原因に限定される狭義のものもあれば，一方で外延のすべてに及ぶ広義のものもあるのだと考えられる。そして広義の誓願が説かれる用例の一つが，『荘厳経論』第 4 章第 12 偈とその世親釈に見られる “daśa-mahāpraṇidhāna-abhinirhārāt” だと考えられるのである。

4. 結論

これまでの検討を踏まえて，『荘厳経論』第 4 章「発心品」第 12 偈ならびに世親釈に見られる “daśa-mahāpraṇidhāna-abhinirhārāt” と，安慧釈所引の『十地経』「初地」十大誓願の導入部にある “mahāpraṇidhānāni mahāvyavasāyān mahābhinirhārān abhinirharati” という当該経文の訳語を確定したい。

改めて当該経文の構文を確認すると，併記された三つの単語はどれも複数・対格であり，動詞 abhi-nir- $\sqrt{hṛ}$ の定形 abhinirharati の目的語となっている。この類似表現が十大誓願の結論部にも見られるが，これら導入部と結論部を除いた各大願の末尾では，たとえば「初地」では “prathamaṃ mahāpraṇidhānam abhinirharati” となっている。ここに mahāvyavasāya と mahābhinirhāra は併記されておらず，単数・対格の mahāpraṇidhāna だけが目的語となっている。このように表現が異なる理由は，十大誓願の文脈における主眼はあくまで praṇidhāna を abhinirharati することであって，vyavasāya と abhinirhāra とを abhinirharati することは，三つの単語が同義語ではないにしても，あくまで導入部と結論部にのみ言及される補足的な内容であるとも考えられた。しかし，これは誓願という概念の外延に基づいた表現の違いに過ぎないと考えられるだろう。つまり，各大願の末尾の “mahāpraṇidhānam abhinirharati” は広義の誓願が説かれており，これを三つの位相に分析して開いた表現が当該経文なのである。『十地経論』において三つを「順番に」abhinirharati するとされる意味は，発願が契機となって願力が備わり，その願力のはたらきによって願いが実現するまでの，時間的な経過が前提にあると理解できる。praṇidhāna は殊勝な意欲であって，誓願の発端である発願を意味しており，abhinirhāra は発願によって生じた願力と，それによる誓願の実現を意味するだろう。vyavasāya を時間的な過程に位置付けるのは難しいが，praṇidhāna と abhinirhāra のどちらにとっても必要な菩薩の勇敢な決意を意味することは確かである。つまり，広義の praṇidhāna を「発願（発心）– 決意（精進）– 願力（実現）」というような三つの位相で分析したとき，それぞれが praṇidhāna, vyavasāya, abhinirhāra と表現されるのだと考えられる。三つがそれぞれ複数形であるのは，第一大誓願から第十大誓願までのそれぞれを数え入れているからであろう。

以上を勘案して，『荘厳経論』第 4 章第 12 偈および世親釈の，praṇidhāna を目的語とする abhinirhāra については「発起すること」と訳したい。この「発起」という訳語には発願してからも願力が起こり続けている，はたらき続けているというニュアンスが含まれ，広義の誓願を表現すると理解した。そして安慧釈に引用される当該経文は，菩提流支訳のように abhinirharati を訳し分ける場合は「諸々の大いなる誓願を発起し，大いなる決意を［奮い立たせ］，大いなる達成を［実現する］」としたい。

略号および参考文献

AKBh ed. Prahlad Pradhan, *Abhidharmakośabhāṣya of Vasubandhu*, K.P. Jayaswal Research Institute, Patna, 1967.

BHSD Franklin Edgerton, *Buddhist Hybrid Sanskrit Dictionary*, Yale University Press, New Haven, 1953; repr. Motilal Banarsidass, Delhi, 1970.

Bv *Buddhavaṃsa*, Richard Morris, *The Buddhavaṃsa*, PTS, London, 1882.

Cone Margaret Cone, *A Dictionary of Pāli*, Part I a–kh, PTS, Oxford, 2001.

CPD Vilhelm Trenckner, Dines Andersen & Helmer Smith, *A Critical Pāli Dictionary*, The Royal Danish Academy, Copenhagen, 1924.

D sDe rge edition of the Tibetan Tripiṭaka

DBS *Daśabhūmikasūtra*

ed. Johannes Rahder, *Daśabhūmikasūtra et Bodhisattvabhūmi: Chapitres Vihāra et Bhūmi*, Librairie orientaliste Paul Geuthner, Paris, 1926.

ed. Ryūkō Kondō, *Daśabhūmīśvaro nāma Mahāyānasūtra*, Kyoto, Daijyō Bukkyō Kenyō-kai, 1936.

Tib: D44 kha 166a5–283a7, P761 li 49a5–168a6, L43 ga 67a6–234b2

DBhV *Daśabhūmivyākhyāna*

Tib: D3993 Ṅi 103b1–266a7, P5459 130b3–335a4

DBhVV **Daśabhūmivyākhyāna-vyākhyāna* Tib: D3998 1a1–119b4, P5499 1–142b3

Gv *Gandavyūha*

ed. P.L.Vaidya, *Gaṇḍavyūhasūtra: Buddhist Sanskrit Texts No.5*, Mithila Institute, Darbhanga, 2002; 1st. 1960. Tib: D44 ga 274b7–a 363a6, P761 si 42a4 –hi 253a6.

JA *Jātakaṭṭakathā* ed. Viggo Fausböll, *The Jātaka together with its commentary, being tales of the anterior births od Gotama Buddha*, Vol.I, PTS, London, 1962; 1st. 1877.

L Lha sa edition of the Tibetan Tripiṭaka

MAVBh *Madhyāntavibhāgabhāṣya* ed. Gajin Nagao, *A Buddhist Philosophical Treatise Edited for the First Time from a Sanskrit Manuscript*, Suzuki Research Foundation, Tokyo, 1964. Tib: D4027, P5528.

MAVṬ *Madhyāntavibhāgaṭīkā* ed. Susumu Yamaguchi, *Madhyāntavibhāgaṭīkā*, 破塵閣 1934, repr. 鈴木学術財団 1966.

MSA *Mahāyānasūtrālaṃkāra*, see MSABh.

MSABh *Mahāyānasūtrālaṃkārabhāṣya* ed. see. 長尾 [2007A]（長尾 I）, 長尾 [2007B]（長尾 II）, 長尾 [2009]（長尾III）, 長尾 [2011]（長尾 IV）ed. Sylvain Lévi, *Mahāyānasūtrālaṃkāra: exposé de la doctrine du Grand Véhicule*, Tome I: Texte, Librairie Honoré Champion, Paris, 1907; repr. Rinsen Book Co., Kyoto, 1983. Chapter II ed. see 研究会 [2020]
Chapter XVII ed. see 研究会 [2017]
Chapter XVIII ed. see 岸 [2013]
Chapter XX－XXI ed. see 上野 [2015]
Tib: D4026, P5527

MSAṬ *Mahāyānasūtrālaṃkāraṭīkā* Tib: D4029, P5530
Chapter II ed. see 研究会 [2020]
Chapter XX－XXI ed. see 上野 [2015]

PTS The Pali Text Society

PTSD Thomas William Rhys Davids & William Stede, *The Pali Text Society's Pali–English Dictionary*, corrected reprint by Kenneth Roy Norman, William Pruitt & Peter Jackson, PTS, Bristol, 2015; 1st ed. PTS, London, 1921–24; repr. 1959, 1979.

SAVBh *Sūtrālaṃkāravṛttibhāṣya* Tib: D4034 mi 1a1–tsi 266a7, P5531 mi 1a1–tsi 308a8
Chapter II ed. see 研究会 [2020]

SnA *Suttanipātaṭṭhakathā* Helmer Smith, *Paramatthajotikā I*, PTS, London, 1915.

伊藤瑞叡
[1998] 『華厳菩薩道の基礎的研究』平楽寺書店.

岩本明美
[2002] 「『大乗荘厳経論』の修行道 —第 13・14 章を中心として—」京都大学博士論文.

上野隆平
[2015] 「『大乗荘厳経論』の仏陀観 —Pratiṣṭhādhikāra（基盤の章）の研究—」龍谷大学博士論文.

大竹晋
[2005] 『新国訳大蔵経 経釈論部 16 十地経論 1』大蔵出版.

小谷信千代
[1984] 『大乗荘厳経論の研究』文栄堂書店.

加納和雄
[2019] 「世親作『十地経論』の梵文佚文」『印度学仏教学研究』67–2.

梶山雄一（監修）
[1994] 『さとりへの遍歴（上） 華厳経入法界品』中央公論社.
勝本華蓮
[2002] 「作仏の決意 —パーリ文献における abhinīhāra—」『印度哲学仏教学』（北海道印度哲学仏教学会）17, 119–136.
[2005] 「パーリ仏教と大乗の境界線」『大乗仏教思想の研究 村中祐生先生古稀記念論文集』山喜房仏書林.
岸清香
[2013] 「『大乗荘厳経論』第十八章「菩提分品」の研究 —初期瑜伽行派における菩薩行について—」筑波大学博士論文.
雲井昭善
[1997] 『パーリ語佛教辞典』山喜房佛書林.
桑月一仁
[2021] 「『十地経』の mahābhinirhāra について —『大乗荘厳経論』安慧釈の解釈—」『世界仏教文化研究論叢』59, 1–36.
研究会
[2013] 能仁正顕（編集）『『大乗荘厳経論』第XVII章の和訳と注解』（龍谷大学仏教文化研究叢書 30）自照社出版.
[2020] 能仁正顕（編集）『『大乗荘厳経論』第II章の和訳と注解』（龍谷大学仏教文化研究叢書 40）法蔵館.
下川邊季由
[1995] 「唯識における誓願」『日本仏教学会年報』60, 83–96.
立花俊道（南伝大蔵経）
[1977] 『南伝大蔵経 第 41 巻 小部経典 19』高楠順次郎監修, 大蔵出版, 初版 1936.
龍山章真
[1938] 『梵文和訳 十地経』破塵閣書房.
長尾雅人
[2007A] 『『大乗荘厳経論』和訳と註解(1)—長尾雅人研究ノート—』長尾文庫.
[2007B] 『『大乗荘厳経論』和訳と註解(2)—長尾雅人研究ノート—』長尾文庫.
[2009] 『『大乗荘厳経論』和訳と註解(3)—長尾雅人研究ノート—』長尾文庫.
[2011] 『『大乗荘厳経論』和訳と註解(4)—長尾雅人研究ノート—』長尾文庫.
バウッダコーシャ
[2011] 斎藤明（編集代表）『『倶舎論』を中心とした五位七十五法の定義的用例集 —仏教用語の用例集（バウッダコーシャ）および現代基準訳語集 1 —』（インド学仏教学叢書 14）山喜房佛書林.

平賀由美子
[2013] 「『十地経』における十地の構造 —各地の結語部分を手がかりとして—」『高野山大学密教文化研究所紀要』26, 95–117.
船山徹
[2013] 『仏典はどう漢訳されたのか —スートラが経典になるとき—』岩波書店.
松田和信
[1996] *Two Sanskrit manuscripts of the Daśabhūmikasūtra: preserved at the National Archives, Kathmandu*, Centre for East Asian Cultural Studies for Unesco, Toyo Bunko, Bibliotheca codicum Asiaticorum 10.
村上真完
[1998] 「大乗経典の創作 —sūtrāntābhinirhāra, 能演諸経，善説諸経—」『論集』25, 1–20.
[2000] 「大乗経典の想像と創作 —abhinirhāra 考—」『印度哲学仏教学』（北海道印度哲学仏教学会）15, 35–59.
村上真完・及川真介
[1985] 『仏のことば註（一）—パラマッタ・ジョーティカー—』春秋社.
[1990] 『仏のことば註 —パラマッタ・ジョーティカー—研究 仏と聖典の伝承』春秋社.
[2009] 『パーリ仏教辞典 —仏のことば註　—パラマッタ・ジョーティカー— 付篇　パーリ聖典スッタ・ニパータ註　索引・辞典—』春秋社.
森祖道
[1995] 「パーリ仏教における誓願」『日本仏教学会年報』60, 19–30.

Chapter		Skt.	Tib.	Chi.	先行訳
IV. 発心	k.12b	[1] praṇidhānamahādaśa-abhinirhārāt	smon lam chen po bcu sgrub phyir	願大有十種	長尾[2007A:93] 完成 BHSD 52: production, réalisation
	Bh.12	[2] daśamahāpraṇidhāna-abhinirhārāt	smon lam chen po bcu mngon par sgrub pa'i phyir ro	發此願勝故	長尾[2007A: 95] 完成
XI. 述求	Bh.12	[3] guṇa-abhinirhāra-suviśuddhas	yon tan mngon par sgrub pa shin tu rnam par dag pa'o	×	長尾[2007B:54] 実現完成
XIV.教授	k.17a	[4] dhyāne 'bhijñā-abhinirhārāt	bsam gtan las … ‖ mngon par bsgrubs pa'i sgo nas de ‖	起通（起諸神通 Bh.）	長尾[2007B:260] 完成，小谷[1984:158] 成就，岩本[2002: 235] 現成
XVI.度摂	Bh.25--26	[5] samāpatty-abhinirhārāt	bsam gtan mngon par sgrub pa'i phyir ro	禪定得起	長尾[2009:46] 成就
XVII.供養・親近・梵住	Bh.62	[6] paramita-abhinirhāra-karuṇāyāṃ ślokaḥ	pha rol tu phyin pa mngon par sgrub pa'i snying rje'i tshigs su bcad pa	次說大悲增長諸度。偈曰	長尾[2009:181] 現成，研究会[2013:105] 実現
		[7] paramita-abhinirhārāya	pha rol tu phyin pa mngon par sgrub par	令六波羅蜜而得增長。	長尾[2009:182] 現成，研究会[2013:105] 実現
		[8] paramita-abhinirhāra-karuṇety ucyate	pha rol tu phyin pa mngon par sgrub pa'i snying rje zhes bya'o	說大悲增長諸度已	長尾[2009:182] 現成，研究会[2013:106]実現
XVIII.覚分	k.51ab	[9] niśrayāc ca prabhedāc ca upāyād abhinirhṛteḥ |	rten dang rab tu dbye ba dang ‖ thabs dang mngon par sgrub pa yi ‖	成就	長尾[2009:244] 現成，岸[2013: 194] 引き出されたもの
	k.52cd	[10] upāyaś ca-abhinirhāraḥ ṣaḍvidhaś ca vidhīyate ‖	rnam bzhi mngon par sgrub pa ni ‖ rnam pa drug tu brjod pa yin ‖	×	長尾[2009:245] 現成，岸[2013:194] 現成
	Bh.52	[11] abhinirhāraḥ ṣaḍvidhaḥ	mngon par sgrub pa ni rnam pa drug go	×	長尾[2009:245] 現成，岸[2013:194] 現成
	k.54d	[12] ... ca nirhṛtiḥ	sgrub pa'i phyir	成就此六種	長尾[2009:249] 現成，岸[2013:195] 成就
	Bh.54	[13] ṣaḍvidho 'bhinirhāraḥ katamaḥ	mngon par sgrub pa rnam pa drug gang zhe na	問云何成就。	長尾[2009:249] 現成，岸[2013:195] 現成
		[14] ity eṣā darśanādīnām abhinirhāraḥ ṣaḍvidhaḥ	de ltar na 'di ni mthong ba la sogs pa mngon par sgrub pa rnam pa drug yin no	×	長尾[2009:249]，岸[2013:197] 現成
	Bh.64--65	[15] samyaksamādhinā vaiśeṣikaguṇa-abhinirhārāya	yang dag pa'i ting nge 'dzin gyis ni yon tan khyad par can mngon par sgrub pa'i	由修正定勝德成就故，自在障斷	長尾[2009:264] 現成 岸[2013:206] 引き起こす
XX-XXI. 行住・敬仏	Bh.27--28	[16] sarvabhūmiprativedhaś ca tad-abhinirhāra-kauśalyataḥ	de dag mngon par sgrub pa la mkhas pa'i phyir ro	他地方便能起故	長尾[2011:112]，上野[2015:18] 完成
	Bh.33	[17] [18] tulyā-abhinirhāre sarvākārapariśodhana-abhinirhāra	bsgrub tu mtshungs pa la rnam pa thams cad yongs su sbyang ba mngon par sgrub pa	應得應淨一切種智(?)	長尾[2011:123] 完成，完成 上野[2015:25] 実現，実現
	k.39a	[19] vividhe śubha-nirhāre	dge ba sgrub pa sna tshogs la ‖	爲集諸善根	長尾[2011:129]完成，上野[2015:27] 完成
	Bh.39	[20] vividhakuśala-abhinirhāra-nimittaṃ	dge ba sgrub pa rnam pa sna tshogs kyi phyir	爲集諸善根	長尾[2011:130]完成，上野[2015:27] 完成

Mahāyānasūtrālaṃkāra IV

梵和索引

1. この索引は，本書所収のMSA第IV章のサンスクリット校訂テキストに対するものであり，その所在と対応和訳を付した。
2. 見出し語は，原則として長尾編Indexにあげられる MSA 第IV章に出る項目を基本に収録したが，新たな項目も加えた。
3. 所在の表記について，見出し語に続く，例えば“1v”は当該項目が，第1偈と，時には，その世親釈にも出ることを示し，単なる数字“1”は，第1偈の世親釈にのみ出ることを示す。数字の後に付けた§記号は，世親釈が標題として偈の導入部に掲げる言葉であることを示す。

A

a-karaṇa-saṃvara-lābha, 23§, 不作律儀を得ること
a-kṣaya, 19, 尽きることなく
  a-kṣayatânusāra, 15-20, 「無尽性」に従って
  a-kṣayatva, 16, 尽きることがない
a-kṣobhyatva, 16, 揺らがない
a-kheda, 12v, 倦むことがない
agāra ⇒koṣṭhâgāra
agni, 15, 火
agra:
  agra-bhūmi, 25v, 最高の場所
  agra-sattva, 28v, 最勝の衆生（菩薩）
a-calêndra(-nibha), 16v, 不動なるものの主（譬喩⑨）
atibaddha, 28v, 固く縛られている
atilajjanā, 27v, 甚だしい羞恥
atyarthaṃ, 28, 強固に
a-dṛḍha, 7, 不堅固なもの
adhigama, 8, 証悟
adhigamana, 15, 証得していく
adhimukti, 11v, 信解, ⇒ dharmâdhimukti
  adhimukti-caryā-bhūmi, 2, 信解行地
adhimokṣa, 2v, 3v, 信解［に基づくもの］,

⇒ ādhimokṣika, dharmâdhimokṣa; 17, 勝解, ⇒ yathâdhimokṣa
adhivāsanā, 4v, 容認すること
adhiṣṭhāna, 22, 依拠する
adhīnatva, 20, 依る
adhyāśaya, 15, 勝れた意楽, ⇒ śuddhâdhyāśayika
adhyāśaya-sahagata, 15, 勝れた意楽を伴う［発心］④
adhikāra, 1, 目標とする
an-anta-duṣkṛta, 22v, 際限のない…悪行
an-apekṣa:
an-apekṣaḥ sva-śarīra-jīvite, 23v, 自己の身体と生命とを顧慮しない者
an-iṣṭôpanipāta, 16, 不快なことが起こる
an-utpattika-dharma-kṣānti-lābha, 19, 無生法忍を得る
an-upekṣakatva, 17, 見捨てることがない
anuyātatva, 18, 従って歩む
anurodha, 7, 従うこと
anuśaṃsa, 3, 5v, 利徳
anya-bhūmi-gata, 13v, 他の諸地に関する
anya-yāna-citta, 4, 他の乗（二乗）へ向かう心
a-pramāṇa-sahagata, 17, ［四］無量を伴う［発心］⑪
a-prameya-sattva, 16, 無量の衆生
abhijñā-sahagata, 17, 神通を伴う［発心］⑫
abhinirhāra, 12v, 発起する
a-bhinna, 19, 区別がない
abhisaṃdhy-artha, 21v, 密語の持つ意味
abhi-√i :
abhyeti, 23v, 受ける
a-bheda, 9, 区別のないこと
a-bhedyatā, 16, 不壊の性質
abhyāsa, 5, 7v, 反復修習
artha, 1v, 目的 ⇒ mahârtha, 対象; 1, 20, 利益 ⇒ parârtha; 10, 19, 21v, 意味 ⇒ abhysaṃdhy-artha, ābhiprāyikârtha; 23, 義
artha-kriyā, 1, 20, 利益を為す
artha-kriyā-guṇa, 1, 利益を為すという功徳
√arh:
prakartum/kartum arhati, 28v, するべき
arha, 21v, 価値がある
a-vikalpana, °**nā**, 14v, 分別しないこと
a-vikṣepa, 16, ［心が］散乱しないこと
a-vipraṇāśa-hetutva, 18, 退失しないための原因
avīci, 26v, 無間［地獄］
a-vyāvṛtti, 24-25, 退転しない
aṣṭamī:
aṣṭamy-ādiṣu (...bhūmisu), 2, 第八［地］以降

Ā

ākara, 15, 豊富な
ākāṅkṣaṇa, 9, 願うこと
ākāra, 3, あり方

ākhyāna, 7v, 説示
ācārya, 27v, 軌範師, ⇒ mahā-karuṇâcārya
āḍhya, 20v, 富む
ātman, 9, 自己, ⇒ mahā-kṛpâcārya-sadôṣitâtman
ātmârtham, 23, 自分自身のために
ātma-para:
ātma-para-samatôpagama, 9, 自他の平等性の理解
ātma-para-hitâdhikāra, 1, 自利利他を目標とする
ādīnava, 3-4, 災難
ādhimokṣika, 2, 信解に基づくもの
ādhyāśayika, 2v, 増上意楽に基づくもの
ānanda-śabda(-sadṛśa), 19v, 歓喜をもたらす声（譬喩⑳）
ā- √pat:
āpatsyate, 26, 陥るだろう
ābhiprāyikârtha, 21, 意趣された意味
āmiṣa-saṃbhoga, 16, 財物という受用物
ārambha, 1v, 奮闘
ārya-pudgala-yātânuyātatva, 18, 聖者たちが［そこを］歩み、［それに］従って歩む
ālambana, 1, 3v, 所縁（認識対象）
āvaraṇa, 17, 障, ⇒ kleśa-jñeyâvaraṇa
an-āvaraṇika, 2, 障礙なきもの
āvaraṇa-varjita, 2v, 障礙のない
āvarjaka, 18, 魅きつける
āśaya, 3v, 意楽, ⇒ viśeṣâdhigamâśaya, sattva-hitâśaya, hita-sukhâśaya
āśaya-śuddhi, 10,13v 意楽の清浄
āśaya-sahagata...cittôtpāda, 15, 意楽を伴う発心②
āsanna-bodhi, 13v, 菩提に近づいたこと
āsanna-bodhi-jñāna, 13, 菩提に近づいたと知ること

I

indra, 16v, 主, ⇒ a-calêndra
indhanâkara-viśeṣa, 15, 豊富な薪の殊勝なること

Ī

īkṣaṇa, 24, 洞察する

U

ucca-sattva-bhāra, 28v, 衆生という高大な積荷
uttama, 9v, 最高の
uttara-cchanda, 4v, より上への欲求
uttarôttara-cchanda-yāna, 4, 上へ上への欲求を乗り物とする
uttarôttara-viśeṣâdhigamana, 15, 益々殊勝なることを証得していく
utthāpana, 4v, 引き起こす
utpāda, 15v, 発［心］
utsahana, 1, 士気
utsāha, 1v, 10v, 12v, 士気, ⇒ mahôtsāha
udaka-dhāraṇâkṣayôdbheda, 19, 水を保持して尽きることなく湧き出させる
udaya, 1v, 達成, ⇒ mahôdaya; 7v, 生じる
udāra-saṃvṛti, 4v, 広大な律儀

udgrahaṇa, 7, 把握
udbheda, 19, 湧き出させる
udyama, 28v, 努力
udyāna-bhūmi, 25, 遊園なる場所
udyāna-yātrā, 24v, 遊園に行くこと
udyoga-vat, 26v, 努める者
upagama, 9, 理解
upaghāta, 23v, 害された
upatapta, 27v, 痛苦する
upadeśa, 8, 教説
upadeśa-pratipatty-adhigama-viśeṣa, 8, 勝れた教説と正行と証悟
upapatti, 24v, 25, 再生, ⇒ saṃcintyôpapatti
upama, 15-20, 18v, ～のよう, 譬喩, ⇒ dvāviṃśaty-upama
upalambha, 9v, 獲得する
upāya:
upāya-kauśalya-sahagata, 20, 善巧方便を伴う［発心］㉒
upāya-jñāna-lābha, 13v, 方便についての智を獲得する
upāya-lābha, 21v, 方便を得ること
upāsita, 8v, 仕える
upekṣakatva, 17, 見捨てること
upekṣā, 27, 無関心
uṣita, 27v, 宿

Ṛ

ṛddhi-vikurvita, 25v, 神力による化作

E

ekâyanatva, 19, ［同］一行
ekâyana-mārga-sahagata, 19, 一行道を伴う［発心］㉑

AU

audārya, 10v, 12v, 広大さ
aupamya-māhātmya, 15-20§, 譬喩によって表されるものの偉大性

KA

karuṇā, 11v, 悲, ⇒ mahā-karuṇā
karuṇâtmaka, 26, 悲を本質としている
karuṇā-mūla, 3v, 悲を根本とする
kartavyatā, 22, 為すべきこと
karman, 22, 行為; 23v, 28, 業, ⇒ kleśa
kalpanatā-jñāna, 14v, 分別であると知ること, 分別であるという知
kalpanā-mātra, 14, 唯分別
kalyāṇa-mitra, 27, 善き師友
kalyāṇa-mitrânurodha, 7, 善き師友に従うこと
kalyāṇa-suvarṇa(-saṃnibha/sadṛśa), 15v, 純金（譬喩②）
kāraṇa, 9, 原因
kārya-kriyā, 19, 為すべきことを為す
kuśala-dharma:
kuśala-dharma-vṛddhi, 5, 善法が増大すること
kuśala-dharma-vṛddhi-gamana, 15, 善法の増大に向かう
kuśala-mūla, 7, 善根
kṛtya, 9v, 為すべきこと
kṛtye samupasthite, 27v, 為すべきことが起きて

kṛpā, 22, 27v, 悲愍, ⇒ mahā-kṛpā
a-kṛpâtmaka, 25v, 悲愍を本質としない者
kṛpâtman, 26v, 悲愍を本質とする者
kṛpālu, 22v, 悲愍にあふれる者
koṣa-sthānatva, 18, 蓄積場所
koṣṭhâgāra(-prakhyo/upama), 18v, 蔵（譬喩⑯）
kauśalya, 10v, 13v, 善巧, ⇒ upāya
kauśīdya-paribhāṣā, 28§, 怠惰を譴責すること
krīḍā-rati, 25v, 遊戯なる楽しみ
kleśa, 24v, 煩悩
kleśa-karma-janma-svabhāva, 28, 煩悩と業と生［という三障・三雑染］を自性とする
kleśa-jñeyâvaraṇa-vyādhi, 17, 煩悩［障］と所知障という...病
kṣayâkāṅkṣaṇa, 9, 滅尽を願うこと
kṣānti-pāramitā-sahagata, 16, 忍辱波羅蜜を伴う［発心］⑦

KHA

kheda, 12v, 倦むこと

GA

gandharva(-sama/upama), 19v, ガンダルヴァ（譬喩⑲）
gandharva-madhura-ghoṣa(-vad/upama), 18v, ガンダルヴァの甘い声（譬喩⑭）
gambhīra:
gambhīra...pratipatty-utsahana, 1, 甚深なるもの（大乗の教法）を理解すること...に対する士気
gambhīra-mahāyāna-sūtrâbhiprāyikârtha, 21, 甚深なる大乗経典に意趣された意味
garbha, 11, ［母］胎, ⇒ sukha-garbha
guṇa, 1, 25v, 功徳, ⇒ artha-kriyā-guṇa, puruṣa-kāra-guṇa, phala-parigraha-guṇa; 28v, 倍
guṇa-ratna, 16, 功徳という宝石
guṇâḍhya, 20v, 功徳に富む
gotra-sāmarthya, 7, 種姓の効力
gotra-puṣṭi, 7, 種姓の養成

GHA

ghoṣa, 18v, 声, ⇒ gandharva-madhura-ghoṣa

CA

candra, 15v, 月
citta, 22v, 心, ⇒ parârtha-citta, bodhi-citta, sama-cittatā
citta-vara, 22v, 勝れた心
cittâvyāvṛtti, 24-25§, ［菩提］心が退転しないこと
citta-saṃbhava, 1v , 心の生起（発心）
cittânutpāda-paribhāṣā, 21§, 発心しないことへの譴責
cittôdaya, 21v, 発心, ⇒ mahârha-cittôdaya
cittôtpāda, 1, 2v, 6v, 7v, 8, 9, 15, 20v, 21, 発心, ⇒ pāramârthika-cittôtpāda, sāṃketika-cittôtpāda

cittôtpāda-prabheda, 2§, 発心の区別
cittotpāda-praśaṃsā, 22§, 発心の讃嘆
cittôtpāda-lakṣaṇa, 1§, 発心の特徴
cittôtpāda-viniścaya, 3-6§, 発心の確定, 6v, 発心に関する確定
cintana, 21, 思惟
cintā-maṇi(-prakāśa/sadṛśa), 17v, 如意宝珠（譬喩⑫）
cetanā, 1v, 意思
cetas, 27v, 心
cetasaḥ prabhavaḥ, 19v, 心の生起

CHA

chanda, 4v, 欲求

JA

jana, 21v, 人々
janman, 10v, 11, ［勝れた］生まれ; 25v, 出生, ⇒ saṃcintya-janman; 28, 生, ⇒ kleśa-karma-janma
jinâtma-ja, 20v, 勝者の子
jīvita, 23v, 生命
jñāna, 13v,14v, 知ること, 知, ⇒ upāya-jñāna, kalpanatā-jñāna, nirvikalpa-jñāna,
jñāna-paryeṣṭy-ālambana, 3v, 知を探求によって所縁とする
jñāna-puṇya-saṃbhāra, 8v, 智慧と福徳との資糧, ⇒ puṇya-jñāna
jñeyâvaraṇa, 17, 所知障

TA

tattva, 21v, 真実, ⇒ parama-tattva, su-tattva
tuṣita-bhavana-vāsâdi-saṃdarśana, 20, 兜率天に住することなどを示現する
√tras:
trasyati, 26v, 怖畏する
trāsa, 26, 怖畏

DA

daśa-mahā-praṇidhānâbhinirhāra, 12, 十大誓願を発起する
dāna-pāramitā-sahagata, 16, 布施波羅蜜を伴う［発心］⑤
dina-kara(-sadṛśa), 17v, 太陽（譬喩⑬）
dīrgha-kāla, 1, 長時
dīrgha-kālika-duṣkarâkheda, 12, 長時にわたる難行に倦むことがない
duḥkha, 9, 24v, 26v, 27v, 苦
duḥkhena...parârtha-kriyā-nimittena, 22, 利他行に起因する苦
duḥkhena modate, 22v, 苦を喜ぶ
duḥkha-kṣayâkāṅkṣaṇa, 9, 苦の滅尽を願うこと
duḥkha-trāsa-pratiṣedha, 26§, 苦に対する怖畏の否定
duḥkhita, 27, 苦しむ
durgati:
durgatito bhayaṃ, 22, 悪趣［に生まれること］に対する恐れ
durgati-parikheda-nirbhayatā, 22§, 悪趣と厭倦に対する恐れがない
duṣkara, 1, 12, 難行

duṣkara-dīrgha-kāla-pratipatty-utsahana, 1, 難行を長時にわたり実践することに対する士気
duṣkara-dīrghâdhvikâkheda, 12v, 長時にわたる難行に倦むことがない
duṣkṛta, 22v, 悪行
an-anta-sattvâdhiṣṭhāna...duṣkṛta, 22, 際限のない衆生に依拠する［身・口・意の］悪行
duṣkṛta...karman, 23v, 悪業
dṛḍha, 7v, 16, 堅固なもの, 堅固
dṛṣṭa...dharma, 7, 現世
dvayârtha, 1v, 二つの対象
dvayâlambana, 1, 二つの所縁
dvāviṃśaty-upama, 20, 二十二の譬喩

DHA

dharma, 5, 7, 8v, 9v, 15, 18, 19, 21, 24v, 法, ⇒ an-utpattika-dharma, kuśala-dharma, dṛṣṭa...dharma, buddha-dharma, sarva-dharma; 3v, 11v 教法, ⇒ mahāyāna-dharma
dharmeṣu sama-cittatā, 9, 諸法に対する平等心性
dharma-deśakatva, 18, 教えを説く
dharma-paryāya, 7, 法門
dharma-dhātu, 9, 法界
dharma-nairātmya, 21, 法無我
dharma-nairātmya-pratibodha, 9, 法無我の証得
dharmâdhimukti-bīja, 11v, 教法への信解という種子
dharmâdhimokṣa, 3v, ［大乗の］教法への信解
dharmôddāna-sahagata, 19, ［四］法印を伴う［発心］⑳
dhātrī, 11v, 養母
dhāraṇa, 7, 19, 保持
dhāraṇī-pratibhāna-sahagata, 19, 陀羅尼と弁才とを伴う［発心］⑲
dhī-mat, 22v, 智者
dhyāna:
dhyāna-pāramitā-sahagata, 16, 禅定波羅蜜を伴う［発心］⑨
dhyāna-maya...sukha-garbha, 11v, 禅定から成る安楽な［母］胎

NA

nadī-śrotas(-sama), 19, 河の流れ（譬喩㉑）
nibha, 16v, 類
nimitta, 22, 26, 起因
nirapekṣatva, 23, 顧慮することがない
nirbhayatā, 22, 恐れがない
niryāṇa, 3-6, 5v, 10v, 14v, 出離
nirvikalpa-jñāna, 8v, 無分別智
niṣkampatva, 16, 動揺しない

PA

patha, 18v, 道
pada, 1, 語
para:
para eva priya-taraḥ, 23, 他者こそがより愛しい
para...pariśrama, 23v, 最大の痛苦
para-duḥkha, 27, 他者（衆生）の諸々

の苦
para-hita, 25, 利他
parâkhyāna, 7v, 他者の説示
parâśraya...duḥkha-samudbhava, 26v, 他者に依拠した諸々の苦の生起
parôpaghāta, 23v, 他者に害された
parama-tattva, 21, 最高の真実
paramatā, 8v, 最勝
parā- √kram:
parākramamāṇa, 28, 進む
parârtha:
parârtham, 23v, 26v, 他者のために
parârtha-karaṇīya, 27, 他者（衆生）のために為すべきこと
parârtha-kriyā-nimitta (duḥkha...), 22, 利他行に起因する苦
parârtha-citta, 21v, 利他の心
parârtha-cintana, 21, 利他を思惟すること
parârtha-nimitta...duḥkhôtpāda, 26, 利他に起因する諸々の苦の生起
parârthôpāya-lābha, 21, 利他の方便を得ること
parikheda, 22, 厭倦
parigraha, 1, 獲得する
paripantha, 4v, 障害
paripācana, 17, 成熟させる
paribhāṣā, 21, 譴責
pariśiṣṭa-kauśalya, 10, 13, 残り［の諸地］についての善巧
pariśrama, 23v, 痛苦
paryavasāna, 3, 6v, 完結する
paryeṣṭi, 3v, 探求
paryeṣṭy-ākāra, 3, 探求というあり方
parvata-rāja(-upama), 16, 山王（譬喩⑨）
pāramârthika-cittôtpāda, 8-14§, 10, 勝義的発心
pāramârthikatva, 8, 勝義性
pāramitā, 11v, 16-17, 波羅蜜
pāramitâbhyāsa, 5, 波羅蜜を反復修習すること
pāramitā-yoga, 5v, 波羅蜜を［常に］実践すること
piṇḍârtha, 23, 要義
puṇya-jñāna-maya, 5v, 福徳と智慧から成る
puṇya-jñāna-saṃbhāra-koṣa-sthānatva, 18, 福徳と智慧との資糧の蓄積場所
puṇya-jñāna-saṃbhāra-sahagata, 18, 福徳と智慧との資糧を伴う［発心］⑯
puruṣa-kāra-guṇa, 1, 英雄的行為という功徳
puṣṭi, 7, 養成
pṛthivī(-sama), 15v, 大地（譬喩①）
prakāśa, 17v, 見
prakhya, 15v, 16v, 18v, 相似
prajñā-pāramitā-sahagata, 17, 般若波羅蜜を伴う［発心］⑩
praṇidhāna, 12v, 誓願
pratipatti, 1, 理解することと…実践すること, 8, 正行
pratibodha, 9, 証得, 覚知
pratibhāna, 19, 弁才
pratiśaraṇa-sahagata, 18, ［四］依を伴う［発心］⑮

pratiṣedha, 26, 27, 否定
pratiṣṭha, °ā, 3-6, 4v, 基盤
pratiṣṭhā-bhūtatva, 15, 基盤
pratisaṃvit-sahagata, 18, ［四］無礙智を伴う［発心］⑭
pratisvaṃ, 6v, それぞれ［地ごと］に
prathama-cittôtpāda, 15, 最初の発心①
paridīpita, 1, 示されている
prabhava, 19v, 生起
prabheda, 2, 区別
pramuditā...bhūmi, 9, 歓喜地
prayoga, 6v, 実践
prayoga-vīrya, 1, 加行精進
prayoga-sahagata, 15, 加行を伴う［発心］③
pra- √vas:
pravartsyati, 23, 手を染める
praśaṃsā, 22, 讃嘆
praśamana, 17, 鎮める
prasava, 8v, 15, 16, 生じる
prāmodya-viśiṣṭatā, 9v, 勝れた喜び
priya-tara, 23, より愛しい
priya-śrāvaṇa, 19, 聞いて喜ぶ
prīti, 25, 悦び

PHA

phala-parigraha-guṇa, 1, 果を獲得するという功徳
phala-samṛddhi, 17, 結果が成就する

BA

baddha, 28, 縛られている
bandhanâtibaddha, 28v, 繋縛によって固く縛られている者
bala, 7v, 力, ⇒ mitra-bala, mūla-bala, śruta-bala, hetu-bala
bahu-kartavyatā-parikheda, 22, 為すべきことが多いことによる厭倦
bīja, 11v, 種子（精子）
buddhatva, 9v, 仏たること（仏果）
buddhatve sama-cittatā, 9, 仏たること（仏果）に対する平等心性
buddha-dharma (sarva-), 15, 仏の一切の特性
buddha-bhūmi, 2, 仏地
bodha, 13v, 理解する
bodhi, 13v, 菩提, ⇒ mahā-bodhi
bodhi-citta, 24, 菩提心
bodhi-cittôtpādā, 7, 菩提へと発心すること
bodhi-pakṣa-sahagata, 18, ［三十七］菩提分［法］を伴う［発心］⑰
bodhisattva, 1v, 2, 3-4, 6v,15,19, 21, 22, 24-25, 28, 菩薩
bodhisattva-śīla-saṃvara, 4, 菩薩の戒律儀

BHA

bhaya, 22, 24, 恐れ
bhava, 26v, ［輪廻の］生存
bhājana-loka-saṃpatti, 20, 器世間の豊穣
bhāra, 28v, 積荷
√bhī:
na bibheti, 24v, 恐れない
bhūmi, 2v, 13, 地, ⇒ adhimukti-caryā-

bhūmi, pramuditā-bhūmi, buddha-bhūmi
bhūmi-gata, 19, 地に属する
bhūmi-paryavasāna, 6v, 地を完結する
bhūmi-prayoga, 6, 地［の波羅蜜］を実践する
bhūmi-manasikāra, 14, 地を作意する
bhūmi-vyavasthāna, 14, 地の設定
bhojana, 25v, 食事
bhaiṣajya-rāja(-sadṛśa/upama), 17v, 薬の王（譬喩⑩）

MA

maṇḍana, 25, 装身具
madhura-ghoṣa, 18v, 甘い声
manasikāra, 14v, 作意
-maya, 5v, 11v, から成る
mahā-karuṇâcārya, 27, 軌範師のごとき大悲
mahā-kṛpâcārya-sadôṣitâtman, 27v, 軌範師のごとき大いなる悲愍が自らの内に常に宿っている
mahā-nadī-śrota(-sadṛśa), 19v, 大河の流れ（譬喩㉑）
mahā-nidhāna(-vad/upama), 16, 大宝蔵（無尽蔵）（譬喩⑤）
mahā-patha(-sama), 18v, 大道（譬喩⑰）
mahā-bodhi-sattvārthakriyâlambanatva, 1, 大菩提と衆生利益を為すこととを所縁（認識対象）とする
mahā-bodhi-samudāgamatva, 1, 大菩提の証得
mahâbhisaṃdhy-artha, 21v, 偉大な密語の持つ意味
mahāyāna-dharmâdhimokṣa, 3, 大乗の教法に対する信解
mahāyāna-sūtra, 21, 大乗経典
mahârambha, 1v, 大いなる奮闘
mahā-rāja(-upama), 18, 偉大な王（譬喩⑮）
mahā-rāja-patha(-upama), 18, 広大な王の道（譬喩⑰）
mahârtha, 1v, 大いなる目的
mahârha-cittôdaya, 21v, 大いに価値がある発心
mahā-suhṛt(-saṃnibha), 17v, 偉大な心友（譬喩⑪）
mahôtsāha, 1v, 大いなる士気
mahôodaya, 1v, 大いなる達成
mātṛ, 11v, ［生］母
māyôpama, 24v, 幻のようである
mārga, 19, 道
māhâtmya, 15-20§, 偉大性
mitra-bala, 7v, 師友の力
√mud:
modate, 22v, 喜ぶ
mudita, 20v, 歓喜した
mūla, 3v, 根本
mūla-bala, 7v, ［善］根の力
megha(-sadṛśa/upama), 20v, 雨雲（譬喩㉒）
moda, 25v, 喜び
mokṣa-kāma...vineya, 19, 解脱を欲する教化対象者

YA

yathâdhimokṣa:
yathâdhimokṣaṃ tat-phala-samṛddheḥ, 17, ［菩薩の］勝解の通りに、それ（勝解）の結果が成就する
yathā-vyavasthāna(-bhūmi)-manasikāra, 14v, 設定の通りに［地を］作意すること
yāta, 18, 歩む
yātrā, 24v, 行くこと
yāna, 3, 4v, 乗り物, 19v（譬喩⑱）; 4, 乗

RA

rati, 25v, 楽しみ
ratna, 16, 宝石
ratnâkara (yathā/-upama), 16v, 宝石の鉱脈（譬喩⑥）
ramya, 26v, 喜ばしい
rāja(-upama), 18v, 王（譬喩⑮）

LA

lakṣaṇa, 1, 特徴
lābha, 13v, 獲得, 19, 得る

VA

vajra(-prakhya/upama), 16v, 金剛（譬喩⑧）
-vat, 16v, 18v, ごとく
vara, 22v, 勝れた
varjita, 2v, ない; 21v, 欠いている
vahana, 19, 運ぶ
vahni(-prakhya/sadṛśa), 15v, 火（譬喩④）
vāhitva, 19, 生じる
vi- √īkṣ:
vīkṣya, 24v, 洞察して
vikārâbhajana, 15, 変異しない
vikurvita, 25v, 化作
vikṣepa, 16, 散乱
vijñāpana, 7, 勧導
vini- √dhā:
vinidhāya, 28, 載せて
vinihita, 28v, 載せた
viniścaya, 6v, 確定
vineya, 19, 教化対象者
vineya-sasya-paripācana, 17, 教化対象という穀物を成熟させる
vineyâvarjaka-dharma-deśakatva, 18, 教化対象を魅きつけるような教えを説く
vipakṣa, 4v, 背反する［心］
vipatti-kāla, 24v, 不幸な時
vipaśyanā, 19, 観
vipraṇāśa, 18, 退失
vibodha, 21, 覚知すること
vibhūṣaṇa, 25v, 装飾品
viśiṣṭa, 9v, 勝れた
viśeṣa, 8, 11, 勝れた, 勝れている, ⇒ upadeśa-pratipatty-adhigama-viśeṣa, 15, 殊勝なること, ⇒ indhanâkara-viśeṣa, uttarôttara-viśeṣa, upadeśa-pratipatty-adhigama-viśeṣa
viśeṣâdhigamâśaya, 15, 殊勝なることを証得する意楽
vi- √vṛdh:
vivardhayat, 22v, 増大させる
vi- √hā:

vihāya, 21v, 捨てて
vīrya, 1, 28, 精進, ⇒ prayoga-vīrya, saṃnāha-vīrya
vīrya-pāramitā-sahagata, 16, 精進波羅蜜を伴う［発心］⑧
vṛddhi, 5, 15, 増大
√vṛdh:
vardhayat, 22, 増大させる
vaipākika, 2, 異熟したもの
vaipākya, 2v, 異熟したもの
vyavasthāna, 14v, 設定
vyādhi, 17, 病
vyā- √vṛt:
vyāvartiṣyate, 24-25, 退転するであろう
vyāvṛtti, 26, 退転

ŚA

śata-guṇa:
śata-guṇaṃ udyamam, 28v, 百倍の努力
śata-guṇaṃ... vīryaṃ, 28, 百倍の精進
śabda, 19v, 声, ⇒ ānanda-śabda
śama, 21v, 寂滅
śamatha-vipaśyanā-sahagata, 19, 止観を伴う［発心］⑱
śarīra-jīvita, 23v, 身体と生命
śithila:
śithilaṃ parākramamāṇaḥ, 28, 緩慢に［菩薩道を］進む
śithila-gati, 28v, 緩慢に歩む
śiras, 28v, 頭
śīla-pāramitā-sahagata, 16, 持戒波羅蜜を伴う［発心］⑥
śīla-saṃvara, 4, 戒律儀
śukla(-pakṣa)-nava-candra(-sadṛśa/upama), 15v, 白［分］の新月（譬喩③）
śuddhâdhyāśayika, 2v, 清浄な増上意楽に基づくもの
śuddhi, 10v,13v, 清浄
śuddhir āśayasya, 10v, 意楽の清浄
√śubh:
na śobhate, 28v, 見苦しい
śubha, 22, 浄善
śubha-vṛddhi, 5v, 浄善の増大
śubhâbhyāsa, 7v, 浄善の反復修習
śubhin, 22v, 浄善［なる行為］ある者
śravaṇôdgrahaṇa-dhāraṇa, 7, 聴聞し把握し保持する
śrāvaka-vīryā, 28, 声聞の精進
śruta-bala, 7v, 聞［法］の力
śrutâśruta-dharmârtha, 19, 聞いた教法と未だ聞いていない［教法］と［それらの］意味
śrotas, 19, 流れ

SA

saṃvara, 4, 23, 律儀
saṃvardhika, 11v, 育成する
saṃvṛta ⇒ su-saṃvṛta
saṃgraha-vastu-sahagata, 17, ［四］摂事を伴う［発心］⑬
saṃcintya:
saṃcintya-janman, 25v, 意図的な出生
saṃcintyôpapatti, 25, 意図的に再生すること

sattva: 1, 3v, 9v, 16, 17, 20, 21, 22, 25v, 27, 28v, 衆生, ⇒ agra-sattva, aprameya-sattva, sarva-sattva
sattveṣu samacittatā, 9, 衆生に対する平等心性
sattva-kṛtyeṣu samacittatā, 9, 衆生のために為すべきことに対する平等心性
sattva-bhāra (mahânta...), 28v, 衆生という高大な積荷
sattva-hita, 25v, 衆生利益
sattva-hitâśaya, 3v, 衆生を利益する意楽
sattvâdhiṣṭhāna...duṣkṛta, 22, 衆生に依拠する［身・口・意の］悪行
sattvârtha-kriyā, 1, 20, 衆生利益を為すこと
sattvôpekṣā-pratiṣedha, 27§, 衆生に対して無関心であることの否定
sadṛśa, 15v, 16v, 17v, 19v, 20v, 似
saṃtarpaṇa, 16, 満足させる
saṃdarśana, 20, 示現する, 21, 観る
saṃnāha-vīrya, 1, 被甲精進
saṃnibha, 15v, 17v, 類似
sapta:
saptasu bhūmiṣu, 2, 七つの地
sama, 15v, 18v, 19v, 等
sama-cittatā, 9, 平等心性, ⇒ dharma, buddhatva, sattva, sattva-kṛtya
samatā, 9, 平等性, ⇒ ātma-para-samatā
samādāna, 7, 誓言
samādāna-sāṃketika-cittôtpāda, 7§, 誓言による世俗的発心
samādāpana, 27v, 催促
samudāgama, 1, 証得
samudbhava, 26v, 生起
samupasthita, 27v, 起きて
samṛddhi, 17, 成就
saṃpatti, 20, 豊穣
saṃpatti-kāla, 24v, 幸福な時
saṃpra-√vas:
saṃpravartsyati, 23v, 手を染める
saṃbuddha, 8v, 等覚者
saṃbhava, 1v, 生起
saṃbhāra, 8v, 資糧, ⇒ puṇya-jñāna
saṃbhāra-prasava, 15, 資糧が生じる
saṃbhṛta, 8v, 集積した
saṃbhoga, 16, 受用物
sarva:
sarva-dharma, 24v, 一切法
sarva-sattva, 20, 一切の衆生
sasya-paripācana, 17, 穀物を成熟させる
saha-gata, 15-20, ～を伴う［発心］
sahôdaya:
sahôdayāt, 22v, 起こるや否や
sāgara(-sadṛśa/upama), 16v, 大海（譬喩⑦）
sāṃketika-cittôtpāda, 7, 世俗的発心
sādharmya, 19, 同じように
sāmarthya, 7, 効力
sukha, 21v, 安楽
sukhaṃ vahanāt, 19, 楽々と運ぶから
sukhena modate, 22v, 安楽を喜ぶ
sukha-garbha, 11v, 安楽な［母］胎
su-tattva-darśana, 21v, 最高の真実を観ること
suvarṇa, 15v, 金, ⇒ kalyāṇa-suvarṇa

su-saṃvṛta, 22v, 完全に防護される
suhṛd, 17v, 心友
svaka...guṇa, 25v, 自身の諸々の功徳
sva-para, 28v, 自己と他者
svabhāva ⇒ kleśa-karma-janma
svarasa-vāhitva, 19, 自然に生じる
sva-śarīra-jīvita, 23v, 自己の身体と生命

HA

hita-sukhâśaya, 15, 利益と安楽との意楽
hetu-bala, 7v, 原因の力

固有名詞

Akṣayamatisūtra (**ārya-**), 20, 聖無尽意経

略号表　　List of Abbreviations

写本

Ns　= NGMPP Reel No. A114/1 (Nepal Saṃvat 798=1678 CE)

Nk　= NGMPP Running No. E34132, Reel No. E1768（紀年不明）

N2　= NGMPP Running No. E36591, Reel No. E 1923/5 (Vikrama Saṃvat 1947=1900 CE)

B　= 龍谷大学図書館所蔵大谷探検隊収集梵本写本 No. 614（紀年不明）

*龍谷大学図書館所蔵の梵本写本については，龍谷大学仏教文化研究所編，龍谷大学善本叢書14『梵文大乗荘厳経論写本』（1995 年）および龍谷大学仏教文化研究所編，『龍谷大学図書館所蔵大谷探検隊収集梵文写本』（CD-ROM 版））2001 年）を参照されたい。

テキスト

AKBh　= *Abhidharmakośabhāṣya* of Vasubandhu, Pradhan, Prahlad (ed.), Patna, 1975.

Akṣ　= *Akṣayamatinirdeśasūtra* Vol.I, J.Braarvig, Jens (ed.), Oslo, 1994.

AS(G)　= Fragments from the *Abhidharmasamuccaya* of Asaṅga, Journal of the Bombay Branch, Royal Asiatic Society, N.S., 23, 13-38, Gokhale,V.V. (ed.), 1947.

AS(P)　= *Abhidharmasamuccaya* of Asaṅga, Pradhan, Pralhad (ed.), Santiniketan, 1950.

ASBh　= *Abhidharmasamuccayabhāṣyam*, Tatia, Nathmal (ed.), Patna, 1976.

BBh　= *Bodhisattvabhūmi*, Wogihara,Unrai (ed.), Tokyo,1930-1936; rep. 1971.

BBh(D)　= *Bodhisattvabhūmi*, Dutt, Nalinaksha (ed.), Patna, 1978.

BBhvṛtti　= *Byang chub sems dpa'i sa'i 'grel ba, Bodhisattvabhūmi-vṛtti*, D No. 4044, P No. 5545.

BBhVyākhyā　= *Rnal 'byor spyod pa'i sa las byang chub sems dpa'i sa'i rnam par bshes pa, Yogācārabhūmau Bodhisattvabhūmi-vyākhyā*, D No. 4047; P No.5548.

C=　Co ne edition of Tibetan Tripiṭaka (Tibetan Buddhist Resource Center vol. 123/209)

D　= Derge edition of Tibetan Tripiṭaka.

DBh(K)　= 梵文『大方廣佛華厳經十地品』 *Daśabhūmīśvaro nāma Mahāyānasūtraṃ*, Kondo, Ryūko (ed.), Tokyo, 1936; rep. Kyoto, 1983.

DBh(R)　= *Daśabhūmikasūtra*, Rahder, Johannes (ed.), Leuven, 1926.

DN　= *Dīgha-Nikāya* (PTS)

G　= dGa' ldan Golden Manuscript bsTan 'gyur, No. 3518

KP　= The *Kāśyapaparivarta*, von Steal-Holstein, Baron A. (ed.), Shanghai, 1926; rep. Tokyo, 1977.

KP(V-D) = The *Kāśyapaparivarta*: Romanized Text and Facsimiles, Vorobyova-Desyatovskaya, M. I. (ed.) in collaboration with Karashima, Seishi and Kudo, Noriyuki, Tokyo, 2002.

MAV = *Madhyāntavibhāga-bhāṣya*, Nagao, Gadjin M. (ed.), Tokyo, 1964.

MAVT = *Madhyāntavibhāgaṭīkā*, Yamaguchi, Susumu (ed.), Nagoya, 1934; rep. Tokyo, 1966.

MN = *Majjhima-Nikāya* (PTS)

MSA = *Mahāyānasūtrālaṃkāra* Tome I, Lévi, Sylvain (ed.), Paris, 1907 (rep. Kyoto, Tome I & II,1983).

MSABh ⇒ MSA

MSA = *Theg pa chen po'i mdo sde'i rgyan gyi rgya cher bshad pa*, Asvabhāva's **Mahāyānasūtrālaṃkāraṭīkā*, D No.4029; P No.5530. ⇒ 無性釈

MSg = *Mahāyānasaṃgraha* ⇒ 長尾雅人 [1982]&[1987]

N = Narthang edition of Tibetan Tripiṭaka.

Ng = rNam gyal chos sde Collection, Hor par ma, No. 116

NGMPP = Nepal-German Manuscript Preservation Project (NGMCP = Nepal-German Manuscript Cataloguing Project)

P = Peking edition of Tibetan Tripiṭaka; 『影印北京版西蔵大蔵経』

Pari = *Sūtrālaṃkāraparicaya* ⇒ 加納 [2023b] (本書所収)

PTS = Pali Text Society edition

SamBh = *Samāhitā Bhūmiḥ*, Das Kapitel "uber die meditative Versenkung im Grundteil der Yogācārabhūmi Teil.1,2, Delhey, Martin (ed.), Wien, 2009.

SAVBh = *mDo sde rgyan gyi 'grel bshad,* Sthiramati's **Sūtrālaṃkāravṛttibhāṣya*, D No.4034; P No.5531. ⇒ 安慧釈

ŚBh = *śrāvakabhūmi* of Ācārya Asaṅga, Shukla, Karunesha (ed.), K.P Jayaswal Research Institute, Patna, 1973.

Śikṣ = *Śikṣāsamuccaya*, Bendall, Cecil (ed.), St.Petersburg, 1897-1902; rep. Delhi, 1992.

SN = *Saṃyutta-Nikāya* (PTS)

SNS = *Saṃdhinirmocanasūtra, L'explication des Mysteres*, Lamotte, Étienne (ed.), Paris, 1935.

Vair = Vairocanarakṣita's **Sūtrālṃkāravivṛti* ⇒ 加納 [2023a](本書所収)

Ybh = = *The Yogācārabhūmi of Ācārya Aasṅga,* V. Bhattacarya ed. Part I, University of Culcutta 1957

世親釈 ⇒ MSABh

安慧釈 ⇒ SAVBh

無性釈 ⇒ MSAṬ

倶舎論： 倶舎論 大正 29, No.1558 ⇒ AKBh

解深密経：　大正 16, No.676 ⇒ SNS
顕揚論：　顕揚聖教論 大正 31, No.1602
集論：　大乗阿毘達磨集論 大正 31, No.1605 ⇒ AS
声聞地：　瑜伽師地論本地分中声聞地 大正 30, No.1579 ⇒ ŚBh
摂大乗論：　大正 31, No.1594 ⇒ MSg
雑集論：　大乗阿毘達磨雑集論 大正 31, No.1606 ⇒ ASBh
大正：　大正新脩大蔵経
大乗荘厳経論：　大正 31, No.1604 ⇒ MSA
中辺分別論：　大正 31, No.1600 ⇒ MAV
婆沙論：　阿毘達磨大毘婆沙論 大正 27, No.1545
菩薩地：　瑜伽師地論本地分中菩薩地 大正 30, No.1579 ⇒ BBh

その他

Chin　= MSABh 漢訳
Index　= Index to the *Mahāyāna-sūtrālaṃkāra*, Nagao, Gadjin M. (ed.),　Part Ⅰ, Ⅱ, Nippon Gakujutsu Shinhkokai, 1958, 1961.
E^{L}　= レヴィ本 ⇒ MSA
E^{L2}　= レヴィによる本書仏訳 Lévi, Mahāyāna-sūtrālaṃkāra, Tome Ⅱ, 1911 脚注に示された訂正。
E^{N}　= 長尾 [2007a] 所収の校訂テキスト
E^{F}　= 舟橋 [1988] に示されたテキスト訂正

Ahn, Sung-Doo

[2003] *Die Lehre von den Kleśas in der Yogācārabhūmi,* Alt- und Neu-Indische Studien 55, Stuttgart 2003

Amano, Koei H.

[2000] *Abhisamayālaṃkāra-kārikā-śāstra-vivṛti, Haribhadra's commentary on the Abhisamayālaṃkāra-kārikā-śāstra edited for the first time from a Sanskrit manuskript.* Kyoto: Heirakuji-Shoten

Delhey, Martin

[2009] *Samāhitā Bhūmiḥ: Das Kapitel über die meditative Versenkung im Grundteil der Yogācārabhūmi.* Wiener Studien zur Tibetologie und Buddhismuskunde, 73. Wien: Arbeitskreis für tibetische und buddhistische Studien, Universität Wien

[2013] The Yogācārabhūmi Corpus: Sources, Editions, Translations and Reference Works, in Krag [2013]

Engle, Artemus B.

[2016] *The Bodhisattva Path to Unsurpassed Enlightment: A Complete Translation of the Bodhisattvabhūmi: Ārya Asaṅga*, Snow Lion, Boulder, Colorado

Gokhale, V. V.

[1978] Yogācāra Works Annotated by Vairocanarakṣita (Discovered in the Tibetan Photographic Materials at the K.P. Jayaswal Research Institute at Patna). *ABORI* 58–59 (1977-78). 635–643

Gonda, Jan

[1939] The Meaning of the Word Alaṃkāra, *A volume of Eastern and Indian studies in honour of F. W. Thomas.* Ed. by S. M. Katre and P. K. Code = *New Indian Antiquary*, extra series I, Bombay 1939, pp. 97–114 (= *Selected Studies*, vol. II, Leiden: E.J. Brill, 1975, pp. 257–274)

Kano, Kazuo

[2008] A Preliminary Report on Newly Identified Text Fragments in Śāradā Script from Zhwa lu Monastery in the Tucci Collection. In: Francesco Sferra (ed.), *Manuscripta Buddica, Vol. I: Sanskrit Texts from Giuseppe Tucci's Collection*, Part I. Roma: IsIAO

[2016] *Buddha-nature and Emptiness: rNgog Blo-ldan-shes-rab and a Transmission of the Ratnagotravibhāga from India to Tibet*. Vienna: Vienna Series for Tibetan and Buddhist Studies

Krag, Ulrich Timmer, ed.

[2013] *The Foundation for Yoga Practitioners:* The Buddhist *Yogācārabhūmi* Treatise and Its Adaptation in India, East Asia, and Tibet, Harvard Oriental Series 75

Luczanits, Christian

[2016a] Portable Heritage in the Himalayas. The Example of Namgyal Monastery, Mustang: Part I, Sculpture, *Orientations* 47/2 (March) 120–129, 2016a

[2016b] Portable Heritage in the Himalayas. The Example of Namgyal Monastery, Mustang: Part II, Books and Stupas, *Orientations* 47/5 (June) 2–12, 2016b

Mogan, Les

[2011] *Croaking Frogs: A Guide to Sanskrit Metrics and Figures of Speech*, Mahodara Press

Nagao, Gadjin M.

[2000] The Bodhisattva's Compassion Described in the Mahāyānasūtrālaṃkāra, *Wisdom, Compassion and the Search for Understanding: The Buddhist Studies Legacy of Gadjin M. Nagao*, Silk, Jonathan A. (ed.), University of Hawai'i Press, Honolulu

Nakamuara, Ayako

[2004] *Das Kapitel über das Erwachen des Buddha in der Bodhisattvabhūmi kritische Edition mit annotierter Übersetung und Einleitung*; wissenschaftliche Hausarbeit zur Erlangung des akademischen Grades einer Magistra Artium der Universität Hamburg, 2004

Saerji

[2020] Preliminary studies on the Daśabhūmikasūtra: focus on the seventh Bhūmi, *Sanskrit manuscripts in China III Proceedings of a panel at the 2016 Beijing International Seminar on Tibetan Studies, August 1 to 4* , edited by Birgit Kellner, Xuezhu Li, Jowita Kramer, China Tibetology Publishing House, Beijing 2020

Sernesi, Marta
[2020] A Mongol Xylograph (hor par ma) of the Tibetan Version of the Mahāyānasūtrālaṃkārabhāṣya, *Archaeologies of the Written: Indian, Tibetan, and Buddhist Studies in Honour of Cristina Scherrer-Schaub*, edited by Vincent Tournier, Vincent Eltschinger, and Marta Sernesi, 527–549, Napoli, UniorPress, 2020

Shiraishi, Shindo
[1988a] (1958) *Die Versmaße, welche im Mahāyāna Sūtra Alaṃkāra vorkommen*,『白石真道仏教学論文集』

[1988b] (1959) *Die Puṣpitâgrā-Strophen mit dem Kommentar im Mahāyāna Sūtra Alaṃkāra*,『白石真道仏教学論文集』

Thurman, Robert
[2004] *Universal Vehicle Discourse Literature (Mahayanasutralamkara)* (Treasury of the Buddhist Sciences series), Columbia University Press, New York

Wangchuk, Dorji
[2007] *The Resolve to Become a Buddha: A Study of the Bodhicitta Concept in Indo-Tibetan Buddhism*, Studia Philologica Buddhica Monograph Series XXIII, The International Institute for Buddhist Studies of The International College for Postgraduate Buddhist Studies, Tokyo

Wedemeyer, Christian K.
[2007] *Āryadeva's Lamp that Integrates the Practices (Caryāmelāpakapradīpa): The Gradual Path of Vajrayana Buddhism according to the Esoteric Community Noble Tradition*, Columbia University Press, . New York:2007

Ye Shaoyong
[2013] 《大乘经庄严论》烈维本中所缺的三首偈颂 Three Verses of the *Mahāyānasūtrālaṃkāra* Missing in Sylvain Lévi's Edition, *Journal of Sino-Western Communications*, Volume 5, Issue 1

Ye Shaoyong, Li Xuezhu, Kano Kazuo
[2013] Further Folios from the Set of Miscellaneous Texts in Śāradā Palmleaves from Zha lu Ri phug: A Preliminary Report Based on Photographs Preserved in the CTRC, CEL and IsIAO, *China Tibetology* 20. Revised ed.: Horst Lasic and Xuezhu Li (eds.), *Sanskrit Manuscript from China II. Proceedings of a panel at the 2012 Beijing Seminar on Tibetan Studies, August 1 to 5.* Beijing 2016

阿毘達磨集論研究会
[2017]　「梵文和訳『阿毘達磨集論』」(2),『インド学チベット学研究』第 21 号
阿部宏貴
[2000]　「『大乗荘厳経論』における勝義発心」,『智山学報』第 49 輯
[2001]　「『大乗荘厳経論』における四種の発心について」,『智山学報』第 50 輯
荒牧典俊
[1974]　『大乗仏典 8 十地経』, 中央公論社（再刊　中公文庫, 2003 年）
[1983]　「十地思想の成立と展開」,『講座・大乗仏教 3　華厳思想』, 春秋社
[2013]　「『大乗荘厳経論』第 XVII 章の和訳と注解—供養・親近・無量とくに悲無量—：序説」」, 研究会 [2013] 所収
磯田熙文
[1970]　「cittotpāda について」『印度学仏教学研究』37, 1970
伊藤瑞叡
[1988]　『華厳菩薩道の基礎的研究』, 平楽寺書店
岩本明美
[2002]　「『大乗荘厳経論』の修行道—第 13・14 章を中心として—」（京都大学学位請求論文）
宇井伯壽
[1961]　『大乗荘厳経論研究』（大乗仏教研究三）, 岩波書店
上野康弘
[2011]　「蔵訳『荘厳経論安慧釈』における著者問題 : 安慧作とすることへの若干の疑問 Sthiramati 注のインド撰述の疑義について」,『印度学仏教学研究』60–1
上野隆平
[2011]　「『大乗荘厳経論』の仏徳論—MSA.XX-XXI.43–61 (Pratiṣṭhādhikāra) 概観⑴—」,『行信学報』24
[2013]　「『大乗荘厳経論』の仏陀観—菩薩道の基盤（pratiṣṭhā）たる仏陀に関する考察—」,『南都仏教』97
[2015]　「『大乗荘厳経論』の仏陀観—Pratiṣṭhādhikāra（基盤の章）研究—」（龍谷大学　博士論文）
[2023]　「「『大乗荘厳経論』「発心章」にみえる 22 種の発心とその譬喩」本書所収
瓜生津隆真
[1994]　『十住毘婆沙論 Ⅰ 』新国訳大蔵経釈経論部 12, 大蔵出版

遠藤祐純

[1970]　「瑜伽師地論菩薩地戒品における samvarasila と silasamvara」智山学報 18

大竹 晋

[2005]　『十地経論 I』新国訳大蔵経釈経論部 16，大蔵出版

[2006]　『十地経論 II』新国訳大蔵経釈経論部 17，大蔵出版

[2011]　『法華経論・無量寿経論他』新国訳大蔵経釈経論部 18，大蔵出版

大南龍昇

[1989]　「十地経の誓願説」,『仏教文化研究』第 29 号，浄土宗教学院研究所

岡田英作

[2011]　「瑜伽行派における種姓論の展開に関する一考察—『菩薩地』「種姓品」と『大乗荘厳経論』「種姓品」—」『密教学会報』49

[2014]　「『大乗荘厳経論』「種姓品」における種姓説—『瑜伽師地論』における種姓説の受容をめぐって—」『仏教史学研究』57–1

[2015]　「『大乗荘厳経論』における種姓の存在根拠—「種姓品」第 2 偈を中心に—」『高野山大学密教文化研究所紀要』28

小谷信千代

[1980]　「瑜伽師地論の大乗荘厳経論に対する先行性に関して」『日本西蔵学会会報』26

[2014]　＜書評・紹介＞「往還二廻向論の源流をもとめて—近年発刊された『『大乗荘厳経論』第 XVII 章の和訳と注解—供養・師事・無量とくに悲無量—』の紹介のために」『佛教学セミナー』99

梶山雄一（監修）

[1994]　『華厳経入法界品　さとりへの遍歴・下』, 中央公論社

勝又俊教

[1961]　「菩提心展開論の系譜」，『印度学仏教学研究』9–1

加納和雄

[2004]　「ゲッティンゲン大学所蔵ラーフラ・サーンクリトヤーヤナ撮影梵文写本 Xc14/1, XC14/57 について」『密教文化』212

[2006]　「サッジャナ著『究竟論提要』—著者および梵文写本について—」,『密教文化研究所紀要』19: 28–51 頁

[2013]　「ヴァイローチャナラクシタ作『大乗荘厳経論』注－第 17 章注釈箇所のテクストと試訳－」，研究会 [2013]，221–257 頁

[2014]　「宝性論の展開」, シリーズ大乗仏教 8　『如来蔵と仏性』, 春秋社.
[2021]　「サッジャナとマハージャナ—11 世紀カシュミールの弥勒論書関連文献群—」, 『印度学仏教学研究』69–2: 118–124 頁
[2023a]　「ヴァイローチャナラクシタ作『大乗荘厳経論』注—発心品注釈箇所のテクストと試訳—」, 本書所収
加納和雄・葉少勇・李学竹
[2020]　「*Sūtrālaṃkāraparicaya*「帰依品」—要文抜粋—」, 能仁正顕編『『大乗荘厳経論』第 2 章の和訳と注解—大乗への帰依—』, 法蔵館, 203–213 頁
[2023b]　「*Sūtralaṃkāraparicaya*「発心品」」, 本書所収
岸　清香
[2014]　「『大乗荘厳経論』第十八章「菩提分品」の研究：初期瑜伽行唯識学派における菩薩行について」（筑波大学　学位請求論文）
北山祐誓
[2020]　「瑜伽行派における五根・五力についての一考察—『中辺分別論』第 IV 章を中心として—」『印度学仏教学研究』68 (2): 967–964
楠本信道
[1999]：　「大乗荘厳経論における ‘adhimukti’ の意味」『印度学仏教学研究』47–2
桑月一仁
[2023]　「『大乗荘厳経論』における abhinirhāra の用法について」本書所収
研究会
[2009]　『『大乗荘厳経論』第 I 章の和訳と注解—大乗の確立—』（龍谷叢書 XX）, 自照社出版, 能仁正顕（編集）・荒牧典俊ほか（執筆）.
[2013]　『『大乗荘厳経論』第 XVII 章の和訳と注解—供養・師事・無量とくに悲無量—』（龍谷大学仏教文化研究叢書 30）, 自照社出版, 能仁正顕（編集）・荒牧典俊ほか（執筆）.
[2020]　『『大乗荘厳経論』第 II 章の和訳と注解—大乗への帰依—』（龍谷大学仏教文化研究叢書 40）, 能仁正顕（編集）・荒牧典俊ほか（執筆）, 法蔵館
[2023]　『『大乗荘厳経論』第 IV 章の和訳と注解—菩薩の発心—』（龍谷大学仏教文化研究叢書 44）, 若原雄昭（編集）・能仁正顕ほか（執筆）, 法蔵館　（本書）

斎藤　明（編）

[2011]　『『倶舎論』を中心とした五位七十五法の定義的用例集』，山喜房佛書林

[2014]　『瑜伽行派の五位百法—仏教用語の現代基準訳語集および定義的用例集—』，山喜房佛書林

櫻部　建

[1969]　『倶舎論の原典解明—根品—』，法蔵館

櫻部　建・小谷信千代

[1969]　『倶舎論の研究—界・根品—』

[1999]　『倶舎論の原典解明　賢聖品』，法蔵館

櫻部　建・小谷信千代・本庄良文

[2004]　『倶舎論の原典研究　智品・定品』，大蔵出版

佐藤　晃

[2012a]　「発趣心（prasthānacitta）の定義をめぐって」『印度学仏教学研究』61 (1)

[2012b]　「カマラシーラ以降の修行論における菩提心の定義に関する一考察—特に発趣心（prasthānacitta）の定義をめぐって—」『久遠研究論文集』3

[2015]　「Pāramitāyānabhāvanākramopadeśa 校訂テキスト及び試訳(1)」『論叢アジアの文化と思想』24

[2016]「Pāramitāyānabhāvanākramopadeśa 校訂テキスト及び試訳(2)」,『論叢アジアの文化と思想』p. 25

資延恭敏

[1974]　「Sūtrālaṃkāra-Piṇḍārtha（荘厳経論総義）の和訳と研究」,『密教文化』107

釋惠敏

[2012]　「梵本《大乘莊嚴經論》之研究　百年簡史與未來展望」,『正觀雜誌』62

声聞地研究会

[1998]　『瑜伽論声聞地第一瑜伽処—サンスクリット語テキストと和訳—』，大正大学綜合佛教研究所研究叢書第 4 巻，大正大学総合佛教研究所声聞地研究会，山喜房仏書林

[2007]　『瑜伽論　声聞地　第二瑜伽処　付　非三摩呬多地・聞所成地・思所成地—サンスクリット語テキストと和訳—』, 同叢書第 18 巻

相馬一意

[1985]　「梵文和訳「菩薩地」(1)—種姓の章, 発心の章—」,『仏教学研究』第 42 号 pp. 1–26, 龍谷大学仏教学会, 1985

大乗経典研究会

[2020]　「郁伽長者所問経の梵文佚文—*Sūtrālaṃkāraparicaya* 帰依品より—」,『インド学チベット学研究』24: 293–316 頁

[2021]　「如来秘密経の梵文佚文—*Sūtrālaṃkāraparicaya* 帰依品より—」,『インド学チベット学研究』25: 35–62 頁

高崎直道

[1989]　『宝性論』インド古典叢書, 講談社

[1999]　『宝性論・法界無差別論』, 新国訳大蔵経, 論集部 1, 大蔵出版

田上太秀

[1990]　『菩提心の研究』, 東京書籍

内藤昭文

[2009a]　『『大乗荘厳経論』「菩提品」の講読—和訳と註解—付・梵蔵漢和対照テキスト』, 永田文昌堂

[2009b]　「MSA の構成と第Ⅸ章「菩提の考察」の構造—ウッダーナ (X-k.1) の理解を踏まえて—」,『インド学チベット学研究』13

[2010]　「『大乗荘厳経論』第Ⅸ章における「法界清浄の六義」理解 —bauddhadhātu と dharmadhātu の意図する構造—」,『インド学チベット学研究』14

[2013a]　「『大乗荘厳経論』の構成と第ⅩⅦ章「供養・師事 (親近)・無量の章」の構造」, 研究会 [2013] 所収

[2013b]　「『大乗荘厳経論』の構成と構造—ウッダーナ (MSA, X.1 & ⅩⅤ.1) の理解を踏まえて—」,『龍谷大学佛教文化研究所紀要』52 (「仏教写本の文献学的研究」に所収)

[2017]　「『大乗荘厳経論』「無量の章」講読—第ⅩⅦ章「供養・師事・無量の章」の解読と解説—」, 永田文昌堂

[2020]　「『大乗荘厳経論』の構成と第Ⅱ章—「帰依処とすることの章」の構造—」, 研究会 [2020] 所収

[2023]　「『大乗荘厳経論』の構成と第Ⅳ章—「発心の章」の構造—」, 本書所収

中村瑞隆

[1971]　『梵漢対照　究竟一乗宝性論研究』，山喜房仏書林

中村　元

[1978]　『ブッダの真理のことば　感興のことば』，岩波文庫

長尾雅人

[1953]　「中論の構造—宗喀巴『中論釈』を中心として—」，『仏教学研究』8・9号（長尾 [1978] 所収）

[1971]　「仏身論をめぐりて」，『哲学研究』521（長尾 [1978] 所収)

[1978]　『中観と唯識』，岩波書店

[1982]　『摂大乗論　和訳と注解 上』，講談社

[1987]　『摂大乗論　和訳と注解 下』，講談社

[1992a]　「中観から唯識へ—『中論』と『中辺分別論』の比較を通して—」，『龍谷大学仏教文化研究所紀要』31

[1992b]　「仏教の基本的な考え方について」，『真宗教学会誌』4

[1992c]　「仏教的思索の方向性」，『豊山教学大会紀要』20

[2003]　「『大乗荘厳経論』の和訳と注解—第一章第一偈から第六偈まで—」，『仏教学研究』58・59

[2007a]　長尾ノート⑴:『＜大乗荘厳経論＞和訳と註解—長尾雅人研究ノート⑴—』，長尾文庫

[2007b]　長尾ノート⑵:『＜大乗荘厳経論＞和訳と註解—長尾雅人研究ノート⑵』—，長尾文庫

[2009]　長尾ノート⑶:『＜大乗荘厳経論＞和訳と註解—長尾雅人研究ノート⑶—』，長尾文庫

[2011]　長尾ノート⑷:『＜大乗荘厳経論＞和訳と註解—長尾雅人研究ノート⑷—』，長尾文庫（上の Index (Part Ⅰを修正し再入力して収録)

[2013]　「『大乗荘厳経論』に説かれた菩薩の悲（序文）」(大西薫訳)，研究会 [2013] 所収

長尾雅人・梶山雄一・荒牧典俊訳

[1976]　『大乗仏典 15 世親論集』，中央公論社

生井智紹

[2000]　「如来秘密—三密行との関わりから—」，『高野山大学　密教文化研究所紀要』別冊 2「密教の形成と流伝」

野沢静証

[1936]　「利他賢造『荘厳経論初二偈解説』に就て」,『宗教研究』13–2

[1938]　「智吉祥造『荘厳経論総義』に就て」,『仏教研究』2-2

袴谷憲昭・荒井裕明（校注）

[1993]　『大乗荘厳経論』新国訳大蔵経瑜伽・唯識部 12

羽田野伯猷

[1974]　「ジュニャーナシュリーバドラ著『聖入楞伽経註』おぼえがき」,『羽田野伯猷チベット・インド学集成』第 4 巻インド篇Ⅱ

[1977]　「瑜伽行派の菩薩戒をめぐって」, 〃 〃

[1981a]　「大乗仏教随想」, 〃 〃

[1981b]　「菩薩と如来供養 (tathāgata-pūjā) と世工業処 (śilpa-karma-sthāna)」, 〃 〃

早島　理

[1973]　「菩薩道の哲学—<大乗荘厳経論>を中心として—」,『南都仏教』30

[1982]　「唯識の実践」,『講座大乗仏教 8　唯識思想』, 春秋社

[1985]　「人法二無我—瑜伽行唯識学派における—」,『南都仏教』54

[2003]　「弥勒菩薩と兜率天伝承」, 文部科学省科学研究補助金 特定領域研究 (A)「古典学の再構築」研究成果報告集 VI『伝承と受容（世界）』

[2006]　「長尾雅人先生の思い出—長尾塾 35 年—」,『日本西蔵学会会報』52

[2007]　「大乗仏教の人間観—瑜伽行唯識学派を中心に—」,『仏教の奔流』(光華選書 4), 自照社

[2013]　「miśra-upamiśra 考」,『佛教学研究』69

[2020]　「序説」, 研究会 [2020]

[2023]　「序説　瑜伽行派における菩薩道の構造—『大乗荘厳経論』(*Mahāyānasūtrālaṃkāra*) を中心に—」, 本書所収

早島 慧

[2010]　「『唯識三十論』における二種の転依」,『印度学仏教学研究』59-1

藤田光寛

[1983]　「Byan chub bzan po 著『菩薩律儀儀軌』について」,『密教文化』141 号

[1989]　「＜菩薩地戒品＞和訳 (Ⅰ)」,『高野山大学論叢』24

[1990]　「＜菩薩地戒品＞和訳 (Ⅱ)」,『高野山大学論叢』25

[1991]　「＜菩薩地戒品＞和訳 (Ⅲ)」,『高野山大学論叢』26

[2004]　「チベット大蔵経所収の唯識部のテキストについて⑴」,『高野山大学密教文化研究所紀要』第 17 号

藤田祥道

[2008]　「大乗の諸経論に見られる大乗仏説論の系譜Ⅳ.<大乗荘厳経論>：総括と展望—」,『インド学チベット学研究』12

[2011]　「大乗仏説論の一断面—『大乗荘厳経論』の視点から—」, シリーズ大乗仏教 1『大乗仏教とは何か』, 春秋社

舟橋尚哉

[1987]　『倶舎論の原典解明—業品—』, 法蔵館

[1988]　「『大乗荘厳経論』発心品の一考察」,『印度学仏教学研究』37 (1), pp. 43–49.

フロリン, デレアヌ

[2012]　「瑜伽行の実践」,『シリーズ大乗仏教 7　唯識と瑜伽行』, 春秋社

松下俊英

[2012]　「瑜伽行唯識学派における菩薩道:『中辺分別論』第 2 章「障品」の解読研究を通して」(大谷大学　博士論文)

三宅伸一郎

[1997]　「ガンデン寺所蔵金写テンギュールについて」,『日本西藏学会々報』第 41–42 号 pp. 33–44, 1997 年

古坂紘一

[1985]　「インド大乗仏教における菩薩行の社会的一側面—『瑜伽師地論』菩薩地「生品」・「摂受品」における—」,『大阪教育大学紀要』第Ⅱ部門第 34 巻第 2 号

矢板秀臣

[2010]　「菩薩の偉力—『菩薩地』威力品の研究—」『成田山仏教研究所紀要』第 33 号

[2013]　「菩薩の徳—『菩薩地』菩提功徳品の研究—」『成田山仏教研究所紀要』第 36 号

[2020]　「菩薩の精進: 菩薩地『精進品』の研究」『成田山仏教研究所紀要』第 43 号

山口益・舟橋一哉

[1955]　『倶舎論の原典解明—世間品—』, 法蔵館

芳村博実

[1996]　「信解 (adhimukti) の対象となる仏陀 (Buddha)」,『日本佛教學會年報』第 61 号

若原雄昭

[2007]　「唯識派における四摂事—大乗荘厳経論XVI章 (度摂品第十七) を中心に—」, 日本佛教學會年報第 72 号

[2012]　「评介大谷收藏品中的梵文写本—为重新编撰描述性写本目录所作的准备工作—」『中亜出土的佛教写本・中央アジア出土の仏教写本・Buddhist Manuscripts Excavated in Central Asia』，旅順博物館・龍谷大学共編

[2013]　「『菩薩地』「供養・師事・無量の章」試訳」，研究会 [2013] 所収

[2023]　「『菩薩地』第 II 章「発心」の和訳と注解」，本書所収

〜〜〜〜〜〜〜〜〜〜〜〜〜〜〜〜〜〜〜〜〜〜〜〜〜〜〜〜

あとがき

この度の出版では，編集者の任を能仁正顕から若原雄昭にバトンタッチすることとなった。先の『『大乗荘厳経論』第Ⅱ章の和訳と注解—大乗への帰依—』の出版は2020年5月，新型コロナウィルス感染症が世の中に蔓延する時期と同時であった。それから3年になろうとしている。おぼろげながらにコロナの実態が見えつつあるようでもある。しかし，未だにそのコロナ禍が収束に到らない中で，かくも早くここに『『大乗荘厳経論』第Ⅳ章の和訳と注解—菩薩の発心—』を出版することができたのは，ひとえに編集者である若原の運営力によるものである。すぐれた編集者にその任を引き継げたことは大変有り難く，そして新たな編集方針のもと，内容の充実した本書を出版できたことに喜びとともに，感謝の念で一杯である。

2020年春，大学では，卒業式も，入学式も中止となり，新学期のオンライン講義への対応に教員も学生も右往左往していた。コロナ元年が幕を開ける中，第一回のオンライン研究会が5月に開催され，同時に2022年度出版に向けての準備も進められていた。必然的に，パソコンを介しての作業であったので，収集した関連する諸資料や検討内容が次々と蓄積されていった。しかし，未解決の問題も少なからず残されており，2021年7月から研究会と並行して，若原は別途，編集会議を大宮学舎白亜館に立ち上げて，早島理，内藤昭文，北山祐誓，そして能仁を招集し，それぞれ時間を調整しつつ，対面やオンラインで参加し，訳・註を確定し，本論がまとめられていった。

一例をあげよう。十地・波羅蜜の菩薩道は『大乗荘厳経論』の中心的テーマであり，菩提への発心とは何であるのかを説く，本章第5偈，第6偈梵文について，最終的に以下のような翻訳で落ち着いた。

> それ（発心）は，⑻ 浄善の増大を利徳とする。実にそれ（浄善の増大を利徳とするもの＝発心）は，福徳と智慧から成る。また，それ（発心）は ⑼ 波羅蜜を常に実践することを出離とすると説かれる。（Ⅳ.5）
>
> それ（発心）は，⑽ 地を完結する——それぞれ［地ごと］にそれ（地）における［波羅蜜の］実践によってである。［以上が］諸菩薩の発心に関する確定であると知るべきである。（Ⅳ.6）

菩薩道は，「波羅蜜」と「出離」と「地」という三者の関係において成り立つが，その波羅蜜について，安慧釈は「出離させるもの」として，菩薩道の根幹をなす実践行と位置づける。ここでは布施等の諸善行を「波羅蜜」として実践することが，輪廻からの「出離」を意味する。それはまた各地における実践のあり方にほかならず，波羅蜜の実践を因として十地各「地」の完結という果報がある，という因果関係にあると言えよう。しかし，屋上に登り切ったとき，用いた階段は無益なものとなり不要となる。波羅蜜の実践によって地の完結があるならば（第

6偈ab句），波羅蜜の実践を出離とする（第5偈cd句），ということの間には齟齬があるのではないか。蔵訳は和訳の通りである。

波羅蜜の実践による「地の完結」とは何か。この議論の過程で，まったく別の時に，かつて長尾先生が「北海道」を引き合いに出して，「道」という言葉の意味について語っておられたことを思い出した。関係するのかもしれない。一般に，「道」と言えば，ある場所に到達する「通り道」の意味で理解されるが，北海道と言う場合の「道」は，地域，領域を意味する。長尾先生が語られた意図は，道は決して目的地に到達するための手立てとしての道に限定されるのではなく，何時でも何処にでも行けるよう，そこに縦横無尽に道を張り巡らしたあり方こそ，道であるということではなかったのか。しかし，その「道」は手立てとしての道を離れてはないのだと，今は理解している。波羅蜜の実践を「出離」とする所以である。「道」という言葉で様々な仏教語が表現されるが，「菩提」という語はその一つである。

発心は，こうして菩提を求める衆生，すなわち「菩薩」の実践の第一歩に位置づけられて，自身の「大菩提」の証得を目指して，利他行に邁進するわけであるが，そのために菩薩は波羅蜜の装身具で自身を飾り（第25偈世親釈），意図的に輪廻の世界に生まれてくる（故意受生）。常に波羅蜜を実践して決して捨てることはない。その根本にあるのが「大悲」である。「自らの内に宿る」「規範師のごとき」（第27偈a句）といわれる大悲は何処から来てどのように成長するのか。大乗菩薩道のキー概念となる。この点は内藤論文を参照されたい。

さて通称「長尾塾MSA（大乗荘厳経論）研究会」（以下，長尾塾，あるいはMSA研究会と略称）の経緯については，既刊の『『大乗荘厳経論』第XVII章の和訳と注解』(2013)，および『第II章』の「あとがき」に，古参のメンバーである早島，内藤がそれぞれ詳細に綴っているので，参照されたい。

1971年に始まったこの長尾塾も，半世紀を閲した。長尾雅人先生が往生されて，本2023年3月13日で18年になる。また本『第IV章』出版にかかわったMSA研究会メンバーの顔触れは，既刊の章に比べて，入れ替わりがあることに気づかれるであろう。最古参の研究会メンバーとして，本シリーズの第一冊目に当たる『『大乗荘厳経論』第I章の和訳と注解』(2009)の読解・出版に関わられ，長らくご教導を頂いた荒牧典俊先生は，第II章の出版を期に研究会から退かれた。その長年のご苦労と学恩に感謝の意を申し上げたい。

去る者がいる一方で，来る者もいる。若手の論考も掲載することができた。喜ばしい限りである。新しいメンバーには今後に期待したい。

また見た目は変わらないが，古参のメンバーもそれぞれ環境の変化の中にある。研究会のオンライン化によって新たな展開があった。遠隔地や多忙のために，対面では参加できなかった者が，どこに居ても，時間の都合さえつけば，参加できるようになったのである。それまでも，参加者は全員ノートパソコンを持参していたので，ハード面ではほぼ準備は整っていた。あとは動機付けであった。早島理は北海道から京都に足を運ばなくても参加でき，大分の内藤昭文は全国どこに居ても参加することができ，藤田祥道は岐阜から参加できた。多忙でしばらく参加していなかった桂紹隆は，オンラインで「心」を運んだと言える。このコロナ禍が転機になったことは間違いない。

今後さらにメンバーも変わっていくことであろう。研究会の形態も変わっていくであろう。この「あとがき」を終えるにあたり，親鸞聖人が『教行信証』の末尾に引用する，道綽禅師『安楽集』の言葉を引いて結びとしよう。

> 前に生れんものは後を導き，後に生れんひとは前を訪へ，連続無窮にして，願はくは休止せざらしめんと欲す。

2023 年 3 月

能仁 正顕　しるす

【追記】

研究会 [2020] 出版後，梵文が欠損している MSA 第Ⅱ章第 6 偈 a 句とその世親釈の一部に相当する梵文が回収されたため，同書への補遺としてここに追記する。

> MSA Ⅱ.6a: sarvaiś citrair lakṣaṇakair maṇḍitagātraḥ |
> MSABh ad k. 6a: cittagrahaṇaṃ cakravartyādilakṣaṇebhyo viśeṣanārtham |

この梵文断片は，Jñānaśrīmitra, *Sākārasiddhiśāstra* 498.13–15 に，*Sūtrālaṃkāre* 'pi "sarvaiś citrair lakṣaṇakair maṇḍitagātraḥ" ity atra *Bhāṣyaṃ* "cittagrahaṇaṃ cakravartyādilakṣaṇebhyo viśeṣanārtham" iti ‖ として引用されることが以前より知られていたが，未同定であった（龍谷大学善本叢書 14『梵文大乗荘厳経論写本』「まえがき」注⑴、㉖参照）。これを本研究会メンバーの加納和雄が同定し，昨夏の定例研究会において報告したものである。

本偈の韻律は，各句 13 音節からなる Mattamayūra (––– ––⏑ ⏑–– ⏑⏑––|) である（C. P. Brown, *Sanskrit Prosody and Numerical Symbols*, p. 35; Apte, PSED Appendix A, p. 6）。これは梵文が残存する同章第 2 偈・第 3 偈と同じ韻律であり、中間の第 4・5 偈および次の第 7 偈はいずれも梵文欠損箇所であるが、主題の共通性から見て、第 2 偈から第 7 偈までこの同一韻律が続いているものと推測される。

また，既刊の研究会 [2013] に対する訂正表を『龍谷大学仏教文化研究所紀要』第 52 集所収「仏教写本の文献学的研究」（30 頁、2014 年 3 月刊）に掲載したが，ここに改めて正誤を対照し再録しておく。

『大乗荘厳経論』第 XVII 章の和訳と注解　訂正表 （梵語中の訂正箇所をボールドで示す）		
頁　行	誤	訂　正
11　14	⒀止観（śamathavipśyanā）	⒀止観（śamathavip**a**śyanā）
39　14 以下	［その[b]心からの供養とは,］[b1] 信解からと, [b2] 志願（誓願）からと, //3// [b3] 憐愍と [b4] 忍苦の二つからと, [b5] 実践行からと［の供養］である。［さらに心からの］別［の供養］がある。［それらは］[b6]［真の］実在の体験からと…	［さらに心からの］別［の供養］がある。[b1] 信解からと, [b2] 志願（誓願）からと, //3// [b3] 憐愍と [b4] 忍苦の二つからと, [b5] 実践行からと, [b6]［真の］実在の体験からと…
62　下 5	[3] āsvāditāḥ kliṣṭḥ	[3] āsvāditāḥ kliṣ**ṭā**ḥ
81　6	この［偈の］中で(34)と知っているから	この［偈の］中で(34), [1]平等［な悲愍］とは, 安楽などの感受ある衆生に対してである。この世では, 「いかなる感受であれ, それは苦に属するものである」(35)と知っているから
111　4	［善き］師友に師事し	［善き］師友に常に師事し
115　4	(adhimuktyādhikāra)	(adhimukty**a**dhikāra)
119　13	kk. 65	**k**. 65
167　7	謂依供養依。現在…	謂依供養。依現在…
280　8	[1] āmiśadānasyā…	[1] āmi**ṣ**adānasyā…

翻訳・執筆者紹介

上野隆平（うえの　りゅうへい）	龍谷大学講師
岡田英作（おかだ　えいさく）	愛媛大学特定助教
桂　紹隆（かつら　しょうりゅう）	龍谷大学名誉教授
加納和雄（かのう　かずお）	駒澤大学准教授
北山祐誓（きたやま　ゆうせい）	龍谷大学講師
桑月一仁（くわつき　かずひと）	龍谷大学講師
間中　充（けんちゅう　みつる）	龍谷大学世界仏教文化研究センター客員研究員
高務祐輝（たかつかさ　ゆうき）	龍谷大学講師
内藤昭文（ないとう　しょうぶん）	龍谷大学元助教授
中山慧輝（なかやま　けいき）	京都大学講師
能仁正顕（のうにん　まさあき）	龍谷大学教授
乗山　悟（のりやま　さとる）	龍谷大学世界仏教文化研究センター客員研究員
早島　理（はやしま　おさむ）	滋賀医科大学名誉教授・龍谷大学元教授
早島　慧（はやしま　さとし）	龍谷大学准教授
藤田祥道（ふじた　よしみち）	龍谷大学世界仏教文化研究センター客員研究員
若原雄昭（わかはら　ゆうしょう）	龍谷大学名誉教授

龍谷大学仏教文化研究叢書 44
『大乗荘厳経論』第Ⅳ章の和訳と注解
——菩薩の発心

2023年3月24日　初版第1刷発行

編　者　若原雄昭

発行者　西村明高
発行所　株式会社 法藏館
〒600-8153
京都市下京区正面通烏丸東入
電　話　075(343)0030(編集)
075(343)5656(営業)

印刷・製本　中村印刷株式会社

ISBN 978-4-8318-7767-3　C3015　*Printed in Japan*